978 7516190081

《中国社会科学》

创刊三十五周年论文选

（1980—2014）

卷三

主编　张江　高翔

副主编　王利民　余新华　李红岩

孙麾　李新烽

中国社会科学出版社

卷三目录

文学·语言学

历 史 学

文学·语言学

形象思维在文艺中的作用和思想性

朱光潜[*]

摘要 本文对郑季翘同志《必须用马克思主义认识论解释文艺创作》（载《文艺研究》创刊号）一文中关于形象思维问题的论点，提出了相反的看法。本文认为，形象思维不是想象，而是人类思维的一种方式。它从现象出发，也要经过抽象或提炼工夫，来反映本质和规律。文艺必须用形象思维，才能够创造出富于思想性的反映出生活真实的作品。而那种把思想性等同于概念性，用概念性思想来并吞形象思维的主张，是完全错误的。文艺作品的思想性，即是倾向性。它寓于人物动作和情境的描绘之中，而不是浅显易懂的政治观点。

研究美学绝不能脱离现实，应该经常注意文艺界的现实动态，包括正在热烈讨论的一些文艺上的问题。形象思维便是近几年来引起热烈讨论的一个大问题，我们文艺界和美学界对这样的大问题都不应袖手旁观。

这个问题，首先是由郑季翘同志发表在 1966 年 4 月《红旗》上的《在文艺领域里必须坚持马克思主义认识论——对形象思维论的批判》[①] 一文中提出的。当时曾在一些座谈会上进行过讨论。接着就是林彪和"四人帮"对文艺界施行法西斯恐怖专政，这个问题就被搁置下来，没有人敢谈了。到了一九七七年底毛主席《给陈毅同志谈诗的一封信》公开发表了，其中明确地肯定了"诗要用形象思维"，于是《红旗》、《诗刊》、《文学评论》和其他刊物又就形象思维问题展开了热烈的讨论。近来郑季翘同志在 1979

---

[*] 朱光潜，1897 年生，英国爱丁堡大学文学硕士，法国斯塔市堡大学哲学博士，现任北京大学教授。主要著作有《文艺心理学》、《诗论》、《谈美》、《克罗齐哲学述评》、《西方美学史》两卷等。

① 以下简称"郑文一"。

年《文艺研究》的创刊号上又发表一篇《必须用马克思主义认识论解释文艺创作》①，针对一些反对意见为自己进行辩护。这种勇于争鸣的精神是可佩服的，值得效法的。我原已在《光明日报》的《哲学》专刊创刊号上发表了一些个人的看法，现在读到"郑文二"，觉得还有步他后尘的必要，再来谈一谈"形象思维在文艺中的作用和思想性"这个问题。

"郑文一"根本判决了形象思维论的反马克思主义认识论的罪状；在毛主席肯定了"诗要用形象思维"之后，"郑文二"已承认了有形象思维这回事，不过对形象思维的解释还是原封未动。"郑文二"一开头就在"还历史的本来面目"的题目下，大做文章，详细考证了写"郑文一"时还没有看到毛主席《给陈毅同志谈诗的一封信》，并且叙述了"四人帮"如何排挤他，使他失掉了中央文革小组中的地位等等。其实，知道实情的广大人民群众，绝不会硬从政治上把反对毛主席和附和江青、陈伯达的大帽子压在郑季翘同志的头上；但是在思想上他确实是"主题先行论"的先行者，对毛主席的《实践论》和《矛盾论》也未见得理解得很准确、很全面。

毛主席在发表《给陈毅同志谈诗的一封信》以前，没有肯定过形象思维吗？郑季翘同志不应忘记《矛盾论》里就矛盾的转化问题谈到《山海经》、《淮南子》、《西游记》和《聊斋志异》等书里的神话故事中的变化"乃是无数复杂的现实矛盾的互相变化对于人们所引起的一种幼稚的、想象的、主观幻想的变化"，"所以它们并不是现实之科学的反映"。毛主席还引用了马克思关于神话的话来做证：

> "任何神话都是用想象和借助想象以征服自然力，支配自然力，把自然力加以形象化。"（重点号引者加）

所谓"想象"正是"形象思维"，毛主席已说明了神话（原始艺术的土壤）乃是对现实的想象的反映而不是对现实的科学的反映。这不是就已说明艺术的反映不同于科学的反映，想象不同于抽象推理吗？《实践论》也把感性认识和理性认识分得很清楚。

毛主席在《在延安文艺座谈会上的讲话》里还说："学习马克思主义……并不要我们在文学艺术作品中写哲学讲义"；"空洞干燥的教条公

---

① 以下简称"郑文二"。

式……不但破坏创作情绪，而且首先破坏了马克思主义"。这不是明确地斥责文艺作品运用抽象说理，搬弄教条公式吗？江青的"主题先行论"和"三突出"之类货色还不算公式教条文艺的"样板"理论吗？可惜的是"郑文一"正是替"主题先行论"提供了理论基础，不管作者是有意的还是无意的。更可惜的是经过许多参加讨论者指出他的错误之后，作者在"郑文二"里并没有从原来的立场后退一步，反而把"主题先行论"说得更露骨。

"郑文一"的基本观点是：

> "表象（即事物的直接映象）—概念（思想）—表象（新创造的形象），也就是个别（众多的）—一般—典型。"

"郑文二"进一步发挥如下：

> "……作家、艺术家在观察、体验生活的过程中，获得了大量的生活素材（即表象材料），经过分析研究（即进行抽象），取得对社会生活的理性认识，形成一定的主题思想和创作意图，再依据这种思想意图，对头脑中贮存的生活素材进行选择、提炼，运用创造性的想象加以重新组合，从而塑造出能够体现作者思想意图的艺术形象（即新创造的表象），这样创造出来的艺术形象，由于是以一定的理性认识为指导的，又是选取了富有特征的表象材料组合成的，就是说，它是典型化了的，……"

"郑文二"还对作者自己和形象思维论者的分歧作了总结：

> "……我认为，作家在实践中获得生活素材的基础上，必须经过科学的抽象，达到理性认识并在这理性认识的指导下，进行创造性想象，再把这种想象的内容描绘出来，造成文学作品；而形象思维论者的……'形象思维过程'，却是排斥以抽象思维为中介，不需要概念参加，从生活中的形象直接'飞跃'到艺术形象。所以这种分歧的实质，就在于是否用马克思主义的认识论来解释文艺创作。"

　　"郑文一"和"郑文二"的要义就在上引三小段话里，话是说得很清楚的。作者就分歧所下的结论也是很清楚的，就是作者自己是站在马克思主义的一边，而形象思维论者却站在非（或反）马克思主义的一边。作为一个形象思维论者，我不揣冒昧，再进行一些反驳。

　　首先，要把几个名词的意义说清楚。

　　思维就是开动脑筋来解决一个问题或构成劳动生产或革命斗争的一种规划或图案。思维既然是一种活动，就要产生成果。作为活动，思维本身就是一种实践，一种生产劳动，它所产生的成果便是认识。一切认识都是来自于实践，而检验认识的真伪也还要靠实践。认识有两种：感性认识和理性认识，这两种认识的分别，毛主席在《实践论》里已说得很清楚，不容混淆，更不容以理性认识来代替或淹没感性认识。

　　艺术的思维不同于科学的思维，艺术的思维主要是形象思维，科学的思维主要是抽象思维或逻辑思维。形象思维就是用形象来思维（英文是 think in image，变成名词是 imagination）。过去有人把 think in image（德、法、俄三种文字中这个短语的结构相同）误译为"在形象中的思维"，便不成话。郑文沿用了这种误译，把别林斯基所说的形象思维看作"形象中的思维"，接着就此指责别林斯基说，"形象中的思维是建立在客观唯心主义基础上的"，接着他又转了一百八十度的大弯说，别林斯基的形象思维"说明了艺术的特征，即思想应当寓于形象之中，则是合理的。"接着他就用了一个"所以"跳到另一个大胆的结论："所以，我觉得毛主席正是在这种意义上（即"在形象中的思维"这种意义上——引者注）用了形象思维这一术语"。可是毛主席明明白白地说："诗要用形象思维"，并没有说"诗要在形象中思维。"

　　在上引短短的一小段中，郑季翘同志连跳了四大步：（1）由形象思维跳到"在形象中的思维"；（2）由"在形象中的思维"跳到"思想寓于形象之中"；（3）由别林斯基的"客观唯心主义"跳到"思想应当寓于形象之中"这个"艺术的特征"；（4）由对别林斯基的一贬一褒跳到毛主席正是在"在形象中的思维"的"意义上用了形象思维这一术语"。这四大步都是只有郑季翘同志才能办到的"飞跃"。起点一步跳错了，以下几步就越跳越离奇，"跳入非非"。这是他的思想方法的特征，是值得仔细研究一下的。大家（包括郑季翘同志本人在内）不妨认真地想一想，这种思想方法是马克思主义的还是主观唯心主义的呢？

还应指出，郑文只承认理性思维才是思维或思想，否认感性认识阶段可以有思想，在这一点上作者忘记了或蔑视了马克思主义的历史发展观点。各民族在原始时期，人在婴儿时期，都不会抽象思维而只会形象思维，抽象思维在各民族中是长期发展的产物，人在婴儿时期也要经过几年的生活经验和学习才能学会。从马克思所高度评价的摩尔根的《古代社会》和维柯的《新科学》到近代瑞士庇阿杰等人的儿童心理学著作，都提供了无数实例。郑文竟蔑视近代心理学常识乃至哲学常识，忘记了从17 世纪到 19 世纪，英国经验主义派和大陆上理性主义派正是在感性认识和理性认识孰先孰后的问题上进行过二三百年的斗争，经验主义派的胜利奠定了近代唯物主义的基础。郑季翘同志显然是一位理性主义者。

谈到形象思维，还要澄清几种误解：

一　文艺作品也是一种表象吗？

表象（德文 vorslellcuy，英文 presentation）是客观事物在人脑中所产生的直接印象，它是被动接受的，是一切思维的起点，还不是思维本身，所以不能当作形象思维。形象思维在整个过程中要有思维活动。就文艺来说，这种思维活动是一种精神生产活动，首先是一种实践，其次才是认识。郑文往往单从认识出发或是认为认识先于实践，这也并不是马克思主义的看法。作为实践，形象思维生产出文艺作品。文艺作品作为一种意识形态，有助于提高人的认识，对社会发生教育作用，这是文艺作品的另一种实践意义。郑文的"基本观点"的模式是表象—概念—表象。这是对文艺作品的诬蔑。既歪曲了表象，又歪曲了文艺的实质。文艺作品能降低到或倒退到表象的地位吗？

二　形象思维是一种罕见的、或只是文艺所特有的思维方式吗？

形象思维不仅在历史发展上先于抽象思维，而且在实际运用上也远比抽象思维更广泛。我们一般人不动脑筋则已，一动脑筋就不免要用形象思维，无论是穿衣、吃饭、旅行、交朋友还是进行生产劳动，一发生问题时一般都首先进行形象思维。例如这几天闷热，我不敢进城。并不是根据

"老年人一动不如一静"这样一个抽象原则下逻辑式结论，而是根据自己的衰老的情况。大热天挤电车的艰难，以及进城回来后的困倦之类具体形象。这些都属于形象思维范畴。文艺主要用形象思维，但形象思维并不是文艺所特有的一种思维方式。郑文提到"创造性的想象"。关于这方面近代西方已进行了不少的科学研究。法国心理学家芮波（Ribot）的名著《创造的想象》便是其中的一种。芮波举了许多事例，证明除了文学家和艺术家之外，还有政治家、实业家、科学家和商人等也都要用创造的想象。所以形象思维并不是"违反常识"的"胡编乱诌"，如郑文所指责的。

三　只有逻辑思维才用抽象，形象思维就不用吗？

这是郑文的要害所在，他只承认逻辑思维才配叫作"思想"，要进行抽象，他认识不到形象思维也要进行抽象，也配叫作"思想"。什么叫作"抽象"（abstract）？作为动词，这个字原义是从整体中抽出某部分，例如从金矿石中抽出纯金。马克思在《1844 年经济学哲学手稿》里所说的"抽象唯心"和"抽象唯物"中的"抽象"就是取"从整体中抽出部分"这个意义，在心物统一的整体中，"抽象唯心"单取心而弃物，"抽象唯物"单取物而弃心。从金矿石中提出纯金的例子来看，可以说"抽象"就是"提炼"，也就是毛主席在《实践论》里所说的"将丰富的感觉材料加以去粗取精、去伪存真、由此及彼、由表及里的改造制作工夫"。毛主席在这里主要是从"造成概念和理论的系统"的科学的逻辑思维着眼，其实他的话也适用于创造文艺的形象思维。文艺的形象思维和科学的逻辑思维基本上是一致的。都要从感觉材料出发，都要经过提炼或"抽象"的工夫，抓住事物的本质和规律，都要从感性认识"飞跃"到高一级认识阶段；所不同者，科学的逻辑思维飞跃到抽象的概念或结论，文艺的形象思维则飞跃到生动具体的典型形象。典型形象既然也要见出本质和规律，也就要寓有理性。它是"理在事中"的一个实例。郑文的基本错误在于没有认识到典型形象中的理性，又觉得文艺不可没有理性和思想性（这却是正确的），于是在他的两个"表象"之中硬塞进一个等于"思想"的"概念"（其实"思想"并不等于"概念"），干脆把形象思维抛弃掉。拆穿西洋镜，这就是郑文的奥妙所在。

四 文艺中的"思想"是一种概念性的主题，还是一种世界观的"倾向"呢？

这是文艺理论中的一个根本问题，也是一般人（包括郑季翘同志在内）所特别关心和热烈争论的一个问题。我在上文肯定了郑文重视思想性的态度，不过我认为郑文把文艺中的思想等于概念的看法是狭窄的、错误的。

德国大音乐家休曼的一段话时常对我敲警钟：

> 批评家们老是想知道音乐家无法用语言文字表现出来的东西。他们对所谈的东西往往十分没有懂得一分。上帝呀！将来会有那么一天，人们不再追问我们在神圣的乐曲背后隐寓什么意义么？先把第五音程辨认清楚罢，别再来干扰我们的安宁！

休曼警告我们不要在音乐里探索什么隐寓的意义或思想，因为一般思想要用语言文字来表达，而音乐本身是不用语言文字的，它只是音调节奏的起伏变化的纯形式性的艺术。不过音调节奏的变化是与情感的变化密切联系的，所以音乐毕竟有所表现，所表现的是情感之类的内心生活，不是某种概念性的思想。托尔斯泰就认为一般文艺的作用都在传染情感。

不但音乐是如此，就连作为"语言艺术"的文学一般也不表达概念性的思想。比如说，莎士比亚是公认的近代最伟大的剧作家，你能从他的哪部作品里探索出一些概念性的思想呢？确实有不少的批评家进行过这种探索，所得到的结论也只不过是他代表了文艺复兴时代的精神或是他在政治上要求英国有一个强有力的能巩固新兴资产阶级地位的君主。难道就是这种总的倾向而不是他的具体作品使读者受到感动和教育吗？你读过他的作品后使你印象最深的是这些总的倾向还是一些具体的戏剧情节和典型人物的形象呢？

我由此又联想到托尔斯泰。他的一些小说杰作感动过无数人，也感动过我。他的作品确实宣扬过人对基督的爱和人与人的爱，个人道德修养和反对暴力抵抗。这些都不是很正确的思想，为什么列宁说他是"俄国革命的镜子"呢？不是因为他宣扬了这些不是很正确的思想，而是因为他忠实地描绘了当时俄国"农民资产阶级革命"中农民的矛盾态度和情绪。列宁只把他叫作俄国革命的一面镜子，而没有把他称为革命的号角或传声筒，而且批判了他在思想上的矛盾。托尔斯泰在文艺上的胜利可以说也就是巴尔扎克的那种胜利，即"现实主义的伟大胜利"。一个作家只要把一个时代的真实面貌忠实地、生动地描绘出来，使人们认识到它有改革和推进的必要，他就作出了伟大的贡献，不管他个人在思想上有无矛盾或根本没有表现什么概念性的思想。

没有概念性的思想不等于没有思想性。文艺的思想性主要表现在马克思主义创始人所屡次提到的"倾向"（德文 tendeny 有"发展倾向"或"趋势"的意思）。倾向不必作为明确的概念性的思想表达出来，而应该具体地形象地隐寓于人物性格和情节发展之中。恩格斯在给玛·哈克奈斯的信里说，他并不责备她没有"鼓吹作者的社会观点和政治观点"，并且说：

"作者的见解愈隐蔽，对艺术作品就愈好，我所指的现实主义甚至可以违背作者的见解而表现出来。"

恩格斯在给敏·考茨基的信里又说：

"我认为倾向应当由场面和情节本身自然而然地吐露出来，而不应当有意地把它明白指点出来。"

用一个粗浅的比喻来说，如人饮水，但尝到盐味，见不着盐粒，盐完全溶解在水里。

不但表现在文艺作品如此，世界观的总倾向在一个文艺作家身上也是如此，它不是几句抽象的口号教条所能表现的，而要看他的具体的一言一行。他的倾向是他的毕生生活经验和文化教养所形成的。它总是理智和情感交融的统一体，形成他的人格的核心。也就是在这个意义上，文艺的"风格就是人格"。例如，就人格来说，"忠君爱国"这一抽象概念可以应用到屈原、杜甫、岳飞和无数其他英雄人物身上，但是显不出屈原、杜甫这两位大诗人各自的具体情况和彼此之间的差异，也就不能作为评价他们各自的文艺作品的可靠依据。在西方，"人道主义"这一抽象概念也是如此，文艺复兴时代、法国革命时代、帝国主义时代，乃至马克思主义创始人，都宣扬过人道主义，但是具体的内容各不相同。这就是为什么我们在文艺领域里反对公式教条化，反对用概念性思想来吞并形象思维。

我们和郑季翘同志的基本分歧可以概括如下：

第一，在认识论上，郑季翘同志认为既是思维就必然是概念性的，必然是逻辑推理的结果，包括艺术的典型。我们则既根据心理学常识，根据马克思主义常识，认为思维不是只有科学的逻辑思维一种，此外还有文艺所用的形象思维。这两种思维都从感觉材料出发，都要经过抽象和提炼，都要飞跃到较高的理性阶段，所不同者，逻辑思维的抽象要抛弃个别特殊事例而求抽象的共性，形象思维的抽象则要从杂乱的形象中提炼出见出本质的典型形象，这也就是和科学结论不同的另一种理性认识。郑季翘同志在文艺创作过程中在第一个表象（即感觉材料）和他所谓新的表象（即文艺作品）之中凭空插进一个概念（等于思想）的阶段，我们则认为这不但不必要，而且有害，因为它使文艺流于公式概念化，其实也就是主题先行论。

第二，在思想性的问题上，郑季翘同志既把思想看作等于概念，就势必要把文艺的思想性看作明确表达出某种概念性的思想；我们却认为文艺的思想性即马克思主义创始人所提到的"倾向"，倾向并不是抽象概念的明确表达，而是隐寓在具体人物性格和具体情节的发展中。就文艺作者本人来说，他总有一种世界观，世界观也必然现出一种倾向，这就是他的人格的核心，其中就不但含有理，也必然含有情，或则说，必然是情理交融的统一体。所以古今中外都强调情感在文艺中的作用。

拙见如此，其中难免有很多自己看不到的欠缺和错误，恳切希望读者们（包括郑季翘同志在内）继续共同商讨，把形象思维问题弄个水落石出。

《中国社会科学》1980 年第 2 期

唐代文学思想发展中的
几个理论问题

罗宗强*

摘要 本文作者对唐代文学思想发展中的一些规律性问题进行了考察，提出了一些自己的看法。本文认为，唐文学思想的发展变化，表现为一种缓慢的过程，从一种文学思想发展到另一种文学思想，是通过逐渐的、漫长的演变完成的，它们中间常有一些短暂的过渡期，在不同的文学思想之间，有一些非突变性的衔接现象。本文认为，一种理论主张的提出是否能够推动创作发展，主要取决于这种理论主张是否具有实践性品格。作者认为，唐代文学思想的变化，同政局有关，而主要是通过士人的心理状态表现出来的。本文系作者新著《隋唐五代文学思想史》的结束语。该书将由上海古籍出版社出版。

唐代文学思想的发展，是从反对绮艳开始的，最后却又复归于绮艳。虽然唐末五代的崇尚绮艳，与初唐承袭的南朝绮艳之风在表现形式、艺术水准和艺术价值上都不可同日而语，但最主要的一点却是相同的，那就是它们都反对功利主义的文学思想。三百年间，走了一个大回旋。这个大回旋很像是中国文学思想发展史上的一个小断面。从这个小断面，文学思想发展中的各种脉络（如它与王朝盛衰、士人心理状态、创作的发展变化的关系，它自身起伏变化的轨迹等），似都一一可寻。这些脉络，实际上涉及文学思想发展史上的一些规律性问题。

---

* 罗宗强，1931年生，现为南开大学中文系副教授。近作有：《诗的实用和初期的诗歌理论》、《论唐大历初至贞元中的文学思想》。

一

　　唐代三百年间文学思想的发展变化，表现为一个缓慢的过程。在这个缓慢的过程中，一种文学思想发展到另一种文学思想，是通过逐渐的、漫长的演变完成的。

　　从唐朝建立之初到殷璠在《河狱英灵集》中所说的"颇通远调"的景云中，即从反对南朝绮艳文风到唐文学第一次繁荣的盛唐文学的到来，用了将近九十年的时间。唐太宗作为一代英主，何尝不希望迅速改变文风。只要看他那样反复地把绮靡文风与前朝的败亡联系起来，就可以明白他反对绮靡文风的急切心情。前朝覆亡的教训对于这样一个雄才大略的开国之君来说，印象实在是太深刻了。梁元帝兄弟、陈后主、隋炀帝，都是写绮艳文章的高手，而宗社须臾倾覆，贻后代笑。唐太宗从这里得出了"人主惟在德行，何必要事文章"的结论，提出了反对"无益劝诫"的浮华文风的主张。① 这当然是很自然的，是历史的发展顺理成章的理论产物。何止唐太宗！他的重臣魏征等人何尝不是反复征引前朝败亡的教训作为反对绮艳文风的历史依据。在他们之前，再没有比魏征在这个问题上的认识更为深刻的了："古人有言，亡国之主，多有才艺。考之梁、陈及隋，信非虚论。然则不崇教义之本，偏尚淫丽之文，徒长浇伪之风，无救乱亡之祸矣。"② 他把文风和政权的关系，概括得既生动明快，而又雄辩有力，充满哲理与睿智。毫无疑问，他们都是首先从政权的角度，即从皇祚永固的角度来考虑文风问题的。他们考虑文风，首先考虑的是刚刚建立的皇朝的利益。在这个意义上，他们反对绮靡文风，实际上不仅是一个文学的问题，而且是他们的国策的不可分割的组成部分。

　　既然给予文风问题以这样的重视，而且在贞观初年就反复提出来，按理说，绮艳文风的改变应该能够迅速收效。但是事实上并非如此。贞观中，经济逐渐繁荣起来，政治和军事都已经相当强大，但是文风的转变却极其缓慢。直到龙朔初年"上官体"的流行，许敬宗、上官仪的奉诏博

---

① 吴兢：《贞观政要》卷七《文史》，上海古籍出版社 1978 年校点本，第 222 页。
② 《陈书·后主本纪后论》，《陈书》第 1 册，中华书局 1972 年版，第 119—120 页。

采古今文集，摘其英词丽句编成五百卷的《瑶山玉彩》，绮艳文风似又出现一个高潮。此时上距贞观初已三十余年。文风的改变比政治、经济面貌的改变，实在缓慢得多、落后得多。

怎样来理解这种现象呢？

历史是复杂的。一方面，梁元帝兄弟、陈后主、隋炀帝之崇尚淫靡文风，同他们的腐败政治是一个统一体，正如魏徵所描述的那样，陈后主引狎客对贵妃，共赋新诗，采尤艳丽者被声歌之，持以相乐，他们在文学上追求淫丽，乃出于纵欲生活的需要。淫丽文风当然很自然地同他们之所以败亡联系在一起。在我国文学思想史上，崇尚淫丽绮艳、主张娱乐消遣的文学这样广泛地长时间地同政治上的腐败连在一起，这还是第一次。也就是说，历史以它活生生的事实，为唐太宗君臣提供了前此未有的诫鉴。在这个问题上，他们的认识的深刻性与新鲜感，都是独特的，前此的历代君臣是无法比拟的。他们对文风问题给予那样的重视，当然可以理解。但是，另一方面，经过魏晋六朝，文学发展了，表现技巧丰富了。同淫丽文风搅在一起的，是艺术表现手段和技巧的丰富与发展。显然，文学有它自己的发展规律，任何力量也无法让它回复到独立成科以前的状况中去。他们不得不面对这样的事实：既要反对淫丽文风，又必须承认文学发展的事实，汲取艺术上的成就。这样一个课题的解决，比他们的马上打天下要复杂得多，也艰难得多。

事实说明，他们确实是封建社会中罕见的眼光远大的君臣。在反对淫丽文风时，他们完全不像宇文泰和苏绰、隋文帝和李谔那样采取简单的行政命令的办法，持否定一切的态度；也不像王通那样以政治、伦理道德观念去取代文学。他们采取了一种较为稳妥的办法：既明确反对淫丽文风，又重视文学的艺术特征。反对淫丽文风，是反对用文学于纵欲，只是在这个界限之内，他们才十分重视淫丽文风的危害。重视文学的艺术特征，是重视它的感情特点，重视它已经发展起来的包括声律、词采等在内的表现手段。唐太宗亲自为《晋书》写《陆机传论》和《王羲之传论》，对于陆机的宏丽文藻那样赞赏备至，以为"百代文宗，一人而已"；对于王羲之"凤翥龙蟠"的书法艺术，也备极推崇，说是"心慕手追，此人而已"。在这两个传论里，他说了许多艺术行家的话。魏徵反淫丽，可以说是最坚决的了，但正是他提出了一种理想文学的标准：取江左的清绮文辞，河朔的刚贞词义，"掇彼清音，简兹累句，各去所短，合其两长"，以为这就能达到尽善尽美。① 在这个合南北文学之两长的理想文学里，他没有摒弃清绮文辞。令狐德棻在《周书·王褒庾信传论》中对于这种理想的文学提得又稍具体，他以为应该是以气为主，调远，旨深，理当，辞巧。② 以气为主，调远和辞巧，就包含有对魏晋六朝以来发展起来的文学的艺术特征的认识。这样，他们就把淫丽文风同文学的特征、文学的技巧分开来了，把反对淫丽文风同重视文学的艺术特征、艺术表现技巧结合起来了。这样做的结果，一方面制止了淫丽文风的进一步发展。初唐的文风，虽缓慢，但却确实在起变化，纵欲已经没有了，绮艳而不放荡，而且即使在绮艳之中，也逐渐带进了一点清新气息。就文学思想而言，已不再主张娱乐的文学，从"娱乐"说正在慢慢地转向"教化"说。而另一方面，又给文学艺术技巧的进一步发展留下了广阔的天地。既然还主张清绮文辞，主张调远、辞巧，那么文学的艺术特征的进一步发展，当然就不受限制了。这就顺应了文学自身发展的规律。事实上，魏晋六朝以来对文学特征、文学表现技巧、文学形式的种种探讨，都还有待于进一步完善。例如，从六朝开始的对于诗的格律的美的探讨，就远没有成熟，要等到唐朝建国之后六十年左右沈佺期、宋之问手里，五律才定型；从南朝山水诗发展起来的对自然景物的真实细腻的描写，在景物的真实细腻描写中抒情，烘托气氛，创造完美诗境，也还有待于进一步发展。艺术形式、艺术表现技巧方面的进一步发展，当然也就同时为绮艳文风的继续存在留下了一些空间。要在发展过程中把绮艳文风清除出去，需要找到一种途径。这种途径，又只能从文学特征内部去寻找，而这就需要有一个过程。唐太宗君臣只是在反对用绮艳文学于纵欲生活上是明确的、坚决的，除此之外，对于绮艳文风的清除，不管他们是出于自觉还是不自觉，事实上是容许了这样一个过程的存在。他们反绮艳文风，没有采取苏绰、李谔式，也没有采取王通式，在当时看来，文风的转变是缓慢的，但他们的这种文学思想，在整个唐代文学的发展过程中却证明是稳妥的、正确的，是后来唐代文学繁荣的一个很好的思想基础。

历史的复杂性还不止如此，不仅在于他们的文学思想本身的特点，还在于长期形成的绮靡文风的巨大影响，连他们自己也未能摆脱。他们看到

① 《隋书·文学传序》，《隋书》第6册，中华书局1973年版，第1730页。
② 见《周书·王褒庾信传论》，《周书》第3册，中华书局197年版，第744—745页。

了绮靡文风的危害，但自己却受这种文风的影响而不自知。唐太宗之所以也写宫体诗，晚年之所以看重上官仪的文辞，就是例证。连唐太宗这样的英主尚且如此，他的臣下就更不必说了。于志宁、杨师道贞观年间有两次宴集就留下来那么多人的丽采雕琢的诗。这说明他们虽是封建社会中有远见的君臣，但思想实质与绮靡文风毕竟并无水火不相容的矛盾。当考虑政权利益的时候，他们惧怕淫丽文风的危害，当平居宴乐时，又从感情上接受这种文风。同时，这也说明，一种长期形成的文风的影响是根深蒂固的。有时候可能有这样的情况：在当时或者以为已经摆脱了它的影响，而经过一个比较长的历史时期之后，回过头来看，才发现自以为改变了的文风其实与旧文风并无实质性的差别，只是大同小异而已。初唐的情形似乎就是这样。

但是，文风改变缓慢的更为重要的原因，还在于不论是在理论上还是在创作上，新的文学应该是个什么样子，还需要在一个比较长的时间的实践中才能逐渐明晰起来。魏征他们提出的合南北文学之两长，以气为主，调远、旨探、理当、辞巧，毕竟还只是一个一般的原则，行将到来的繁荣的文学是个什么样子，他们都还茫无所知。慢慢地，在创作实践中，首先是在卢照邻与王勃入蜀后的诗中，在骆宾王戍边之后的诗中，出现了一些高昂的感情基调，出现了一点壮大的气概。与他们创作中这点新的倾向相呼应，在理论上也提出了浓郁感情与壮大气势的主张。他们反对龙朔初年"骨气都尽，刚健不闻"的文风①，就是这种主张的表现。他们向往"气凌云汉，字挟风霜"②，向往"思飞情逸，风云坐宅于笔端；兴洽神清，日月自安于调下"的文学③，更是这种主张的表现。他们已经意识到行将到来的文学，是一种感情浓郁昂扬的文学；他们已经把魏征他们那个一般的原则，逐渐集中到或者说具体到"风骨"上来了，虽说还仅仅是意识到，但毕竟已经是一个有力的信息。所以后人说"词旨华靡"，是其旧影响；"骨气翩翩"，为其新倾向。④ 待到陈子昂出来，才把这种意识到的信

---

① 杨炯：《王勃集序》，见《杨炯集》卷三，中华书局1980年版，第36页。

② 王勃：《平台秘略·艺文》，见《王子安集》卷十二，四部丛刊景明刊本。

③ 王勃：《山亭思友人序》，见《王子安集》卷四。

④ 王世贞：《艺苑卮言》卷四，据明世经堂刻本《弇州山人四部稿》的原文作："词旨华靡，固沿陈、隋之遗；骨气翩翩，意象老境，超然胜之。"《历代诗话续编》所收《艺苑卮言》，此处漏"骨气"二字，而意义差别极大，当以《弇州山人四部稿》为是。

息，变为明确的响亮的号召，提出了"兴寄"、"风骨"的主张，并且借着评论东方虬的诗，对这种以"风骨"为主要特征的理想文学作了生动的描述："骨气端翔，音情顿挫，光英朗练。"① 至此，理论的准备可以说已经完成。而在创作上，新的风貌也明晰起来了。一篇《登幽州台歌》，一篇《春江花月夜》，可以说是新风貌的典型。一是慷慨悲歌，苍凉浑茫，一是明丽纯美；而纵览历史，与宇宙融为一体的浓郁情思与广阔胸怀则一，艺术趣味虽不同，昂扬的感情基调则一。眼光已不再着落在闺阁庭园、个人琐碎的生活里，而开始思索历史与人生、感悟哲理，视野开阔得多了。与此同时，律诗的形式，特别是五言律诗已经走向成熟。可以说，从理论到实践，都已经准备就绪，一种光辉灿烂的文学行将到来。于是，王湾、王翰、贺知章、张旭诸人的名篇相继出现。然后便是众所周知的盛唐的巨匠们成批出现，留下了那些千古不朽的诗篇，传下了中华民族文化史上的瑰宝。

从唐太宗君臣到"四杰"再到陈子昂和张若虚，是一个理论上和创作实践上都逐渐明晰和成熟的过程。当唐太宗君臣反对淫丽文风的时候，他们并没有想到将要到来的光辉灿烂的文学是一种追求风骨、追求兴象玲珑、追求自然之美的文学，是一种倾向于理想主义的文学。九十年过去了，一步一步地，从文学自身的特征中找到了清除淫丽文风的途径，以充沛浓郁、昂扬壮大、健康质实的感情，去取代颓靡庸俗的情调；以宽广的胸怀与气魄，去取代狭窄的生活视野；以清水芙蓉般的明丽的美，去取代华靡与雕饰。从感情到词采，都对南朝文学加以净化。是净化、汲收和发展，是扬弃，而不是否定一切。如果考察这个虽缓慢，但却是一步步明晰、成熟起来，最后水到渠成的过程，我们或许可以从中认识到一点什么。比如说，文学自身发展的规律。从文学思想上说，没有唐太宗君臣，就不会有"四杰"，没有"四杰"，就不会有陈子昂和张若虚，没有陈子昂和张若虚，也就不会有盛唐的灿烂群星。如果没有思想上和艺术上的充分准备，没有艺术经验的充分积累，一个伟大的天才是很难出现的，更不用说一个天才成批涌现的时代了。

这样一个过程虽然是缓慢的，但却是健康的。类似的过程在其他时期

---

① 陈子昂：《修竹篇序》，见《陈子昂集》卷一，徐鹏校点本，中华书局1960年版，第15页。

也出现过，比如说，五代绮艳文风的改变，从宋初到欧阳修他们登上文坛，也经历了六十年左右的时间。明白了这一点，也就可以明白李谔上书正文体之荒唐所在了。

二

在唐代文学思想发展史上，我们还可以看到，一种文学思想发展到另一种文学思想，中间常有一些短促的过渡期。

盛唐的倾向于理想主义，追求风骨、兴象玲珑、自然之美的诗歌思想，安史乱起之后，在满目疮痍的现实生活中便显出不协调来了。于是，为了适应现实生活的需要，便自然地要出现功利主义的、倾向于写实的诗歌思想。这种诗歌思想，在杜甫的创作实践和元结的理论主张中很快就出现了，但又很快消失了，直到贞元末元和年间，才形成广泛的影响，中间间隔着大历初至贞元中的二十余年。这二十余年的诗歌思想，既不像盛唐，又不像中唐。就像是盛唐诗歌思想到中唐诗歌思想的发展中间一段小小的插曲，一次小小的回旋。这个时期的创作的主要倾向，是崇尚高情丽辞远韵，追求冷落与寂寞的境界，追求冲淡，追求韵味。诗人们的感情天地仿佛比盛唐的诗人们的感情天地要窄小得多、平静得多，表述也冷漠得多。这时的理论探讨，既不同于盛唐，如殷璠等人的提及兴象风骨；也不同于中唐，元、白等人的提倡讽谕与诗教；而是探讨意境和诗歌的写作技巧。不论是托名王昌龄的《诗格》（它的作年至迟不晚于贞元五年，很可能在大历年间），或是戴叔伦对于诗境的论述，或是皎然的《诗式》，着眼点都在诗歌艺术特征、艺术形式的探讨上。

何以会出现这样一个就其审美情趣来说倾向于冲淡与清丽纤弱，就其理论倾向来说侧重于艺术形式的探讨的过渡期？除了这个时期士人心理状态的变化之外，从文学发展自身的原因来说，是因为盛唐诗歌的高峰过去了，须有一个反思总结的阶段，须有一次停顿。盛唐的诗歌思想，虽有李白和殷璠的理论概括，但毕竟理论的表述比之于创作的繁荣要逊色得多。创作高度繁荣，而理论相对沉寂。盛唐的诗歌思想，主要体现在创作里。创作的高峰一旦过去，咀嚼回味、回顾反思，或者说理论总结的时期，便自觉不自觉地开始了。戴叔伦之所以把诗境比喻为蓝田日暖，良玉生烟，当然是对于盛唐诗歌创作实践已经创造的不可句摘、兴象玲珑的诗歌意境的感性认知和形象把握。《诗格》论诗境创造的特征所说的"处心于境"，"心入于境"，"视境于心"，以"心"击"境"，同样是力图对已经出现的充满浓郁情思的诗境的创造秘奥进行探索，强调在诗境创造中"心"的作用。皎然的《诗式》则除了意识到诗境创造中的情景关系之外，还提出了"取境"问题，以图说明诗境创造之有径可寻。对于诗境的这种理论总结，就是反思。同样的道理，《诗格》、《诗式》之所以把作诗的方法归纳为一系列的琐碎程式，如十七势、十四例之类，当然也是这种反思的表现。不论是否出于自觉，他们事实上是力图把盛唐诗歌已经提供了的丰富经验上升为理论的认识。从这个意义上说，这个时期的批评家们是力图同盛唐的文学思想相衔接的。他们要通过理论总结，指出诗歌进一步发展的道路。《诗式》的"明势"、"明作用"、"四不"、"二要"、"二废"、"四离"、"取境"；《诗格》的"入兴体十四"、"常用体十四"、"落句体七"、三"宗旨"、三"语势"、"六式"等，都是企图为以后的诗歌创作指出途径，规定一些一、二、三、四。这正是创作的繁荣期过后常常出现的理论活动现象。这种理论活动如果既正确总结了创作的经验，又适应社会发展的需要，它就能够为创作的进一步发展指出正确的道路。但是，大历初至贞元中这二十几年，由于地主阶级知识分子既缺乏他们的盛唐前辈那种昂扬的精神风貌和充足的自信心；又没有他们的后辈，贞元末和元和年间将要出现的那批知识分子的改革精神。因此，他们既未能完全正确地总结经验，也没能指出创作进一步发展的正确方向。他们对于诗歌意境的理论认识，当然是一个非常重要的理论成就，是殷璠"兴象"说的进一步发展，概括了盛唐诗歌的一个重要特征，这个总结当然是意义深远的。但是，除此之外，他们的大量的理论总结，则陷入烦琐的公式里，与盛唐诗歌的艺术风貌和极其丰富的艺术经验了不相干，把诗歌艺术完全庸俗化、僵死化了。正如王夫之说的：诗之有皎然，"皆画地成牢以陷人者，有死法也"；"有皎然《诗式》而后无诗"[1]。他们为诗歌创作规定的这些一、二、三、四，同行将到来的充满革新精神的元和诗坛诗歌创作的另一次高潮，当然是格格不入的。这一段时间，并不是元和诗坛的先导，而只是一次反思、一次徘徊而已。这就是诗歌思想上这个过渡期的主要特点。

类似的过渡期，还存在于中唐的文学思想向晚唐的文学思想转变中间

---

① 王夫之：《姜斋诗话》卷二。

的一段时间。

元稹、白居易的功利主义诗歌主张从永贞二年（806）二月白居易作策文提出采诗以补察时政算起，到元和十二年（817）元稹作《乐府古题序》，肯定杜甫的讽兴当时之事，"即事名篇"①，前后不过十二年。之后，他们就再也没有提及这方面的理论，在这十二年间事实上提出这种主张的，也只有前后两段时间，即永贞二年二月至元和四年（这年白居易作《新乐府序》）前后（元和四年后不久，他还写了《寄唐生诗》），中间中断了几年，元和八年元稹作《杜工部墓系铭并序》到元和十二年为一段（元和十年为一高峰，白居易作《读张籍古乐府》、《与元九书》，元稹作《叙诗寄乐天》；十二年已近尾声）。他们的功利主义诗歌主张的理论提倡的时间前后实际上不足十年。在创作实践上实行这一主张的时间还更短。元和十二年虽还有刘猛、李馀、元稹写古题乐府，但他们写新乐府的时间只在元和初的短短几年里。元和十二年以后，白居易连其他的讽谕诗也很少写了。与此同时，随着他们仕途和生活状况的变化，创作倾向也逐渐发生变化，直至完全违背了他们原先的诗歌主张。可以这样说，中唐的功利主义诗歌思想，在元和十二年以后便销声匿迹了。散文文体文风改革的理论主张与实践，时间虽然要长得多，但元和八年，"文明道"的理论已经完全成熟。元和八年以后，不论是韩愈、柳宗元还是其他人，都没有在这个问题上加进新的内容。创作上延续的时间虽长些，但元和十四年柳宗元死，长庆四年韩愈死，之后，古文运动创作的高潮也就过去了。以后虽有韩门的一传再传弟子出来，但在文坛上已形不成多大影响。总之，不论是诗歌思想还是散文思想，元和末长庆初以后，功利主义的主张都已不再成为主要潮流。大和末至大中间，主要的文学思想潮流便让位于非功利主义的文学思想了。杜牧用"以意为主"去代替"文明道"说。"以意为主"的"意"虽也包含有儒家伦理道德观念如"仁义"的内容，但毕竟已经只是一个重要内容的概念，而不同于"明道"说的工具论的性质了。至于李商隐，则散文理论和诗歌主张，都是鲜明的、强烈的反功利主义的：诗歌思想上不重诗教而重抒情，散文思想上明确反对文以明周公、孔子之道。

就在贞元末元和间重功利的文学思想与大和末大中间的非功利主义文

---

① 见《全唐诗》第12册，中华书局1960年版，第4604页。

学思想之间，又交错着一个在时间界限上虽不十分明晰而仍然可以确认的过渡期。这个过渡期在诗歌思想上表现得尤为明显。

非功利主义诗歌思想的到来，是首先从创作中开始的。写生民疾苦，为时为事而作的功利主义诗歌思想，本来基础就不牢固，创作上也并未形成"运动"。一旦政治上的革新无望，功利主义的诗歌主张也就失去了存在的思想基础。当元、白提倡讽谕说的时候，他们的立脚点是借助诗歌的讽谕作用，感动皇帝以改革弊政。但是事实告诉他们，这只是一种幻想。如果说永贞改革的失败还没有使白居易寄希望于皇帝以改革弊政的信念消失的话（贞元二十一年即公元 805 年 10 月，永贞改革失败后韦执谊被贬崖州，白居易震动很大，写了《隐者》诗，表示了退出政治的念头。但是翌年他作策文，仍然提出了"诗教"说），那么之后发生的几件事，对他的这一信念的打击就更大了。元和三年上《论制科人状》，为杨放於陵、王涯等辩诬，因言语激切而为执政者所不容；元和四年写讽谕诗，即遭非议；元和五年，累疏论元稹之不该贬，而疏入不报；元和十年，宰相武元衡被刺杀，白居易上书请捕刺客以雪国耻，执政恶其言事，会被诬，贬江州司马。这些事实都向他说明，依靠讽谏，寄希望于皇帝以改革弊政的想法是行不通的。这就是为什么元、白功利主义的诗歌主张半途而废的主要原因（当然，除此之外，他们思想中原就有佛、老的影响，也是一种原因）。当他们写讽谕诗的时候，就同时写了不少闲适诗。讽谕说一旦丧失思想基础，他们便完全转向闲适了。于是，元和末年，诗歌思想的过渡期便从他们开始。这一过渡期的主要特点，便是创作上视野内向，转向写个人情思。

写个人情思的一种表现，便是写身边琐事，写逸乐生活的满足感。白居易后期的诗基本如此。他之醉心于"妻子在我前，琴书在我侧，此外吾不知，于焉心自得"[1]，"世间好物黄醅酒，天下闲人白侍郎"[2]，"月俸百千官二品。朝廷雇我作闲人"[3]，"我心与世两相忘，时事虽闻如不

---

[1] 白居易：《自余杭归，宿淮口作》，见《全唐诗》第 13 册，中华书局 1960 年版，第 4763 页。

[2] 白居易：《尝黄醅新酎忆微之》，见《全唐诗》第 14 册，中华书局 1960 年版，第 5089 页。

[3] 白居易：《从同州刺史改授太子少傅分司》，见《全唐诗》第 14 册，中华书局 1960 年版，第 5164 页。

闻"①，就是这种逸乐生活满足感的表现。像白居易这样写闲适诗的，其时不在少数，元稹、令狐楚、崔元亮，以至李德裕、刘禹锡等人的大量唱和诗类皆如此。

写个人情思的又一表现，便是写闺阁生活。盛唐诗人很少写闺阁生活，而此时写闺阁生活的诗开始在一些诗人中出现。元稹写了一些艳情诗。这些诗，是他诗作中写得最好的部分，反映的感情天地虽然狭窄，但写来往往感情浓烈真挚、细腻轻艳。后来苏轼所说的"元轻白俗"的"轻"，大概就是指此而言的。（李贺虽也写爱情，不过他把爱情写得迷离惝恍。）从元稹开始的以真挚情怀转向闺阁生活，在大中以后诗歌创作中遂成一主要倾向。

写个人情思的另一表现，便是咏史诗的出现。政治上的改革既已无望，不得不接受中兴已成一梦的现实。这在士人心理上的反映，便是怀古伤今，借对于历史的伤悼，寄寓对于现实的衰败无望的悲哀感慨。刘禹锡长庆四年作《西塞山怀古》，宝历二年（826）作《金陵怀古》、《台城怀古》，这几年还作《金陵五题》，都是怀古伤今之作。短短两三年，写了这么多怀古诗，且多表现一种时光流逝，人事变幻，繁华已去，景物犹在的深沉慨叹。这就很值得注意。这不得不说与贞元元和之际士人的各种改革热情至此已经消退，中兴希望已经幻灭有关。政局既已无望，讽谕和明道也就没有现实意义，或者说已经失去了动力。而用世之心，与对于朝廷的忠诚情怀又并未完全泯灭，不像晚唐后期的一些士人那样的走向归隐。这种矛盾心理，便很自然地表现为一种深沉的思索，思索人世盛衰兴败的哲理；又表现为对这个朝代的已逝繁华的共同眷恋和对中兴终成一梦的现实的伤悼。事实说明，怀古咏史诗的出现，乃是政局发展在士人心理上反映的自然产物。怀古伤今，成了晚唐初期诗歌创作的一个重要主题。在刘禹锡之后，大量异常精彩的怀古咏史诗便接连出现。许浑的《金陵怀古》、《咸阳城东楼》、《姑苏怀古》、《凌歊台》、《骊山》诸作皆是。杜牧这方面的诗就更精彩，《江南春绝句》、《题宣州开元寺》、《登乐游原》等，都是这方面的代表作。"长空澹澹孤鸟没，万古销沉向此中。看取汉家何事业？五陵无树起秋风。"② 其中蕴含的就是这种兴衰盛败的深沉思

---

① 白居易：《诏下》，见《全唐诗》第 14 册，中华书局 1960 年版，第 5128 页。
② 杜牧：《登乐游原》，见《全唐诗》第 16 册，中华书局 1960 年版，第 5954 页。

索。薛逢的《悼古》、王枢的《和严浑落花诗》等，无不如此。可以看出，咏史诗乃是士人从关心改革，视野外向，着眼于生民疾苦，转为视野内向，抒个人情怀，写身边琐事的过程中出现的一种思索、体认人生哲理的现象。

怀古咏史，写身边琐事，写闺阁生活，创作题材的这种转变，是这个过渡期的主要特点。它反映了重功利的文学思想到非功利的文学思想的转变过程的衔接现象。但它是一种缓慢的过渡，不同于上一个过渡期的反思、徘徊的特点。

当然还有其他的过渡期，例如，我们可以把隋代的文学思想看作南朝文学思想到唐代文学思想发展的一个过渡；可以把五代到北宋初年也看作一个文学思想的过渡期，等等。各个过渡期的特点虽然不同，但有一点却是相同的，那便是它在两种文学思想潮流中间起过渡作用。在唐代文学思想的发展过程中，很少看到一种文学思潮与另一种文学思潮在发展过程中突然衔接的现象。它们中间总有一个或长或短，或清晰或不甚清晰的这样那样的过渡阶段。这种过渡阶段的存在，或许是文学思想发展史上的一种普遍现象。

三

在唐代文学思想发展史上，我们还看到不同文学思想之间的复杂衔接现象。任何一种文学思想，都不是绝对"纯净"的，也都是不接受其他文学思想的影响的。

从总趋势，从主要倾向着眼，我国古代文学思想的发展基本上是一个功利主义文学思想与非功利主义、重文学特征、重抒情的文学思想不断交替的过程。例如，在散文文风文体演变中，我们就看到了这样一个过程。散文发展的最初阶段得到繁荣的是散体，究其原因，盖出于实用之需要。诸子百家争鸣之际，论辩要求说理严密，一字褒贬，骈体难以适应此种要求，而散体则可大显身手，因此，骈句虽很早就出现，但骈体却得不到发展。散体之所以得以风云际会，很快走向成熟，一开始便反映出功利主义的文学思想。孙梅所谓"骈体肇自魏晋"之说，似稍不确；但他说的骈体大约始于制诏，沿及表启，则是符合事实的。其实，骈体的最初出现，可追溯到汉元帝元朔三年（前126年），《封公孙弘平津侯诏》即为骈体。

其时骈体也偶或出现在奏书中，如谯云的《上书谏成帝》。延至东汉，似又略有扩展，而及于书信，如冯异的《遗李轶书》。但此类骈体，只有质朴之对句，实为骈体之雏形。此类雏形骈体之出现，主要也是出于实用的需要，为增强效果，有所强调，而使其略有对偶，朗朗上口。但此类质朴之雏形骈体并未得到发展。骈体进一步得到发展，是它逐渐离开功利主义的目的，而纯粹出于艺术的追求。曹丕的《答繁钦书》虽未用典，而华采秀出、音韵铿锵。他周围的一些作家，除修饰词采之外，开始加上用典，如应玚的《报庞惠恭书》、刘桢的《答魏太子丕借廓落带书》，应璩书信，几乎篇篇若是。可见魏文论文尚气，已肇文学自觉时代之思想端倪，骈体从功利目的走向纯艺术的追求，乃是此种思想之一反映。由魏而晋，排偶更加整齐，词采更为华丽，用典时或出现借喻与隐喻。由晋而宋，用典更为琐碎，所谓"大明泰始中，文章殆同书抄"者谓此。由宋而齐、梁、丽采、事典之外，又加以声韵的追求，骈体于是走向成熟。此时之骈文，已成纯粹之美文，与实用了无相干，与功利主义文学思想完全背道而驰了。这种非功利主义的文学思想发展到极端，弊病终于暴露无遗，于是又有功利主义的文学思想出来。这便是从宇文泰、苏绰开始的、断断续续延至唐代古文运动全盛期的"明道"说的出现。当"明道"说走向成熟之后，由于种种原因（如政局和社会思潮的变化），非功利主义的文学思想又出来，这便是以李商隐为代表的反对文以明道的重抒情、重艺术技巧的文学思想的出现，以及晚唐骈体文的再度兴起。散文思想的发展是这样一个否定之否定的过程，诗歌思想的发展也大致如是。

如果稍加考察，就会发现，这样的一种否定之否定，是一个复杂的衔接通变的过程。骈体最初出现和散体一样，带有明显的功利主义目的，后来才逐渐走向纯艺术技巧、艺术形式的追求；散体再起而取代骈体，又汲收了骈体艺术表现上的成就才得以取得成功。纯粹意义上的复古，不考虑文学和艺术表现手段已经丰富发展了的现实，结果当然不可能取得以散代骈的成功，韩、柳之前的李华、独孤及、柳冕诸人就是例子。韩、柳之所以取得成功，除了他们的文体文风改革带着强烈的政治色彩、与当时之政治思想生活密切相关外，还在于他们很好地汲收了已经发展起来的，包括骈文在内的丰富的艺术经验、艺术技巧；在于他们既倡明道，也主抒情，而且在创作实践中把二者很自然地结合起来。他们把秦汉散文创作中的功利主义文学思想，同魏晋六朝发展起来的对文学艺术特殊性的重视与强调，很自然地融为一体。他们文学思想的主要倾向是功利主义的，但又不废缘情。这种衔接现象说明，一种能够引导文学创作走向繁荣的文学思想，都不是凭空产生、孤立存在的。它只是文学思想发展过程中的一个环节。它不可能割断历史。它要承继前此文学思想上的一切积极因素，汲收、改造、发展。

这种现象在诗歌思想上也有充分表现。如果追索一下各种诗歌思想的构成，我们就可以看到，除了该诗歌思想的主要倾向之外，还包含有各式各样的其他诗歌思想的因素。这就是衔接现象。杜甫是一个很典型的例子。他的诗歌思想的主要倾向，当然是写实。这种诗歌思想更接近于功利主义的性质，其中有陈子昂"兴寄"说的影响。但是，在杜甫的诗歌思想中，又到处可以看到盛唐重风神、重意境创造的诗歌思想的影响。不仅如此，他还接受了魏晋六朝诗歌思想的影响，特别是重词采、重声律的思想。他的诗歌思想和他的创作实践一样，实具"备兼众体"的性质。元稹和白居易倡功利主义的诗歌主张，但元稹在创作实践中实际上接受了梁、陈宫体诗人的诗歌思想的影响，白居易则无疑受到南朝山水诗人们的影响。他们两人同是推崇杜甫，元稹推崇杜的兼备众体，白居易则推崇其讽谕兴寄。他们两人诗歌思想的主要倾向是相同的，但各自诗歌思想的构成却要复杂得多、丰富得多。又如，对于诗歌语言的色感、韵律感和意象的组合方式，李贺和韩愈都作了独特的探索，李商隐和温庭筠接受了他们这些艺术追求的影响，又分别不同地加以发展，另有所好。韩愈、李贺、孟郊以至后来的杜牧、李商隐，都受到杜甫艺术追求的某些影响，而又各有自己的美的追求。正是由于有这种复杂的衔接现象，诗歌艺术思想的精华才得以各种形式积淀起来，并且慢慢形成诗歌艺术思想的民族传统。没有这种复杂的衔接现象，诗歌艺术思想的民族传统的形成是难以想象的。

和这种复杂的衔接现象有关的一个问题，便是发展。发展是衔接的下一个环节，衔接→发展。在唐代诗歌思想的发展中，我们可以看到，只有衔接而没有发展，便不会有什么建树。衔接之后又发展，承继前人诗歌艺术的经验，而加以创新，就取得了独特的成就，便可在文学思想发展史上留下独特的不可磨灭的印记。这样的例子有很多。

我们先来看韩愈的例子。韩愈诗歌艺术的追求，显然受到杜甫和李白的深刻影响。杜甫追求的那种掣鲸碧海的壮大的美，李白追求的那种豪雄奔放的美，都为韩愈所身心向往。而且，他是以自己的独特意会去感受这种美的。他把这种美描绘为"徒观斧凿痕，不瞩治水航。想当施手时，巨刃磨天扬。垠崖划崩豁，乾坤摆雷硠"。① 这就是他心目中李、杜所追求的美。他承接了这种美的追求，但是他又把它发展了。他把这种壮大豪雄奔放的美，变为一种光怪震荡的美。他在创作中，常常表现出一个光怪陆离的世界的震荡变幻，表现一种狠重的怒张的力。他之所以用"搜搅"、"腾踔"、"轰辐"、"趺踢"描写洞庭湖的波涛；用天跳地掉、神焦鬼烂描写陆浑山火；用崩腾排拶、龙凤交飞、波涛飘扬描写雪花；用赤龙拔须、羲和火鞭形容赤藤杖，就都是为了表现出一种震荡光怪的怒张的力。正因为这种发展，他才开创了一个新的诗派。

李商隐受韩愈的影响，他的一些诗，写来很像韩愈。《韩碑》一篇，写法上之像韩诗，到了可以乱真的程度。但是，这些写得像韩诗的作品，都并不是李商隐的成就。如果李商隐对诗歌艺术的追求仅仅是模仿韩诗用词的怪奇与构辞的散文化，那就不会有我们今天见到的这样一个杰出的李商隐了。他之所以在唐代诗歌发展史上留下了不可更替的印记，就在于他学韩之外（当然还有学杜甫与李贺），另有自己的艺术追求。他追求一种朦胧情思与朦胧意境的美，追求一种幽约细美凄艳的美。他的诗歌思想，在唐代诗歌思想发展史上开始了一个新的阶段。这正是他的成就处。

任何一种文学思想都不可能是亘古不变的。随着历史的发展，随着文学创作的发展，文学思想也就自然而然地产生这样或那样的变化。它有自己继承的一面，即衔接的一面；也有发展的一面。只是重复原有的思想，没有赋予新的时代的内容，没有汲取创作实践已经提供的新的经验，它也就失去了生命力。隋唐五代文学思想史有不少这样的现象，例如，隋末王通，晚唐的一些批评家，离开社会生活的实际，重复前人观点，带着空言明道的性质，他们的理论便没有多大意义，也未对创作实践产生实际影响。

四

唐代文学思想的发展提出的另一个问题，便是理论主张和创作实践之间的关系问题。一种理论主张的提出，是否能推动创作的发展，对创作的

---

① 韩愈：《调张籍》，《昌黎先生集》卷五，蟫隐庐影宋世綵堂本。

繁荣起指导作用，主要取决于这种理论主张是否正确反映了它的时代的创作风貌，是否具有实践性的品格以及根据这种理论主张进行的创作实践是否取得了实际的成就。

以散文的文体文风改革为例。"文明道"的主张在韩、柳之前已经完备。萧颖士主宗经，倡风雅。李华于宗经之外，又强调文章与作者品德之关系。永泰二年（766）独孤及在宗经之外，提出本乎王道，以五经为源泉，重政教之用，反华饰的主张。他甚至教导他的学生梁肃，"文章可以载道"。翌年，元结写《文编序》，提出"救时劝俗"说。大历八年（773），梁肃提出文章应叙治乱、陈道义、广劝诫、颂美功；指出文之用，是明道德仁义。柳冕更把这种理论纯粹化为正统儒家的思想。其论文之旨归，在本于教化，文经一体。应该说，文以明道的理论主张，已经相当完整了。在理论上，韩、柳的"文明道"说并未超过从萧颖士到梁肃这些文体文风改革前辈的理论主张的范围。何以韩、柳取得了巨大的成功，而萧颖士他们却并没有在文学思想史上留下更为深刻的印记？最根本的原因，就是他们的"文明道"说缺乏实践性的品格，带着空言明道的性质。他们本身都并不是政治改革家，他们的文学主张缺乏政治改革的思想基础。他们虽一再提倡明道，但所明之道，与现实政治并无密切联系。他们提出"明道"说时，正是唐代由盛而衰的转折时期，而他们对于朝廷盛衰，并无后来韩、柳诸人的强烈责任感，也未见有改革弊政的主张。李华、梁肃，都是荆溪禅师的弟子。崔恭《梁肃文集序》把梁肃的信佛、复古而不适于经世之用说得很清楚。近年有的论者从梁肃诸人与后来柳宗元之信佛，把佛教与唐代古文运动联系起来，认为佛家思想的影响，乃是唐代古文运动兴起的原因之一。其实，这是把问题弄颠倒了，佛教思想的影响，正是古文运动提倡者的局限。柳冕倒是儒家正统思想的信徒，但其不切于经世之用则是相同的，新、旧《唐书》均有他不长于吏治的记载。他们的一个共同特点，便是口言明道，而于行身处世上对现实持一种较为超脱的态度。这就给他们的"文明道"说带来了一个致命的弱点，即抽象、缺乏现实感，不像韩愈"明道"说之带着明确的反释、老的目的，不像柳宗元"明道"说之明言所谓道者，盖指"辅时及物"而言。因此他们的"明道"说也就没有韩、柳"明道"说那样和现实政治息息相关。"明道"说作为一种功利主义的文学理论，既与现实生活相暌隔，缺乏现实政治的具体内容，用之于创作实践，当然也就不可能给文章带来生气、带来生命力。这恐怕就是他们这些人文的章虽有两汉遗风，且已完全消除尽骈文影响的痕迹，而终于没有名篇传世、未能推动散文文体文风改革取得更大成就的根本原因。

一种文学理论主张是否具有实践性品格，还表现在它是否正确反映文学的发展趋势上。也就是说，它提得是否适时。当韩愈崇尚怪怪奇奇的时候，他的这种审美理想既与元和年间的社会风尚相适应（元和尚怪。元和的服装和元和年间士人的行径，如韩愈在《谁氏子》一诗中的反映——都透露了当时社会风尚的消息），也和当时创作上的革新思潮相适应。因此，他的尚怪奇不论表现在散文创作上还是表现在诗歌创作上，都取得了巨大的成功，而且不止他一人如此。在诗歌创作上，卢仝、马异尚怪奇固不用说，就是孟郊、李贺诸人，也都不同程度地反映出尚怪奇的倾向，而且同样取得了独特的成就，在诗歌史上留下了自己鲜明的创作个性。但是，同一种审美理想，在他之前和之后，都没有能在创作上取得成功。在他之前，天宝年间任华就在诗歌创作中追求怪奇，但任华自己既未取得成功，也未见有人响应。因为其时既无尚怪奇的社会思潮的背景为基础，文学发展的趋势、时代的审美情趣也与怪奇格格不入。在韩愈之后，孙樵又提出了尚奇的主张。但其时诗歌创作的审美情趣已逐渐转向细美幽约，散文创作中骈体又发展起来，追求表现技巧的细腻含蕴。孙樵本人的创作，既未在"奇"上有何创造，也未见有何响应者。显然，他的尚奇的主张，与任华当年对奇的追求一样，都是不适时的，且不符合文学的发展趋势。他们之未能在这方面取得与韩、孟一样的成就，原因除个人才气之外，或即亦在于此。

陈子昂一倡"风骨"，而引起了文坛强烈的响应，对有唐一代的文学发展留下了深远的影响，最根本的原因，就在于他的这一理论主张预示了行将到来的盛唐诗歌的风貌，充分地反映了文学发展的必然趋势，说出了文学发展的思潮迫切要求说出来的那句最重要的话。也就是说，他的这一理论主张具有充分的实践性品格，因此，他十分有力地推动了盛唐诗歌的创作，给盛唐诗歌的繁荣带来了巨大的助力。而"诗教"说在晚唐的出现，情形正与此相反。皮日休（如《正乐府序》）、杜荀鹤（如《自叙》）、吴融（如《禅月集序》）、黄滔（如《答陈磻隐论诗书》）、顾云（如《唐风集序》）、裴贽诸人，也提倡诗教，但是他们的"诗教"说在创作实践中并未起任何作用，与他们在散文上的主张一样，带着空言明道的性质。就连他们自己，也都未按照"诗教"说来写诗。除皮日休有十篇模仿白居易的新乐府而属失败之作外，吴融、黄滔、顾云、裴赟现存诗作中，无一首及于诗教者。杜荀鹤、聂夷中、曹邺、唐彦谦诸人，有少量写生民疾苦的诗，但更类杜甫的写实倾向，而不同于"诗教"说的要求。他们这部分写生民疾苦的诗，如同此时皮日休、杜荀鹤、罗隐诸人在写一些甚为精彩的抨击社会黑暗的散文一样，是从对朝政的失望走向对社会的不合作，是尖酸泼辣的讥讽，是嘻笑怒骂，不是借讽谕以匡救弊政，不是合作。他们在散文上的"明道"说未能付诸实践，付诸实践的是奋激抗争；在诗歌上的"诗教"说，也同样未能付诸实践，付诸实践的除少量写生民疾苦的诗之外，就是大量追求淡泊情思、淡泊境界之作。这时的政局既已一塌糊涂，明道与诗教，都已无实际意义；这时的文学发展趋势，也非明道、诗教说所能代表，因此，他们的这部分主张，也就显得苍白无力，缺乏光采，比之于他们创作实践中反映出来的文学思想倾向，要逊色得多。

当然，一种文学理论是否具有实践性品格，是否对当时创作的发展起推动作用，这只是衡量它的价值的一个方面。理论和创作的关系不仅仅表现在这一点上，它要复杂得多。判断一种文学理论的价值也要复杂得多。在文学思想史上我们可以举出《文心雕龙》的例子。现在我们几乎很难找到《文心雕龙》在当时文学创作中的影响的痕迹，但是它的巨大的理论价值却是毫无疑义的。一种正确的理论主张是否能付诸实践，何时能付诸实践，还须具备其他条件。因此，不能仅仅以是否推动了当时的创作实践来衡量一种文学理论的价值。但是，是否能推动文学创作的发展，却无疑应该作为判断一种理论主张的价值的一个重要依据。

五

唐代文学思想的发展变化，与政局有关。但是它与政局的关系，主要是通过士人的心理状态表现出来的。政局影响士人的心理状态，士人的心理状态直接影响文学思想的发展变化。

在唐代文学研究中，曾不止一次讨论过唐诗繁荣的原因。这个问题当然已经取得了一定的进展，但仍未能令人信服地得到圆满解决。之所以如此，除了这个问题本来涉及多学科，而我们对其他学科有关这个问题的研究尚待深入、一时尚难弄清诗歌繁荣的背景之外，研究方法上似亦有可考虑处。对三百年的唐代诗歌发展的不同段落不加区别，一概而论，这样的方法，是难以把繁荣的原因完全说清楚的。繁荣这个概念，如果我们指的不只是诗人和诗歌创作数量的众多，而是指有成就的诗人和有高度艺术价值的诗篇的众多的话，那么，唐诗的繁荣大抵有三个阶段，即景云中至安史之乱前后（盛唐和代表转折时期的集大成的杜甫）；贞元元和间的中唐诗坛；大和大中间的晚唐初期诗坛。第一个段落，当然是众所周知的群星辉映的时期。第二个段落，则是各个诗派、各个有鲜明创作个性的诗人出现的时期。第三个段落，虽然总的成就比之于前两个段落似稍逊色，但杜牧、许浑、李商隐、温庭筠仍然取得了巨大的成就，特别是李商隐，他简直把诗歌的高度表现技巧，把诗歌感情的幽微隐约的表达推向了极致。三个段落，各有其繁荣的特点。这些特点，便是艺术追求的不同，艺术成就的不同，文学思想主要倾向的不同。除了诗歌本身发展的内在原因（如魏晋六朝以来积累起来的艺术经验、诗歌形式的发展趋势等）之外，艺术追求、文学思想的不同，则直接受着士人心理状态的影响。

盛唐诗人之追求风骨、兴象、自然的美，与此时士人的强烈入世思想，与他们对建立功业的热烈向往，与他们的充足的自信心是分不开的，是他们这种情怀在美学理想上的反映。近百年的安定繁荣、国力强盛，培养了这一代地主阶级知识分子的昂扬精神风貌。他们的豪雄气概与建立功业的强烈愿望，几乎处处流露出来。王维早年的《老将行》、《燕支行》，孟浩然的《田园作》，高适的《塞下曲》、《淇上酬薛三据兼寄郭少府微》，以及李白的大量作品，都充分表现了这一点。一大批诗人把边塞写得是那样神奇壮伟，山河、功业、豪情，完全融为一体；向往、追求、理想，一切都带着明朗基调与乐观情绪。这就是盛唐风骨的思想基础，也就是盛唐风骨之表现出清刚壮大的特点，而不同于魏晋风骨悲怆梗概的原因。正因为其时士人的这种精神风貌，所以他们无论写什么，都没有表现出缠绵悱恻、低沉颓靡的情调。可以说，没有这种昂扬的精神风貌，就不会有盛唐风骨，盛唐诗歌之所以为盛唐诗歌，也就难以想象了。

唐代社会衰败的到来，特别是安史乱起之后，政局的突然变化在士人中引起了不同的心理反响。像杜甫那样，同情生民疾苦，系念朝廷安危：一片忠心与一腔血泪，遂在创作中走向写实，于世上疮痍中成为诗中圣哲，文学思想之从盛唐的倾向理想主义转变为杜甫的倾向于写实，当然与战乱引起的杜甫复杂的心理状态的变化有关。但不久，另一部分士人便表现出了另外倾向。他们在突然到来的大战乱面前表现出了另外一种心理状态。"时艰方用武，儒者任浮沉。"他们原先那种渴望立致卿相、建立不世功业的理想，被安史之乱和继之而来的方镇割据、外族入侵的连绵战乱的政局一扫而光，他们感到生不逢时，在急剧动荡的生活面前，表现出一种不知所措的情绪。他们失去了自信心，沉湎于对开元天宝盛世的回忆之中，而对现实生活采取了一种无可无不可的态度。这便是大历至贞元中这一段时间诗坛的背景。这时的诗人们的感情天地，比盛唐诗人们实在要狭小得多。他们已不再追求清刚壮大的气概，而是追求冷落寂寞的境界，追求冲淡与韵味。士人心理状态的变化，造成诗歌思想的这种转变。而诗歌思想的这种变化及其在创作中的表现，标志着唐代诗歌繁荣第一个高峰的结束，随之转入一个过渡期，等待着第二次繁荣的到来。

待到贞元元和年间，地主阶级的知识分子，它的智囊们，才仿佛从不知所措的心绪中惊觉起来，产生一种渴望挽救唐王朝的衰落、渴望中兴的强烈愿望。他们从各自的角度，提出了各式各样的改革主张，永贞革新自不必说，韩愈的反佛、老，裴度的平淮西，以至白居易在策林中提出的对政治经济问题的种种见解，都是这种改革愿望的反映。只要看看柳宗元的那种执着求实的精神，看看他那些政治见解；看看韩愈反佛、老的那种坚决的义无反顾的态度，就可以知道当时渴望改革的思潮是多么强烈。尽管政见不同，但希望朝廷强大起来，幻想中兴却是一致的。正是士人的这种改革精神，这种重新振奋起来的心理状态，才给贞元末至元和的文坛带来了新的生机。如果要简单地描述贞元末至元和年间文坛的总的风貌的话，那么可以用一句话加以大致的概括，便是：充满革新精神。诗歌上"讽谕"说的提倡，散文上"明道"说的出现，为革新精神在文学上的反映固不待言；诗歌思想上韩、孟之尚怪奇，李贺之追求瑰丽斑斓，也无一不充满革新精神。正是这种革新的精神，促使中唐诗坛出现了众多创作个性极其鲜明、彼此之间艺术风格、艺术表现方法差别极大的诗人和不同的诗派，出现了唐代诗歌的第二次繁荣。可以说，唐诗的第二次繁荣，与此时士人的改革精神关系至为密切。

随着改革的失败，中兴成梦，士人心理又发生了变化。虽仍惦念王朝盛衰，时存希望，而又明知衰败之势无法挽回，繁华已成陈迹。这种矛盾的思想状态，使此时士人的视野转向历史的回顾与思索，转向闺阁庭园，给诗歌带来细腻的情思与技巧。唐诗最后一个高潮的特点，同样是与士人心理状态的变化联系在一起的。

唐代文学思想的变化与士人心理状态的变化的关系，似具普遍意义。由于中国封建社会里文人普遍地走入仕参政的道路（不论其成功与失败），文人的命运往往和政局的变化关系至为密切。他们的思想状况、精神风貌，也就随着政局的变化而变化。而这种变化，不可避免地影响到他们的生活情趣、审美理想，当然也影响到他们的文学思想。即使有时候他们在文学理论、文学批评中会说一些言不由衷的话、说一些假话，但他们的创作倾向却是掩盖不住的。他们的创作很自然地反映了他们的心理状态的变化，反映了他们的真正追求。政局的变化、士人心理状态的变化、创作倾向的变化、文学思想的变化，常常是很敏感地联系在一起的。

唐代文学思想的发展涉及的当然还有其他理论问题，比如说，某种文学体裁在创作上得到繁荣与文学思想发展的主要潮流是不是存在一些联系？唐代散文的文体文风改革大体是沿着两个方面进行的：一是散体的逐渐增多，终于取代骈体而占主导地位；二是骈体的改造，去赘典繁辞，终于发展至陆贽奏议那样，抑扬顿挫而又质朴流畅，虽仍为骈体而又说理严密，只差一步，即可与散体合流。这两个方面的发展，都经历着一个缓慢的过程。这或者是散文文体文风改革的高潮迟迟到来的一个原因。但是，仅此原因，似仍不足以说明何以唐代文学的第一次繁荣即盛唐文学的到来，是从诗歌开始，而不是从散文开始的。因为诗歌繁荣的到来也同样经历了一个缓慢的过程。散文繁荣的迟迟到来，当尚有其他原因。原因之一，或与文学思想发展的主要潮流有关。盛唐文学思想的发展潮流，是重风骨、重抒情、重自然的美，就其实质来说，更倾向于理想，而不是功利与写实。盛唐是一个充满理想的社会，那是一个诗的时代。而唐代散文文体文风改革的特点，却和功利主义文学思想连在一起。唐代功利主义文学思想虽然出现得较早，但有较充分的表现是在天宝后期以后，而成为主要的思想潮流，则直到贞元末元和年间。那个严峻的、改革的、求实的时期，更适合于功利主义文学思想的发展。这或者就是散文的繁荣为什么到韩、柳出来才开新局面的一个重要原因。当然，这又涉及另一个问题，即中国传统散文的特点问题。这一问题牵涉较广，本文不拟详论。唐代文学思想发展涉及的其他理论问题，除此之外，又比如，文学思想主要潮流的形成、变换，与哲学思潮的关系，与中外文化交流的关系，等等，所有这些，都有待于进一步研究。

《中国社会科学》1984 年第 5 期

论词之起源

叶嘉莹[*]

　　摘要　本文报据大量文献资料，对词的起源进行考证，并提出了自己的看法。作者认为词的起源实际上就是隋唐以来为配合新兴乐曲而填写的一种歌辞。在其形成过程中也受到多方面的影响。本文作者指出，唐声诗的歌唱对于长短句的词确曾产生过影响，但只是兄弟关系，而非父子关系，并无直接承继关系。六朝乐府诗在格式、风格以及依同一格式写歌词方面与词极为相似，但也不能认为六朝乐府诗是词的缘起。唐宗教乐曲与词也有密切关系，并互有影响。作者认为，它们都对词有影响，但不可固执其中之一说以偏概全。本文将收入《灵谿词说》一书中。

一

风诗雅乐久沉冥，六代歌谣亦寝声，
里巷胡夷新曲出，遂教词体擅嘉名。

　　关于词之起源，在中国文学史中，一向有争论。这主要是因为"词"这种韵文体式之形成，本来就曾受到多方面之影响，原不可以固执一说以偏概全。在推寻"词"之起源以前，先对于"词"之为义，略加说明。清代的张惠言，在其《词选·序》中，曾经引"意内而言外谓之词"为说，然其言实不可据。盖"意内言外谓之词"原出于汉代许慎之《说文

---

　　[*] 叶嘉莹（女），加拿大籍华人，1924 年生。1945 年毕业于辅仁大学，1948 年赴台。现为加拿大大不列颠哥伦比亚大学亚洲研究系终身教授。著有《迦陵论词丛稿》、《迦陵论诗丛稿》等。

解字》，其所谓"词"原指"语词"之"词"，而并非我们所讨论的唐五代以来的歌曲韵文之"词"。关于此一错误，我在《常州词派比兴寄托之说的新检讨》一文中，已曾对之有详细之评说①，兹不复赘。其实所谓"词"之为义，原不过指唐代一种合乐而歌的歌词，正如同前人之称乐府诗亦曰"乐府古辞"，不过表示它可以配合乐府音乐而歌唱的歌辞而已。"词"与"辞"二字，在指文辞而言时，原可互相通用，因此所谓"词"也就是歌曲之辞的意思，所以也有人称之为"曲子词"，或简称"曲子"，便因为其主要之性质原是一种歌曲的歌辞。不过后来"词"既然成了一种韵文体式的专门指称，为了有别于一般其他"歌辞"或"文辞"之"辞"，遂相沿以"词"字为名。在形式方面，因为配合音乐曲调的关系，所以每句字数往往有多少长短之不同，与一般通行的五言或七言诗之字数整齐者有异，所以也有人称之为"长短句"。因此便有人因其合乐而歌之性质，及其长短不齐之句式，而将它推源于古乐府，但其实这种推论并不是完全正确的。一则"词"之句式虽然以长短不齐者为多数，但亦非绝无齐言之形式。二则词之合乐与乐府诗之合乐，其性质亦有所不同，乐府是先有歌辞，然后方才以音乐相配合；词则是先有音乐之乐调，然后方才以歌辞依乐调来填写。这两点差别，自是明显可见的。三则合乐而歌的歌辞虽然无代无之，然而"词"所配合的乐调，却与前代乐府所配合之音乐，已有很大差别。"词"既然是在唐代配合当时之乐曲而新兴的一种歌词，我们自然应对唐代音乐之继承往古与开创新声之情形有一点大略之认识。宋朝的沈括在其《梦溪笔谈》中，曾有一段极为简单扼要之叙写，说："自唐天宝十三载，始诏法曲与胡部合奏，自此乐奏全失古法，以先王之乐为雅乐，前世新声为清乐，合胡部者为宴乐。"②沈括为宋仁宗嘉祐年间进士，去唐未远，又且精于音律，其所言当属可信。以下我们就依沈氏所说的"雅乐"、"清乐"及"宴乐"三种不同性质之音乐，略作简单之说明。

先说"雅乐"。按照沈括所说的唐代之所谓"雅乐"，是指"先王之乐"，而"先王之乐"如果从字面解释，原当指中国自周代文武诸王所传留之古乐，不过这一类古乐，自秦代以来，便已大多沦散消亡了。杜佑

---

① 见叶嘉莹《迦陵论词丛稿》，上海古籍出版社 1980 年版，第 317 页。
② 《梦溪笔谈》元刊本卷五，文物出版社 1975 年元刊本，第 21 页。

《通典·乐一》便曾经说："秦始皇平天下，六代庙乐，惟韶、武存焉。"① 至于汉代，高祖欲制定宗庙之雅乐，而《汉书·礼乐志》对于当时之"太乐官"已有"但能纪其铿锵鼓舞，而不能言其义"之叹息，及至武帝之时，为郊祀所制定的《十九章》之歌，则已杂有当时民间歌讴及受西域音乐影响之"新声"在内。② 所以《隋书·音乐志》便曾说："武帝裁音律之响，定郊丘之祭，颇杂讴谣，非全雅什。"③ 其后经东汉三国之乱，雅乐更为散失，《晋书·乐志》也曾说："汉自东京大乱，绝无金石之乐，乐章亡缺，不可复知。"④ 其后虽经过一番搜辑整理，但其实已早就不是所谓"先王"之雅乐的本来面目了。及至唐代，据《唐书·音乐志》之记载，则在高祖"武德九年，始命孝孙修定雅乐，至贞观二年六月奏之"。孝孙以"陈梁旧乐杂用吴楚之音；周齐旧乐，多涉胡戎之伎。于是斟酌南北，考以古音，作为大唐雅乐"。⑤ 这是唐代政府所制定的庙堂之音乐，与我们要讨论的"词"所配合的民间之俗乐，并没有很密切的关系。至于所谓"清乐"，据沈括之言，乃是指"前世新声"。本来我们在前面已曾提到汉武帝时所制定的郊祀之歌，其中便已杂有"新声"在内。据《汉书·礼乐志》载云："武帝定郊祀之礼，……乃立乐府，采诗夜诵，有赵、代、秦、楚之讴。以李延年为协律都尉。"⑥ 《汉书·佞幸传》又载："延年善歌，为新变声。是时上方兴天地诸祠，欲造乐，令司马相如等作诗颂，延年辄承意弦歌所造诗，为之新声曲。"⑦ 这些由汉代"乐府"所配合的"新声曲"，其乐调究竟如何，则据阴法鲁《关于词的起源问题》一文，以为"汉乐府曲大致分为两类，即'鼓吹曲'与'相和歌'"。⑧ 而据宋朝郭茂倩之《乐府诗集》，则鼓吹曲又可分为以下几种，即黄门鼓吹、骑吹、横吹与短箫铙歌。郭氏以为"黄门鼓吹、短箫铙歌与横吹曲，得通名鼓吹，但所用异耳"⑨，又谓"列于殿庭

---

① 《通典》卷一四一，商务印书馆 1936 年版，第 734 页。

② 参见《汉书》卷二二《礼乐志》及卷九三《佞幸传·李延年传》。

③ 《隋书》卷十三，中华书局 1973 年版，第 286 页。

④ 《晋书》卷二二，中华书局 1974 年版，第 679 页。

⑤ 《旧唐书》卷二八，中华书局 1975 年版，第 1041 页。

⑥ 《汉书》卷二二，中华书局 1975 年版，第 1045 页。

⑦ 《汉书》卷九三，中华书局 1975 年版，第 3725 页。

⑧ 见《词学研究论文集》，上海古籍出版社。

⑨ 《乐府诗集》，中华书局 1979 年版，第 224 页。

者，名鼓吹"，"从行鼓吹为骑吹"，"短箫铙歌为军乐"，而横吹曲"其始亦谓之鼓吹，马上奏之"，亦为"军中之乐"①。以上皆属于鼓吹曲之一类，是较雄壮的、在固定场合所用的音乐。而相和歌则其中杂有不少民间的歌曲，《乐府古题要解》（上）即曾云："乐府相和歌，……并汉世街陌讴谣之辞"，至于其名为"相和"之义，则据《晋书·乐志》（下）云："相和，汉旧歌也，丝竹更相和，执节者歌"②，是所谓"相和"者，原是一种演奏歌唱的方式，其所用之乐调，则有多种之不同。一种称为清商三调，据《魏书·乐志》载："瑟调以宫为主，清调以商为主，平调以角为主。"③ 而凡此三调以"相和"之方式演唱者，皆可称为相和歌。《隋书·经籍志四》载有"三调相和歌辞五卷"可以为证。此外，又有楚调与侧调，亦属于相和歌。《乐府诗集》即曾云："平调、清调、瑟调，皆周房中曲之遗声也，汉世谓之三调。又有楚调、侧调。楚调者，汉房中乐也。高帝乐楚声，故房中乐皆楚声也，侧调者，生于楚调，与前三调总谓之相和调。"④ 此类歌曲，曾为魏晋以来所袭用，至永嘉乱后，乃散落于江左，其后又与江南之吴歌及荆楚之西声相结合，遂总称为清商乐，亦曰清乐。《乐府诗集》即曾云："清商乐，一曰清乐。清乐者，九代之遗声，其始即相和三调是也，……自晋朝播迁，其音分散，……后魏孝文讨淮汉，宣武定寿春，收其声伎，得江左所传中原旧曲，……及江南吴歌、荆楚西声，总谓之清商乐。"⑤ 于是所谓清商之乐曲，或曰清乐者，遂成为汉朝以来中原及南方各地所流传的，并包括了相和歌、清商三调以及吴歌西曲各种民何音乐在内的一种音乐的总称。及隋平陈，因于太常置清商署以管之。文帝开皇初始置七部乐，清商伎即其一也。至炀帝大业中，乃定清乐、西凉等为九部。及唐高祖武德初年，虽云"享宴因隋旧制，用九部之乐"⑥，但却已删去了隋代之第九部的"礼毕"，而于开端增加了一项"燕乐"⑦。"宴乐"也可以写作"燕乐"，其名义之所指，也曾因历代之

---

① 《乐府诗集》，中华书局 1979 年版，第 309 页。

② 《晋书》卷二三，中华书局 1974 年版，第 716 页。

③ 《魏书》卷一〇九，中华书局 1974 年版，第 2835—2836 页。

④ 《乐府诗集》卷二六，中华书局 1979 年版，第 376 页。

⑤ 《乐府诗集》卷四四，中华书局 1979 年版，第 638 页。

⑥ 《旧唐书》卷二九，中华书局 1979 年版，第 1059 页。

⑦ 参见杨荫浏《中国音乐史纲》第 3 章第 3 节之叙述，及所附隋唐之际的"七部乐"、"九部乐"相"十部乐"之比较。见本卓附录。

所用不同，而分别有不同之范畴。若就其立名之本义而言，则所谓"宴乐"，原当指宾客宴饮时所奏之音乐。因此，按广义言之，则隋代与唐代之七部乐、九部乐及玄宗时之十部乐，实在都可以称为"宴乐"（见表1）。但唐代之"九部乐"与"十部乐"中，却又都立有"宴乐"之名，与所谓"前世新声"之"清商乐"，以及西凉、扶南、高丽、龟兹等诸"胡部乐"，皆相对举。若就其与诸"胡部"对举而言，则"宴乐"便似乎本该指包含华夏成分较多之音乐；而若就其与"清商乐"对举，且依沈括《梦溪笔谈》所谓"合胡部者谓之宴乐"而言，则"宴乐"便又是较"清商"更多胡乐成分之音乐。所以杨荫浏便说"唐人的燕乐，是清乐与胡乐之间的一种创作音乐，是含有胡乐成分的清乐，含有清乐成分的胡乐"①。这话是极有见地的。因此唐太宗立十部乐，其中尚有西凉、扶南等以外族胡部为名的乐部，但到了玄宗时，其所设立之"坐部伎"及"立部伎"，便已经不再用外族胡部之名，这便可见玄宗之世已经把外族胡部音乐融于华夏音乐之中了。虽然天宝年间之个别乐曲，仍有以边地为名者，如"伊州"、"凉州"之类，但却已经不再能单纯地归属为外族胡部之乐。所以，唐代的音乐，实在可以说是一个集南北汉胡多种音乐之大成的音乐，而"词"就正是自隋代以来伴随着这种新兴的音乐之演变而兴起的、为配合此种音乐之曲调而填写的歌词。故王灼《碧鸡漫志》即曾云："盖隋以来，今之所谓曲子者渐兴，至唐稍盛。"②这种曲调最初流行于民间，如敦煌所发现的一些曲子，便是这类民间曲词。《旧唐书·音乐志》所谓"自开元已来，歌者杂用胡夷里巷之曲"③，其所指也就是这类曲调。其后文士们由于喜其曲调之悦耳，而病其文字之不雅，遂为其曲调填写歌词。以后作者日众，乃发展为中国文学史中的一种重要的韵文形式。其始原只是一种曲子词，后世为了避免其名称与汉代之乐府辞及元明南北曲之曲辞混淆，乃专以"词"字为此类作品之简称。其后此类作品虽已经不再合乐而歌，当时之乐谱也渐失传，然而由于最初为合乐而填写所造成的抑扬高下长短曲折的声调之类，却仍可以在诵读中体味得之。而由于此种形式音节之特点，遂影

---

① 《中国音乐史纲》，上海万叶书店 1952 年版，第 122 页。
② 《碧鸡漫志》第一卷，第 1 页，刊《词话丛编》第一册。
③ 《旧唐书》卷三〇，中华书局 1975 年版，第 1089 页。

响了其内容意境，也具有一种幽微含蕴之特质。所以王国维《人间词话》乃有"词之为体，要眇宜修，能言诗之所不能言"之语。而所谓"词"，乃果然具有了张惠言所称的一种"意内言外"之深远而含蕴之品质。于是"词"遂成为可以与"诗"分庭抗礼，不仅足以言志，而且可以传达"贤人君子幽约怨悱之情"的一种精美的文学形式了。而究其实，则"词"之缘起却原只不过是隋唐以来配合新兴之乐曲而填写的一种歌词而已。

表1　　　隋唐之际"七部乐"、"九部乐"、"十部乐"简表

时期	隋		唐	
	开皇初	大业中	武德初	太宗时
乐部数	七部乐	九部乐	九部乐①	十部乐
乐部名称	(1) 国伎			
			(1) 燕乐	(1) 燕乐
	(2) 清商伎	(1) 清商	(2) 清商	(2) 清商
		(2) 西凉	(3) 西凉	(3) 西凉
	(4) 天竺伎	(4) 天竺		
			(4) 扶南	(4) 扶南
	(3) 高丽伎	(8) 高丽	(5) 高丽	(5) 高丽
	(6) 龟兹伎	(3) 龟兹	(6) 龟兹	(6) 龟兹
	(5) 安国伎	(7) 安国	(7) 安国	(7) 安国
		(6) 疏勒	(8) 疏勒	(8) 疏勒
		(5) 康国	(9) 康国	(9) 康国
				(10) 高昌
	(7) 文康伎②	(9) 礼毕②	(礼毕)②	(谦后②)

注：①唐武德初"九部乐"名，见杜佑《通典》。

②"礼毕"就是文康伎。《隋书·音乐志》说："礼毕者，本出自晋太尉庾亮家。亮卒，其伎追思亮，因假为其面，执翳以舞，象其容，取其谥以号之，谓之文康乐。每奏九部乐终则陈之，故以礼毕为名。其行曲有单交路，舞曲有散花。乐器有笛、笙、篪、铃、槃鞞、腰鼓等七种；三悬为一部。工二十二人。"武德初亦有礼毕。太宗时，代之以谦后，都没有专设乐部。《旧唐书·音乐志》说："我太宗平高昌，尽收其乐；又造谦后，而去礼毕曲。"可见礼毕的废去，是在谦后已造之时。

唐玄宗（712—756）"分乐为二部：堂下立奏，谓之立部伎，堂上坐奏，谓之坐部伎"。计立部伎八部，坐部伎六部，如下表：

表2　　　　　　　　　　唐玄宗时坐、立部伎各曲

立部伎八部	坐部伎六部
（1）安乐 （2）太平乐 （3）破阵乐 （4）庆善乐 （5）大定乐 （6）上元乐 （7）圣寿乐 （8）光圣乐	（1）讌乐 　①景云乐 　②庆善乐 　③破阵乐 　④承天乐 （2）长寿乐 （3）天授乐 （4）鸟歌万岁乐 （5）龙池乐 （6）小破阵乐

上列各部，是依乐调区分的。这些乐调的创作和内容，见《旧唐书》卷二十九。

二

　　曾题名字号诗余，叠唱声辞休自殊，
　　谁谱新歌长短句，南朝乐府肇胎初。

　　过去论词之起源，曾有人主张词是由诗演化而来的，因此词又可以称为"诗余"。而对此说之理解，则又有广义与狭义之不同。就其广义者言之，清代吴衡照之《莲子居词话》曾云："诗余名义缘起，始见宋王灼《碧鸡漫志》。"然考之《碧鸡漫志》，则并无"诗余"名义之说，不过在《碧鸡漫志》首卷仅载有"古歌变为古乐府，古乐府变为今曲子，其本一也"① 之言。于此可见吴衡照对于词之名为"诗余"之认识，只不过是以为词是由古诗乐府演化而来。此种概念实在极为笼统，仔细分辨，即可知词之形式及其合乐之性质，与古诗乐府都有着显著的不同，关于此点，我们在前面已加以详辨，兹不复赘。

　　就狭义之概念言之，则是认为"诗余"之义，乃指词是由唐诗绝句演化而来，如清代宋翔凤之《乐府余论》即曾云："谓之诗余者，以词起

---

① 《碧鸡漫志》第一卷，第1页，刊《词语丛编》第一册。

于唐人绝句,如太白之《清平调》,即以被之乐府,太白《忆秦娥》、《菩萨蛮》,皆绝句之变格,为小令之权舆。"① 至于其如何自齐言之绝句,而演化为长短句之词,就一般而言,大约有以下几种说法:一为"和声"之说,北宋沈括《梦溪笔谈》即曾云:"诗之外,又有和声,则所谓曲也。古乐府皆有声有词,连属书之,如曰:'贺、贺、贺,何、何、何'之类,皆和声也。……唐人乃以词填入曲中,不复用和声。"② 明胡震亨《唐音癸籖》推衍其说云:"古乐府诗,四言、五言,有一定之句,难以入歌,中间必添和声,然后可歌。如妃呼豨,伊何那之类是也。唐初歌曲多用五七言绝句,律诗亦间有采者,想亦有賸字賸句于其间,方成腔调。其后即以所賸者作为实字,填入曲中歌之,不复别用和声。……此填词所由兴也。"③ 清代况周颐《蕙风词话》亦承其说,云:"唐人朝成一诗,夕付管弦,住往声希节促,则加入和声。凡和声皆以实字填之,遂成为词。"④ 二为"泛声"之说,宋朱熹在其《朱子语类·诗文下》中,即曾云:"古乐府只是诗,中间却添许多泛声,后来人怕失了那泛声,逐一声添个实字,遂成长短句。今曲子便是。"一清代谢章铤《赌棋山庄词话》,既承朱熹"泛声"之说,而又以之与"衬字"相混,谓:"词转于诗歌,诗有泛声、有衬字、并而填之,则调有长短,字有多少,而成词矣。"⑤ 三为"虚声"之说,宋胡仔《苕溪渔隐丛话·后集》云:"唐初歌辞,多是五言诗,或七言诗,初无长短句。自中叶以后,至五代,渐变成长短句。及本朝,则尽为此体。今所存,止《瑞鹧鸪》、《小秦王》二阕是七言八句诗、并七言绝句诗而已。《瑞鹧鸪》犹依字而歌,若《小秦王》必须杂以虚声乃可歌耳。"⑥ 清沈雄《古今词话》中《词品》一节则曾为"虚声"作解说,云:"虚声者,字即有而难泥以方音,义本无而安得有定谱哉。"⑦ 至清吴衡照之《莲子居词话》,则又将"虚声"与"衬字"

① 《乐府余论》卷一,第4—5页,刊《词话丛编》第十四册。

② 《梦溪笔谈》卷五,文物出版社1975年版,第21—22页。

③ 《唐音癸籖》,上海古籍出版社1981年版,第170页。

④ 况周颐虽主张长短句词是由诗变化而来,但并非以经"余"字为"賸余"之义,而以为乃"赢余"之义。其言曰:"诗余之.'余'作'赢余'之'余'解。……词之情文节奏,并皆有余于诗,故曰'诗余'。"(见《蕙风词话》,人民文学出版社1982年版,第3—4页。)

⑤ 《赌棋山庄词话·词话七》,第2页,刊《词话丛编》第十九册。

⑥ 《苕溪渔隐丛话·后集》,人民文学出版社1981年版,第323页。

⑦ 《古今词话·词品》,第10页,刊《词话丛编》第五册。

合论，云："唐七言绝歌法，必有衬字，以取便于歌。五言、六言皆然，不独七言也。后并格外字入正格，凡虚声处，悉填成辞，不别用衬字，此词所由兴已。"① 四为"散声"之说，宋阮阅《诗话总龟》引《百斛明珠》记苏轼改白居易《寒食》诗为挽歌之事，已有"每句杂以散声"之说，而清人又以"散声"与"叠句"相连立说，如江顺诒引方成培《香研居词麈》云："唐人所歌多五七言绝句，必杂以散声，然后可被之管弦，如阳关必至三叠而后成音，此自然之理。后来遂谱其散声，以字句实之，而长短句兴焉。"②

以上诸说，仅举其要者约言之，其实皆以为词之形成，即由于齐言之诗歌，在演唱时就以辞配声，遂演化为词体之长短句。这些说法，表面看来也颇可以言之成理，是以近代论词之起源者，乃颇有人杂糅众说而采用之。不过，仔细考察一下，我们就可以发现这些说法，实在并不完全正确。其主要之错误，大约可以归纳为以下数点：第一，乐谱与歌辞之配合，原不必须为一字一声，若谓词之长短句系将齐言诗歌之有音无字之处，逐一添个实字而成，则词之配乐乃必须为一字一声矣。此征之于张炎《词源·讴曲旨要》所云："字少声多难过去，助以余音始绕梁"之说，③可知其必不然也。而且如依此说，则词调之长短乃必须与齐言诗歌之长短相接近。然而观乎词调形式之长短变化错综缤纷，则其非尽出于齐言之诗歌，从可知矣。第二，诸说之命名立说，往往取义含混，模糊不清。即如"和声"、"泛声"、"虚声"、"散声"，甚至更有人用"缠声"者，④其彼此间名义之异同，既无一定之界说，而且又往往与纯音乐性的乐器演奏时的各种手法之名称互相混淆。而其所谓"衬字"，则又往往与后世元明人所写南北曲中之所谓"衬字"亦复互相混淆。凡此种种，盖皆由于立说之人本无明确之概念之故。第三，也是最大的一个错误，则在于凡此诸说，对于唐代之所谓"声诗"与所谓"词"之异同，皆未能作根本之区

---

① 《莲子居词话》卷一，第9页，刊《词话丛编》第十四册。

② 《词学集成》卷一，第3页，刊《词话丛编》第十八册。

③ 《词源》卷上《讴曲旨要》，第11页，刊《词话丛编》第二册。

④ "缠声"之说，如沈括《梦溪笔谈》卷五，于论及"和声"之时，曾云："古乐府皆有声有辞，连续书之。如'贺、贺、贺，何、何、何，之类，皆和声也。今管弦之中缠声，亦其遗法也。"又如江顺治《词学集成》卷二，于论及"衬声"、"衬字"时，亦曾云："在音则为衬声、缠声，在乐则为散声、赠板，在词曲则为加衬字、为旁行增字。"其所说皆将文字之增减变化，与乐曲之增减变化并论，故所用术语，每有混淆之处。

别。近人任半塘所撰《唐声诗》一书，对唐代之声诗曾有详细之考证，对以上诸说之错误，亦曾有详细之辨析①。任氏曾为"唐声诗"拟一定义，云："'唐声诗'，指唐代结合声乐、舞蹈之齐言歌辞——五、六、七言之近体诗，及其少数之变体；在雅乐、雅舞之歌辞以外，在长短句歌辞以外，在大曲歌辞以外，不相混淆。"② 至于唐声诗歌唱之方式，则任氏以为有精唱及粗唱之区分。精唱之声诗"讲及四声"，粗唱之声诗则"仅分平仄"③。至于声诗入乐之情况，则一般诗人除少数如李白奉诏写《清平调》三首等情形外，大多并不专为乐曲写作歌辞，故声诗之吟唱乃多采取"选辞以配乐"之方式。盖一般工伎只长于演唱，而不长于辞章；而一般诗人则仅创作诗歌，而不措意于乐曲。于是乃有乐工歌伎往往选取名家诗篇，以合入其所擅长之乐调而歌唱之。如旗亭画壁之故事，及阳关三叠之吟唱。在其初诸诗人写作诸诗之时，皆并无合乐之观念，至写成后方经工伎结合所通习之曲调而歌唱之。宋胡仔《苕溪渔隐丛话·前集》曾引《蔡宽夫诗话》云："大抵唐人歌曲，本不随声为长短句，多是五言或七言诗，歌者取其辞与和声相叠成音耳。"④ 由此可知唐代一般声诗歌唱之情形，既非如汉乐府之由辞以定声，亦非如长短句词之由声以定辞，而形成为另一种"选辞以配乐"之方式。盖声诗之齐言形式，平仄既多有习用之定格，一般工伎之歌唱声诗，亦自有其习用之曲调。诗人随意写作之诗歌，既不必如长短句词之依声填写，而亦可以由工伎合以管弦付之吟唱。此种方便配合之情况，盖正为唐代声诗之所以盛行之一种重要因素。至于长短句调，则是隋唐以来，为配合当时流行之乐曲而填写之歌辞。二者在唐代曾并行一时，而并无先有声诗之吟唱而后演化为词之情形也。清汪森《词综·序》即曾云："当开元盛日，王之涣、高适、王昌龄诗句，流播旗亭；而李白《菩萨蛮》等词，亦被之歌曲。古诗之于乐府，近体之于词，分镳并骋，非有先后。谓诗降为词，以词为待之余，殆非通论矣。"⑤ 不过，我们却也并不能因为词在唐代是与诗歌分镳并驰非有先后继承之关系，而便认为词与诗完全无关。盖二者既同时并行，便不能避

---

① 见《唐声诗》，上海古籍出版社 1982 年版，第 46 页。
② 同上。
③ 同上。
④ 《苕溪渔隐丛话·前集》卷二一，人民文学出版社 1981 年版，第 140 页。
⑤ 《词综》，中华书局 1975 年版，第 1 页。

免有相互之影响。据任半塘氏在《唐声诗》一书中之考证，以为"从长短句词百三十一调之分类数字表，以查考声诗与长短句调之间确有关系者，仅十分之一弱。从二者同调名之字句、平仄、叶韵等以查考二者确有关系者，仅十分之三弱"①。今姑且不论其影响之比例为多少，总之，声诗之歌唱对于长短句词确曾产生过影响，这是可以断言的。

不过词与诗之关系，最多只能说是兄弟之关系，而并非父子之关系，将"词"目为"诗"之"余"，以为其完全由齐言诗蜕化而来之说，则并不可信。除去"诗余"之说外，也有人曾认为词之起源是滥觞于六朝之乐府。明杨慎《词品·序》即曾云："诗词同工而异曲，共源而分派。在六朝若陶弘景之《寒夜怨》、梁武帝之《江南弄》、陆琼之《饮酒乐》、隋炀帝之《望江南》，填辞之体已具矣。"② 杨氏又在《词品》卷一分别举引陶弘景之《寒夜怨》，以为"后世填辞《梅花引》格韵似之"；又举梁武帝之《江南弄》，以为"此辞绝妙，填词起于唐人，而六朝已滥觞矣"；又举陆琼之《饮酒乐》，以为"唐人之《破阵乐》、《何满子》皆祖之"；又举徐勉之《迎客曲》及《送客曲》，以为"其严正而又蕴藉如此"；又举僧法云之《三洲歌》，以为"江左辞人多风致，而僧亦如此"；又举隋炀帝《夜饮朝眠曲》二首，以为"二词风致婉丽"。③ 以上诸例，盖皆为杨慎为其填词之体于六朝已具之说所援例之证明。又明王世贞《弇州山人词评》亦曾云："盖六朝诸君臣，颂酒赓色，务裁艳语，默启词端，实为滥觞之始。"④ 清徐釚《词苑丛谈》亦云："梁武帝《江南弄》云……此绝妙好词，已在《清平调》、《菩萨蛮》之先矣。"⑤ 清沈雄《古今词话》亦曾引宋朱弁《曲洧旧闻》曰："唐词起于唐人，而六代已滥觞矣。梁武帝有《江南弄》、陈后主有《玉树后庭花》、隋炀帝有《夜饮朝眠曲》"，⑥ 又引杨用修云（按即前引杨慎之说）"填词必溯六朝者，亦昔人探河穷源之意。长短句如梁武帝《江南弄》……僧法云《三洲歌》……梁臣徐勉《迎客曲》……隋炀帝《夜饮朝眠曲》……王叡《迎

---

① 《唐声诗》，上海古籍出版社1982年版，第373页。

② 《词品·序一》，刊《词话丛编》第三册。

③ 以上所引陶弘景诸人之作，皆见杨慎《词品》卷一《词话丛编》第三册；亦见《乐府诗集》，可以参看，兹不具录。

④ 《弇州山人词评》，第1页，刊《词话丛编》第二册。

⑤ 《词苑丛谈》，上海古籍出版社1981年版，第1页。

⑥ 《古今词话·词话》卷上，第1页，刊《词话丛编》第五册。

神歌》……，此六朝风华靡丽之语，后来词家之所本也"。① 清刘熙载《艺概·词曲概》亦云："梁武帝《江南弄》、陶弘景《寒夜怨》、陆琼《饮酒乐》、徐孝穆《长相思》皆具词体。"② 以上诸说，初看起来，似乎也颇可以言之成理。但仔细考查起来，即可发现这些说法其实也并不完全正确。首先是观念不清，盖观夫此诸说之所以认为词之源出六朝乐府者，其理由不过为以下数端：一曰格式有相似之处。如杨慎以为陶弘景之《寒夜怨》与后世词调之《梅花引》相似，唯换头之处稍异；又以为陆琼之《饮酒乐》为后世《破阵乐》及《何满子》之所祖，也同样是由于其格式之相似。此其理由之一。但此一理由，实在并不能完全成立，因为中国诗歌中之杂言句式，原来自古歌谣即已有之，我们绝不可只因其句数字数之偶然近似，便以之为词之缘起也。二曰风格有近似之处。如杨慎称徐勉之《迎客》及《送客》二曲，以为"严正而又蕴藉"，称僧法云之《三洲歌》，以为"多风致"，称隋炀帝之《夜饮朝眠曲》亦以为"风致婉丽"。再如王世贞称六朝诸乐府诗，以为其"颂酒赓色，务裁艳语"，于是遂"默启词端"。又如沈雄以为"六朝风华靡丽之语"，为"后来词家之所本"。可见风格之蕴藉靡丽，多用艳语，乃是诸说之认为六朝乐府为词之滥觞的理由之二。但此一理由实在亦不能完全成立，因为一种新的文学体式之兴起，绝不能仅由风格之相似，便认定其因果关系。假如只取其风格之相似，则最好便仍写六朝之诗歌体式，又何必别成一种新的体式呢？三曰同一乐府诗题，往往有多篇作品，而形式完全相同，此岂非与按同一牌调填词，大有相似之处？不过，此一理由又当分别为两种情形来看。一种情形是，如徐勉之《迎客曲》及《送客曲》二首，与僧法云之《三洲歌》三首，其所作虽为同格式的两个曲子，但皆为同一作者的同时之所作，此亦犹如东汉张衡所作之《回愁诗》，都只不过为一位诗人的偶然连章之作，绝不可就此谓其与填写同调之歌词的情形有任何关系。另一种情形是，如梁武帝之《江南弄》，其全诗共七句，每句字数为七、七、七、三、三、三、三，而据《乐府诗集》所载，则除梁武帝所写之《江南弄》七首以外，更有昭明太子之《江南弄》三首，沈约之《江南弄》四首，诸人所作，其格式与句数字数并皆相同。再如徐勉之《长相思》

---

① 《古今词话·词话》卷上，第1页，刊《词话丛编》第五册。
② 《艺概》，上海古籍出版社1978年版，第106页。

二首，其全诗共九句，每句之字数为三、三、七、三、三、五、五、五、五，而除徐勉之二诗之外，更有萧淳一首、陆琼一首、王瑳一首、江总二首。诸人所作，其格式与句数字数，亦皆相同，像此种情形，则与后世之依据同一曲调来谱写歌辞者，大有相似之处。如果仅就此一点而言，则此种六朝乐府乃大可视为后世词之滥觞矣。不过六朝时的这种作品，大多只偶然流行于宫廷贵仕的诗人之间，颇似应制及酬和之性质，是以并未广泛流行于民间。此与隋唐以来依胡夷里巷之曲而谱写的长短句词之首先盛行于民间之情况，仍复有别。所配合之音乐也不完全相同。所以只能说是依照同一格式来写作歌词之情况，于六朝时已经出现，但却并不可认为六朝乐府诗即为词之缘起也。总之，"词"这种韵文体式，盖正如我在前面所论，其形成之因素，原曾受有多方面之影响，并不可以偏概全地执一而求之也。

三

唐人留写在敦煌，想象当年做道场。
怪底佛经杂艳曲，溯源应许到齐梁。

自从晚清光绪末季，甘肃敦煌石窟所藏唐人写本经卷被世人发现以来，其所蕴藏的材料之多、方面之广，已引起文物考古工作者的极大重视。近数十年来，研究考察敦煌文物的著作，一直层出不绝，其所探讨的问题之深细精微，早已形成了所谓的"敦煌学"。这里，我们仅想从敦煌写卷中所保存的曲子的情形，来看一看词之兴起盛行，与当时的佛教、道教有些什么关系。

原来在敦煌所发现的残卷中，有几点颇为值得注意的现象，其一有不少是佛教僧徒所抄录的曲子的曲文（也就是早期的"词"）。这些曲文都是与佛教典籍及歌偈抄写在一起的。香港饶宗颐教授于1967—1968年间受聘于法国国立科学研究院，在欧洲滞留九个月，得遍览法京国立图书馆及伦敦大英博物院所藏敦煌写卷，详加检勘，写有《敦煌曲》（*Airs de Touen-Houang*）一书，于1971年在巴黎出版。书中对于词之起源与佛曲之关联，曾予以特别之注意。对有关资料考录甚详，如编号为 S4332 之卷子，据饶书第189页谓，原件为粗黄纸一张，一面曾记有"龙兴寺僧愿学于乾元寺法师随愿仓便麦事"等字样，另一面则书词三首，共十一行。首为《别仙子》（莹按：即任二北《敦煌曲校录》所收"此时模样"一首），次为《菩萨蛮》（即任书所收"枕前发尽千般愿"一首），三为《酒泉子》仅数句而已。两面笔迹相似，可知此三词乃寺院僧徒之所抄写。且将"菩萨"行二字省写作"サ",亦与敦煌寺院抄录佛经之省写惯例相同，则此纸为佛徒所写，殆无可疑。又如编号为S5556之《望江南》词三首（莹按：即任书所收《曹公德》、《龙沙塞》、《边塞苦》三首），据饶书第219页谓，原件写于《妙法莲华经·普门品》小册子上，有题记云："弟子令狐幸深写书"，可知此三词亦为佛门弟子所抄录。又如编号为B4017之小册子，有《鹊踏枝》词一首（莹按：即任书所收"独坐更深人寂寂"一首），据饶书第220页谓，此词原件写在《太子赞》之前，与佛教偈赞之文同录，当亦为佛徒所录。又如编号为S1441之长卷，据饶书第221页谓，原件正面抄《励忠节钞》卷二，自《恃德部》至《立身部》，卷背抄《安伞文》、《患难月文》及偈语与《燃灯文》，空数行，下接书"《云谣集》杂曲子共三十首"（实存十八首）（莹按：即《云谣集》之前十八首，所收牌调为《凤归云》四首、《天仙子》二首、《竹枝子》二首、《洞仙歌》二首、《破阵子》四首、《浣溪沙》二首、《柳青娘》二首），亦与佛教文偈同录，想亦为佛徒所写。从以上实例，我们已可见到当时俗曲之流传，必然曾经与佛教结合有密切之关系。何况佛徒们还不仅抄录俗曲而已，有时他们自己也写作俗曲。如编号为B3554之卷子，据饶书第195页谓，其上有序文一篇，云"谨上河西道节度公，德政及祥瑞《五更转》兼《十二时》，共一十七首，并序：敕授沙州释门义学都法师、兼摄京城临坛供奉大德，赐紫悟真谨〔撰〕"等叙述①。又如编号为B2748之卷子，据饶书第196页谓："原件正面为《古文尚书》，背为《古贤集》一卷，在《长门怨》一首之后，接书国师唐和尚《百岁书》"（莹按："书"字当为"诗"字之误），又写"敕授河西都僧统赐紫沙门〔悟真〕"云云。另有编号为B3821之卷子，据饶书第196页谓，原件为硬黄纸小册子，亦书写悟真此百岁诗十首，可知悟真为此十首《百岁诗》之作者（莹按：关于悟真事迹，可参看陈祚龙著《悟真之生平与

---

① 饶宗颐：《敦煌曲》，巴黎，1971年，第195页。（Jao Tsong Yi, *Airs de Touen-honang*, Paris, 1971, p.195）

著作》（*Lavie etlesoeuvers de Wou-Tchen*），见 1966 年巴黎出版之《远东学院专刊》)。又有编号为 S930 之卷子，据饶书第 196 页谓，亦曾录此《百岁诗》，但文字不全。可见此《百岁诗》在当时可能曾传唱一时。又如编号为 B2054 之《十二时》长卷，据饶书第 197 页谓，原件背面有淡墨题端大字一行云"智严大师《十二时》一卷"，可知为僧人智严之所作。而另据饶书第 197 页载编号为 S5981 及 S2659 之两卷子，则录有智严之事迹，可知智严本为鄜州开元寺观音院之法律僧，曾至西天求法。作《十二时》之智严大师，殆为此人。除去寺院佛徒抄录及写作俗曲之资料以外，我们还可以从敦煌卷子中，看到一些寺院表演乐舞之记叙。据饶书第 212 页载编号为 S3929 之卷子，写有节度押衙知画行都料董保德等，建造兰若功德颂文，云："（上略）又于窟宇讲堂后，建此普净之塔（原注："四壁图会"云云），……门开慧日，窗豁慈云，清风鸣金铎之音，白鹤休玉毫之舞。果唇凝笑，演花勾于花台，莲睑将然（燃），披菜（叶）文于菜座。"饶氏以为由"演花勾于花台"一句，可知"盖当时兼演花舞勾队"，又云"证之宋时史浩《鄮峰真隐大曲》中之舞曲六种，有拓枝舞、花舞。知花舞敦煌佛窟于做功德时亦表演之"[1]。（莹按：《彊村丛书》所收《鄮峰真隐大曲》卷二，对于花舞勾队之情形有详细之叙写，可以参看。）又如编号为 B4640 之卷子，据饶书第 214 页谓，在所写诸账目内抄有窦骥（窦夫子）《往河州使纳鲁酒回赋》七律一首，其中有"驿骑駸趨谒相回，笙歌烂漫奏倾杯"之句。可以想见当日河西一带歌舞繁华之情况，亦可知《倾杯乐》在敦煌当日必曾盛行一时。

从以上所引敦煌卷子中的资料来看，足可知当时之俗曲歌舞，确实曾与寺院僧徒结合有密切之关系。此种关系之形成，可以说是既有其历史之渊源，亦有其社会之因素。先就历史之渊源言之，则僧人之从事于乐曲之创作者，盖早自齐梁之际便已有之。如《全齐诗》卷一载有齐武帝之《估客乐》一首，又卷四载有释宝月之《估客乐》二首。据《乐府诗集》卷四十八《估客乐》题解，引《古今乐录》云："《估客乐》者，齐武帝之所制也。帝布衣时，尝游樊、邓。登祚以后，追忆往事而作歌。使乐府令刘瑶管弦被之教习，卒遂（原文如此，或为"岁"字误）无成。有人

---

[1] 饶宗颐：《敦煌曲》，巴黎，1971 年，第 212 页。

启释宝月善解音律，帝使奏之，旬日之中，便就谐合。……宝月又上二曲。"①（莹按：武帝所作一曲，为五言四句一章；宝月所上二曲，则每曲各为五言四句二章，共四章。）又如《全梁诗》卷十三载有释法公之《三洲歌》二首。据《乐府诗集》卷四十八《三洲歌》题解引《古今乐录》云："《三洲歌》者，商客数游巴陵三江口往还，因共作此歌。其旧辞云：'啼将别共来'。梁天监十一年，武帝于乐寿殿道义竟留十大德法师设乐，救人人有问，引经奉答。次问法云：'闻法师善解音律，此歌（指《三洲歌》）何如？'法云奉答：'天乐绝妙，非肤浅所闻。愚谓古辞过质，未审可改与以不？'救云：'如法师语音。'法云曰：'应欢会而有别离'，啼将别可改为欢将乐。"② 又如《乐府诗集》卷四十六《懊侬歌》题解，亦曾引《古今乐录》云："《懊侬歌》者，晋石崇绿珠所作，唯'丝布涩难缝'一曲而已。后皆隆安初民间讹谣之曲。……梁天监十一年，武帝救法云改为《相思曲》。"③ 从这些记述，我们都可以证知齐梁之际的僧人，既精于音律，且常参与歌曲之制作。盖僧人传法，原极重视转读、唱导、歌呗、赞颂等音声之感悟，据《高僧传》之论述，以为中土对梵唱之注意，盖始于魏陈思王曹植。迄于晋宋之间，如帛法桥、支昙籥、释法平、释僧饶诸僧，皆以擅于转读唱导，名著一时。又论中土诗歌与梵唱之异同云："东国之歌也，则结韵以成咏，西方之赞也，则作偈以和声。虽复歌赞为殊，而并以协谐钟律、符靡宫商，方乃奥妙。故奏歌于金石，则谓之以为乐，赞法于管弦，则称之以为呗。"④ 梵唱之风既行，僧人之习于音律者乃日众。齐梁之际的释宝月、释法云等之名闻帝王，改制歌曲，便是很好的证明。所以唐代寺院僧徒之往往抄写及创作俗曲，原本是自有其一段历史之渊源在的。其次，再就社会之因素言之，则唐代之寺院更曾普设戏场。僧人之讲唱与歌舞之演出，遂有了更为密切的关系。宋钱易《南部新书》论及唐代之戏场，即曾云："长安戏场，多集于慈恩，小者在青龙、其次荐福、永寿；尼讲盛于保唐、名德聚之安国。"⑤ 则唐代寺院之普设戏场，可见一斑。而当时之观戏者，则不仅为市井平民，亦有王公贵

---

① 《乐府诗集》，中华书局 1979 年版，第 699 页。
② 同上书，第 707 页。
③ 同上书，第 667 页。
④ 《高僧传》卷十三，第 22 页，刊《海山仙馆丛书》。
⑤ 《南部新书》戊集，第 8 页，刊《学津讨原》丛书。

妇。唐张固之《幽闲鼓吹》一卷即曾载宣宗时万寿公主在慈恩寺看戏场之事。而且唐代风俗轻靡，不仅在寺院中可以普设戏场，即使是僧徒讲经之道场，亦有专以淫亵之说以招邀听众者。如唐赵璘《因话录》即曾载云："有文淑僧者，公为聚众谭说，假托经论所言，无非淫秽鄙亵之事。不逞之徒，转相鼓扇扶树，愚夫冶妇，乐闻其说，听者填咽，寺舍瞻礼崇奉，呼为和尚。教坊效其声调，以为歌曲。"① 在这种社会风气之下，则佛教僧徒之唱曲、作曲甚至扮为俳优之戏，当然便都是一种自然的现象。在敦煌卷子《目莲变文》第三种之背面，即曾写有法律德荣唱"紫罗鞋两"，僧政愿清唱"绯绵绫被"，又金刚唱"扇"，又道成及法律道英各唱"白绫袜"、又唱"黄画帷"，均各得布若干尺。② 宋钱易《南部新书》更载有"道吾和尚上堂戴莲花笠，披襕、执简、击鼓、吹笛、口称鲁三郎"③ 之记述。寺院僧徒既与乐曲之演唱有如此密切之关系，故俗曲既可由佛寺僧徒借用演唱以流传佛法，而僧徒之佛曲乃亦有演化为俗曲之词调者。据饶宗颐《敦煌曲》之叙述，以为前者，"如《大唐五台曲子》寄在《苏幕遮》及曲子《喜秋天》，皆其著例"。至于后者，则如"《婆罗门》、《悉昙颂》而外，如《舍利弗》、《摩多楼子》、《达摩支》、《浮圆子》、《毗沙子》，皆由梵曲而来"。前者盖因"此类歌曲盛行民间，故释氏借为宣传工具"，后者"则纯为梵曲，后演成词牌"，"或为教坊曲"。④ 所以俗曲与佛教僧徒之结合有密切之关系，原亦自有当时之社会因素在。除了以上所论及的历史之渊源与社会之因素以外，俗曲与宗教还有一点重要的关系，那就是宗教音乐对于俗曲的影响。本来我们在本文第一部分，已曾引过沈括《梦溪笔谈》所云："自唐天宝十三载，始诏法曲与胡部合奏，自此乐奏全失古法"⑤ 之说。而词之产生，便正是配合这种新的音乐而演唱的歌辞。不过在那一段说明中，我却只叙述了音乐之历史的沿革，而对所谓"法曲"之性质，并未加以解说。那便因为"法曲"原为一种带有宗教性之乐曲，故此我们要把它留到此时再加讨论。关于"法曲"之性

---

① 《因话录》卷四，古典文学出版社 1956 年版，第 94 页。

② 见《北平图书馆馆刊》第 5 卷第 6 号，向达撰《敦煌丛刊》，载馆藏成字第 96 号卷子情形。

③ 《南部新书》已集，第 12 页。

④ 见饶宗颐：《敦煌曲》，巴黎，1971 年，第 211 页。参看《乐府诗集》卷七八《杂曲歌辞》及任二北《教坊记笺订》。

⑤ 《梦溪笔谈》卷五，文物出版社 1975 年版，第 21 页。

质，《新唐书·礼乐志》曾有一段描述："初，隋有法曲，其音清而近雅。其器有铙、钹、钟、磬、幢箫、琵琶。……其声金石丝竹以次作。"又记述法曲在唐代盛行之情况云："玄宗既知音律，又酷爱法曲，选坐部伎子弟三百教于梨园，声有误者，帝必觉而正之，号'皇帝梨园弟子'。"① 这种音乐，原是隋唐以来的一种新乐，其主要成分是以中原之清乐与外来之胡乐相结合，并且与佛曲及道曲之音乐相糅杂而形成的一种乐奏的新形式。关于佛教乐曲与唐代俗曲之关系，我们在前面已曾加以考述；至于道教之乐曲，则原来与佛教之乐曲也有很密切的关系，盖以老庄之道家，本为哲学而并非宗教。所以道教在最初本来并没有一种自我专属的宗教仪式，乃不得不向佛教学习模仿。唐代既崇奉道教，尊奉太上老君，遂于各地建立祠祀，于是乃杂取佛教之仪式及乐曲而使用之。唐代南卓撰《羯鼓录》一卷附录诸佛曲之曲调中，便载有《九仙道曲》与《御制三元道曲》等，此并为道曲与佛曲相混之证明。而更值得注意的则是，这种相混之现象，原来早在齐梁之际，便已有之。《隋书·音乐志上》记梁武帝所制诸曲云："帝既笃敬佛法，又制《善哉》、《大乐》、《大欢》、《天道》、《仙道》、《神王》、《龙王》、《减过恶》、《除爱水》、《断苦轮》等十篇，名为正乐，皆述佛法。"② 夫既云所制为"佛曲"，而杂有"仙道"等名称，可知佛曲与道曲之相混，亦可谓由来久矣。且梁武帝所制佛曲，据《隋书·音乐志》所录，尚有《法乐童子伎》及《童子倚歌梵叹》等，③ 又可知在萧梁之世，"法乐"之名原为佛曲之一种。唐代所谓"法曲"，其名称虽可能沿自梁代，但"法曲"之义涵已成为一种包举清乐、胡乐及宗教音乐的一种新乐之名，与梁代狭义之"法乐"已有了很大的区别。丘琼荪在其《法曲》一文曾为法曲作一总结，说："法曲包含的内容非常广泛：有汉晋六朝的旧曲，有隋唐两代的新声：有相和歌及吴声西曲，……有胡部化和道曲佛曲化的中国乐曲，有华化的外来乐曲。古今中外，无所不包，雅乐俗乐，歌曲舞曲，声乐曲，器乐曲，无不具备。……把这些性质不同，内容不同，旋律不同，感情不同，风调不同的种种乐曲，用法曲的乐器去演奏它，用法曲特有的风格去演奏它，这样便形成了

---

① 《新唐书》卷二二，中华书局1975年版，第476页。

② 《隋书》卷十三，中华书局1973年版，第305页。

③ 同上。

唐代如火如荼的法曲。"① 而我们所讨论的词，就正是隋唐以来，与这种新音乐的曲调相配合而演唱的歌辞。则其音声之美妙，足以吸引当时之诗人文士，竞相为之谱写歌辞的盛况，当然也就是可以理解的了。而敦煌佛窟中，佛典与俗曲杂抄的情况，便正是当时宗教乐曲与俗曲有密切之关系的一个最好的说明。

1984 年 2 月 28 日夜全稿写毕于温哥华

《中国社会科学》1984 年第 6 期

---

① 《中华文史论丛》第五辑，中华书局上海编辑所 1964 年版，第 296 页。

文明与愚昧的冲突（上）
——论新时期小说的基本主题

季红真[*]

摘要 本文认为自从粉碎"四人帮"以来，时代变革成了我们社会生活的主要特征，解放与禁锢、改革与守旧、进步与落后的矛盾是这个时代从政治经济，社会伦理到精神心理等全部社会生活的最主要的矛盾。以控诉封建蒙昧主义的《班主任》为里程碑的新时期小说，正是在这种社会的主要矛盾运动中发展深入，从各个层次各个方面展示了丰富的文学主题以及这些主题中纵横交错的复杂意向。作者认为新时期小说的诸多分散主题中存在着一种内在联系，即作品以不同的标准在对各种文化思想的择取中面临的一个基本矛盾：文明与愚昧的冲突。

本文上篇回顾分析了几年来小说主题的由表及里的演进过程，认为小说的基本主题已由从社会政治的批判进入到对民族文化的思考；下篇通过展示各同类主题的小说之间矛盾交叉的意向群落，揭示了多种文化思想在当今时代生活中的冲突。限于篇幅，本文将分两次刊登。

引　言

几乎谁都承认，近几年小说创作的成绩冠于整个异常繁荣的新时期文学之首。老干新秀，风云际会，形成了空前壮大的作家队伍；而且潮头叠起，此消彼长，使人目不暇接。它是如此丰富复杂，想用任何一种固定的

---

　*　季红真，女，1955年生，1981年毕业于吉林大学中文系，1984年8月毕业于北京大学中文系研究生班，获文学硕士学位，现为中国作家协会创作研究室研究人员。

坐标测出它的整体态势都是异常困难的，我们只好把它限制在本学科领域中，选择一个适当的参照系，在比较中抓住它的基本特征。

和当代文学以往 27 年小说的主题单一、倾向集中的普遍现象相比，主题思想的活跃无疑是新时期小说的重要特征，随着整个社会思想解放的进程，作家们的思维触角伸到了社会生活各个领域，并且延伸到民族历史生活的纵深层次，形成阶段性迅速更迭的主题现象。不仅如此，主题的多样化与丰富性常常突破了题材的限制，同一主题的作品间意向交错的复杂现象举不胜举。这样复杂的主题现象，要从外部形态上进行归纳只能是现象的琐碎罗列。二十世纪的系统论方法提示我们，文学作为一个活动着的系统存在，在其内部结构中，各分散的主题间一定有着内在和普遍的联系，揭示出这种联系以达到宏观描述的目的，就是本文的立意所在。

美国当代数学家哥德尔证明：在一个系统中的各构成因素存在着自我相关性，因此处于这个系统之中的人们的认识能力，不可能解决此系统中的全部问题，只有跳出原有系统到一个更高的层次上，才能解决原有层次上的问题。[①] 同理，我们为了识破新时期小说的"庐山真面目"，为了更为全面地描述它的普遍联系，也必须拉大距离，尽可能把全部主题现象尽收眼底。这需要找到一个宏观的视角。

这个视角的选择不是随意的。小说主题作为作品全部意向所包含的意义，来自作家们对社会人生的理知与认识；思想解放的时代特点和现实主义的美学前提，又决定了作为主体信息载体的人物、故事、情节多来自民族的当代社会生活，是民族这一历史阶段政治的、经济的、伦理的、精神的生存方式经由作家的经验世界转化为艺术世界的结果。因此我们的视角就应该能够包括从物质到精神的全部社会生活内容。二十世纪人们对文化的认识恰为我们提供了这种视角，这就是有别于以往仅限于意识形态领域的狭义文化概念，其涵义包括生产方式等人类更广阔的活动范围的大文化概念。美国人类学家艾尔弗雷德·克罗伯曾下过如下定义：

---

① 见《GEB——一条永恒的金带》，道·霍夫斯塔特原著，乐秀成编译，人民出版社《走向未来丛书》。

文明与愚昧的冲突（上）

　　文化包括各种外显的和内隐的行为模式，它们借符号之使用而被学到或被传授，而且构成人类群众的出色成就，包括体现着人工制造品的成就；文化的基本核心包括传统（即由历史衍生而挑选的）观念，尤其是价值观念；文化体系虽然可被认为是人类活动的产物，但亦可被认为是限制人类作进一步活动之因素。① 显然，这是一个与人类的全部社会实践联系的、最广义因而也是最抽象的定义。把它具体化，可以展开以下两个层次的意义。

　　首先，各民族作为相对独立的群体，由于各自形成发展的历史限制，又形成了各自不同特点的文化，主要表现为与特定民族的生产方式和生活方式相适应，以特定民族的语言为符号传播的价值观念和行为模式。其次，任何一个民族的历史，都由于外力和内力的作用处于不断的发展变化中，而任何一个民族的文化在一个具体的历史阶段也就会存在具体的时代特征。这个特征既衔接着一个民族久远的传统，又有这个民族生存的具体时代内容。用纵的眼光看，则是一个民族的传统在时代际遇中的振动、扬弃、更新和发展。明确这两点，大文化的概念才能切实可行地作为视角，应用于我们对新时期小说主题现象的研究。

　　中国是一个具有五千年悠久历史的文明古国。对于我们民族在漫长的历史生活中集体创造的灿烂文化及对它自身优劣的判断，都不是一两句话可以说清楚的，需要几代人的整理总结。我们不可能坐等那个时候，眼前可做的事情，就是立足于民族生活的现实，对当代文化的特征作一些分析。

　　新中国年轻的生命历程，是一部曲折艰辛的历史。社会主义制度的建立，结束了近百年来中华民族受人压迫奴役的屈辱命运，也在政治上结束了几千年的封建统治。生产关系的革命使中华民族百年来步入现代文明社会的历史要求，展示出极大的可能性。然而，"人们自己创造自己的历史，但是他们并不是随心所欲地创造，并不是在他们自己选定的条件下创造，而是在直接碰到的、既定的、从过去承继下来的条件下创造"②。农业民族在自然经济中赖以维持生存的落后生产力和小生产的生产方式，这是民族承袭下来的主要条件。而在小生产的生产方式中滋生，因岁月久远

────────────

① 转引自祖慰《快乐学院》，见《十月》1986 年第 5 期。
② 马克思：《路易·波拿巴的雾月十八日》，见《马克思恩格斯选集》第 1 卷，第 603 页。

而深入民族心理，带有封建性印记的落后意识，又象梦魇一样纠缠着人们的头脑，限制着人们的眼界。使这个民族有可能通过对世界各民族文化的接受、借鉴，长足跨入现代社会的可能性受到严重阻遏。于是，就出现了这样的矛盾现象：一方面，在极落后的生产力水平上梦想一步进入共产主义；另一方面，狭隘的阶级论又对文化持简单化的态度。不仅排斥与先进的生产力相联系的现代文化，而且对狭义的文化也采取虚无主义的态度。纵向基本隔断了和传统文化的联系，横向几乎封闭了和世界文化的联系。剩下的所谓传统也只有经验形态的东西，除了其中良知的部分以外，大量的是狭隘鄙陋的习惯。

在这样狭小的文化背景中，整个民族的精神被束缚得近于窒息，导致于"唯心主义盛行"、"形而上学猖獗"。终于使整个民族备尝十年动乱的恶果。野蛮代替文明、迷信代替科学、愚昧代替理性。但是，"没有哪一次巨大的历史灾难不是以历史的进步为补偿的"①。当对灾难的切肤记忆使人们重新用理性的眼光看待民族的这一段历程的时候，文化的问题绝非偶然地成为第一个引起普遍重视的问题。文学毕竟是意识形态中最敏感的部分，新时期小说的里程碑《班主任》，就是以对"四人帮"封建蒙昧主义的强烈控诉而震惊文坛，引起广泛的社会反响。尽管作者所着意的社会意识问题，还只限于最表面的教育层次，但客观上却表达了整个民族对文化回归的迫切要求。

随着"真理标准"问题的讨论，思想解放运动的开展，停滞已久的历史车轮开始缓慢地启动。十一届三中全会决定解放思想，把全党的工作重点转移到现代化建设上来。并且确定了经济体制和国家政治体制改革的任务，这是整个民族现代化民主化的历史要求，也牵动了千百万人的切身利益和整个民族的习惯，它所遇到的困难也是可以预料的。"因为小生产的习惯势力还在影响着人们。这种习惯势力的一个显著特点，就是因循守旧，安于现状，不求发展，不求进步，不愿接受新事物"②。解放与禁锢、改革与守旧、进步与落后，就集结了这个时代从政治经济、社会伦理到精神心理等全部社会生活中最主要的矛盾。

这个主要矛盾制约着这个时代文化的特征：整个民族的文化构成正在

---

① 恩格斯：《致尼·弗·丹尼尔逊》，见《马克思恩格斯全集》第39卷，第149页。

② 邓小平：《解放思想、实事求是，团结一致向前看》，《邓小平文选》第132页。

起着深刻的变动。这使我们面对的文化现象格外复杂。首先，以先进的科学技术为主要标志的二十世纪世界文化随着开放政策纷纷涌入，是这个接受与建设的时代的主要文化特征；以往二十七年的当代文化一方面受到强烈的冲击，另一方面它深入民族心理的影响，又成为接受外来文化的心理基础；而外来文化无形中起着参照作用，又使人们重新发现着民族久远的文化传统。

在这样复杂的文化背景中形成发展着的新时期小说，不仅以其多姿多彩的形态炫人眼目，而且，不可避免地反映出多种文化思想的冲突。这毫不奇怪。这是变革时代民族文化的特征在文学领域中的折射，也是小说以艺术的形式参预民族对各种文化的择取吸收，以形成新的文化结构而发挥的审美认识功能。事实上，新时期小说正是在这个时代主要矛盾的运动中发展深入，从各个层次，各个方面展示出丰富的主题，以及这些主题中纵横交错的复杂意向。文明与愚昧的冲突，则是人们以不同的标准在对各种文化的择取过程中，存在于小说诸多分散主题中的普遍联系，也就是内在的同一性。我们称它为基本主题。

文明与愚昧这组对立的范畴，是人们对文化进行价值判断的概念。由于文化体系的核心是价值观念，因此，文明的标准本身又隶属于一定的文化体系。在许多情况下，文明在某些层次上又与文化的概念彼此重合。马克思对东方文明的论述即是一例，他所谓的文明其实就是文化。我们的命题要求我们必须区分这两个概念。文化相对于文明是客体的存在，而文明相对于文化则是主体的判断。至于文明的标准，则是我们面对这个时代复杂的文化现象，难以规定的。它只能在历史的衍生过程中，经过整个民族在实践中筛选，而这个起始阶段的意向交错现象，正是这个过程中不可或缺的部分。因此，我们的目的只是在小说主题现象中，分析描述这一阶段的整体特征，并由此做出力所能及的整体判断。

上　篇
从社会政治的批判到民族文化的思考
——小说主题由表及里的演进过程

社会生活由政治上的拨乱反正开始的变化，推动作家认识的不断深入。思想落点的转移，形成了小说主题的阶段性演变。两

大主题阶段：社会政治的批判——民族文化的思考。主题的分化
与艺术的自觉。

新时期小说是在历史的巨大苦乐中孕育，在时代的阵痛中分娩的。小
说的主题从一开始就与整个民族的脚步频率相同。《班主任》还只是文明
与愚昧的冲突在文化的最显层次的表现。随着社会生活由政治上的拨乱反
正到大规模现代化建设的铺开，小说的基本主题逐渐由政治文化的外显层
次，发展到民族文化的深隐层次。由此及彼、由表及里，由简单到复杂，
由应然到已然，由朦胧到自觉，衍生出一系列丰富的形态。

这是一个彼此重叠、交叉渗透、回环演进的过程。每一个新出现的主
题，几乎都积淀着此前阶段主题的发现。要把这样复杂的过程纳入比较整
饬的思维模式，无疑是困难的。尽管如此，我们还是可以从中发现，由于
作家们思想落点的变化而形成的一道运动轨迹。如果依着一个模糊的时
序，以代表性作品的出现为标志，兼顾这个主题作品的高潮时期，我们可
以看到作家们的思考大致经历了两个大的阶段，即社会政治的批判与民族
文化的思考。

一　社会政治的批判

文学复苏之始，小说分担着整个民族批判极左政治的重大使
命。作家们的思想随着政治批判的轨迹作惯性运动。小说主题大
致经历了三个阶段性演变：《班主任》、《伤痕》与政治文化的反
拨——《乔厂长上任记》与政治经济的思考——《李顺大造屋》
与政治历史的反顾。

政治生活是当代中国社会生活中最为重要的部分。极左政治的影响也
首先表现在政治对人们生活无所不及的恶性控制。主题的政治化是"文
革"期间所有创作的共同特点，新时期小说主题以政治的批判为开端也
毫不足怪。一方面，深得人心的政治转机使人们惊喜若狂，作家们的思考
带有一定的自发性质；另一方面，多数人对社会、人生的认识还停留在表
面的政治层次。1976 年 10 月的政治转机，直接推动了小说主题的时代变
化，由此前写与"走资派"作斗争转而歌颂人民群众（包括老干部和知

识分子）和"四人帮"作斗争。以至于 1977、1978 及 1979 年的多数作品，主题思想的落点都没有超出政治结论的直接范围。在政治倾向的变化中，文学本身仍然沿着为政治服务的轨迹作惯性运动。

1.《班主任》、《伤痕》与政治文化的反拨

刘心武发表于 1977 年 11 月的《班主任》具有划时代的意义。这篇作品透过表面的政治混乱，把主题从一般的政治结论深化到民族精神的内伤，表现出作者独到的思考，显示了文学开始较为独立地履行自己认识人、表现人的职能。作品通过刻画野蛮混沌的小流氓宋宝琦和思想性格僵化的"好学生"谢惠敏的形象，从两个方面揭示了封建蒙昧主义对作为祖国未来的青年一代灵魂的扭曲。特别是谢惠敏的形象，尽管作者关注的只是教育和青年问题，却概括了长期政治谬误造成整个民族思想的僵化。刘心武这一时期发表的作品大都围绕着政治文化的中心，以青年为对象，揭示普遍的社会意识问题，以达到政治批判的目的①。他认为无论青年人生活观念的庸俗、趣味的琐屑，还是信仰的崩溃，都是"四人帮"的倒行逆施造成社会文化普遍匮乏的结果。他稍后于这个时期的《我爱每一片绿叶》，则能够比较深入地从畸形的政治生活所导致的社会偏见着眼，强调对个性的宽容。

随着《班主任》的出现，社会问题小说风靡文坛。人们对思想的渴望压倒了对艺术的兴趣和追求，最轰动的作品往往是那些最尖锐地针砭时弊的作品。从知识分子政策到官僚主义封建特权问题，从血统论到青少年失足，从政治道德到社会风气，以及法制问题、中年知识分子问题、干群关系问题遍及社会生活的各个方面。"干预生活"成为这些作品的主要目的，作家们表现出高度的社会责任感。"真实性"、"艺术家的良心与勇气"，这些久违的概念成了评论这些作品必不可少的辞句。

发表于 1978 年 8 月的《伤痕》把这一时期政治批判的主题由一般的社会问题推进到一个更深刻敏感的领域，触及到现代迷信的尖锐课题，揭示了它的严重后果——对人民情感的残酷摧残。作者选择了一个最体现民族传统特征的情感范畴——人伦关系，表现了极左政治对社会生活无所不至的严重危害。王小华母女无可挽回的悲剧是历史悲剧的一个侧影。它的

---

① 可参见《爱情的位置》、《穿米黄色大衣的人》、《醒来吧，弟弟》。

深刻性在于中国人最重视，也最顽强的血缘伦理关系，在严酷的政治利害
中也要瓦解。而个人的品质在这毁灭中是无关宏旨的，政治上越虔诚则悲
剧性越深刻。这和此前的许多作品片面地强调个人的政治品格相比，更富
于历史感。同时，这篇小说侧重写人的心灵和情感创伤，也比一般地揭示
社会问题更恰近文学的特性。这是新时期小说由写概念的人到写具体的
人、理想的人到现实的人的开始。

《伤痕》的出现和1978年底开始的思想解放运动，特别是关于"真
理标准问题"的讨论，以及此后中央对文化大革命的否定性重新评价，
有着直接的联系。反映文化大革命的作品由此大批涌现，一般称之为
"伤痕文学"。这个文学潮头中的多数作品，大都以人伦关系的破裂作为
情节框架，表现灾难性浩劫的历史场面和人民的苦难，尤其是知识分子的
悲惨遭际。这些作品表达了整个民族在政治的反拨中，痛定思痛的强烈感
伤情绪，表达了人们从蒙昧动乱中走出之后，正视民族灾难的勇气，开始
重新审视民族的精神历程，具有不可磨灭的历史价值。

这个主题阶段一直延续到1979、1980年，不仅数量众多而且艺术质
量也在不断地提高。一些中年作家不仅自觉地探索艺术技巧，而且，及至
1980年明确地把表现人作为艺术追求的目的。为政治服务、僵硬狭小的
文学观念在这个时期开始松动，出现了一批风格成熟的作品。

方之的《内奸》寓强烈的义愤于幽默的语体，刻画了一个性格复杂
的旧商人形象。虽然目的在于暴露那些出卖灵魂的政治扒手，但写实的功
力却并未因倾向的显露而削弱。王蒙的《歌神》以情绪深沉的浓郁笔墨，
叙述了一个少数民族歌手的命运，揭示出文化大革命实为大革文化命，概
括了那个时代真善美的脆弱与假恶丑的强大，控诉了极左政治的野蛮残
酷。宗璞的《我是谁》，采用意识流的手法，揭示知识分子在政治迫害与
精神绞杀中，心理的动荡迷惘，表现了知识分子的理性在历史的盲目运动
面前脆弱无力和被扭曲：她的《三生石》则在知识分子被颠倒的命运中，
歌颂他们品格操守的不可移易，以及在痛苦中的自省。林斤澜的多数作
品[1]都以荒诞变形的手法，真实地揭示了所谓"大革命"荒谬的实质。他
用理性的眼光看一个时代的政治生活，把深刻的悲剧内容隐藏在喜剧乃至
闹剧的形式中，风格上独具特色。而张洁的《忏悔》则是以平静的笔触

---

[1] 见《一字师》、《阳台》、《记录》等。

把悲剧气氛渲染得最厚重的一个短篇。一个父亲向死去的儿子忏悔，不是因为他做了什么，而是因为他什么也没做。在政治的扭曲中他丧失了斗争的勇气，灰暗的阴影构成了儿子精神的重负。儿子萎萎缩缩地苟活着，没有欢乐，没有热情，没有幻想，唯一一次正义的冲动还湮没在父亲的忧虑中。于是，儿子丧失了生的意志，死于不该致死的病症，结束了毫无色彩的短暂一生。张洁在极短的篇幅中，把政治的严酷凝聚在更隐秘、更细致的精神现象中，在生命无价值的消逝里揭示了一个时代社会生活的压抑。冯骥才的《啊》正面表现了知识分子在长期的政治扭曲中，极度恐惧近于被迫害狂的可怜心态，和灵魂的灰白、性格的软弱。这部作品在喜剧误会法的情节框架中，把知识分子的精神悲剧高度地夸张抽象，并追溯到政治恐惧症形成的历史源头，是一部难得的好作品。

从"问题小说"到"伤痕文学"，小说主题对一个时代政治的批判，大都以文化或精神现象为中心，反映了社会价值观念的重要变化。小说正面人物的构成发生了质的变化，有知识、有文化、有思想，有良知的人们，负载着作家们的主要审美理想。知识分子的形象在作品中占压倒优势。新的理想主义在萌动，大都寄寓在动乱中成长起来、命运坎坷而又思想大胆、富于献身精神的青年身上。这种审美理想表达了人们对极左政治下思想文化专制的反拨。尊重科学，尊重文化，尊重理性，尊重人，成为作家们普遍的呼声。一直发展到一些作品中的主人公似乎无所不知、无所不晓，动辄大谈科学艺术，趣味也格外高雅，似乎不如此便不足以证明有思想，成为一种时尚。这固然是艺术的末流，但也从一个侧面反映出这个主题阶段的小说，政治批判的基本内容是政治文化的反拨。这是因为"四人帮"的倒行逆施首先从文化领域开始，人们对政治动乱的切身感受和对文化的渴望，就成为压倒一切无可替代的普遍主题。

文明与愚昧的冲突在这个主题阶段的作品中，表现得最为激烈也最为表面化。愚昧发展为极端的残酷和野蛮，文明也表现为极度的脆弱与无力。假恶丑的强大与真善美的弱小，形成了这一时期小说中最畸形的美学现象。这无疑是特定时期社会生活的真实在小说艺术中的集中反映。

2.《乔厂长上任记》与政治经济的思考

在人们对社会问题的关注中，蒋子龙发表于 1979 年 3 月的《乔厂长上任记》具有特殊的意义。作者率先触及到经济体制的重大社会矛盾，把小说主题由一般文化层次的政治批判，推进到经济基础的政治思考。由此开始，许多作家开始自觉地思考国计民生的大问题，形成小说主题思想落点的第一次明显转移。同属于这个主题阶段的作品，又可以在题材上分为两支。一是揭示工业企业的现实矛盾的作品，一是表现农村"文革"以来经济关系的作品。

蒋子龙在《乔厂长上任记》中，以实干家乔光朴的生活为中心，通过剖析一个工厂的生产和管理现状，极为激愤地揭示出和现代化的历史要求极不适应的工业体制的众多问题，揭示了极左政治的严重遗患构成的重重阻力。在此后两、三年的时间里，蒋子龙的多数作品都以不同的形象、从不同的角度揭示着缓慢开展的经济体制改革事业中形形色色的矛盾。同属这一主题范围的作品，还有刘富道的《南湖月》、柯云路的《三千万》、水运宪的《祸起萧墙》。这些作品都从不同侧面，揭示了官僚主义，管理不善、严重亏损、劳动生产率低下、干部素质差等尖锐矛盾。

以城市工业为主要内容的作品，伴随着改革事业的开始，由表现原有的矛盾，进一步发展为表现改革与守旧之间的矛盾。蒋子龙的《开拓者》、《赤橙黄绿青兰紫》、《锅碗瓢盆交响曲》，一直到发表于1984年初的《悲剧比没有剧要好》，都揭示了政治经济体制、干部素质与现代化事业的极度不适应，写出了改革者近于悲剧的艰难处境，歌颂他们执著顽强的思想性格。张锲的《改革者》、张贤亮的《龙种》、《男人的风格》、焦祖尧的《跋涉者》、陈冲的《厂长今年二十六》等，也都是这一主题中有影响的作品。张洁发表于1982年初的《沉重的翅膀》，标志着这个主题已经不限于一般的政治经济的思考，它包容了社会伦理、社会心理等多种文化因素，预示着这个主题正日益成为反映社会生活整体现实的重要主题。但就政治经济的狭义范围来说，这个阶段性主题到了1982年，由于作家思想落点的转变已近尾声。

基本主题在这些作品中，最直接地体现为社会的基本矛盾，即民族现代化的历史要求和这个要求不相适应的政治经济体制之间的矛盾。

在农村题材的作品中，对于政治经济问题的关注可以追溯到出现在1977、1978年最早的一批农村小说的主题中。成一的《顶凌下种》、季冠武的《蚕豆早熟》等作品，都在表现基层干部和群众与"四人帮"斗争的时候，以具体的生产环节作为情节的框架，批判"四人帮"对生产的破坏。1979年以后，随着农村经济政策的调整，作家们深刻暴露于所谓

"穷过渡"对农村经济的严重破坏和对人民命运的影响。尽管这些作品仍以政治的批判为目的，却抓住了国计民生的根本问题，政治的视野也更为开阔。叶文玲的《青灯》通过一个尼姑出身的乡镇个体劳动者的命运，控诉了极左政治的危害使无权无势的弱小者在举步维艰的窘迫生活境遇中，只好乞助于神灵。高晓声的《周华英求职》在揭示政治经济的因素造成人民生活困苦的同时，也揭示出他们自身的精神弱点，盲目的顺从使他们完全没有能力掌握自己的命运。

政治的原因影响到农民经济生活的方式，又进一步制约他们的精神心理，是这一主题的农村小说中共同的思想逻辑。这个逻辑在生活的发展中，又推动作家由对极左政治的批判到写生活的转机，歌颂三中全会以来农村生活的变化。陈奂生①刚刚甩掉"漏斗户主"的帽子，有了买一顶帽子的盈余，立即萌发了精神生活的向往，尽管他本身还带有阿Q式精神胜利法的弱点，毕竟是一个可喜的进步；冯幺爸②刚刚有了隔夜的口粮，立即挺起做人的腰杆，拒绝为持着经济的优势而蛮横霸道的罗二娘作伪证；黑娃③劳动挣来的钱从照一张彩色照片到买一台电视机，间隔不过一年的时间。农村经济政策的调整、生产的发展、农民物质生活的改善，使他们的精神发生了深刻的变化，愚昧、卑屈、萎琐的精神状态正在被文明、自尊、自信所代替。这是一个缓慢的进步过程，1982年以后，这个主题有了新的发展。许多作家开始注意农村经济政策调整以后出现的新矛盾，看到"左"的遗风、干部的特权、小生产的习惯心理等多种因素对农民命运的影响。但总的来说，1982年以后的多数作品，业已超出原有的思想逻辑，不限于政治批判的范围，进入更为隐性的传统文化的思考。严格地说，已经脱离了这个阶段性主题。

文明与愚昧冲突的基本主题，在这个题材的作品中，表现为互相关联的两个层次的矛盾。首先，广大农民和其它城镇劳动者基本的生活权力、物质需求和"四人帮"一伙推行的假社会主义之间的矛盾，这是人民美好的生活愿望、作人的尊严和一小撮在极"左"政治温床上孳生的新的封建势力的矛盾，也就是善良和邪恶的冲突。其次，文明愚昧的冲突也表

---

① 高晓声：《陈奂生上城》。

② 何士光：《乡场上》。

③ 张一弓：《黑娃照像》、《黑娃新闻》。

现为人民自身的精神矛盾，即代表历史进步积极动力的美好生活愿望与作为历史进步消极惰力的自身弱点的冲突。第二个层次冲突的揭示，使小说创作的现实主义水平大大提高，标志着具有时代特征的、蕴含着自觉的历史意识的农民观念的成熟。

3.《李顺大造屋》与政治历史的反顾

这个阶段性主题是随着思想解放运动的深入，中央对建国以来若干历史问题的重新评价，作家们沿着前两个阶段性主题的思路进一步追溯极左政治形成发展的历史，循序渐进，逐步形成的。由于它的多数作品以对当代政治历史的反顾为特征，故又有"反思文学"之称谓。它成熟的标志是高晓声发表于 1979 年 9 月的短篇《李顺大造屋》。

这个阶段性主题的发端，可以追溯到张弦发表于 1979 年 3 月的《记忆》。作者以平反冤假错案为政治背景，以落实政策的矛盾为情节结构的框架，通过两个人物在"四清"运动中截然不同的政治地位与文化大革命中相近的处境，反思了社会政治生活中现代迷信的溃疡，在健康的肌肤上发病恶化的过程。老干部秦慕平在六十年代初的"社教"运动中，非常草率地签署了女放映员方丽茹现行反革命的政治结论。后者只是由被师傅李克安粗卤的爱情表白吓昏了头，造成了把领袖接见外宾的影片颠倒放映几秒钟的工作失误，为此，她付出了全部青春的代价。时隔几年，秦慕平也因为无意中用印有领袖像的旧报纸包鞋，而受到同样的政治迫害。他由此悟出现代迷信的荒谬，以及颠倒人的政治的野蛮残酷，开始反省自己以往的错误。作者没有把"文化大革命"作为孤立偶然的社会灾难来认识，思考的上限推至六十年代初的"四清"运动，一个明显的迹象是，在对现实矛盾的揭示中汇入了历史的思考。尽管思考历史也是为了认识现实，但作品审美表现的重心是历史，现实只是人们反思历史的契机。这一点似乎是这一类作品的共同特征。从题材上看，它所涉及最多的有两类：即以 1958 年大跃进为开端的农村历史和以 1957 年"反右斗争"扩大化为开端的知识分子的命运。

《李顺大造屋》以"跟跟派"李顺大三十年造屋的始末，展开了中国当代农村社会生活的历史。作者在李顺大的生活命运中，最重视的是政治的动荡对农民经济生活的影响，以及他们精神的惶惑和成长。社会主义制度的建立使贫苦农民李顺大萌发了盖三间屋的愿望。三十年间，他和一家人付出了超量的劳动，但每一次梦想接近实现的时候，就被政治的变动粉碎。作者在表现社会政治的谬误对李顺大外在命运的影响时，也注意到他自身因袭的历史重负和极左政治的某些内在联系。李顺大对社会主义的理解就是"楼上楼下，电灯电话"，他对变修的恐惧，对亲家新屋被拆的嘲谑态度，都体现着小生产者精神世界的狭隘和心理的卑微，以及逆来顺受的奴性。高晓声说："李顺大在十年浩劫中受尽了磨难，但是，当我探究中国历史上为什么会发生这场浩劫时，我不禁想起李顺大这样的人是否也该对这段历史负一点责任"①。他在表现农民善良勤劳品格的同时，也忧虑着他们的弱点，"他们的弱点确实是可怕的，他们的弱点不克服，中国还会出现皇帝的"②。在历史运动的对立面中看到内在的联系，这使高晓声的农民观念更具历史感。这种反思历史的独到深度也使他的作品卓然立于同一题材的作品之首。

这个题材分支的小说都具体地记叙了中国农村社会生活的历史真实，揭示出"左"的政治思想路线致使党的工作失误，造成农村政治经济关系的倒退和人民生活的困苦。如茹志鹃《剪辑错了的故事》，刘真《黑旗》，张一弓《犯人李铜钟的故事》，周克芹《许茂和他的女儿们》等。

和这些反映以经济为中心的社会政治历史的作品相对应，反映知识分子生活的作品，更多地注意表现他们在外部社会生活的坎坷遭际中内在精神的历程，带有更多理性思辨的特征。

在这个题材分支中最引人注目的作品是反映1957年"反右"扩大化中，被错划为右派的知识分子的经历。鲁彦周的《天云山传奇》在主人公罗群的生活命运中，展示了一部分知识分子在为理想斗争的道路上艰难跋涉的足迹，歌颂了他们在被扭曲的逆境中，对祖国和人民不变的忠诚。张贤亮的《灵与肉》则在多种人生价值的权衡中，表现了知识分子在人民温厚的土壤中再生着生活的意志。③

政治历史反顾的阶段性主题中，除以上两大基本分支外，还包括反映干部和其它知识分子，以及普通劳动者生活命运的作品。古华的《给你一支玉兰花》、《前面才是夔门》，塑造了两个具有历史深度的典型人物。

① 见高晓声《谈谈文学创作》，《长江文艺》1980年9月号。
② 见高晓声《谈谈文学创作》，《长江文艺》1980年9月号。
③ 从维熙的大量作品，如《泥泞》、《遗落在沙滩的脚印》、《年》，王蒙的《布礼》、《杂色》，李国文的《月食》，戴厚英的《人啊！人》，也都是这一主题阶段的重要作品。

前篇中李健魁粗暴专横的性格，概括了小生产者狭隘鄙陋的保守意识与极左政治之间的思想和心理联系，以及恶性发展的历史过程。后篇则通过一个原先自尊自强追求事业的女性，在社会政治动乱中几经沉浮，变得一心攀附权力的精神悲剧，在她极度变态的政治恐惧心理中，概括了知识分子作为工具在当代政治生活中的可悲地位。韦君宜的《洗礼》在老干部王辉凡的精神历程中，表现了一代革命知识分子政治命运中最基本的矛盾。陆文夫的《小贩世家》，《美食家》，回顾于城市商业发展的曲折道路，以及不同时期的不同矛盾。刘心武的《大眼猫》、《如意》则在细微的日常生活细节中，揭示人的思想感情、精神个性和基本的生活权利，在政治压倒一切的当代社会生活中没有得到应有的尊重，这是极左政治恶性发展，造成浩劫中普遍严重恶果的重要原因。

此外，张贤亮的《河的子孙》，以及近期发表的《绿化树》，都力图以更自觉的历史意识全面认识当代社会历史的矛盾运动，发现历史运动中许多微小部分的重要意义，以揭示无数偶然际遇中的历史必然性，也包括对知识分子自身的反省。但这些作品都已超出这个主题阶段政治批判的狭义范围，预示着史诗性主题的出现，一般来说，政治历史反顾的主题阶段，到从维熙发表于1982年的《远去的白帆》已近尾声。既然是反思历史，最重要的首先是自觉的历史精神。可惜并不是所有的作品都具备这一点，表现在许多作家满足于罗列历史现象，常常偏执于主观的理想，而以简单的道德评价代替历史的严肃思考。在这一点上，韩少功的《西望茅草地》① 具有独特的历史深度。这是一出历史悲剧。主人公张种田是一个普通的农民，历史的巨大变革把他推上英雄的地位，他凭着朴素的阶级感情、真诚的政治信念、勇敢的牺牲精神，在激烈的阶级斗争中成长为高级将领。当历史的发展为时代提出新的要求时，他固有的一切美好品质都显得无能为力。他有抱负，却好大喜功，缺乏必要的科学文化知识，没有管理社会化大生产的能力，拖拉机在他们手中变成废铁，生产搞得一团糟；他联系群众不谋私利，常常慷慨解囊，但生产的破坏却给群众的生活造成严重的困难；他关心青年的思想成长，但原始野蛮的方式方法却伤害了他们可贵的积极性；他过着清教徒式的生活，丝毫不懂人的感情，连自己的养女也因他对其爱情的粗暴干涉而抑郁死去。小生产的局限，使他的一切

① 本篇发表于1980年。

努力都适得其反，只能在历史的进步中，由崇高到滑稽，遭到"历史的讽刺"①。他的典型性在于那些曾经创造过历史的英雄，当他们固执于以往的狭隘经验时，就不可避免地要走向自己的反面。而作者对历史的洞察也在于他对张种田的性格把握中，抓住了某些体现着历史必然性的东西，把主人公的主观理想放在历史的潮流中加以考察，几乎完全摆脱了抽象的道德尺度。这最集中地体现了现代化的历史要求和与这个要求不相适应的小生产的落后意识之间的矛盾。

在这个阶段范围的主题中，积累着前两个阶段的内容。政治文化、政治经济，浑然一体地表现为民族当代历史的完整过程。文明与愚昧冲突的基本主题，表现为民族进步的历史要求、人民善良的生活愿望，和阻碍民族进步的消极力量的冲突——首先是极左的政治，其次是小生产的落后意识。

在这个阶段性演变的小说主题中，多数作品的思想落点都没有超出政治批判的总范围。无论是政治文化的反拨，还是政治经济的思考和政治历史的反顾，都似批判"四人帮"所代表的极左政治，以及追寻它形成的政治历史原因为目的。但从政治历史反顾的主题开始，许多作家对历史的思考不再局限于直接的政治层次，而注意到在漫长的历史积淀中民族精神心理的弱点。高晓声的《李顺大造屋》、韩少功的《西望茅草地》，都因包容了更广泛的文化内容而达到历史的深度。由此，一个新的阶段性主题孕育成熟。

二　民族文化的思考

现代化的步伐振动了民族固有的生活秩序，引发了社会意识的分化。1979 年底开始小说主题出现了大的转移，向民族生活历史与现状的纵深文化层次发展。经历了三个基本的阶段性演变：《爱，是不能忘记的》与社会伦理的主题——《我们建国巷》与社会心理主题——《爬满青藤的木屋》与社会风习主题。

---

① 《马克思恩格斯全集》第 36 卷，第 302 页。恩格斯的原文如下："那些自夸制造出革命的人，在革命的第二天总是看到，他们不知道他们做的是什么，制造出的革命根本不象他们原来打算的那个样子。这就是黑格尔所说的历史的讽刺，免遭这种讽刺的历史活动家为数甚少"。

1979 年底 1980 年初开始，作家们对社会的思考已经不限于政治批判，而涉及到民族整体生活方式中更广泛的文化意识。这是民族历史任务的转变在小说主题中的反映。在此之前，作家们所面临的基本任务是政治上的拨乱反正，主题思想的落点便自然地集结在对极左政治的批判上。随着社会政治生活的逐步安定，当现代化的历史步伐震动了整个民族生活的固有秩序与传统的习惯，就不可避免地出现了社会意识的分化。文明与愚昧的冲突也就更多地表现为现代化的历史要求和与这个要求不相适应的自身文化因袭之间的冲突，从而推动了小说主题的大幅度转移。

徐孝渔、叶林发表于 1981 年的中篇《没有门牌的小院》，对历史转折时期社会意识的分化现象，通过上下两篇的比较作了最典型的艺术概括。这个无名小院中的五户居民，除"钱铁皮"是错划成右派的落难书生外，其它的四户都是城镇个体手工业者和没有固定职业的人。他们在被历史遗忘的共同命运中相互扶持，多数人表现出善良正直的美好品格。但随着政治的反拨，社会经济生活从停滞走向活跃，其它的四户人都和"钱铁皮"发生了矛盾，起因不过是"钱铁皮"由烧柴灶改为烧煤炉。除灶王是由于煤炉的普及使他失去了砌灶的营生外，其它几户完全是由于心理的惯性：偏狭、怯懦、保守，不愿接受新事物或不敢接受新事物。这种思想意识的分化与精神心理的冲突，归根结底是由经济生活方式所制约的社会整体生活方式转变的结果，必然要牵动社会伦理、社会心理、社会风习等许多个社会生活层次的文化冲突。因此，单纯的政治批判，已不足以解释社会意识的分化现象，致使许多作家转向对民族传统文化的思考。

应该说明的是，上一个阶段中政治批判主题的思想积累，在文化思考的阶段中仍然显示着它的价值。差异在于极左政治在上一阶段中主要被当成社会动乱、历史倒退的原因；而在这个阶段的主题中更多地被看作小生产落后意识的结果①。这种因果关系的转换，也是人们对历史辩证法则认识的进步，标志着小说主题的深入发展。政治文化、政治经济、政治历史

---

① 这并不是随意的颠倒，而是作家们看待历史的尺度扩大了，开始注意历史的文化因袭与政治动乱之间互为表里的辩证关系。恩格斯说："原因和结果这两个观念，只有在应用于个别场合时才有其本来的意义；可是只要我们把这种个别场合放在它和世界整体的总联系中来考察，这两个观念就汇合在一起，融化在普遍相互作用的观念中，在这种相互作用中，原因和结果经常交换位置；此时或此地是结果的，在彼时或彼地就成了原因，反之亦然。"（见《社会主义从空想到科学的发展》，《马克思恩格斯选集》第 3 卷，第 419 页）。故我们称之为转换。

的因素并没有消逝，而是融合在民族文化的整体中。

1. 《爱，是不能忘记的》与社会伦理的主题

在政治批判主题的作品中，作家们常常以传统的伦理原则为武器，鞭挞政治投机分子。或通过揭露那些为了政治的利害离异原有婚姻关系的人，表达强烈的政治义愤；或通过歌颂在政治的压力中坚持原有婚姻关系的人，寄托道德化的政治理想①。这种道德化的政治理想把忠贞不二的传统伦理规范和坚定不移的政治正义感统一在共同的审美理想中。在民族文化思考的主题阶段，它一开始就受到了挑战。

张洁发表于 1979 年底的短篇《爱，是不能忘记的》首先表现了政治正义感与传统伦理观念的分裂。男女主人公对政治信念的坚贞与对伦理关系一定程度的背逆，标志着人们对社会伦理观念的思考已经摆脱了政治批判的结论，进入民族传统文化的思考。作为一个具有较高文化素养的作家，张洁从最初的创作开始，就特别注意社会的文明化程度问题，长于表现人的心灵和情感，特别是知识分子的心态。但是，在《有一个青年》中，她对文明的理解还只限于文化教养的表面层次，而在《爱，是不能忘记的》里面，却已经非常大胆地触及了以婚姻爱情为中心的社会伦理关系。女作家钟雨离婚后独自带着女儿生活，和一个具有强大精神魅力的老干部发生了刻骨铭心的爱情，而后者却有一个虽没有爱情但也生活得很和谐的家庭。作者通过这种似乎大逆不道的行为，反映了社会婚姻关系中极普遍的反常现象：没有爱情的婚姻与不被理解尊重的爱情。由此剖析了某些社会伦理观念的庸俗陈腐，以及它对人们精神和美好感情的束缚。并且通过作家的女儿呼唤人们对社会生活多元化的理解，认为"这兴许正是社会生活在文化、教养、趣味……等等多方面进化的一种表现！"

这篇作品一发表，立即引起了众说纷纭的反响，许多作家、评论家及各个社会阶层的读者，以各种方式介入了这场争论。除少数作家是从写人的感情，"人的心灵中的追求、希冀、向往、缺憾、懊悔和比死还要强烈的幸福和痛苦"② 的角度来理解外，多数人都从社会伦理关系的角度出

---

① 可参见从维熙的《第十个弹孔》和李国文的《月食》。在被歌颂或被谴责的人物中，绝大多数是妇女形象，可见这样的伦理规范是以妇女为主要对象的，因此，也不难理解对这种传统观念的挑战，为什么首先从女作家的创作中开始。

② 王蒙语，见《北京文艺 1979 年小说选·序》，北京出版社 1980 年版。

发，作出自己的评价。例如 1980 年 7 月《人民文学》上曾发表了一篇名为《婚礼上听来的故事》，与《爱，是不能忘记的》针锋相对，表现主人公自我克制的品格与对已有婚姻的维护。但是，这个主题高潮中的多数有影响的作品，都倾向于对旧的伦理观念的批评①。从婚姻离异到爱情观念，从寡妇改嫁到私生子问题，以及贞洁观念，人体模特问题，遍及社会伦理观念的各个细节。在对旧的社会伦理意识批判的同时，也出现了对新的社会伦理理想的探索，表现出激烈的反传统倾向。多数作家都积极地肯定了人的情感、人的精神、人的追求在社会伦理关系中应有的主动地位，揭示传统的伦理观念压抑人的本性的阴暗面。

和以上这些以应然的理想为中心的作品不同，张弦的《被爱情遗忘的角落》等作品，则从政治、经济、文化、地理等社会生活的多种因素，透视社会伦理意识倒退的客观原因，以及人们自身意识所处的愚昧状态。小豹子和存妮的爱情无疑还处于本能冲动的原始状态，经济的长期停滞造成他们物质生活的极度贫困、环境的闭塞、文化的贫乏，又怎么能要求他们有更高尚的精神要求呢？何况他们周围那些被视作天经地义的买卖婚姻，又比这种生命本能的呼唤高尚多少呢？而迫使他们付出生命和自由的昂贵代价的社会偏见，岂不是更残酷野蛮吗？存妮的母亲菱花是这篇小说中极具历史深度的形象。这个在土地革命中挣脱了封建枷锁，萌发了新的生活愿望，勇敢追求爱情的农村妇女，在现实生活的困境中，重新又退回到落后意识的精神樊篱，最集中地反映了社会生活整体的倒退对人们意识水准的影响。所以，作者只能寄社会伦理观念改善的希望于以经济生活为基础的社会整体生活方式的变革。如果我们进一步比较张洁和张弦的作品就会发现有两个精神在对话。一个是偏重于主观的痛苦的理想主义，一个是偏重于客观的清醒的现实主义。张洁的《波西米亚花瓶》、《方舟》、《七巧板》一直到发表于 1984 年的《祖母绿》等作品都表现了对应然理想的肯定，因而在现实的制约中痛苦着。张弦的《挣不断的红丝线》、《银杏树》、《回黄转绿》等作品，则表现了对已然的政治、经济、文化等多方面冷静的体察，思考理想的现实可能性。这两种精神并不是截然对立的，张弦在强调经济生活方式对人们精神水准制约的时候，并没有排斥理想的应有价值。张洁是主情的，所以痛苦地执著于理想的应然性；张弦是

① 王蒙语，见《北京文艺 1979 年小说选·序》，北京出版社 1980 年版。

主理的，则强调理想的现实可能性。这两种精神构成了这一主题作品的两种倾向。

封建时代残留下来的伦理观念最集中地表现在对妇女命运的影响和精神的束缚，因此，在社会伦理主题阶段的作品中，就不可避免地出现了一个妇女命运的主题分支。许多作家，主要是女作家特别敏感地意识到，妇女解放的程度是衡量一个社会文明化程度的标志。她们对现存社会伦理关系及由此而产生的道德观念的思考，就自然地集中在对妇女命运的关注上。具有自觉的独立意识的知识妇女和仍处于依附地位、不觉悟的劳动妇女，构成了这个分支的两部分基本内容。

张洁从《方舟》、《七巧板》，到发表于1984年的《祖母绿》，形成了一个当代知识妇女命运的三部曲。她在《方舟》中集中描写了三个知识妇女以不幸的婚姻为中心的坎坷命运，揭示了在文明化极低的社会中，知识妇女举步维艰的窘迫处境，以及鄙陋陈腐的社会偏见对她们精神心理造成的严重压抑。在《七巧板》中，她通过解剖两个知识妇女的家庭，暗示人们在现有的家庭结构中，无论是嫁非所爱婚姻不幸的知识分子，还是被公认为幸福的知识分子，都会受到不同程度的扭曲和精神束缚。《祖母绿》则表达了明知不现实却"九死而不悔"的执着理想，描写妇女心理的深度极为具象。三个中篇从抗争开始，继而沉思，最后是宿命般的自省，把具有较高文化素养和人生追求的知识妇女，在现实关系中的诸种遭际及感受表现得淋漓尽致。茹志鹃的《暖色的雪地》描写一个女画家至死不能实现的爱情，表现了知识妇女在动乱中孱弱的地位，以及陈腐的社会伦理规范对他们的压迫。李玲修的《乱云在她头上穿行》则通过一个寡居的女工程师从社会到家庭所遇到的无端阻力，批判了社会伦理意识的狭隘鄙陋。汪浙成、温小钰的《春夜，凝视的眼睛》反映了知识妇女在文明化程度很低的社会条件下，爱情与婚姻的切实苦恼，以及不被理解的悲哀，指出社会等级偏见对人们美好感情的阻隔。陆星儿的《美的结构》、张辛欣的《在同一地平线上》，都表现了追求事业的青年知识分子，在社会生活和家庭生活中，因性别的差异事实上仍处于不平等的地位。知识妇女在事业与生活的冲突中，承受着超负荷的重担。

在表现普通劳动妇女生活命运和精神状态的作品中，戴厚英的《锁链，是柔软的》较为典型。主人公文瑞霞在丈夫被冤屈自杀后，艰难地带领一双儿女生活，终于熬到了丈夫冤案昭雪的生活转机。她成了全家的功臣，在家族内外都受到人们的敬重。可这种殊荣，是她割断自己的感情，以终生的幸福为代价换取的。她在极度的矛盾中，终于没有力量打碎压在自己头上的贞洁牌坊，同时，又干涉女儿的婚姻，希望攀附一门有权势的亲家，险些贻误了女儿的前途。作家揭示了家族伦理关系一方面是人们在困厄中彼此扶助、维系情感的纽带，另一方面在这种关系中衍生的观念，又是比法律还有效的无形锁链。文瑞霞的兄嫂都在它的束缚中而不自知。而文瑞霞这个当今节妇，除了享受抽烟、喝酒、说粗话等别的人不能享受的特权外，只能在柔软的精神枷锁束缚中寂寞地走向坟墓。祝兴义的《母亲》描写一个在封建宗法制压迫下的劳动妇女，青年时期勇敢地冲破礼教的束缚追求自己的生活权利，解放以后，越近晚年精神的负担越重，陷入极度的自悲心理中。严重的问题，并不在于作为封建伦理意识人格化的伯父，始终对母亲的改嫁耿耿于怀，而是连生长在新中国的孙子们也和奶奶疏远。作者在母亲的精神悲剧中，揭示了封建的伦理观念延续至今，仍然纠缠着活人的头脑。问彬发表于 1982 年的《心祭》，则进一步把一个寡母一生未遂的心愿放在革命家庭的情境中，揭示出旧的伦理观念，在新的社会形态中顽强的存在。五个自以为有文化、有头脑、有觉悟的女儿没有一个理解母亲的感情，反而使她陷入"非分之想"的自惭。这篇小说在对老一辈妇女精神重负的解剖中，表达了新中国儿女们深深的忏悔，揭示了社会主义时代的伦理意识中，那些貌似文明而实质上却愚昧得近于残酷的封建遗毒，对普通劳动妇女生活命运和精神心理的严重影响。

这两部分人物不同的生活命运和思想风貌，完整地反映了中国妇女思想意识的极度不平衡现象。而张弦的《银杏树》则是对这种不平衡现象的总体概括。当少数知识妇女在独立自主的人生追求中，挣脱了不合理的伦理观念的束缚的同时，多数劳动妇女对幸福的理解还是对处于依附地位的婚姻关系保障的要求。而且，无论是知识妇女，还是劳动妇女，她们的婚姻又几乎同样是不幸的。从而反映出左右妇女命运的整体社会现状自身的落后。谌容的《扬月月与萨特之研究》则在两个生活命运，文化水平完全不同的妇女身上，揭示出她们对自身存在共同的被动状态，并且毫无选择的能力。因此，无论是被抛弃的，还是没有被抛弃的，包括她们的丈夫在内，对幸福都没有自觉的意识。在这个分支女作家们的创作中，谌容的作品表现出明显的客观写实态度。这一点，使她进而转入描写中国普通知识分子家庭的日常情态，这就是我们在 1984 年读到的《错、错、错》。

这篇作品虽然也写了知识分子的命运，但涉及更为广泛的婚姻关系的现状，故可以看作这个分支的尾声。

1982年开始，社会伦理的主题出现了一定程度的反向运动。张笑天的《公开的内参》、航英的《东方女性》、达理的《墙》、姚文泰的《乡土》、姜滇的《瓦楞上的草》等作品，都表现了与以上作品不同的见解。这并不奇怪，这是变革时代多种生产生活方式，多种文化思想交叉并存的必然现象。只有社会关系的变革，才能彻底淘汰那些适应旧的伦理关系的观念。但这只是一个或早或迟的过程，生活自身的发展终究会证明，旧的伦理观念正在丧失着自身存在的合理性。真正代表这个转折时期时代精神的，毕竟是那些对旧观念，特别是具有明显封建印记的伦理观念，持批判态度的主题意向。

在社会伦理阶段的小说主题中，文明与愚昧的冲突表现得更为复杂。关键在于作家们对文明的理解发生了极大的分歧。但以其总体趋向来看，主要表现为人们正当的生活权利、美好的感情及精神的追求，和陈腐落后的封建伦理意识和鄙陋的社会偏见之间的冲突。

2. 《我们建国巷》和社会心理主题

文化积习作为观念形态的东西，它的落后性总是较为明显，而且易于被人们认识。特别是封建性的伦理观念，早从"五四"时期开始，就被一代又一代的作家们批判嘲讽过了。只是历史的倒退，使一些陈旧的东西又以新的形态死灰复燃，才会在历史的转机中，出现再批判再认识的文学主题潮头。而落后的意识深入人们心理的影响，则不那么一目了然。所以，随着现代化步伐的加快，作家们对民族文化思想的再认识，使由显性的观念形态的层次向隐性的心理层次推进。于是，就出现了始于1980年延续到1983年，至今仍有作品出现的社会心理主题。

这一主题范围的多数作品都表现了现代化建设的潮流对社会心理的振动，对整个民族原有心理秩序的冲击；揭示我们民族心理中的阴影，并探索追溯它形成的多种历史文化因素。

这个主题成熟的标志是叶之蓁发表于1980年的《我们建国巷》。这篇小说代表着社会心理主题小说创作的基本倾向。那巷口堵着的深灰色的、石达开的兵士曾在上面贴过"均贫富"告示，并使城里没有逃走的居民们意外地发了一次露水财的墙，无疑最形象地暗示出这条被"新颖的高大建筑物夹持着、压迫着、然而并没有被吞食的"，"象一条幽深而贫瘠的峡谷"一样的"古老而质朴的麻石小巷"久远的历史渊源，和生活在这里的善良而狭隘的居民们精神的脐带。胡伯那和他的泡菜一样又甜又酸的虚荣心，王大福那在生活的变动中始终没有消逝的小生产的平均要求，都和墙的象征意象有着内在的联系。他们都习惯没有差别、没有竞争，因而也没有仇视、没有猜忌的平静生活。他们都是善良的，即使在极左政治的动乱中也仍保持了互相照顾的淳厚民风。但是技术员用革新奖买来的一台电视机却轻而易举地打破了旧日的平静，引发了一系列不愉快的纷争。先是他的孩子没有了和其他孩子一起享受胡伯泡菜的权利，并且得了一个"进口饼干"的外号。其后，王大福召集的街道会议也理所当然地挪到技术员家里开，理由是"钱莫一个人抢光了，留点大家都赚一些。"邻里关系越来越紧张，直到技术员夫妇在无端的骚扰下磨掉了最后一点耐性，砸坏了电视机，旧日的和谐才又和胡伯的泡菜一起回到他们的生活中。作者在这个喜剧故事中，表现了现代化的生产和生活方式对小生产平均要求的冲击，表现了他们狭隘、虚荣、嫉妒和浅薄的心理和现代化历史要求的不协调，揭示了普遍的民族心理中传统意识的阴影。

《我们建国巷》的独到之处，在于作者在善良人们的生活常态中，捕捉到由于生活方式的变动而引发的社会心理振动，描摹出典型的社会心理状态。并把它置于历史的必然进程中加以考察，揭示其对民族进步的消极作用，写出了小生产的习惯心理正日益丧失其存在的合理性。

高晓声的《大好人江坤大》、《老友相会》等作品，都以严格的写实笔法，在农民善良忠厚的行为中，暴露了小生产者怯懦卑屈的心理使他们在经济上翻身之后，仍然没有掌握自身命运的能力，揭示这种心理的因袭对他们改善自身命运的严重阻碍。他的《在山中》则在更多象征意味的风格中，揭示了长期的政治动乱使人们朝不保夕，造成谨小慎微的风气，以致于发展为庸人自扰的普遍社会心态。另一篇作品《鱼钓》则以强化的事件为载体，揭示小生产者目光短浅贪图小利的典型心理。高晓声对农民性格心理的探索深入到小生产者历史命运的深处，在《飞磨》、《钱包》等带有寓言性的作品中，揭示由于封建时代至高无上的皇权、贫困的经济地位和兵匪祸患等原因，对于形成农民贫富根基的命运观念和卑怯安分心理的决定性影响。他发表于1984年的《杭家沟》等作品，则表现了落后的文化对农民心理的影响。诸种因素（历史的和现实的）都使他们无力挣脱狭小经验世界的限制，只能满足于苟安现状和迷信鬼神。高晓声的创作沟通了现代文学中鲁迅开创的探索国民灵魂的主题，是社会心理主题阶段的作品中最有深度的部分。

汪曾祺的《异秉》、《故乡人》、《故里杂记》、《八千岁》等作品也同高晓声的作品有异曲同工之妙。他在表现旧日市民人物和底层卑屈的小人物生活命运的时候，都极精炼地刻画出他们的精神风貌，而对其中一部分人物心理弱点的善意嘲讽，明显地寄寓了对民族精神的思考。他在《晚饭后的故事》中，表现了一个戏剧演员在变动性极大的命运中不变的心态，在他志得意满的神态中揭示了安分卑微的心理弱点。他的作品在讥讽中带有更多的同情，内中包含了对人生普遍痛苦的洞悉与感叹。

而另外一些中青年作家则更侧重对民族落后心理残酷性的批判。冯骥才的《高女人和她的矮丈夫》，完全以恶的形态，揭示小市民的庸俗鄙陋，甚至成为极左政治的社会心理基础。陈建功的《辘轳把胡同九号》，尖刻地嘲笑了被极左政治裹挟上政治舞台的典型人物，在时代的变动中茫然失措的尴尬处境，揭示他们不甘寂寞而又无可奈何的可笑心态。他发表于1984年的《找乐》，虽仍以市民生活为中心，则在更广泛的阶层领域中，揭示落后的社会生活现状和保守沉重的民族文化心理因袭，造成了人与人之间的隔膜。李陀的《七奶奶》、《余光》，在琐细的生活常态中，描绘了和旧的生活方式相联系的市民人物的保守心理，细致地刻画了他们在社会生活的急剧变化中内心的微妙状态：不可抑制的反感与不可抗拒的诱惑。嘲笑他们生活观念的陈旧与心理的鄙狭。刘心武的《黑墙》在小院居民大惊小怪的情绪波澜中，批评了小市民无个性无差异的心理要求。吴若增的《翡翠烟嘴》等作品构成了一个蔡庄社会，在孤陋寡闻的乡土人物浅薄保守的可悲心态中，揭示了习惯意识对社会心理的强大支配力量；他的《脸皮招领启事》，则嘲笑了民族心理中爱面子的普遍弱点。这些作品都表达了作家们对民族性格、精神、心理的探索。这种意向具有普遍性，也存在于其它题材的小说创作中。

社会心理主题的一个重要分支，是表现知识分子精神心理的作品。王安忆的《大哉赵子谦》是最有代表性的一篇。老教员赵子谦品格修养极好，无论是在学校、家庭，还是邻里之间，他都克己忍让，不仅没有能力改善子女的命运，自己也终于一事无成。作者在赵子谦无所作为而赢得普遍赞誉的性格中，揭示了知识分子传统的道德心理，在动荡的社会生活中已经沦为苟且偷安的唯一屏障，对社会对个人都没有任何好处。同时，她又通过刻画另一个历尽磨难终于有所作为却被人们指责为高傲、暴躁的知识分子，两相比较，揭示了世风的恶浊与社会心理的浅陋。这篇小说的主题让人深思：谦和忍让的传统道德修养，大乎哉？不大也！她的《命运交响曲》题旨相近，更侧重揭示过分清高使主人公大事做不来小事又不做，以致于在生活中无所归属，完全处于被动的命运。张洁的《未了录》，描写一个埋头于故纸堆中的老知识分子，一生正直善良孜孜以求，表现了他在枯燥的生活中诸多的然而永远没有力量实现的向往，概括了这一类知识分子平静中充满矛盾的心态和萎缩的精神。李陀的《魔界》着意于老一代知识分子和社会生活的隔膜，在主人公正直得近乎偏执的性格中，捕捉其不理解不适应的内心困惑。

立足于时代变革的要求，从社会心理的角度，揭示民族精神中落后的历史因袭，是以上作品的共同倾向。随着社会生活首先从经济开始的变动，在这个主题范围中自然地出现了刻画各种心理典型和表现心理转机的作品。和这类意在写实而达到社会心理深度的作品不同，还有些作品带有更多主观表现的特征，当作家们表达对时代生活的感受时，却传导出这个新旧交替时代具有普遍意义的社会心理状态。

王蒙的《惶惑》独具深意。主人公刘俊峰两次到 T 城所得的印象，交叉对比中形成了人物惶惑的心态。不限于本篇，陈呆[①]在内地繁荣的都市和边疆冷僻的乡镇两种生活印象的夹击中，在"羊腿"和民主之间感到惶惑；哈丽黛[②]在祖国文化中心的高等学府和哈萨克人幽静古朴的生活氛围的强烈印象中，在老哈萨克朴素的生活观念和青年哈萨克诸多追求的生活理想之间感到惶惑，还有《海的梦》，《春之声》，……王蒙作品中几乎所有经历了两个时代生活（五十年代和八十年代）的知识分子，都不同程度地在生活强烈的变动中感到惶惑，刘俊峰作为五十年代的大学生，八十年代的新干部，双重的身分使他内心的矛盾格外复杂。五十年代单纯的社会理想显然已经不适应八十年代复杂的社会现实，固执于已往的理想，就会如女教师那样，陷落在旧日的理想梦境，崇高不成反而滑稽；但他怅然若失的沉甸甸的心中，却分明保留着许多美好的回忆，难于心甘情

---

① 《夜的眼》。

② 《最后的"陶"》。

愿地舍弃。惶惑感成了对变动着的生活不适应感的典型概括。在两个时代的生活、两种价值观念的交叉比较中，作家们的审美感情复杂化，他们意识到社会生活的发展注定要淘汰掉一些旧的生产和生活方式，以及和这个方式相适应的思想观念，而这些思想观念中又分明有许多宝贵的东西；新的生活方式带来了新的矛盾，并不是所有的新东西都表现为善。这种复杂的感受也就集中地表现为精神无所适从的惶惑感。

时代的社会生活不以人的意志为转移的急剧变动，给予具有稳定的心理结构的中年作家们的感受是惶惑，对更敏感的青年作家们的影响则更复杂。孔捷生的《南方的岸》等作品，虽然为了寻找新的理想支点，退回到原有的经验世界中，但却非常真实地表达了一部分回城知青的感受。他的主人公从艰苦而平静的海南农场回到繁荣嘈杂的城市，两种生活方式反差极大的对比得出的强烈印象，集中地表现为对唯利是图、鄙俗卑下的市民情态的厌恶。心理的极度不适应，使之茫然、怅惘、精神无所适从，典型的心态是失落感。张辛欣的《清晨，三十分钟》、《我们这个年纪的梦》则直接展示了对都市生活的强烈感受：激烈的竞争、空间的拥挤、节奏的紧张、人与人之间的频繁磨擦，撞碎了童年时代单纯明朗的梦。剩下的唯有感觉：压抑、孤独、烦躁、混乱，说不出的单调枯燥……她的主人公典型的心态是疲惫。张承志的《老桥》、《绿夜》、《大坂》等作品中的主人公，面对"陷谷"般的都市，深感生活的艰辛和世风的恶浊，人际关系的复杂与心灵之间的隔膜，从而转向在阔大的自然和质朴自由的边地民风中寄托蓬勃的生命情致。他在作品中典型地表现了那种追求完善的理想主义者，在这个时代现实的限制中强烈的孤独感。

惶惑也罢，失落、疲惫、孤独也罢，都是当前旧的价值观念在破碎，新的价值观念没有建设起来的夹缝时代，社会生活自身的矛盾在人们心理上的深刻反映；是这个民族艰难的现代化民主化过程中历史阵痛的一部分。因此，作家们各自寻找的精神支点不同，但都表现了对于改善民族生存方式（物质的和精神的）现状的愿望，以及为此而进行的探索。因此，作为这个时代人们情绪的艺术再现，这些作品中的情绪都有独特的审美认识价值。

文明与愚昧的冲突在社会心理的主题阶段，表现出两个层次丰富的内容。其中首先是民族进步的历史要求和那些与落后的生产方式相联系的、丧失了历史合理性、落后保守的社会心理的矛盾；其二，则是在还不发达的现代都市生活中，物质和精神的客观限制，引起的人们心理的冲突。以第一种冲突最为集中地体现着时代的基本矛盾。第二个层次的内容则是现代化过程中产生的新矛盾，同样具有现实意义。

3. 《爬满青藤的木屋》和社会风习的主题

严格地说，社会伦理和社会心理是很难截然划分清楚界限的。就象政治、经济的因素在历史的原始形态中总是彼此纠缠在一起，社会伦理和社会心理也总是在社会生活方式的整体中彼此融合，只是人们的思想认识有一个发展过程。对陈腐的伦理观念、落后的社会心理形成原因的深入思考，就形成了对民族文化思考主题阶段的又一个重要分支，社会风习①主题。

把民俗风情引进小说创作，不仅增加了作品的美学特色，形成了不同特色的地方作家群（这些只是这个主题作品的外部特征），而且，更重要的是作家们开始关注民族传统的生活方式问题，因而也就从这个角度反映了历史变动时期多方面矛盾运动的整体风貌。古华发表于 1981 年的短篇小说《爬满青藤的木屋》是社会风习主题成熟的标志。追溯它最早的信息则可以到陈世旭发表于 1979 年的《小镇上的将军》。这篇小说颇具深意地表现了偏僻闭塞的小镇上，善良怯懦且习惯于苟安的居民们在将军的思想品格感召下，以最原始落后的风俗方式投入了特定条件下的斗争。其后，张弦的《被爱情遗忘的角落》等作品，也都努力在社会生活的整体制约中，揭示社会意识退化的根源，古华早期的作品②都以落后封闭的自然和社会环境为人物活动的基本场所，具有浓郁的乡俗气氛。但这些作品思想的落点在于对极左政治的批判，还没有深入到极左政治及小生产的落后意识得以产生形成的民族基本生活方式的思考，所以还不能算这个主题的作品。

《爬满青藤的木屋》虽然以文化大革命为背景，但作家思想的重心已经移至对落后的生产和生活方式整体的思考。作者以远离现代社会的僻远山林"绿毛坑"为典型环境，在不长的篇幅中，塑造了三个具有普遍意义的典型性格。勇武愚昧、偏狭保守的丈夫王木通俨然是这一小块土地的

---

① 社会风习是社会整体生活方式最直观的反映，也是综合着多种文化因素的整体反映。
② 可参见古华《美丽崖豆杉》、《金叶木莲》、《芙蓉镇》等作品。

"封建领主"，他对生活的理解除了基本的生命本能外别无所求，对科学文明（物质的和精神的）都一概采取排斥的态度，终于导致了山林失火的严重事故。而结果不过是换了一块领地和老婆，依然可以继续他自给自足的生活。温顺善良却又天性自尊自爱的妻子盘青青，则本能地向往着美好文明的生活。知识青年李幸福有科学知识和文明意识，但是，在落后停滞的生活中却处于可怜巴巴的地位。绿毛坑代表着一种古老的自然经济的生活方式，王木通的性格概括了和这种生活方式相联系的愚昧、保守，偏狭的普遍精神状态，自然混茫的原始风貌也暗示着整个民族在长期的传统生活方式中积淀的心理氛围，是历史因袭的沉重阴影。这篇小说的暗示意义大大超过它的本文意义。古华说："在一个自然景色富丽幽静、土地十分肥沃的环境里，人们日出而作，日落而息，过着布衣粗食、愚昧保守与世隔绝的生活。无须什么外来文化，也无须什么现代科学。应该说，这种生活方式在我们这个古老的民族，古老的国家里是很有典型意义和代表性的。我们就是以这种生活方式世代相传，渡过了漫长的数千年岁月，才进入到现代社会来的么！而且，就是在这种生活方式似乎已经消声匿迹了的城市、乡村，它长期以来所形成的意识形态、风俗习性，却还广泛地存在于人们的头脑里，表现于人们的行动中"①。

在古老封闭的自然经济中，现代文明只是作为一种偶然传入的因素（许多作品中表现为下乡的知识青年或接受了科学文化的当地青年），虽然它是新生活的信息，但本身还缺乏经济基础，它在旧的生活方式中的存在是无力的；同时，旧的生活方式中的少数人（常常是单纯淳朴而富幻想的农村姑娘），即使由于偶然的机遇萌发了新的向往也只能窒息在强大的习俗力量中，很难摆脱悲剧的命运。马克思说："当旧制度还是有史以来就存在的世界权力，自由反而是个别人偶然产生的思想的时候，换句话说，当旧制度本身还相信而且也应当相信自己的合理性的时候，它的历史是悲剧性的"②。那唱着"山那边可是海，海那边可是洋"的竹娥③，并没有因知识青年带去的新概念以及他们的介入而逃脱被抢成婚的古老习俗，知青们离去了，只"在山寨里留下了手风琴、尤三姐……这些新鲜

---

① 见《古华中短篇小说选·自序》。
② 见《黑格尔法哲学批判导言》，《马克思恩格斯选集》第1卷，第5页。
③ 见张新奇《那遥远的绿色山寨》。

的名词"和"一阵骚乱和不安"。索米娅和白音宝力格①的纯洁初恋，毁灭于野蛮的习俗，她与幸福的机遇失之交臂，重复着蒙古族妇女的共同命运，生活方式本身还没有提供她足以掌握自身命运的文化因素。巧珍②的命运悲剧则在于她处于城乡两种文化交叉的冲撞中，虽然有了对文明的向往，却没有独立地走向新生活的现实可能性。她只好把对文明生活的向往寄托在对高加林的爱情上，而后者则为了自己的向往牺牲了和她的感情。她徒有反抗旧习俗的勇气却没有走向新生活的条件，最后只好退回到旧的生活方式中去。爱爱③却只能在无望的幻想中耗尽生命的最后一丝活力。

当社会生活的整体变动给旧的生活方式中注入了新的经济因素，文明也就不再是偶然的因素，而代表着生活的趋向，与落后的习俗颠倒了位置，社会风习主题小说中的悲剧性也转变为喜剧性。木匠的女儿④终于抗拒不了伐木声的诱惑，扔下父亲为她选好的恪守规矩的未婚夫，奔向另一种生活。一生虔敬的老喇嘛，面对草原物质的富足，临终前放弃了宗教习俗⑤。葛川江上最后一个渔佬虽然还不情愿放弃他习惯的营生，却终于领悟到"从前的许多规矩现在都不管用了"⑥。顽固地维护旧的生活方式和思想观念，残酷、粗暴、蛮横的渔把式，也和旧的生活方式一起"寿终正寝"⑦。这些作品都表现了人们对生活发展的乐观情绪，然而生活本身却要更复杂些。正如马克思所说："…历史不断前进，经过许多阶段才把陈旧的生活形式送进坟墓"⑧。自然经济向商品经济的过渡需要一个漫长的过程，农业文明向工业文明的发展也不是一朝一夕的事情，旧的生活方式的瓦解除根本的经济因素外，还需要许多精神文化的措施。悲剧的因素并没有完全消逝，它和喜剧的因素渗透在一起，还会持续一个很长的时期。张一弓的《流泪的红蜡烛》、扎西达娃的《没有星光的夜》，古华的《九十九堆礼俗》、权文学的《在九十八弯的山凹里》等作品，都揭示了落后的文化现状，使乡土人物在经济生活改善之后，精神仍处于愚昧

---

① 见张承志《黑骏马》。
② 见路遥《人生》。
③ 见陶正《女子们——田园交响诗之——落霞》。
④ 见蔡测海《远处的伐木声》。
⑤ 见哈斯乌拉《虔诚者的遗嘱》。见哈斯乌拉《虔诚者的遗嘱》。
⑥ 见李杭育《最后一个渔佬》。
⑦ 见白桦《渔把式之死》。
⑧ 见《黑格尔法哲学批判导言》，《马克思恩格斯选集》第1卷，第3页。

状态。

社会风习是一个综合着多种社会因素生成的文化整体，在变革的时代，它的保守性就表现为无所不至的顽固。非常有意思的现象是，这个主题范围作品中的许多冲突都建立在琐细的生活末节上，而且经常被作家们重复。从刷牙洗澡到发式礼仪，都牵动着人们的习惯，引发以生活观念为核心的文化思想冲突。但总的趋势是现代文明首先从生活细节的物质因素开始，改变着人们的思想观念。

马克思说："在黑格尔那里，恶是历史发展的动力借以表观出来的形式"①。这个时代正在开始的主要由经济规律制动着的民族整体生活方式的变动，对于习惯了旧的生活方式的人们来说，感情上绝不会是轻松的。人们常常会对时代变革善的内容与恶的形式之间的矛盾，表现出困惑和忧虑。王润滋《鲁班的子孙》是这种情绪的典型之作。他在父子两代木匠的情感破裂中，揭示了经济生活的变动对乡村伦理关系的震动，痛心于金钱对淳厚乡风的污染；在老木匠对良心和手艺的信念与小木匠对金钱不择手段的谋取这两种生活观念的比较中，表达了深深的忧虑。这种忧虑不是个别的偶然现象，也普遍地表现为许多作家对旧日田园风光和乡土人物道德风貌的歌颂②。而冯苓植的《沉默的荒原》则取更为客观的角度，在两个属于不同生活环境和文化背景的青年人不得不终结的热恋中，揭示两种生活方式养育的价值观念，在极度不平衡的社会现实中各自的合理性和缺憾。

把历史进步的乐观意识植根于民族自身蓬勃的生活力，这是一部分与社会风气有关的作品中的另一种意向。张贤亮的《肖尔布拉克》等作品表现了人民善良的本性和健康的良知，在粗糙的生活方式中充满活力的存在。他的《河的子孙》、《绿化树》等作品，虽然意在反思历史，也都表现了民族民间传统自身的丰富性。张承志的《雪路》、《春天》、王家男的《乡恋》等作品，也都带有相近的倾向。

随着人们对文化现象越来越自觉的思考，在社会风习和乡土文学中逐渐衍生出一个民族文化派。老、中、青几代作家都希望在民族文化的断层

---

① 《路德维希·费尔巴哈和德国古典哲学的终结》，《马克思恩格斯选集》第 4 卷，第 233 页。

② 可参见刘绍棠的运河小说，王润滋的《卖蟹》，叶文玲《晚雪》，彭见明《那山、那人、那狗》，唐栋《山民》，何士光《种包谷的老人》等作品。

中，汲取民族进步的活力。这派创作的开启者是汪曾祺。他从发表于1980年的《受戒》开始，创作了一系列以旧日江南乡镇人物为载体的作品，传达的却是历尽劫难之后的清朗心境。而且，整体的明朝色彩与乐观的时代意识相通。虽然从作品的字里行间可以看出作者对民族文化深挚的感情，然而历史时间的距离与外来文化的比较参照，使他对民族传统文化的取舍极为自觉，有批判有扬弃，自始至终贯注了这个时代对人的理想。美学风格也入大化之境。其后，邓友梅的《那五》、《烟壶》等作品，也寓现实问题的思考于旧日北京汉满市井生活的场景，具有一定的文化学和民俗学方面的价值。

青年作家则更为自觉地把民族文化现象作为具有相对独立性的整体来认识。张承志的《黑骏马》还仅是以历史文化为宏观视角，表现人民在充满缺憾艰辛的生活方式中蓬勃的生活力。乌热尔图的全部作品则在达斡尔族人民时代际遇中的情感振动里，具体细致地艺术再现了这个民族整体的文化特征。贾平凹1983年底到1984年初连续发表了《小月前本》、《鸡窝洼的人家》和《腊月·正月》，以及他此前发表的《商州初录》、《商州又录》等作品，都以古文化发祥地陕西商州地区乡土社会的现实生活为素材，在普通农民浸润着古风的日常生活情态中，传导出时代变革的动律，并且把民俗民风的状写，深入到人物心理的活动，细致地描摹出民族心灵的形式。他以基本的生活方式衔接起民族久远的文化传统，加上近于古汉语的地方口语的娴熟运用，不仅层层铺垫出深厚的地方生活底蕴，而且渲染出民族生活整体的文化氛围。他以具有传统意味的静察默观式的审美态度，力臻"重神韵"、"旨远"的美学追求。他的创作为当代民族文学的成熟发展提供了成功的经验。阿城的《树桩》等作品，多以西南几省少数民族的民间文化现象为载体，意在传达对世界、人、历史、社会、人生的现代意识，现实的层面升华为形而上的意义，主体性更强，加上朴素简约、注重造型效果的民间口语的运用，都使之达到玄远精深的美学境界。李杭育的葛川江系列作品，以当代浙江的城乡生活为素材，也注意到对地方文化特征的总体把握，将其神韵贯注于人物的性格，描绘出变革时代浙江地区城乡社会的整体风貌。

他们的创作已经基本超出了一般社会风习的主题范围，体现出更为成熟的文化意识。严格地说已经不属于这个主题。

文明与愚昧的冲突在社会风习阶段的主题中表现了以下几个方面的矛

盾：首先是古老的生活方式和它生成的落后习俗与现代的科学文明之间的冲突；其次，是变动的生活中，物质的初步文明和精神愚昧之间的冲突；其三，则是与两种生产和生活方式相联系的两种文化中善恶形态两极的交叉冲突，也包括现代生活方式中落后的现状自身的矛盾①。

上篇小结

现象是最丰富的，任何理论模式都有其局限性。因此，除我们以上的归纳描述外，还需做一些必要的补充说明。

在近年文学中，还有一些题材具有相对独立性，而自身的发展又持续始终的分散主题，也不同程度地和基本主题发生联系。在军事题材的作品中，从徐怀中发表于1980年的中篇《西线轶事》开始，虽然没有正面直接表现文明与愚昧的冲突，却在对现代军人素质的探索中，表达了新的英雄理想，和新时期小说中所普遍肯定的文明意识有着内在的联系。好的战士不仅要勇敢忠诚，而且要有科学文化知识，有思想，有政治头脑和世界胸怀，表现出和五、六十年代截然不同的审美倾向。朱苏进的《射天狼》、《引而不发》、李斌奎的《天山深处的大兵》、刘兆林的《索伦河谷的枪声》、《雪困热闹镇》等作品，都具备这种特征。李存葆的《高山下的花环》，通过梁三喜、靳开来、北京战士共同的牺牲精神，把"位卑未敢忘忧国"的传统观念和瞩目世界的现代意识，统一在革命军人爱国主义的精神整体中。在知青题材的创作中，从叶辛的《蹉跎岁月》、张曼菱的《有一个美丽的地方》，到孔捷生最近发表的《大林莽》，都从不同的角度，以上一个时代的生活为素材，表达这个时代人们对世界、社会、人的理想。这些作品也理应属于基本主题的范围。

经过我们上面对小说主题发展的粗疏分析，不难看出新时期的小说主题，从政治的批判到民族文化的思考，经历了由狭义的文化（政治文化）开始的回环演进之后，发展到大文化的领域。这是一个螺旋式的发展过程，表现了这个时代的人们对民族生存方式由表及里的自省过程。

---

① 集中体现这一内容的作品，最典型的是刘心武的《立体交叉桥》，揭示了人们生存空间和精神空间的立体交叉现象，揭示物质生活的方式对人们精神生活方式的制约。此外王安忆的《本次列车终点》、《墙基》等作品也有相近意向。

从民族文化的思考阶段开始，小说主题出现了明显的分化现象，且愈演愈烈，至 1983 年以后，几乎看不到前几年那么集中的主题现象。许多更具作家独特发现的主题，具有多义性的主题，综合的主题，侧重表现心灵性内容的主题不断涌现，不少成功的作品，是不能纳入我们以上分析的主题范围的①。小说主题思想的隐蔽，使之远不如风格的特征易于把握。这种情形大概要维持一个较长的时期，也就是说，此后相当长的时间里，也许不会再出现这种集中且迅速更替的主题现象。这是因为以前的八年是民族社会生活的急剧转变期，长期的政治动乱和思想禁锢，使经年积累的社会矛盾集结成严重的社会危机，在政治的变动和思想启蒙中重新恢复了社会责任感的作家们，就在形势允许的范围内，首先关注那些迫在眉睫的主要问题，小说主题的集中就成为必然。作家在这个过程中成长成熟，已往的文学观念在这个过程中蜕变发展，社会审美心理也在这个过程中发生变化，原有的危机性社会矛盾的逐渐克服，生活又以人们从未体验过的速度不断涌现出新的矛盾，整个民族在历史阵痛中迸发出的情绪格外复杂，为文学的生长提供了肥沃的土壤，因此，小说主题的分散也带有必然性。

这是又一个文学作为艺术的自觉时期。在主题越来越分散的小说创作中，不仅负载了越来越沉实的社会人生内容，也包含着多种主体意识的自觉与成熟。越来越多的作家开始形成以自己对世界的理知与认识，以自己的情感方式铸造的独立艺术世界。因此，从这个意义上说，小说主题的分散正是新时期小说艺术成熟的标志。

《中国社会科学》1985 年第 3 期

---

① 例如：邓刚《迷人的海》，张承志《北方的河》，阿城《棋王》。

文明与愚昧的冲突（下）
——论新时期小说的基本主题

季红真*

摘要 本文认为自从粉碎"四人帮"以来，时代变革成了我们社会生活的主要特征。解放与禁锢、改革与守旧、进步与落后的矛盾是这个时代从政治经济、社会伦理到精神心理等全部社会生活的最主要的矛盾。新世纪小说正是在这种社会的主要矛盾运动中发展深入，从各个层次各个方面展示了丰富的文学主题以及这些主题中纵横交错的复杂意向。新时期小说的诸多分散主题中存在着一种内在联系，即作品以不同的标准在对各种文化思想的择取中面临的一个基本矛盾：文明与愚昧的冲突。

本文上篇回顾分析了几年来小说主题的由表及里的演进过程，已发表在本刊 1985 年第 3 期；下篇通过展示各同类主题的小说之间矛盾交叉的意向群落，揭示了多种文化思想在当今时代生活中的冲突。

下　篇
多种文化思想的冲突
——小说主题意向交错的状态

新时期小说的主题，随着时代矛盾的转移，潜在的文化思想差异发展为表面化的意向交错。四个基本的意向群落：对变动着

---

* 季红真，女，1955 年生，1981 年毕业于吉林大学中文系，1984 年 8 月毕业于北京大学中文系研究生班，获文学硕士学位，现为中国作家协会创作研究室研究人员。

的现实关系的态度；对传统的态度；对历史的态度；对自然的态度。形成小说主题意向交错的原因：社会的、文化的、政治的。

从社会伦理阶段开始，小说的主题出现了意向交错的复杂状态。在每一个阶段性的主题现象中，几乎都可以发现两个以上的不同意向，有时甚至发生直接的倾向对立。其实这种差异在政治批判的主题阶段就已存在，只不过是潜在的，没有民族文化的思考阶段这样明朗化。这是由于新时期小说的初级阶段，社会生活的基本任务是政治上的拨乱反正。作家们的思想准备虽然各不相同，但思想的落点却都集中在政治的批判上，各种文化思想都可以从各自的角度出发——从马克思主义的人道主义到最一般的人道主义；从最现代的科学思想到最古老的伦常观念；从革命的传统到民族民间的传统——不同的思想武器都可以发挥各自的作用，达到批判极左政治的目的。

当现代化的历史要求不再是单纯美好的愿望，而是艰苦的实践，它对整个民族生活秩序和心理习惯的振动，就不可避免地引发了多种文化思想的冲突。前一时期潜在的差异就明朗化了。

一 对变动着的现实关系的态度

转折时期社会关系最明显的变动是经济关系的变动。十一届三中全会以后，农村集体经济基础上的联产计酬生产责任制的普遍实行，城市工商经济体制酝酿着的改革，城乡个体经济的恢复和沿海的经济开放，都使社会经济呈现出从未有过的活跃局面。这原本是人们盼望已久的民族现代化过程中必不可少的实践环节，但即使在直接表现改革的作品中，也明显地表现出人们对这个时代变革的不同理解。

蒋子龙从发表于1979年的《乔厂长上任记》、《维持会长》等作品开始，从正反两方面人物的对照中，针对工厂企业管理涣散的局面，强调强化权力的重要作用。他在一篇创作谈中讲到，在人们对权力由怕到厌的心理转变中，他思考如何运用权力的问题。所以，他笔下的理想人物除了具备科学知识和现代经济头脑之外，还要有铁的手腕。他希望由乔光朴这样有魄力的铁腕人物，取代无所作为的掌权者。这个基本思想一直延续到发表于1984年的《悲剧比没有剧要好》；其间也涉及其他问题，如新的社会伦理意识（见《开拓者》）、文明的现代经营方式（见《锅碗瓢盆交响曲》）、丰富的生活与全色的人（见《赤橙黄绿青蓝紫》）等。但总的范围没有超出权力更替的基本思想。张洁的《沉重的翅膀》，则除了正面地描写了这场历史性变革中不可避免的权力斗争之外，在对经济体制改革的急切呼唤中还寄予了对伦理关系等社会生活整体变动的希望。因而，她在揭露那些顽固守旧的人物狭隘鄙俗的阴暗心理的同时，对那些意识到历史必然要求的人自身落后的文化因袭，也作了深刻的揭示。郑子云家庭的危机与方群的婚姻悲剧，都不是偶然的人生不幸，在落后鄙俗的社会伦理关系中体现着某种必然的性质。郑子云为维护家庭体面而隐忍，方文煊屈服于舆论而克制，都是不可掩饰的虚伪和懦弱。连叶知秋、贺家彬这些正直的知识分子，在杨小东、莫征、圆圆等富于进取精神的青年一代面前，也暴露出某些缺憾。把人和人的生活变得更合理、更美好、更健全，是张洁对这场时代变革的理解。因此，她并不着意于改革者和人们眼前利益的矛盾，却更为关切人们被压抑了的固有素质在时代变革中的发挥和消极因素的转化。陈咏明饱满的政治热情和管理能力得到充分的施展；吴国栋开始意识到自己简单粗暴的弱点；杨小东的聪明才智有了用武之地；莫征也从偏见的压抑中逐渐解脱出来开始迈进生活的希望……人的尊严、人的感情、人的个性都在社会整体的变化中获得应有的价值。在乔光朴的铁腕和郑子云的行为科学之间，有着一道文化的沟壑，其中有价值观念的明显差异。

这种差异带有普遍性。社会经济关系的变动必然引起社会伦理关系的变化，价值观念的变动便是不可避免的。如果说，在蒋子龙和张洁的作品中，由于城市改革尚未铺开，他们的意向作为主观的理想，还仅仅表现为文化思想的差异的话，那么，在农村题材的大量作品中，则由于经济关系的大幅度变化引起的社会伦理关系的现实变化，造成了小说主题更明显的差异。尽管作家们对农村经济政策的调整表示了极大的热情，但对由此带来（或可能带来的）社会伦理关系的变动，却难以取得一致的态度。张贤亮的《河的子孙》和王润滋的《鲁班的子孙》是典型的例子。前篇以外号"半个鬼"的农村基层干部对农村三十年社会生活的回顾，对经济关系的变动可能带来的整个社会的进步，表达了乐观的态度。后篇则在父子两代木匠由不同的生活信念所引发的伦理关系的破裂中，关注着乡村古朴的伦理关系在经济生活方式的冲击下日趋瓦解，忧虑拜金的狂热污染民风，流露出深刻的感伤情绪。

在这两种明显差异着的意向之间，蕴含着深刻的社会历史内容。在黑格尔那里，人类的伦理是由两部分构成的。其一，是神的，也就是依着自然血缘形成的关系，即家庭；其二，是人的，也就是社会的。马克思主义对经济关系对人类存在方式根本制约作用的发现，进一步揭示出一切伦理关系的形式都受制于经济生活形式。因此，适应于各种伦理关系的观念，归根结底都是当时的社会经济状况的产物。在中国几千年漫长的社会历史中，是以自然经济的生产方式为基础的，在这个基础上形成了家族和社会高度一体化的伦理结构。所谓"君君、臣臣、父父、子子"，即是对这种伦理结构的严格规范。在这种伦理结构中形成的价值观念，深入民族心理的影响集中地表现为对伦理关系的极端重视。虽经"五四"以来历次思想运动的冲击，但由于在广大的国土上自然经济仍然是主要的经济形式，加上新中国成立以来基本上是吃大锅饭的分配形式，就使传统的伦理意识以新的形态延续了下来。因此，当经济体制改革首先从分配制度上开始逐步展开，就震动了原有的伦理关系和人们与之相适应的心理秩序。欣喜、惊异、忐忑不安、骚动不宁、迷惘、痛苦、感伤……都是这个转折时期复杂的民族情绪。认识民族生存方式的不同角度、感应民族情绪的不同方式，就使作家们对由经济关系变化的制动而引发的社会伦理关系的变动，表现出不同的态度。而反映为小说主题意向交错的根本原因，则在于作家们自身价值观念的异同。

《鲁班的子孙》固然是正在解体的古朴伦理关系和人们相应的道德风貌的一曲挽歌，王润滋的《卖蟹》以及李蔚的《狍子、猎户和采购员的故事》等作品，也都在"世风日下"的现实中，返回到"重义轻利"的传统道德理想。和他们的意向几乎完全对立的一篇作品，是石定的《公路从门前走过》。作者从现代化对经济发展的要求出发，在老一代农民对金钱的鄙视中，看到这种古老的道德心理对经济发展的严重阻碍。张一弓的《黑娃照相》、《黑娃的新闻》等作品，都正面歌颂了人们对物质富足的追求与由此带来的精神面貌的改善。何士光的《乡场上》在农民物质生活的初步改善中，看到他们精神的复苏，欣喜经济关系的变动带来了乡村某些政治关系的调整；周克芹的《山月不知心里事》却在人们一心致富和分散的生产方式中，忧虑政治生活的薄弱造成青年人精神的空虚，而高晓声的《水东流》则在青年们对丰富的文化生活的向往中，看到青年农民中一种新的生活观念在成熟，并善意地嘲笑了老一代农民只知道干活攒钱的古老生活信条。高晓声始终把农民的经济解放和精神解放看成一个整体的过程，因此，只有经济生活变动给人们提供了精神改善的物质基础之后，他才善意地批评人们只是"向钱看"的弱点。赵本夫的《多找了五元钱》，则通过老一代农民谨慎本分的生活观念与物质利益诱惑的矛盾夹击下道德心理的动摇，以及在喜剧性的情境中最终的自省，揭示出封闭的生活观念与开放的经济现状之间的深刻矛盾，以及落后守旧的价值观念的人们自身的悲喜剧性质。韩少功的《风吹唢呐声》在现实经济关系及伦理关系的变动中，关注着弱小者的命运，现实的不完善使他乞望着"永恒的善"。贾平凹的《商州》则在探索"历史的进步是否会带来人们道德水准的下降而浮虚之风繁衍呢？诚挚的人情是否还适应闭塞的自然经济环境呢？社会朝现代的推衍是否会导致古老而美好的伦理观念的解体或趋向实利世风的萌发呢？"他们都在更高的层次上表达了忧患意识。

价值观念的差异在爱情婚姻题材的作品中，表现得更为明显，主要集中在人们对爱情的不同理解上。韦君宜的《洗礼》以社会政治理想作为婚姻的道德基础，强调只有在这个基础上个人情感的选择与婚姻关系的变化才显示出充分的合理性。《洗礼》表达了接受过五四新文化影响，后来投身社会革命，把社会理想和人生理想融为一体的一代知识分子特有的价值观念。他们重视爱情的社会政治性质。孟伟哉的《一座雕像的诞生》则强调个人情感的利他性质；而姚文泰的《乡土》则几乎完全把道义作为婚姻的绝对价值。与之相反，靳凡的《公开的情书》，几乎系统地批判了从爱情婚姻到个人责任的全部通行观念，批判它在迅速奔涌的时代潮流中的落后与陈腐，并且以充满理想精神的激情倡导科学和理性，肯定个人选择的创造价值。张洁的《爱，是不能忘记的》，强调人的感情的绝对价值；而航鹰的《东方女性》、达理的《墙》等作品，则强调理性对情感的应有克制对维护伦理秩序的必要性。张抗抗的《淡淡的晨雾》、遇罗锦的《冬天的童话》、《春天的童话》等作品，都在对既定的伦理观念与道德规范的激烈批判中，肯定人的感情在外部命运变化中重新抉择的合理性。张抗抗在《淡淡的晨雾》中有一个形象的比喻，奔流的江水和固定的铁桥之间不存在绝对的稳定联系。在他们的作品中可以感受到这个时代强烈的浪漫气息。

重视个人主动的选择，重视情感，而且要付诸行动，这是一部分青年作家的倾向。丰富的人生阅历与注重实际的人生态度，使一些中年作家对此采取更为超然的态度。这在王蒙的作品中表现得最为充分。他在《深的湖》中对"黄花鱼"与婚姻离异之关系表达了极为通达的理解。在评价张洁的《爱，是不能忘记的》的时候，他说："难道人的精神不应该是自由驰骋的吗？难道爱情不应该比常见的和人人都具有的更坚强、更强烈、更崇高、更理想吗？……说真的，落后的生产力、落后的文化、贫困、封建专制，以及我们自己'左'的专制的影响，不是使我们许多人的灵魂被压扁了，因而太缺乏感情、太缺乏想象了吗？"① 在《老黄杨树根之死》中，王蒙则在表现人们于外部生活命运的变动中情感的转移时，批评其中利己的功利性质。他动摇于精神追求的理想和现实的责任之间。即使是中年人中最大胆的张洁，也要重申精神的追求并不妨碍已有的伦理秩序。他们重视的是精神本身，而青年作家则不能满足于幻想，他们面对的是现实的抉择，渴望行动的自由。同样是痛苦的理想主义者，张洁在《爱，是不能忘记的》中，表现的是精神追求不被理解的痛苦；而张抗抗在《淡淡的晨雾》等作品中，表现的则是理想在付诸实践的过程中不可避免的痛苦。张洁乞望的是来世灵魂的契合，张抗抗追求的则是现世的幸福。

尽管张洁与张抗抗面对现实的束缚所追求的伦理理想有明显的程度差异，但她们把情感精神化的特点是相通的，因而对物质的、世俗的、红尘的生活都表示了一定程度的冷淡。这一点又构成了许多青年作家之间的意向差异。张抗抗的《北极光》、《在丘陵、在湖畔，有一个人》等作品，塑造了不少情操高尚、追求事业、蔑视世俗物质享乐的理想人物；而王安忆的《庸常之辈》等作品，则通过对普通人生活艰辛的理解，肯定了人们物质追求的合理性。陆星儿的《写给未出生的孩子》，在追求事业的青年艺术家现实生活的窘困中，给予事业、感情、生活以同样的肯定。在遇罗锦《冬天的童话》等作品中，直率地把精神追求与物质享乐，以及经济条件、社会地位等外部条件等同齐观。张承志的《绿夜》等作品，则在更普遍的情感范畴中，把知识分子对事业的追求与普通人的生活奋斗衔接在共同的历史环节上，在他的笔下，一个现代学者和一个草原牧民之间

① 见《北京文艺一九七九年小说选·序》，北京出版社 1980 年版。

有着相近的人生境遇和相通的人生感受。阿城的《棋王》也有相近的意向，他把对人的价值的理解建立在尊重一切人的基础上，既把吃的问题看作人类存在的基本内容，又把精神的权利，视作人的最终完善，表达了一种朴素博大的价值观念。

价值观念差异的焦点在于如何评价个人在社会伦理关系中的价值。和50年代的"新人新事"主题、文化大革命中的"斗私批修"主题截然不同的是，新时期小说主题中，基本的倾向是肯定个人应有的权利和个人的追求与奋斗在社会整体进步中的作用。在许多作品中，"安贫乐道"已经不再是无可怀疑的、通行的道德准则。江坤大的克己忍让不再仅仅是道德高尚的表现，高晓声在社会整体发展的效果中，揭示了它的消极作用。杨之枫、李辉、金鹿儿、"登利美"①，这些充满了生活欲望和进取精神的青年人，获得了比朴实安分、毫无追求的老劳模们更多的赞赏。

完全否定个人在社会伦理关系中的价值，这样的主题意向是极少数的。小说主题意向的微妙差异常常只是程度的问题，也就是在多大范围中，个人的追求与权利是合理的。汪浙成、温小钰的《别了，蒺藜》、王蒙的《风筝飘带》、蒋子龙的《锅碗瓢盆交响曲》等多数中年作家的作品，都把个人的追求和社会进步的要求统一起来，肯定其积极的意义。而青年作家在生活中的特定位置，使他们更敏锐地感觉到这个时代人生奋斗中目的和手段之间不可避免的矛盾，由此形成了和中年作家群体的差异，而各自之间的不同态度又形成了彼此意向的差异。陈建功的《迷乱的星空》表现了不以成败论英雄的价值理想，揭示了外部的成功与实际的贡献之间的距离，在一条鱼骨的意向中寄托了执着理想的人生追求。他的《飘逝的花头巾》则进一步揭示了人生得失与社会责任之间的联系，特别强调手段的正当性。而王安忆的《新来的教练》、《命运交响曲》等作品，则在目的与手段不可避免的分裂中，趋向承认性格对环境的必要适应。她似乎是在对人生普遍困境的体察中，无可奈何地接受了目的与手段分裂的现实。张辛欣的《在同一地平线上》，把人与环境的矛盾集结在目的与手段极端状态的冲突中，探索"在道路的选择上，在为了达到目的，不错过时机而采取的各种行动方式上，究竟怎样做是对？"希望在现实的社会

---

① 分别见陆北威的《美丽的杨之枫》、郑万隆的《当代青年三部曲》、航鹰的《金鹿儿》和刘心武的《登利美》。

条件下，把目的和手段、道义和利益等对立范畴统一在合理的道德规范中。张承志的《人坂》等作品则在目的与手段不可避免的矛盾中，表达了道德情感的极大痛苦，并把它看成是人生缺憾的一部分。

对人生奋斗中目的与手段之间矛盾的敏感程度，集中反映了两代人生活观念的实际距离，这在表现代沟的作品中尤为明显。戴晴的《沟》在母子两代人生活观念的比较中，歌颂了母亲一代任劳任怨、不计个人得失的利他精神，批评儿子一代情感的淡漠和追求个人名利的"利己倾向"；刘小喻的《导演之家》则在两代导演对艺术、生活不同的态度中，在理解老一代人道德操守的同时，更多地倾向于对青年人所勃发出的创造力的肯定。王蒙的《深的湖》、《痛苦》等作品，在对老一代思想操守的赞美中，批评青年人的简单与重实利；而王安忆的《迷宫之径》等作品，则对上一代人所奉行的原则在现实生活中的作用表示了怀疑与深切的怜悯。

以上种种小说主题意向的差异并不奇怪。它是转折时期变动着的现实关系在观念形态中的反映；也是旧的价值观念破碎与新的价值观念尚未建设起来的交替时代，人们为建设新的价值观念所进行的积极探索。肯定人对生活追求的基本倾向，是人们经历了以抽象的观念扼杀具体的人的严酷浩劫之后，痛定思痛之时，形成的新的伦理理想，也是民族现代化的历史步伐对旧有的观念冲击的结果。

二 对传统的态度

对变动着的现实关系的态度，最直接地牵动着人们对传统的态度。因为，依本文引言中所引艾尔弗雷德·克罗伯对文化的定义，价值观念是传统的重要部分。而人们对变动着的现实关系的不同态度中所暗含的价值观念的差异，也就联系着人们对传统的不同态度，由此，也反映为小说主题意向的交错。

难以说清楚的是传统的范围。我们有五千年的历史所创造的民族文化的悠久传统，其中既有封建性的糟粕，又有人民性、民主性的精华；我们有"五四"思想革命开创的、吸收外来文化思想的反封建的传统，其中一部分汇入了政治革命的历史潮流，也有一部分因为种种原因遭到了破坏；我们还有在漫长的革命斗争中形成了革命传统，而极"左"政治的严重后果之一，就是对革命传统极端片面的解释和歪曲。民族的文化心理结构，因为各个时代文化构成的差异而不断地变动，又因为基本生活方式和社会结构的沉滞而保持了相对的稳定性。然而，对当代的中国人来说，最直接的传统莫过于这几十年的社会生活形成的积习，包括由文化构成的基本内容决定的价值观念，也包括与此相适应的情感方式、行为方式的规范。

新时期的小说主题中，一开始就存在着反传统的倾向。特别是青年人的作品中，尤其激荡着一股反叛的浪漫主义情绪。这股浪潮至今未艾，但最早的源头可追至靳凡的《公开的情书》和赵振开的《波动》。这两部作品都成书于打倒"四人帮"以前，前篇对当时所通行的一切思想观念（包括政治观念和个人义务等）进行了激烈的批判，也涉及民族更久远的传统因袭。后篇则尖锐地揭示出在革命正义的美名之下，社会伦理观念的虚伪与残酷。1979 年末开始的民族文化思考阶段的多数作品，对社会伦理、社会心理到社会风习的思考，基本的倾向也是反传统，而且多数作家把民族传统中的消极因素，或是落后的文化思想，或是落后的生活方式以及从中生成的野蛮习俗，看作是极"左"政治形成的历史根源。反对压抑人、扼杀人、愚昧残酷的社会积习和更久远的民族文化传统中封建性的落后因袭，使得当代文学又沟通了阻隔已久的"五四"文学的反封建传统。

在这个基本相近的倾向中，又因人们所使用的思想武器不同，而表现出对传统的不同理解。与以上提到的主题现象差异较大的，是汪曾祺、孙犁、宗璞等深受民族古老文化熏陶的作家的作品。汪曾祺的《徙》、《故乡人》等作品歌颂了受传统思想文化养育的知识分子，清贫自守，正直耿介，淡于名利的道德风貌，和靳凡的《公开的情书》中表现的激扬锋利的进取要求，有着一定的思想差异；宗璞的《米家山水》等作品，歌颂了知识分子在追名逐利的世界中宁静自得的恬淡心性，也和张辛欣的《在同一地平线上》的题旨有思想的距离。他们都在封建法西斯主义和文化虚无主义造成的文化虚空和险恶世态中，流露出对久远的中国传统文化的眷恋。宗璞或更多地执意于老、庄、禅等传统哲学；汪曾祺的作品中则还包括对市民阶级创造的丰富的生活文化的肯定，秦老吉（见《晚饭花·三姐妹出嫁》）那副像《东京梦华录》中的馄饨担子，可谓最典型的象征。他们痛感到无休止的"阶级斗争"使社会伦理关系恶化、民族的道德水准因文化的衰弱而下降，同时身为知识分子经历一个时代的残酷，心灵的不胜重负和难以言传的痛苦心态，都使他们转向民族文化的传统，有意识地在民族民间的文化中汲取具有朴素人道主义的因素。因此，就其心理动机来说，对极"左"政治长期统治下形成的社会积习进行批判，他们和激进的青年作家们并不矛盾。汪曾祺对市民人物乐观进取的精神风貌的肯定，宗璞对僵硬的政治观念造成的知识分子"灵魂硬化症"的揭示，都和人们对传统的伦理观念的批判有着相通的时代联系。这些作家由于经历过一次又一次对封建文化的批判，又都有过对西方文化的接受，多种文化经由历史时间在心理中的反复参照、积淀，使他们的作品具有在更高的层次上整体地反思民族文化传统的特点，取舍也有着极大的自觉。他们注重的是古老文化中具有普遍人道主义意义的精髓和适应民族心灵形式的美学风格，而对其中封建伦理观念等陈腐部分则坚决地剔除。因此，就其反封建这一点来说，他们和反传统的主导倾向并不截然对立。

最为复杂的情况是中年作家及个别老作家对革命传统的态度。革命传统形成于新民主主义革命的漫长历程，集中地体现着五六十年代的社会整体意识，包括集体主义的社会伦理意识，以及由此而形成的各种行为方式，它的核心是革命的理想主义。王蒙说："我始终认为，文学与革命天生地是一致的和不可分割的。它们有着共同的目标——旧世界打个落花流水，鲜红的太阳照遍全球。文学是革命的脉搏，革命的讯号，革命的良心；而革命是文学的主导，文学的灵魂，文学的源泉。"[1] 这是在革命传统中形成的最典型的文学观念，代表了多数中年作家和一部分老年作家的基本倾向。大批反映中国当代政治生活的作品，如王蒙的《布礼》、从维熙的《遗落在沙滩的脚印》、鲁彦周的《天云山传奇》等，都是从这种革命传统出发解释历史现象，歌颂人们在政治的泥泞中革命理想不灭的闪光。王蒙"子非我，安知我不知鱼之乐"[2] 的辩白，是坚持这一革命传统的写照；虽然他也曾借庄周梦蝶的寓言对此流露出一定的惶惑[3]。

和这种倾向相反的是另一部分中年作家的意向。刘心武的《大眼猫》、《如意》，张弦的《挣不断的红丝线》，张洁的《忏悔》、《沉重的翅膀》，戴厚英的《人啊，人!》，问彬的《心祭》等作品，则在具体的艺术

---

① 见《我在寻找什么》，《王蒙小说报告文学选·自序》，北京出版社 1981 年版。
② 见王蒙《相见时难》。
③ 见《蝴蝶》。

· 1472 ·

表现中，对此持较大的保留态度。他们注意到革命传统内部依然浸入了许多并不合乎革命理想的因素，扼杀着人的感情，影响着人们的命运。作为更久远的传统因袭，这些因素在革命的旗号掩饰下，依然是在社会主义的社会形态中残存的、然而又是顽固的封建毒素。

老作家韦君宜在她的一篇小说中，曾借一位老干部写给儿子的信，表达了更为复杂的矛盾态度：我们要信仰，那是因为我们不能不信仰①。她代表了在对旧世界的反叛中把人生的追求和社会革命的理想统一在一起的一代人基本的思想态度，即他们看到了自己一手创造出来的社会中有许多不合乎理想的东西，但却不愿意就此而否定革命理想本身，希望在对社会的改善中坚持革命理想。及至《洗礼》，她则进一步希望在历史风暴的淘汰中，恢复并端正真正的革命传统。这就是对党的事业负责，坚持人民的利益，以及讲真话、坚持真理、不计个人名利等道德准则，赋予抽象的革命传统以具体的现实内容。

对于革命传统，多数青年作家采取了较为客观的态度，他们很少就此直接表示自己的看法，却在对其具体观念的评价中，表现出在历史发展的进程中具体检验传统的意向，形成了和部分中年作家不同的倾向。这种差异在茹志鹃母女创作特点的比较中，可以看得很清楚。她们都是富于人道主义精神的女作家，都把普通人的生活命运作为自己艺术表现的对象，而且也都长于状写人们日常的生活情态。但是她们观察生活的角度和审美评判的标准却有着明显的差异。茹志鹃的作品都是从革命的理想出发表现社会生活的各种矛盾。她在普通职业妇女的生活艰窘中，揭露极"左"政治的残酷②；在农民生活的贫困与精神的惶惑中，看到"左"的政治路线和经济政策对党群关系的破坏③，在落实政策的阻力中，谴责一些干部政治道德的堕落④；在日常的家务纠纷中，批评一些人革命理想的退化⑤……总之，都表现出政治性很强的道德感。而在王安忆的作品中，几乎没有苛刻的道德批评，更看不见强烈的政治色彩。她更多地从普遍的人生实际出发，看待社会的矛盾，体察历史的发展。她更多地给人们以温暖

---

① 见韦君宜《内部参考资料》。
② 《家务事》。
③ 《剪辑错了的故事》。
④ 《草原上的小路》。
⑤ 《儿女情》。

谅解，分析多种精神现象产生的客观条件，理解普通人平凡追求的内中苦乐，委婉地批评他们的弱点，指出他们精神迷误的原因。因此，审美评价的态度也更为宽容。

她们的差异代表了中青年作家之间普遍的意向差异。多数中年作家的创作倾向于社会，而多数青年作家的创作则倾向于人生。这当然不是截然的对立，前者以社会理想衡量人生的价值；后者则以人生的实际衡量社会理想，看生活的发展与历史的进步。看待生活的角度不同，审美评判的标准不同，对革命传统的态度也就有了距离。

这是就整体而言的，其实同一代人中，对传统态度的意向差异也是极为明显的。同是青年作家，李存葆的《高山下的花环》、魏继新的《燕儿窝之夜》、梁晓声的《今夜有暴风雪》等作品，都表现出和革命传统中形成的诸种价值观念的联系。邓刚的《迷人的海》等作品，在两代人延续的主题中，暗含着在扬弃中更新传统、发展传统的意义。张承志的《北方的河》则在更为广阔的历史文化视野中，表达了沟通一切传统的愿望。他对民族灿烂文化的热爱显然与老一代作家情感相通，对人民内在精神的理解又与真诚地坚持社会理想的部分中年作家相近，黄河、湟水、黑龙江、永定河……在他的笔下都具有了特定的文化和人生的内涵。从民族的血脉到文化的源头，从生命的原始动力到时代的苦乐，都浸透了对祖国的赤子般的依恋，体现着现代意识对民族传统的崭新的理解。

如果把青年作家们的创作看作一个整体，那么从中可以看到这样一个过程，即从激烈的反传统到对传统的重新发现。而其中一以贯之的因素，则是对这个时代民族文化更新的愿望。对民族传统的再认识，目的仍然在于克服长期的封闭停滞所造成的社会积习。因此，对传统的重新发现并不意味着简单的复归。贾平凹的《商州初录》、《小月前本》、《鸡窝洼的人家》、《腊月·正月》、《商州》等作品，都立足于民族的时代生活，且以具有悠久古文化传统的陕西商洛地区为基地，以静察默观的审美态度体察普通中国人的日常情态，从中传导出时代变革的动律。他侧重民族民间文化的开掘，对其中封闭保守的部分嘲讽抨击，表现出深沉的感伤情绪，而对其中蕴含着民族蓬勃活力的蛮野自由的民俗民风又力予讴歌。他以今天时代的意识取舍传统的民族文化精神，"崇拜大汉之风而鄙视清末景泰蓝一类的小玩意儿"①，这和汪曾祺重视市民人物蓬勃的生活意趣有异曲同工之妙；他对世风趋利、文风萎靡的忧虑，也与老一代作家们的意向相通。他们都试图在传统中打破传统，又在反叛沉滞萎靡的社会积习时，沟通着被割断了的民族民间久远的文化传统。

无论是激烈的反叛传统，还是对传统的重新发现，都对民族文化的变革有重要意义。这两种努力，除了各自文化意识的差距外，对时代变革的热切希望是一致的。

虽然在对传统的态度中存在着明显的意向交错，但也存在着彼此之间渗透、融合等更潜在的联系，这可以在一些作家们的文学主张中略见一斑。汪曾祺认为写一个作品总要有益于"世道人心"；孙犁在谈到自己的创作追求时，明确表示追求真善美的人道主义；王蒙在讲到文学和革命的联系时说："因为文学追求光明，向往真理，渴望发展和进步，因为文学是人学，它以人为中心，它要求人成为真正的人，它要求人和人的关系成为真正的人的关系——共产主义的关系，老吾老以及人之老、幼吾幼以及人之幼的关系"②。无论是古典的说法"世道人心"，还是现代的说法"人道主义"，或者更高的人类理想"共产主义"，中老年作家在"老吾老以及人之老，幼吾幼以及人之幼"这一伦理理想上是一致的，都带有民族古文化传统的意味。而多数青年作家对人的发展的要求，也正在人道主义的精神链条上与中老年作家们相通，但因为已不局限于伦理的形式，从而形成了和中老年作家的基本差异。在形式的扬弃中，才有沟通一切传统的可能。对探索与更新的渴望，使青年作家和中老年作家在统一中，表现出更多的差异。

总的来说，在具体的社会伦理理想方面，中老年作家们更接近些，而和青年作家们之间的差距更大些。但老年作家们对人生普遍苦难的体察和青年作家对人生普遍艰辛的理解之间，内在的文化意识、价值观念又有许多相近之处，表现在他们大都从个体人生的角度看待世界，这和普遍从社会的角度看人生的中年作家们，又有着共同的差异。两种差距的焦点在于现代意识。老一代作家，以及中年作家宗璞，虽然精神的根植于传统文化的母体，但从思想方法到艺术表现手法都不排斥现代意识。中年作家中的

---

① 见贾平凹《变革声浪中的思索——腊月·正月后记》，《十月》1984 年第 6 期。

② 《王蒙小说报告文学选·自序》，北京出版社 1981 年版。

多数人则较少有现代意识，或有意排斥现代意识，在思想观念上更接近革命传统①。而青年作家中的多数人都有意识地吸收 20 世纪的多种文化信息，其中的一部分本身就具备了现代素质，从心理结构到思想方法都带有不同于中老年作家的特点。

传统是一条流动的巨川，永远不会静止，也永远不能割断源头。人们不断地反扭着传统，传统又无形地约束着人们；人们生活在传统之中，传统又在历史的发展之中。只有不断地筛选、不断地扬弃，才有合乎进步规律的文化更新。新时期小说由对传统态度所形成的意向交错现象，正是传统在急剧变革的时代多种选择的客观反映。对传统的激烈反叛与重新发现，则最集中地体现着这个时代的变革精神。

三 对历史的态度

对传统的态度也是人们历史意识的一部分。历史意识的自觉是新时期小说主题有别于以往二十七年的重要标志。这不仅存在于以反思当代历史为目的的作品中，而且也广泛地存在于各种主题现象中。

作为对一场历史动乱的补偿，历史意识的觉醒是从对既有观念的怀疑开始的。札平的《晚霞消失的时候》最直接地表现了对个人主观意识在历史运动中作用的思考。"泰山长老"在作品中是一个人类智慧的化身，他对世界人生多种矛盾近于玄学的阐释，表达了作者对人类丰富精神现象的兴趣，在由此所达到的人生启悟中，反省了一代人革命狂热的得失。而女主人公南珊与外宾关于太阳与河的争论，则寓示着历史唯物主义正逐步进入一代人的思想方法。当然，这只是一个最初级的朦胧状态。而且，由于这篇作品成书于打倒"四人帮"的特定历史时期，作者对极"左"政治的怀疑，只能隐藏在人生的苍茫感中。但这毕竟是一个好的开端。

"伤痕文学"对十年浩劫中社会动乱和人民创伤的揭示，"反思文学"对当代政治历史的整体描绘，都标志着真实的历史精神回到了文学

---

① 这也是相对而言，且指主要倾向。中年作家的一些作品，也有对现代意识较为自觉的接受。如张洁的《七巧板》，谌容的《杨月月与萨特之研究》。而王蒙在《夜的眼》以后，有意识地尝试探索过具有现代意识的表现手法。

中。其中高晓声的《李顺大造屋》等作品，把对极"左"政治的思考，深入到历史因袭的文化心理等整体的文化状态中，揭示多种因素在彼此制约中的相互影响，不再把政治看成一个孤立的因素。作家看生活的尺度放大了，对历史的认识也就越来越深刻。韩少功的《西望茅草地》、张弦的《被爱情遗忘的角落》、叶之蓁的《我们建国巷》等作品，都在社会生活的各个层次，探究着历史规律，常常在察幽洞微之间，勾划着历史发展的曲线。古华的《爬满青藤的木屋》在集结着生产力和生产关系、制约着政治伦理多种社会意识的基本生活方式中，寻找民族停滞倒退，以及一再出现政治动乱的历史根源。张贤亮的《河的子孙》则努力发现民族历史生活中形成的传统自身的丰富性，以知识分子自觉的精神和普通劳动者健康的本能为民族进步的基本动力，并且力图在各微小部分的运动中发现历史发展的必然规律。这些作品，都不同程度地体现着辩证唯物主义的历史观。

由于作家们看待历史的角度，以及所使用的时间尺度不同，因此，在对历史的态度上也存在着意向的交错。鲁彦周的《天云山传奇》、从维熙的《泥泞》、张一弓的《张铁匠的罗曼史》等作品，以知识分子和普通劳动者的命运为素材，意在评价党在某一阶段政策的得失。因为时间尺度限定在当代历史的范围，对历史的认识一般也不超过政治结论的范围。王蒙的《布礼》在对当代知识分子政治命运的反思中，侧重表现他们精神的内容，目的在于讴歌对理想的坚贞。这些作品中表现出来的历史意识是比较单纯的，可以用"正义一定战胜邪恶"来概括。这种单纯的乐观情绪，表达了人们对历史转机的积极感应。但从认识历史的角度，也限制了人们对更为复杂的历史现象的认识。以至于发展到近期几部以当代知识分子历史命运为题材的作品都满足于对理想的阐释而忽视了知识分子命运中深刻的历史内容。夏衍在谈到创作脸谱化的时候，特别强调要坚持历史唯物主义①。这也涉及对历史的态度问题。而且，这个问题和极"左"政治长期影响下形成的思想方法有着密切的联系。

随着社会生活整体的变动，思想方法的转变也在缓慢地开始，这可以在一些作家们创作的发展中看出来。张洁是一个具有强烈理想主义倾向的作家，创作伊始，她在呼唤社会文明教养等问题时，是以50年代的社会

---

① 《答友人书》，《上海文学》1983年第2期。

生活为理想模式的，及至《沉重的翅膀》、《七巧板》等作品，虽然仍然倾向于理想的表现，但已经开始自觉地用发展的眼光，探究社会伦理结构的进步发展，理想转变着的内容中也包含着历史意识由静止向发展的变化。刘心武从《班主任》、《爱情的位置》，到《如意》、《立体交叉桥》也具有相近的发展过程。王蒙由写《悠悠寸草心》等以革命理想干预生活的作品，到写《夜的眼》、《海的梦》等以浅层次的心理感受容纳大跨度的时空印象的作品，内中有其一贯的延续性，也有明显的转折痕迹。但这不仅是创作手法的简单变化，而首先是对生活的态度由主观的介入向客观的接受转换。他明确地说："故国八千里，风云三十年，我如今的起点在这里。""我已经懂得了，凡是存在的就是合理的道理。"① 虽然这个结论中过多地接受了黑格尔哲学的消极影响，但也一定程度地反映了他对历史发展进程的辩证理解。及至《惶惑》，他已经不再把以往的理想作为衡量生活的唯一尺度，而是以生活的客观进程检验以往理想的可能性。惶惑正是作者精神矛盾的心理具象。由对理想的单纯讴歌到对具有时代特征的心态表现，也曲折地表现出他对历史发展的某种自觉。

　　和这些中年作家们的历史意识有一定距离的，是一些青年作家们的作品。由于他们普遍以人生为视角看待生活，他们作品中表现出来的历史意识也更为复杂。他们对历史的理智认识是和对人生的启悟联系在一起的（这个特点在《晚霞消失的时候》即已存在），因此，他们即使在对某一时期人们历史活动得失的反思中，也都结合着自己，带有普遍的自省特征。真实的历史精神在一部分青年作家的作品中，集中地表现在对红卫兵运动的认识。郑义的《枫》，以彻底的否定态度，揭示了一代人狂热的革命理想中可悲的历史内容。王安忆的《幻影》、《绕公社一圈》等作品中表现出来的寂寞情绪，也是在沉思历史的时候，准确地展示那个时代真实的心理意象，以青年人心理的发展过程折射那个时代社会生活混乱的整体状况，其中也体现着面对历史的客观态度。张辛欣的《浮土》表现得最为典型。她以一个女红卫兵对两个时代生活的心理感受，对一代人的思想发展进行积极的自省。"她"不是一个纯洁的天使，也不是一个先知，也不是一个品格卑劣的恶棍，"她"所接受的教育（通过学校、家庭和社会）中有极大的一部分把革命、阶级作了狭隘的解释，"她"被疯狂的社

---

① 见《王蒙小说报告文学选·自序》，北京出版社1981年版。

会思潮裹胁着，和时代一起犯了错误，理性与良知都迷失在自以为正义的革命狂热中。但"她"并不想用真诚和幼稚解释自己的过失，而是主动对历史的谬误承担一份责任。虽然生活的跃动已经淹没了往昔生活的痕迹，但茫然的情绪中却闪动着心灵面向历史的诚实。

　　对历史的客观态度中也同样体现着人们创造历史的主动精神，只有更清楚地认识过去，才可能更自觉地走向未来，这是一个否定之否定的认识过程。这个过程在张承志的创作中表现得最完整。他的《刻在心上的名字》等作品，都以揭示红卫兵们的思想发展过程为目的，表现了这一部分人怀着革命的热情投身社会，却由极"左"政治思潮的蛊惑而伤害了人民的感情。同时，他又表现了他们痛苦的蜕变过程，在自省中扬弃了往昔的肤浅，肯定他们在生活中找到的真知灼见，把"为人民"作为自己生命的永恒主题。这个一以贯之的理想精神，使张承志逐渐找到了一个历史文化的广阔视角，在《黑骏马》等作品中，表达了更为宏观的历史哲学意识。他以人民的命运作为历史的原始形态，更重视普通人的活动在历史发展中的作用。阿城的《棋王》也以更为明晰的语言，表达了对历史这种朴素的理解。他以入世的达观态度彻悟人生，在知青生活的描述中，通过具体的人物刻画，达到对一个时代社会生活的概括和个人在历史中价值的认识。出身寒苦的知青棋呆子王一生以棋解忧，他处乱世而不惊，以对生活朴素的理解而保持了人格操守，有所不为而有所为。在他横下一条心，同时迎战九位高手的时候，作者借叙述者之口写道："读过的书，有的远了，有的近了，模糊了。平时十分佩服的项羽、刘邦都在目瞪口呆，倒是尸横遍野的那些黑脸士兵，从地下爬起来，哑了喉咙，慢慢移动。一个樵夫，提了斧在野唱。忽然又仿佛棋呆子的母亲，用一双弱手一张一张地折书页。"他在作品中一再选用"无字棋"（见《棋王》）、"无字碑"（见《树桩》）一类的意象，其中都表达了对无数普通人在历史整体过程中价值的理解。这种历史观既体现了唯物的精神，又闪烁着人道的理想。

　　介入自己，重视普通人的活动在历史发展中的作用，这使一部分青年作家的作品中，表现出更多的个体悲观意识：路遥的《人生》在城乡交叉地带青年人的生活道路中，发掘出这个变革的时代人生悲剧的文化底蕴，使人感到历史车轮的转动实在太缓慢了。张承志在历史缓慢的推移中看到个体人生不可避免的悲剧性，沉重的使命感造成他作品沉重的压抑感。他写道，"我们和人民祖国一起，背负着沉重的遗产和包袱前进"①。贾平凹的《商州》，则在更为广阔深厚的民俗背景中，展示普通人现实生活的艰辛，揭示现实关系和历史文化的因袭，对个人命运的巨大影响。个体的悲观意识并不一定是消极的，它基于人们对世界人生深刻的理智与认识，也基于人们对更完整的社会和人的美好愿望。而直面世界的勇气也最终帮助人们达到对历史总体的乐观态度。这一点也同样可以在他们作品表现出来的各种探索中看得很清楚。历史在张承志的笔下不是一个纯然精神的发展过程，它是无数普通人的命运汇集而成的轨迹，而人民蓬勃的生命力和博大的人道精神，又是历史缓慢发展中永不断裂的链条。因此，他才能坚信："对一个幅员辽阔又历史悠久的国度来说，前途最终是光明的。"② 贾平凹则更为具体地描写了民族民间文化中生气勃勃的内容，希望在对民族自身文化的积极择取中，觅到活力不断的源头。因此，他的作品中悲怆而不沉滞，在对混乱世事的苍茫感受中，以蛮野的民风为载体，呼唤着拙厚恢宏的力。阿城的《树桩》等作品，也在各民族丰富的民间文化现象中，寄托健康、乐观、生气盎然的精神。他们以不同的方式达到对历史客观的理智，从而表达了对社会进步、民族发展更为博达执着的理想，其精神是主动而积极的。

如前所述，对历史态度的意向交错根源于人们看待历史的角度与运用尺度的差异。因此，千差万别的意向是难于归纳清楚的，其中存在着不可比拟的因素。但总的来说，多数中年作家较习惯以社会为视角，以当代历史为时间尺度，而一部分青年作家则更喜欢以人生为视角，以民族历史为尺度；中年作家的作品中寓意在评价人们某一阶段或某一部分历史活动的得失，而青年作家中的一部分作品则倾向于对历史运动的宏观哲学的把握；中年作家们多数人注重对人们直接的政治活动的认识，一般不超出政治结论的基本范围，而一部分青年作家则力图透过轰轰烈烈的政治场面，或深入一个时代普遍的社会心理，或关注民族整体的文化因素，这都使他们更加重视普通人的活动在历史运动中的作用；由于多数中年作家在反思历史中较少介入自己，因而单纯的乐观意识更多些，而一部分青年作家则在人生的启悟中个体的悲观意识更多些，其中的一部分人并最终达到了总

---

① 见创作谈《我的桥》。
② 见《北方的河·题记》。

体乐观的精神归宿①。

四　对自然的态度

　　对自然的态度和对现实、传统、历史的态度一样，是作家们审美意识的一部分。人类是自然的一部分，从漫漫洪荒的原始社会到物质文明高度发展的现代社会，人类都是在和自然界的依存、斗争中创造着自己的文明史。随着人类征服自然水平的不断提高，在现代社会中人越来越多地生活在超自然的人工环境中，反而很少意识到和自然的直接联系。但人们表达对生活的认识时，总会自觉或不自觉地表现出对自然的态度。由于人们对自然的态度中暗含着人与自然的联系方式，所以它又是一个民族的文化、一种文化的阶段性演变的重要标志。马克思说："实际上，人的万能正是表现在他把整个自然界——首先就它是人的直接的生活资料而言，其次就它是人的生活活动的材料、对象和工具而言——变成人的无机的身体。……说人的肉体生活和精神生活同自然界不可分离，这就等于说，自然界同自己本身不可分离，因为人是自然界的一部分"②。这是就人与自然的最基本关系而言的。在人类每一个具体的历史时期，特定的生产力水平所制约的生产方式约束着人与自然具体的物质联系方式。这个物质联系方式又通过整体的社会关系进一步影响着人与自然的精神联系方式。因此，人与自然的特定联系方式中也反映着特定时期人与人之间的关系。反之，人与人之间的关系也影响着人对自然的审美态度。

　　在此之前的中国当代文学中，人和自然的关系或处于直观的和谐状态（如赵树理小说中典型的乡土环境），或处于截然对立的状态（如大跃进民歌及"文化大革命"中的农村小说），甚至以简单狭隘的政治意识否定人与自然的精神联系（如"文化大革命"中对花鸟鱼虫、山水景物画的批判）。50 年代末期开始的"左"倾思潮中形成的唯意志论，从"大跃进"到"学大寨"都存在着夸大人的主观意志的偏向，表现了对人与自然关系的认识上盲目的乐观意识。这种意识反映在文学中就是"人有多

---

　　①　这些都不是绝对的。高晓声的作品中不仅有久远的历史文化背景，而且明确地声明"陈奂生就是我"，即是一个例证。

　　②　马克思：《1844 年经济学哲学手稿》，人民出版社 1979 年版，第 49 页。

大胆，地有多大产"、"人定胜天"的极端主观倾向。在新时期的小说主题中，随着人与自然关系的调整和人与人关系的变化，基本扭转了这种主观性极强的盲目乐观态度。许多反映农村生活的作品，在表现极"左"政治对生产力破坏的同时，都不可避免地谴责了它对山林、土地等自然力的破坏，表达了人们努力和自然建立一种更科学的联系的愿望。在其他大量作品中，自然是作家人生意识的一部分，寄托着作家对人与人之间关系的认识和理想。而作家们对社会人生的不同审美理想，使他们对自然的态度中呈现出纷繁多样的意向。

一方面在许多以现代都市生活为题材的小说中，自然逐渐消逝在现代的人工环境里，人与自然的疏远表现了在拥挤的现代城市中人与人心灵的隔膜，以及人的心理越来越趋向超自然的感觉状态。王安忆的《本次列车终点》等反映生活在狭窄里弄里的上海市民们精神状态的作品，张辛欣的《清晨，三十分钟》、《我们这个年纪的梦》等作品，对人们心理由于拥挤杂乱的都市生活所造成的紧张、疲惫、单调等感觉的表现，都是最典型的代表。在超自然的城市环境中，自然变成了一个遥远的梦。《海的梦》、《深的湖》、《南方的岸》、《绿夜》、《迷人的海》……仅看看这些小说的题目，就可以知道，人们在与自然日益隔绝的环境中萌动的自然意识是多么美好。这是对自然最富理想特征的态度。

与此相反，在许多乡土文学的作品中，自然又以其原始的姿态展示出丰富的面貌。古华对湘南山林的泼墨渲染，刘绍棠对运河田园的清淡写意，都把自然的丰姿作为审美的重要内容。不同的是刘绍棠以自然的和谐对应地方民情的淳厚，表达了对人与人之间关系的纯美理想，和一部分城市题材的意向有相通之处。而古华则把富丽而混茫的自然作为一种古老落后的生活方式的象征，他作品中的自然与人类社会生活并不处于完全对应的和谐状态。在他的许多作品里，自然既是优美富丽的，又是混茫蛮荒的，而后一特性又和社会生活中的愚昧保守无知褊狭相对应，表现出对自然认识中一种复杂的意向。他看到自然的原始封闭和落后保守的生活方式之间一种必然的联系；同时，又看到自然的优美富丽和先进的科学文化所代表的现代生活方式之间应有的联系。而代表着自然的美好、本能地向往现代文明的青年妇女，和代表先进的科学文明而又热爱自然的青年知识分子之间，富于传奇色彩的恋情，就是他在两种文明中建立的理想联系。这也反映了作者对社会的理想，他希望现代的物质文明和精神文明能够代替野蛮、落后的旧有生活方式，同时又希望在现代的生活方式中能够保存自然养育的淳朴人性。这是他对自然既现实又理想的态度中矛盾的基本内容，另外一些作家的作品则分别发展了他这种复杂意向中矛盾着的两个方面。

汪曾祺的《受戒》、《大淖记事》等作品中，自然浑朴恬静而又充溢着生机，寄托着作者朴素而充满生气的人性理想。他的作品虽然多取自旧日生活的记忆，并没有直接涉及当代的社会生活，但对政治动乱中人与人之间冷酷关系的深刻印象和对现代都市生活中物欲横流的世风的强烈感受，无疑是潜在于作家内心的参照系。他对自然的眷恋正是这种心理的一种曲折反映，而对乡土人物蓬勃进取精神的理解则体现着乐观的时代意识。这两个方面融合在略带感伤的优美抒情中，传导出古文化陶冶出来的知识分子特有的心理气质。他在自然的和谐中寻求心性的和谐，更多地体现着中国古文化中"天人合一"、"与自然为友"的传统自然观。宗璞的《鲁鲁》等作品也都具有相近的意向。同样持有理想态度，但赋予其崇高的美学内涵的，是一部分青年作家作品中的意向。他们也是在对现代都市生活的失望中（主要是有感于现代都市文明对个性的压抑、生命素质的弱化、生活的枯燥与空间的狭小），走向荒蛮粗砺充满原始生机的自然的。高原、雪岭、沙漠、荒野，越来越多地出现在他们的作品中，自然养育的蛮野自由的民风寄托了他们人生意识中最富于崇高倾向的浪漫激情。

对自然同样带有写意的主观态度，却赋予它更多悲观意识的意向，是王观胜的《猎户星座》、周立武的《巨兽》等作品。他们把自然的蛮野混茫与社会习俗的愚昧残酷，作为一个和谐而不美好的整体，人与自然对应却和时代的进步意识发生尖锐的冲突。这些作品大都以象征的手法，把自然作为不发展的意象，在理想的人物性格中寄托征服自然、征服落后习俗的愿望，表达变革的时代要求。《猎户星座》中的"狼剩饭"、《巨兽》中的青年猎手，都在同自然和习俗偏见的双重搏斗中，证明着自己的英雄品格；而他们共同的孤独与寂寞，则是对自然所象征的强大习俗力量的深切感受，流露出一定的悲观意识。

冯苓植的《沉默的荒原》进一步展开古华对自然态度中的矛盾。他在理想与现实中测量了两种生活方式所养育的文化实际的距离，以及它们各自在现实中的合理性。由对都市生活的失望而走向自然的青年画家查干，在那里却丧失了他的固有价值；由对粗野的生活习俗不满而萌发了新的生活向往的塔娜，被体现着文明素质的查干所吸引，却终于不能走出养育了她的生活方式。他们同样热爱自然，但和自然的联系方式却完全不同，塔娜和自然的联系是依存的关系，而查干和自然却是纯然审美的关系。他们纯洁的爱情所象征的自然和现代文明应有的理想联系，在客观的距离中终于敌不过自然和古老的生活方式及其习俗已有的现实联系，只能以悲剧告终。而达丽玛的神秘传说中所暗示的朴素命运观念，正是人们至今还不能克服的文化差距，以迷信的形式在人们头脑中颠倒的反映。对两种生活所衍生的文化意识在现实客观距离中各自合理性的清醒认识，使执意于理想的作家在对自然的态度中，蕴含着更多悲观成分。

对自然的态度中具有明显悲观意识的作家，都是把自然作为落后的生活方式和野蛮愚昧习俗的象征，而其中普遍存在的神秘感，又暗示着人们和自然关系中未知的部分。和这种意向相反，乌热尔图多数作品中的悲观意识则主要来自于在社会政治动荡的破坏和时代不可逆转的变革中，对一个民族行将解体的传统生活方式的深沉眷恋和感伤。他的《老人和鹿》、《七岔犄角的公鹿》，以及《琥珀色的篝火》等作品，也是以现实社会生活为潜在的参照系，在忧虑人与人之间日益淡泊的情感联系中，几乎无意识而又完整地描述了一个民族自然崇拜的原始自然观。老人[1]在弥留之际的痛悔和孩子[2]在孤独中的顿悟，都以鹿这个传统地象征着吉祥和勇敢的自然形象为契机，传导出社会生活方式的时代变迁在一个民族心理上的振动波。他的小说本义主要在于对正在消亡的民族生活方式和传统文化意识的哀悼：老人在和传统的与自然联系方式告别，表达了和自然不可割舍的情感联系；孩子在对自然物的理解中汲取着民族传统的生命力。作品的暗示意义又在于人和自然之间应有的更美好的联系：老人是经验和智慧的化身，他在为人们对自然的盲目破坏而忏悔；孩子是希望的象征，他寄托着对人们和自然一种新的、更文明联系的觉悟。乌热尔图所追求的显然是人与人之间和谐关系的理想，但他对自然的态度中却暗示了现代的课题。只

---

① 《老人和鹿》。

② 《七岔犄角的公鹿》。

要体会一下哈丽黛①对两代哈萨克人争执的思考，就可以理解环境保护、生态平衡，这些急迫的现代课题，正是寄寓在人们对自然朴素情感中的时代意识。

以上这些作品都带有不同程度的象征或写意的特点，作家们对自然的态度无论是乐观的还是悲观的，都较为主观，即在观照自然的时候赋予了自然较多的主观色彩。直观地观照自然，把它作为人们生活的客观环境，是写实性作品的基本意向。在这些作品中自然既不是纯美的象征，也不是消极自在的代表。作家们对自然态度的自觉，主要表现在他们把自然的地方个性和民族性格相对应，在整体和谐中摹写社会人生的真实。张贤亮的《河的子孙》、张承志的《黑骏马》等作品都带有这种意向。前者以黄河汹涌恣肆而又绚丽多彩的丰姿，对应于河套地区悍野朴实而又自由奔放的民风，养育了主人公粗犷而又狡黠的性格和注重实际而又富于激情的精神气质。后者以内蒙古草原辽阔荒蛮的自然风貌，对应于牧民勇猛粗豪而又意蕴深沉的性格，捕捉他们悠长歌调中的民族灵性。他们在人与自然既依存又抗争的关系中，把自然作为历史文化的组成部分。邓刚的《迷人的海》所蕴含的暗示意义也具有相近意向。大海壮阔深沉充满了神秘的诱惑力，同时又冷峻威严潜藏着无数未知的危险，老海碰子和小海碰子在探索大海的事业中，连接起勇者的人生，也象征了人类对自然一代又一代的认识和征服。在这些直观自然的作品中，作家们都倾向于客观地感知自然。

更为突出的意象是张承志的《大坂》、《北方的河》等作品。他几乎完全是以现代人的思维方式和感觉方式观照自然，他对自然的态度是客观的，但他感觉到的自然却已经不是直观的物象。超自然的时间形式穿插起不同的空间感觉，自然意识完全压入整体的人生意识中。幽深的山林河谷和嘈杂拥挤的都市有着历史时间的连续性，象征着这种联系的是一座古旧的木桥②；奔腾的黄河如色块翻动的古朴流质，静谧的湟水是彩脚的长川……人与自然的一切联系都在现代学者的意识中积淀了历史文化的巨大容量③。最典型的则是他赋予天山冰大坂的丰富内涵：历史文化的空白、

---

① 见王蒙《最后的"陶"》。
② 《老桥》。
③ 《北方的河》。

社会现实的矛盾、人生的缺憾、情感的牺牲、精神抉择的痛苦、目的和手段的矛盾……一切外在与内在的异己因素，都复合在大坂的意象中。心灵在牺牲的痛苦中净化，主体在征服客体的勇敢证明中达到和自然崇高的和谐①。一方面是对自然力的艰苦征服，另一方面又在自然中寻求精神的平衡，这是最具现代特点的自然意识。

在小说主题对自然的态度中，可以明显地看到社会生活自身的变动，特别是变革时代整个民族和自然基本联系方式的缓慢变动，以及这种变动对民族心理的微妙影响。而交错着的意向，则反映了这个时代人与自然极度不平衡的物质和精神联系方式。

下篇小结

在新时期小说主题交错着的意向中，我们可以看到多种文化思想的矛盾冲突。这是此前二十七年的小说主题中绝少出现的现象。当我们进一步探究为什么在这个时期小说主题中会出现这种明显的文化思想差异时，可以追寻到如下三个方面的因素。

第一，变革时代社会生活的极度不平衡现实是形成小说主题意向交错的基本原因。

新时期社会变动最显著的特点是经济生活方式的多元化。吸引外资的开放政策引进的最先进的现代企业，原有各级所有制的工业企业，手工业，机械化的大农业，半机械化的农业和完全处于自然经济状态的农业并存；国营经济、大集体经济、小集体经济、个体经济，以及农村集体经济基础上的专业户并存。多种多样的物质生活方式形成了多种多样的精神生活方式。一方面在经济发达的地区，城乡经济生活的联系越来越广泛，城乡的物质差别在迅速缩小。工业文明的城市文化不断向农村输入，促使自然经济养育的农业文明迅速解体。另一方面在经济不发达的内地和边疆，城乡差别又相对地在增大。农业文明和工业文明不仅彼此之间存在着暂时无法克服的矛盾，它们各自本身也都因为整体的不发达而存在着错综复杂的矛盾。历史转折时期社会经济生活的极度不平衡，决定了社会意识形态的多层次性。和各种生活方式相联系着的文化

---

① 《大坂》。

思想，通过作家的中介，反映到小说主题中，就使主题意向的交错成为必然的现象。

第二，作家们文化构成的差异是形成新时期小说主题意向交错的主要原因。

归根结底，文学是社会生活的反映，但是由于作家审美个性的中介，就使社会生活经由作家心灵的折射之后呈现为异常复杂的状态。除了个人经验世界和心理的差异外，文化构成是一个不可回避的因素。在作家们各自的差异中，我们大致可以看到形成他们群体差别的文化背景。

汪曾祺、孙犁、杨绛等老作家和中年作家宗璞，他们的精神母体是中国的传统文化。虽然他们都不同程度地受到西方文化的濡染，并接受过"五四"以后新文化的影响，以及当代文化的改造，但古文化的深厚修养，使他们最多地继承了民族传统的文化。汪曾祺对庄子、苏东坡和归有光散文的挚爱，孙犁近期小说中采用的极具传统意味的笔记体式，宗璞以宁静自得为中国文化的最高境界，以及她对老庄、佛学的稔熟，都可以看到古文化的渊源。而杨绛的《干校六记》"怨而不怒、哀而不伤"的风格，则带有儒家美学理想的明显特征，且笔记体的形式也可看到清代沈复《浮生六记》的直接影响。

多数中年作家的文化背景是五六十年代的当代文化。这个文化的范围大致包括："五四"以来的左翼文学，高尔基以来的国际无产阶级文学，一部分中国古典文化，截止到19世纪的西方古典文化（特别是19世纪俄罗斯批判现实主义文学）和50年代以前的苏联文化。从50年代后期开始：这个文化背景逐渐受到"左"的政治的侵蚀，批判的范围一直扩大到别林斯基等俄国革命民主派，它的范围越缩越小。在文化虚无主义的戕害下，纵向割断了和历史文化的联系，横向封闭了和20世纪世界文化的联系。直到"文化大革命"，《国际歌》以降的人类文化史都成了空白。因为这个过程延续了二三十年，则同属于这个文化背景的作家，由于各自的取舍不同，文化构成的差异也很大。邓友梅等作家转向传统的市民文化，刘绍棠走向乡土风俗，张洁的创作与苏俄文学有着明显的联系，张贤亮则从但丁到黑格尔，基本没有超出西方古典文化的范围。而王蒙则是这一代人中最早自觉地借鉴西方现代小说技法的人。但总的来说，他们基本的文学观念都形成于当代文化的基本范围。

古华等一批乡土作家的文化背景，除了五六十年代的当代文化外，还包括地方民间文化。封闭的自然环境，古老的生活方式养育的民俗民风，人民口头创造的民歌民谣，以及故事传说，都是滋养乡土作家的文化母体。现代文明的信息又为他们提供了思想的时代高度。民间色彩的审美趣味和现代文明的意识，形成了他们作品中独特的格调。乌热尔图、扎西达娃、乌斯哈拉等少数民族作家，虽和古华等作家的文化构成不同，但也都是在各自民族和民间的文化背景中成长成熟的。

最为复杂的情况是青年作家们的文化背景。他们少年时代所受的教育适逢革命文化日益狭窄的时期，未及成年又面临着社会性的文化空白。辍学下乡，过早地走向生活，不同程度地接受了民族民间文化的濡染，洗去了一些比较狭隘的思想观念。其中最早冲破思想禁锢的一部分人，从马列主义经典著作到鲁迅以来的新文学，以及中外的古典文化都被用来满足精神的饥渴，因各自的条件不同而所得各异。另一部分人则在文化专制的沙漠中汲取可怜的一点营养，也自觉不自觉地受到那个时代政治的浸染。由于他们都有较为丰富的社会底层的生活积累，思想文化又尚未定向，原有的感觉和精神的疑惑，伴随着开放政策连同新的科学技术一起涌入的西方现代文化，首先在一部分思想活泼、接受能力强的青年作家们中间产生影响。因此，他们的文化背景最为复杂，也最为丰富。纵向，衔接着中外古典文化的渊源，有"五四"以来多种流派的影响，以及当代文学的成就；横向，打开了瞩目世界的窗口，有东西方文化的八面来风，多种哲学、美学、文学、艺术流派，几乎无所不有。要说清每一个人具体受到谁的影响是极为困难的，因为多数人都是基于对现实生活的理解而选择接受的对象，各自的差异很大。但总的来说，他们是以世界文化（包括中国文化）为整体背景的。

文化背景的差异影响人们认识生活、掌握生活和审美表现的方法差异，导致了他们对现实、传统、历史、自然一系列事物的不同理解和态度。因此，作家们文化背景的差异是形成小说主题意向交错的主要原因。

社会生活和文化背景作为文学的时代条件，它们的丰富性诚然在历史转折时期尤为明显，但在任何时期也都会程度不同地存在。为什么在中国当代文学中，只有近年小说主题中才非常集中地出现意向交错的复杂现象呢？这不能不归之于这个时代社会政治的改善。从思想解放运动到三中全会制定的思想政治路线，带给艺术发展以较大的自由天地。特别是中央关于两个口号的更动，调整了文艺政策，把作家们从极"左"政治的思想禁锢中解放出来。尽管"左"的影响并未完全消除，社会思潮一再反复，但他们终于可能在"为人民服务，为社会主义服务"的总前提下，较为自由地发表个人的思想见解。使以上两个条件可以对文学的发展直接发挥作用。这是新时期小说主题意向交错外在的然而又是重要的原因。

结　语

本文上篇从纵的角度粗略地描述了新时期小说主题由表及里的发展过程，从中可以看到，由社会政治的批判到民族文化的思考两大阶段诸多分散主题的演进中，基本主题不断变化的形态。下篇又横向展开小说主题纵横交错的意向，从中可以看到变革时代民族文化构成的变动。目的都在于整体地描述新时期小说主题的丰富性。

仅以本文上、下两篇的微薄努力，我们不难看出新时期小说主题的整体态势和已经达到的基本成就。

新时期小说主题的丰富性，使它遍及社会生活的各个领域。从最具体的经济基础、上层建筑等表层的社会生活现实到社会伦理、社会心理、社会风习等最隐性的民族文化层次，都在文明与愚昧冲突的普遍联系中得到展现。因此，新时期小说主题，比当代任何一个时期，都更全面地反映了社会生活的整体。而联系着各个分主题的基本主题，又深刻地反映了时代变革的基本矛盾，因此，又比当代文学任何一个时期的小说，更体现民族的历史趋向。

恩格斯说："历史是这样创造的：最终的结果总是从许多单个的意志的相互冲突中产生出来的，而其中每一个意志，又是由于许多特殊的生活条件，才成为它所成为的那样。这样就有无数互相交错的力量，有无数个力的平行四边形，而由此就产生出一个总的结果，即历史事变……"[1] 新时期小说主题中彼此交错着的意向，是变革时代多种文化思想冲突的必然反映。因此，新时期小说主题又比中国当代文学任何一个时期，都更完整地反映了社会意识的多层次性。

---

[1]　恩格斯：《致约·布洛赫》，《马克思恩格斯选集》第4卷，第478页。

这些成就对于推动民族历史现代化的进程，对民族现代文化的建设，对民族伟大精神的塑造，都具有积极的意义。这一点随着生活的发展，我们将看得越来越清楚。

[本文是我的硕士毕业论文，在写作过程中曾受到谢冕、张钟老师的指导。钱理群老师也曾提出过宝贵意见。答辩时，陈骏涛、刘希庆、陆颖华老师也曾提出过修改意见，在此一并致谢。]

《中国社会科学》1985 年第 4 期

中国比较文学的现状与前景

乐黛云[*]

乐黛云[*]

摘要 以世界比较文学的发展趋势为视点，本文先评述了世界比较文学发展的开放性方向以及所取得的研究成果，指出进入 80 年代，比较文学的理论化趋势十分明显，但这种趋势正面临一个新的危机，为此比较文学研究必将走向一种新的组合。与此同时，中国比较文学的复兴正为世所瞩目，在此背景下本文将中国比较文学研究整理爬梳出一条肇始—奠基—复兴的发展脉络，接着具体评述了深圳比较文学学术讨论会，认为会议在三个方面显示了中国比较文学研究的进展，以此次会议为新起点，通过借鉴国外研究新方法、新角度，发扬自身的优良传统，面向世界，中国比较文学的前景是灿烂的。

世界比较文学发展的总趋势

1958 年，在美国北卡罗来纳的州教堂山召开了著名的国际比较文学学会第二届年会。会上美国学者韦勒克（Rene Wellek）作了奠定他一生在比较文学学术界威望的题为"比较文学的危机"的挑战性发言。韦氏认为艺术品是"一个符号结构，但却是一个有含义和价值，并且需要用意义和价值去充实的结构"。这个"结构"一旦产生，它就完全不同于作者在写作时的大脑活动过程，而成为一个独立存在的实体。他指出："在作者心理跟艺术作品之间，在生活、社会和审美对象之间，存在着一条被人们正确地称为'本体论的沟渠'。我已把艺术作品的研究称之为'内

---

* 乐黛云，生于 1931 年，1952 年毕业于北京大学，现为北京大学副教授。编有《国外鲁迅研究论文集》，著有《尼采与中国现代文学》、《〈蚀〉与〈子夜〉的比较分析》。

在'，而把对艺术作品与作家思想的关系，艺术作品与社会的关系的研究称之为'外在'。"① 这样把艺术作品与作家和作家的社会生活环境截然分开，在"内在"和"外在"之间划出一条鸿沟显然是错误的（后来韦勒克本人也修正和发展了自己的观点），然而，在当时情况下强调"内在的文学性"是美学的中心问题，指出文学研究必须"将文学作为有别于人类其他活动及其产物的学科来研究"，并从而提出"比较文学的危机"则对世界比较文学的发展作出了重大贡献。

韦勒克认为比较文学的危机表现为以下三个方面：（1）内容与方法之间的人为界限；（2）渊源和影响的机械主义概念；（3）民族主义的、为本国文学评功摆好的强烈愿望。

所谓"危机"的关键在于第二点。当时，比较文学作为一门学科在欧洲已有七十多年的历史，特别是法国学者在这方面作出了很大成绩，但他们大都强调"比较文学就是国际文学的关系史。比较文学工作者站在语言的和民族的边缘，注视着两种或多种文学之间在题材、思想、书籍或感情方面的彼此渗透"。② 他们甚至强调，"比较文学主要不考虑作品的独创价值，而特别关怀每个国家、每位作家对其所借取材料（emprunts）的演变。"③ 这样就把比较文学限制在很狭窄的范围，并越来越脱离对文学本身的研究。难怪韦勒克要攻击他们把"比较文学局限于研究二国文学之间的'贸易交往'"，"使比较文学变得仅仅注意研究外部情况，研究二流作家，研究翻译、游记和媒介物"，"使比较文学成了只不过是研究国外渊源和作家声誉的附属学科而已"，这样，也就不可能从总体上来完整地研究一部艺术作品，因为"没有一部作品可以完全归因于外国的影响，或者被视为一个仅仅对外国产生影响的辐射中心"。这样的研究只能脱离"文学"本身而被淹没于社会心理学研究、文化史研究等"外在"研究之中。

韦勒克反对法国比较文学学者梵·第根（Van Tieghem）把比较文学

---

① ［美］韦勒克：《比较文学的危机》，见《比较文学研究译文集》，上海译文出版社 1985 年版，第 133 页。

② ［法］马·法·基亚（M. F. Gnyard）：《比较文学》，北京大学出版社 1983 年版，第 4 页。

③ ［法］卡雷（J. M. Carre）：《比较文学·序》，转引自张汉良《比较文学研究的方向与范畴》，载于《中外文学》6 卷 10 期，第 99 页，1978 年，台湾。

定义为"研究两国文学间的相互关系",而"总体文学则着眼于席卷几国文学的运动和风尚",因为两者之间并无方法论上的不同。例如研究历史小说家司各特(Walter Scott)在法国的影响本身就是"浪漫主义时期历史小说研究"的一个组成部分。这种人为的划分只会引起混乱。

对于那种把比较文学当作"文化功劳簿","竭力论证本国施与他国多方面影响"的倾向,韦勒克也提出了批评。他还特别谴责了那种只要撰文说明普希金的金鸡故事源出于华盛顿·欧文,就被指斥为"没有根基的膜拜西方的世界主义者"的"政治教条主义现象"。

韦勒克提出了非常重要的问题,但却没有作出自己的回答。他只是强调"比较文学已经成为一个确认的术语,指的是超越国别文学局限的文学研究"。然而,仅此一点已足以为比较文学在美国的发展打开一个崭新的局面。

韦勒克的发言引起了空前热烈的反响。激烈的批评首先来自苏联。1960年1月,莫斯科召开了讨论有关"文学联系与相互影响"的会议,1962年10月又在布达佩斯召开了讨论东欧比较文学的国际会议。两次会议的重点都是批评韦勒克的"形式主义"和"世界主义"。苏联高尔基世界文学研究所研究员聂乌帕科耶娃强烈指责韦勒克"把民族性溶合于普遍性的世界主义"和只强调艺术作品"本身"的"狭隘的形式主义"的分析方法。她认为"韦勒克对比较文学所提出的任务并不是从整个民族多面性的角度来研究活生生的文学史过程,而是把被分析的作品从那些构成作品的社会内容和民族特征中'解放出来'",同时,"文学间的民族界限被抹掉了,因而每一民族对于世界艺术文化的独特贡献被溶合在某种人为构造的'全球'文学之中"[1]。聂乌帕科耶娃正确地强调了马克思主义的比较文学应"揭示每一个民族文化中的普遍性和特殊性的辩证统一,以深刻了解它对世界文化的贡献,确定它在不同阶段和不同社会条件下发展的规律性,促进富于民主主义的民族文化的进一步发展"[2]。大会还批评了"欧洲中心论"的倾向,提出应重视东西方比较文学的研究,并谈到中国文学在日本的影响以及中国文学与他国文学的联系如何影响了中国

---

① 聂乌帕科耶娃:《美国比较文学的方法论及其与反动社会学和反动美学的联系》,见《比较文学研究译文集》,上海译文出版社1985年版,第344—346页。

② 同上。

的现代小说①。

1966 年在美国出版了法国比较文学著名学者艾金伯勒的专著《比较文学中的危机》（原名《比较不是理由》）。艾金伯勒实际上接受了大部分韦勒克的观点。他提出比较文学就是"人文主义"，主张把各民族文学看作全人类共同的精神财富和相互依赖的整体，而比较文学正是促进人们相互理解、有利于人类团结进步的事业。他认为："文学的比较研究，甚至对那些相互之间没有影响关系的比较研究都会对当代文学作出贡献。例如关于毫无联系的诗的结构的比较分析就会帮助我们发现诗歌或小说本身必须具备的特性。"② 他认为"研究文学类型的历史演进"（即渊源、影响和交流）和"研究不同文化中创造出来的与文学类型相当的每一种形式的性质和结构"同样重要。在他看来，所谓"外在"的有关"历史的演进"和"内在的"有关"美学的沉思"，两者不但不对立，而且必须互相补充并结合起来。因此，既要研究"十八世纪到二十世纪（中国）道家学说在欧洲的传播"，"二十世纪美国电影对法国的影响"这类历史性课题，也要研究像"'能乐'和悲剧"、"'狂言'和闹剧"之类的相互之间并无事实联系的理论课题。艾金伯勒说：

> 历史和历史主义并不总是进步的，而美学也并非总是反动的；它会有助于发展这么一种比较文学：它将历史方法与批评精神结合起来，将案卷研究与"本文阐释"结合起来，将社会学家的审慎与美学家的大胆结合起来，从而最终一举赋予我们学科以一种有价值的课题和恰当的方法③。

艾金伯勒的功绩就在于他沟通了偏重于历史方法的影响研究和偏重于美学评价的平行分析，并开始把两者结合起来。

真正体现了这十余年论辩成果的是韦勒克本人写于 1970 年的《比较文学的名称与性质》和同年在巴黎出版的勃洛克（Haskell M. Block）的

---

① 见康拉德《东方各民族文学与一般文艺学问题》及谢马诺夫《文学联系对十九世纪末二十世纪初小说发展的作用》。

② 艾金伯勒：《比较文学中的危机》第 3 章《比较文学的目的、方法、规划》，见《比较文学研究译文集》，第 117 页。

③ 《比较文学研究译文集》，第 144—145 页。

小册子《比较文学的新动向》。

韦勒克强调比较文学是一种没有语言、伦理和政治界限的文学研究；它的目的是从国际的角度来研究一切文学，因为一切文学创作和经验都有统一的一面，因而存在着从国际角度来展望建立全球文学史和文学学术这一遥远的理想。它的研究范围既包含"历史上毫无关系的语言和风格方面的现象"，也包含历史上的渊源和影响。韦勒克说："研究中国、朝鲜、缅甸和波斯的叙事方法或抒情方式，同研究与东方的偶然接触——如伏尔泰的《中国孤儿》——一样名正言顺。"也就是说，比较文学不但研究文学史，而且研究理论和批评。因此，比较文学所用的方法就不能只限于"比较"，而要和运用"比较"一样频繁地去运用"描述、特性刻划、阐释、叙述、解说、评价"等种种方法[1]。

勃洛克更明确地提出："比较文学主要是一种前景，一种观点，一种坚定的从国际角度从事文学研究的设想。"正因为"时代赋予学者以世界公民的身份"[2]，因此人们越来越可以"摆脱民族和语言的束缚，以便使文学研究接近文学的本质，也越来越转向比较文学"。他认为"比较文学家确实是专攻国际文学的学者"。他强调比较文学本来就是一门"边缘"学科，它的特点就在于"边缘"。他反对给比较文学"下精确细致的定义"，反对"把它上升为一种准科学体系"，反对"把一个体系强加给一门不受体系束缚的学科"，因为这样一来就会取消这一学科的"边缘"性质[3]。

70 年代以来，世界比较文学大体就是沿着韦勒克和勃洛克所提出的开放性方向发展的。关于比较文学名称和性质的讨论大致告一段落。

比较文学无论是通过不同语言现象和表达方式探索文学发展的共同规律，还是研究某一文学现象在国际范围内的渊源流变都取得了很大进展。

首先是关于文学共同规律的探索引起了很多学者的兴趣。苏联学者日尔蒙斯基认为"人类社会发展的共同过程"决定着文学也有自己发展的共同过程。"比较文学之所以重要就是可以通过比较，确定在社会制约中文学发展的共同规律。"[4] 韦勒克也认为"文学是一元的，犹如艺术和人

---

① 《比较文学研究译文集》，第 196 页。
② 同上书，第 197 页。
③ 同上。
④ 同上书，第 285 页。

性是一元的一样"，所以"重要的是把文学看作一个整体，并且不考虑语言上的区别，去探索文学的发生和发展"①。他们的出发点显然不同，但承认和探讨文学的共同规律则是一致的。另一方面，从世界文学的角度来研究某种文学现象的传播、接受和发展也取得一定成绩，正如美国文学批评家佩恩（Willam M. payne）所说的：

> 从进化角度研究文学，愈益趋向于成为一种比较研究。如同在某处被打乱了或突然中断的地质岩系，能在别处发现它在继续延伸那样，文学体裁中的某些发展线索在某一民族的产品中业已在某种程度上清理就绪之后，我们若把研究努力转到别的区域，便能从这一点出发，更好地勾勒出这些发展线索的脉络②。

从前者出发，比较文学愈来愈趋向于理论化；从后者出发，比较文学日益趋向于"从国际角度来展望建立全球文学史和文学学术"，这就不能不日益重视距离遥远的更广大、更不同的文学体系，如东方和西方文学体系的比较研究和探讨。

世界进入80年代，比较文学趋于理论化的倾向十分明显。正如普林斯顿大学教授厄尔·迈纳（Earl Miner）在1983年北京中美双边比较文学讨论会上指出的："近十五年间最引人注目的进展是把文学理论作为专题纳入比较文学的范畴。"③ 但是由于当代世界文化发展的总趋势就是多中心和不稳定，当代西方社会再也产生不出稳固的思想体系和理论权威，各种新理论产生的频率愈来愈快，持续的时间却愈来愈短。而理论的构造又多基于理论假设并在一定程度上脱离了创作实际或者仅仅断章取义，为我所用。这种为理论而理论，在理论上兜圈子的现象已经引起了一些学者的忧虑。例如1985年8月在巴黎召开的国际比较文学学会第十一届年会上，虽也有许多学者提出了有关叙事学、互文性、符号学、解结构主义等新理论的探讨，但也有一些权威学者反对这种"方法论的游戏"。三十年前曾提出"比较文学的危机"，并把整个学科推向新阶段的韦勒克就在年会上

---

① 韦勒克、沃伦：《文学理论》，生活·读书·新知三联书店1984年版，第45页。
② 《比较文学研究译文集》，第195页。
③ 厄尔·迈纳：《比较诗学、比较文学理论和方法论上的几个课题》，见《中国比较文学》创刊号，第249页。

严厉谴责这种做法是"否认生活的感知的一面","否认美感经验","无补于实际批评",反而"瓦解作品",是"反美学的象牙之塔",是"新虚无主义"。他强调文学理论不能不谈评价,不能不评善恶与美丑、丰富与贫乏、思想性与艺术性。前美国比较文学学会会长欧文·艾德里奇(Owen Aldridge)也反对脱离作品实际的"抽象的理论",以及"形式主义的分析"。他强调必须重视文学研究中的道德标准①。看来比较文学对理论的探讨正面临一个新的危机,必须走向一种新的结合:既肯定理论的推演本身对思路的开拓及其长远的指导意义,同时又承认理论必须与价值相连,使理论为具体的评价所充实。

至于东西方比较文学的探讨,近年来也得到了很大发展,例如白之教授(Cyril Birch)关于中西小说和戏剧的比较研究②,斯坦福大学刘若愚教授的《中国文学理论》,加州大学叶维廉教授的《比较诗学》③以及厄尔·迈纳关于日本与欧美文学关系的研究,浦安迪(Andrew Pluks)关于中国小说叙述学的研究等。中国香港和台湾的比较文学学者也在这方面作出了有益的贡献。由于文学理论的层出不穷,每一种理论的出现都企图对旧的解释进行全面刷新,每一种理论都不满足于固守一隅,而要求对各种文学现象作全面的宏观的概括,要求新的理论既能解释西方,又能解释东方。这就大大激发了西方学者对东方文学的兴趣。1982年12月在美国夏威夷召开的"当代批评方法与中国现代小说"国际研讨会,不少学者试图用叙事学、结构主义、诠释学、符号学、语义学、心理分析等新方法来分析中国现代小说,就是这种兴趣的表现。

1985年8月国际比较文学学会巴黎年会上,75岁高龄的艾金伯勒教授以《比较文学在中国的复兴》为题,发表了他最后一次在国际会议上的公开讲演。他对80年代以来中国比较文学的发展给予很高评价并寄予深切希望。他的讲演获得了经久不息的掌声。中国比较文学刚刚起步,充满生机。它没有纯理论演绎的沉重负担,而有理论联系实际的深远传统,它正在走向世界,将以崭新的世界眼光重新评价中国辉煌的文学宝藏,从

---

① 参阅杨周翰《新文学理论的两种不同看法在国际比较文学十一届年会上的反映》,载《文艺报》1985年11月24日。

② 《侧看录——白之比较文学论文集》,即将作为深圳大学比较文学丛书之一在湖南出版社出版。

③ 《叶维廉比较文学论文集》,即将由北京大学出版社出版。

而使它对世界文学产生更重要的影响，并将清理全世界文学发展线索，弥补由于对东方文学研究不足而造成的整个文学"岩系"的断层。中国比较文学的觉醒无疑将对世界比较文学的发展作出了伟大贡献。艾金伯勒教授几十年来一直研究比较文学，他是这一领域内最杰出的学者之一。他选择《比较文学在中国的复兴》这个题目来作他的退休前带有总结性的讲演，正说明他以锐利的眼光洞察了世界比较文学的发展趋势，预见到中国比较文学的前景。如果说比较文学发展的第一阶段主要成就在法国，第二阶段主要成就在美国，如果说比较文学发展的第三阶段将以东西比较文学的勃兴和理论向文学实践的复归为主要特征，那么，它的主要成就会不会在中国呢？

比较文学在中国的复兴

比较文学在中国并不是新事物。且不说古代中国境内各民族文化（如荆楚文化、巴蜀文化、齐鲁文化、燕赵文化等）融合过程中，关于文学的比较、筛选和相互影响的研究；也不说魏晋以来印度思想文化与中国文学的关系以及当时有关翻译、媒介的论述。就从现代说起，中国比较文学的源头也可以上溯到1904年王国维的《尼采与叔本华》，特别是鲁迅1907年的《摩罗诗力说》和《文化偏至论》。鲁迅在他的文章中通过比较各民族文学发展的特色，研究了文学的作用。他指出印度、希伯莱、伊朗、埃及等文化古国，由于政治上的衰微带来了文学上的沉寂；俄国虽也似无声，但"俄之无声，激响在焉"；德国青年诗人则以高昂的爱国热忱"凝为高响"，使人民热血沸腾；英国以拜伦、雪莱为代表的"恶魔诗派"更是以他们"立意在反抗，指归在动作"的诗歌"动吭一呼，闻者兴起"（这些属并无事实联系的"平行研究"）。他还研究过这一"恶魔诗派"在波兰、匈牙利等民族文学中的发展以及拜伦对普希金、密茨凯维奇等人的影响（属有事实联系的"影响研究"）。他的最后结论是："首在审己，亦必知人，比较既周，爱生自觉。"也就是说，必须在与世界文学的众多联系和比较中才能找到发展中国新文学的途径。

茅盾在1919年和1920年相继写成的《托尔斯泰与今日之俄罗斯》和《俄国近代文学杂谈》等文章中，首先比较了"西方民族之三大代表——英、法、俄"的文学。他指出"英之文学矞皇典丽，极文学之美事矣，然而其思想不敢越普通所谓道德者一步",“法之文学家则差善矣，其关于道德之论调已略自由，顾犹不敢以举世所斥为无理为可笑者形之笔墨。独俄之文学家也不然，决不措意于此，决不因众人之指斥，而委曲其良心上之直观"。他又曾指出托尔斯泰与易卜生颇有共同之处，都是写实主义，但"易卜生言社会之恶，独破其假面具而已，而托尔斯泰则立救济之法；易卜生多言中等社会之腐败，而托尔斯泰则言其全体"。中国现代文学本身就是在这样的比较和借鉴中发展起来的。

"比较文学"作为一门学科在中国出现则是 20 年代末 30 年代初。1929—1931 年，英国剑桥大学英国文学系主任、新批评派大师瑞恰慈（Ivor Armstrong Richards）在清华大学任教，开设了"比较文学"和"文学批评"两门课。如果不算鲁迅 1911 年给许寿裳的信中提到的《比较文章史》，那么，"比较文学"的名目出现在中国，这还是第一次。当时，清华大学教师瞿孟生（P. D. Jomeron）还根据瑞恰慈的观点和讲稿写成《比较文学》一书，主要对英、法、德三国文学进行了比较研究。当时清华大学研究部文学课程分为文学专题和作家研究两类。"比较文学专题"是文学专题课中很重要的一门。除吴宓开设的"中西诗之比较"、温德（R. Winter）开设的"文艺复兴时期的文学"、陈寅恪开设的"中国文学中的印度故事的研究"外，还有"近代中国文学之西洋背景"、"翻译术"等课程①。清华培养了一批学贯中西的比较文学学者，如钱钟书、季羡林、李健吾、杨业治等都是那个时期的学生。不久，傅东华和戴望舒又相继翻译了罗力耶的《比较文学史》和保罗·梵·第根的《比较文学论》，第一次在中国系统介绍了比较文学的历史、理论和方法。1934 年出版了梁宗岱的《诗与真》，作者以深厚的中国古典文学素养对西方文学进行了比较文学方法的探讨，1936 年又出版了陈铨的专著《中德文化研究》，全面评述了中国小说、戏剧、抒情诗在德国的传播和影响。

40 年代，由于战争的影响，许多工作都停顿了，但有识之士进一步看到"走向世界"对于振兴民族的重要性。中国比较文学的理论在中国必须走向世界的理论中得到发展。例如闻一多在他那篇著名的《文学的历史动向》里，论证了以中国的《周颂》、《大雅》，印度的《梨俱吠陀》，《旧约》里最早的希伯莱诗篇，希腊的《伊利亚特》和《奥德赛》

---

① 参阅清华大学校史编写组《清华大学校史稿》，中华书局 1981 年版，第 167 页。

为代表的这四种约略同时产生的文化如何各自发展，渐渐互相交流、变化、融合的发展历程，认为："这是人类历史发展的必然路线。"闻一多特别指出："四个文化猛进的开端都表现在文学上"，"第一度佛教带来的印度影响是小说戏剧；第二度基督教带来的欧洲影响又是小说戏剧"。特别值得提出的是闻一多当时就强调了对于一个民族文化的发展来说"接受"的重要意义。他说："本土形式的花开到极盛，必归于衰谢，那是一切生命的规律，而两个文化波轮由扩大而接触而交织，以至新的异国形式必然要闯进来……新的种子从外面来到，给你一个再生的机会。"他认为上面谈到的其他三种文化都只勇于"予"，而怯于"受"，所以没落了。"中国是勇于'予'而不太怯于'受'的，所以还是自己文化的主人……为自己文化的主人打算'取'不比'予'还重吗？所以仅仅不怯于'受'是不够的，要真正勇于'受'。……过去记录里有未来的风色，历史已给我们指示了方向——'受'的方向。"①

三四十年代显示比较文学实绩的，则是朱光潜的《文艺心理学》、《诗论》和钱钟书的《谈艺录》。

《文艺心理学》和《诗论》的共同特点是寻求既能运用于西方文艺现象，又能适用于中国文艺现象的共同规律。同时，应用从西方文学总结出来的理论阐发中国文学，也用从中国文学总结出来的理论阐发西方文学。举一个例子：关于诗歌与音乐、舞蹈同源的问题，作者不仅论证了希腊的诗歌、舞蹈、音乐三种艺术都起源于酒神祭典，也论证了澳洲的卡罗舞混合着狂热的姿势与狂热的歌调，同时也论证了中国的《风》、《雅》、《颂》正是由于音乐的不同而有所区别。朱自清对于朱光潜的"阐发研究"曾经颇为赞赏。他认为在《文艺心理学》中，朱光潜用西方文艺理论对中国文学作了"有趣的新颖解释"，"最有意思的是以'意象的旁通'说明吴道子画壁何以得力于斐曼舞剑……又据佛兰斐尔的学说论王静安先生《人间词话》中所谓'有我之境'实是'无我之境'，所谓'无我之境'倒是'有我之境'。"②

钱钟书的《谈艺录》更多采取了这种超国别的研究方法。正如他在序中所说的"颇采二西之书，以供三隅之反"，因"东海西海，心理攸

---

① 闻一多：《神话与诗》，古籍出版社1956年版，第201—206页。

② 《文艺心理学·序》。

同；南学北学，道术未裂"。在《谈艺录》中无论是阐明一种原理或是批判一种理论都是以大量中外文学事实来加以证明，从不简单作出孤立绝对的结论（中国诗学重"表现"，西方诗学重"再现"之类）。例如他分析"模写自然"和"润饰自然"，前者从亚里士多德到韩昌黎，后者从克利索斯当到李长吉，说明中外都有同样的理论，因此是普遍规律。① 又如谈到思想和表达的问题，他举出了许多中国文艺理论中有关"心—手—物"的看法，也引证了但丁、雨果有关这一问题的论述，这才批评克罗齐"执心弃物"，主张"意象与表达二而即一之论"，"何其顾此失彼也！"②

总之，朱光潜和钱钟书一开始就是"从国际角度从事文学研究"的。他们的著作为中国 80 年代比较文学的复兴奠定了坚实的基础。

正是因为有了这样的基础，我国一旦正确地实行了"对外开放"的政策，而且出现了上面谈到的要求理论联系实际和加强东西方比较文学研究的国际环境，比较文学就以崭新的姿态在中国迅速发展起来。

比较文学在中国的复兴是以钱钟书的巨著《管锥编》1979 年在中国的出版为标志的。《管锥编》全面、丰富、完整地体现了比较文学作为一门"最广阔，最开放"，最"无法归纳进任何科学或文学研究体系中去"的"边缘学科"的特点。

《管锥编》四册写于"文化大革命"十年动乱之间。全书七百八十一则，围绕《周易正义》、《毛诗正义》等古籍十种，引用八百多位外国学者的一千几百种著作，结合中外作家三千多人，阐发自己的读书心得。

全书的根本出发点在于坚信"人文科学的各个对象彼此系连，交互渗透，不但跨越国界，衔接时代，而且贯穿着不同的学科"③。钱钟书从不企图用什么人为的"体系"强加于并不受任何人为"体系"约束的客观世界。他认为用很多精力去建立庞大的体系是无益的。历史上"往往整个理论系统剩下来的有价值的东西只是一些片段思想"④ 而已。但这并不是否认规律，恰恰相反，他认为"艺之为术，理以一贯，艺之为事，

---

① 钱钟书：《谈艺录》，中华书局 1984 年版，第 60—61 页。
② 同上书，第 210—211、536—537 页。
③ 钱钟书：《诗可以怨》，《文学评论》1981 年第 1 期。
④ 钱钟书：《旧闻四篇》，第 26—27 页。

分有万株",① 去发现那些"隐于针锋粟颗，放而成山河大地"② 的普遍规律才是做学问的真正乐趣。《管锥编》最大的贡献就在于纵观古今，横察世界，从"针锋粟颗"之间总结出重要的文学共同规律。也就是突破各种学术界限（时间、地域、学科、语言），打通整个文学领域，以寻求共同的"诗心"和"文心"。钱钟书认为这种共同的"诗心"和"文心"是客观存在的，所谓"心之同然本乎理之当然，而理之当然，本乎物之必然，亦即合乎物之本然也"。③ 钱钟书在探索这些共同规律时从来都是从具体文学现象出发，而不作演绎的推理。他强调说："我有兴趣的是具体的文艺鉴赏和评判。"④ 鉴赏和评判，这就和目前世界比较文学"不作评价"，只作纯理论推演的危险倾向相反。在进行文学鉴赏和评判时，钱钟书认为最根本的还是要紧紧围绕文学"本文"，如果"尽舍诗中所含，而别求诗外之物，不屑眉睫之间而上穷碧落，下及黄泉，以冀弋获。此可以考史，可以说教，然而非谈艺之当务也"。⑤ 在他看来，"谈艺"，就必须从作品实际出发。如果仅用一些新奇术语来故弄玄虚，那就毫无补益。他曾举出一些现代法、美文论家滥用结构主义的例子，批评了像克利斯蒂瓦（Jnlia Kristeva）这样一类人的理论⑥。但这绝不等于说钱钟书不重视理论，恰恰相反，他总是竭力排除琐碎枝节的干扰，力求抓住事物发展的总的脉络。他提倡"把千头万绪简化为二三大事"，以便可以"高瞻远瞩"，必须"没有枝节零乱的障碍物来扰乱视线"，⑦ 才能发现事物的根本。因此，他认为中国式评点的根本缺陷就在于常以"小结果为务，而忽略造艺之本源"。⑧ 他本人则经常致力于探索"造艺之本源"，并对于国外许多新理论的出现十分关切。即使是在十年动乱，闭关锁国的环境下，他在写《管锥编》时也仍然尽量利用了近代国外理论的成果。这些成果遍及语义学、符号学、风格学、心理学、语言学、文化人类学、单位观念史学以及系统论、生理学等各个领域。

---

① 钱钟书：《管锥编》，中华书局 1979 年版，第 1279 页。
② 同上书，第 496 页。
③ 钱钟书：《管锥编》，中华书局 1984 年版，第 50 页。
④ 钱钟书：《旧文四篇》，第 7 页。
⑤ 钱钟书：《管锥编》，中华书局 1979 年版，第 110 页。
⑥ 《钱钟书谈比较文学和文学比较》，《读书》1981 年第 10 期。
⑦ 《旧文四篇》，第 3 页。
⑧ 钱钟书：《管锥编》，中华书局 1979 年版，第 1215 页。

　　《管锥编》不仅探索了中西文学共同的"诗心"和"文心"，而且对比较文学各个方面都有独到的建树。由于题材所限，《管锥编》关于渊源和影响的研究，内容不多，但却也发表了一些非常重要的见解。例如钱钟书指出：进行渊源影响的研究，切忌"强瓜皮以搭李皮"。因情况很复杂："学说有相契合而非相授受者，如老、庄之于释氏是已；有阳气相攻而阴相师承者，如王浮以后道家伪经之于佛典是已。"所以不能"归趣偶同，便谓渊源所自"，也不能"睹形貌之肖，武断骨肉之亲"，否则就会像清朝的一些学者，以为西洋之宗教、科学都出于《墨子》，政典国制都出于《周官》①。钱钟书本人在进行这样的渊源研究时往往"点到即止"，不作穿凿。如讨论波德莱尔散文诗所谓"中国人观猫眼而知时刻"源出于《酉阳杂俎·猫》和《瑯嬛记》；② 西方旧小说常谈到的"服暂死药，俾情人终成眷属"与《无双传》所载"茅山道士有药术，其药服之者立死，三日却活……刘无双服之"③ 类似。钱钟书对影响研究谈论得较少，这并不代表他不重视。他曾强调指出："比较文学是超出个别民族文学范围的研究，因此不同国家文学之间的相互关系自然是典型的比较文学研究领域……要发展我们自己的比较文学研究，重要任务之一就是清理一下中国文学与外国文学的相互关系。"④

　　《管锥编》用很多篇幅进行了以西方文艺理论阐明中国文学现象的所谓"阐发研究"。钱钟书不仅提倡"双向阐发"（同时也用中国理论阐发西方作品），而且对西方学者阐明中国理论时由于不求甚解而犯的错误常常提出尖锐的批评。例如认为日本人遍照金刚所著《文镜秘府论》，"实兔园册子，粗足供塾师之启童蒙"。又指出西方人引述陆机《文赋》常因"迻译者蒙昧无知，遂使引用者附会无稽"。⑤

　　在交叉学科（或译"科际整合"，Interdisciplinary）研究方面，钱钟书一向强调各学科之间的相通，并早就指出"对于日新又新的科学——尤其是心理学和生理学，应有所借重"。⑥ 在《管锥编》中借重各学科以

---

① 钱钟书：《管锥编》，中华书局 1979 年版，第 440 页。

② 同上书，第 816 页。

③ 《管锥编》，第 836 页。

④ 《钱钟书谈比较文学与文学比较》，《读书》1981 年第 10 期。

⑤ 钱钟书：《管锥编》，中华书局 1979 年版，第 1449、1177 页。

⑥ 《海外出版界》，见《新月月刊》4 卷 5 期。

论证文学现象的例子很多。例如第 531 页以西方心理学的"比邻联想"、生理学的"条件反射"解释《赵氏孤儿》；第 589 页以美学、修辞学、印度因明学解释"诗以虚涵两意见妙"等。

在翻译媒介的研究方面，《管锥编》也是独树一帜的。钱钟书指出："译事之'信'，当包'达''雅'；"'达'正以尽'信'，而'雅'非为饰'达'。依义旨以传而能如风格以出，斯之谓'信'……译文'达'而不'信'者有之矣，未有不'达'而能'信'者也。"① 因此，文学翻译的最高标准是"化"。把作品从一国文字转化为另一国文字，既能不因语文习惯的差异而露出生硬牵强的痕迹，又能完全保存原有的风味，那就算得入于"化"境。"译本对原作应该忠实得以至读起来不像译本，因为作品在原文里决不会读起来像经过翻译似的。"②

总之，《管锥编》从各方面为中国比较文学的发展开辟了道路。它与当前世界比较文学"理论偏枯"的倾向相反，密切结合中西具体艺术实践，总结出世界共同的"文心"和"诗心"，为中西比较文学的发展作出了开创性的卓越成绩。如果说比较文学学科要求从事于它的人"具有超乎寻常的能力……能够表现更多的个性"③ 的话，那么钱钟书正是显示了这种能力与个性。如果说当前比较文学所需要更多的是"伟大的榜样而不是抽象的方法论公式"④，那么《管锥编》就是这样的"榜样"。

继《管锥编》之后，北京大学的四位教授相继发表了四本重要比较文学论著：宗白华的《美学散步》（1981）在比较美学、诗、画、戏剧等交叉学科比较研究方面独树一帜；季羡林在《中印文化史论文集》（1982）中，对中印文学关系进行了独到的探讨，为中国比较文学的影响研究树立了榜样；金克木的《比较文化论集》（1984）着重研究了《梨俱吠陀》与《诗经》的比较，并论及"符号学"、"诠释学"在中国的应用，为中国比较文学的平行研究与阐发研究开辟了新的领域；杨周翰的《攻玉集》（1984）则以中国文学为参照系统，重新解释莎士比亚、弥尔顿、艾略特等欧洲作家的作品。南京大学范存忠教授的《英国

---

① 钱钟书：《管锥编》，中华书局 1979 年版，第 1101 页。
② 钱钟书：《旧文四篇》，第 62—63 页。
③ 《比较文学研究译文集》，第 198 页。
④ 同上书，第 206 页。

文化论集》和上海社科院王元化的《文心雕龙创作论》也都为比较文学在中国的复兴作出了卓越贡献。

正如勃洛克所说："当前没有任何一个文学研究领域能比比较文学更引起人们的兴趣或有更加远大的前途；任何领域都不会比比较文学提出更严的要求或更加令人眷恋。"① 人们愈来愈感到比较文学的难度，但也正因为如此，愈来愈多的优秀青年学者加入到了这个行列。继青年学者王富仁所写《鲁迅与俄罗斯文学》之后，1985 年出版的《走向世界文学——中国现代作家与外国文学》一书几乎全部由三十岁上下的年青学者撰写。这部长达 650 页的巨著，从小说、诗歌、戏剧、散文四个方面探索了三十位中国现代作家对外国文学的接受以及 326 位外国作家在这些中国作家的作品中所显示的影响与痕迹。无论从比较文学研究或中国现代文学研究来看，这部书都是一个富于突破性的创举，它不仅说明了比较文学可以赋予国别文学研究以怎样的广度和深度，同时也说明了出色的比较文学研究成果往往也可以由高瞻远瞩、具有国际眼光的国别文学专家所提出。

总之，80 年代以来，中国比较文学已经形成了一支朝气蓬勃的队伍。② 同时，中国比较文学也正在逐渐走向世界，1982 年三位中国学者参加了世界比较文学纽约年会，并都提出了学术报告，其中一篇被载入《美国比较文学年鉴》③；1984 年中美双边比较文学讨论会召开；1985 年，杨周翰教授当选为国际比较文学学会副会长。在这样的形势下，举行中国比较文学界的一次荟萃精英，展示成果，切磋学艺，交流心得，以图更大发展的大会已是势所必然的事了。

---

① 《比较文学研究译文集》，第 206 页。

② 1981 年 1 月北京大学成立了中国第一个比较文学学会，由钱钟书任顾问，季羡林任会长。学会出版了《比较文学丛书》和《北京大学比较文学研究会通讯》。1983 年 6 月南开大学、天津师大等发起，召开了全国第一次比较文学学术讨论会，会议论文见南开大学出版社 1984 年版《比较文学论文集》。1983 年广西大学出版了比较文学的英文刊物《文具》，向国外发行。1984 年由季羡林主编的全国性比较文学刊物《中国比较文学》在上海创刊。具体比较文学论文发表状况，见《中国社会科学》1985 年第 4 期远浩一《比较文学的两个支柱》一文。此外，广西大学、暨南大学也随后召开了比较文学学术讨论会。辽宁、上海等地也相继成立了地方性的比较文学学会。截至 1985 年 6 月，开设比较文学课程的大专院校已达 36 所。

③ 乐黛云：《中国文学史教学与比较文学原则》，见美国印第安那大学出版《比较文学与总体文学年鉴》1982 年第 31 期。

中国比较文学的新起点

1985 年 10 月 29 日，中国比较文学学会成立大会暨首届学术讨论会在深圳大学召开。

这次大会是中国比较文学研究发展现状的一次巡礼，同时，也是中外学者的一次学术交流。通过这种巡礼与交流，中国的比较文学研究将会有新的发展。在会议收到的 121 篇论文中，首先最值得称道的当然是比较美学和比较文艺学所取得的成就。近几年来，我国对于世界范围内各国马克思主义美学和文艺学进行了广泛的比较研究。这种比较研究也是势所必然。过去，从 30 年代以来，我们在这方面的研究绝大部分依据苏联理论界消化过的材料（少数来自日本），许多重要的马克思有关著作被垄断或埋没，加以尖锐复杂的阶级斗争形势，不大容许从容和客观的研究，可以说我们还没有建立起中国自己的马克思主义美学体系。70 年代末，我们就这样毫无准备地面临了极其纷繁复杂的世界马克思主义美学领域，正如会议上有人提出的："在我们真正面向世界，面向现代世界马克思主义发展史和现状的时候，我们面前摆满了过去从来没有认真加以研究过的关系到马克思主义理论问题的人、事件和问题。" 就以美学和文艺学领域来说，就有各种各样的观点和学说，对于教条主义者来说，这是一片混乱和危机；然而，对于勇敢的马克思主义者来说，这却是发展、充实自己，在比较和鉴别中建立中国马克思主义美学体系的大好时机。实际上，我国许多学者正在走这条道路，例如李泽厚的《批判哲学的批判——康德哲学述评》；柳鸣九关于萨特的研究和朱光潜有关维柯的研究；汝信的《西方美学史论丛续编》和蒋孔阳的《德国古典美学》都在这方面作出了卓有成效的努力。会议论文中还提出，要进一步建立马克思主义的比较美学，必须坚决抛弃日丹诺夫式的苏联教条主义，深入研究马克思主义美学史，站在当代世界马克思主义高度看问题，迎接当代世界对马克思主义美学提出的新挑战。

我国比较美学和文艺学的进展还表现在对许多过去已经提出的问题，进行了深入分析，得出了新结论。例如有人从对艺术本质特征的理解（"表现"与"再现"）、对艺术创作心理特征的理解（"迷狂"与"虚静"）、对艺术和审美效应的理解（"净化"与"物化"）三个方面着手，对中西诗学的不同特点作出了自己的解释，指出西方诗学旨在以"再现"求"表现"，中国诗学旨在以"表现"求"再现"；西方的"迷狂说"注重主体的"放射"和"创造"，与"表现"可通；中国的"虚静"说注重对客体的"明鉴"和"内通"，与"再现"一致。西方的"净化"说注重善美统一，以道德"节制"人的天然情感，使人的发展统一于社会发展；中国的"物化"论注重美真统一，追求物我合一的自由境界，使人返归一于自然本身。最后指出西方诗学以"历史感"胜，中国诗学以"审美感"胜；基于历史与美学的统一，中西诗学正在互相吸引。此外，还有些会议论文也从不同角度探讨了同一问题，从而把讨论带进了更深的层次。

深圳大会的第二个成就是在长期存在分歧的有关比较文学的定义、范围、方法等方面，取得了比较一致的意见。例如是不是用比较方法研究文学就叫比较文学？这个问题过去众说纷纭，目前一致的看法是："比较"是研究文学理论、文学批评、文学史都经常用到的方法，不能用它来区别一个学科，况且比较文学除用比较方法外，还大量采用归纳、演绎、描述、阐发、综合、反证等不同方法，有时甚至根本不用比较的方法。会上，大家讨论到用国家这个政治概念来划定比较文学的范围也不妥当，特别是对中国这样一个多民族的大国来说更是如此。有人提出应在中国建立两个比较研究体系：国内比较研究体系，包括汉民族文学与其他民族文学的比较研究、文人文学与民间文学的比较研究以及地方文学之间的比较研究；中外比较研究体系，包括中国文学与世界各国文学的比较研究。当然也有不少人不同意这种意见，但大家一致认为比较文学本身是一个开放性结构，可以先开展研究，再逐步形成学科的体系。

在方法论方面，会议上提出影响研究、平行研究和阐发研究作为比较文学研究的三种基本方法，得到了大家的赞同。有人援引台湾学者的论点，指出："利用西方有系统的文学批评来阐发中国文学及中国文学理论"的"阐发法""一直为中国学者所采用"。其实，阐发研究应是双向的。不仅用外国于中国，也可用中国于外国，用中国的文学理论来阐发外国文学和外国文学理论，同样会发现新的角度。这种双向阐发之所以可能，正是因为文学本身具有共同的发展规律，而相互的阐发适足以沟通彼此的"文心"，但这只限于寻求两种模式的重叠处，而不能以一种模式强加于另一种文学。会上有的同志强调"影响研究"容易"划地为牢"，有其"不可克服的缺陷"，但很多与会者不同意这种看法。他们认为任何方法都有自身的局限，问题在于是否能发挥其专长。目前，影响研究在中国仍有十分重要的意义。这不仅是为了"清理"一下中国文学与外国文学的相互关系，更重要的是我们正处在一个走向综合的时代，文化的相互渗透与汇合愈来愈成为不可避免的必然。而我国的五四时期，几乎容纳了欧美、俄苏、印度、波斯、日本等各国文化，在短短的时间内，如此众多的不同体系的文化突然涌入，和一个如此古老、统一、广阔的文化相撞击，这种现象在整个文化史上恐怕也是独一无二的。特别是从新的"接受"理论的观点出发，通过"事实联系"来研究中国文化对众多外国文化筛选、吸收、容纳、改造的"接受过程"，这无论对研究世界各国文化的汇合，对研究我们自己（以"接受"作为一面镜子）的文化特点都具有重大价值。

最后，还应提到我国比较文学研究的某些薄弱环节，在这次大会上都有了新的增强，特别是东方各民族文学的比较研究更为凸显。这次东方比较文学的论文第一个特点是面很广，有关于日本、越南、印度、朝鲜等国家与中国在文学上互相影响的研究。第二个特点是数量多，加上研究我国少数民族文学的论文、东方比较文学的论文共 22 篇，占大会论文的20%，这个空前的比例说明了东方研究的繁荣。第三个特点是开拓了新的领域，如论文《从〈霍斯罗与西琳〉到〈帕尔哈德与西琳〉的演变看波斯与维吾尔的文化交流》、《波斯文学与阿拉伯文学关系初探》等，都是发前人所未发的开创性著作。

在这次大会上，少数民族文学可以说是第一次大规模登上了比较文学的讲坛。自从以中南民族学院为中心的全国少数民族院校"外国文学、比较文学研究会"成立以来，少数民族文学专家作出了很大努力，这次大会显示了这种努力的实绩。正如有的大会论文中所说："我国少数民族地处边陲，在自然条件上与外国接壤，如新疆与苏联，西藏与印度，广西与越南，内蒙古与蒙古人民共和国，吉林、辽宁与朝鲜等。"发展少数民族文学的比较研究无论对于文学本身或是对于发展各民族的友谊都有特殊重要的意义。这次有关这方面的论文除《汉族、纳西族龙故事的比较研究》外，都是少数民族与外国文学的比较研究。如《〈罗密欧与朱丽叶〉和〈娥并与桑洛〉》、《〈霍岭大战〉与〈伊利亚特〉》、《〈格萨尔王〉与〈荷马史诗〉》、《中国少数民族英雄神话与外国英雄神话的比较探讨》等。

少数民族比较文学是一块丰沃的处女地，目前的开垦只是开始，难免还停留在"X与Y"这样的比较一般性研究上，但我们有理由期望一个辉煌的未来。

特别值得提出的是，"交叉学科（科际整合）"研究的迅速发展。文学与文化的关系得到了特殊的关切，这大概是由于国际比较文学学会会长佛克马在会上所说的诗歌、小说面临着电影、电视的挑战，而"文化"在我们所处的"后帝国主义"时代又有着特殊意义的缘故。这方面有人描述了西方文化体系的解体，讨论了自尼采以来文化观念中希腊精神的复活以及黑格尔主义的终结。认为："文化成为一种全新意义上的诗学的对象（从而被"文学化"）与诗的模式进入到一般的文化概念的中心地带并构成新的文化观念（从而被"哲学化"）是一个互相渗透而又互相说明的过程。"文化已不是旧观念中的"理论体系"，而是"作为一种生动的富于创造力的生存活动本身来理解"，因而表现出一种"诗的方式"；这种文化本身又把诗说明为一种"意义的模式"而体现着"文化的本质"。文章中展示了三种模式，即"从传统写作意识到当代写作意识的转变中的海明威模式、从传统文化观到当代文化观的转变中的维特根斯坦模式以及从文化的诗学到诗的文化学的转变中的海德格尔模式"。还有诗与画的交叉研究亦有所见，如以往诗画比较论中，莱辛《拉奥孔》中的论点被赋予一种超文化的意义，其实中西诗画比较说是基于不同的艺术实践，在不同的文化背景中展开的。如中国古代诗画比较说基于古代抒情诗和文人山水画，与莱辛所关注的史诗与故事画不同；中国艺术历来强调人与自然的默契，又与西方以人为中心的艺术概念不同；中国画使用的是晕染的墨色，其空间框架具有一定的虚拟性，突破了一般的造型层次，允许容纳许多非写实的因素，这与西方传统油画对色彩和线条的依赖及其对"模仿"的重视更是各异，因此会议上认为莱辛着重分析诗画媒介的差异，而中国诗画论则强调诗画表现功能的趋同。

此外，有关中西神话比较研究的论文也有许多创造性的突破，其中有些文章已属于总体文学研究的范围。例如关于射手英雄的研究，关于"人格化的神话理想"的研究。属于纯粹总体文学的研究，有论大力士参孙形象在《圣经·旧约》、弥尔顿的《斗士参孙》和茅盾的《参孙的复仇》中的不同表现和关于"狼"作为一个符号在全世界不同文学体系中的作用的论述。

与会代表中有 14 名国外学者，他们也都提交论文并参与了讨论，例如法国学者的专题报告介绍了接受理论在比较文学研究中的应用，其中介绍了接受理论的基本内容，并论述了运用"接受"研究比较文学时应注意的问题，指出实际读者对一部外国作品的"接受"与对本国作品的"接受"是不同的，他们常把本国文学的模式加于外国作品，进行选择、扬弃和改造。这些正是比较文学的研究对象。另外，比较文学学者也很难迁就"作品只能因阅读而存在"的"纯现象学观点"，因为这样就有可能把"接受"仅仅看作一种孤立的个人的阅读行为，而比较文学希望将文学纳入人类活动的整体，并充分考虑到文学作品被读者或观众接受的实际条件。接受理论还帮助比较文学学者更多了解不同国家中的接受者本身。如吉莱（G. Gillet）的《从伏尔泰到夏多布里昂法国文学中的〈失乐园〉》一书，就以法国对《失乐园》的接受作为一面镜子，照出了法国在乐观、进步的表象中暗藏着恐惧。"接受"理论使构造一部新的、从读者出发的文学史成为可能，这部文学史应由创作—接受传统—引进三要素构成。例如法国超现实主义"重新发现了过去不被注意的作家（传统），同时向中国文学开放（引进）"。比较文学就是要研究不同国家文学的这种"创作—接受传统—引进"的过程，并探讨其相互间的关系。"接受"理论关于"永远不要以为穷尽了一部作品"，"永远不要以为穷尽了文学"的观点对于比较文学研究也具有十分重要的意义。报告最后建议"中国是否可以考虑开展对 20 世纪八十多年来翻译介绍外国文学及其在中国被接受状况的研究"，不仅注意"X 作家在 Y 国"，而且也注意到在一个特定时期内"X 国文学在 Y 国"这样的论题。因为这种在"历时"的框架内关于"共时"的讨论常常帮助我们了解"视野转变"，"接受屏幕"与"接受条件"的变化以及"历史转折"等有趣现象。美国学者则着重论证了"接受"和"影响"的关系，强调指出西方的文学研究往往从某种假定和推断出发，特别是那些"故弄玄虚"的批评家往往只依赖于几百年来不断变化的假想；而中国的诗论则更多研究诗人是如何在感情上或道德上被打动的，他怎样把自己的感动用文字表达出来，这种表达又如何影响了读者。德国学者提交的有关总体文学研究的论文则探讨了世界文学中以疾病为主题或题材的作品所展示的文化、哲学、社会、心理、文学诸问题。论文指出，从这些研究"我们不仅获得了对于疾病的诠释，而且也获得了关于健康人的存在以及生存的意义和目的的各种人生观的精华"，又因为

"疾病先由医学作了自然科学的客观描写，文学在这里就不仅是传递美和高雅的介体，而且也是已被深刻认识的存在着的真理之要素"。"这样，艺术和医学又互相补充，成为边缘学科和'交叉文化'的'人'的科学。"在学术讨论中，国外学者也与中国学者交换了意见，例如关于鲁迅研究的讨论中，有的中国学者认为有的论文以浪漫主义、现代主义、现实主义来概括鲁迅早期、前期和后期三个阶段失之于简单，不大能完全解释鲁迅思想和创作的复杂现象；有的国外学者则认为论文通过鲁迅对"摩罗诗人"、《苦闷的象征》和《艺术论》的"接受"，来研究鲁迅思想，提供了很有意义的理论假设，并建议应全面考察一下鲁迅自始至终十分复杂的个性。国外学者特别提到鲁迅晚年从未用白话写诗，他的旧体诗很难说是现实主义的。因此，很值得考察一下鲁迅早期的浪漫主义气质是怎样逐渐发展或消逝的。还有对欧洲现实主义与中国五四时期的现实主义的比较研究讨论中，国外学者同意有的论文中所提欧洲现实主义不具备中国现实主义那种强烈的历史使命感，但却举托尔斯泰为例不同意把"民族自省精神"局限于中国现实主义。国外学者的这些研究成果与学术见解为我们提供了值得借鉴的新方法、新角度以及新的思考。

这次会议既展示了我国比较文学研究的深度与广度，又检阅了具有合理的知识结构、活跃而敏锐的思维能力、年青化的比较文学研究阵容[1]，以此为标志，中国比较文学研究进入了一个新起点，在这里我们已能眺望到那无限辉煌的中国比较文学发展的前景。

《中国社会科学》1986 年第 2 期

---

① 会议的参与者、论文提交者中年青人（22—40 岁）都占 70% 以上。

"五四"时期对中国传统文学的价值重估

王 瑶[*]

摘要 本文认为,"重新估定一切价值",是五四新文化运动的理论旗帜。在新文化运动中,用新的价值尺度对中国的传统文学(实际几乎包括一切文化典籍)进行重新估价,是新文化运动和文学革命的一项重要任务。价值重估的重要尺度是"人"的觉醒和解放。本文从历史事实出发,论述了文学革命先驱者们在这方面的指导思想、理论主张和所倡导的科学方法,论述了他们对中国传统文学进行清理、挖掘、重新解释、重新估价的开创性贡献以及与建设发展新文学的关系。作者认为,"五四"时期对传统文学的"重新估价",绝不是简单的对传统的"全盘否定",而是用现代的科学观点与方法,对传统文学进行再认识、再估价与再发现,使其在新的文学变革中获得新的生命力,从而有助于推动中国社会的现代化。

一

今年是五四运动七十周年。"五四"对中国社会和中国文化所产生的深刻影响,就是我们平常所说的"新文化运动":文学革命是它的重要组成部分。尽管中国社会的历史变迁——从古老的封建旧中国走向现代化的转变和发展,早在 20 世纪中叶即已开始,而文化上的变革直到"五四"时期,才真正进入了深层文化结构的根本改造:即价值观念、思维方式、道德情操、审美趣味以至民族性格等的变革与再造。

＊ 王瑶,1914 年生,现为北京大学中文系教授。

新文化运动是在世界形势和西方文化的影响下，中国人民对现代化的历史要求的一种自觉的反应。文学革命如果用一句话来扼要地说明，就是要求用现代人的语言（白话）来表达现代人的思想感情（民主科学）；它是与封建专制主义和蒙昧主义直接对立的。因此就价值观念来说，现代化就是对待文化评估的重要尺度，这是与社会发展相适应的一种重新评价的态度。鲁迅的《狂人日记》大声疾呼："从来如此，便对么？"它是一种时代的呼声，因此才产生了那么激动人心的社会影响。胡适在《新思潮的意义》中对此更有明晰的理论表述："新思潮的根本意义只是一种新态度，这种新态度叫作'评判的态度'"："对于习俗相传下来的制度风俗，要问：这种制度现在还有存在的价值吗？""对于古代遗传下来的圣贤教训，要问：这句话至今日还是不错吗？""对于社会上糊涂公认的行为与信仰，都要问：大家公认的，就不会错了吗？人家这样做，我也该这样做吗？难道没有别样做法比这个更好，更有理，更有益吗？"胡适由此而作出了一个重要的概括："'重新估定一切价值'，便是评判的态度的最好解释。"周作人后来对胡适这一概括给予很高评价，他说："新文化的精神是什么？据胡适之先生的解说，是评判的态度，是重新估定一切价值。"①"重新估定一切价值"可以说是五四新文化运动的理论旗帜，对于一切传统的价值观念和价值判断，包括权威的"圣贤教训"和社会公认的习惯势力，都要提出质疑和批判，当然同时这也就意味着新的价值观念的倡导和确立。它同样也是文学革命的精神，由于过去"文学"一词的含义极广，几乎包括一切文化典籍，因此对传统文学进行价值重估是新文化运动和文学革命的一项重要任务。

用什么价值尺度来进行评判呢？胡适提倡要"重新分别一下好与不好"②，那标准又是依据什么呢？应该说就是"人"的觉醒和解放。这是由现代化要求所产生的必然命题，所以鲁迅说："最初，文学革命的要求是人性的解放"③，沈雁冰在革新后的《小说月报》上讨论文学问题，首先提出的是"文学和人的关系"④；周作人提倡"人的文学"，以及当时对国民性和启蒙运动的讨论等，都说明了人（国民）的觉醒和解放是前

① 周作人：《复古与反动》。
② 胡适：《新思潮的意义》。
③ 鲁迅：《〈草鞋脚〉小引》。
④ 见《小说月报》12卷1期。

驱者们注意的焦点，而这正是为了适应中国走向现代化的历史潮流，挣脱封建主义的束缚，推动社会的发展，使之成为"现代中国人"，即实现"人"的现代化。这既是"重新估定一切价值"的出发点，也是评判和重估的尺度。既然是价值重估，就不是简单地否定；它对传统当然要有否定和批判，但也必然有所肯定和继承，而且这并不是截然分开的，而是否定中有肯定、批判中有继承的。文学革命的目的是提倡和建设新文学，对传统文学的价值重估不仅可为建设新文学提供借鉴，而且对于文学革命本身也是必须进行的工作。胡适在《历史的文学观念论》一文中说："吾辈之攻古文家，正以其不明文学之趋势而强欲作一千年二千年以上的古文。此说不破，则白话之文学无有列为文学正宗之一日，而世之文人将犹鄙薄之以为小道邪径而不肯以全力经营造作之。如是，则吾国将永无以全副精神实地试验白话文学之日。"视白话文学为正宗，提高小说戏曲和民间文学的地位，"正式否认骈文古文律诗古诗是正宗"，都是为文学革命开辟道路的，其中当然包括了对传统文学的新的审视，也就是价值重估的工作。有的人对问题提得更是极其尖锐，如"桐城谬种"、"选学妖孽"之类，但值得注意的是，这些前驱者所抨击的直接对象并不是历史上的桐城派或选学派，而是当时以摹仿古人为能事的旧式文人，所以才叫"谬种"或"妖孽"；至于桐城派或选学派本身，当然评价也不高，把它们与骈文古文律诗古诗等同列；不承认它们的传统的权威的"正宗"地位，而并不是彻底打倒。陈独秀在《文学革命论》中对韩愈的评价，最足以表示这种评判的精神。他一方面承认韩愈"变八代之法，开宋元之先，自是文界豪杰之士"；另一方面又指出"不满于昌黎者二事：一曰文犹师古，二曰误于文以载道之谬见"。"师古"就是不敢创新，"载道"就是宣扬封建教义，都是与现代化的追求相悖的。所以对传统文学的价值重估，就是要求站在现代的高度，对传统的价值观进行新的评判，而不是予以简单地否定。这是新文化运动的重要组成部分，是与社会的前进步伐相适应的。

五四新文化运动是在中西文化的撞击、对比和汇合的社会文化背景下产生的，人们正因为从与传统文学异质的西方文学那里获得了新的价值观念，才引起了对中国传统文学的反观和重估。社会发展的内在要求当然是文学革命之所以发生的根本原因，而西方文学的影响也是不容忽视的基本因素。正如鲁迅所说，"五四"文学革命的发生，"一方面是由于社会的要求的，一方面则是受了西洋文学的影响。"① 陈独秀提倡文学革命的出发点，就是"今日中国文学，委琐陈腐，远不能与欧美并肩。"② 文学革命正是要将从清末开始酝酿的变革引向文学的深层结构，包括文学观念、审美意识、情感表现方式以及文学语言等多方面的根本变革，因此西方文学当然成了它的重要参照系统。中国文学史上也曾有过多次文学变革，但都是在传统体系内部进行的局部性的调整，如唐代的古文运动，它是打着"复古"的旗帜，对传统文学某一方面的理论和写作规范提出质疑的；有些文体的变化则是吸收了民间文学的营养产生的。总之，都不像"五四"文学革命那样全面的深层的变革。朱自清在谈到中国诗的发展线索时说："按诗的发展的旧路，各体都出于歌谣，四言出于《国风》、《小雅》，五七言出于乐府诗"，但"新诗不取法于歌谣，最主要的原因还是外国的影响；别的原因都只在这一个影响之下发生作用"。他接着说，"这是欧化，但不如说是现代化"；"现代化是新路，比旧路短得多；要'迎头赶上'人家，非走这条新路不可。"③ 这里讲的是新文学与现代化的关系，但他反观了传统诗歌的发展线索，这不仅说明了对传统文学的重估与建设新文学同样是文学革命的重要内容，而且说明了重估的价值观同样也是受西方文学的影响，是由现代化的历史要求出发的。

正因为把外国文学作为重要的参照系统，因此对中国文学也能放开眼光，把它放在世界文学的大格局中进行考察，重视中国文学与外国文学关系的研究。郑振铎把"中国文学的外来影响"作为对传统文学的"新开辟的研究的途径"加以提倡④，而且认为研究者应有"世界的观念"⑤。胡适《白话文学史》开辟了"佛教的翻译文学"专章，对印度佛教文学对中国文学的影响进行了考察；以后陈寅恪等人更就此领域进行过深入的研究。正是从开放的、中外文化交流的角度，鲁迅赞扬了汉、唐时代敢于吸收外来文化的开放的眼光，"凡取用外来事物的时候，就如彼俘来一样，自由驱使，绝不介怀"。鲁迅正是从传统文学发展的历史考察中，得

---

① 鲁迅：《〈草鞋脚〉小引》。

② 陈独秀：《文学革命论》。

③ 朱自清：《新诗杂话·真诗》。

④ 郑振铎：《研究中国文学的新途径》，原载《小说月报》17 卷号外，《中国文学研究》上册。

⑤ 西谛（郑振铎）：《整理中国文学的提议》，原载《文学旬刊》51 期。

出了下述的结论："要进步或不退步，总须时时自出新裁，至少也必取材异域，倘若各种顾忌，各种小心，各种唠叨，这么做即违了祖宗，那么做又像了夷狄，终生惴惴如在薄冰上，发抖尚且来不及，怎么会做出好东西来。"①鲁迅的这一意见，体现了当时对待中外文化的态度，也体现了对传统文学重估的一种现代的价值观。

"五四"时期的先驱者们既是现代新文学历史的开创者，同时又是传统文学历史的新的解释者，而且这二者是互相联系和渗透的。他们对于传统的理解，一定程度上实际也是对他们自身的理解，或者说他们要在对传统的新解释中来发现和肯定自己。因此，几乎每一篇关于文学革命的发难文章，在猛烈地批判封建正统文学的同时，对于传统文学中他们认为有价值的另一部分，总是给予肯定的评价。胡适在《文学改良刍议》中就明白宣布自己是传统白话小说的继承者："吾惟以施耐庵、曹雪芹、吴趼人为文学正宗"；陈独秀的《文学革命论》在尖锐地批判了明代前后七子等"十八妖魔辈"的同时，也认为"元明剧本、明清小说，乃近代文学之灿然可观者"。即使被认为最偏激的钱玄同，在响应胡适的《文学改良刍议》的同时，也极力赞赏汉魏之歌诗乐府："短如《公无渡河》，长如《焦仲卿妻诗》，皆纯为白描，不用一典，而作诗者之情感，诗中人之状况，皆如一一活现于纸上。"②历史已经证明：本世纪对于中国传统文学的科学整理和研究，做出最卓越的贡献者，恰恰是高举五四新文化运动和文学革命旗帜的那一代人。这就雄辩地说明，"五四"时期对传统文学的"重新估定价值"绝不是简单粗暴的"全盘否定"传统，而恰恰是用现代的科学的观点与方法对传统文学进行再认识、再估价与再发现，使其在新的文学变革中获得新的生命力，从而有助于推动社会的现代化进程。

二

传统对于中国古代文化典籍的分类，是以儒家经典作为价值尺度的，所谓经史子集的"四部"不仅是指四个类别，而且是依价值的高下来厘

---

① 鲁迅：《坟·看镜有感》。
② 钱玄同：《寄陈独秀》。

定其排列次序的。例如《四库全书总目提要》，除《诗经》列于经部以外，属于文学范围的只存于四部之末的集部，而集部之内也是受传统价值观念的制约、十分杂乱的。集部有词曲一类，但不收杂剧、传奇，只录论曲之书；小说则列于子部，只收《世说新语》、《朝野佥载》之类，不收《西游记》、《水浒传》等名作，所以鲁迅说："小说家的侵入文坛，仅是开始'文学革命'运动，即一九一七年以来的事。"① 那么诗文应该是集部的主要内容了，其实也很杂乱。郑振铎说："有人以为集部都是文学书，其实不然。《离骚草木疏》亦附在集部，所谓诗话之类，尤为芜杂。即在'别集'，及'总集'中，如果严格地讲起来，所谓'奏疏'，所谓'论说'之类够得上称为文学的，实在也很少。还有二程（程灏、程颐）集中多讲性理之文，及卢文弨、段玉裁、桂馥、钱大昕诸人文集中，多言汉学考证之文，这种文字也是很难叫他做文学的。"② 所以对于传统文学的价值重估，首先在于破除文学攀附六经、宣扬文以载道的传统观念，以西方文学观为参照，取得文学的独立地位。胡适等人十分重视文学的"正宗"问题，目的就在提高小说、戏剧以及白话文学、民间文学的地位，确立新的文学观念。这是"五四"文学革命的重要内容，也是对传统文学价值重估的出发点。以"中国文学史"这类书籍为例，中国文学虽然历史悠久，但历来只有作品选一类"总集"式的书籍，根本没有阐述文学发展的文学史著作。最早的中国文学史是英国人翟理斯（H. Giles）写的，1901 年在伦敦出版。中国人写的"中国文学史"出现于 20 世纪之初，已是受了外来影响的产物，但内容十分庞杂，文学观念混淆不清，直到"五四"以后，才有了许多种表现新的文学观念的文学史著作。例如 1905 年前后出版的黄人的《中国文学史》（国学扶轮社印行），所收范围就包括制、诰、策、谕，以及小说、传奇，骈散、制艺，乃至金石碑帖、音韵文字，内容十分庞杂。1910 年林传甲的《中国文学史》（日本宏文堂印行）也是按音韵、训诂、群经、诸子、史传、骈散等类分篇叙述的。直至 1918 年出版的谢无量的《中国大文学史》，还是将论述范围扩及经学、文字学、诸子哲学，乃至史学和理学。③ 只有经过"五四"文学

---

① 鲁迅：《〈草鞋脚〉小引》。

② 西谛（郑振铎）：《整理中国文学的提议》，原载《文学旬刊》第 51 期。

③ 参看陈玉堂《中国文学史书目提要》。

革命，通过对西方文学观念的输入和对"文以载道"观念的批判，20 年代出现的文学史著作才使文学与经学分离，获得了独立的地位与价值，科学地确定了文学的概念和范围，从而使对传统文学的整理与研究获得了科学的基础。这是"五四"一代学者们的历史贡献，也是新的价值观的一种体现。较之传统的文学观念，似乎文学的范围缩小了，但另一方面它又扩大了。即以小说、戏曲来说，向来就不被重视，鲁迅慨叹"在中国，小说是向来不算文学的"。① 他写《中国小说史略》，序言中第一句话就说"中国之小说自来无史"。1916 年王国维的《宋元戏曲考》出版，序中也说"世之为此学者自余始"。把小说、戏曲视为中国文学之正宗，正是扩大研究领域、价值重估的结果。这是符合当时的时代精神的：第一，它们都是宋元以降作品，离我们的时代较近；第二，它们都是用白话或比较接近口语的文学语言写的；第三，它们所描写的社会面比较广阔，不像古代诗文那样局限于文人生活。小说、戏曲中当然也有某些儒家圣经贤传的载道内容，它也毕竟是产生于封建社会的作品；但流传于广阔的社会面的大众文化与仅仅流行于社会上层的道德、理学之类的系统的天人之际的学说不同，它已成了民族性格的一部分。它当然也有弱点需要批判，即习惯所谓国民劣根性，但它既是一种动态的历史性范畴，随着社会的发展也会逐渐变化，而且"人的现代化"是必须以之为起点的。这就是"五四"以后俗文学的研究盛极一时的原因，郑振铎写了《中国俗文学史》，不仅小说、戏曲，连弹词、鼓词以至佛曲宝卷等，都包括在研究者的视野之内了。北京大学开设了"中国小说史"和"中国戏曲史"的课程，鲁迅写了《中国小说史略》，吴梅写了《中国戏曲概论》；胡适提倡"新红学"，刘半农主张"提高戏曲对于文学上之位置"②，所有这些变化，既是研究领域的开拓，也体现了价值重估的结果。西谛（郑振铎）在《整理中国文学的提议》中就明确提出"我们站在现代，而去整理中国文学便非有：（一）打破一切传袭的文学观念的勇气与（二）近代的文学研究的精神不可"。他认为："中国文学所以不能充分发达，便是吃了传袭的文学观念的亏。大部分的人，都中了儒学的毒"；必须"把金玉从沙石中分析出

---

① 鲁迅：《〈草鞋脚〉小引》。
② 刘半农：《我之文学改良观》。

来。"① 用新的文学观念来反观传统文学，重新分辨金玉和沙石，就是价值重估的工作。

陈独秀在《文学革命论》中高张文学革命军三大主义的第一条，就是"推倒雕琢的阿谀的贵族文学，建设平易的抒情的国民文学"，周作人写了《平民文学》，指出"平民的文学正与贵族的文学相反"，"乃是研究平民生活——人的生活——的文学"。与"五四"时期高扬的民主、科学的思潮相适应，对民间文学当然也给予了高度的重视；北京大学成立了"民间文学研究会"，创办了《歌谣周刊》。这种精神同样表现在对传统文学研究领域的开拓和价值的重估上。胡适在为徐嘉瑞的《中古文学概论》所作的"序"中，对这种评价尺度的变化曾作过明确的说明，他指出，过去讲两汉文学，只讲从贾谊《鹏鸟赋》到祢衡《鹦鹉赋》的一条线，"但我们现在知道，这一条线只能代表贵族文学和庙堂文学，而不能代表那真有生命的民间文学。直到建安、黄初的文学时期，曹操父子出来，方才大胆地模仿提倡那自由朴茂的乐府诗体。从此以后的诗人，大部经过一个模拟古乐府的时期，于是两汉平民文学的价值方才大明白于世，而《孤儿行》、《陌上桑》一类的诗歌从民间文学一跃而升作正统文学的一部分了"。胡适充分肯定了徐嘉瑞此书的观点："认定中古文学史上最重要的部分是在那时候的平民文学，所以他把平民文学的叙述放在主要的地位，而这一千年的贵族文学只占了一个很不冠冕的位子。"其实这正是"五四"时期普遍流行的观点。从古代歌谣，《诗经》中的"国风"，《楚辞》中的"九歌"，乐府诗，六朝民歌，直至后来的俗文学，或被重新发掘，或给予新的阐释和评价，都成为当时文学研究的"热点"。更重要的是，关于民间文学在传统文学的历史发展中所起的作用，第一次得到科学的说明。无论是"五四"时期的胡适，还是稍后的鲁迅，都揭示了中国传统文学发展的一个"规律性"的现象："文学的新方式都是出于民间的"，文人学士从中吸取营养，使文学获得新的生命，发展到极端，又成为新的束缚，"文学的生命又须另向民间去寻新方向发展"。② 对于民间文学在传统文学发展中的地位与作用的"重估"，是与"五四"时期新的文化价值观完全适应的。

---

① 原载《文学旬刊》51 期，上海《时事新报》1922 年 10 月 1 日。
② 胡适：《〈词选〉自序》，并参看鲁迅《门外文谈》。

　　"五四"文学革命是以提倡白话、反对文言为突破口的。当时的发难者主要申述了两个方面的理由：第一是白话是一种最好的文学语言，有利于表情达意；第二是白话能为更多的人所看懂。关于后者，同提倡民间文学的道理是一样的，是民主思潮的时代反映，要求语言文字能适合大多数人的需要；但这必须无损于文学语言的表现能力，因此需要从理论和实践上予以证明。胡适写了《白话文学史》，一方面固然是要树立白话的文学正宗地位，另一方面也正是为了替白话是最好的文学语言找寻历史的根据，这就自然牵涉到对传统文学的重估问题。胡适不仅把王梵志、寒山、拾得列为"白话大诗人"，而且认为"中国文学史上何尝没有代表时代的文学？但我们不该向那'古文传统史'里去寻，应该向那旁行斜出的'不肖'文学里去寻。因为不肖古人，所以能代表当世！"① 胡适的某些具体论点并不一定得到学术界的普遍承认，但这种价值重估的精神是符合时代要求的。他后来总结说："我们在那时候所提出的新的文学史观，正是要给全国读文学史的人们戴上一副新的眼镜；使他们忽然看见那平时看不见的琼楼玉宇，奇葩瑶草，使他们忽然惊叹天地之大，历史之全！大家戴了新眼镜去重看中国文学史，拿《水浒传》、《金瓶梅》来比当时的正统文学，当然不但何、李的假古董不值一笑，就是公安、竟陵也都成了扭扭捏捏的小家数了！拿《儒林外史》、《红楼梦》来比方、姚、曾、吴，也当然再不会发那'举天下之美无以易乎桐城姚氏者也'的伧陋见解了。"② 当时对传统文学的再评价是全面的、从古到今的。他们所批判的旧的文学观念，除了"文以载道"以外，还有独尊某种文学的"正统"观念；"以文学为一种忧时散闷，闲时消遣的东西"的观念；"以仿古为高，学古为则"的观念；③"沾沾于声调字句之间，既无高远之思想，又无真挚的情感"的只重形式的观念。④ 他们的理论根据则主要是文学的进化观念。这其实是一种朴素的历史主义观点，是反对尊古复古，为文学革命提供根据的。胡适的解释是"文学者，随时代而变迁者也。一时代有一时代之文学"。⑤ 郑振铎则解释得更有弹性："所谓'进化'者，本不完全是多进

① 胡适：《白话文学史·引文》。
② 胡适：《中国新文学大系建设理论集·导言》。
③ 西谛（郑振铎）：《整理中国文学的提议》，原载《文学旬刊》51 期。
④ 胡适：《文学改良刍议》。
⑤ 同上。

化而益上的意思。他乃是把事物的真相显示出来，使人有了时代的正确观念，使人明白每件东西都是时时随了环境之变异而在变异，有时是'进化'，有时也许是在'退化'。"① 所以他们强调的实际上是文学和时代环境的关系、观念和社会发展的关系。这是新的文学观念的依据，也是进行价值重估的尺度。经过"五四"以来对传统文学的反观和整理，文学的内涵和范围明确了，叙述的条理清晰了，对作品的评价也不是只凭直观意会而重视逻辑论证了，这就为中国文学史的研究成为一门科学奠定了坚实的基础。

三

观念变了，自然要引起方法的变革。"五四"时期是十分重视方法论的。《新潮》（一卷五号）上曾发表过毛子水的一篇文章，题目叫《国故与科学精神》。文章反复强调："必须具有科学精神的人，才可以去研究国故。"科学是"五四"的重要指导思想之一，当时对科学方法的提倡和讨论是很热烈的，正如胡适所说："中国人有一个大毛病，这病有两种病症：一方面是'目的热'，一方面是'方法盲'。"② 他主张"用科学的研究法去做国故的研究"③。这首先必须对传统的在儒家文以载道的观念影响下的反科学的研究方法进行批判，郑振铎称之为"附会"与"曲解的灾祸"。他说："古代许多很好的纯文学，也被儒家解释得死板板的无一毫生气。《诗经》里很好的一首抒情诗（《关雎》）……被汉儒的解释便变成'后妃之德也，风之始也。所以风天下而正夫妇'了。""自朱熹作《通鉴纲目》贬曹操，以三国正统予刘而不予曹，于是后之评《三国演义》者，几无一处不以作者为贬曹操，是写曹操的奸恶的。无论曹操的一举一动，都以为奸谋，是恶行。""为儒者所不道的稗官小说，开卷亦必说了许多大道理。无论书中内容如何，而其著书之旨，则必为劝忠劝孝。"④ 在儒学的体系中，所有中国传统文学都成了儒家经典的注释，根

---

① 郑振铎：《研究中国文学的新途径》，原载《小说月报》17 卷号外，《中国文学研究》上册。

② 胡适：《问题与主义》。

③ 胡适：《论国故学——答毛子水》。

④ 西谛（郑振铎）：《整理中国文学的提议》，原载《文学旬刊》第 51 期。

本谈不到文学的独立价值。"五四"时期曾流行过一阵"疑古"的风气，表示对传统说法的怀疑，要求重新评估；这不仅指对古书记载或说法的怀疑，也包括对传统作品笺注、研究中的许多附会、曲解之说的怀疑，实际上就是提倡一种"实事求是"的科学精神。毛子水的《国故与科学的精神》一文正是这样说明的："凡是一说，必有证据，证据先备，才可以下判断。对于一个事实，有一个精确的、公平的解析，不盲从他人的说话，不固守他人的思想，择善而从，这都是'科学的精神'。"这种科学的精神或方法是包括对材料真伪的审核和对论证逻辑性的周密两个方面说的。胡适写了《治学的方法和材料》，郑振铎写了《研究中国文学的新途径》，都是提倡郑振铎称之谓"归纳的考察"的方法的。他说："自归纳的考察方法创立后，'无征不信'便成了诸种学者的一个信条。"[1] 它确实是当时普遍运用的一种方法。

这种归纳的考察方法当然是受到西方的影响和启发的，郑振铎就说："归纳的考察，倡始于倍根；有了这个观念，于是近代思想，乃能大为发展，近代科学乃能立定了它们的基础。在以前，无论研究什么问题或事件，都有了一个定理，或原则，然后再拿这个定理或原则去作为讨论或研究的准的。"而归纳的方法则是"他们不轻下定论，他们下的定论便是集合了许多证据的归纳的结果"。[2] 这里，"从原则出发"与"从事实出发"，确实是两条不同的研究路线。一般地说：由于归纳法通常是在同类现象的类比中发现问题，而在遍搜事例中归纳出结论的，因此在这种方法适用的范围内，如作者的生平事迹、作品的版本目录、文字的校勘训诂等方面，是可以得出正确的结论的。清代乾嘉学派的朴学，所用的也是这种考据方法，这也是他们受到近代学者赞许的原因。但清儒所致力的主要是经学和小学，"五四"时期继承了他们的治学精神，参照西方科学方法，而移之于文学的研究，就受到了很大的局限。因此最有成就的仍然是在它所适应的范围内，如"新红学"的提出，小说戏曲的作者和版本的考订，以及作品的系年等；而对于作品本身的分析和研究，就相对地薄弱了。

---

① 郑振铎：《研究中国文学的新途径》，原载《小说月报》17 卷号外，《中国文学研究》上册。

② 同上。

　　五四新文化运动本来是在受到西方文化的影响下产生的，因此不只归纳考察的方法，许多问题的提出和讨论都可以从中看到西方的影响：如中国的史诗问题、古代神话问题，"在宋元之前，为什么中国没有发生过戏剧和小说的大作品"？① 等等。胡适提倡"比较的研究"，就表现了以西方文化为参照系的时代特点。他说："附会是我们应该排斥的，但比较的研究是我们应该提倡的。有许多现象，孤立的说来说去，总说不通，总说不明白；一有了比较，竟不须解释，自然明白了。"他主张"打破闭关孤立的态度，存比较研究的虚心"，② 向西方学习科学的方法来研究中国文学。虽然比较文学的研究在中国没有得到很大的发展，但这种要求和研究方法也是从"五四"开始提倡的，正如郑振铎所说："现在却是与西方文学相接触了，这个伟大的接触，一定会有一个新的更伟大的时代出现的。"③

　　就方法论的意义讲，"五四"时期研究传统文学最有收获的应该说是如鲁迅后来所概括的"知人论世"的精神。这是估定价值的依据，也是一种既尊重历史又富于时代精神的谨严的治学态度。郑振铎认为，"一个伟大的作品的产生，不单只该赞颂那产生这作品的作家的天才，还该注意到这作品的产生的时代与环境"；④ 胡适更强调对于古人，必须"各还他一个本来面目，然后评判各代各家各人的义理的是非"。他说："不还他们的本来面目，则多诬古人。不评判他们的是非，则多误今人。但不先弄明白了他们的本来面目，我们决不配评判他们的是非。"⑤ "五四"以后对于中国传统文学的研究最有新意、成就最显著的著作，都是带有这种明显的时代精神的。鲁迅对于嵇康和中国小说史的研究，胡适对于吴敬梓和曹雪芹的研究，郑振铎对于小说、戏曲和俗文学的研究，都是明显的例证。他们运用了"知人论世"的观点和方法，对传统文学作出了不同于前人的评价，既阐明了历史上产生这些作家和作品的时代和环境，又能站在新的时代精神的高度给予新的评价；虽然有的还缺乏应有的对作品的艺术特

　　① 郑振铎：《研究中国文学的新途径》，原载《小说月报》17 卷号外，《中国文学研究》上册。

　　② 胡适：《〈国学季刊〉发刊宣言》。

　　③ 郑振铎：《研究中国文学的新途径》，原载《小说月报》17 卷号外，《中国文学研究》上册。

　　④ 郑振铎：《中国文学研究者向那里去？》，收于《中国文学研究》下册。

　　⑤ 胡适：《〈国学季刊〉发刊宣言》。

色的深入细致的分析，但就价值重估而言，是体现了现代人的眼光和要求的。

四

在对传统文学进行价值重估时，更重要的是发掘和重视文学本身的真和美的价值。过去以温柔敦厚为诗教，对文学作品的正统的评价一向偏重于道德伦理等的教化作用，但真、善、美之间原是有联系的，除去对"善"的内容赋予不同于过去的、充满现代精神的新的理解之外，"五四"时期更着重发扬文学作品的真实和审美的特性，这是更符合文学的本质特征和科学精神的。真实是文学的生命，当陈独秀将"推倒陈腐的铺张的古典文学，建设新鲜的立诚的写实文学"作为文学革命三大主义之一，高举起现实主义旗帜时，就已经包含了要重视真实性和提倡现实主义的内容；鲁迅在尖锐地批判传统文学中反现实主义的瞒与骗的文艺的同时，也称赞《红楼梦》的作者"是比较的敢于写实的"。[①] "五四"时期的前驱者，无论鲁迅还是胡适，都对传统的小说和戏曲中的"大团圆"结局进行过猛烈的抨击，其主要理由就在于它不真实；与此同时，他们也努力在传统文学中发掘现实主义的积极因素，作为新文学建设的渊源和依据。《红楼梦》之所以得到当时众口一辞的高度评价，正是由于它敢于正视现实的成就。鲁迅说："至于说到《红楼梦》的价值，可是在中国底小说中实在是不可多得的。其要点在敢于如实描写，并无讳饰，和从前的小说叙好人完全是好，坏人完全是坏的，大不相同，所以其中所叙的人物，都是真的人物。"[②] 由此可见，"五四"那一代学人坚持"敢于如实描写，并无讳饰"的真实性的价值尺度是非常严格的。胡适的《白话文学史》认为杜诗是中国文学走向"成人期"的标志，就因为杜甫的作品"内容是写实的，意境是写实的"。这种高度重视文学的真实性的观点是"五四"时期重估传统作品的重要尺度，也是完全符合新文学提倡现实主义的精神的。

至于以新的审美观点和艺术趣味来审视和评价传统文学作品，是更能

---

① 鲁迅：《坟·论睁了眼看》。
② 鲁迅：《中国小说的历史的变迁》。

在文学的本质特征和变革的深刻性上体现"五四"的时代精神的。在这方面,鲁迅的贡献特别显著。在本世纪初所写的《摩罗诗力说》里,他已尖锐地批判了正统的"持人性情"的诗论,使许多抒情诗"多拘于无形之囹圄,不能舒两间之真美",接着便指出了屈原作品的价值:"抽写哀怨,郁为奇文。茫洋在前,顾忌皆去","放言无惮,为前人所不敢言"。虽然鲁迅认为屈原作品中还缺乏"反抗挑战"之音,距离他所向往的那种"能宣彼妙音,传其灵觉,以美善吾人之性情,崇大吾人之思想"的审美理想还相当远,因此说"感动后世,为力非强";但就中国传统诗歌来说,他仍然认为是不可多得的"伟美之声"。在《中国小说史略》中,他认为唐人传奇"叙述宛转,文辞华艳","实唐代特绝之作","成就乃特异","而大归则究在文采与意想"。所谓"文采与意想",就是我们现在所说的艺术表现力和艺术构思,是蕴含着深刻的美学评价的。又如讲明代小说,他评价《西游记》为"虽述变幻恍忽之事,亦每杂解颐之言,使神魔皆有人情,精魅亦通世故,而玩世不恭之意寓焉"。评价《金瓶梅》为"故就文辞与意象以观《金瓶梅》,则不外描写世情,尽其情伪,又缘衰世,万事不纲,爱发苦言,每极峻急,然亦时涉隐曲,猥黩者多"。这些评价都是就文辞和意象两个方面考察的,十分重视作品的艺术质量和审美特点。

我们之所以比较详细地介绍了鲁迅的观点,是因为对于传统文学的美学选择中,不仅有时代和社会的深刻影响,而且有个人气质、修养和爱好的鲜明印记。与提倡小说、戏曲等新观念为多数人所异口同声者不同,审美观点常常带有鲜明的个性特征;尽管当时的先驱者都有追求新的富有时代精神的新观念的愿望,但在具体评述中则不能没有强烈的主体色彩。鲁迅在《中国小说史略》中以对《儒林外史》的评价为最高,这当然是同他对知识分子命运的特殊关心和感受分不开的。胡适在《白话文学史》中,十分重视作品的"诙谐的风趣",他认为杜甫晚年的诗即使谈穷说苦"也常带有嘲戏的风味","正因为他是个爱开口笑的人,所以他的吞声哭使人觉得格外悲哀,格外严肃";他认为这最能显示杜甫的"真面目"、"真好处"。他还从陶潜那里(和杜甫同是胡适最喜爱的诗人)发现了"诙谐":认为这既是人生的境界,也是诗的境界。这种审美趣味与胡适本人的个性是分不开的。其他许多学者在对传统文学的艺术评价中,也都有互不相同的美学观点和趣味。鲁迅的观点之所以有代表性，是因为它既体现了"五四"时期的时代精神，又能经得起历史的考验，许多精辟的论述今天仍然能给我们以很大的启发。尊重个性，重视自我，是"五四"时期与社会发展密切相关的时代精神，也是重估传统文学的一种独立自主的意识，因而在观察角度和美学评价上就自然呈现出千姿百态的面貌了。《新潮》一卷一期的一篇《故书新评》，其中说："果真以我为主，而读故书，故书何不可读之有。若忘其自我，为故书所用，则索我在地狱中矣。"① 既然"以我为主"，则对传统文学的重估中就不能不深刻地打上时代与个人的烙印。所谓"重估"，从主体意识方面说，就是在以往的历史中"寻找"和"发现"符合于自己所生活的时代和自我的美学爱好的东西，因而它必然是有所否定又有所肯定的。所以无论在具体评价上彼此的观点如何不同，五四新文化运动绝不是对所有传统的东西都采取全盘否定的态度，则是无疑的。鲁迅对封建文化的批判是尖锐的和彻底的，但他所赞扬和肯定的价值也是鲜明的和深刻的。当然，任何历史时期都不可能只有一种声音，何况"五四"时期属于社会激烈动荡的时代，但就代表时代精神的主旋律来说，"五四"时期的一代人又是有其惊人的共同点的。

中国社会的现代化进程是漫长而艰巨的，现代文化的创造和同外来文化的融合同样是一个长期的历史进程；这个历史阶段远未结束，我们今天仍处在这个进程之中。作为现代化的起点，五四新文化运动所提出或讨论过的许多问题，今天仍然是学术文化领域注意的热点。尽管问题的提法不同了，内容进入到更深的层次，更广阔也更复杂了，但就许多方面来说，仍属于同"五四"时期相同的类型或范畴；其根本原因就在于我们所面临的仍然是现代化的问题。就社会发展来说如此，就现代文化的创造和建设来说亦如此。

文学革命是五四新文化运动的重要组成部分，它的目标是要创造一种符合世界潮流和社会进步的新文学。在谈到对传统文学的价值重估时，我们不能不注意到一个基本事实，即当时对传统文学重估最热忱的倡导者，如我们一再提到的鲁迅、胡适、郑振铎等人，同时也是现代新文学的主要创造者；这就说明二者之间所存在的深刻联系。他们在传统文学中所发现和肯定的价值特点，也正是体现在他们所创造的新文学作品中的基本特

---

① 《新潮》1 卷 1 期《故书新评》，署名"记者"。

征。鲁迅后来曾说:"我也以为'新文学'和'旧文学'这中间不能有截然的分界,然而有蜕变,有比较的偏向。"① 同样是鲁迅的话:"新文化仍然有所承传,于旧文化也仍然有所择取。"② "我们不但是文艺上的遗产的保存者,而且也是开拓者和建设者。"③ 历史已经显示了"五四"一代人的无可置疑的功绩和贡献,它同样也启示我们在中国现代化的进程中对待传统文化所应采取的态度。

1989 年 2 月 14 日于北京大学寓所

《中国社会科学》1989 年第 3 期

---

① 鲁迅:《准风月谈·"感旧"以后(上)》。
② 鲁迅:《集外集拾遗·〈浮士德与城〉后记》。
③ 鲁迅:《集外集拾遗·〈引玉集〉后记》。

中国叙事学：逻辑起点和操作程式

杨　义[*]

摘要　本文对中国叙事文学传统进行了综合考察，指出：中国叙事文学基于圆形思维的深层文化心理结构，与西方叙事文学在观念、结构、表现方式诸方面有许多不同；这种潜隐的圆形结构对应着中国人的审美理想，具有广泛丰富的适应性和包罗万象的生活涵容力。以这个动态的圆为逻辑起点，中国叙事文学或截取圆形运行的片断，或捕捉众圆的交叉点，为正文叙事提供丰富的参数叙事。阴阳两极是圆形结构运转和破毁的内在驱动力，它们的空间位置有相离相对、相接相间、相含相蕴、相聚相斥四种形式，为叙事操作输入对立、冲突、中和、转化的活力。同时，圆形结构和阴阳互动的方式，决定了中国叙事作品采取流动的视角，并具有流动多端和层面超越的特点。

一

中国叙事文学具有自成特色的体制、模式、趣味和评价系统。这个体系尽管由于包含着人类共性而与西方体系存在着重叠互证之处，但更带有本质意义的，是它携带着自己的文化传统而与西方体系存在着偏离和异质，相互间构成了对峙而又互补的张力。中国有两句获得共识的话，就是：意在笔先；以心运文。这就承认了心中意下的体验参悟，是一篇作品的先入的存在和内在的驱动力。带点神秘色彩的所谓"意君"、"心王"一类概念，就表明"意"和"心"对各种行为规范，包括叙事行为规范，具有先行、运作，甚至君临、主宰的功能。这种"意"和"心"是带有

---

[*]　杨义，1946 年生，中国社会科学院文学研究所研究员。

中国文化特色的，它要求在叙事立言之时，首先要究天地之际、通古今之变、达造化之妙、体人伦之微，从而达到叙事立言中主体和客体的融合。中国叙事的这种心理学方向，是与西方传统中从"模拟"到"灵感"的方向互为逆反的。在西方叙事学沿着语言学的思路跨入叙事学的门坎，从中离析出最小的叙事单位，采取由内向外扩张的思路的时候，中国叙事学应该反其道而行之，沿着文化学的思路，体悟出宏观的宇宙论和生命论的构架，采取由外向内收敛的思路。这种思路对行的结果，无疑是西方叙事学体系的被"解构"和重构。

叙事研究的学术史已经给了我们这类思路对行的启示。本世纪六七十年代，法国的罗兰·巴特（Roland Barthes）和兹维坦·托多罗夫（Tzvetan Todorov）分别从功能、行为、叙述等层次，以及语义形态、语域及动词形态，总之由较小、较低的层次向较大、较高的层次展开论述，从而建立了结构主义叙事学。而我国明末清初，也就是 17 世纪的金圣叹、毛宗岗、张竹坡诸人，则采取了由几本"才子书"或"奇书"的序言、读法，直至回评和眉批、夹批的方法，总之由宏观及于微观地破译着中国叙事作品的观念、结构、表现方式上的密码，从而建立了评点派叙事批评的范式。

理论范式之别，基于中、西方不同的宇宙时空意识。中国人讲时空往往由巨及微，采取年月日时以及郡县乡村的顺序；西方人则往往由微及巨，采取时日月年以及村乡县郡的顺序，二者的思路是对行的。甚至叙事作品，神魔小说由盘古开天辟地、历史小说由夏商周列朝写起，也与西方小说由一人一景的特写镜头写起迥异其趣。与时空意识相对应的这种评点派批评，尽管由于年代较早，尚不可能具备完整意义上的现代理论体系，但只要找到一个高层的逻辑起点，循着与西方叙事学对行的思路进行研究，便可以发现一个为西方叙事学所陌生的异常丰富而深邃的叙事学世界。

那么，何处存在着这个逻辑起点？意在笔先、以心运文的"意"和"心"，又具有什么文化内涵？这就迫使我们不能不回到先秦时代对中国人的精神方式进行宏观哲学概括的典籍《易经》和《道德经》中去。作为儒学第一经和道家第一经，这两部书中存在着中国人的精神结构的原型。《道德经》这样描述"道"的运行：

> 有物混成，先天地生。寂兮寥兮，独立不改，周行不殆，可以为
> 天下母。吾不知其名，字之曰道，吾强为之名曰大。大曰逝，逝曰
> 远，远曰返。

这里描述了作为天下之母的道围绕着圆周运行不息的轨迹。考虑到语义学上大和远配对、逝和返配对，道行轨迹应该包括大、逝、远、返四个阶段，以标示其万物自化和归根复命的复杂形态。

道的周行不殆的轨迹，与《易经》"随时变易，以从道也"的意念是一脉相通的。《易·系辞下》说："为道也屡迁，变动不居，周流六虚，上下无常，刚柔相易，不可典要，唯变所适。"这里也讲了一种圆形运动形态，把《道德经》中的"周行"换称为"周流"。至于运行的阶段，《易·系辞上》也分为四个阶段，即"易有太极，是生两仪。两仪生四象，四象生八卦"。又有所谓"易有四象"，旧释为少阳、老阳、少阴、老阴，对照于春、夏、秋、冬四时。于是易的运行和道的运行，具有相似的圆形轨迹，这就是中国人宇宙论和生命论的动态原型。

圆形思维是一种融合着理性和非理性的悟性直觉，它总揽万象而又超越万象，以逍遥自在的精神状态，直指万物变化的根源。它从天象（日月星辰的运行）、时序（春夏秋冬的循环）、历史（盛衰治乱的转换）、人事（祸福吉凶的推移）、物理（山川草木的久暂）等千百次经验中，以一种超常状态的玄想，抽绎出一种超验而又百验的通则。它不像西方"原子论"那样叩问着万有的存在本质，探寻着 WHAT；它也把世界的物质形态归结为"气"，但并不过多地过问"气"的内在结构，而过问气与理、或与道的结合。它以"道论"统合着一与万、有与无，叩问着天人间变化的大法，探寻着 HOW。因而它达到的是一种非实证而多玄思的融通境界，一种"人法地，地法天，天法道，道法自然"的超越具体物质形式的融通境界。中国的"道论"与西方的"原子论"，体现着人类探索宇宙根本的两条对行的思路。

古时中国人对宇宙、社会、历史、人生的这种圆形运行机制和生灭法则的灵性直觉，具有极大的普泛性，渗透于人伦物理、九流百艺之中，沉积成为民族的群体潜意识。贯穿儒道释三教、泛化于天地万物的富有动感的圆形结构，必然深刻地渗透到中国人的诗性智慧之中。于是，中国叙事学的逻辑起点和操作程序，便带点宿命色彩地与这个奇妙的"圆"联结

在一起了。是否可以在一定的意义上这样说：中国历代叙事文本都以千姿百态的审美创造力，在画着一个历久常新的辉煌的"圆"？

二

从这个逻辑起点上进一步分析就不难发现，中国比较完整的叙事作品的深层，大多运行着这个周行不殆的"圆"。也就是说，中国人情不自禁地把自己文化心理的深层结构，投射到叙事作品的潜隐结构上了。

其一，潜隐的圆形结构之广泛存在，是由于它对应着中国人的审美理想。既然对于宇宙和生命的体验，倾向于天地交泰、天人合德，倾向于人与自然宇宙的圆融和谐的相处，具有一种"趋圆性"，那么与之相契合，叙事作品往往寻找着、追求着超拔而圆融的艺术境界。审美理想是一种价值取向的极致，当人们在叙事构想中以审美理想建立思维定式，其苦心经营的故事就会长出新的根须和藤蔓，去领受那个参究融通天地古今之变的"圆"所发出的梦一般的诱惑。

《文赋》首句是"伫中区以玄览"。"玄览"典出《道德经》，河上公释之为"心居玄冥之处，览知万物"。伫立宇宙的中区，以玄冥心态览知万物，自然是"周览"，自然采取圆形的视角，因而能够达到瞬间感悟，"观古今于须臾，抚四海于一瞬"。《文心雕龙·体性》篇把文章风格分为四对八体，已经构成一种圆形的分布，因而要达到它，也只有"沿根讨叶，思转自圆，八体虽殊，会通合数，得其环中，则辐辏相成"。即认为风格的熔铸和会通，采取的是圆形或环状的轨迹，是一种轮式的结构。这种玄览会通、思转自圆的审美思维方式，使叙事作品在横向组合种种情节的时候，发生思维取向的旁出和曲变，从而在一个纵深潜隐的圆形结构上获得智慧的升华、意义的引申和境界的完满。

初唐王度的《古镜记》属于六朝志怪到唐代传奇的过渡性作品，它以一面绝世宝镜在人间的游历为线索，贯穿种种除妖灭怪的故事片断。宝镜在王度手中得之失之，构成了一个显性的圆形结构，此外，作品又旁出了三次"亚叙事"：侯生赠镜时，推测这是黄帝按照"满月之数"铸成的十五面镜中的第八镜；家奴豹生补述此镜曾在苏绰手中得而复失，证明"天地神物，动静有征"；王绩还镜时，又告知庐山苏处士"洞明易学，藏往知来"，预言此"天下神物，必不久居人间"。这些"亚叙事"的旁出，指向天地循环的"易道"，指向一个圆形的潜隐结构，从而使人间世界的种种怪异现象，在一个以黄帝铸镜为始端的神话世界中获得神秘主义的说明。

中国 20 世纪的叙事作品即便已有了来自于西方的进化论一类的参照系，但其深层结构中还不时可以依稀感受到那个奇幻迷离的"圆"。比如鲁迅是相信进化论的，而对传统叙事的团圆主义深恶痛绝。但《故乡》写作者在苍黄的天底下坐篷船回乡寻梦，而在闰土和豆腐西施的两种强烈对比的人生方式中失去了梦，毕竟又在坐篷船离乡时寄希望于下一代"为我们所未经生活过的"新的生活，寄希望于那轮朦胧了的海边碧绿沙地上金黄的圆月。这篇被外籍人士誉为"伟大的东方叙事诗"的作品，毕竟属于东方，毕竟在人迹往来和世事苍凉中完成了一种圆融深远的境界；概言之，它毕竟是以中国人对宇宙生命体悟出的奇妙的"圆"为潜隐结构的。

其二，圆形潜隐结构具有广泛丰富的适应性。"道之为物，唯恍唯惚"，它并非本体性的，但具有联系各种本体的功能性，因而它是一种叙事的"软件"。假若把它当作"硬件"，它有可能使一些作品陷入单调的宿命的怪圈，比如一些平庸的专门讲述因果报应的作品即是如此。假若把它视为"软件"，它便可以变化出各种程序，负载着感悟宇宙人生的丰富信息，若有形、若无形地渗透和穿行于叙事作品各种表层结构和典型经验之间，增添许多玄远的联想和深层的密码。

同属出入梦境的唐代传奇，由于潜隐的圆形结构附着和渗透于独特的人间意象之上，它们所提供的宇宙人生密码就显得异常丰富、独到和玄妙。沈既济的《枕中记》和李公佐的《南柯太守传》把荣华富贵到了极点的人生史倒影在梦境之中，使人在出入枕端一窍或槐下蚁穴的滑稽行为中体悟着人生空幻感。那个奇妙的"圆"所提供的宇宙人生密码，是带有令人感慨系之的哲理和宗教意味的。沈亚之的《秦梦记》则把"吴兴才子怨春风"（诗人李贺称沈亚之语）的性欲"里比多"（Libido），化作秦穆公墓前一梦，写自我形象在梦中续娶千年前骑凤成仙的秦公之女弄玉，又因弄玉病逝而被送回唐朝。圆形结构使人物穿行于时间隧道，又在时间隧道的一端（醒后）自问"弄玉既仙矣，恶又死乎"？在带荒谬感的自嘲自讽中化解恋仙情结，因而结构软件的密码便带有了心理学的深度。

其三，圆形潜隐结构还具有包罗万象的生活涵容力。《道德经》说：

"道生一，一生二，二生三，三生万物。"既然"一"的大宇宙可以派生出"万"的小宇宙，它们之间的相生相应便使得圆形结构具有大小相包容、相充实的多层性。大宇宙、大圆圈的每个阶段的运行，都给若干小宇宙、小圆圈的运行提供互相呼应的具象和千姿百态的可能性选择，从而使叙事作品对它们的描绘产生种种逻辑性的或非逻辑性的意义。

潜隐的多层性圆形结构，在我国古典长篇小说中是屡见不鲜的。比如《三国志演义》总体是一个大圆，著书者之所以把《元至治新刊全相平话三国志》开头的司马仲相断阴狱，发付汉初蒙冤的韩信等三杰，转世为曹操等三雄以三分刘氏天下的情节，删改为"青山依旧在，几度夕阳红"的卷首词，以及"天下大势，分久必合，合久必分"的历史循环的开篇哲理，就是为了增强这个大圆的完整性。而且这个一分为三、三合为一的历史大圆，又包含着魏、蜀、吴三家由创业到灭亡的相互对峙而又相互交叉的三个中等的圆，以及董卓、袁绍、袁术、吕布、刘表等来去匆匆的较小的圆，在这种圆圆相续相套之间波澜壮阔地展示了我国3世纪周流不殆的政治外交谋略和战争传奇。其间魏蜀交叉处是汉中和岐山，魏吴交叉处是合淝和石亭，蜀吴交叉处是荆州和猇亭。而三个圆重叠交叉之处则是荆州，因此全书百二十回有七十回涉及荆州，十回专门写荆州。赤壁之战和关羽镇守、失陷荆州，成为全书最有声色的篇章，显示了圆圆相套和圆圆切割交接之处的巨大的审美能量。

《水浒传》则显示了圆圆相套的另一种较为松散的形态。从龙虎山伏魔殿误走妖魔，到宋江等人神聚蓼儿洼，全书形成了一百单八天罡地煞降世、完聚到离散的大圆。在这个大圆的涵盖下，由山林间众多的小聚义到梁山泊大聚义，以致挫败童贯、高俅后受招安，构成了以聚义厅英雄排座次为顶点的前置圆，以"替天行道"为旗帜，占书八十二回；又于受招安后，以征辽为战功的顶点，以征方腊为众兄弟阵亡离散的黑洞，构成了后置圆，竖起"顺天护国"的旗帜，占书十八回。《水浒传》版本的演变，实际上意味着对多层次的圆形结构的操作。比如天都外臣《忠义水浒传序》提到，古本有《灯花婆婆》故事作为"引首"。但是以灯花幻变的妖婆为祸一家内室的故事作为巨著的引子，是尾大不掉的，因而改为"误走妖魔"的天人感应情节，从而使图形结构完善化。至于增加征田虎、王庆情节而成百二十回本，只是扩展了后置圆的周长，对整个多层的圆形结构是没有本质的价值的。值得注意的是金圣叹截取前七十一回成新本（托名古本），它大体上是不甚完整地截取了前置圆，并加了卢俊义惊恶梦，以幻设的形式使圆形结构完善化。同时，他又在评点中强化了"三石碣"的意象：一是误走妖魔时伏魔殿的石碣；二是七星聚义劫生辰纲时石碣村的石碣；三是聚义厅排座次时，从天而降的石碣。这就像路标一样强化了圆形运转的轨迹，便于自评自叹"一部大书以石碣始、以石碣终，章法奇绝"了。

三

圆形结构的广泛存在，并不意味着世间事物总是那么"圆满"。相反，圆满乃是一种静态的圆，圆满和缺陷共存，或者说于缺陷中追求圆满，才能产生倾斜的势能，才能产生动态的圆。同时，圆形运动并非总是完整地进入人的视野或叙事作品的视野。叙事作品往往截取宇宙人生圆形行程中最有典型意义的一段，或者撷取众圆相摩相荡瞬间爆裂出来的碎片。写圆形运行，不一定要展现它升沉往复的全过程，能够捕捉到众圆交叉的一点而写出其多种可能的"欲圆性"，也许是更为深刻和精彩的。这便导致了圆的破毁。《易·系辞上》说："参伍以变，错综其数。通其变，遂成天下之文；极其数，遂定天下之象。"孔颖达疏曰："参，三也。伍，五也。或三或五，以相参合，以相改变。"这个互相参合变化的道理，适用于圆破毁之后，形成多条曲线相互错综影响、相互参合阐释的情形。这就是下面将要说明的"参数叙事"。

参数叙事最明显的形态，莫过于话本小说的前面加有一则"得胜头回"。如果把话本小说的正文视为一个"圆"，那么"头回"就成了圆外的凸起，它破坏了"圆"的完整性，赋予正文叙事一个别有意味的参数。"头回"在宋代说话人那里，是热场和等待听众的一种手段。但是我怀疑那时的"头回"是比较随意和简陋的，或者采取一些小说演史讲经"并可通用"的段子，因此《清平山堂话本》辑录的二十七篇宋元（和明初）话本，只有两三篇尚存"头回"的痕迹。这种情形到冯梦龙编定"三言"时大为改观，"头回"得到补足和加强，几乎成了话本小说的固定仪式，可见冯氏对叙事参数的推重。

比如《警世通言》第六卷《俞仲举题诗遇上皇》，正话写的是穷秀才俞仲举应试落榜，题怨诗于酒楼，适值太上皇宋高宗不甘心"树老招风，人老招贱"，拿着壁上诗词压服孝宗皇帝封他为成都太守，衣锦还乡。正话是一个圆形结构的荒谬剧，而与之组接的"得胜头回"《风月瑞仙亭》却带有正剧色彩，写卓文君私奔到成都鬻酒，因司马相如的赋为皇上赏识而发迹变泰的故事。这样，圆与圆外凸出发生了人物形态和叙事情调的"有意味的错位"。这种错位发生了参数效应：历代文才之士的命运取决于高居禁城之内的一人的变幻莫测的喜怒，于是正剧也沾染了荒谬，荒谬更显得深刻。

唐代变文以降，中国虚构叙事作品盛行韵散交错的文体形式。话本小说和章回小说的韵语较为程式化和通俗化，它们介入散文叙事圆融自足的境界中，在破毁圆的完整性之时，附加上许多参数值：（1）调节叙事的节奏和声情，以吸引读者；（2）醒目悦耳，对相关的情节加以强调；（3）中断散文叙事的时间顺序，引发读者的思考和联想；（4）使用格言箴语，宣讲世俗哲理。

比如宋人话本《志诚张主管》写东京开线铺的张员外六旬鳏居，托媒人去说合一位人才出众、有十万贯妆奁的少妇，中间就骤然截断散文叙事，播入一段评论媒人的骈文；又如《西游记》写孙悟空想翻出如来佛的掌心，是洋溢着幽默情调的。这位猴王在撑着一股青气的五根肉红柱子上，拔毫毛题字，还撒了一泡猴尿。但当他再度翻腾，被佛祖以五行山压住的时候，作者却插入这样一首诗："当年卵化学为人，立志修行果道真。万劫无移居胜境，一朝有变散精神。欺天罔上思高位，凌圣偷丹乱大伦。恶贯满盈今有报，不知何日得翻身。"这就化解了原来的幽默情调，换作一派严峻的，甚至是道貌岸然的面孔了。它在四回大肆铺陈的大闹天宫，使玉帝神仙、天兵天将威风扫地之后，站在对立面来评议猴王的无法无天，从而把前面的叙事题旨自我解构了。由此可知，韵散交错文体提供的参数，本质上在于散文叙事产生临境效果，韵文介入产生间离效果，从而使读者不断地调整心理距离，出入于情感和理智之间。

在参数叙事中，前述"得胜头回"和韵散交错，属于仪式化的或常规化的类型。另外还有一种非仪式化的、原创性的类型。那就是通过超越、裂变或破毁叙事主体的圆形结构，旁设一个叙事复体，把两个或两个以上处在不同层次，却又可以互相强化或异化的叙事单位组合在一起，构成复式叙事。其表层特征，一乃"得胜头回"之以正话故事为主体，以入话故事为复体；二乃韵散交错之以散文叙事为主体，以韵文叙事为复体。其内在功能却似乎在叙事主体之旁，添置一盏灯火，返照出主体部分恍惚迷离的影子；又似乎在叙事主体之旁添设一种旁观的、陌生的、有时是冷隽的眼光，返观主体部分未尝自我省悟的形态、命运和生存景观。这种借他灯自照、借旁眼自观，就是复式叙事所提供的参数值。

儒道释三教共构互补，为借他灯自照、借旁眼自观的叙事方式准备了文化心理依据。达以兼济，穷则独善，有为无为，入世出世，因真入幻，由幻求真，中国士大夫在不同情景进行心理调适的心理方式，毕竟也折射到叙事方式中了。《三国演义》在总体上是入世的，作者的扬刘抑曹，汲取了朱熹《通鉴纲目》改写从《三国志》到《资治通鉴》以曹魏为正统的道统思想，因而毛宗岗的《读三国志法》开宗明义就讲"正统闰运僭国之辨"。然而小说的卷首词"滚滚长江东逝水"，却早已埋下了对龙争虎斗的纷纷世事采取冷眼旁观态度的基因，并由此形成一条时隐时现的复式叙事的潜流。诸葛亮将出草庐之时，即有司马徽极力举荐他的才能可比姜尚、张良，随后仰天大笑："卧龙虽得其主，不得其时，惜哉！"关羽水淹曹军，尔后麦城殒命，灵魂飘至荆州玉泉山，高呼"还我头来"，即有普静禅师喝问"云长何在"，点破迷津。刘备为报关羽之仇，兴师伐吴之时，即有青城山老叟李意作兵马器械画而撕毁，画大人卧地被掩埋，以预示刘备的丧师崩驾。这些叙写，借或隐、或僧、或道的参透天机的冷眼，观照征战杀伐的如棋世局，透露出"有心扶汉，无力回天"的历史悲凉感。这也就是毛宗岗《读三国志法》所谓"三国一书，有寒冰破热，凉风扫尘之妙"了。

古中国的灵魂幻想为这种参数叙事提供了手段。王充《论衡》"纪妖"篇曾经记述"梦为魂行"之说。灵魂既然可以离开肉体出行，它也就可以处在旁设的位置，来返观自我的生存状态。《聊斋志异》中的《长清僧》写一位道行高洁的僧人，圆寂后游魂不散，附着在坠马而死的豪绅公子身上。他被随从扶归后，整日受到粉白黛绿、锦衣玉食，以及奴仆们拿来的钱粮账簿的搅扰，心神不得安宁。这便匠心独具地以高僧的灵魂痛苦地审视着属于另一个绝然不同世界的肉体。灵魂与肉体的错位组合，既考验着高僧的志行，又针砭豪门公子纷华靡丽的生存方式，其参数意味是非常丰富的。

勾魂摄魄的写实巨笔一旦与精魂痛苦的入世出世的幻想相遇合，《红楼梦》便把一幕"贵族中国"的残破了的繁华梦和失落后的忏悔录，写成了一部浮世神话。它是浮世的，以本色得几乎无以复加的浮世写真作为叙事主体；它又是具有神话原型价值的，以浮世写真为出发点，上天入地地寻找中国神话的复体，并以神话复体的慧眼返观人世荣枯和儿女至情，提供一种带有永恒魅力的审美参数。那一僧一道携一顽石到诗礼簪缨之族一游，实际上是释道空幻和诗礼儒风以及人间性情互为参数而发生因缘的极妙象征。一切都似乎产生了真幻互映的恍惚感，太虚幻境不是出现在离绝尘嚣的神国里，而是出现在贾宝玉珠帐宝榻的梦境中，此岸彼岸间不知谁属真、谁属幻。"金陵十二钗"正、副、又副册的翻阅，把人物命运率先隐藏在诗与画的玄机中，却始终带着象征诗一般的密码效应，追随着读者的整个阅读过程。但这并不等于它已经廉价地告诉你一切，它实际上只交给你一种百思难得其解的参数密码，使你在急切感和困惑感当中不放过字里行间细微的暗示。读者其实也和贾宝玉一样，对初露的玄机无法同步顿悟，只有和那块通灵玉一道历尽奢华和忧患之后，才具备解读密码的可能。新制"红楼十二曲"也是"提前"演唱了，它本应演唱于悲剧的结尾，但作者却把悲剧的预感安排在开头。这无非也是为了提供一种叙事参数，要读者在欣赏烈火烹油、鲜花着锦的繁华之时，也难以拂去"忽喇喇似大厦倾，昏惨惨似灯将尽"、"好一似食尽鸟投林，落了片白茫茫大地真干净"的阴森森的幻影。此外，如钗黛合传的诗画，绛珠仙草对神瑛侍者还泪的许诺，都为解读全书提供了非刻板的写实所能提供的玄奥精美的神话参数。总之，《红楼梦》的伟大，不仅在于它伟大的写实造诣，而且在于它卓绝的神话幻设，在于它的"浮世—神话"千载一遇的异常深刻而奇妙的参数组合。它由此提供了谈不尽的出入于人事与神话的高深话题。

四

　　圆形结构的运转和破毁，实际上是由阴阳两极提供内在的驱动力的。由于有了两极，圆就有了前趋和回归的双向运动，而当两极失衡的时候，就产生了圆的变形和破裂。其实，两极性的构想，最初是与男女两性关系相联系的，或者说是男女两性关系在天地万象中的泛化。人按自身的性质构成去解释天地，却又颠倒了这种学理发生学的过程，用天地的性质构成来解释人自身，从而以颠倒所增加的神秘感而形成信仰。《易经》反映了半原生、半颠倒的过程，它宣称"一阴一阳之谓道"，"乾道成男，坤道成女"（《系辞上》）。它时或透露了原生态："男女构精，万物化生。"时或陷入了混沌："子曰：乾坤，其《易》之门耶？乾，阳物也；坤，阴物也。阴阳合德，而刚柔有体。"（《系辞下》）这种对宇宙和人的体悟，后来被阴阳家和道教引申扭曲，成为玄虚的信仰。但它作为审美要素渗透到叙事操作中，却能在一分为二的裂变和合二而一的重组中，给操作过程输入对立、冲突、中和、转化的活力。如果把两极视为两个性质迥异的动态质点，那么它们的空间位置，就构成了相离相对、相接相间、相含相蕴、相聚相斥四种形式。

其一，相离相对。两极的位置是分离和对等的，形成对比、映照，作品的意蕴由此得到相互阐发，并可能最终导致叙事阶段的推移。

《金瓶梅》的故事以玉皇庙始，以永福寺终，道教的玉皇庙和佛教的永福寺处在相离相对的两极，分别象征着生与死、色与空，以及叙事情调上的冷与热，或如张竹坡在第四十九回回评和夹评中所说："玉皇庙、永福寺是一部大起结"，"玉皇庙热之源，永福寺冷之穴也"。康熙本《张竹坡批评第一奇书金瓶梅》的首回，就是"西门庆热结十兄弟"，讲西门庆与应伯爵、谢希大、花子虚等十人，到玉皇庙焚纸拜疏，结为酒肉兄弟。从疏文有"伏为桃园义重，众心仰慕而敢效其风"一类文句，可以把它看作是对早期章回小说的"桃园三结义"和"梁山泊聚义"的市井性戏拟（parody）。这一戏拟不要紧，连道教的现世纳福倾向也被戏拟或夸张扭曲成无节制的色欲了。酒肉兄弟的帮闲，刺激了西门庆出入妓院的趣味。花子虚引出李瓶儿，道庙挂画上赵玄坛座下之虎引出武松打虎，二也就间接地引出潘金莲，进而演出了金、瓶纵欲争宠的大观。玉皇庙的另一盛事是西门庆加官得子、双喜临门之后，为官歌儿拜表寄名，从而刺激了失宠的潘金莲由妒而恨的变态心理，导致官哥儿、李瓶儿的丧生。玉皇庙象征着人间的福禄追求和色欲变态，而这种变态则由于永福寺梵僧的淫药而趋于不可收拾，结果是西门庆的纵欲暴亡。由于永福寺是周守备的香火院，西门庆妻妾风流云散之时，春梅成了守备家的当家奶奶，从而把全书色欲最重的潘金莲和最荒唐的陈敬济收葬在这里。全书最后一回，吴月娘带领孝哥儿避金兵之乱，于永福寺遇普静长老荐拔西门庆、潘金莲、李瓶儿、庞春梅等孽鬼冤魂，并点化孝哥儿皈依佛门。永福寺作为玉皇庙相离相对的另一极，它给予玉皇庙牵引出来的一批精力过剩、色眼迷离、个性张扬而又在污泥中打滚的灵魂以一个总的交代、总的归宿。这便形成了《金瓶梅》宣泄本能、展览本能而又压抑本能的扭曲了的内道外佛的警世意蕴。

其二，两极相接相间，形成互相转换、起伏跌宕的波式节律。这里有必要引进"刚"与"柔"这对表达文章风格的范畴。《易经·说卦》道："昔者圣人之作《易》也，将以顺性命之理，是以立天之道曰阴与阳，立地之道曰柔与刚，立人之道曰仁与义。……分阴分阳，迭用柔刚，故《易》六位而成章。"也就是说，刚柔是对应于阴阳的两极性范畴，刚以高扬，柔以深婉，二者前后接续转换，便产生叙事的弹性感以及波浪式的叙事节律。清人姚鼐有感于此，把文章风格类型分为阳刚之美和阴柔之美，他并不否认各人的才性文章有所偏执，但其理想在于刚柔的并行互补：

> 吾尝以谓文章之原，本乎天地。天地之道，阴阳刚柔而已。苟有得乎阴阳并行而不容偏废，有其一端而绝亡其一，刚者至于偾强而拂戾，柔者至于颓废而暗幽，则必无与于文者矣。（《惜抱轩文集》卷四《海愚诗钞序》）

汉人小说《燕丹子》是根据"太子丹宾养勇士，不爱后宫美女，民化以为俗"的"燕丹遗风"（《汉书·地理志》）而写成的复仇书，自然是偏于阳刚之美的。但是在阳刚之美达到最高点，也就是荆轲行刺秦王而捉住他的衣袖的千钧一发之际，叙事风格突然出现了阴柔之美的变奏。秦王向荆轲"乞听琴声而死"，在悠婉的秦音中，秦王听到脱险的隐语暗示，终于挣裂袖子、超越屏风走脱，并返身以剑斩断荆轲的双手。这里的美姬琴声，使阳刚得有些"过"的叙事风格，得到了来自另一极的阴柔的调节，成为小说最有戏剧性魅力的一笔。

刚柔相济的叙事节奏的调剂，在我国叙事文学中几乎俯拾皆是，其内在潜能的充分释放，足以造成风格转换激荡的奇观。金圣叹在《水浒传》第二十三回、第二十六回回评中，对武松打虎之后转为武松遇嫂，武松杀嫂祭兄之后转为武松以迎奸卖俏的风流话捉弄孙二娘一类的风格转折，极为赞赏。认为"写武二遇虎，真乃山摇地撼，使人毛发倒卓，忽然接入此篇写武二遇嫂，真又柳丝花朵，使人心魂荡漾也"；"前篇写武松杀嫂，可谓天崩地塌，鸟骇兽窜之事矣，入此回，真是强弩之末势不可穿鲁缟之时"，"于是便随手将十字坡遇张青一案，翻腾踢倒，先请出孙二娘。写孙二娘便加出无数笑字，写武松便幻出无数风流话，于是读者但觉峰回谷转，又到一处胜地"。金评可以引发两种联想：（1）刚柔有正体、变体之别，或真确的刚柔和伪装的刚柔之别。武松的风流话属于"幻出"，当是一种变体的、伪装的柔。但它与正体的刚相组接，依然具有"峰回谷转"的转换叙事情调的功能。（2）当一种叙事情调处于"强弩之末"，用尽其势能之时，可以通过转换叙事情调而在新的方向上形成新的势能。阳刚的顶点和阴柔的深处形成势能的巨大落差，这可以作为一种尺度，衡量作家审美地把握世界的延展性。《水浒传》正是在操作刚柔落差的巨大延展性中，显示了大手笔风范。

其三，两极因素的相含相蕴，形成了表里复合的叙事构成。这种形式用以写行为，便显示行为的多义性和超常性；用以写人物形象，便显示人物形象的复杂性和立体感。显而易见，两极复合构成给文本增加了阐释的歧义和细读的趣味。

《三国志演义》关羽温酒斩华雄一幕，是以讨伐董卓的十八镇诸侯挫尽锐气作为陪衬的，被誉为"威镇乾坤第一功"。然而这一笔却关联着一部关羽形象形成史。从《元至治新刊全相平话三国志》到《三国志演义》，描写重心有一个由突出张飞到突出关羽的深刻变化。《元至治新刊全相平话三国志》极写张飞的勇猛，称之为天下"第一枪"。《三国志演义》截去了张飞独战和生擒吕布的描写，却把史载属于孙坚的斩华雄之功记在关羽名下。描写重心的转移，是由于关羽兼备神威和儒雅的两极品格。这种品格因他手中那本《春秋左氏传》得到进一步强调，而他也因此逐渐上升为忠义盖世、儒兵兼修的武圣人。复合品格的存在，使关羽描写出现了"超常规性"。关羽的神威儒雅，不仅体现在斩颜良、文丑的战场得意，而且体现在他于逆境中"降汉不降曹"的堂堂正正的投降，以及由此引出来的秉烛待旦、挂印封金和千里走单骑一类唯忠唯义、不为财色名利所动的道德感。此外，华容道义释曹操，超越了将令常规；单刀赴会，超越了主将临阵的常规；刮骨疗毒，超越了医术常规；连玉泉山显圣，也可视为超越了生死界限的常规。这些与水淹七军一类的常规性描写，都来自他两极复合的性格结构向不同方向映射的特异功能。因此，诸葛亮在调解关羽要入川与马超比武时所说的话："孟起虽雄烈过人，亦乃黥布、彭越之徒耳。当与翼德并驱争先，犹未及美髯公之绝伦超群也"，可以看作对关羽复合性格的极妙论定。

其四，两极因素的相聚相斥。有别于相含相蕴意味着融合，相聚相斥意味着聚而不合，相互排斥而发生裂变。它制造了两难选择的境遇，推衍出变幻莫测的命运。

这里集中分析一下意象叙事。我国古代诗歌是以意象丰富取胜的，小说中也颇多意象叙事的佳品。比如《世说新语》中的"鲈脍莼羹"，宋人话本的"戒指儿"，明人拟话本的"珍珠衫"，《金瓶梅》中的"金莲"（小脚绣鞋），直到现代小说中的"罗汉钱"，都以独特的意象牵连着，甚至播弄着人的命运。但这些意象均不及《红楼梦》中的"通灵宝玉"来得奇幻精深，因为它是一个顽灵相聚、石性和玉性相斥的带神话原型意味的"千古一意象"。

这块石头在神话世界中，就已经具有顽中之灵、灵中之顽的自我内在的排斥性了。它因此无才补天，契合了一个惊心动魄的神话母题：为通灵而付出"失天国"的代价。性灵一通，便有了欲望，为一僧一道谈论的"红尘中荣华富贵"所动，乞求携它入世，"在那富贵场中、温柔乡里享受几年"（此处据《脂砚斋甲戌抄阅再评石头记》第一回）。它随着贾宝玉含玉而生，进入凡尘，把自己的顽石和灵玉的双重性投射到人物品性上，从而构成了贾宝玉聪俊灵秀而又"僻性乖张"的双重性格，既有溷迹闺帏的"富贵闲人"的纨绔气，又有讨厌峨冠礼服、鄙视科场沽钓、冷淡仕途经济的叛逆性。在他的爱情婚姻选择上，存在着一个孤标傲世、不甘冷漠自然人性的"冷月诗魂"林黛玉和一个端庄贤惠、充满传统道德感的薛宝钗。因而似乎是对应于石头的顽、灵二相，形成了颇具宿命色彩的"木石前盟"和"金玉良缘"的两难选择。最后因维持和重振贵族家业的需要，终于弃木取金，通灵宝玉在略尽人事之后，重归大荒山无稽崖，这块通灵宝玉，即来自大荒、归于大荒的顽石，乃是整部《红楼梦》的"核"。它从核心人物的心性开始，向外投射着自己的灵、顽二性，投射到以宝、黛为首的"金陵十二钗"的灵秀独钟的世界，投射到整个大观园，最终投射到混沌苍凉的神话世界。在往复投射中，人在石头上找到了生命信物，石头在人上找到了生命历程，石头既作为叙事的客体，又作为叙事的主体而存在着。

五

结构和操作采取周行不殆的"圆"和阴阳互构互动的方式，决定了叙事作品的视角不可能是凝止的、单一的。实际上，结构和操作本身就包含着视角，它与西方的定点透视不同，往往采取流动的视角或复眼映视式的视角。

流动视角之所谓流动，就是叙事者带着读者与书中主要人物采取同一视角，实行"三体交融"，设身处地地进入叙事境界；主要人物变了，与之交融的叙事者和读者也随之改变视角。读《水浒》的人可能有一个幻觉，即读宋江似乎变成宋江，读武松似乎变成武松，这便是视角上"三体交融"的效应。中国古代句式不时省略主语，更强化了这种效应。比如武松大闹快活林：武松一路喝过了十来处酒肆，远远看见一处林子。抢过林子背后，才见一个金刚大汉在槐下乘凉。武松自忖这一定是蒋门神了。又三五十步到丁字路口，才看见大酒店檐前立着望竿，酒望子上写着"河阳风月"四个大字。转到门前绿栏杆，才看见两把销金旗上写着"醉里乾坤大，壶中日月长"的对联。西方小说往往离开人物，从另一视角操作环境描写，细及它的细枝末节、历史沿革，以便给人物活动预支一个场合，如雨果的《巴黎圣母院》在描绘那座伟大的建筑时，就预支了数十页篇幅。而这里的视角则几乎寸步不离地随武松的行迹眼力游动，武松看不到的东西，读者也无从看到。随之，武松已到店门口，看见两壁厢摆着红白两案的家生，里面摆着三只小酒缸，正面柜台上坐着小妇人，也就是蒋门神的妾。于是武松上前捉弄小妇人，激发打斗，把小妇人和两个酒保倒栽到酒缸里去了。游动视角不仅紧随人物眼光，也投射了人物性情——这只能是武松的眼光，他豪侠中不失精细，看清环境才动手；换作李逵则恐怕是未看清酒缸、家生和对手的方位，就板斧一挥图个痛快淋漓了。

流动视角有时也采取圆形轨迹。《水浒》中杨志、索超大名府比武，采取由外向内聚焦的圆形视角；梁山泊军队攻陷大名府，采取由内向外辐射的圆形视角。杨、索比武本身着墨不多，却写月台上梁中书看呆了；两边众军官喝彩不迭，阵面上军士们窃议多年征战，未见这等好汉厮杀；将台上李成、闻达不住声叫"好斗"！诸色人物各具身份神态，像回音壁一般反响着两雄逞威斗勇。金圣叹的眉评甚妙："一段写满教场眼睛都在两人身上，却不知作者眼睛乃在满教场人身上也。作者眼睛在满教场人身上，遂使读者眼睛不觉在两人身上。真是自有笔墨未有此文也。"流动视角妙处在于：看客反成被看客，着墨不多自风流。

杨志比武的描写，是在单纯中求洒脱；大名府陷落的描写，则要在复杂中求专注。翠云楼上时迁举火为号，吴用事先调遣好的二十六将、十一路人马同时举事，城陷于瞬间，千头万绪由何处着手写起？叙事者心灵手捷，一下子捉住了梁中书遑遑然如丧家犬的身影和眼光，举一纲而收拢千丝万缕。行文没有让梁中书轻易脱险，而是在他逃遍东南西北四门和三闯南门的过程中，由内往外地辐射出圆形的视角，把瞬间遍及满城的战火统一于一人的眼光之中；而满城战火的残酷性，也在一城之主丧魂落魄的逃难中，渲染得淋漓尽致。

视角可以分为内视角、外视角和旁视角等处在不同层面上的类型。视角的流动，可以在同一层面上采取对位的、波浪状的或者圆形的种种流动方式，也可以在不同层面上采取跳跃的或者台阶式的流动方式。比如《红楼梦》第一回，便跳跃于作者、石头、空空道人以及甄士隐、贾雨村等多种叙事层次，以外、内视角以及玄视角，出入于神话、梦幻和现实，其具体的视角功能，这里不及备谈。令人惊奇的是，清代纪昀的《阅微草堂笔记》有一篇二百余字的故事，竟把这三种各具功能的叙事角度组合在一起，形成有如昆虫复眼一般的复式视角。它先用外视角，写翰林院一位官员从征伊犁，突围时身中七戈而死，两昼夜后复苏，疾驰归队。随之，"余"（作者）和翰林院一位同事问起他的经历，采取他"自言被创时"的方式转向内视角。他受伤后灵魂离开肉体，明白自己已死在茫茫沙海，突然想到子幼家贫，心中酸楚，便觉身轻如叶；又想到化厉鬼杀敌，便觉身体稳如铁柱。正想上山侦察敌情时，突然惊醒在血泊中。内视角把人物在生死边缘上迷离恍惚的意识滑动，寓于灵魂离体后的倏忽徘徊，简直是某种意识流的写法。最后作品又退回到旁视角，让一道听闻这番陈述的同事叹息说："闻斯情状，使人觉战死无可畏。然则忠臣烈士，正复易为，人何惮而不为也！"复式视角的运用，使小小文本具有多重功能：情节功能、深度心理功能和口碑功能，因而这篇笔记简直成了视角及其功能的小小实验室。

视角的流动，隐伏着视角解构的危机。应该认识到，流动的视角并不安分，它可以在单一平面上流动（第一级），也可以在复合平面上跳跃（第二级），还可以脱离任何的虚构层面，出现脱轨流动（第三级，或"无级"，因为前两级都是"有级"）。这便是自居于虚构外的元小说（metafiction）。《阅微草堂笔记》记载作者家中收容男女两位流民为养女马夫，从他们分别谈起的家乡里程和幼年定聘的情形推测，他们的匹配可能是破镜重圆。作者没有把它编织成传奇，而是保留那一点"可能"的疑窦，保留生活素材的"原生状态"，并且援引了亲友的一番反传奇的议论。作者的叔父说，可惜此女"蠢若鹿豕"，不然可以点缀为传奇；作者的朋友却举出传奇颇多"缘饰"、"半山虚说"的例证，认为"此婢虽粗，倘好事者按谱填词，登场度曲，他日红氍毹上，何尝不莺娇花媚耶"？作者就这样把视角推出虚构的边缘之外，形成一种超越小说的"反视角"。这就从不同的思维体系（如历史学的）来反视小说虚构的思维体系，从而把虚拟而成的小说成品"解构"为外在于虚拟的小说创造过程的理性分析了。

如此说来，视角的流动多端和层面超越相当有效地发挥了视角之为视角的功能。我国视角艺术在哲学和宗教的"有"、"无"范畴的影响下，发挥过极其丰富、玄妙的聚焦功能，不仅可以聚焦于"有"，而且可以聚焦于"无"。六朝玄学追求意在言外，催生了聚焦于"无"的萌芽。比如《世说新语》写郑玄挞婢，两个婢女用《诗经》的句子酬对解嘲，就以"不写之写"的方式，把郑府经学风气之盛显示于"有意味的空白"中了。

最得聚焦于"无"的妙谛的，还是《三国演义》的"三顾草庐"。毛宗岗在第三十七回回评中写道：

> 此卷极写孔明，而篇中却无孔明。盖善写妙人者，不于有处写，正于无处写。……孔明虽未得一遇，而见孔明之居，则极其幽秀；见孔明之童，则极其古淡；见孔明之友，则极其高超；见孔明之弟，则极其旷逸；见孔明之丈人，则极其清韵；见孔明之题咏，则极其俊妙。不待接席言欢，而孔明之为孔明。于此领略过半矣。

妙趣就在于不需诸葛亮出面，就提供了一个属于他的精神人格世界。其精神人格无所不在地附着于卧龙岗的自然人文景观上，不仅附着于山水秀色，附着于"淡泊以明志，宁静以致远"的草堂对联，而且已浸润了卧龙岗人的灵魂，附着于他们的谈风、行为和歌喉。刘备未遇诸葛亮，已闻歌五首。一前一后是田夫歌和黄承彦吟出的"梁父吟"，都说明为诸葛亮所作。一以隐士高眠对应世局变幻如棋，一咏瑞雪寒梅的滢洁独标，抒情言志，都透露了诸葛亮遗世独立的清亮胸襟。中间三首为石广元、孟公威和诸葛均所吟，格调较为激越，或咏史以赞颂古代名臣风云际遇、功业垂世；或刺世以针砭奸雄弄权、灾异屡见；或抒情，以表达躬耕陇亩、寄情琴书、以待天时的心迹。这三首并未点明为诸葛亮所作，但体其意味，与他自比管仲乐毅，甚至为友人方之为吕尚张良，其济世苦心相通，至少可以看作他的借体代言。于是诸葛亮未出现，他那有若"万古云霄一羽毛"般高扬的、具有隐逸和济世双构的精神世界，已经弥漫于卧龙岗的山水人文，带着鲜活的生命感荡漾于字里行间了。也就是说，聚焦于"无"，属于比聚焦于"有"更带超越感的审美层面，它能够独具神采地建构一个充满诗性灵气的文化人格世界。

中国文化博大精深的独特品格，决定了中国叙事学应有一个属于它自己的思路和体系。唯有如此，才能为人类智慧贡献出中华风韵。面对即将来临的 21 世纪，是应该设想这类命题了。

《中国社会科学》1994 年第 1 期

传奇戏曲的兴起与文化权力的下移

郭英德[*]

摘要 本文从明中后期传奇戏曲的兴起与文化权力的下移的相互关系入手，论证传奇戏曲兴起的时代意义。笔者认为，从明代成化至万历年间，文人自我意识的高涨和主体精神的张扬，促成了不可抑止的文化权力下移的趋势，以文人为主角的社会文化模式取代了以贵族为主角的社会文化模式。文人自觉地将重建新型的文化传统的努力移位为对新型文体的探求，以确立自身作为历史主体的价值和地位。南曲戏文因其独具的民间性、感染力和可塑性首当其选。明中后期文人以艺术传统为渊源，以时代文化为活力，从剧本体制和语言风格两个方面对南曲戏文的艺术体制进行了彻底的整形改造，并对南曲戏文的叙事模式进行了创造性的转化，建构了具有叙事性、寓言性、虚构性、传奇性的传奇叙事模式。同时，在传奇戏曲从转型到定型的过程中，文人作家确定了传奇戏曲以情为主旨、以情理冲突为核心、以情理融合为归依的基本主题，以之作为现实问题的有力回应和文化传统的鲜明象征。

在中国古代戏曲史上，从南曲戏文向传奇戏曲的逐渐转型发轫于明代成化年间（1465—1487），而传奇戏曲的定型则在万历年间（1573—1619）。吕天成在成书于万历三十八年（1610）的戏曲目录书《曲品》中，从文体特点上明确区分了"旧传奇"与"新传奇"，显示出理论的自觉：所谓"旧传奇"，包括元末明初的戏文和转型期的传奇；所谓"新传奇"，则是嘉靖年间（1522—1566）以后定型期的传奇。据万历四十一年

---

[*] 郭英德，1954 年生，北京师范大学中文系教授。

（1613）增补本《曲品》统计，嘉靖至万历间"新传奇"的作家有 88 人，作品有 183 部，传奇创作呈现出一派繁荣局面①。

无论从任何角度来看，传奇戏曲的兴起都绝不是一蹴而就、凭空而生的。它既得益于艺术传统的纵向聚合，也受惠于时代文化的横向组合。正是艺术传统的哺育和时代审美的召唤，催生出新的艺术样式。同时，这种新的艺术样式本身便成为传统的结晶和时代的镜像，以其独特的状貌昭示着丰厚的艺术传统积淀和鲜明的时代文化特征。

艺术样式、艺术传统同时代文化之间，虽然可以形成互相一致或同构的关系，即艺术样式映现着特定的艺术传统和时代文化；但二者更为经常的关系却是相互差异，即彼此的不一致，形成"紧张"情势。这种"紧张"情势内化为艺术样式自身的双重品格：在浅显层面，艺术样式具有适应艺术传统规程、顺从时代文化需求的特征；在深隐层面，艺术样式则不断突破艺术传统规程，引导时代文化需求。因此，借助于对艺术样式变迁的考察，将有助于我们洞察艺术传统的规程，窥视时代文化的内蕴，从而更为深刻地阐释传统，更为自觉地重构历史。

以此为出发点，本文试图对下列问题作出解答：为什么传奇戏曲兴起于明代成化至万历年间？影响于它并受它影响的时代文化情境有什么特点？这种时代文化的需求是如何与艺术传统一道携手共建新型的传奇戏曲的？新型的传奇戏曲又是如何突破艺术传统规程，引导时代文化需求，从而呈现出独特的社会意义的？

文化权力的下移

为什么传奇戏曲兴起于成化至万历年间？我认为，这一时期文化权力下移的历史走向是传奇戏曲兴起的主要历史动因。

明代的文化建构呈现为三足鼎立的局面，即以皇家贵族为代表的贵族文化、以文人士大夫为代表的文人文化和以下层百姓为代表的平民文化，三者共同构成相对平衡的文化结构。一般地说，贵族文化总是顽固地接续着古典的传统，平民文化往往活跃地标示着时代的风貌，而文人

---

① 参见吴书荫《曲品校注》附录三《吕天成和他的作品考》，中华书局 1990 年版，第 433 页。

士大夫则处于这两种文化的夹缝之中，与贵族文化和平民文化都有着"剪不断，理还乱"的因缘联系，形成一种亦此亦彼而又非彼非此的独具风貌的文化。

因此，在这三足鼎立的文化结构中，最不稳定的因素无疑是文人文化。这是因为作为文人文化的主角，封建国家中的文人士大夫始终扮演着双重的社会角色，即平民化的贵族和贵族化的平民。他们中心焦虑的问题一直是：一个平民出身的文人怎样跻身于贵族之列，获得贵族资格？同时，平民出身的文人如果获得贵族资格，他还能同时保持平民代言人的资格吗？在整体的文化结构中，文人对自身双重资格的认同、选择和偏向，便成为明中后期文化走向的主流。

在明代前期，贵族文化无疑居于绝对的核心地位，文人文化完全依附于贵族文化，平民文化则仅仅是潜伏在社会底层的一股暗流。明太祖朱元璋在建立极端封建专制的政治统治的同时，在思想文化上画地为牢，明确不二地倡导"一宗朱氏之学，令学者非五经、孔孟之书不读，非濂、洛、关、闽之学不讲"。至成祖朱棣，"益张而大之"，编辑《五经大全》、《四书大全》和《性理大全》，颁布天下。此后，"庠序之所教，制科之所取，一禀于是"[1]。在贵族文化的明确导向之下，文人士大夫心甘情愿地追随其后，沉迷于"述朱"状态。明何乔远《儒林记》卷上《名山藏》写道："明兴，高皇帝立教著政，因文见道，使天下之士一尊朱氏为功令。士之防闲于道域，而优游于德囿者，非朱氏之言不尊。"因此，"有质行之士，而无异同之说；有共学之方，而无专门之学"。

与此相关，明前期文坛也展现出一派庙堂气象和宫廷风致。朱彝尊《明诗综》卷上记载，刚刚立国的朱元璋最喜欢诵读古人的"铿锵炳朗之作，厌恶寒酸呻嘤龌龊鄙陋"。上有所好，下必从焉。一时间追求盛世之音，摒弃衰世之调，成为文学的基本要求；铿锵有力，雍容典雅，成为时代的审美风格。以"三杨"（杨士奇、杨溥、杨荣）为代表的"台阁体"诗文，以朱权、朱有燉为代表的北曲杂剧创作，就是庙堂气象、宫廷风致的典范。

然而，从成化、弘治年间（1465—1505）开始，文化格局逐渐发生了划时代的转型：文人从依附贵族转向倾慕平民，或者更准确地说，从附贵

---

[1]　陈鼎《东林列传》卷二《高攀龙传》引高攀龙上疏语，清康熙间刻本。

族之骥尾转向借平民以自重。文人自我意识的高涨和主体精神的张扬，促成了不可抑止的文化权力下移的趋势，以文人为主角的社会文化模式逐渐取代了以贵族为主角的社会文化模式。这种文化权力的下移，全方位地表现在经济、政治、意识形态等方面，而与传奇戏曲的兴起关系最为密切的是学术文化、文坛风气和社会风习方面的权力下移。

从明中叶开始，学术文化的多元化、平民化蔚为一大风会。明人黄佐《翰林记》卷一一说：

> 成化以后，学者多肆其胸臆，以为自得，虽馆阁中亦有改易经籍以私于家者。此天下所以风靡也夫。

《明史》卷二八二《儒林传·序》更详细地描述了这一变化过程：

> 原夫明初诸儒，皆朱子门人之支流余裔，师承有自，矩矱秩然。……学术之分，则自陈献章、王守仁始。宗献章者曰江门之学，孤行独诣，其传不远。宗守仁者曰姚江之学，别立宗旨，显与朱子背驰，门徒遍天下，流传逾百年，其教大行，其弊滋甚。嘉、隆而后，笃信程、朱，不迁异说者，无复几人矣。

这种局面与《庄子·天下篇》所说的"道术将为天下裂"的情势可相比拟。从"一尊朱氏为功令"到"学者多肆其胸臆"的变化，表明了文人自我意识的觉醒和主体精神的张扬，标志着意识形态统治权力从贵族独揽向文人把持的根本性转移。

而王守仁（1472—1528）"心学"的出现无疑是这一转移的契机。诚如明人顾宪成所说的："当士人桎梏于训诂词章间，骤而闻良知之说，一时心目俱醒，恍若拨云雾而见白日，岂不大快！"① 王守仁的"致良知"之说，把作为"天理"的"良知"说成就在人们心中，"不假于外求"，这就比朱学"简切明白"，"虽至愚下品，一提便省觉"。同时，把"惟圣人能致"的"良知"本体下降到人人皆有、圣愚皆同的普及地位，所谓

---

① 《小心斋札记》卷三，清康熙间刻《顾端文公遗书》。

"良知之在人心，不但圣贤，虽常人亦无不如此"①。这些都体现出学术文化思想的下移趋向。

为了推广"心学"思想，王守仁创建书院，积极进行社会普及性的讲学实践。在正德、嘉靖之际，"搢绅之士，遗佚之老，联讲会，立书院，相望于远近"②，彻底打破了成化、弘治以前学术文化的暮气沉沉的僵化局面，形成了学术自由的文化氛围。尤其是王学左派——泰州学派，来源于"农工商贾"之中，活动于"佣夫厮养"之间，"坐在利欲胶漆盆中"，倡导"人欲"，反对"天理"，"掀翻天地"，更"非名教之所能羁络"③。从此以后，学术文化再也不像明前期那样由皇家贵族的意旨和风致所绝对支配，而变为随文人士大夫的趣味和风尚所转移了。文人士大夫取代皇家贵族，成为学术文化领域最为活跃的主角。

几乎与此同时，在文坛上也出现了"坛坫下移"的趋向。清朱彝尊《静志居诗话》卷十评论明前中期之际文坛的变迁时说："成、弘间，诗道傍落，杂而多端"，永乐以来由宰辅领导的"白草黄茅，纷芜靡蔓"的台阁体，以及理学家"击壤打油，筋斗样子"的性理诗，再也不能继续执文坛的牛耳了。弘治、正德年间，李梦阳、何景明等文人崛地而起，力图以古代诗文的高格逸调来纠正当时萎弱平庸的文风，"倡言复古，文自西京，诗自中唐而下，一切吐弃，操觚谈艺之士翕然宗之"④。文坛风气为之一变。明人王世贞为何景明集作序，深有感触地说："是二君子挟草莽，倡微言，非有父兄师友之素，而夺天下已向之利而自为德，于乎，难哉！"⑤清人陈田在《明诗纪事》中总结这一风气转移时也说："空同出而异军特起，台阁坛坫，移于郎署。"夏允彝《岳起堂稿序》更进一步将明中后期文坛权力的下移与唐、宋时期作了比较，说：

> 唐、宋之时，文章之贵贱操之在上，其权在贤公卿；其起也以多
> 延奖，其合也或赞文以献，挟笔舌权而随其后，殆有如战国纵横士之

---

① 见《王文成公全集》卷六《寄邹谦之》，卷二《传习录》中《答顾东桥书》，《四部丛刊》本。
② 《明史》卷二三一《列传》第一一九"赞"。
③ 黄宗羲：《明儒学案》卷三二《泰州学案》序。
④ 《明史》卷二八五《文苑传》序。
⑤ 何景明：《何大复先生文集》卷首，明万历间刻本。

为者。至国朝而操之在下，其权在能自立；其起也以同声相引重，其成也以悬书示人而人莫之能非。故前之贵于时也以骤，而今之贵于时也必久而后行。①

由此可见，文坛权力的下移与文人摆脱对贵族的依附而"自立"是相为表里的。

也是从明成化年间开始，社会上在衣食住行等方面，愈演愈烈地煽起了僭越之风，强烈地冲击着封建等级制，也同样体现了文化权力的下移趋向。人们一改明前期"民俗勤俭，不竞浮华"的风俗，追逐着与日俱长的"去朴从艳，好新慕异"的风潮②。例如在服饰方面，一反明前期的质朴、俭薄，时尚以华服为趋，从官僚、士子、市民以至乡间百姓，"竞以华服相夸耀，乡间妇女亦好为华服"。人们"不以分制，而以财制"，一旦暴富，就可以逾越等级名分，乃至"倡优服饰侈于贵族"③。

如前所述，在明中后期文化权力下移的时代风会中，文人扮演了特殊的文化角色：他们既是平民化的贵族，也是贵族化的平民。他们一方面高攀贵族，连通着深厚博大的历史传统；另一方面联系平民，感应着汹涌澎湃的时代新潮。文人处在过去传统与当今时代的交汇点上，文化权力下移的趋向把他们推到了领导文化潮流的显要位置，于是，重建有异于贵族文化、适应于时代需求的新型的文化传统，便成为历史赋予文人的重要职责。

不幸的是，明中后期的文人面临着残酷与严峻的现实政治。正德朝的宦官专政，嘉靖朝的"议礼"大狱，万历朝的张居正专权和激烈的党争……所有这些，都一而再、再而三地粉碎了文人更新"治统"、清明政治的希望。这就促使他们纷纷退避出政治疆场，托身于文苑艺坛。于是，文人建构新型文化传统的政治职责便不期然而然地被置换为一种审美创造行为，新型文化传统的建构被自觉地移位为对新型文体的探求。正是在这种时代情境之中，剧坛上熔铸着文人审美精神、渗透着文人审美趣味的传奇戏曲，逐渐取代了贵族化的北曲杂剧和平民化的南曲戏文，崛起而立，

---

① 陈子龙：《陈忠裕公全集》卷首，清嘉庆间刻本。
② 正德《大名府志》卷一《风俗》。
③ 依次见嘉靖《永丰县志》卷二《风俗》、嘉靖《广平府志》卷一六《风俗》。

并渐趋成熟。在这一意义上我们可以说，传奇戏曲是时代的产儿。

然而我们还应进一步追问：为什么文人选中了传奇戏曲，而不是别的艺术样式，来满足文化权力下移的时代需求呢？或者反过来说，传奇戏曲怎样适应了文化权力下移的时代需求？传奇戏曲的兴起有着何种时代意义呢？这些问题，可以分别从传奇戏曲的艺术体制、叙事特征和主题模式三个方面来解答。

传奇体制的确立

对新型文体的探求，可以求助于历史传统，也可以植根于时代新潮，明中后期的文人在这两个向度上都进行过不懈的努力。如果说，无论是前后"七子"标举"文必秦汉，诗必盛唐"的旗帜，还是唐宋派主张学习唐宋古文，都主要是求助于历史传统以演出时代新剧的话；那么明中后期文人对"真诗在民间"的认识，则体现了他们突破等级结构森严的传统文体观念，汲取时代新潮的迫切愿望。

弘治年间，七子派作家李梦阳、何景明等人便开风气之先，认为中原地区流行的《锁南枝》、《傍妆台》、《山坡羊》等民间歌谣，"可继《国风》之后"①。他们酷爱民间歌谣，不仅加以整理、学习和模仿，而且对民间歌谣推崇备至。李梦阳《诗集自序》引王叔武的看法说："今真诗乃在民间，而文人学子顾往往为韵言，谓之诗。"并对此备加肯定，在杂调曲《郭公谣》跋中还特意强调："真诗果在民间。"② 其后，嘉靖间李开先编辑《市井艳词》，作序说："故风出谣口，真诗只在民间。"③ 万历间袁宏道《答李子髯》诗称："当代无文字，闾巷有真诗。"④ 冯梦龙在《序山歌》中说："但有假诗文，无假山歌。"⑤ 这些极力从贵族文化的巨大阴影中挣脱出来的文人，为了改变并确立自身在社会权力结构中的地位，渴望有力地和有效地运用民间文艺形式，从而更多地从平民文化那里汲取精神

---

① 沈德符：《万历野获编》卷二五，中华书局 1959 年版；并见李开先《词谑·论时调》，载《中国古典戏曲论著集成》（三），中国戏剧出版社 1959 年版；参见廖可斌《明代文学复古运动研究》，上海古籍出版社 1994 年版，第 107—108 页。

② 见《空同先生集》卷五〇、卷六，明嘉靖间刻本。

③ 路工辑校《李开先集·闲居集》之六，中华书局 1959 年版。

④ 钱伯城：《袁宏道集笺校》卷二《敝箧集》之二，上海古籍出版社 1981 年版。

⑤ 顾颉刚校点《山歌》卷首，上海传经堂 1935 年版。

滋养和力量支助，因而才有上述对民间歌谣的热情礼赞和高度推崇。

然而，无论是秦汉之文、盛唐之诗还是民间歌谣，归根结底仍然属于传统文体的范畴，充其量只能适应文人个人浅斟低唱、抒情言志的需要，而且稍不留神就有滑向为贵族文化所标榜的古典传统的危险，因此它们都无法从根本上满足建构新型文体的时代需求。现实的文体需求与传统文体的匮乏之间发生了尖锐的供需矛盾。于是，"众里寻他千百度"，在对新型文体寻寻觅觅的探求中，文人终于把目光投向了一向为贵族文化视为"村坊小伎"、"士夫罕有留意者"的南曲戏文①。嘉靖年间杨慎所撰《丹铅总录》卷一四说："近日多尚海盐南曲，士夫禀心房之精，从婉娈之习者，风靡如一。甚者北土亦移而耽之。"从此以后，正如吕天成《曲品》卷上所说的，许多文人士大夫"懒作一代之诗豪，竟成千秋之词匠"，纷纷操觚染翰，争创新曲，传奇戏曲应运而生。

那么，明中后期文人究竟看中了南曲戏文的什么长处呢？或者说，南曲戏文与各种传统文体相比较，有什么过人之处，使之能够首当其选呢？

明中后期文人一致认为，戏曲虽为"小道"、"末技"，却比诗文等传统文体更便言情，也更为感人。王骥德在《曲律》卷四《杂论》下指出："诗不如词，词不如曲，故是渐近人情。"这是因为，其一，诗词限于格律，"即不尽于意，欲为一字之益，不可得也"。而曲"则调可累用，字可衬增"。其二，"诗与词不得以谐语方言入，而曲则唯吾意之欲至，口之欲宣，纵横出入，无之而无不可也"。其三，诗词限于篇幅，"未畅人情"，而曲则"极之长套，敛之小令，能令听者色飞，触者肠靡"。因此，"快人情者，要毋过于曲也"。诗的本体是"性情"，或干脆就是"情"，这是明中后期文人的普遍观念②。正是由于他们认定戏曲比诗文等传统文体更为近人情、畅人情、快人情，所以才选择了戏曲。

再进一步看，从北曲杂剧称霸到南曲戏文独尊，这是明中后期剧坛的一大变迁。吕天成《曲品》卷上说："传奇既盛，杂剧寝衰，北里之管弦播而不远，南方之鼓吹簇而弥喧。"这一变迁的根源是什么呢？别的因素且不论，仅就艺术体制而言，这正是因为南曲戏文较之北曲杂剧更便言

---

① 徐渭：《南词叙录》，载《中国古典戏曲论著集成》（三），中国戏剧出版社1959年版。
② 参见郭英德等《中国古典文学研究史》第6章第三节《元明的文学观念》，中华书局1995年版，第418—421页。

情，也更为感人。在音乐体制上，南曲戏文中各行角色都能歌唱，便于刻画不同的人物，不像北曲杂剧限于"一人主唱"；南曲戏文演唱形式多样化，有独唱、对唱、轮唱、同唱、合唱等，便于活跃舞台气氛，不像北曲杂剧悉为一人独唱；南曲戏文采用"南北合套"的表现形式，熔南曲与北曲的不同风格于一炉，具有更强的艺术表现力①。在结构体制上，南曲戏文的篇幅大大超过北曲杂剧，因而更便于凭借庞大铺张的结构和曲折奇巧的情节，来表现丰富多彩的社会生活和曲折婉转的思想感情。吕天成《曲品》卷上在比较杂剧与传奇时就说："杂剧但撷一事颠末，其境促；传奇备述一人始终，其味长。无杂剧则孰开传奇之门？非传奇则未畅杂剧之趣也。"

可见，明中后期文人之所以选择南曲戏文，在根本上是由南曲戏文这一艺术样式的形式质素所决定的：只有南曲戏文这一艺术样式才能最大限度地满足文人现实的文体需求。在这一意义上，传奇戏曲就不仅仅是时代的产儿，它的兴起，既是明中后期文人自觉选择的结果，也是由南曲戏文的形式质素所决定的——二者一拍即合，催生出崭新的传奇戏曲。

当然，任何一种文化选择都首先是为了满足和适应文化主体自身的需要。简言之，文化主体总是首先根据自身的需要进行文化选择的。为什么南曲戏文能够满足文人建构新型文体的时代需求呢？最重要的原因还是因为南曲戏文作为一种艺术样式，蕴含着极大的可塑性和旺盛的生命力，能够最佳地适应文人表情达意的现实的主体需要。当然，这种适应绝不是主体被动地迁就对象，而是主体主动地改造对象。因此，从嘉靖至万历年间，文人士大夫纷纷操刀，从剧本体制和语言风格两个方面，对南曲戏文进行了脱胎换骨的整形改造。

在剧本体制方面，文人曲家首先从整理、改编宋元和明初的戏文入手，吸取北曲杂剧的优点，逐渐建立起篇幅较长、一本两卷、分出标目、副末开场、有下场诗等规范化的传奇剧本结构体制，从而与杂乱无章的戏文体制判然而别，成为后代文人创作的圭臬。其次，文人曲家以格调"清柔而婉折"、"流丽悠远"②的昆腔新声为基础，逐渐建立起规整而完善的

① 参见张庚、郭汉城主编《中国戏曲通史》上册，中国戏剧出版社 1980 年版，第415—420 页。

② 顾起元：《客座赘语》，《金陵丛刻》本；徐渭：《南词叙录》，载《中国古典戏曲论著集成》（三），中国戏剧出版社 1959 年版。

昆腔格律体系，彻底摆脱了南曲戏文宫调之学混杂、曲牌句式紊乱、音韵平仄不明、八声阴阳不分的惯例。剧本体制的规范化，使戏曲创作有法可循、有例可依，从而为文人提供了便于操作的艺术样式，使他们得以运用自如地叙述故事，刻画人物，抒发情感。

在语言风格方面，由于大量文人染指戏文，把文人偏好雕词琢句的艺术思维方式和审美趣味带入南曲戏文的改编和传奇戏曲的创作中，这就大大改变了宋元和明初戏文"极质朴而不以为俚，极肤浅而不以为疏"的语言风格传统①。从嘉靖至万历前期，剧坛上几乎是文词派传奇作家的一统天下。文词派作家以涂金缋碧为能事，以堆垛为嗜好，将文人才情外化为斑斓文采，形成了典雅绮丽的戏曲语言风格。这种典雅绮丽的语言风格，有利于文人学士抒发其细腻含蓄的艺术情感，展示其婉丽幽邃的内心世界，因而成为明清两代传奇语言的主要审美格调。

看来，文人曲家对南曲戏文的选择，采取的是一种居高临下的思维定式，并不是对之俯从迁就，而是使之为我所用，表现出强烈的主体意识。在文人曲家那里，新型的传奇戏曲与其说是一种戏剧样式，不如说是一种文学体裁。他们所孜孜以求的，首先不是模仿南曲戏文写出一部便于舞台演出的"台上之曲"，以取悦平民观众；而是学习南曲戏文写出一部讲述寓言故事的"案头之书"，以满足主体需求②。正是"案头之书"的创作，使他们既得以接通艺术传统，又便于抒发时代感受。在这里，"诗言志"作为一种无法斩断的历史的源头活水，强行地注入了戏曲文体中，成为其不可或缺的文体构成要素。因此，文人曲家进行传奇创作，不啻于一种在现实中再造传统的语言实践。他们不懈地致力于创造一种雅俗共赏、观听咸宜的文学语言形式，并凭借这种努力确认文人自身的主体地位和主体价值。

对南曲戏文体制进行整形改造的直接结果，是文人的审美趣味潮涌般地注入戏文的肌体，促使戏文开始了彻底文人化的过程。任何一种新型文体的产生和存在，都是对传统文体的吸收和转化，即重新组合的结果，都与传统文体有着千丝万缕的关联，传奇体制也不例外。因此，南曲戏文文

---

① 吕天成：《曲品》卷上《旧传奇序》。

② 帅机评汤显祖《紫箫记》传奇说："此案头之书，非台上之曲也。"徐朔方编校《汤显祖诗文集》卷三四《紫钗记题词》引，上海古籍出版社1982年版。

人化的过程，也就是传奇戏曲逐步成熟的过程，传奇体制便在这种新旧文体的融合、转化之中渐趋定型了。

叙事兴趣的增长

深入考察传奇体制的确立这一历史现象，我们不难看出，明中后期文人在文化建构中具有双向选择性：对南曲戏文剧本体制的改造更多地得益于平民文化的滋养，对南曲戏文语言风格的更新则主要是承续着贵族文化的传统。传奇戏曲的兴起，就是在文人的主体选择中，两种文化传统不断抗衡又不断融合的历史。

对文人曲家来说，要做到以雅俗兼具的语言填词谱曲，这并不是不可逾越的困难，因为吟诗作赋本来就是他们的拿手好戏；最为困难的是生动地编撰一个故事，并且逼真地演述一个故事，因为这涉及艺术思维方式的根本性变化。万历间刻本《元曲选》卷首臧懋循《元曲选序二》谈到，同诗词相比较，"曲有三难"，即"情词稳称之难"、"音律谐叶之难"和"关目紧凑之难"。在"三难"中，"情词稳称"、"音律谐叶"因与传统的诗词创作同源，因此"在淹通闳博之士，皆优为之"；至于"关目紧凑"，即"宇内贵贱媸妍、幽明离合之故，奚啻千百万状，而填词者必须人习其方言，事肖其本色，境无旁溢，语无外假"，则涉及戏曲文学创作的基本规律，因而最为困难，"惟优孟衣冠，然后可与于此"。

的确，就艺术思维方式而言，诗文与戏曲有着明显的差异。诗文大多以文人自我形象的"独白"为主导，始终只有一个权威的声音；而戏曲则以人物的对话构成，在戏曲中人与社会的对话、人与人的对话、人与自身的对话，多种声音竞相鸣放，都具有对话的平等性，从而表现出对唯一的话语权威的反抗。

再进一步看，填词谱曲更多地承续着贵族文化的传统，这正是文人曲家力图挣脱却无法挣脱的精神束缚；而只有编撰故事、演述故事，才能使他们得以超越传统，不仅自由自在地抒发主体的情感志趣，而且随心所欲地汲取平民的文化滋养。万历间刻戏曲选集《吴歈萃雅》卷首周之标《题辞二》，曾对"时曲"（即时兴清曲）和"戏曲"两个不同概念的内涵作了深刻的比较，指出："时曲者，无是事，有是情，而词人曲摩之者也；戏曲者，有是情，且有是事，而词人曲肖之者也。"这就是说，时曲主要是一种抒情的演唱艺术，戏曲则是一种抒情性和叙事性兼备的演出艺术。时曲创作只是对感情的单纯摹写，戏曲创作则要求通过具体事件的叙述和描写体现出感情。因此，正如抒情性是时曲的艺术构造原则一样，叙事性是戏曲的基本艺术构造原则，它使戏曲在本质上有别于传统诗词，为文人曲家的艺术想象力和艺术创造力提供了广阔的天地。

文人对时曲与戏曲的本质区分表明，时至明中后期，叙事兴趣的增长已成时代潮流，与抒情趣味一争高下，并强有力地改变了中国文学的传统格局。这一变化正如美国现代符号论美学家苏珊·朗格（Susanne K. Langer）所说的："当叙述部分被作为作品的中心主题时，一个新的要素就被介绍进来，这个新的要素即情节趣味。它改变了主宰作品思想的完整形式。"① 在从南曲戏文到传奇戏曲的转型过程中，文人作家在叙事艺术方面进行了一系列的创造，这些创造无论多么浅陋粗糙，都比同时在抒情艺术方面的革新更具有开拓性的意义。文人作家对传奇叙事艺术的开拓，同时代文化权力的下移和文人主体意识的高涨是互为表里的。

出于文人主体意识的高涨，与南曲戏文作家对民间传说故事的津津乐道不同，在文人作家的传奇作品中，戏剧叙事的本体性质既不是戏剧故事也不是叙述行为，而是作家创作的主体情感、主体精神。简言之，在明中后期的传奇作品中，故事与叙述充其量只是客体，是对象，是文人作家赖以表现主体情感、主体精神的艺术载体、艺术符号或艺术手段。所以，寓言性成为传奇叙事的本体性质。正如万历间徐复祚《曲论》所说的，"要之传奇皆是寓言，未有无所为者"②。因此，以情为体，以事为用，便成为传奇戏曲叙事方式的主要艺术特征，并在很大程度上决定了中国戏曲艺术形态的基本特征——包括它的长处和短处。

正因为以情为体、以事为用，文人曲家在传奇艺术创作中充分肯定了艺术虚构。如沈际飞《题还魂记》指出，传奇可以写"不必有"之人之事，而表现出"必然之景之情"③。茅元仪《批点牡丹亭记序》批

---

① ［美］苏珊·朗格：《情感与形式》，刘大基等译，中国社会科学出版社 1986 年版，第 302 页。

② 《中国古典戏曲论著集成》（四）。

③ 汤显祖《玉茗堂四种曲》所收《牡丹亭》卷首，明崇祯间独深居点定。

评戏曲创作"合于世者必信于世"的主张，认为"凡意之所可至，必事之所已至也"①。王骥德《曲律》卷三《杂论上》指出："剧戏之道，出之贵实，而用之贵虚。"这种对艺术虚构的充分肯定，既是"诗言志"、"诗缘情"的诗歌抒情传统在新时代的变奏，也是对"实录其事"的史传叙事传统的突破，更是适应了风云多变的时代要求。汤显祖说得好："如今世事总难认真，而况戏乎？"② 的确，文人传奇作家对艺术虚构的充分肯定，在客观上是对难以"认真"的现实社会的清醒反拨，在主观上则表现了对审美创造的自由心态的热切向往。他们凭借这种自由心态，创造出一个貌似虚幻、实则真实的艺术世界，以之与貌似真实、实则虚幻的现实社会相抗衡、相对照，从而确认文人作为历史主体、文化主体的超越感和优越感。

　　正因为以情为体、以事为用，文人作家在传奇情节构成上明确标举"传奇"风范。从明中叶开始的文化权力下移趋势，促使文人对以贵族文化为典范的艺术传统产生了一种强烈的逆反心理，希求挣脱传统规范的束缚，因而表现出对传奇情节新奇怪异的自觉审美追求。如失名《鹦鹉洲序》说："传奇，传奇也，不过演其事，畅其情。"③ 茅暎《题牡丹亭记》说："第曰传奇者，事不奇幻不传，辞不奇艳不传；其间情之所在，自有而无，自无而有，不瑰奇愕眙者亦不传。"④ 明中后期一时间传奇名家无不如痴如狂地尚奇逐怪，演奇事，绘奇人，抒奇情，构奇局，从而形成"近情动俗，描写活现，逞奇争巧"⑤ 的"传奇"风范。这种"传奇"风范，鲜明地体现出文人作家对传统的守规范、严律矩、套模式、遵典型的审美规范的强烈不满和猛烈抨击，也鲜明地体现出文人作家确立自身主体价值的迫切要求。

　　总之，明中后期文人对叙事艺术的开拓，继承并突破了南曲戏文的叙事模式，从而建构了具有叙事性、寓言性、虚构性、传奇性的传奇叙事模式。

---

① 汤显祖《牡丹亭》卷首，明泰昌间刻朱墨套印本。
② 《汤显祖诗文集》卷四九《与宜伶罗章二》。
③ 陈与郊《鹦鹉洲》传奇卷首，明万历四十八年原刻本。
④ 汤显祖《牡丹亭》卷首，明泰昌间刻朱墨套印本。
⑤ 高奕：《新传奇品序》，《新传奇品》卷首，《中国古典戏曲论著集成》（六）。

文学主题的建构

然而，传奇戏曲艺术体制的确立和叙事模式的变化，毕竟只能满足文人对文体的外在需求，只有时代文学主题的建构，才能满足文人对文体的内在需求，从而促使传奇戏曲的真正繁荣。

概括地说，明清传奇戏曲在表层结构上展示了三大时代主题，即对社会政治中忠奸斗争的关注、对人性结构中情理冲突的探索和对历史演变中兴亡交替的反思①。细加探究，这三大时代主题具有一个共同的深层结构，即感性与理性的对立，亦即当时人们常说的"情"与"理"的冲突。这一对立和冲突，几乎存在于所有的传奇作品中，并构成这样一种潜在的主题模式：

情理共存（平衡）→情理冲突（不平衡）→情理融合（平衡）

这一潜在的主题模式，在传奇戏曲从转型到定型的过程中有着性质和程度不尽相同的展示。

法国叙事学家布雷蒙（C. Bremond）曾拟定一个著名的叙事逻辑序列②：

$$可能性 \rightarrow \begin{cases} 变为现实 \rightarrow \begin{cases} 达到目的 \\ 未达到目的 \end{cases} \\ 没有变为现实 \end{cases}$$

我们可以参照这一叙事逻辑序列，稍作修改，拟出如下主题模式的叙事逻辑序列：

---

① 参见郭英德《明清文人传奇研究》第3章《明清文人传奇的时代主题》，北京师范大学出版社1992年版。

② 参见［法］布雷蒙《叙事可能之逻辑》，载张寅德编选《叙述学研究》，中国社会科学出版社1989年版，第153—154页。

$$A1\ 感性与理性冲突 \rightarrow \begin{cases} A2a\ 选择理性化 \rightarrow \begin{cases} A3a\ 理性至上 \\ A3b\ 理性融合感性 \end{cases} \\ A2b\ 选择感性化 \rightarrow \begin{cases} A3c\ 感性至上 \\ A3d\ 感性融合理性 \end{cases} \end{cases}$$

下面我们抽样选取了元末至明末的五部戏曲作品，来观察上述主题模式的叙事逻辑序列在不同作品中的实际构成，以考察在从南曲戏文到传奇戏曲的转型过程中文学主题的演进轨迹。这五部作品是：高明（？—1539）的《琵琶记》，丘浚（1421—1495）的《伍伦全备记》，李开先（1502—1568）的《宝剑记》，汤显祖（1550—1616）的《牡丹亭》和孟称舜（约1600—1684）的《娇红记》。

《琵琶记》作于元代末年，是南曲戏文的代表作。剧叙蔡伯喈因双亲老迈，不求仕官，新娶赵五娘，一家和顺。紧接着发生了一系列感性与理性的冲突：在蔡伯喈那里，是思家恋亲的个人情感和严守道德的社会规范互相交战，这集中表现为所谓"三不从"，即辞试不从、辞婚不从和辞官不从。在赵五娘那里，则是夫妻离别的情感痛苦和奉养公婆的道德责任集于一身。在情节的具体展开中，人物时时处处都选择了理性化的方式解决冲突，最后达到理性至上的结果："有贞有烈赵真女，全忠全孝蔡伯喈。"① 当然，这种理性至上并非全然否定感性，而是感性绝对地从属于理性。全剧主题模式的叙事逻辑序列为：A1→A2a→A3a。

《伍伦全备记》约作于成化年间（1465—1487），这时传奇戏曲还正在南曲戏文的母体中孕育着。剧作叙伍伦全一家故事，将人物分别置于君臣、母子、夫妻、兄弟、朋友、师生等种种伦常关系中，充分展示了感性和理性在各种伦常关系中的冲突。在冲突中，人物始终坚定不移地选择理性化的途径，最终实现了理性至上："母能慈爱心不偏，子能孝顺道不愆，臣能尽忠志不迁，妻能守礼不二天，兄弟和乐无间言，朋友患难相后先，妯娌协助相爱怜，师生恩又义所传，——又一伍般伦理件件全。"② 全剧主题模式的叙事逻辑序列为：A1→A2a→A3a。

《宝剑记》根据《水浒传》小说改编，完成于嘉靖二十六年（1547

① 《琵琶记》第一出《副末开场》，清陆贻典钞本。

② 《伍伦全备记》第二十九出《会合团圆》［余音］，明万历间刻本。

年），这时传奇戏曲刚刚从南曲戏文的母体中脱胎而出。剧中忠臣林冲与奸臣高俅、童贯发生了激烈的政治冲突，林冲对朝廷的一片忠贞始终伴随着对母亲和妻子的深厚亲情，林妻张贞娘对丈夫义举的鼎力支持也始终交织着对家破人亡的悲怆感伤。虽然人物总是义无反顾地选择了理性化的途径解决冲突，但全剧却充满着理性制约下或者说理性范围中感情的奔突和沸腾，因而最后达到的是理性融合感性的审美效果，给人以情感的震憾，而不是伦理的教化。全剧主题模式的叙事逻辑序列为：A1→A2a→A3b。

《牡丹亭》脱稿于万历二十六年（1598），这时传奇已经基本定型，并风行于世。剧作主人公杜丽娘身为太守小姐，一直浑然不觉地生活在封建礼教的樊笼之中。诵读《诗经·关雎》和偷游府后花园，不由自主地催发了她的青春情感，而且一发不可收拾。在人的自然本性与社会的伦理规范的剧烈冲突中，杜丽娘选择了感性化的途径，经历了一番出生入死、起死回生的情感追求和情感实现的历程。作者强烈地宣称："第云理之所必无，安知情之所必有邪！"① 当然，这种感性至上的观念并不是完全取消理性，而仅仅是理性从属于感性。全剧主题模式的叙事逻辑序列为：A1→A2b→A3c。

《娇红记》作于崇祯十一年（1638），这时传奇已经完全定型，并发展到相当成熟的地步。在剧作中，当申纯和王娇娘的爱情追求与封建家长、社会强权发生冲突时，他们毅然决然地选择了感性化的情感实现方式，始则自由恋爱，继则私自结合，终则以身殉情。但作者自觉地以理释情，以情归理，认为申、王二人"皆从一而终，至于没身而不悔"，"始若不正，卒归于正"，所以堪称"节义"②。这样一来，感性就得以理性化，成为融合着理性的感性。全剧主题模式的叙事逻辑序列为：A1→A2b→A3d。

从以上五部剧作主题模式的叙事逻辑序列可以看出，理性至上→理性融合感性→感性至上→感性融合理性，是传奇戏曲从转型期到定型期文学主题演变的完整过程。细分之，从南曲戏文到传奇戏曲的转型，以理性融合感性的主题取代理性至上的主题为标志；传奇戏曲从转型期到定型期发展曲线的顶点，是感性至上主题的出现；而传奇戏曲的完全定型，则以感性融合理性主题的确定为标志。因此，以情为主旨，以情理冲突为核心，

---

① 《汤显祖诗文集》卷三三《牡丹亭记题词》。

② 孟称舜：《节义鸳鸯冢娇红记题词》，《娇红记》卷首，明崇祯间刻本。

以情理融合为归依，成为传奇戏曲基本的主题内涵。

那么，传奇戏曲这一基本的主题内涵有什么历史意义呢？这一问题，只有置于明中后期文化权力下移的现实情境中，才能得到准确的说明。

在明中后期文化权力下移的趋势之中，文人为了解脱以程朱理学为核心的贵族文化的束缚，确立自身作为文化主体的地位，在意识形态方面不能不努力建构一套有悖于传统的基本价值体系。这种新的价值体系内部必然交织着种种不同价值取向之间的剧烈冲突，而其中最富于时代特征并成为冲突焦点的，无疑是感性与理性的对立，即作为人的自然本性的"情"与束缚人性的纲常伦理的"理"之间的对立。《明史》卷二八六称：吴中自祝允明、唐寅辈，"以放诞不羁，为世所指目。而才情轻艳，倾动流辈，传说增益而附丽之，往往出名教外"。沈瓒《近事丛残》载："李卓吾好为惊世骇俗之论，务反宋儒道学之说。其学以解脱直截为宗，少年高旷豪举之士多乐慕之，后学如狂，不但儒教防溃，而释氏绳检亦多所屑弃。"在这里，"情"成为文人主体价值的象征，"理"成为古代传统文化的象征，二者尖锐对立，激烈冲突，争夺着意识形态的统治权力。于是，感性对理性的挑战、情与理的冲突，便成为明中后期文化权力下移的现实情境的核心问题。

任何时代的文学艺术创作都必然对现实问题作出及时的回应，并推进现实问题的发问与解答。明中后期文人之所以选择传奇戏曲作为表情达意的最佳文体，不正是因为戏曲最近人情、最畅人情、最快人情，因而是感性向理性挑战的最佳武器吗？传奇戏曲以情为主旨、以情理冲突为核心的主题模式，不正是情理冲突的现实课题的鲜明象征吗？汤显祖有一句名言："因情成梦，因梦成戏。"[1] 正是由于明中后期文人在现实社会中遭受感性与理性严峻对立的时代困扰，促使他们自觉地选择了传奇戏曲作为张扬感性力量、置换时代困扰的特殊方式，在审美的境界中极力确立自身作为文化主体的地位。同时，明中后期的文人也在阅读、欣赏传奇戏曲的语言实践中，感受到传奇文本的主题内涵与现实社会的时代困扰的强烈共鸣，从而更鲜明地体会到自身分裂、压抑或矛盾的境遇，从而激起对现存统治权威更强烈的反抗意志。这不正是传奇戏曲在明中后期风行于世的内在动因吗？

---

① 《汤显祖诗文集》卷四六《答孙俟居》。

那么，传奇戏曲的主题模式又为什么总是从情理冲突最后步入情理融合呢？笔者曾在《明清文人传奇研究》一书中指出，这是由于中国古代的文人阶层具有根深蒂固的依附性，他们对封建文化传统总是有着不以个人意志为转移的强大的向心力，因此总是以情理融合作为精神追求的最高境界①。这里还要补充另一个重要原因。这就是，中国古代社会的统治者有时尽管也赤裸裸地鼓吹理性至上，用极端的手段维持理性的精神权威，但更多的时候，他们则明智地依靠感性与理性的融合以达到精神统治的真正巩固，借助感性的力量来辅助理性权威的至上地位。这就是中国封建文化传统之所以旷日持久的原因所在：这种文化传统始终以人与自然、个人与社会、理性与感性的永恒和谐为归依，因而形成其难以击碎的坚硬意识形态内核。正是这种坚硬的意识形态内核，潜在地且有力地支配着传奇戏曲的主题模式，使之以情理融合为最终归依。

以情理冲突为始，以情理融合告终，传奇戏曲的这一主题模式，不正是中国古代文人心态的艺术写照吗？不正是中国古代文化传统的审美象征吗？

《中国社会科学》1997 年第 2 期

---

① 见郭英德《明清文人传奇研究》，北京师范大学出版社 1992 年版，第 118 页。

从启蒙主义到存在主义
——当代中国先锋文学思潮论

张清华*

摘要 本文认为,在当代中国文学变革过程中的一系列现象背后,存在着一个不断演变的先锋性文学思潮。它孕生于六七十年代,并在 80 年代和 90 年代经历了一个从启蒙主义到存在主义的演变过程。它在前期的艺术内涵与指向主要是现代性,后期则具有自我解构性。先锋文学思潮运变的基本逻辑是"唯新论",基本特征是摹仿性与本土化、原则性与策略性、异端性与正统性、中心性与边缘性、启蒙性与现代性等的对立统一。"唯新论"逻辑和从启蒙主义到存在主义的历程决定了先锋文学思潮的蜕变性,并导致了社会启蒙与个人话语、反抗中心与自我流放、不断变革与自我解构等一系列悖论,加之先锋本身的时效性与伪劣因素,致使先锋文学思潮存在着许多局限。

一 作为先锋文学思潮的"启蒙主义"与"存在主义"

"先锋派"、"先锋文学"作为对当代中国诗歌运动和小说现象的某种指代,多年来已广为评论界所谈论。但总观已有论述,悉为对某个具体流派、群落和现象的指称,如在诗歌领域主要是指 80 年代后期以来具有实验倾向的青年诗歌群落,后来又有论者将之扩延为包括朦胧诗在内的当代诗歌中的创新一族;在小说领域,"先锋派"则基本上是指自 1985 年前后鹊起的马原等人,及其在之后崛起的苏童、余华、格非、孙甘露等新潮青

---

* 张清华,1963 年生,文学硕士,山东师范大学中文系副教授。

年作家。在本文中，笔者则倾向于把他们及其相关的诸种创作现象和流向视为一个互相联系、互为呼应、互为转递变延的一个整体来考察，将其作为贯穿在中国当代文学整体的深刻历史变革过程中的一股不断求新求变的思潮来认识。在当代文学已走过了二十余年的变革历程并已发生了翻天覆地的巨变的今天，在新旧世纪的交接点上，笔者以为认真地回顾、梳理、分析和评判这一思潮是不无意义的。

历史的巨变不是空穴来风，本文之所以把众多的新异现象视为一个整体，是基于对诞生在 70 年代历史深处、又在 80 年代和 90 年代形成了波澜壮阔之势的一场文学变革运动的整体性认识之上的，是基于对这一运动背后所潜隐着的在思想与艺术流向上的同一性与历史逻辑性的整体把握之上的。"先锋"在本文中不是一个固有和既成的静态模式，它是一个过程，一种在历史的相对稳定状态中的变异与前趋的不稳定因素。在内涵特征上，它主要有两个层面，一是思想上的异质性，它表现在对既成的权力叙事和主题话语的某种叛逆性上；二是艺术上的前卫性，它表现在对已有文体规范和表达模式的破坏性和变异性上，而且这种变异还往往是以较为"激进"和集中的方式进行的。因为在文学演变的历史过程中，变革的因素是永远存在的，但"激变"却不常有，唯有一度时间中的激变，才构成"先锋"式的运动或现象。

以"先锋"指代某种文学现象显然与对西方现代主义文学的某种比附不无关系，关于它的西语词源及含义，有论者已专门探讨过[1]，这里不再详述。但事实上这一词语也是中国当代文学运动中很自然地生长出的"本土性"的概念。"先锋"在欧美文学中虽几乎是现代派的同义语，但并不常用。在中国 80 年代后期文学评论中的频繁出现，也并不绝对地意味着对西方文学的某种比附。尤其在诗歌界的使用，则基本上是基于"先锋"这一词语的汉语语义和本土语境而言的。事实上，1981 年徐敬亚在《崛起的诗群》中就相当自觉地使用了"先锋"一词来描述"朦胧诗"的特征，指出"他们的主题基调与目前整个文坛最先锋的艺术是基本吻合的"。这里，"先锋"显然是当前文学的"前沿"或"开路者"之意。此后，至迟在 1984 年，"先锋"一词作为一种方向和旗帜就已出现在诗歌中，骆一禾的一首诗就题名为《先锋》。这里，"先锋"之意显然也不是

---

[1] 见王宁《传统与先锋，现代与后现代》，《文艺争鸣》1995 年第 1 期。

出于对西方现代派诗歌的比附，而是对中国当代诗歌自身使命的体认。
1988 年前后，"先锋诗歌"一词开始较多地为创作界和评论者所使用，如
徐敬亚在他的《圭臬之死——朦胧诗后》一文中将北岛、顾城、江河、
杨炼、舒婷、梁小斌称为"引发全局的六位先锋诗人"；朱大可在他的
《燃烧的迷津——缅怀先锋诗歌运动》一文中亦将朦胧诗传统正式"追
认"为"先锋诗歌"。后来，"第三代"的写作者也开始以"先锋诗人"
自称。这样，"先锋诗歌"实际上便成了从朦胧诗到第三代的新潮诗歌的
一个总称。在小说中，"先锋派"称谓的出现似稍晚，所指亦相对狭义，
在特指马原之后的新潮实验小说时有比附于法国"新小说"的意思，但
"先锋"一词实仍取其"前驱"、"探索"、"实验"之汉语语义。

　　那么，我们应在哪一种意义上确定"先锋"的性质？在以"前工业
化"为基本特征的中国当代文化情境中，在以"现实主义"和"浪漫
主义"为主流构造的 20 世纪中国文学传统面前，"先锋"显然应具有
相对确定的含义，也就是说，它的起点的定位应是现代主义性质。正像
几位青年诗人与理论家在一次对话中所说的："中国诗歌所谓的先锋意
义应该确立在现代主义的范围内来谈，这是我们关注先锋诗歌的原因。
因为我们之所以关注先锋诗歌，是要通过它关注中国诗歌的现代化进
程。"① 对小说而言也同样如此。先锋的首要使命，就是要破除和改变由
平板的机械唯物论与庸俗阶段论所决定的"现实主义"独掌天下的时
代，正像法国的超现实主义者在抨击现实主义小说时不无偏激地指出
的："从圣·托马斯到安纳托尔·法朗士，现实主义的态度无不发挥于
实证主义，我以为它对智力和伦理的任何升华莫不敌意相对。我厌恶
它，因为它包孕着平庸、仇恨与低劣的自满自得。正是它，于今诞生着
这等可笑的作品……"② 这种情形正好类似于七八十年代之交中国文学
的基本背景。因此，基于这样的定位，所谓"当代中国先锋文学思潮"
实际上也可以理解为"当代中国的现代主义文学思潮"。但是这样一种
理解显然是不充分的，尽管"现代主义"本身包含了丰富的多元可能性
和历史发展性，但它毕竟又是一种侧重于审美方式、艺术风格或表现策

---

　　① 宋琳语，见朱大可、宋琳、何乐群《三个说话者和一个听众——关于诗坛现状的对
话》，《当代作家评论》1988 年第 5 期。
　　② ［法］布勒东：《第一次超现实主义宣言》（1924 年），见柳鸣九主编《未来主义·超
现实主义·魔幻现实主义》，中国社会科学出版社 1987 年版，第 242 页。

略的定性，似未能从内部的思维性质上涵盖当代中国的先锋文学思潮与运动的精神特质与历史脉动。在审视和把握这种精神特质和历史脉动时，笔者意识到"从启蒙主义到存在主义"也许是一种最切近其本质和最富历史感的定性和逻辑描述。

还须留意的是，笔者在使用"启蒙主义"这个概念的时候，并不是套用西方作为历史与哲学范畴的启蒙主义思想的概念，而是从当代中国的文化环境与80年代以来的文化实践出发的，它是一个"功能"范畴，一个文化实践的范畴，一个背景和一种文化语境。事实上，从功能的范畴看，启蒙主义在西方也不仅限于18世纪的法国，它是整个近代工业——资本主义文明确立过程中人类进步文化从萌生到确立的过程，从文艺复兴时期对抗神学蒙昧的人文主义，到法国大革命时期全面设计近代社会以人的基本权利与社会公正为核心的意识形态的启蒙主义运动，再到19世纪对资本主义文明所带来的异化后果与灾难悖论的激烈批判的各种思潮，包括在这一过程中所产生的各种文学思潮与现象，贯穿其中的一种最基本的文化精神及其起到的主要文化功用，在本质上都是启蒙主义的。如勃兰兑斯就曾认为，浪漫派"在方向上和十八世纪的主要思潮相一致"[①]。在当代中国，启蒙主义的概念又有了更新的含义，由于当代中国在封闭多年之后与世界现代文化的差距，那些具有当代特征的文化与文学思潮在中国也被赋予了某种启蒙主义的性质。换言之，最终能够在当代中国完成启蒙主义任务的，已不是那些近代意义上的文化与文学思潮，而是具有更新意义的现代性的和现代主义的文化与文学思潮，所以"启蒙主义语境中的现代主义选择"便成为80年代文学的一个基本的文化策略[②]。同样，笔者在这里所使用的"存在主义"一词，也并不完全等同于西方19世纪后期以来的存在主义哲学，它在这里的相对性是显而易见的，即它完全是与启蒙主义以人文理性为核心、勇于担负社会正义和责任相对而言的以个人精神为核心的价值取向，它是个体的自觉，"关于个人、关于自己存在的哲学"[③]，它不再倾向于社会、公众、理想、真理（社会道义上的）等绝对的价值，

---

① ［丹麦］勃兰兑斯：《十九世纪文学主流·流亡文学》，张道真译，人民文学出版社1980年版，第4页。

② 参见张清华《新时期文学的文化境遇与策略》，《文史哲》1995年第2期。

③ ［日］今道友信：《存在主义美学》中译本前言，崔相录、王生平译序，辽宁人民出版社1987年版，第93—95页。

"群众乃是虚妄"，"为真理作判断的公众集会已不复存在"①。从写作的
方式上看，它更多的是强调关注个人内心、个体生命体验、个体生存状
况，"去尊重每一个人——确确实实的每一个人"②，"以个人的范畴标明
我的文学作品之始"③。在风格上则由于其虚无和幻灭的价值观而近乎于
荒诞和反讽，这与启蒙主题文学的崇高、悲剧和庄严的风格也形成了鲜明
对照。不难见出，以"个人化"的生存状态取代"公众"的精神理想，以
个体叙事取代群体性"宏伟叙事"，也正是 90 年代文学相对于 80 年代文
学的最明显的逻辑转折。

二 从启蒙主义到存在主义：当代先锋文学思潮的演变轨迹

1972 年秋，插队白洋淀的多多等四位青年诗人，在圆明园举行了一次
野炊活动，在大水法残迹前合影一张，"戏题曰：四个存在主义者"。这大
概是"存在主义"第一次在当代中国文学中的"登台亮相"，这一登台亮
相无可争议地称得上是一种"先锋文学"姿态。但是，从总体上看，在这
一历史区间内，先锋写作的基本立场却并未抵达存在主义，而显然是启蒙
主义的。只是由于在这一时期极少数的突进者与整个时代和社会之间的游
离和叛逆的关系，才使得他们的写作显得特别孤独和具有"个人化"的
"存在主义者"色彩。

事实上，具有启蒙主义主题性质的文学创作还可以追溯到更早的时
间，早在 60 年代，黄翔、哑默、食指等人就写出了他们的第一批作品。黄
翔写于 1962 年的一首《独唱》，是迄今为止人们发现的当代最早的以个人
化的方式反抗社会的作品；他写于 1968 年的《野兽》和 1969 年的长诗
《火炬之歌》等作品，更加明确地表达了对血腥暴力和专制迷信的深刻思
索与批判的主题，作品中贯穿了驱除黑暗，重新唤起人们的理性、良知、
人性和判断力的强烈愿望与悲愤激情。哑默和食指也分别在 1965 年和
1968 年写下了最早的批判和思索主题的作品。之后在 60 年代末和 70 年

---

① ［丹麦］克尔凯戈尔：《"那个个人"》，引自［俄］考夫曼编著《存在主义》，商务印书
馆 1987 年版，第 93—95 页。

② 同上。

③ 同上。

代前期，白洋淀地区又涌现出以芒克、多多、根子、方含、林莽、宋海泉、白青、潘青萍、陶雒诵、戎雪兰等插队知青为主要成员的一个远离时代主流政治的充满异端思想的"白洋淀诗歌群落"。它的"外围"又吸引了一批虽未在白洋淀插队，但却与他们交往密切、常来此间"以诗会友、交流思想"的青年人，如北岛、江河、严力、彭刚、史保嘉、甘铁生、郑义、陈凯歌，他们也是"广义的""白洋淀诗群"的成员。

上述诗歌群落不但标志着中国当代启蒙主义文学思想的诞生，同时也可以视为整个先锋文学思潮的真正发端。从这个意义上看，以往人们仅将出现在七八十年代之交的"朦胧诗"作为当代新型文学发展流向的起点是不够的。朦胧诗是前者的承袭者，它与前者的不同之处在于对社会现实介入和作用的程度，前者存在于较小的圈子内，基本上是个人精神空间的产物，而朦胧诗则由于它处于"拨乱反正"的政治变革时代而得以参与社会并获得了"公开发表"的机会。

从"白洋淀诗群"的诞生到 80 年代中期的"寻根文学思潮热"，推动当代文学与文化变革的先锋文学思潮的性质基本上是启蒙主义的，它依次推动并孕生了下列文学现象：70 年代末的"今天派"；1980 年以后被命名的"朦胧诗"；1979 年到 1980 年前后形成的"意识流小说"；1982 年到 1984 年期间形成的"文化诗歌运动"；继而在 1984 年，四川成立了以石光华、黎正光、王川平、宋渠、宋炜等为主要成员的"整体主义"诗派，与之呼应的有欧阳江河、廖亦武、牛波、海子等；另外还有 1984 年到 1986 年的"寻根—新潮小说运动"。"寻根小说"的问世大致以 1984 年的两篇影响最大的小说——阿城的《棋王》和张承志的《北方的河》为标志，其理论自觉是以 1984 年底的"杭州会议"和 1985 年韩少功等人的几篇宣言式的文章为标志。"新潮小说"的问世大致以 1984 年马原的一篇《拉萨河女神》为标志，它体现了当代小说在几年前"意识流"探索基础上的一次质的飞跃。新潮小说的主要流向大致有三种，一是以马原和扎西达娃为代表的描写西藏宗教风俗的一支，具有强烈的"魔幻派"和"超现实主义"倾向；二是以莫言为代表的表现传统民间文化和农业自然的一支，同样表现出鲜明的魔幻意味，但更加突出了感觉和潜意识的作用；三是被称为"荒诞派"的一支，以徐星、刘索拉、陈染等人为代表，他们的作品不但最先通过"荒诞"而揭示了"存在"的状况，而且从内容和风格气质上也显示了对传统价值的全面挑战。"新潮小说"有两点特别值得注意，一是它与"先锋小说"的概念已相当接近，人们通常指称的"先锋小说"是第一批作家如马原、莫言、残雪等，就是随着"新潮小说"出场和成名的；二是种种迹象表明，"新潮小说"已显示出先锋文学思潮从启蒙主义主题向存在主义主题过渡的趋向。此外，新潮小说同寻根小说的部分交叉也是明显的，如韩少功的"湘西系列"，王安忆的《小鲍庄》等都带有新潮小说的超现实特征，而马原和扎西达娃的西藏系列小说也同样具有浓郁的文化寻根意味。这都清楚地表明了先锋文学在80年代中期的过渡与转折迹象。记录了这种转折轨迹的还有从80年代初期一直持续到后期的"现代主义戏剧"的实验热潮。

总体上看，上述文学现象都在各自不同的时间阶段上构成了当代文学变革进程中最关键的因素。从内容层面上，它们一直高举启蒙主义的旗帜，不断为当代文学乃至社会注入摆脱极左愚昧的精神禁锢的思想力量。而且从纵向发展过程来看，它们还体现了从社会启蒙到文化启蒙，从当代思考到历史探寻的深化过程。从美学选择与艺术追求上看，它们则体现出不断向现代主义迈进的趋向，促使当代文学逐步突破了庸俗现实主义和虚假浪漫主义的框子。从抒情或叙事方式来看，它们一直是以叛逆和对抗的姿态寻求自己的独立方式，从早期以个人性的抒情或叙事对抗庸俗化了的群体性抒情或叙事，逐渐过渡到以正义与民主的（公众性的）宏伟抒情与叙事对抗极左文化及其惯性所支配的政治性宏伟抒情与叙事，再到以民间、历史和心灵为时空载体的文化性抒情与叙事超越以当代生活表象为载体的社会性抒情与叙事。当代文学的每一重大突进，都与它们的推动和引领有着根本和直接的因果关系。

80年代中期，先锋文学思潮的发展进入了一个转折期和复合期。尽管启蒙主义的文化语境尚未彻底瓦解崩溃，但存在主义已迅速溜出书斋而伴随商业物质主义价值观念的发育堂而皇之地进入社会，成为一种颇为时髦和激进的文化精神，"个人"开始"从群众中回家"①，个人性的境遇与价值开始代替启蒙主义的"社会正义"与"公众真理"而成为人们思考问题的新的基点。因此，用个人性的价值和私人性的叙事实现对原有公众准则和宏伟叙事的背叛和超越，便不可避免地成为新的先锋文学精神。

---

① ［丹麦］克尔凯戈尔：《"那个个人"》，引自［俄］考夫曼编著《存在主义》，商务印书馆1987年版，第93页。

但这样一个过程是逐渐完成的。在相当长的时间，存在主义和启蒙主义是共存的，而且在80年代相对庄严的语境中，存在主义思想的传播本身也表现为某种"启蒙"的功用，如新潮小说、第三代诗、非非主义等。但是，这些派别也都有一个明显的立场的转化，即都已不再是以原来的社会学立场理解文化问题了，结构主义文化学和结构主义语言学分别构成了"整体主义"、"新传统主义"、"女性主义"和"非非"诗派的方法论。如"新传统主义"者声称，他们"除了屈服于自己的内心情感"，"不屈服于任何外在的压力"，"我们只有向前扑倒在自己这个传统里"。① 历史和传统的当代化、个人化、心灵化和隐喻化，不但呈现出结构主义历史方法论的特征，而且也隐示出存在主义的思想内核。在另一个游离者海子那里，海德格尔的哲学与诗学思想已得到了很生动和贴切的回应，大地和女神，构成了海子形而上的生命体验世界的二维空间——存在的归所（大地）和引导认知的凭借与方向（女神，神性体验与思维）。至此，存在主义的两个端子，个体生命体验的视角与个体的价值判断，以及诗性的存在追问与言说，都已露出端倪。

存在主义与结构主义分别成为文学的两个内在与外在的原则性方法，在1987年出现的"先锋小说"思潮之后，表现得日益明显。在先锋小说中，存在着两个共在的分支。一是"新历史主义"的一支，苏童、格非等人的"家族历史小说"、过去年代的"妇女生活"小说，叶兆言的"夜泊秦淮"等历史风情小说，以及晚近的陈忠实的《白鹿原》、莫言的《丰乳肥臀》等长篇小说，都是这一新的历史观念与思潮的产物。在这一观念的外围，更是出现了大量的"新历史小说"文本。归根结底，"新历史主义"不再像寻根小说那样将匡时救世、"重铸民族精神"作为自己不能承受之重的使命，而将历史变成了纯粹审美的对象，变成了作家人性体验与文化探险的想象空间。"先锋小说"的另一支是面对当下生存情状的寻索者，其基本的写作立场来源于存在主义哲学的启示，从80年代中期的残雪到稍后的马原，以及跨越八九十年代的余华、格非、孙甘露等，基本上都是以"寓言"的形式写人的生存状态。有些作品从叙事角度看，除了隐喻式超现实叙述的特点之外，较多地受到结构主义叙事学的影响和启示，所谓马原式的"叙事圈套"和格非式的"叙事迷宫"都是典范的例证。

---

① 《1986，中国现代主义诗歌群体展览》，《诗选刊》1987年第2期。

1993 年后，是当代文学思潮与运动整体停滞、瓦解和调整的时期。先锋写作出现了两个明显的转向，一是更加偏执的"边缘化"运动——标举私人性话语与个人化写作；二是更加激进的解构主义策略，拆除此前的庄严叙事，以此来构成他们自己——已被命名为"新生代"或"晚生代"的新的先锋内涵。边缘化运动一直是先锋思潮的既定走向和策略，而在 90 年代，它所对抗的已不再是旧式的主流叙事，而是启蒙作家的宏大叙事和先锋小说作家的寓言性的深度叙事。以韩东、朱文、鲁羊等人为代表的新生代小说家，基本上都放弃了先锋作家对历史和存在的深度勘探与寓言讲述，放弃了他们的忧患、悲剧与绝望的风格，而代之以当下生存喜剧与欲望的书写，他们以某种刻意"削平深度"的姿态讲述个体生存状况。与他们相近邻的 90 年代以来不断获得理论启示和话语自觉的"女性主义写作"，如陈染、林白等人的作品，也是以"私人化"的生活经验为叙述对象。从一定意义上说，尽管新生代作家和女性主义作家们不再强调在文本中的社会和文化的深度寓意，但仍具有人性的深度，是一种更为具体和个案的存在勘探。

解构主义的写作立场有显在的和潜隐的两个层面，对多数新生代小说家来说，他们的解构主要表现在文本的意义层面，即前文所述的对原有启蒙宏伟主题叙事和存在寓言的深度叙事的拆解，其主要表现是叙事的碎片化、意义的空心化和深度的取消，这种解构是内在的，在文本表层和叙述话语中并不明显，而另一种显在的解构主义写作是在表层话语中直接表达其反讽、戏仿和嘲弄的姿态。

1995 年以来，"现实主义的复兴"成为新的热点，它是先锋文学思潮整体衰微和停滞的一个结果和反证。它与几年前的"新写实"思潮虽然不无联系，但在叙事态度与艺术风格上却更靠近传统现实主义。它表明，一场历时已久的文学的精神高蹈运动已开始真正回到现实地面，一些先锋小说家也开始不由自主地向它靠拢。

然而，对曾经波澜壮阔但至今却即将终结的先锋文学运动的怀念并未消失。尽管"后现代主义"者们在努力描绘着一幅消解传统、拆除深度、摒弃情感、放逐理想的文化解构的图景，但根深蒂固的启蒙情结仍未完全消失，它仍通过各种途径与形式证明自己的存在和转向。只是在变化了的语境中，以原来的一维进化论为价值指归的激进主义已经不再具有唯一的合理性，而力倡对当下文化情境的批判；重建"人文精神"的呼声则愈益高涨，甚至重倡"文化保守主义"的思潮也不断在文学界掀起新的冲击波。从某种意义上说，"保守"反而具有了"激进"和"先锋"的形式与性质，这是很令人惊奇和困惑的。种种迹象表明，当代文学已经步入了一个更加复杂、矛盾和具有相对主义的困惑时代，先锋思潮也必然面临着瓦解、分化、转型和停顿。

三　当代中国先锋文学思潮的基本特征

探讨当代先锋文学思潮的基本特征，显然应当在其"现代性"范围内来考虑。正是基于20世纪中国文学现代性的必然逻辑趋向，才会在当代发生一场旷日持久且波澜壮阔的先锋文学运动。

那么，先锋思潮有没有绝对性的逻辑与特点？无疑是有的，这就是由它的"现代性焦虑"所驱动的"唯新论"的运变逻辑。在80年代，"新"具有充分的合法性和合目的性。基于此种逻辑，80年代各种文学现象的命名便都不约而同地冠以"新"字，甚至连"保守主义"都冠以"新"字，同时又辅以"后"或"晚"字，这里当然包含着90年代文化语境的某种微妙变化，但"后"或"晚"，究其实质所表达的还是更新换代之意。

这种浮光掠影式的描述只是从表面反映出当代先锋文学思潮仓促迭变的历史动向。更内在地看，它反映了当代中国充满"现代性焦虑"的启蒙主义语境中文化的必然逻辑，即一种类似于进化论的价值指归，在巨大的历史期待面前，文学进程的展开不能不表现为单纯纵向维度上的竞赛。正是这种"唯新论"的"时间神话"观念注定了当代先锋文学思潮不断表现为浪涌波翻的运动形式与景观。

然而仅有这种绝对的"新新新"、"后后后"的时间逻辑，先锋文学思潮恐还不能真正立足并成为推动当代中国文学历史进变的力量，它还充分表现出各种对立统一的特征。

一是摹仿性与本土化的统一。当代中国所出现的所有新型文学现象无一不对应着某种西方文学思潮或哲学方法的影响和启示。摹仿意味着对西方文化中心与话语权力的认可和崇拜，对纵向时间链条上的西方文学与文化现象与思潮的次第引进与仿制，又恰好构成了当代先锋文学思潮演变的时间秩序。由于它对西方文化及其话语权力的皈依与借用，正好重合了当代中国文化的"现代性焦虑"与期待，所以它本身相对于原有的本土文化结构就具有了某种"优越权"，"先锋"一词的力量及其在当代语境中的某种神圣感实际上正是得自于这种"优越权"。然而对这一点，由于涉及一个极为敏感的民族自尊问题，当代知识分子在表述这一特征的时候大都有意绕道而行，或者刻意强化一个"世界文学时代业已来临"的神话。但这一切都掩盖不住一个事实，即当代中国先锋文学的现代性的获得，首先基于对西方现代文学的模仿。

但是，先锋思潮自身的生长过程同时也基于历史教训和当代文化的规限而表现出强烈的本土化意向，具有先锋倾向的评论家每每在指涉新潮文学的现代性的同时，郑重申明它们的本土性。这不仅仅是为新潮先锋文学提供另一个合法身份，同时也作为一种民族文化的规定性、一种民族意志和情感而溶解在其中。难怪在 80 年代中期，中国新潮作家们所受到影响最直接、最深刻且最"情愿"的不是别的，而是拉美具有强烈本土文化色彩的魔幻现实主义。从他们身上，中国的先锋派作家看到了自己的希望，在由此而掀起的"寻根—新潮"小说浪潮中，先锋派作家的兴奋与其说是找到了一个适于借鉴的外来艺术方法，不如说是找到了一个进入自身民族文化的关键入口。这一入口对先锋小说也是极为重要和关键的，新历史小说的孕生与兴盛正是它发展和衍化的结果。

二是原则性与策略性的统一。这一点或可表述为先锋性与应变性、前演性与自我调整性的统一。所谓原则性是先锋文学在思想、文本与艺术上的一些既定指向，比如思想上的启蒙主义性质或个人化价值指归，文本特征上对既有模式的挑战与超越，艺术上的追异求变，等等。但基于当代社会与文化多重矛盾的复杂语境，这些原则常常表现为特定情境下的具体策略，这种策略有时带有整体性，如 80 年代即表现为"启蒙主义语境中的现代主义选择"，80 年代后期以来又发育出一种比较普遍的"解构主义"策略，但在多数情形下这种策略性又有更为具体和多面性的表现。首先，在应对社会学话语、意识形态思维模式与旧式主流文化方面，"朦胧诗"及与之同行的评论家曾遭受过惨痛的教训，社会学话语与意识形态思维方式总是以自己固有的阶级论的二元对立观，对新的创作现象进行误读，将艺术范畴和学术领域的讨论政治化，并据此提出"是社会主义，还是现代主义"[①] 的质问，作出所谓"新的诗歌宣言"即

---

① 郑伯农：《在崛起的声浪面前》，《诗刊》1989 年第 6 期。

是"资产阶级现代派的诗歌宣言"、"资产阶级自由化的宣言书"① 的推论和判断。有鉴于此,稍后的新潮文学则更多地放弃了对社会学主题的思考而进入了"人类学"的主题空间(这当然也是文学的自然进步)。人类学主题给历史、文化和人性的表现提供了一个崭新和陌生的观照视点和编码方式,不易以旧式社会学方式进行简单的比附,因此,80 年代中期以后旧式批评话语不得不在他们无法解读和对话的"新话语"面前哑然"失语"或暂持沉默。而新潮批评家们则更兴趣他移,别开"文体研究"和"形式批评"的新战场,从而摆脱了原来那种既尴尬又危险的境地。在新潮作家那里,他们对旧式意识形态思维的阴影仍怀有本能的恐惧并希望彻底消除它们,但他们变得更聪明,对前者采取的是一种"戏仿"和"软性消除"的方式。莫言《透明的红萝卜》中公社革委会副主任"刘太阳"的讲话,王安忆《小鲍庄》中"文疯子"鲍仁文的广播稿,还有其中另几个人物的名字"文化子"、"建设子"、"社会子"等,尤其是王蒙《冬天的话题》、《选择的历程》中通过"洗澡"和"拔牙"的生活细节对旧式意识形态话语的嘲讽性的戏仿,这种戏仿在王朔等人的小说中就更为常见。其次,在推进形式上,由于先锋思潮不断受到来自社会和原有艺术秩序的抵制,所以也常常采用迂回或折中的方式。如在朦胧诗受到批评时,杨炼、江河等人就更加自觉地转向了"文化诗歌"的写作;90 年代初期个人性的先锋写作受阻时,一些作家就适时地转向了"新写实"。在某些可能的情形下,先锋思潮也会表现出比较激进的策略。再次是写作角色的"中性化",这一点可能得自罗兰·巴特的"零度写作"的启示。另外,"反题化"的写作,即自我断裂和否定的解构策略也使先锋思潮内部保持了一种自我更新与生长的活力。在 80 年代中期以后的诗歌和 90 年代以来的"新生代"小说中都很普遍地存在着反题性的写作方式,如诗歌中的"他们"和"非非"等团体以及伊沙等人,小说中近年来的徐坤、朱文等人,都具有很典范的"反题"写作文本。

三是异端性与正统性的对立统一。异端性是先锋思潮的本质特性,没有异端性就谈不上什么先锋性,然而这种异端性最终又须找到与正统性之间的联系或转化为正统性,否则就无法最终成为整个文学历史进程

---

① 程代熙:《给徐敬亚的公开信》,《诗刊》1983 年第 11 期。

的有机组成部分。这当然是文学发展内部的机制和规律。先锋思潮本身正是不断从异端转化为正统的过程，而今，那些当初被视为异端的现象，如朦胧诗、新潮先锋小说，早已成了被超越、被解构甚至被戏仿和反讽的对象了，当初人们曾谈之色变的现代主义而今面临着"后现代主义"这个新的庞然怪物已显得那样可靠和令人怀念了。这当然是时间和历史代谢的结果，不过，对于当代中国的先锋思潮自身来说，由于它面对着格外强大的传统背影和格外强烈的变革欲望，就格外需要它在化异端为正统方面具有自觉性。就像萨特面对人们"将存在主义指责为诱导人们安于一种绝望的无为主义"时，又将他曾概括为"他人即是地狱"的存在主义解释为"一种人道主义"一样，先锋作家也努力使他们的主张和创作的合法性建立在与传统、本土和现实的联系之上。异端终将变为正统，不必害怕、更不应敌视当下具有异端性质的东西，80年代中期的创作界大都形成了此类共识，但他们仍更乐于接受"取道"拉美第三世界传进来的西方美学思潮，"魔幻现实主义"的旋风一下席卷文坛就未遇到任何"抵抗"，因为它已经将异端"装饰"为正统。在许多作家、评论家那里，都更自觉地将那些取自"西方文化"的概念转化为"世界性"的，将借鉴于西方的表面行为下的"重振民族古老文化"的目的性予以充分阐述。目的性提前显示在过程性之中，异端自然亦不成其异端。如产生并一度兴盛在八九十年代之交的"新写实"也是一个直接以"正统"形式出现的新事物。"写实"、"现实主义"这些词语都几曾是正统文学观念的同义语，冠之以"新"字重新推出。虽然这一现象事实上蕴含着来自现象学和存在主义哲学等西方现代思潮的影响启示，以及具有反典型、反拔高等明显的异端特征，但由于它具有"写实"这一正统性的称号，仍在这一时期得到了各方认可。相形之下，与"新写实"实同出一辙的先锋小说，却由于其"偏离"了现实生活和冠之以"先锋"这一异端性称号而受到指责和批评。

四是"中心"与"边缘"的互位性。先锋文学思潮所孕育的众多文学现象在各个时期出现之始，无不是处在与原有的文学中心话语相对立的边缘地带。六七十年代是"民间"对"主流"的对抗，先锋写作一直处在某种"地下"状态；七八十年代之交是以新的启蒙主题对抗原有的旧式意识形态中心，其中有两种情形，一是以个人性的人本主义（如顾城）对抗旧式的政治暴力，二是试图另外建立一个启蒙主义的政治性叙事与抒情（如北岛、江河等）以对抗原有的旧式意识形态，两者显然都是以置身边缘的"挑战者"的姿态出现的；80 年代中期崛起的新潮小说和第三代诗歌，除了以激进、乖张和偏执的（当然也是边缘的）艺术风格、现代主义甚至"后现代主义"的叙事与抒情方式冲击原有的正统文学观念以外，还刻意标张一种世俗的、平民化的、反精英、反正统、反主流的价值观念（如刘索拉、徐星等人的小说，第三代诗中的"他们"、"莽汉主义"等）；到 90 年代，原有的反抗旧式意识形态中心的边缘姿态更演变成了解构一切正统文学观念、包括启蒙主义文学观念的边缘姿态，以反启蒙叙事解构启蒙叙事（如徐坤），以戏谑性叙事消解庄严性叙事（如朱文），以个人化、私语性的叙事拆除宏伟主题叙事（如女性主义写作、"晚生代"小说群），等等。显然，边缘化的姿态一直是先锋文学思潮在其崛起和不断演变过程中根本性的立场。但是从另一方面看，当代中国特定的文化语境——启蒙主义与现代性的历史期待、"唯新论"的价值标尺与演进逻辑，又都赋予了先锋文学思潮以某种"权力"，铺平了它们通向"中心"的道路。从当代中国的这一特定语境与逻辑出发，只有先锋性——现代性才更意味着特定的合法地位与优越权。因此随着时间的推移，先锋思潮及其在各个时期的文本现象几乎都已无可争议地获取了"中心"地位，并在今天构成了一部"新时期文学史"的主体框架。从另一角度看，由于先锋思潮本身的递变性与自我超越性，某一阶段的"边缘"相对于下一个阶段即成了"中心"，成了下一个"边缘"要反叛和对抗的对象，比如朦胧诗相对于主流诗坛曾是边缘，但它很快取得公众的认可之后，第三代诗人则又把它当成了必须反抗的"中心"。

　　除此之外，先锋文学思潮还有一系列矛盾统一的特征，如启蒙性与现代性、前趋性与蜕变性、统合性与分裂性等。以前者为例，启蒙性具有现代性，但现代性却不仅是启蒙性，它更具有与启蒙性相对立的个人性、非理性、反社会性等内涵，90 年代文学就明显地表现了这样的特征。另外，先锋思潮由于受到各种主客观因素的制约，常在激进的同时不经意地走向了保守，在顺序演进的同时出现旧的"借尸还魂"，等等。这些限于篇幅，不再展开详论。

四 先锋文学思潮的局限、悖论与谬误

在以上对先锋文学思潮诸特征的分析中，我们实际上已看到了它多重的悖论性与局限性。首先，由其"现代性焦虑"所驱动的"唯新论"的运变逻辑所决定，它虽然在80年代形成了波澜壮阔的运动式景观，并在最短的时间里完成了"走向现代"与"走向世界"的运变过程，但这一"从启蒙主义到存在主义"的过程实际上也是一个上升中下降的过程。另一方面，启蒙主义的主题还导致了一个"社会性阅读"的现象，引起了公众普遍的关注、参与、对话和讨论，造成了前所未有的"轰动效应"，赋予他们以烛照自我、启迪意识的"自我启蒙"的激情与理性。然而，也正是由于这种启蒙理想与激情所创造的进化论神话，将先锋文学自身推向了"拼命追逐新潮流"的焦燥之中，"唯一的区别只在于谁比谁'更新'，谁比谁更具有当下炒卖的新闻性'热点效应'"。在这种情形下，人文知识分子的"怀疑精神、独立思考和独立人格"便不能不被削弱乃至取消。"唯新论"演变逻辑使启蒙主义主题未经充分发育就迅即退出了"先锋"的舞台。

时间轨道上的疾跑从历史与文化观念中的群体性激动终于落入了个体生命世界中的孤独与"此在"的沉思默想。从高蹈到地面，从神话到荒谬，从狂热到冷寂，从宏伟的叙事到个人的叙事，这似乎是必然的。"群众已经解体"，正像丹尼尔·贝尔所说，"真正的问题都出现在'革命的第二天'，那时，世俗世界将重新侵犯人的意识，人们发现道德理想无法革除倔强的物质欲望与特权和遗传"。① 80年代后期，随着商业物质主义的迅速弥漫，存在主义哲学以其强烈的价值变异和具有边缘色彩的个人立场，逐步成为人们心目中新的先锋话语。无疑，从创作本身来看，这一新的先锋话语使文学真正沉静下来，成为回归个人和心灵的精神创造活动。它的主题也真正开始关怀具有独立意义的人的命运与存在状况，群体的共同话语变成了个人的个性化话语。而且从创作所达到的人性与精神的深度上看也是空前的。但是，相对于整个当代中国的文化使命和80年代的启蒙主

---

① ［美］丹尼尔·贝尔：《资本主义文化矛盾》，赵一凡等译，生活·读书·新知三联书店1989年版，第75页。

义文化语境而言，它却同时表现出极大的背离倾向。一方面，个人生存的价值倾向所产生的悲剧与荒诞体验，必然会彻底清除原有关于社会拯救和终极价值的理想主义神话，消除先锋文学作为文化行为的启蒙性质和作为精神活动的高蹈状态，消除作家原有的激情，使文学的精神品位呈现出整体"下沉"的趋势；另一方面，个人化的生存体验与个人话语也必然构成阅读上的更大障碍——说得更直接些，在日趋个人化和"私语性"的文本面前，已不可能存在原有的社会性阅读。进入90年代，大众读者被迫放弃了对先锋文学的关注情趣，因此，整个先锋运动便已完全成了一种"边缘化"的写作行为，成为与主流文化和大众文化都不搭边的独行者和自语者，最终完成了对自我的"流放"，变成一个个孤立无依的个人的小乌托邦。

上述是先锋思潮在纵向运变过程中的一个悖论，其次我们还可以从一些更具体的角度来看看它自身的悖谬。

第一，先锋文学本身总体的启蒙主义语境与现代主义艺术策略之间的矛盾、启蒙主题承载同文学的文化语意之间的偏差性的矛盾。先锋文学的总体使命应当是启整个民族（最起码是文学）的现代性之蒙，它要想贯彻这种思想，一是必须用社会的和明晰的"共同话语"将之传播给公众；二是必须用所有最新的思想与方法来实现"自我更新"。然而事实却证明，前者在操作过程中总是充满了危险，或者使文学文本自觉不自觉地被纳入到社会话语世界中，使它陈旧呆板、缺少新意，或者在政治语意中遭受误读，在意识形态概念中将其对号入座，在当代文学中已有多少作家因此而蒙受了不可挽回的悲剧命运！这样，作家们在历经多年寻找之后终于在文化层面上建立了自己的话语立场与语意世界，"寻根文学"就是它的结果，它喧腾一时的辉煌仿佛也真正地昭示过这种构想的成功，然而文化话语本身的多向特性、文化主题的非社会价值立场却又会陷启蒙主题于迷失。比如韩少功，他的"楚文化系列"中所描写的那些原始野性而且充满着迷狂与愚昧的生活景象，同他要使传统文化"获得更新再生的契机"、"重铸和镀亮"、"民族的自我"的目的之间不能不是矛盾的。就后者而言，"自我更新"的结果是现代主义的个人性和偏执化的艺术策略与启蒙使命之间出现了游离，现代主义的艺术运动不但扼制了启蒙主义主题的发育，而且迅速使之陷于土崩瓦解的境地。1985年的新潮小说、带有"仿嬉皮士"色彩的刘索拉和徐星的小说、1986年高举"反文化"大旗的第三代诗运动、1988 年以后王朔的新市民小说（这几种现象甚至被不少评论者指称为"后现代主义在中国的出现"），这些都是以反启蒙立场和反启蒙叙事（抒情）的姿态出现的。而另一方面，启蒙情结所支配下的"现代性焦虑"又注定要反过来揠苗助长式地推进现代主义艺术的历史进程，使之带上焦燥、骚乱、肤浅、羸弱和早夭的一系列不幸特质。由此，曾以历时形式在西方近代文学和现代中国文学历史上展开的那些不同的文化立场与艺术策略，在当代中国文学中几乎是同时展开的。这一切构成了先锋文学本身焦虑、迷乱和互为游离解构的状态，尽管看上去轰轰烈烈，实际上却缺少层次和秩序。

第二，解放与解构之间的悖论。启蒙意识的注入使 80 年代文学实现了从政治主题到文化主题、从社会话语到文化话语、从意识形态中心的认识论叙事到艺术化和个性化的审美叙事的转递和解放，启蒙主题也在这一解放过程中得到一度显赫的表现。但是，由此产生的惯性滑动也使 80 年代后期到 90 年代的文学出现了解构一切、"解构主义的普遍原理与中国国情相结合"① 的喜剧式景观。如果说徐星、刘索拉等对传统道德观念的嘲弄，王朔等人对"文革"式"红色话语"的反讽还很有正面和积极作用的话，那么徐坤、朱文等人的小说则更直接地体现了启蒙主题和启蒙话语的被毫不留情地解构的事实。"即便是一部悲剧，重复十遍也会变成一则笑话"（朱文：《单眼皮，单眼皮》），在徐坤的小说中，甚至包括"存在主义"在内的先锋意识与话语也遭到了解构和嘲弄。这种"解构一切"的姿态或许不一定完全是徐坤、朱文和邱华栋们所代表的"新生代"作家自身作品的写作立场，但它们却形象地描述出 90 年代启蒙主义语境与传统人文精神指引下的写作正在走向消解的局面与事实。从 80 年代追求启蒙解放的中心起点开始，文学一步步又走出了这个中心，告别了庄严宏伟激情澎湃的启蒙叙事，回到了喜剧性、个人性的渺小的此在生存场景。与此相对应，文学在整个社会文化结构中的地位也同样经历了一个"由中心到边缘"的自我放逐的过程，从万众关注的庙堂回到了灯光黯淡的郊野民间。

除了上述内部的悖论，先锋思潮的另一些局限也应注意。一是先锋自身的"时效性"限定，任何"先锋"现象或思潮，都是针对其当下所在的

① 徐坤小说《先锋》（1994）中语，引自《女娲》，河北教育出版社 1995 年版，第 210 页。

时空而言的，这一点是毫无疑问的；但作为艺术品，先锋又不应仅仅局限于当下，还应有持久的艺术魅力与生命力，这一点对当代中国文学而言，就显得比较欠缺，大量作品难以经得起时间的检验，很快即变成了"昨日黄花"。这里的原因一方面是由于先锋文学的起点太低，虽堪称其当时的"先锋"，却难以成为高品位的艺术品，如80年代初期许多意识流小说、朦胧诗作品，在今天看来已显得相当浅直、幼稚和粗糙。另一方面，当代文学的所谓"先锋性"主要是建立在一种"边缘性"立场而非"前卫性"立场上的。这样，作为文学主流自身的超越性、前趋性，就显得十分薄弱了。基于此，对写作者来说，对"边缘人"、"游走者"的角色体认使他们的写作出现了破坏性写作大于建设性写作，策略性写作大于原则性写作，为现象效应写作大于为艺术写作，浮躁性、浅表性写作大于沉静内在的写作的不良风气与局面。如80年代中期以后的先锋诗歌写作、先锋小说写作，都存在这样的问题。

"伪先锋"或先锋内部的"皇帝新衣"式的空洞实质也是一个值得注意的问题。从本质上说，当代先锋文学已取得的某种荣誉以及新的话语权力，更多地应当归功于当代中国文化解放—解构的需要，归功于这种解放与解构的氛围的覆罩。事实上，是急需除旧布新的当代文化逻辑成就了这个时代的新潮文学，使它获得了大于它自身的增值，成了文化变革的特殊的符号或另一种表现形式。由于这样的一种特殊的关系，人们对许多先锋文学作品的阐释、解读与评价便带上了更多的主观色彩。在启蒙、变革和充满理想神话色彩的语境中，人们一厢情愿地把许多事实上品位不太高的作品看作当代文化的典范现象，给予过高的评价。这样的例子很多，如80年代后期的王朔，就成了某些持后现代主义论者的主要依据，现在看来，这只不过是一种"增值式的误读"罢了。另外，在"先锋诗歌"的内部也存在着鱼目混珠、良莠相杂的现象。有些写作者只不过稍稍玩弄了一些类似于"拼贴"式的技法，或者搬用了一些流行的词语，摹拟一些大师的语感、题材进行仿写。在比较"玄虚"的假象中这些写作者被推崇备至，予以极高评价，事实上这样的解读与评价也不过是"皇帝的新衣"而已。

总体上看，当代中国的先锋文学存在着两个致命的局限：一是起点低，尤其是在艺术品位上，仅仅是在摆脱原有的过分简单化的"弱智型的写作"的过程中，对西方近现代文学发展的历程进行了一次带有很大假想色彩的"体验性的重历"，所取得的实绩还较少，其自足性、自我超越性——即自身独立的变革逻辑还未充分获得；二是许多先锋作家自身的素质还远不够深厚和全面，文化与艺术素养的匮乏已成为限定他们作品质量的主要因素。这使他们在向西方作家学习的时候，往往只是限于摹仿，得其皮毛和形式，而未能真正建立起属于自己和属于当代中国文化的作品家族与语意世界，这也是不能不令人叹息和遗憾的。

《中国社会科学》1997 年第 6 期

四言体的形成及其与辞赋的关系

葛晓音*

摘要 本文通过分析《诗经》至魏晋四言诗的句式和篇章结构方式，认为早期诗文具有某些共通之处，早期诗歌没有形成稳定的诗化四言句式，即《诗经》中的某些四言句，从句法特点看保留着先秦一般散文的构句方法，从而决定了早期四言句的散文本质；四言的诗化主要是通过建构一批典型的句式来完成的，而句式的序列规律是四言诗化的一条重要途径；四言体中有相当一部分是三言加"兮"的形式，只要把这些句子和节奏延长一倍，即可构成楚辞句式，而四言的赋化趋势也与辞赋的产生有着密切的关系。

关键词 四言体 辞赋 诗化 句式 句序

我国诗歌最早的诗体是四言诗。但在最早的散文和铭文中，我们也可以看到许多成段的四言句。也就是说，四言在先秦时代，并不是诗歌专有的句式。那么为什么它会从《诗经》开始，成为秦汉诗歌的一种主要体裁呢？换言之，散文和诗歌中的四言有什么区别？四言的诗化是怎样完成的？再从中国诗体的进化来看，既然四言已形成二一二的节奏，为什么四言之后兴起的不是二一三节奏的五言，而是三一三节奏的骚体呢？而在五言兴起之后，四言虽在魏晋时期一度复兴，但最终还是走向衰落，其内在原因又是什么？关于这些问题，虽然尚未看到系统的论述，但已有一些学者从不同角度触及。例如语言学家对《诗经》的用字和双音词的研究，可以给我们很多启发。如果能从四言体形成和进化的内因去考察这些问题，或许有助于我们更深刻地理解我国诗歌体裁生成和发展的某些规律。

---

* 葛晓音，女，1946 年生，北京大学中文系教授。

本文试图通过分析《诗经》至魏晋四言诗的句式构成和篇章结构方式，对上述问题提出一点粗浅的看法。

一

《诗经》是我国最早的一部诗歌总集，《尚书》是我国最早的散文体史书。我们可以通过比较这两部书里的四言句，考察早期散文和诗歌里四言性质的同异。

《尚书》篇目的辨伪，是学术界的一大难题，历来聚讼纷纭。本文只能根据《尚书》学者的统计和研究，从先秦文籍引用的《尚书》篇目中选出一般认为是商代的半真文献、周代的真文献和半真文献，以及周代根据一些往古素材加工编造的虞夏假文献中的篇目来考察①。因为这些文献虽然不一定是夏商的真文献，却至少可以反映周代散文的句式构成情况，而且与《诗经》的时代也大体相当，便于比较。在 28 篇汉今文《尚书》中，被先秦文籍引用过的有《尧典》、《皋陶谟》、《禹贡》、《甘誓》、《汤誓》、《盘庚》、《牧誓》、《洪范》、《康诰》、《酒诰》、《洛诰》、《无逸》、《吕刑》、《秦誓》、《君奭》15 篇。在 16 篇古文逸《书》中，被先秦文籍引用而明确提到其篇名的，只有《伊训》、《咸有一德》、《武成》3 篇②。本文举例仅限于这些篇目。

以上篇目包含了《尚书》六体中的五体：典、谟、誓、诰、训。多数是记言，少数是记事。大体可以反映出先秦散文的基本面貌。无论是哪一体，都包含着数量不等的四言句和四言段落。这些四言句段有如下共同特点：（1）记叙类一般不求押韵，个别地方押韵，只是由于行文用词的偶然性。如《尧典》中"格于上下。克明俊德，以亲九族。九族既睦，平章百姓。百姓昭明，协和万邦。"③虽使用了顶针格，但还是为了强调治理天下的条贯顺序，而不是追求诗的诵读效果。又如《皋陶谟》中："日宣三德，夙夜浚明有家。日严祗敬六德。亮采有邦，翕受敷绝。九德咸事，俊乂在官。百僚师师，百工惟时。抚于五辰，庶绩其凝。"④《禹

---

① 刘起釪：《尚书源流及传本》，辽宁大学出版社 1997 年版，第 1 页。
② 刘起釪：《尚书学史》，中华书局 1989 年版，第 14—25 页。
③ 蔡沈注《书经集传》，中国书店据世界书局 1985 年影印本，第 1 页。
④ 同上书，第 16 页。

贡》中："既载壶口，治梁及歧。既修太原，至于岳阳。覃怀底绩，至于衡漳。"① 虽有押韵句，但没有规律，似出于偶然。（2）记言类大多夹有成段的押韵句。如《吕刑》："德威惟威，德明惟明。乃命三后，恤功于民。伯夷降典，折民惟刑。禹平水土，主名山川。稷降播种，农殖嘉谷。三后成功，惟殷于民。"② 夹杂着两句一韵的段落。《洪范》："无偏无陂，遵王之义。无有作好，遵王之道。无有作恶，遵王之路。无偏无党，王道荡荡。无党无偏，王道平平。无反无侧，王道正直。会其有极，归其有极。"③ 逐句押韵，两句一转韵。排比重叠近于诗句。《秦誓》："番番良士，旅力既愆，我尚有之；仡仡勇夫，射御不违，我尚不欲。"④ 则是前三句和后三句自成排比。这些或押韵或带排比的四言有的含警诫意味，类似格言，有的是述先王之德，类似颂体。

《尚书》里的记叙类和记言类四言虽有以上的差别，但尚未形成自觉的文体功能区分意识。而早期的"诗"也还没有形成稳定的诗化四言句式。只要把《尚书》的四言与西周初期的《周颂》作一番比较，就可以清楚地看出这一点。如《昊天有成命》："昊天有成命，二后受之。成王不敢康，夙夜基命宥密。于缉熙，单厥心。肆其靖之。"⑤ 这一首诗其实尚未形成四言体，只是一篇短短的祭祀散文。类似此篇的还有《小毖》、《赉》等，与《尚书》的一般文体并无二致。又如《时迈》："时迈其邦，昊天其子之，实右序有周。薄言震之，莫不震叠。怀柔百神，及河乔岳。允王维后！明昭有周，式序在位。载戢干戈，载櫜弓矢。我求懿德，肆于时夏。允王保之。"⑥ 这首颂诗没有《诗经》通常所有的重叠复沓。就押韵而言，《周颂》里也有不少是无韵的。正如顾炎武《日知录》卷二十一所说："又有全篇无韵者，周颂《清庙》、《维天之命》、《昊天有成命》、《时迈》、《武》是矣。"这说明《周颂》里有一部分诗的四言和《尚书》的性质是一样的。或者说我们可以推断：在《尚书》和《周颂》的早期篇章里，四言是上古书面语共用的一种句式，在诗与文之间尚无明确的

---

① 蔡沈注《书经集传》，中国书店据世界书局1985年影印本，第23页。
② 同上书，第133页。
③ 同上书，第76页。
④ 同上书，第138页。
⑤ 《诗集传》，中华书局上海编辑所1958年版，第225页。
⑥ 同上书，第226页。

分界。

　　《周颂》里尚未诗化的部分篇章的四言形式与《尚书》基本相同，说明四言句在生成之初是属于散文的。再从《诗经》的一般句式构成来看，四言仍然保留着这种散文的特性。即大部分是以单音节词为主、以双音节词为辅的句子结构。朱广祁先生在《诗经双音词论稿》中指出：周代以前汉语词汇的构造体系虽不清楚，但"从仅存的甲骨卜辞和彝器铭文中，还是可以窥得一些端倪。在构成方面以单音节为主，这是当时汉语词汇体系中很突出的一个特点。单音节词占主要地位，使得语言的表现能力和新词的产生都受到限制。从周代开始，……社会的发展促使着语言也发生跟社会实际相适应的重要变化。首先就表现在词汇方面。……要求词的构成突破单音节的限制，逐渐产生复音词，从而在词汇体系上演变为以双音复合词为主要成份。汉语词汇从以单音节为主过渡到以双音节词为主，是一个十分重要的现象，它经历了十分绵长的历史演化过程。而《诗经》所处的时代，正是这个重要演化的开始阶段"。"在《诗经》所处的时期，汉语词汇还以单音词为主。"[①] 以单音词为主的句式，本来就与散文有天然的联系。这一点仅从唐宋的骈散文之争就可以看出。《诗经》的许多四言句要通过在单音词前后增加虚字和衬字才能构成双音结构。这已是常识。但这种双音结构只是满足了《诗经》四言在诵读时形成二一二的节奏，并没有从根本上改变其以单音节词为主的句式结构，因而这类四言句的本质还是散文句。

　　此外，《诗经》四言句式还有一个特点：大量的四言句是以三言为主，在前后加上一个虚字或"兮"、"思"类的感叹字构成的。如"葛之覃兮"（《周南·葛覃》）、"不可休思"（《周南·汉广》）、"心之忧矣"（《邶风·柏舟》、《邶风·绿衣》等）、"何多日也"（《邶风·旄丘》）、"将仲子兮"（《郑风·将仲子》）、"实命不同"、"维参与昴"（《召南·小星》）、"彼苍者天"（《秦风·黄鸟》）等；甚至以一个动词加一个三言词组，如"从孙子仲"、"平陈与宋"（《邶风·击鼓》）等。这些三言词组固然有一个单音词和一个双音词构成的形式，但多数是三个有独立意义的单音词的结合。这类句式中常有在句首冠一个单音词的结构，是典型的散文句法。除前面已经列举的以外，又如"谓他人昆"（《王风·葛

————————————

　　① 朱广祁：《诗经双音词论稿》，河南人民出版社1985年版，第2页。

蓝》）、"冽彼下泉"（《曹风·下泉》）、"秋以为期"（《卫风·氓》）、"忾我寤叹"（《曹风·下泉》）等。同类句式在《诗经》的杂言中也有很多，如"敝予又改为兮"（《郑风·缁衣》）、"匪东方则明"（《齐风·鸡鸣》）、"毋金玉尔音"（《小雅·白驹》）等，可见四言的这种形式本是一般散文句里的一种。

《诗经》四言句式的另一个重要特点是它的倒装形态。如"不我活兮"（《邶风·击鼓》）、"尔不我畜"（《小雅·我行其野》）、"宁莫之惩"（《小雅·沔水》）、"莫我肯顾"（《魏风·硕鼠》）、"斧以斯之"（《陈风·墓门》）、"子不我思"（《郑风·褰裳》）等。倒装句正是先秦散文里常见的句法，到中古散文里就大大减少了。《诗经》里保存这类倒装句，正说明其时四言未脱先秦散文句式的一般类型。

综上所述，《诗经》四言句从句法特点看保留着先秦一般散文的构句方法，这就决定了早期四言句的散文本质。那么四言究竟是通过什么途径完成其诗化过程的呢？

二

早期四言的诗化问题，前辈专家们已经从用韵、词汇构造体系的变化等角度给出了部分答案。例如顾炎武《日知录》归纳出《诗经》句句用韵、隔句用韵、一二四用韵的三种方式①。联系上文所说《周颂》部分篇章押韵没有规律的情况来看，用韵的趋于规则化显然是四言诗化过程的一个重要特征。又如从宋代以来，对《诗经》连绵字和重言的研究便成为小学的一项重要内容。正如朱广祁先生所说："重言和连绵字在汉语词汇中是很早就有的双音词。……可是在《诗经》、《楚辞》之前，先秦的其他典籍中连绵字和重言并不很多，使用频率和范围也不很大。重言和连绵字的大量、广泛使用，以《诗经》最为突出。"② 重言即叠字。重言、连绵字，以及前面所说的单音词前后加虚字或衬字，目的都是造成双音词。"这些用法的出现，并不是上古汉语语法的普遍要求，而只是《诗经》句

---

① 顾炎武：《日知录》卷21。
② 朱广祁：《诗经双音词论稿》，河南人民出版社1985年版，第2页。

式的特殊需要。"① 也就是为了造成四言以二一二为主的节奏。以上研究成果目前已成为学界的共识。

双音词造成二一二节奏，当然有利于四言句稳定节奏感的形成，而稳定的节奏正是诗化的一大要素。但这只是一个笼统的印象。如果细究起来，就会发现问题没有那么简单。要说明双音词与四言诗化的关系，关键是弄清楚双音词和四言典型句式的关系。四言在其诗化的过程中形成了一批典型的句式，这些句式正是四言成为一种稳定诗体的基础。为此我们不妨先将《诗经》的常见四言句式作一个归纳分析。笔者在研读《诗经》的过程中摘出70种常用句型（每种句型都可以找出两三个以上的同样句式），归纳起来大致可分两类：一类是以二字音组为基本节奏音组（用林庚先生语）的。这类句型如按词组构成来分，有以下 3 种：（1）两个双音词相加，如"君子阳阳"（《王风·君子阳阳》）、"关关雎鸠"（《周南·关雎》）、"羔裘豹袪"（《唐风·羔裘》）。（2）两个单音词和一个双音词相加，如"彼黍离离"（《王风·黍离》）、"市也婆娑"（《陈风·东门之枌》）、"南有乔木"（《周南·汉广》）、"白茅包之"（《召南·野有死麕》）、"差池其羽"（《邶风·燕燕》）、"集于灌木"（《周南·葛覃》）等。（3）两个单音词加两个单音词，如"叔兮伯兮"（《郑风·萚兮》）、"薄言采之"（《周南·芣苢》）、"于沼于沚"（《召南·采蘩》）、"颠之倒之"（《齐风·东方未明》）、"采葑采菲"（《邶风·谷风》）等。另一类是不以二字音组为基本节奏音组的。这类句型如按词组构成和词性来细分，有以下 9 种：（1）一个单音疑问词或否定词加一个三言词组，如"不可以据"、"微我无酒"、"胡迭而微"（《邶风·柏舟》）。（2）一个三言词组加一个单音词，如"彼苍者天"（《秦风·黄鸟》）、"皇皇者华"（《小雅·皇皇者华》）。（3）一个表原因的单音词加一个三言词组，如"微君之故"（《邶风·式微》）、"维子之好"（《唐风·羔裘》）。（4）一个三言词组加一个单音语气词，如"不可道也"（《鄘风·墙有茨》）、"迨其今兮"（《召南·摽有梅》）。（5）一个单音发语词加一个三言，如"有杕之杜"（《唐风·杕杜》）、"亦孔之将"（《豳风·破斧》、《小雅·正月》等）。（6）一个单音形容词加一个三言，如"郁彼北林"（《秦风·晨风》）、"冽彼下泉"（《曹风·下泉》）。（7）一个单音副词加

---

① 朱广祁：《诗经双音词论稿》，河南人民出版社 1985 年版，第 4 页。

一个三言，如"洵美且好"（《郑风·叔于田》）、"在河之洲"（《周南·关雎》）。（8）一个单音名词加一个三言，如"昏以为期"（《陈风·东门之杨》）。（9）一个单音动词加一个三言，如"逢彼之怒"（《邶风·柏舟》）、"平陈与宋"（《邶风·击鼓》）等。其实这9种里的（2）和（4）可归为一种，其余可归为一种。之所以要分得这么细，主要是为了说明这一大类虽然也可以勉强读成二一二节奏，但从词义和词组的顿逗来看是一一三或三一一节奏。这一大类里的部分三言词组内夹有双音词，但是由单音词构成的三言词组比例亦不小。

由以上典型四言句式的分类可以看出两个问题：第一，《诗经》四言句有一部分是依靠双音词构成二字音组节奏的，有一部分则没有二字音组，全部由单音词构成的四言句型还不在少数。第二，四言的二一二节奏和句子的顿逗不完全一致。这是四言与五言、七言的重要区别。五言句和七言句的顿逗和节奏基本上是重合的，也可以说，五言和七言的节奏是由顿逗将句子分为前后两个词组来决定的。上述四言常用句式的第一类顿逗和节奏是一致的，第二类则并不一致。据此我们可以说，《诗经》双音词对于四言典型句式的构成所起的作用，主要在于促使《诗经》的一部分四言形成了与顿逗相重合的二字音组节奏，这类句式是使四言脱离散文形态的基本要素。由于这部分句式的存在，带动了其他并非按二字节奏音组区分顿逗的句式。使之可以按二一二节奏来诵读，而不是按其顿逗来诵读。但是这部分不是以二字音组为基础的诗句，是否仅仅依靠读成二一二节奏就可以诗化呢？恐怕不能，因为与顿逗不一致的诵读节奏不是产生于诗句内在的节律，不可能构成稳定的有规则的诗行。因此使用双音词不是四言诗化的唯一途径。

不妨回过头来再看看《周颂》里另一部分已经诗化或趋于诗化的篇章，或许能找到四言最初诗化的痕迹。《周颂》有些篇章已经注意使用双音词，如《执竞》里"钟鼓喤喤，磬筦将将。降福穰穰。降福简简，威仪反反"一节，用叠字形容场面，但与上下句段不甚协调，读来没有成熟四言体流畅的韵律感。可见仅靠双音词还解决不了四言的诗化问题。《周颂》各篇显然正处于诗的摸索阶段，有的已经懂得用"以X以X"、"有X有X"这类衬字双音词造成复沓，但押韵不规则。有的押韵规则，但句段安排无规则，不能形成节奏感。不过《周颂》里也有几篇成熟的四言体，其中韵律感最强的是《载芟》、《良耜》、《丝衣》。通过分析这几篇诗，我们可以发现四言韵律感的形成主要依靠句子排列组合的规律性，本文暂且称之为"句序"。先看《载芟》的句序（为便于看出句子排列规则，引文中可变换的动词、名词和形容词等用 X 表示，叠字用 Y 表示）：载 X 载 X，其 XXX。XX 其 X，徂 X 徂 X。侯 X 侯 X，侯 X 侯 X，侯 X 侯 X。有 X 其 X，思 X 其 X，有 X 其 X。……YY 其 X，有 X 其 X。YY 其 X，YY 其 X。载 XYY，有 X 其 X。XXXX。为 X 为 X，XXXX，以 XXX。…… 有 X 其 X，XX 之 X。有 X 其 X，XX 之 X。X 且 X 且，X 今 X 今，XXXX。全篇段落大致以四句一段和三句一段交错排列。三句一段的，或者三句句式全同；或者两句句式相同，一句稍有变化；或三句虽各不相同，但句式必有与其他段的句式相同以上下呼应者。四句一段的，或两句句式重复，或两句中有一句半重复，或四句各异而句法有相同者。因而规律之中又见其错落有致。再看《良耜》：其 X 伊 X，其 X 伊 X，其 X 斯 X，以 XXX。XXX 止，XXX 止，X 之 YY，X 之 YY。其 X 如 X，其 X 如 X，以 XXX。XXX 止，XXX 止。XXXX，有 X 其 X。以 X 以 X，XXXX。《丝衣》：XX 其 X，载 XYY。自 X 徂 X，自 X 徂 X。……不 X 不 X，胡 X 之 X。规律与《载芟》相似。这三首诗没有分章，还谈不上章与章之间的重叠复沓，但已可看出它们的韵律感是通过有规律地排列交叉各种相同或相似的句式而形成的。如果我们再看比《周颂》晚出的《鲁颂》，对于这一点可以了解得更清楚。《鲁颂》已形成各章的复沓，是相当成熟而规范的四言体。如《駉》分四章，每章八句：YYXX，在 X 之 X。薄言 XX，有 X 有 X，有 X 有 X，以 XXX。思 XX，思 X 斯 X。其中第四、五、六句正是《载芟》和《良耜》的常用句式。《有駜》由三章构成，每章九句：有 X 有 X，X 彼 XX。XX 在公，在公 YY。YYX，XXX。XYY，XXX。于胥 X 兮。第一、二句和第三、四句的顶针格，加上四个三言句里叠字的对称使用，构成了这首诗每章的基本句序。《泮水》共八章，每章句序都不同，不在章与章的复沓上求规律，其韵律感还是取决于各章的句序。如第一章八句：思 XXX，薄 XXX。XXX 止，言 X 其 X。其 XYY，XXYY。无 X 无 X，XX 于 X。这一章每句句式都不同，但前两句用发语词开头，第四、五句顶针相连，第五、六句叠字位置相同，第七句隔字重复。这就在不同句式之中显出句子间的某种呼应。因此，本文所说句序，不同于众所周知的重叠复沓，而是指每一段或每一章里句子的排列顺序能否构成一种自然流畅的韵律。句序在很多时候是依靠多样化的重叠复沓方式而形成的，但也有不依赖重叠复沓的时候，这时更重要的是各句之间结构的呼应，这种呼应可用相似的句法，或用叠字的对称，或用顶针勾连等手段。每一章或每一段里有几句成序，即可形成基本的节奏段落。其间再插入零散的杂言或单行散句，也不会乱其节奏。《周颂》中对于句序的探索，和对于用韵及双音词的探索是同步进行的。如《烈文》试图用类似句式形成隔行的照应："维王其崇之。……继序其皇之。……四方其训之，……百辟其保之。"《天作》亦类此。而《时迈》的后十二句则各种句法都有，尚未找到典型的四言句序。由此可见，寻找句式的序列规律是四言诗化的一条重要途径。

句序的建立是以诗行的建构为基础的。而诗行的确立正是诗和散文的重要区别。从上文归纳的各类四言句型可以看出：四言的典型句式一般只包含一个词组，如果有两个词组，一般是重复词义。如"颠之倒之"（《齐风·东方未明》）、"其雨其雨"（卫风·伯兮》）之类。而五言和七言通常一句可包含两个词组，构成一个足句。从这一角度来看，《诗经》四言的一句实际上只有半句。由于四言以二字音组为节奏基础，不少双音词由虚字和衬字构成，一个四言句很难造成一个意义完整的诗句。这就形成了《诗经》以两句一行为主的诗行建构方式。三句一行的形式也有，但典型的四言体尤其是国风和小雅，还是以两句一行为多。

国风中每章四句的形式可以看作是四言体最基本的结构。每章四句一般是两句一行。两句的关系大致有如下几种：（1）上句主语或宾语，下句谓语。如"关关雎鸠，在河之洲"（《周南·关雎》）、"彼苍者天，歼我良人"（《秦风·黄鸟》）、"百尔君子，不知德行"（《邶风·雄雉》）、"参差荇菜，左右采之"（《周南·关雎》）等。（2）下句补足上句之意。如"采采卷耳，不盈顷筐"（《周南·卷耳》）、"之子于归，宜其家室"、"桃之夭夭，灼灼其华"（《周南·桃夭》）等。（3）下句回答上句。如"于以采蘋？南涧之滨"、"于以采藻？于涧之中"（《召南·采蘋》）、"终南何有？有条有梅"（《秦风·终南》）、"何斯违斯？莫敢或遑"（《召南·殷其雷》）等。这类问答句式在《召南》中较多见。（4）上下句为转折或递进关系。如"虽速我讼，亦不女从"（《召南·行露》）、"既曰得止，曷又极止"（《齐风·南山》）、"纵我不往，子宁不来"（《王风·子衿》）。（5）上下句排偶。如"伊威在室，蟏蛸在户"、"鹳鸣于垤，妇叹于室"（《豳风·东山》）、"左手执龠，右手秉翟"（《邶风·简兮》）等。

国风中三句一行的例子也有，一般是两句一行的延伸。如"亦既见止。亦既觏止。我心则降"（《召南·草虫》），第一、二句是重复。又如"蔽芾甘棠，勿剪勿败，召伯所说"（《召南·甘棠》），第一、二句实际上是"勿剪甘棠"一句拆出。"望楚与堂，景山与京，降观于桑"（《鄘风·定之方中》），第一、二句为并列从句。由于三句一行中的两句只是复叠关系，因此在构成诗行时，不会影响两句一行的节奏感。

由此可见，《诗经》四言体一般是上下句合成一行才能构成完整的意思。而上下两句要构成整齐的四言对应关系，又一定要有重复的词汇或者虚字加入。这样由两个半句构成的诗行由于用字或句法的重复，本身就具有一种排沓的节奏感。而国风每一章一般是由四句、六句、八句（如有三句一行的，便有三句、五句或七句、九句）构成的。亦即一章大致是两行、三行、四行等。用上述五种诗行的建构方式任意排列组合，或者重复使用某几种诗行的形式，就形成了四言体最常见的句序。这种句序存在于大部分国风中，因国风篇幅较短，主题单纯，抒情意味最浓，较易看出。小雅篇幅较长，但也同样存在这种句序，只不过富于变化而已。小雅中固然不乏像国风那样每章都复沓的简单结构，如《鹿鸣》、《南山有台》、《鸿雁》、《庭燎》、《白驹》、《黄鸟》、《我行其野》、《谷风》、《无将大车》、《鼓钟》、《青蝇》、《鱼藻》、《瞻彼洛矣》等。但也有不少内容丰富、诗行和分章较多的。小雅常有六至八章乃至十多章，或即使分章不多，每章行数也较多，各章较少复沓。在这种情况下，每章内部的诗行建构和句序就成为节奏的决定因素。

与国风相比，小雅每首作品里包含的句序组成更加复杂多样。如《伐木》共三章，每章十二句。三章都用伐木开头，仅此一词有复沓之意。第一章内首四句以伐木声和鸟鸣声起兴。中间六句："嘤其鸣矣，求其友声。相彼鸟矣，犹求友声。矧伊人矣，不求友生？"用三对类似的句式和"求"、"友"的三次重复构成三个复沓递进的诗行。第二章十二句则依靠本章内两层相同句式的重叠："……既有肥羜，以速诸父，宁适不来，微我弗顾。……既有肥牡，以速诸舅，宁适不来，微我有咎。"其实这一章相当于把复沓的两章合为一章。第三章后六句用两句一对的相同句式造成复沓："有酒湑我，无酒酤我。坎坎鼓我，蹲蹲舞我。迨我暇矣，饮此湑矣。"又如《斯干》共九章，各章句法各不相同，不成复沓，但每章自有句序。如首章"秩秩斯干，幽幽南山。如竹苞矣，如松茂矣。兄及弟矣，式相好矣，无相犹矣"，前四句分别用两对相同句式构成两行，后三句一行，有两行的句法也相同。第二、三、四、五章均为五句，每章两行，一行两句加一行三句，各行均用不同句式重叠。如第三、四章："约之阁阁，椓之橐橐。风雨攸除，鸟鼠攸去，君子攸芋。""如跂斯翼，如矢斯棘，如鸟斯革，如翚斯飞。君子攸跻。"第五章用四个 XX 其 X 句式。第六章用三个乃 XXX 句式和三个 XX 维 X 句式。第七章用两对维 X 维 X，X 子之 X。第八章用三个载 XXX，七句中六句押韵。第九章连用三个载 X 之 X 句式。这些都是靠四言典型句式的多种重叠反复，在每章中形成主导节奏的句序。这样构成的句序自然就能带动其他散句，形成本章之内流畅的节奏感。回过头来再看前面所举《周颂》里的《载芟》、《良耜》等篇，道理是完全一样的。

在抒情意味较强的诗篇里，比较容易用四言典型句式构成节奏流畅的句序。在以叙事为主的作品特别是长篇里，要形成较强的节奏感，就必须加强抒情，改变叙事方式。《豳风·七月》一般认为作于周初，是国风中叙事意味最浓的诗。虽然已形成基本的四言句式和分行方式，但其中叙述四季农事的段落是一句一意平铺直叙，因此这些诗句的节奏感主要是依靠排比月份而形成的。《七月》的这种特殊结构正与它的叙事性有关。试比较大雅中的一些具有史诗性质的诗篇，可以更清楚地看出句序在四言诗化中的作用。《文王》叙述文王事迹，已经形成两句一行的形式，每章八句，第四句和第五句顶针，各章末句和下一章首句顶针，使平板的叙述因句段上下勾连而产生音调和谐之感。《大明》叙述王季和太任、文王和太姒结婚、武王伐纣三件事，跨度很大。基本上是顺序叙事，而且有些句子是一句一意，这种情况很不容易与《尚书》式的叙事区分。这首诗前五章里各有两句相同句法的句子，末章用叠字句渲染伐纣的场面，基本上形成了连贯的语调。不过，《文王》和《大明》虽然使用了一些基本的四言典型句式，但还是缺乏诗的跳跃的节奏感。

相比之下，《绵》、《皇矣》、《公刘》的诗意更浓，节奏感更强。原因在于这三首诗将直线的叙事化为场面的铺写。而铺叙是最适宜用大量双音词和叠字构成的四言典型句式的。如《绵》不写古公亶父如何结婚、如何决定迁居的过程，而是着力铺写他在岐乡选址以后怎样建设的场面，从第三章到第九章，大量使用叠字和相同句式，每一章都有一个主导的句序，将全诗写得有声有色，非常热闹。《皇矣》从太王开辟岐山一直写到文王伐崇伐密，历史跨度之大不亚于《大明》，但不用顺序记叙法，而是采用一章述上帝之意、一章描写场面相互交替的章法，八章层次分明，第一、三、五、七章均述天意佑周的意思，各十二句，各章用相似句法和顶针形成句序。第二、六、八章分别铺写太王开辟岐山、文王凯旋后周国的强大和周军雄壮的声势。第四章虽非场面描写，也是集中笔力赞颂王季的美德。因而这四章通过重复组合四言典型句式而造成了极强的节奏感。第二章以"X 之 X 之，其 X 其 X"为一行的句式重复四次，主导节奏。第四章以隔句重复"克 X 克 X"的句式主导节奏。第六章以"无 X 我 X，我 X 我 X"为一行的句式重复两次。第八章以四句叠字句和两句"是 X 是 X"的组合，反复两遍。《公刘》写公刘迁豳的经过，与《绵》相同，虽是顺序记述，但全为场面描写，因而可以大量使用意义相同的单音节词和重复的虚字连续排比，读来如流水贯珠。由此可见，叙事诗要形成由四言典型句式组成的句序，必须避免直线的记叙，而倾力于场面铺叙或抒发情感。反过来说，能造成鲜明节奏感的四言典型句序不适于叙事。这或许就是我国缺乏西方式叙事性史诗的一个重要原因：四言句虽然具有散文的性质，但它在诗化过程中形成的典型诗行和句序因其天生的重叠反复性而只适宜于抒情和描写。这也正是《诗经》几乎全为抒情诗的原因。

《诗经》的四言典型句式不适于叙事，《尚书》里的四言句记事不押韵而记言多押韵，将这两种现象联系起来看，是否可以推想：四言最初的诗化或许与记言对于节奏感的要求胜过记事有关。《小雅·巷伯》说："寺人孟子，作为此诗，凡百君子，敬而听之。"《何人斯》说："作此好歌，以极反侧。"《四月》也说："君子作歌，维以告哀。"说明当时作诗，就是要让人听或歌的。要使作品可听可歌，必然会追求鲜明的节奏感。顾颉刚先生在《论诗经所录全为乐歌》① 一文中，列举了从《左传》、《国语》、《论语》、《庄子》、《孟子》等书里抄出的春秋时人"诵"和"歌"的例子，来证明当时的徒歌和《诗经》的不同，在于徒歌没有整齐的章段，不像《诗经》那样把一个意思复沓成许多章节。所以《诗经》中大多数作品是乐工采得了徒歌后为配乐而制作的。这一观点是言之成理的，但也容易使人误会四言体的形成是由于配乐的需要。事实上我们从顾先生所举的例子中就可以看出：即使在徒歌中，也已有一部分形成了四言的典

---

① 《中国现代学术经典·顾颉刚卷》，河北教育出版社 1996 年版。

型句序。如"佞之见佞，果丧其田，诈之见诈，果丧其略，得国而狃，终逢其咎。丧田不惩，祸乱其兴"（《国语·晋语》三，舆人诵惠公）、"泽门之皙，实兴我役。邑中之黔，实获我心"（《左传》襄公 17 年宋筑者讴）。这样看来，四言的诗化未必是因为被于弦乐，而是在类似歌谣这样的口头诵读和讴歌的过程中，不断寻找典型而节奏感鲜明的句式和诗行建构方式，并摸索出组合章节的各种句序，才渐渐趋于成熟的。《诗经》中一部分章节复沓的作品，很可能是乐工在采集配乐时进行过加工的。像《鼓钟》有两章开头重叠"鼓钟将将"、"鼓钟喈喈"，配钟鼓歌唱必定能强化其节奏感。但小雅中许多句序组合极其复杂的长篇，并不追求章段的复沓，则更可能是当时的知识阶层在能够熟练运用四言体之后的自觉创作。四言从周初开始诗化，到春秋时已经具备了相当丰富的表现艺术，《诗经》作为一部时代跨度达五百年的诗歌总集，客观地反映了这一进化的过程。

三

四言体到春秋时期已经相当成熟，此时双音词也越来越多，而且当时的徒歌和《诗经》里都有五言句，那么为什么继四言诗之后的不是五言诗而是辞和赋呢？前人也有从楚歌的源头寻找答案的。本文则想从四言体的句式结构分析入手，对此做一点探索。

楚辞体虽然不是从四言发展而来的，但是四言体与楚辞体之间并非毫无联系，最明显的是四言体的句式构成中有相当一部分是三言加"兮"的形式。而三言的构成又无非是两种，一种是一个单音词加一个双音词，如"彼采葛兮"（《王风·采葛》）、"美目盼兮"（《王风·硕人》）；另一种是三个单音词，如"仪既成兮"（《齐风·猗嗟》）、"迨其吉兮"（《召南·摽有梅》）。这两种句式也是构成楚辞句式的基础，前者如"操吴戈兮被犀甲"（《九歌·国殇》），后者如"凌余阵兮躐余行"（《九歌·国殇》）。只要将两个三言加"兮"的句子合成一句，去掉后面的兮，就成为典型的楚辞句式。像《齐风·猗嗟》全篇三章都是由三言加"兮"的句式构成，第一章："猗嗟昌兮！颀而长兮，抑若扬兮。美目扬兮，巧趋跄兮。射则臧兮！"完全可以把中间四句改成"颀而长兮抑若扬，美目扬兮巧趋跄"，与《国殇》、《山鬼》的句式相同。又如《郑风·大叔于田》

里"叔善射忌，又良御忌。抑磬控忌，抑纵送忌"这类诗句，很容易让人联想到《招魂》的节奏感。特别是一句四言与一句三言加"兮"组成一行的句式，如《郑风·野有蔓草》："野有蔓草，零露溥兮。有美一人，清扬婉兮。邂逅相遇，适我愿兮。"更是直接为屈原的《橘颂》所用。《招魂》基本类似，只是把"兮"换成了"些"。《橘颂》和《招魂》虽然仍是四言体，但它们集中使用《诗经》中这类句式，并扩成长篇，显然是因为它和楚辞的另一类典型句式有内在的联系。像《离骚》、《哀郢》、《抽思》等篇，一句由两个三言词组构成，也是两句构成一行，"兮"字在两句中间。这就等于把一个四言句和一个三言加"兮"构成的四言诗行变成了楚辞的一句（半行）。也就是说，四言体把"兮"字放在每行结尾的这种诗行结构，实际上为楚辞这类句式将节奏点放到两句之间的"兮"字上提供了现成的形式。

四言中的三言词组和楚辞的三言词组性质相同，因此只要把三言加"兮"的句子和节奏延长一倍，即可构成楚辞句式。但四言没有提供可以发展成五言典型句式的句型结构。《诗经》中的五言结构较杂，有一一四的节奏，如"在南山之阳"（《召南·殷其雷》）、"不与我戍申"（《王风·扬之水》）、"乐子之无知"（《桧风·隰有长楚》）；有散文句式，如"昔育恐育鞠"、"反以我为雠"（《邶风·谷风》）、"殊异乎公路"（《魏风·汾沮洳》）、"无不尔或承"（《小雅·天保》）、"唯酒食是议"、"无父母诒罹"（《小雅·斯干》）等，这两类都不可能成为五言的典型句式。只有极少数句子与五言诗相似，如"谁谓雀无角，何以穿我屋，谁谓女无家，何以速我狱"（《召南·行露》），颇似汉代童谣。但这与"投我以木瓜，报之以琼琚"（《卫风·木瓜》）的句式一样，还是基于四言的构句意识。因为它们实际上是四言中多加了一个虚字。前例可写为"谓雀无角，何穿我屋，谓女无家，何速我狱"的典型四言句，后例去掉中间的"以"，也是典型四言句。由于五言的典型句式应该是以一个三言词组和一个二字音组的组合，这类五言或许会在童谣中延续下去，直到汉语结构再次发生变化后，出现真正的五言诗，但不会在四言的时代直接发展成五言。其原因，首先是四言中的大量三言是由三个单音词构成。像前例中的"速我狱"以及"不我活"、"殷其雷"、"彼之怒"等，都是散文句法，这种三言词组可以构成楚辞句式，却不能构成稳定五言节奏的三言词组。其次是从四言到五言，节奏改变的困难远远大于从四言到楚辞。四言中的三言词组也有一个单音词和一个双音词组成的，但这个词组都不能脱离"兮"、"也"之类的语气词，如"何其久也"、"不可休思"。或前面要加一个单音词，如"毖彼泉水"、"秋以为期"。这类句式分成一一三或三一一的顿逗，却又读如二一二节奏，要变成五言的二一三或三一二，必须经过一个顿逗和节奏相统一的摸索阶段。而楚辞句式如果是《国殇》型，其节奏点"兮"字放在句中，就不必改变原来的三言加"兮"的结构。如果是《离骚》型，一句相当于两个四言句的基本词组相加的长度，"兮"字放在句尾，也可使顿逗与节奏自然趋于一致。换言之，楚辞因其句子的散文化，顿逗间隔较长而较灵活，能够包容四言原来节奏和顿逗不一致的现象，不需要像五言那样在词组的组合和节奏方面作根本的调整。四言和楚辞构句的这种亲缘关系正是由它们天生的散文性质所决定的。

　　四言发展的另一个趋势是赋化。赋是介于诗和散文之间的文体。它与"辞"大致是同时产生的。从荀子的《赋》到汉代的大赋，四言都是主要的句式之一。不少赋几乎全篇由四言组成。四言赋化的根本原因在于它的散文性质。《庄子》里也有一些用于说理的押韵的四言，而荀子的《赋》更是阐述礼之功用的一篇政论。但是赋不像《诗经》那样两句才能构成一足句，即一个诗行。而是每句四言自成足句，虽然也两两相对，但仅是增加排比的气势而已。如荀子《赋》："生者以寿，死者以葬。城郭以固，三军以强。"① 虽然句法相同，但各句意思独立，由此也可以反观《诗经》四言诗化的一个重要途径是两句一行的诗行建构方式。赋的四言句与《诗经》的四言句还有一个显著的区别，那就是基本不用加虚字和衬字形成的双音结构以及三一一或一一三顿逗的四言句，而是以双音词为主，顿逗和节奏一致。有的典型句式也是从《诗经》的四言句发展而来的。如《周颂·潜》里的"有鳣有鲔，鲦鲿鰋鲤"，《鲁颂·閟宫》里的"黍稷重穋，稙稺菽麦"等，排列两个或四个单音的物名成句。《唐风·椒聊》里的"蕃衍盈升"在状语前再加双音形容词，《唐风·羔裘》的"羔裘豹袪"并列两个双音物名等，这些句式在《诗经》里不多见，后来在汉赋中却成为最有特色的句式。但是赋的四言句之所以变为以双音词为主，原因还在于四言体虽然已形成二一二节奏，但始终未能解决含三言词组的典型句式节奏与词组顿逗不一致的问题。随着语言的发展，语汇中双音词逐

---

　　① 　王先谦：《荀子集解》，中华书局 1989 年版，第 472 页。

渐增加，四言必然趋向顿逗和节奏统一的句式。加之铺叙和堆砌的需要，以名词和形容词为主的双音词组成的四言句大量增加，便形成了典型的赋化四言句式。

四言体的部分句式虽然与辞赋的产生有密切的关系，但是《诗经》的句式已经成为汉代四言诗效法的典型，两句一行的建行方式也在四言体里保留下来。即使如此，汉代四言诗已较少见到三一一或一一三节奏的四言句。也就是说，在汉代四言诗里，顿逗和节奏一致的二字节奏音组已成为四言句的主体。然而当四言体全都变成真正的二一二节奏以后，这种诗体也已经僵化。曹操的四言诗之所以能在汉末诗坛上给人以耳目一新之感，当然首先是因为内容的深刻新警，但也与他在四言句法和诗行建构方面的创新有关。他在四言方面的新创主要体现在以下两个方面：一是以平易的当代口语组织四言诗的语汇，突破了汉代四言体普遍不敢改变《诗经》体语汇的局面。《诗经》四言的典型句式取决于春秋前以单音词为主的语汇特点。到汉代汉语结构发生了明显的变化，四言诗虽然已经以双音词为主体，但仍然袭用《诗经》的典型句式，这样就不得不使用《诗经》式的语汇，特别是雅颂体。曹操使用当代语汇，有的在艺术上并不成功，如《短歌行》"周西伯昌"、《度关山》等诗篇，以直线叙事夹带议论，偶用顶针勾连，是高度散文化的四言体，但文字比较直白，与当时诗坛好用雅颂体语汇写四言的风气迥然不同。而艺术上最成功的几首则能在朴素的口语中提炼出平易的双音词汇，使二一二节奏得到强化，如《短歌行》、《步出夏门行》等篇，都很新鲜易诵。二是改变了四言的诗行结构关系和句序。从表面上看，曹诗仍是二句一行，四句一节，但是一些诗行的两句之间已不像《诗经》那样存在着语法结构上的依存关系。《诗经》的一句基本不能独立，需靠下一句才能完成一足句。曹诗中固然仍保留着这类结构，如"呦呦鹿鸣，食野之苹"，"青青子衿，悠悠我心"等《诗经》的原句。但像"对酒当歌，人生几何"、"秋风萧瑟，洪波涌起"、"月明星稀，乌鹊南飞。绕树三匝，何枝可依"这类诗句，主要是凭意思的连贯构成一行或一节，各句句法是独立的；这些句子加一字就可变成五言。这样就不必再用《诗经》式的句序。尤其是场面描写和抒情，《诗经》主要通过组织各种复叠变化的句序进行铺叙，而曹诗的抒情写景如前所举例，是以结构独立而句意连贯的散句构成画面，并不着意追求重叠排偶，从而使《诗经》原来短促的节奏感变得自由而舒缓。

四言体的形成及其与辞赋的关系

　　如果说曹操对四言的改革得力于当时新起的五言体，那么嵇康的四言诗则是在骈文兴起之后对传统四言体的又一次革新。嵇康的四言与曹诗以散句为主的结构不同，他利用《诗经》体的典型句式和诗行建构的原理，创造出许多由骈偶的四言对句构成的诗行，以及由两行对偶构成的小节。前者如"良马既闲，丽服有晖"①、"弃此荪芷，袭彼萧艾"②等，后者如"泳彼长川，言息其浒；陟彼高冈，言刈其楚"③、"穆穆惠风，扇彼轻尘；奕奕素波，转此游鳞"④、"嗟我独征，靡瞻靡恃；仰彼凯风，载坐载起"⑤等，这种两行一小节的结构在嵇康诗里所占比重甚大，可以看作是一种有代表性的句序。以上例句都是《诗经》的典型句式。嵇康还有一部分对偶句是典型的赋化句式，如"朝游高原，夕宿兰渚"⑥、"左揽繁弱，右接忘归"⑦、"南凌长阜，北厉清渠"⑧、"仰讯高云，俯托清波"⑨、"息徒兰圃，秣马华山；流磻平皋，垂纶长川"⑩等。以上例句各有两三种以上的同类句式，可算是比较常见的句型。虽然嵇诗中也穿插了一些散句，但因为多数篇章是以上述两类句序为骨架，因而具有明显的骈俪化倾向。

　　继嵇康之后，能使四言又有所创变的是陶渊明。与曹诗和嵇诗相比，陶渊明的四言从章法到句法是更接近《诗经》体的。从各章的重叠来看，《归鸟》四章，每章以"翼翼归鸟"开头，造成复沓。《停云》前两章反复颠倒"霭霭停云，濛濛时雨"，"八表同昏，平路伊阻"与"八表同昏，平陆成江"也是《诗经》里常见的换字重叠法。《荣木》前两章"采采荣木，结根于兹"和"采采荣木，于兹托根"的复沓与此同理。从句式来看，陶诗袭用《诗经》典型句式也不在少数。如《荣木》中的"岂无他人，念子实多。愿言不获，抱恨如何"，"愿言怀人，舟车靡从"，"人

---

① 嵇康《四言赠兄秀才入军诗》第九章。
② 同上书，第六章。
③ 同上书，第三章。
④ 同上书，第五章。
⑤ 同上书，第四章。
⑥ 同上书，第二章。
⑦ 同上书，第九章。
⑧ 同上书，第十章。
⑨ 同上书，第十一章。
⑩ 同上书，第十四章。

亦有言，日月于征"；《时运》里的"洋洋平津，乃漱乃濯；邈邈暇景，载欣载瞩"；《劝农》里的"哲人伊何，时惟后稷；瞻之伊何，实曰播植"；《念子》里的"日居月诸，渐免于孩"，"夙兴夜寐，愿尔斯才。尔之不才，亦已焉哉"，等等。陶渊明善于从《诗经》里选出适合于表现自己心境的语汇和句式，与汉魏以来四言多用双音词的句式结合在一起，随意组合，虽有以骈对工致清丽取胜者，如"花药分列，林竹翳如；清琴横床，浊酒半壶"①，"山涤余霭，宇暖微霄"② 等，但主要是以散句为精神。陶之四言没有刻意安排的句序，而是随兴之所至自然成篇，句式虽古而意境清新。他的创新主要在于用新鲜的语词激活陈旧的句式，如"有风自南，翼彼新苗"③ 两句，向来为人称道，就是因为活用了《诗经》以名词作动词的原理。

陶诗以后，四言体已经无以为继。只有李白尚有几首较好的四言。其实从曹、嵇、陶三家对四言的创变也可以看出四言必然衰落的原因。三家四言虽各有新创，但已将旧的四言体的内在发展潜力发掘馨尽。曹诗发展了四言散文化的一面。嵇诗在遵循《诗经》句式和句序的基础上，发展了四言原有的赋化倾向。陶诗在意境和炼词方面有较大创新，而体制句式则归于复旧。因此一般才力不如他们的诗人很难再有任何突破。四言体裁的形成与其以单音词为主的特殊时代语言是密不可分的，当语言结构变化之后，为适应旧语汇而形成的典型句式必然不能适应新语汇之需要。以双音词为主的四言句可以化入赋、杂言诗乃至于词，但作为一种诗体，只能保持它原有的形式，即使少数有才力的作家能创一时之新，后代喜好典正的诗人们也奉之为雅音之正，但还是无法给予它可持续发展的生命力。

《中国社会科学》2002 年第 6 期

---

① 陶渊明《时运》第四章。
② 同上书，第一章。
③ 同上书，第一章。

中国散文理论存在的
问题及其跨越

陈剑晖[*]

摘要 本文在梳理、评价和总结 20 世纪以来中国散文理论的基础上，对散文的范畴、真实与虚构、真情实感等概念进行了重新界说。由此寻求散文理论的变奏，在现代视野建构新的散文理论话语。一是由"诗性"这一核心话语分衍出精神诗性、生命向度、人格智慧和文化本体性，二是重视文体风格层面的文调、氛围、心体感应和智情合体，三是引入复调叙述、意象创设和多维结构的理论批评思路和方法。文章指出，在 21 世纪中国散文研究必须强化学科的特点和规范，建立以现代意识为先导的理论批评视野，同时要敢于破除各种既定的散文观念和模式，将传统文论的优长和西方现代批评的观念和方法结合起来。

关键词 中国散文理论 瓶颈问题 现代视野 理论建构

研究散文的理论家似乎已习惯了散文的边缘位置。他们对散文这种文体的变革创新总显得心不在焉，甚至还有点麻木不仁。20 世纪以来的小说、诗歌乃至于电影、戏剧理论都产生了翻天覆地的革命：各种思潮流派更迭，各种理论、艺术表现手法风起云涌，而在散文理论这里，却仍然是"传统"与"古典"的天下，一切都中规中矩、平静如初，既没有建起一个自足的散文美学世界，又没有在批评实践方面获得整体上的超越，甚至对于作为文体基石的概念和定义，过往的散文理论也没有很好地提出并进行认真的讨论。本文将从基本的问题谈起，在回顾反思以往散文研究和理论的基础上，探讨现代语境下散文理论的跨越与建构。

---

* 陈剑晖，1954 年生，华南师范大学中文系教授。

一

中国现代散文理论的第一个时期，即 1917 年至 30 年代初期的散文理论，已有不少学者作过专门的介绍和研究，① 在这里就不重复介绍了。笔者想指出的是，"五四" 时期的散文理论并非无源之水、无本之木。它一方面得益于传统散文理论的滋润；另一方面又吸收了外国散文批评的精华，同时又受到 "五四" 时期思想革命和 "人的文学" 的激励，所以，实事求是地说，"五四" 时期的散文理论还是较为丰富的，也较自由开放和接近散文的本体。这里既有刘半农的 "文学的散文"，周作人的 "美文"，王统照的 "纯散文"，胡梦华的 "絮语散文"，郁达夫的 "心"、"体"、"个性" 和 "自我" 理论；也有梁实秋的 "文调的美"；还有林语堂对 "性灵"、"幽默" 和 "闲适" 的倡扬；更有鲁迅 "匕首"、"投枪" 式的社会学散文批评。尽管作家和理论家提出这些散文理论的立场和对散文的理解不尽相同，但有一点可以肯定："五四" 时期散文理论的建设者提出 "文学散文"、"美文" 等口号，在当时是颇有理论前瞻性的。首先，他们意识到散文小品是一个可与诗歌、小说等抗衡的门类，具有文体本身的独立性。其次，强调现代散文应具 "文学性"，是 "记叙的、是艺术性的、又称作美文"（周作人语），这就将散文与学术性论文、应用文和小说、诗歌区别开来。再次，肯定散文表达是 "自己的个人底人格的色彩"（厨川白村语），这一点在郁达夫、梁实秋、林语堂等人的理论中均有所体现。最后，提倡自由随便的闲话风。这方面较有代表性的有厨川白村的围炉品茗之际的 "任心闲话"，胡梦华的 "家常絮语"，林语堂的 "娓语笔调"，等等。从上述几个方面的归纳可以看出，"五四" 时期到 30 年代前期对散文的认识较为贴近散文的本体，其理论导向大体来说也是正确的。假如按此思路探索下去，中国现代散文理论将大有希望。遗憾的是，虽然第一代散文批评家有着天然的理论自觉和明锐的目光，但一般来说都没有建构散文理论体系的耐心，更少结合当时的创作实际进行具体细致的

---

① 这方面的文章有佘树森的《现代散文理论鸟瞰》（《北京大学学报》1986 年第 5 期），吴周文、王菊延的《中国现代散文理论批评的发展概观》（《扬州大学学报》1999 年第 2 期），王兆胜的《论 20 世纪中国散文研究》（《徐州师范大学学报》2001 年第 4 期）等。

分析。理论特点大多属于"印鉴批评法"和"随想式"的，往往在提出某个概念后便止步了，没有兴趣再进一步追索探问下去，如王统照提出"纯散文"这一概念后，便再无下文。至于颇具盛名的周作人的"美文"倡扬，固然是"现代散文艺术定位的第一块基石"，① 但它居然不逾千字，并且是随便写下的，缺乏严密、系统和细致的理论阐释。

　　30 年代中期后，散文研究发生了转向，社会性和政治性逐渐改变甚至取代了思想性和文学性这一批评理论和标准。虽然 30 年代有杂文理论的兴起，有对报告文学、通讯特写的倡导，但总的来说，20 世纪 30 年代中期以后至整个四五十年代的散文理论并不像某些抱着进化论观点的乐观主义理论家所描述的那样：由于散文观念的进一步变革完善，散文理论的进一步拓展与丰富，这一时期是散文理论批评飞速发展，抵达巅峰的全盛时期。笔者的看法恰恰相反：由于抗战加上其他的现实因素夸大了散文的社会性、时代性和政治性的作用，无限崇尚纪实和教化的"载道"功能，与此同时忽略乃至否定了散文的个体化、审美性和独特性，再加之先是用"小品文"或"杂文"来取代散文的"正宗"地位，而后则是独尊报告文学和通讯特写，而纯正的艺术散文因"不合时宜"而受到无情贬抑。如此一来，还谈什么散文理论的"巅峰全盛时期"。虽然不能说这一时期（30 年代中期—50 年代后期）的散文理论毫无价值（如关于"杂文"的争论，就有其社会意义），但至少可以认为：这一时期的散文理论对于"五四"是退步了。因为它远离了散文的审美本体，迷失了散文的发展方向，使散文变成了宽泛无边、非驴非马的"四不像"的东西。从这一角度考察，我倒认为 50 年代末 60 年代初的"散文笔谈"，尚有其散文美学上的意义。

　　首先应该看到，这次"散文笔谈"的策划者尽量避开敏感的政治话题，将讨论重点放在散文的本体建设和艺术表现上，从而避开了来自政治的干预。其次，讨论散文到底是什么，散文应有怎样的艺术表达，特别是倡导散文的诗化，所有这些都促使散文由朴素直白的客观记叙向倾向自我主观抒情的体制转移，这就提升了散文的审美功能，并预示着散文向"五四"时期的"美文"传统靠拢的可能。以此观之，60 年代前后的"散文笔谈"对于当代的散文发展是有积极意义的。当然，由于整个 17

---

① 范培松：《中国散文批评史》，江苏教育出版社 2000 年版，第 32 页。

年的散文受当时政治、文化语境的影响，理论家也缺乏创新意识。因此，无论是"形散神不散"还是"诗化"的倡导，其理论上的局限是显而易见的。

　　"文化大革命"十年，我国的散文理论和其他文学理论一样一片凋零。直到 70 年代末 80 年代初，散文理论批评才出现了转机。其标志是这一时期国内一些文艺报刊陆续刊登了一些探索散文特征和创作规律的文章，特别是 1980 年前后，巴金连续发表了《说真话》、《再论说真话》、《写真话》等文。① 针对 17 年某些散文满纸的假话、空话、套话和艺术上单一、封闭的创作倾向，巴金力倡散文要说真话、抒真情，要"当作我的遗嘱来写"，要"把心交给读者"。这些无疑都是发自一个有良知作家的肺腑之声，因此巴金的"真话论"一出，立刻获得散文家和散文研究者的广泛认同。这一时期，值得注意的散文研究成果当推林非的《现代六十家散文札记》、《中国现代散文史稿》，这两部著作在现代散文史研究领域可谓拓荒之作，因而"尽管其中的散文观还带着那个时代的痕迹，但对不了解散文发展历史和缺乏最起码的散文知识的读者来说，无疑是一只迎春的燕子"。② 在 80 年代，除了巴金讲"真话"的呼吁和林非的散文研究产生了较大影响外，值得关注的散文研究成果还体现在如下方面：一是对于杨朔散文的再评价和批判；③ 二是对 60 年代初提出的"形散神不散"、"诗化"散文观点的重新认识④；三是关于"散文解体论"的争论；⑤ 四是以俞元桂为代表的福建散文研究者对"五四"至 1949 年散文理论和史料进行的发掘整理，并编辑成《中国当代散文理论》一书出版；

---

　　① 巴金：《随想录》，生活·读书·新知三联书店 1987 年版，第 269、277、506 页。

　　② 王兆胜：《论 20 世纪中国散文研究》，《徐州师范大学学报》2001 年第 4 期。

　　③ 见张明吉《谈杨朔散文的不足之处》，《光明日报》1982 年 8 月 19 日；创淮：《成就与局限》，《光明日报》1982 年 9 月 10 日。

　　④ 见林非《散文创作的昨日和明日》，《文学评论》1987 年第 3 期；罗大冈：《散文与散步》，《文艺研究》1985 年 1 月号；郭风：《关于"形散神不散"》，《解放日报》1988 年 2 月 25 日；喻大翔：《历史与现实：形散神不散》，《河北学刊》1990 年第 1 期。

　　⑤ 关于散文是否解体的争论，主要起因于王干、贾振钟的《对于散文命运的思考》（《文论报》1986 年 7 月 21 日）和黄浩的《中国当代散文：从中兴走向末路》（《文艺评论》1988 年第 1 期）两文，他们认为"散文已趋于解体"，"应当寿终正寝了。"由此引起不少辩难，如孙绍振的《为当代散文一辩》（《当代作家评论》1994 年第 5 期）、林道立的《与"散文解体论"的对立》（《散文世界》1987 年第 2 期）、汪帆的《解体，并非散文的命运》（《散文世界》1987 年第 10 期）等文，都对"散文解体论"进行了严厉的批评，尽管这场辩论对散文的理论建设意义不大，却促使人们去思考散文在新时期的命运。

五是作家作品研究有所深化。不过总体来看，70年代末至整个80年代的散文研究不尽如人意。其不足主要源于散文研究者的观念过于陈旧保守，他们仍未能从政治的束缚中解放出来，或者习惯于在传统散文的跑道中漫步，而对新的思潮、新的美学风范和新的方法缺乏必要的敏感。此外，80年代其他文学体式的兴奋点此起彼伏，而散文要平静得多。

90年代以后的散文研究，比80年代有很大的发展。这主要表现在散文研究者开始注意到了散文的理论建设。比如林非在《关于当前散文研究的理论建设问题》一文中，比较全面地探讨了散文的范畴、本体、创作、鉴赏和批评等问题，虽然林非的散文理论还有待进一步深化和体系化，但他从"真情实感"和文化本体的角度追问散文，应当说抓住了散文的根本问题，这表现了林非超越性的批评眼光。此外，这时期关于"大散文"的讨论也颇为引人注目。"大散文"是贾平凹在"美文"杂志"读稿人语"中提出的一个口号，它是对以往的"小散文"的一种反拨。"大散文"的观念一经提出，立刻遭到了刘锡庆的反对，在《当代散文：更新观念、净化文体》、《世纪之交：对"散文"发展的回顾与思考》等文中，刘锡庆极力主张"净化"散文的文体。在他看来，"大散文"乃是"复古"，是"没有前途的"。当代散文要发展，唯有走"艺术散文"的道路。刘锡庆对散文文体的规范，对"艺术散文"的维护自有其可钦可佩之处，但他无视90年代散文的繁荣主要是思想随笔的繁荣这一基本事实，而偏执于"艺术散文"一隅，一味追求散文的净化，反映了他的眼界和思维方式的局限。

总之，与小说、诗歌相比，20世纪的散文理论批评从总体上看是较为苍白和寂寞的。之所以会出现这种局面，笔者认为主要有如下原因：一是专门从事散文研究的人较少，目前比较活跃的散文研究者大多为客串。由于缺乏专业和深入的研究，也就较难像小说和诗歌研究领域那样出现批评的大家。二是散文的概念范畴长期以来一直模糊不清，难以界定。它不像小说、诗歌的定义那么明确，也没有一套现成的理论话语可供操作，因为文体的难以把握和缺乏必要的规范，研究者对它要么失了兴趣，要么望而却步。三是以往的散文研究，虽说也取得了一些成就，但更多地体现在作家作品的评论、散文史的研究以及散文的写作技巧和欣赏方面。举例来说，新时期以来获得好评的一些著作，如佘树森的《散文创作艺术》、吴周文的《散文艺术美》、范培松的《散文天地》、朱延庆的《散文理论与欣赏》、李光连的《散文技巧》等，严格来说都属于此类著作。不能说这些研究者没有建构散文理论体系的雄心，也不能说他们放弃了寻找散文文体独特性的努力，但知识结构和思维定式决定了他们主要依据的是古代的散文观念和文论来观照当代的散文创作。他们比较感兴趣和熟悉的是这样一些概念范畴：诗意、意境、形散神不散、题材、选材、构思、节奏美、色彩美、哲理美，以及灵感、情绪、圆融、空灵、含蓄，而对于有别于传统散文的概念和方法一般都敬谢不敏。

20 世纪散文研究者理论批评的普遍特征是散文写作的经验压抑了建构散文体系的热情，散文鉴赏的能力强于散文理论的表述。面对这样的格局，笔者认为，说 20 世纪"散文理论体系的建构取得了重大的突破无疑"过于乐观、过于宽容和过于随意。至于动辄说散文理论"空前繁荣"，"取得了显著的成就"，"呈现出从来没有过的喜人局面"，显然并非实事求是的评价。这种总体评价的失当，事实上反映出论者的理论判断力和"史识"、"史鉴"的不足。与上述过于乐观、降低标准，只评功摆好，不愿诊病治病相对立的，是标准过高、持论过严、脱离散文的现实语境，只凭一己好恶任意指点江山的做法。如在《繁华遮蔽下的贫困》一书中有一章专论当代的散文理论批评，不仅基本上否定了当代散文理论批评，而且随处可见诸如此类的断语："八九十年代散文研究领域中原本应该被提及但几乎不值一提的正是作家作品批评"，"不论取舍褒贬，都失之简陋和程式化"，"对中国当代散文的回顾均失之粗略，对散文艺术的理解也过于粗浅……"[①] 这样居高临下、对过往散文理论不屑一顾的态度，不仅仅是持论是否科学客观的问题，而是一种缺乏理解和宽容的"苛评"甚至"酷评"了，这无益于中国现代散文理论批评的发展和繁荣。

二

20 世纪中国散文理论和批评令笔者深切地感到：在新的世纪，不仅要对以往的散文研究进行实事求是、恰如其分的评价和总结。更主要的是，必须强化学科研究的规范，在现代语境中开拓当代散文理论的视野；同时要敢于破除各种既定的散文观念和模式，大胆引进西方现代的批评概

---

① 楼肇明主编：《繁华遮蔽下的贫困》，山西教育出版社 1999 年版，第 165、171 页。

念和方法，寻找散文研究中新的立足点和生长点。这是散文研究能否在21 世纪有所作为、有所突破和跨越的关键。

那么，中国当代散文研究应如何突破和跨越？笔者认为首先必须理清地基，规范文类；其次是寻求变奏，建构新的散文批评话语。

（一）散文范畴新说

说到理清地基，规范文类，首当其冲无法回避的自然是散文的"范畴"问题。这个问题自"五四"以来便一直是讨论的重心，但迄今为止似乎还没有得出令人满意的结论。何以散文的范畴如此难以界定？因为散文在我国可谓历史悠久、源远流长，在漫长的发展过程中，它几经曲折又几经整合，因而在古代有所谓"文"、"笔"之分和"二分法"的说法；在现代又有"古文"和"现代文"的区分，还有与小说、诗歌和戏剧并称的"四分法"，更有"广义散文"和"狭义散文"的界说。其次是文体方面的原因。由于散文是一种"自由自在"、"法无定法"，甚或"大可以随便"的文学体裁。这样尽管它被认为是一种与小说、诗歌和戏剧并列的一级文类，但事实上人们却无法根据一些固定的概念和法则给它定位，有的研究者甚至因此便将其贬至文学创作的边缘。再次，每个作家和研究者心中都有一套关于散文的观念，而他们为了维护这种观念的所谓纯洁性和神圣性而不愿与别人通约，这就不可避免地导致散文的"范畴"，即"散文是什么"问题上诸侯割据的尴尬局面。明显的例子是贾平凹"大散文"的倡导和刘锡庆"文体净化论"而引起的争论。

笔者对"文体净化论"和"大散文"也有一些不同的看法，不过我更乐于谈谈我对散文范畴的理解。如前所述，自"五四"以来，散文的定义各种各样，然而这些定义总的来说并不尽如人意。它们之所以不被人们广泛认同，主要在于未能真正确定被研究的对象是什么，它有何种内在的规定性，此种内在规定性的纵深理论依据何在。事实上，我们看到的许多关于散文的定义，既没有统一的标准，又没有严密的逻辑，有的定义过于宽泛无边，有的又失之于简单，有的下定义显得过于随意草率，更多的是概念模糊、前后自相矛盾。即使是像林非、喻大翔这样较重学理性、逻辑思维较严密的学者，其对散文的定义仍存在不少可供商讨之处。这种现象一方面反映出中国学者的确缺乏西方学者那种追问

"所是"（亚里士多德语）的治学方法；另一方面也说明对散文范畴的界定的确相当困难。从散文的本体出发，笔者认为可以这样来规范散文的范畴：

> 散文是一种融记叙、抒情、议论为一体，集多种文学形式于一炉的文学样式。它以广阔的取材、多样的形式，自由自在的优美散体文句，以及富于形象性、情感性、想象性和趣味性的表达，诗性地表现了人的个体生存状态和人类的文明程度。它是人类精神和心灵的一种实现方式。

对散文的这个新定义，还可以作如下补充说明：

第一，传统的散文定义更多的是从题材类别、形式及技术处理层面来界定散文的范畴，即便涉及思想内容，也多是从"载道"或"言志"方面来考虑，而笔者对散文范畴的界定，首先着眼的是散文作为文体的代表和人类存在方式的艺术范本的内在规定性：它是人类精神的独特性的表现形式，是心灵的自由自在的艺术表达；它是活的生命的最个性化的本真和本色的显示，是作家人格智慧最真诚的流露。总之，散文的本体是人的本体，散文的精神是自由和开放的精神，而这种精神深刻地体现了一个民族的智慧和文化水准。

第二，所有的散文必须具备"文学性"，特别是"诗性"。不管是记叙、抒情、议论还是其他类别的散文，如果具备了文学性，特别是诗性，我们便可将其视为散文，反之便应将其逐出散文的大门。关于这一点，我与刘锡庆的观点是一致的。我认为，应高扬散文"文学性"的大旗，所以在定义中我特别强调散文的形象性、情感性、想象性和趣味性，因为这是散文能否成为"美文"、能否具备优美性的根本保证，也是拒绝各种"散文垃圾"而设置的篱笆。

第三，散文的范畴界定应允许有一定的弹性，不必定位得太死板。尽管我们可以在理论上将散文分为广义和狭义，但落到实处去往往难以区分。举例来说，一篇内涵丰富、思想深刻，表达又生动活泼、富于情趣的思想随笔，与一篇内容绝对健康正确而艺术上却落套陈旧平庸乏味的抒情散文相比较，到底哪一篇更属于"文学的"散文呢？所以，韦勒克早就告诫说："我们还必须认识到艺术与非艺术、文学与非文学的语言用法之间的区别是流动性的，没有绝对的界限。"①

第四，假如上述界定能够成立，那么散文的范畴应包括记叙性散文、抒情性散文、思想性随笔以及具备文学性的序跋、日记和书信。回忆录、传记文学、政论之类因不符合散文的特性应排除；"游记"因有浓郁的抒情因素可归进"抒情性散文"一类；"小品"因"五四"之后用法极乱，有时指絮语随笔，有时指杂文，有时甚至泛指所有短篇散文，故此概念不宜再用。至于报告文学、通讯特写、杂文、散文诗之类，则早已被排除出散文家族，没有必要再拉进来。倒是一些"破体"散文，如小说化散文、散文化小说、诗和散文杂交的散文，以及寓言化的散文应引起我们的关注，尽管目前还难以对其进行归类。

我之关于散文的定义不仅符合我国的散文创作实际，也有一定的可操作性。特别是对散文自由开放的精神，对创作主体的精神性、自我性和心灵性以及对散文的诗性，即文学性的强调，这种对"所是"的分析性确认，不但具有学科规范的价值，而且对散文的创作也有积极的现实意义。

（二）"真实与虚构"的误区

与"范畴论"一样值得注意的还有散文的"真实与虚构"，散文的"真情实感"以及"文体"等问题。事实上，随着散文在 90 年代的繁荣和发展，20 世纪主宰中国散文的某些基本的散文观念，有的已经不能适应新的散文形势的要求，有的概念从一开始提出便比较笼统，直到现在仍然面目不清，故而有必要对这些基础性观念进行清理。

散文的真实性问题，一向被视为散文的基石。这种对真实性的严格要求自然有着深远的文化传统背景：中国的散文最早是应用文，后来又与史传结合。应用文与史传对题材的要求十分严格，不但作品中的人物、大的历史事件要符合历史事实，即便一个细节也不能杜撰。所以左思说："美物者，贵依其本；赞事者，宜本其实。"② 这种对"本"和"实"的严格要求，对现代散文产生了极其深远的影响，以至于在相当长的时间里，人们都笃信散文必须描写真人、真事、真景物，并将其视为散文最基本的要

---

① ［美］韦勒克、沃伦：《文学理论》，刘象愚等译，生活·读书·新知三联书店 1984 年版，第 13 页。

② 左思：《三都赋》序。

求和不容偏离的创作原则。比如周立波在其主编的《散文特写选》（1962）序言中，便写下一段颇具权威的话："描写真人真事是散文的首要特征。……散文特写绝对不能仰仗虚构。它和小说、戏剧的主要区别就在这里。"甚至到了90年代中期，在一篇标榜"散文新观念"的文章中，还有论者坚守真实性这块散文的最后"疆界"："从接受美学的角度，散文如果描写的不是关于实际发生的事情，而是关于可能发生的事情，读者就会出现阅读障碍，……如果越来越多的人在散文中像写小说一样虚构事实情节，那无疑是'自毁长城'，失去疆界的散文也就失去了散文自身。"① 可见，"真实性"观念的确立不仅源远流长、根深蒂固，而且是一种较为普通的散文观念。那么，应如何理解散文中的真实与虚构的问题？或者说，我们应怎样去把握散文中真实的"度"呢？

首先应看到，传统散文观念所强调的是一种"再现"式的"绝对真实"。即与作者有着直接关联的、来源于作者个人的生活经历。但从散文的创作规律和散文的发展趋势来看，要使散文所描写的内容与作者的"个人经历"完全吻合几乎是不可能的。这是由于：第一，散文中所表达的"个体经验"并不完全等同于"个人经历"。"个人经历"是个人历史的真实记录，它是一种"实在"，是难以更改的，而"个体经验"是对以往"个人经历"的一种整合。它一方面已不具备"个人经历"的即时性和临场感；另一方面又加进了不少作者主观想象的成分，比如史铁生的《我与地坛》、巴金的《海上日出》，都是以"个人经历"为素材，然而他们的描述又不完全拘泥于个人的经历，而是一种综合了各种个体经验的艺术化表达，我们能说这种表达违背了散文的"真实性"原则吗？第二，由于散文创作往往属于"过去时态式"，而按照一般的心理表征，时间越长、空间跨度越大，越容易造成错位和误置。这样，从亲身经历到记忆中的真实，再到笔下的物象情景，其生活的原生状态实际上已不可避免地发生了变形。换言之，由于时空的错位，记忆的缺失，主观意识的介入，散文作家已不可能在作品中再现原来的真实环境了。第三，也是更为主要的一点，我们发现，进入90年代后，随着文学环境的宽松，作家心态的自由和生存方式的改变，散文也变得越来越自由开放了，于是出现了大量"法无定法"，敢于"破体"的作

---

① 秦晋：《新散文现象和散文新观念》，《文学评论》1993年第1期。

品。比如贾平凹的游记，就有大量虚构性的成分；余秋雨的《道士塔》、《这里真安静》等作品，更是将小说的场面描写、戏剧的情节冲突移植到散文中。至于"新生代"作家的作品，其虚构和想象的成分则更多。事实上，散文的这种偏离"真实"法则的创作倾向不独发生于 90 年代的中国大陆，早在 80 年代，台湾一批有志于变革散文的作家便在这方面作出了努力并取得了不俗的成绩。

可以说，散文的"真实性"虽然是一个诱人的话题，或者说是一个美好的愿望和期待，但对于实际的散文写作来说，它也仅仅是一个愿望和期待而已。因为对于发展和变化了的当代散文而言，"虚构"和"想象"对于散文事实上已是一种宿命，是不可避免的。何况，一切的文本都有虚构性的特征，散文怎么能够无视文学的铁律而独拥"真实"呢？既然散文无法回避虚构和想象，我们又有什么理由将散文的"真实"原则推向极端，硬要作者按真人真事真景去创作呢？须知：如果作者笔下的一事一物甚至一个细节都必须与现实生活"逼肖"、"吻合"，达到"真实无伪"的地步，那么，散文作家也就变成了高尔基比喻里的那条蜈蚣一样根本就无法动弹、无从下笔了。所以，在清理散文的地基和建构新的散文观念的今天，我们应抛弃封闭保守的散文观念，旗帜鲜明地提出"有限制虚构"的观点。所谓"有限制"，即允许作者在尊重"真实"和散文的文体特征的基础上，对真人真事或"基本的事件"进行经验性的整合和合理的艺术想象；同时，又要尽量避免小说化的"无限虚构"或"自由虚构"的倾向。在笔者看来，只要我们把握好"真实与虚构"的"度"，既不要太"实"，又不要过"虚"，则散文的"真实性"这一古老的命题便有可能在 21 世纪再现它原有的活力。

（三）辨析"真情实感"

毫无疑问，"真情实感"是从"真实性"转化而来的。因为首先要有描写内容的"真"，其次才有言志抒情的"真"。内容即题材和素材的"真"偏重于客观，感情表达的"真"倾向于主观。散文创作只有将客观之"真"和主观之"真"统一在一起，才有可能产生真正的艺术的美。也许正是意识到这一点，所以在 20 世纪 80 年代，在散文研究方面颇有影响的林非先生在一系列的文章中反复强调这一命题。他认为"散文创作是一种侧重于表达内心体验和抒发内心情感的文学样式，它对于客观的社会生活或自然图像的再现，也往往反射或融合于对主观感情的表现中间，它主要是以从内心深处迸发出来的真情实感打动读者"。① 林非不仅强调散文的"真情实感"的重要性，而且将其定位为散文创作的基础，甚至将其提升到散文本体的地位。应该说，林非的"真情实感"论对于纠偏"十七年"散文中那种"伪抒情"，的确具有不可抹杀的功绩。加之他还从散文美学，从整个民族文化建设的高度来思考散文的本质特征，如此散文的"真情实感"论自然便成了80年代初期和中期理论话语匮乏的散文界的一个热门话题。不过，从今天的角度来考量，"真情实感"的确还有进一步追问探索，使其更趋完善的必要。关于这一点，楼肇明在其主编的《繁华遮蔽下的贫困》一书中认为，"真情实感"是一切文学艺术创作的基础，不独为散文所专美。再则，真情过于宽泛笼统，因而不能将其视为对散文文体的规范。笔者在赞同楼肇明这一观点的同时，觉得需要作这样的补充："真情实感"是可以作为散文的本体范畴和对散文的文体进行规范的，它的功能也是别的散文概念所不能代替的。

　　问题在于，我们在充分肯定这一散文范畴的同时也应看到：首先，散文虽是"表现自我"的"主情性"艺术，但它的情感抒发和小说、诗歌的情感抒发有着较大的区别。小说的情感生成往往是一种多维的情感结构，一般呈多元冲突、跌宕起伏的状态，并往往渗透进人物、情节和环境三个叙事维度中；诗歌的抒情虽呈一维的结构向度，但诗歌的情感向度是一种高度集中凝练，悬浮于"日常生活"之上的内心观照，而散文的情感结构虽也是一维的、呈单向发展的状态，但它与"此在"的"日常生活"紧密联系在一起，这就要求散文家不能浮光掠影、笼而统之地泛泛抒情，而要调动各种散文手段，通过优美的表达，最大限度地将隐藏于生活表象底下的最感人最具普遍性的情愫发掘出来，达到一种情感震撼的审美效果。如鲁迅的《一件小事》、朱自清的《背影》就是发掘情感的最佳范本，正是有了这些范本，我们才说散文是发现与开掘的艺术。其次，感情有文学的因素，也有非文学的因素；有具备很高审美价值的真，也有毫无艺术意义的真。因此，苏珊·朗格说："发泄情感的规律是自身的规律而不是艺术的规律。"她进一步质问："号啕大哭的儿童恐怕比一个音乐家表现出更多的个人情感，可谁又会为了听这样

① 林非：《散文创作的昨日和明日》，《文学评论》1987年第3期。

的哭声而去参加音乐会呢?"① 可见,感情作为一种生理性,并且往往与个人得失或利益联系在一起的心理表征,它不仅是人人都具有,并且常常是突发的、零碎和芜杂的,因此并非所有的感情流露都能成为文学表现的对象。情感只有上升到美感的层面,即在作家主体的参与下,一方面保留那些杂乱无章但又充满生机的生活"原生态";另一方面通过严格的选择和精细的艺术过滤,将零碎芜杂的生活表象凝聚起来并赋予思想、情调和色彩,这样"真情实感"才能得到提高和深化。再次,还应注意到,感情还有"大"、"小"和"高"、"低"之分,这是就散文的情感质量而言的。事实上谈论散文的情感,必然涉及作家的主体人格结构、思想涵养、文化心理等因素,因此,"如果一位散文家的散文情感兼具并代表着那个时代或时期最完善的情感心智和最健全的人格心理,其文必真必善必美,亦即必是精品。反之,那些情感质量不高即'有情无识'之作与那些'有识无情'的作品一样,至少不能称是好散文"。②关于这一点,我们只要拿巴金的《随想录》与时下流行的某些台港散文或内地的"小女人散文"相比较,其感情质量的高下立见分晓。

除了对散文范畴进行定义,以及对"文体净化论"、"大散文"、"真实与虚构"、"真情实感"等概念进行梳理辨析之外,还有一些散文的地基也需要进一步理清。比如"文体"这一概念,传统的散文理论一般将其等同于"文学体裁",而在我看来,文体应包含四个层面的内涵,即文类文体、语体文体、主体文体和时代文体。关于文体的问题,我已有详细的辨析③,此处不再重复。再如散文的"诗化",散文的"形散神不散",以及"散文意象"和"散文意境"等概念,都可以进一步加以清理厘定。因篇幅的限制,这一清理散文地基的工作只有留待来日了。

三

对传统的散文理论在语义上进行一番"去蔽",并在"去蔽"基础上

---

① [美]苏珊·朗格:《情感与形式》,刘大基、傅志强译,中国社会科学出版社 1986 年版,第 51 页。

② 王聚敏:《再论"散文情感"——"大散文"情感批判》,《海南师范学院学报》2002年第 2 期。

③ 见陈剑晖《论 20 世纪 90 年代中国散文的文体变革》,《中国社会科学》2001 年第 5 期。

对以往艺术准则的混乱现象进行了规范，我们看到，散文理论的阐释空间骤然扩大和敞开了，这就为我们寻求理论的变奏、构建新的散文理论话语提供了多种可能性。

任何一门成熟的学科或文学体裁，都有一套属于自己的概念和术语。20 世纪的小说和诗歌之所以如此显赫并成为主流文体，皆因其有自己的理论批评体系，比如小说的"人物"、"情节"、"故事"，以及"典型"、"典型形象"、"典型环境"等；诗歌则有"意象"、"意境"、"想象"、"肌质"、"构架"、"张力"、"节奏"、"音韵"等，而唯独散文没有建起完整的专门理论话语。虽然古代散文批评中也有如"气"、"性灵"、"童心"等特定的散文话语，但并没有被当代散文研究者普遍接受。至于当代的"真情实感"、"真实与虚构"、"形散神不散"等概念，虽能在一定程度上反映出散文的特性，但这些概念并非散文所专有，而且构不成较为完整的话语体系。因此，笔者认为，在 21 世纪里，中国的散文理论批评要有真正的突破跨越，关键在于要尽快建立一些可与小说和诗歌抗衡的话语体系。

关于散文理论话语的建构问题，其实在此之前已有一些学者注意到并作了探索。比如在《论 20 世纪中国散文研究》① 一文中，王兆胜就专门谈到了这一问题。而喻大翔更是设置了一系列概念、术语，如"自然生命圈"、"文化生命圈"、"文本生命圈"、"理性文化"、"感性文化"、"文化峰潮"、"文化生命意识"，以及"人境"、"事列"、"情场"、"意阵"、"词指"、"象指"、"心指"等。② 喻大翔这些概念术语尽管过于繁复缤纷、使人有眼花缭乱之感，但这种不偷懒的治学精神和文化想象力的确令人佩服，他的探索也是极有意义的。不过在本书中，我打算从不同于"学者散文"的方向和途径来建构散文的理论话语。换言之，在我的设想中，散文的理论话语可以从以下三个方面来建构：

（一）确定"诗性"这一核心概念。并由此分衍出"精神诗性"、"生命向度"、"人格智慧"、"文化本体性"等理论话语

笔者之所以对"诗性"情有独钟，并将其确定为 21 世纪散文研究的

---

① 王兆胜：《论 20 世纪中国散文研究》，《徐州师范大学学报》2001 年第 4 期。
② 喻大翔：《用生命拥抱文化——中华 20 世纪学者散文的文化精神》，人民文学出版社2002 年版，第 3 页。

一个核心理论话语，主要考虑到这一理论话语内在的丰富性和较大的理论阐释空间，同时还考虑到这是一个既可分层，又有一定的可操作性的概念。此外，也考虑到近年来，不少散文作品日益呈现出趋近诗性的倾向。当然，笔者这里所说的"诗性"，不同于西方的"诗学"概念，也有别于中国古代以诗论、诗话、诗评为其理论形态的"诗学"。此外，还应特别强调：作为新的散文话语中心词的"诗性"，与杨朔20世纪60年代提出的"诗化"散文观念更不是一回事。杨朔的"诗化"散文，是在强大的意识形态干预下产生的，其前提是粉饰生活，使"颂歌式"的散文在诗意的点染下得到艺术化的提升。再则，杨朔的"诗化"是一种局部性、外部的诗化，他的着眼点在于意境的营造、文眼的锤炼或在文章结尾进行诗意的升华，而这一切都是以丧失人的个体存在和生命本真为代价的，这样他的作品虽然"酿造出甜美的诗意"，不过这"诗意"却是虚假的，与生活本原和人的本真相去甚远。我所推崇的"诗性"首先是建立在人的个体存在，人的生命本真和丰饶的内心世界，建立在事物的本源之上的诗性。这种诗性，从本质上说是一种内在的整体性和综合美。它是散文最具心灵性的表达和情绪起伏的内在旋律，是人对社会生活、对大自然的总体感受。总之，诗性是流荡于万事万物和人的心灵深处的一种纯真的美质。为了捕捉到这种美质，散文家必须全副身心去感悟、体验和倾听。同时，还应看到，"诗性"是一个具有较大覆盖面和弹性的概念。也就是说，在"诗性"这一中心话语下，还可以分衍出"精神诗性"、"生命向度"、"人格智慧"和"文化本体性"等概念，它们共同构成了诗性多层面的内涵和外延。

散文的"精神诗性"，指的是作家内在生命的能动性和丰富性，是创作主体对万事万物的独特理解和感受，以及对于自由的追求，对人类命运、终极问题和日常生活的尖锐触及，以及对人的个体生存状况的垂询。从这一意义上说，精神诗性的获得是当代散文拒绝浅薄琐碎平庸，达到深度模式的保证。散文的"生命向度"是散文中最鲜亮、炽热和最感性的元素。它是一种不受约束和充满激情的实在。它以个体的意志感知和生命本能渗透进万事万物中，从而使作品升腾、勃发起来，喷薄出无限的热力和理想的朝霞。因此，生命向度本身就是美，就是诗。而散文一旦拥有了生命，便不仅有深度热度，而且有可能达到哲学意义上的本真。而散文中的"人格智慧"，则离不开作家独特的审美经验、文化心理和思想学养，最优秀的散文折射出来的人格智慧应代表着他所处的时代最完美的情感心智，闪射着迷人的主体人格色彩。至于散文的"文化本体性"，则是散文的基础。它是从诗、思、史三者融合的高度来要求散文。换言之，散文如果具备了文化本体性，它便不仅拥有了一个广阔的思维空间，而且具备了"史"的厚度和宽度。当然，散文中的文化应是一种诗性的文化。这是由于诗是文化的一个组成部分，而文化则因诗而鲜活、而飘动。

因此，在笔者看来，当代的散文理论批评若要有所推进、有所作为，就必须深化对诸如"精神诗性"、"生命向度"、"人格智慧"和"文化本体性"等理论话语的研究，使其更具独特性、科学性、系统性和可操作性。反过来，理论话语的确立又可推动创作的发展。也就是说，当代的散文创作要获得大的发展，真正在质上有所突破，关键之点是要摆脱各种传统散文理念尤其是"言志"、"载道"的束缚，而把"精神诗性"、"生命向度"、"人格智慧"和"文化本体性"摆在更为重要的位置，如此中国的当代散文创作和研究将会出现一番新的景象。

（二）文体和风格层面的散文理论话语："文调"、"氛围"、"心体感应"和"智情合体"

散文直接抒写自我的真情，是一种倾向于心灵性的表达。它的体例极其松散和自由，同时又不擅长编造故事和塑造人物。此外，散文还是最不讲究技巧的一种文体。因此我们需要根据散文的文体特征来创设散文的理论话语，这样才不至于产生隔膜。从这样的认识出发，笔者认为除了上面的核心概念"诗性"，以及由诗性分衍出来的"精神诗性"、"生命向度"、"人格智慧"和"文化本体性"等思想内涵层面的概念外，从散文的文体和风格层面，又可以将"文调"、"氛围"、"心体感应"和"智情合体"确定为重要的散文理论话语。

"文调"这一概念的发明者是梁实秋，与此相近的概念还有林语堂的"笔调"、周作人的"风致"。大体来说，林语堂的"笔调"既是区分文体的标准和尺度，又是一种语体，比如"闲适笔调"、"娓语笔调"、"言志笔调"等，这些"笔调"均是以自我为中心，以闲适为特征。周作人的"风致"同样是强调真实个性的表达，不仅有"性灵"的因素，还有"涩味"与"简单味"。与上述两个概念比较，我更喜欢梁实秋的"文调"之说，因为这一概念除了与"笔调"、"风致"有相似相通之处外，还有自己鲜明的特色，其涵盖面、适应性也更为广泛。在笔者看来，散文的"文调"首先应自由自在，率性而为，不为物役，不为任何格式所拘。其次，"文调"要活泼自然，而忌生僻和典故事例的堆砌。再次，也是更重要的一点，即"文调就是那个人"。散文和其他文体的不同之处，就是一个人的思想观念、审美情趣、人格气质在散文里绝不可能隐藏掩饰，作者提起笔来，他便将整个人纤毫毕现袒露在读者面前。因此，有一个人便有一种散文，有一种散文便有一种独特的文调。有了"文调"的散文，自有一种不可形容的妙处："或如奔涛澎湃，能令人惊心动魄；或是委婉流利，有飘逸之致；或是简练雅洁，如斩钉截铁……"① 可见，"文调"的确是属于散文所特有的理论话语，它是散文作家形成风格的一种行之有效的艺术选择。

与"文调"相联系的另一个属于文体风格方面的概念是"氛围"。在我国古典文论中，"氛围"往往与"文气"联系在一起。《辞海·词语分册》对"氛围"定义为：指"笼罩着某个特定场合的特殊气味或情调"。而西方文论则将"氛围"等同于"语境"。如保罗·利科尔就认为："语境"乃是"一种书面著作展开的氛围"②。不管中西方对"氛围"的理解有何不同，但"氛围"实实在在是属于散文的"独特语境"。它一方面形成于文本的形式层面，是作者通过独特的意象组合、隐喻象征、叙述方式、特定的语调等形式因素营造出来的；另一方面它又超越形式层面，与作者精心选择的题材、生活画面，感情的抒发方式息息相关。由此，在优秀的散文作家如鲁迅、郁达夫、徐志摩、冰心、何其芳、汪曾祺等的作品中，我们总能感到一种说不清道不明的特殊氛围，正是这种氛围使阅读欲罢不能。因此，散文研究若能将"氛围"纳入自己的话语范畴，可以为解读散文作品提供一个新的思路。

除了"文调"、"氛围"，在文体风格层面上，散文研究还可以将"心体感应"和"智情合体"作为自己的专用术语。按郁达夫的说法，散文重要的是要寻找一颗"散文心"，而"心"和散文特殊的"体"是唇齿相依、互为补充的。如果散文研究能做到以"心"求"体"，"体"为

① 梁实秋：《论散文》，见俞元桂主编《中国现代散文理论》，广西人民出版社1984年版，第36页。

② ［法］保罗·利科尔：《解释学与人文科学》，陶远华等译，河北人民出版社1988年版，第152页。

"心"用，即达到"心体感应"，则自然也就贴近散文本体了。至于"智情合体"，意指散文研究既要有识见、有智慧、有知识，同时也要有感情的滋润、生命的体验，这也是从散文这一特殊文体滋生出来的理论话语。

（三）散文理论批评的新思路、新方法与新视野："复调叙述"、"意象创设"和"多维结构"

散文理论话语的建构，按我的理解应有两个层面：一是概念术语的建构，如上面的"诗性"、"精神诗性"、"生命向度"、"人格智慧"、"文化本体性"以及"文调"、"氛围"、"心体感应"、"智情合体"均属此类。二是批评的方法和尺度的建构与拓展。这一层面虽然没有提出富于创意的概念术语，但它对于未来的散文创作和研究同样有着不容低估的意义。在这一层面，我们可以将叙述、意象、结构作为观察与构建的重点。

众所周知，长期以来中国的散文理论都强调写真人真事，并将其视为散文创作的"首要特征"，与创作的这种"非虚构"理论倡导相对应，散文的叙述一般都局限于第一人称"我"之上，而且这个"我"即叙述者与作者之间没有间隔，更多的时候两者是叠合在一起的，这就在一定程度上限制了叙述的灵活性和多样性，也压抑了"自我"的发展。但自20世纪90年代以来，由于散文创作中"虚构"与"想象"的成分与日俱增，散文的叙述视角也发生了变化。许多散文的叙述视角已不再局限于第一人称，也不再遵从作者是一切写作素材的来源的法则。它们不仅打破了叙述者与作者的同一关系，而且普遍运用了第二人称或第三人称的叙述视角，有的甚至将第一人称和第二人称或第三人称交替应用。除此而外，还有的散文打破了传统的线性叙述模式，采取跳跃、断裂和非逻辑的叙述语式，既没有所谓"开头"，也看不出"结尾"有何"匠心"，中间的语段转接也没有内在的逻辑联系，这样随心所欲的"复调叙述"固然会给散文的秩序造成一定程度的混乱，还有可能给读者的阅读带来一些障碍，但同时也给读者的阅读带来了挑战。更重要的是，摆脱了"真实"的限制，脱离了"我"即作者的固定书写模式后，散文的叙述视角更多样更灵活了，其结构也更加开放和富于弹性。

"复调叙述"在散文创作中的出现，无疑给散文研究提出了新的课题。也就是说，在发展和不断变化着的创作面前，我们的散文理论不能抱残守缺，而是要不断更新观念和研究方法，这样才能对创作实践予以理论上的总结和提升。例如，以往我们研究散文的叙述，主要分析作品的叙述是否清晰完整，叙述中的顺叙、倒叙和描述是否衔接自然，开头和结尾是否匠心独具，以及取材是否详略得当等。现在，研究散文的叙述便不能停留在过去的层面，而可以引进西方叙事学的理论和方法来研究散文。可以用叙述学的人称层次、视点转移理论来分析散文叙述视点的变化；也可以用叙述学中"叙述主体"的两重性来考察叙述性散文中的"真实作者"和"隐含作者"与叙述者的关系；还可以运用叙述学的声音理论来探讨叙述者在不同类型的作品中"声音"的变化，以及这"声音"是否生动、准确地传达了作品的内在意蕴。最后，我们还可以将叙述学的表层和深层理论运用于散文的文本研究，先将散文的叙述内容简化为基本句型进行概括性分析，再从文本中抽出若干要素进行重组整合，而后寻求其文化意义和情感内涵。总之，如果我们改变了陈旧封闭的研究散文的路数，同时借助西方的叙述学理论来研究散文，那么散文理论批评长久以来形成的僵化静止的状态则有望打破和激活。

从建构散文理论话语的角度来观察，散文的"意象创设"与散文的"复调叙述"在形式上具有同等的意义。我们知道，意象作为一切文学作品的意义和美感的构成元素，并不仅仅是诗歌的专利，同时也属于散文。但在传统的散文理论中，却一直无视散文意象的存在，或懒于对它进行更深一步的探索。其实，意象之于散文的意义绝不亚于诗歌。所以，在寻求散文理论变革和创新的今天，要高度重视"散文意象"这一概念。我们不能满足于诸如"视觉意象"、"触觉意象"、"嗅觉意象"、"听觉意象"、"味觉意象"之类的一般化认知，或者以为创设意境、托物言志就是营构意象，而是要对"散文意象"进行精细的探究。比如散文意象与诗歌意象有什么共同之处和区别？散文意象有什么独特的表现形态？散文意象的功能是什么？作家又是如何调动各种手段营造意象的？此外，像氛围、声音、色彩、韵律，以及叙述的时空设计等，也都是"散文意象"的研究范围。质言之，"散文意象"的理论话语的建立和对这一话语的深入研究，将有效提高散文理论的学科地位，使散文的理论建设更贴近散文创作的本体。

在散文的形式构成这一层次，还需要用新的思路和方法来研究散文的结构，这也是建立新的散文话语的一个重要方面。由于传统的散文理论一般都是从"谋篇布局"、"文章作法"的角度来探讨结构，这就使散文的结构研究仅仅停留在诸如对起、承、转、合这样的外在形式的层次上，而对散文结构的要求也仅仅是满足于安排合理、骨架匀称、线条清晰、首尾圆合，等等。毫无疑问，这样的结构研究既缺乏现代的批评视野，也是不利于散文的发展的。因此，要改变散文研究的滞后现状，其中一个重要内容就是改变过去那种狭窄保守、机械刻板的散文结构研究，给它注进新的血液。也就是说，我们首先要意识到，散文结构不应仅仅指文章的外部组织形式，而应是创作主体的意识、情感、思想，特别是生命体验转化为物化形态的一种"有意味的形式"。其次要看到，散文结构不是单一和直线发展的，而是呈多维并进、扇形发展的态势。就 20 世纪散文来说，既有情绪结构、意识结构、意象结构、寓言结构，还有诗象体结构、小说体结构、戏剧体结构等。再次，散文结构也和小说结构一样，往往既有显在结构，也有潜在结构。概言之，优秀的散文所呈现出来的结构形态，总是主观和客观的结合、外部和内部的圆融、规范和独创的和谐。我们只有用现代的开放的目光来看待散文结构，才有可能对其作出深入贴切的研究探讨。

新世纪散文批评理论的建构，除了可以借助叙事学和结构主义理论来研究散文的复调叙述，以及散文意象的组合创设和散文结构的发展演变外，还可以运用心理分析方法来考察散文文本。举例来说，近年来不少散文作家采用了小说中常用的"意识流"写法，让时空切换、场景重合，现在、过去和未来交错，其间还伴之以象征、隐喻、通感、联想、幻觉等表现手法，面对这样的散文，传统的散文标准可能会失效，而要对其进行艺术分析更是不得要领，难以下手，但假如采用心理分析法的描述功能来追踪散文作品中创作主体的心理轨迹，捕捉联想、幻觉等心理症候的活动形态，从而探测作家的艺术思维中出现了哪些新的因素，并进而推测作家的写作动因，而后再用散文的标准对作品的思想和艺术作总体的解剖。笔者认为，心理分析的方法虽不似叙事学理论那样切近散文，但它对于分析作者的心理活动是有作用的。再如近年来，散文中出现了一些现代主义甚至是后现代主义的症候，作家喜欢以放任洒脱的游戏姿态，对现实生活进行零敲碎打、解构重组，既对个别的场景、生活的细节以及词语表现出异常的关注，同时又在创作中明显地流露出反中心、反整体、反抒情的倾向，如果我们用利奥塔德或巴特尔的解构主义的理论和方法，对这一类的现代主义或后现代主义散文随笔进行考察，也许可以获得意想不到的收获。此外，近年来还出现了诸如"复调散文"、"寓言式散文"以及小说化的"实验性散文"，等等，这些都要求我们用新的观念、新的理论和新的方法加以分析评判和定位。

自 90 年代以来，散文的创作显得生机蓬勃，散文理论批评也有了较大改观，但与其他成熟的学科相比，散文的理论世界仍然显得薄弱和苍白。散文的理论批评应如何振兴发展呢？在我看来唯有"突破"和"创新"，这样才谈得上"建构"和"跨越"。长期以来，散文理论批评之所以鲜有建树，根本的问题在于散文本身过于保守，过于故步自封。我们的散文观念中保留着太多的传统趣味，同时又满足于散文的"静态"平衡的格局，不愿意打乱散文的华严秩序。正是这种保守性、趋古趣味和过分的平静妨碍了我国散文理论的建设。而现在，该是打破这种"保守"和静态的时候了。我们的散文创作不能长久局限于记叙、抒情、写景、议论的范畴中，我们的散文理论批评同样不能只围绕着传统的散文观念打转，永远处于一种被动保守的文学书写之中。在告别了 20 世纪，进入 21 世纪之际，我们的散文理论工作者应拿出大气概和大智慧，对中国自"五四"以来的散文理论批评作全面性的反思和体系性的建构。

当我们获得这样的共识并进行长久不懈的实践的时候，散文研究也就可以和小说、诗歌、戏剧研究一样平起平坐，不仅获得人们足够的尊重，而且有可能促使散文从"边缘文体"的地位向"中心文体"或"主流文体"位移，从而告别"次要文类"的历史。在我看来，21 世纪的散文理论只有达到了这一目标，才算是获得了足够的自信，而且是真正意义上的建构和跨越。

《中国社会科学》2005 年第 1 期

纸简替代与汉魏晋初文学新变

查屏球[*]

摘要 从东汉中后期至三国前期，文学的文本载体处于简纸并用与转换阶段。纸本作为一种新兴传播工具，起初只是一种非正式的文本形式，与一些世俗化的娱乐性文本关系更为密切。东汉的崩溃，加速了简纸替换。纸本广阔的写作空间与低廉的制作成本，改变了简册写作的思维方式，缩短了简册写作的构思过程，扩大了文本的容量，使得抒情达意更为直接与自由。纸写文本的正宗地位的确立、文本传播方式的革新，直接展示了文学超越时空的影响力，提升了文学的价值，促进了当时书信体文学的发达，增强了文学的抒情性。文本载体形式的改变引起文体的变化，文体论研究日趋细密，文人知识量的扩大带来用典之风的流行。随着纸本地位的上升，一些娱乐性的世俗文本地位得以提升，而文本形式的转换也导致了传统文本流传的失序。

关键词 文本载体 纸简替代 汉魏晋初文学

迄今为止，中国文学的物质载体大体上经历了甲骨、金石、竹帛、纸张、印刷及电子这几个阶段。每一种文本载体形式的变化，对于各阶段的文学发展均产生了较大的影响。从汉魏到晋初，是中古文学一个重要的转变期，也是文学文本由简册向纸质过渡的转换期，当时文学的走向与文本载体形式的转换有着比较明显的关系，其中很多特殊的现象都可以由此得到解释。

---

* 查屏球，1960 年生，文学博士，复旦大学中文系副教授。

一　简纸并用与简重纸轻的观念

文字载体作为文化传统的载体，其每种形态的产生虽是生产技术发展的结果，但它的兴替并不完全取决于技术的先进性，更重要的还与人们的文化观念转变相关。纸作为一种新兴的传播手段，曾与简册这种旧的文字载体长期共存过，简纸的替换经历了一个较长的过渡期。

现代科技史学者根据考古实物考证出，早在西汉武帝时代（公元前141—87）即有纸了，在西北地区还发现了王莽时代（公元1—23）的绘有地图或写有文字的纸。① 应劭《风俗通义》记："光武车驾徙都洛阳，载素、简、纸经凡二千辆。"刘秀于公元25年入洛阳，这些纸书至少应是在王莽朝时就有了。正史正式记载纸的事情是《后汉书·蔡伦传》，时间是105年。纸史研究者多认为蔡伦不是纸的发明者，只是造纸技术的改良者，对纸的普及起到了相当大的推动作用。但是，由相关文献看，西汉及东汉前期，书籍的主要形式仍是竹简。如《太平御览》卷六〇六引应劭《风俗通》：

> 刘向为孝成皇帝典校书籍二十余年，皆先竹书，改易刊定，可缮写者，以上素也。由是言之，杀青者竹，斯为明矣。今东观书，竹素也。②

皇家图书馆藏书也是先以竹简为稿本，再以帛书作为定本，这是西汉末的事。前些年出土的尹湾汉简，其中俗赋《神乌赋》一卷比较完整地保存了当时书的形态，它是西汉王莽朝的民间书籍的一个缩影。又如《后汉书·儒林传》记："董卓移都之际，吏民扰乱，自辟雍、东观、兰台、石室、宣明、鸿都诸藏典策文章，竞共剖散，其缣帛图书，大则连为帷盖，小则制为滕囊。及王允收而西者，载七十余乘。"这些书可以拿去作车蓬与布袋，就是因为制作这些书的材料本身就是昂贵的布帛。这也可表明东汉皇家图书馆藏仍以帛书为主，纸书仍是不多的。

---

① 参见潘吉星《中国科学技术史·造纸与印刷卷》，科学出版社1998年版，第49—58页。
② 王利器：《风俗通义校注》，中华书局1981年版，第494—495页。

其时最重要的书籍应是儒家经籍，而这些书仍是以简册制成的。如《后汉书》卷三九《周磐传》："建光元年……既而长叹：'岂吾齿之尽乎！若命终之日，桐棺足以周身，外椁足以周棺，敛形悬封，濯衣幅巾。编二尺四寸简，写《尧典》一篇，并刀笔各一，以置棺前，云不忘圣道。'"安帝建光元年（121），这也正是"蔡侯纸"流行的时期，但周磐所用仍是"编简"以及制作简册的"刀笔"。此事足可证明，简册之书并没有随着的纸的出现而消失。

朝廷官府正式文书通用简牍，这一情况至东汉末也没改变。如由蔡邕（132—192）《独断》所论公文格式看，当时官府仍流行简册。又如《三国志·张既传》注引《魏略》云："张既，世单家富，为人有仪容，少小工书疏，为郡门下小吏，而家富。自惟门寒，念无以自逮，乃常畜好刀笔及版，奏伺诸大吏，有乏者辄给与，以是见识焉。"① 此处所记也应是东汉灵帝初期（168—190）的事，当时官府书写用具仍是"刀笔及版"。又如《三国志》卷六四《孙綝传》注引《江表传》言："作版诏敕綝所领皆解散。"② 考其时间是孙吴太平三年（258）。关于此事还有实物证据，1996 年在湖南长沙走马楼发掘出东吴简牍十万多片，上面有百万字，多是仓库记账簿籍，也有少部分公文，其中写有汉献帝建安年号与孙权的赤乌（238—251）年号。这十万多片简牍集中堆放在三口井中。这显然不只是为了存放档案。当时正是纸简替代的时期，估计在使用纸本之后，这些竹木文档才会被废弃集中堆放在一起。由所用孙权年号一事看，简册为纸完全取代是相当迟的，至少晚于"蔡侯纸"一百多年。

简纸共存与简纸替换时间之所以如此之长，是因为纸作为一种先进传播工具，其高级形态在相当长的时间内仍为少数人掌有。这一点可由蔡伦造纸一事的背景见出。《资治通鉴》卷四八记邓后即位后，"郡国贡献，悉令禁绝，岁时但供纸墨而已"。在她仅限的几样贡品中，纸已列具其中。蔡伦献纸时间也在这一时期，显然他造纸应是出于邓后对纸的特殊要求。这表明皇宫里用的纸仍是一种比较特殊的书写材料。由当时的科技水平看，造纸术还是一门相当复杂的工艺技术，"蔡侯纸"是由宫廷专门机构研制出来的，也只能是宫廷贵族独享的"专利"。这种先进的造纸技术

---

① 《三国志》卷十五《魏书·张既传》。

② 《三国志》卷六十四《吴书·孙綝传》。

普及民间势必需要相当长的一个过程，民间生产纸的工艺较宫廷简单得多，所产的纸质量都不高，书写效果不佳，尚不能取代简册。因此，在纸问世之初，人们多将之视为一种非正式的文本载体，并形成了一种观念：简重纸轻。如《艺文类聚》卷三一引汉顺帝时的学者崔瑗（78—143）《致葛龚书》："今送《许子》十卷，贫不及素，但以纸耳。"① 此处，他将纸与素分开，表明当时珍贵的东西都写在素上，纸还只是一种次等的记录用具。葛龚是汉安帝时（107—125）人，此事应在"蔡侯纸"流行二十多年后了，但纸的地位仍是较低的。又如《三国志·魏志》卷二注："胡冲《吴历》曰：'帝以素书所着《典论》及诗赋饷孙权，又以纸写一通与张昭。'"送国君以素书，送大臣则用纸书，这也说明至三国时，仍存在着以纸为贱的观念。又如《北堂书钞》卷一〇四所引《楚国先贤传》云："孙敬以柳简写经本晨夜习诵。"郭璞也曾云："青竹为简以去书虫。"② 其时人们在论及正式文本时都好用"简""素"，而不提及"纸"，就是因为纸尚是粗糙之物，还不为人所重。

由现代考古实物看，自王莽新朝之后，用纸的情况明显增多，而且多出现于下层民间中，如在西北几处边防要塞遗址中，多处发现用于写字的纸。这说明这种质量不高的纸，在社会下层流传较广。趋简是多数社会成员的一种本能。对于多数不能享受特权的社会下层吏民来说，它是一种最廉价又最方便的传播工具。纸的这种地位，决定了它在一开始就与下层文化有着密切的联系，较多地体现了下层俗文化的需求。如"五斗米教"及《太平经》的流行就是一个比较明显的例子。《后汉书·襄揩传》曰："初，顺帝时，琅琊宫崇诣阙，上其师于吉于曲阳泉水上所得神书百七十卷，皆缥白素、朱介、青首、朱目，号《太平青领书》。"这是帛书，但是，后来流传于世的并为张角与襄揩所藏的可能是纸书，否则，很难想象张角在宣传"太平教"时，能很快地将教义及道书传布天下。这可由当时道士用纸一事中得到旁证。《萧氏续后汉书》卷二三记："李意其，蜀郡人，有道术，昭烈欲伐吴，遣人迎之，既至访以吉凶，意其不答，而索纸笔，画兵马器杖十数纸已，便一一手裂之，又画一大人，掘地埋之，径去。"可见道教徒很早就利用纸作为传播工具了。又如在《太平经》卷四

---

① 欧阳询：《艺文类聚》卷三一，上海古籍出版社 1985 年版，第 560 页。
② 以上两条材料均见《北堂书钞》卷一〇四，文渊阁四库全书本。

中就有"丹书吞字"之说，其事不甚明了，但有可能就是后来道士使用"纸符"之事。① 这些都可证明，这种新兴而粗糙的传播工具与民间俗文化有着密切关系。

纸的普遍使用与纸书的流行应是在东汉中后期（2世纪中叶），到汉末（3世纪初）进入了一个大发展时期，并于三国后期（3世纪中叶）完成了简纸的转换。如《艺文类聚》卷五八引《文士传》曰："杨修为魏武主簿，尝白事，知必有反覆教，豫为答数纸，以次牒之而行，告其守者曰：'向白事，每有教出，相反覆，若案此弟连答之。'已而有风，吹纸乱，遂错误，公怒推问，修惭惧，以实答。"此事表明建安时纸已作为公文用具了。这可能与曹操有意推重纸有关。曹操曾下《掾属进得失令》曰："自今诸掾属侍中、别驾，常以月朔各进得失，纸书函封主者，朝常给纸函各一。"② 经董卓之乱后，维持原有简帛制度想必有困难，在这一背景下，纸的作用则凸显出来。纸从原先次要的文本载体一举上升为主要的正式载体，开始成为人们记录文字与传播信息的主要工具。在当时魏、蜀、吴三地以及各类公私活动中都已普遍运用纸了。此类事例较多，兹不赘列。

由上可见，纸作为一种新型的文本载体，在其初期，只有少部分人享用它的高级形态；流行于民间的只是粗糙之物，其便利性与简陋、低廉是联系一起的，因而并不能取代简册的所有功能。旧的载体工具已凝固了一种文化传统，与权力制度、正统地位连成一体。新兴载体工具在与旧的载体共处时，它们往往因处于"异端"地位而被忽视，并与一些非正统的文本关系更密切。唯有到了东汉末传统崩溃之时，文本载体才加快了新旧替换的进程。

二　纸本的便利与写作思维方式及文学价值观的变化

在现存文献中，傅咸《纸赋》最早论及简纸转换一事：

---

① 见《太平经》卷一〇八《庚部之六》以及卷八七与卷九二。
② 《汉魏六朝百三家集》卷二三《魏武帝集》，文渊阁四库全书本。

纸简替代与汉魏晋初文学新变

盖世有质文则治，有损益故礼随时变，而器与事易。既作契以代绳兮，又造纸以当策。夫其为物，厥美可珍，廉方有则，体洁性真，含章蕴藻，实好斯文，取彼之淑，以为此新，揽之则舒，舍之则卷，可屈可伸，能幽能显。[若乃六亲乖方，离群索居，鳞鸿附便，援笔飞书，写情于万里，精思于一隅。]①

　　傅咸是晋初的人，经历过由简到纸的转变，对纸写这种新型载体优越性感受颇深，因而具体描写出了纸的新型功能以及对文学创作的影响。这种影响主要体现在以下几个方面。

　　第一，纸取代简释放了写作空间，使创作思维获得了极大的自由。如傅咸赋中所述，当人们在脱离了笨重的简册木牍而使用轻便的纸张时，感到原藏于心底与吟于口中的东西都可以一下涌现于纸卷之上，人们可以不受简册空间拘束，尽兴地挥洒才情。由具体写作过程看，纸取代简之后，写作的思维方式发生了很大的改变。在纸前时代，简册刮削不易，素帛成本昂贵，手持刀笔的作者在简册之上写作仅能作一些局部修改，很难进行大幅度的改动，反复打草稿几乎是不可能的事。每一次正式写作多是一次性的，难以重复。因而，他们于正式写作前，多有长时间的构思腹稿的过程，即将每一个字都想好之后才能落笔成文。如《西京杂记》："司马相如为《上林》《子虚赋》，意思萧散，不复与外事相关，控引天地，错综古今，忽然如睡，焕然而兴，几百日而后成。"又《后汉书·王充传》记王充在写作时："乃闭门潜思，绝庆吊之礼，户牖墙壁，各置刀笔。"这种长时间思维活动对写作长篇作品来说是很艰苦的。如王充《论衡·对作》自言："愁精神而忧魂魄，动胸中之静气，贼年损寿，无益于性。"又桓谭《新论·祛蔽》言："余少时见扬子云之丽文高论，不自量年少新进，而狠欲逮及。尝激一事而作小赋，用精思太剧，而立感动发病，弥日瘳。子云亦言：成帝时，赵昭仪方大幸。每上甘泉，诏令作赋，为之卒暴，思虑精苦，赋成遂困倦小卧，梦其五脏出在地，以手收而内之。及觉，病喘悸，大少气，病一岁。由此言之，尽思虑，伤精神也。"这些都反映了以简册写作时的思维活动是在一种很紧张的心理状态下进行的。因

_____

　　① 《艺文类聚》卷五八，方括号内文字据《汉魏六朝百三家集》卷四六补入，文渊阁四库全书本。

此，这一时期的文学作品或篇制不长，或如《子虚》、《上林》、《两京赋》之类作品，篇制虽长，但多排比成文，缺少变化，少了一种既一气贯穿而又跌宕起伏的文气。显然，这类作品多是分几次成文的，写作思维是断续的。作者由于过多考虑成熟的表达方式，也阻塞了内在之意的自然流露。以纸写作则有所不同，纸本简便且成本较低，作者可随意书写，将所思所想尽现于纸，并能完稿之后，反复修改，以求逐字之工。且纸本展舒方便，作者可于一纸之上展现全文内容，保持了思维的连续性，因而能有一种整体观，更重文气的流畅。曹丕《典论·论文》中的"文气"之说，之所以在这一时期出现，可能多少与纸简转换这一背景有一定的关系。写作工具的改进，作者突破了"慎重落笔"的心理障碍，写作思维更加自然流畅，作者可以用最快的手段捕捉到瞬间的心理反应与创作冲动，其内在之"意"向外在之"文"的转换变得更加直接与方便，这除了扩大了作品的容量之外，更扩大了创作思维的自由度，释放了作者的内在情思。写作思维方式的这种变化，应是纸本写作对简素写作一个最具革命性的改变。

《文心雕龙·神思》云："淮南崇朝而赋《骚》，枚皋应诏而成赋，子建援牍如口诵，仲宣举笔似宿构，阮瑀据案而制书，祢衡当食而草奏。虽有短篇，亦思之速也。"淮南王刘安作《离骚》传注，不应是为文之例；史称枚乘思速所作，多应时短篇，少有佳作。刘勰在书中言及才速者多指曹植、王粲、阮瑀、祢衡等汉魏之士。他们身处简纸转换期，既受过传统的构思训练，又得纸写之便利，故更能表现出"倚马可待"的才思。又《后汉书·祢衡传》载："黄祖长子射，时大会宾客，人有献鹦鹉者，射举卮于衡曰：'愿先生赋之，以娱嘉宾。'祢揽笔而作，文无加点，辞采甚丽。"点者，以笔灭字也，是简册写作涂记的方式，祢衡不用此法，一举成文。纸写释放了作者的写作心理，这才有可能训练出一气呵成的写作技能。如此为文的方法与速度，对于用惯简牍写作的人来说，无疑是个奇迹，所以关于这方面的传说在这一时期也就比较多。这一现象也是当时写作方式变化的反映。

第二，纸与简素相比，纸质轻便，改善了文本传播的条件。如傅赋所言，它能在短时间内将个人的情思传到远方，在千里之外，借一纸书信如同面晤。这种交流的便利与自由，大大促进了文人间的交流，以至这一时期文学发展有一个明显的倾向，即书信体文学比较发达，文学的私人化色彩愈发明显。在简纸并用年代，以纸写成的文字是非正式的文本，起初多被广泛运用于私人间的书信中。汉末之后，文人间的书信文献明显增多了，其原因就在于纸的流行与普及。此前文人作品的发表与传播多是借助公务与礼仪活动。公开发表的散文，除赋之外，只是章、表、疏、议之类议事之作或碑、铭之类应用性文字，纯粹私人性的文字很少。纸写的普及，带来了通信的方便，这也为文人发表私人性文字与表现个人才情提供了一个更为方便的渠道。这种便利也大大激发了文人的表现欲与创作欲。文人们对这种用新兴载体写成的书信怀有莫大的兴趣。如唐代李贤注《后汉书·窦章传》曰："融集与窦伯向书曰：'孟陵奴来，赐书，见手迹，欢喜何量见于面也。书虽两纸，纸八行，行七字。'"窦章与马融通信可能是汉顺帝时代（126—144）的事，这还是纸写方式流行不久之时。马融在信中表达了因此而产生的极度兴奋的心情，他详细介绍了这封信的格式，很可能是因为其时纸制书信还比较少见。又如张奂《与阴氏书》言："笃念既密，文章灿烂，名实相副，奉读周旋，纸弊墨渝，不离于手。"① 张奂卒于光和四年（181），此信也当写于纸流行不久时。由张奂的表述看，虽然纸的质量不高，他仍非常喜欢这类书信。又如《三国志》卷七记陈琳《与臧洪书》言："又言告绝之义，非吾所忍行也，是以捐弃纸笔，一无所答，亦冀遥忖其心。知其计定，不复渝变也。重获来命，援引古今，纷纭六纸，虽欲不言焉得已哉。"② 这可能是汉献帝建安元年（196）之前的事。一封信长达六张纸，若使用竹简这是不可想象的。纸的便捷，使得文人激发出前所未有的写作热情，以至用纸传情成为一时风尚。

有一个材料可以说明当时书信体文学发达的情况。汉灵帝光和元年（178）专设"鸿都门学"，《后汉书》卷六十称："初，帝好学，自造《皇羲篇》五十章，因引诸生能为文赋者。本颇以经学相招，后诸为尺牍及工书鸟篆者，皆加引召，遂至数十人。"《后汉书·杨赐传》记杨赐批评汉灵帝言："又鸿都门下，招会群小，造作赋说，以虫篆小技见宠于时。"袁宏《后汉纪》也记："初置鸿都门生，本颇以经学相招，后诸能为尺牍

---

① 《艺文类聚》卷三一，《太平御览》卷五九五，文渊阁四库全书本。
② 《三国志》卷七《魏书·臧洪传》。

词赋及工书鸟篆者至数千人。"① 鸿都门学，是一个与太学相似的学校。此处除了收罗各类经生与书法、绘画等艺术人才外，还集中了一批善于尺牍辞赋的文人。尺牍成为朝廷学府专设之科，尺牍之才已似太学生一样，由朝廷招募，可以想见这种文体在当时流行之广、影响之大。尺牍起初是专门写在书版之上的一种文体。但是，我们由尺牍之文如此流行的状况来推断，这种尺牍应已经超出公文范畴，并与"造作赋说"联系起来了，似乎是一种可自由发挥的书信体散文。这种文体的流传，显然是与纸的普及相关的。由《后汉书·蔡伦传》记载看，大规模生产纸的部门是由宦官控制的，鸿都门学正是由宦官控制的与太学相对抗的又一学府，如此多的绘画、书法之才集中于此，自然需要大量的纸，尺牍之才集中于此，也应与此相关。可以说私人化的尺牍文应是在纸这样一种新型传播工具刺激下而盛极一时的。

书信体发达的创作趋势至汉魏之际形成了一个高潮，文人书信明显增多。这种创作活动给文坛带来最明显的变化就是文学的抒情性大大增强了。如曹植、曹丕与杨德祖、吴质等的往返通信就体现了这一特点。曹植《与吴质书》："天路高邈，良久无缘，怀恋反侧，如何如何，得所来讯，文采委曲，晔若春荣，浏若清风，申咏反复，旷若复面，其诸贤所着文章想还所治，复申咏之也，可令惠事小吏，讽而诵之。"② 吴质《答曹植书》："信到，奉所惠贶，发函伸纸，是何文采之巨丽，而慰喻之绸缪乎。"③ 他们已感受到这种纸写书信可以拉近人与人之间的距离，可以使分居各方如同对面一样，直接抒发情感。他们都以极度兴奋的心情享受着纸写的便利。这种语言在纸前时代是很少见到的。纸的流行带来了文字交往的方便，具有书信功能的交往诗也随之流行起来。如建安七子间交往诗及同题之作尤多，如曹植的《赠丁仪王粲诗》、繁钦的《赠梅公明诗》、邯郸淳的《答赠诗》、刘桢和徐干的《赠五官中郎将四首》及曹丕、王粲、陈琳的《柳赋》等。这种交往诗应是书信体文学发展的另一种表现。如刘桢《赠徐干诗》："猥蒙惠咳吐，贶以雅颂声。"此处就表达了能读到对方作品的兴奋。《古诗十九首》中有言："客从远方来，遗我一书札。"

---

① 袁宏：《后汉纪》卷二四，文渊阁四库全书本。
② 《曹子建集》卷九，文渊阁四库全书本。
③ 《文选注》卷四二，中华书局 1977 年版，第 595 页。

汉乐府《饮马长城窟行》："客从远方来，遗我双鲤鱼。呼儿烹鲤鱼，中有尺素书。"这些诗中所讲的书信材料仍是"札"与"素"，据此可推断它们可能是纸流行前的作品。纸的流行当使这种具有书信色彩的诗歌创作活动变得更加频繁，纸写文本的传递成了此后文人发表作品的主要方式。后人视陆机"诗缘情而绮靡"之说为文学史一转折点，若考虑到纸写文学这一背景，也可以说文学的"缘情"之门是由书信体文学开启的，推其源仍与纸写这一新型传播形式的流行有关，陆机之论可视为对这类作品特征的总结。

纸本流传方式的变化还对人们文学观念的转变产生了影响。如同傅咸所述，一个人身处僻陋之所，即便职微阶低，借纸抄的传写，也可名传天下。个人作品发表与传播的简便与自由，大大激发了文人的创作热情，也使人更加推重文学的神奇效能，进而对文学的价值有了新的认识。曹丕《典论·论文》云："盖文章，经国之大业，不朽之盛事。年寿有时而尽，荣乐止乎其身，二者必至之常期，未若文章之无穷。是以古之作者，寄身于翰墨，见意于篇籍，不假良史之辞，不托飞驰之势，而声名自传于后。"此论已被现代学者视为魏晋文学自觉的一个宣言，其立论的中心就是强调了文学可以作为人的一种独特的生存方式，提升人的生命价值。"翰墨"与"篇籍"可以超越他人的评价与权位的局限，让自己的思想意识得以"自传"，从而实现了对有限生命的超越。如果考虑到曹操重视用纸之事及建安时代纸写文学大兴这一事实，我们有理由推断文学传播的发达与进化是生成曹丕这一观点的现实基础。纸写的传播效应，可让人们直接感受到生命的"不朽"。因此，从某种程度上说，文本载体的进化与转换也是造成邺下风流的一个物质基础。

传播工具与传播内容是互动的，人的传播需求推进了传播技术的进化，而先进的技术又能推动传播内容的发展。从汉魏到晋初，纸作为一种更加简便的文本载体工具代替了笨重的简册与昂贵的素帛，在某种程度上也是出于人们表情达意的需求；而纸本书写与传播的便利又给人们带来了更大的创作与发表的自由，它从作品产生与发表两方面改善了文学的形成方式、生存条件，进而激发了人们的创作热情，并形成了新的文学价值观。这些对当时人来说，可能是不自觉的，但应是一个必然的事实。

三 文本形制之变与文体论的
发达及用典之风

魏晋之后，文学批评日趋发达并在中国文论史上形成了第一个高潮期，其中一个中心议题就是关于"文体论"的讨论。这一状况的形成，应是文本的简纸替换引发的文体变异的结果。纸被普遍运用后，文本的载体空间扩大了，文本的表达形式也相应发生了变化，这必然带来了文体的变化。相对于此前已经规范化的简帛文本而言，初期的纸写文本是非规范的，纸写文体相对自由的表达方式，破坏了原有的简帛文本的规范，而由于长期不为人所重，其自身也处在无规则的状态，这则需要重新确立与纸写时代各类文体相适应的新的文体规范。

蔡邕《独断》是一部专论朝廷典章规范之作，由其论简册一事看，简牍文体规范中的很多内容是根据简牍形制与空间而制定的，王充、蔡邕在论及诏策时，首先强调的就是它的制作方式与行文格式。

王充《论衡·量知篇》云：

> 截竹为筒，破以为牒，加笔墨之迹，乃成文字。大者为经，小者为传记。断木为椠，析之为板，力加刮削，乃成奏牍。

蔡邕《独断》云：

> 策书，策者，简也。《礼》曰："不满百文，不书于册。"制长二尺，短者半之。其次一长一短两编，下附篆书。起、年、月、日，称皇帝命诸侯王、三公，其诸侯王、三公之薨于位者，亦以策书。诔谥其行而赐之，如诸侯之策。三公以罪免，亦赐策，而以隶书，用尺一木，两行，唯此为异也。

这两则材料表明空间的大小、形制的长短，是各简牍文本的重要区别。简牍文体形式就是根据简牍空间设计的，如《后汉书·循吏传》记：光武帝刘秀倡导"俭约"之风，"其以手迹赐方国者，皆一札十行，细书成文"。这种"一札十行"的"尺一诏"，显然是由版片的空间决定的。

纸写文体则不受这种限制，卷舒轻便的纸张可以充分延展，形制、篇幅及行文风格都会与简牍文本有所不同。这种新情况在东汉时并没有引起人们的争议。这也是因为纸写文本还没有完全取代简牍文，新型的传媒工具尚没有影响到简牍的正统地位。如蔡邕在《独断》中论述了策、制、诏、章、奏、表、议七种公文文体，并未涉及其时方兴的纸写文本的特点。建安之后，曹魏集团有意识推重纸的作用，提高纸写文本的地位。纸写文本大兴，传统的文体规范又已不适应流行的纸写文本特点。辨明各类文体特色，是习文者首要之务。曹丕《典论·论文》曰："奏议宜雅，书论宜理，铭诔尚实，诗赋欲丽。"他论述了四个种类八种文体的基本特色，所论也较简要，但体现了在纸本流行之时，一种辨明文体的需求与意识。其时应在建安十三年（212）前。① 到了晋太康时，陆机《文赋》则言："诗缘情而绮靡，赋体物而浏亮。碑披文以相质，诔缠绵而凄怆。铭博约而温润，箴顿挫而清壮。颂优游以彬蔚，论精微而朗畅。奏平彻以闲雅，说炜晔而谲诳。"他不仅增加了碑、箴等文体，而且对各类文体作了更具体的说明。《文赋》的写作时间，可能比《典论·论文》晚了近半个世纪。在这段时间里，纸写的各类文体已得到充分的发展，各类文体的界限与功能更加清楚了，所以，他才可以作出比曹丕更具体的论断。这些文体虽然在纸前时代就一直存在，但是，对于它们的分类，除了使用功能有别之外，载体材料的不同也是分类的自然标准。如碑、铭、箴、策等起初都由石质碑柱、青铜器皿、玉木版片等不同的书写材料来确定各自的特色，到了纸写时代，这些文字多是写于纸上，较少受书写材料的空间限制，篇幅明显增大，自然突破了原有的文字规范、格式、结构，以致混淆了各类文体差别，因此，有必要强调各自的特色与功能。另外，纸写的流行使文字交流更为普及，书面语言在表达形式上更为自由，书面文本的功能与适用范围也扩大了许多，进而形成了很多新型文体。无论是旧有文体的变化，还是新文体的涌现，都需要制定新的文体规范。

挚虞的《文章流别论》约晚于陆机《文赋》三十年左右，② 当时纸写的文体自然更加成熟定型，故其研究也更加全面与深入，并能作出专

---

① 参见郭绍虞主编《中国历代文论选》第 1 册，上海古籍出版社 1979 年版，第 159 页。

② 陆侃如《中古文学系年》系此事于太安元年（302），人民文学出版社 1985 年版，第 800 页。

著。《晋书·挚虞传》称："虞撰《文章志》四卷，注解《三辅决录》，又撰古文章，类聚区分为三十卷，名曰《流别集》各为之论，辞理惬当，为世所重。"其文体论之所以为当世所重，就在于它适应了人们对通行的纸写文本在文体上规范化的需求。在他之后，李充又作《翰林论》，其书虽佚，但由现存的相关材料看，分类更细，并多以魏晋人作品作为范例加以论述。我们将两书相关论述与陆机所论比较一下，不难见出其中的发展轨迹。

《文章流别论》曰：

> 夫古之铭至约，今之铭至繁，亦有由也。质文时异，则既论之矣。且上古之铭，铭于宗庙之碑，蔡邕为杨公作碑，其文典正，末世之美者也。哀辞者，诔之流也。崔瑗、苏顺、马融等为之，率以施于童殇夭折不以寿终者。建安中文帝、临淄侯各失稚子，命徐干、刘桢等为之哀辞。哀辞之体以哀痛为主，缘以叹心之辞。

《翰林论》曰：

> 容象图而赞立宜，使辞简而义正，孔融之赞杨公亦其义也。研求名理而论难生焉，论贵于允理，不求支离，若嵇康之论，成文者矣。[1]

两书所论都指出文体古今之变问题，挚虞还指出了"质文时异"与书写材料的关系。当时文体论的这些特点，都是与纸简替换这一背景相关的。除碑文外，他们多列举魏晋时的作品为例，显然这些在纸本流行后出现的文章更能代表当时流行文体的特点。如徐干、孔融、嵇康等人的文章篇制都较长，都有下笔不休的特点，这些都具有明显的纸本文体的特色。

在竹帛时代，书籍制作比较复杂，书籍非人人皆有，知识的传承主要是采取师徒间口耳相传的方式。进入有纸时代之后，文人著书与发表条件得到改善，书籍总量有大幅度的增长，除了章句之作外，注疏、集解之类

---

[1] 《太平御览》卷五九〇、五九六、五八八、五九五。

增多之外，个人专著成倍上升。① 其中与文学关系密切的集部书与类书就是在这一时期开始出现的。在刘向编辑的《七略》中有"诗赋略"一类，相当于后代的集部书，数量并不多。《隋书·经籍志》曰："别集之名，盖汉东京之所创也。"别集之名，其起源或早于东汉，而大量别集的出现应在纸流行之后。魏虽承汉末大乱，但借助着纸写之便，在不长时间内又聚集起大量书籍。梁阮孝绪《七录序》记："魏晋之世，文籍逾越，皆藏在秘书中外三阁。魏晋秘书郎郑默删定旧文。时之论者，谓为朱紫有别。"郑默《中经簿》改变了刘向《七略》的图书分类，变六类为四类，并将文人诗文集单独列为一类，这显示出当时集部书急速增加的情况。大规模编纂总集，是晋初之事。《隋书·经籍志》叙总集曰："总集者，以建安之后，辞赋转繁，众家之集，日以滋广，晋代挚虞，苦览者之劳倦，于是采摘孔翠，芟剪繁芜，自诗赋下，各为条贯，合而编之，谓为《流别》。"别集概念的确立与总集的流行进一步提升了文学的地位，强化了文学在士人知识体系中的独立性。

随着书籍的增多，文人的知识量与知识结构也发生了很大变化。对类书的需求就是在这一背景下产生的，最初的类书编纂活动可能发生在建安年间。《三国志·魏志》卷二记："初（文）帝好文学，以著述为务，自所勒成垂百篇。又使诸儒撰集经传，随类相从，凡千余篇，号曰《皇览》。"《三国志·杨俊传》注引《魏略》曰："魏有天下，拜（王）象散骑侍郎，迁为常侍，封列侯，受诏撰《皇览》，使象领秘书监，象从延康元年始撰集，数岁成，藏于秘府，合四十余部，部有数十篇，通合八百余万字。"这是一部规模相当大的类书，也是简牍时代很难想象的事。魏晋之后，文人用典成风，这一现象的形成与纸书流行及书籍增多相关。类书的出现也是这一文风的反映。这一点可由左思作《三都赋》一事见出。《晋书·左思传》言："复欲赋三都，会妹芬入宫，移家京师，乃诣著作郎张载，访岷邛之事，遂构思十年，门庭藩溷皆着笔纸，遇得一句，即便疏之，自以所见不博，求为秘书郎。"广泛收集资料是左思写作过程中一项主要工作，《三都赋》完成后，当时的学问家张载、刘逵为之作注。皇甫谧赞其"博物"，卫瓘称："言不苟华，必经典要，品物殊类，禀之图

---

① 关于这一点，清水茂先生有较具体的研究，此处从略。参见清水茂《纸的发明与后汉的学风》，载《清水茂汉学论集》，中华书局2003年版，第22—36页。

籍。"这种文章已近似于关于三都的类书了。《晋书》称："豪贵之家竞相抄写，洛阳为之纸贵。"纸写的方便加速了文本传播，它之所以受到人们如此欢迎，也是由于它繁富的用典本身具有类书化的功能。此事说明书籍纸本化之后，人们阅读量大增，审美趣味也相应发生了变化，对文章的知识含量的需求也更高了。

当然，文体论的发达与用典之风的形成主要是文学自身发展的结果，但深究其因，又与简纸替换的技术发展有很大的关系。这些可视为载体技术发展对文学演变的间接影响。如文中用典自有其渊源，书籍的增多、知识量的扩大只是其中一个因素，其与纸简替换的关系不可作机械的理解。

四 文本观念转变、文本形态转型
与文本流传的失序

相对于成熟与规范的竹帛文本，新兴的纸写文本长时间处于边缘化的地位，纸写文本长期与非正式的私人化写作相关，也与世俗化与娱乐性的非正式写作如小说、乐府之类关系密切。纸本成为正式文字载体形式后，人们的文本观念改变了，不再视纸本为陋，这也提升了这一类世俗化与娱乐化文学的地位。

汉末之后，艳情诗赋与小说故事都有明显的发展。如杨赐批评鸿都门学时就将"造作赋说"作为一项罪名，他所说的"赋说"，其中应含有俗赋与小说性质的传记。近年的出土文献表明这类作品在很早时期就已产生了。如甘肃放马滩秦墓的《墓主记》及尹湾汉墓中的《神乌赋》，前者近似传奇小说，后者则是有小说色彩的俗赋。但是在传世文献中，这类材料甚少。这表明当时这类作品主要还是处在极边缘的地位，一直不为文人所重。这一方面是缘于儒家正统化的文学观念；另一方面也是因为受到竹简这种载体的限制，人们还不可能以笨重的竹牍与昂贵的帛书大量传写纯粹娱乐性的小说文字。纸本流行之后，情况便有所不同。如曹植《与杨德祖书》："今往仆少小所著辞赋一通相与。夫街谈巷说，必有可采，击辕之歌，有应风雅，匹夫之思，未易轻弃也。"这些"街谈巷说"应是当时流行的小说。《三国志·魏志》卷二十裴注引《典略》云："（曹植）初得淳，甚喜，延入坐，不先与谈。时天暑热，植因呼常从取水自澡讫，傅

粉，遂科头拍袒，胡舞五椎锻，跳丸击剑，诵俳优小说数千言讫。"他能背诵数千言小说，也当是这类小说在当时已有相当广泛的流传。如邯郸淳就有笔记小说《笑林》传世。[①] 曹植当其面诵读小说，也应是对邯郸淳小说有所知，投其所好。小说一类作品之所以能有如此广泛的传播，想必也是因为有了纸写方便的缘故。这一推论，与以上所述纸本的地位是相符的。在曹植现存的作品中，如《洛神赋》、《寡妇赋》、《叙愁赋》、《感婚赋》、《山妇赋》、《静思赋》、《愍志赋》等，都是具有一定叙事特色的抒情小赋，含有一定的小说因素。他以自己的辞赋为少小戏作，也是因为取材于这类娱乐性的世俗文本。汉魏小说多已不传，仅存的一些目录已能够让人想象到这类作品流传的状况，如邯郸淳《笑林》三卷、《艺经》、曹丕《列异传》三卷，以及佚名的《李陵别传》、《赵飞燕传》、《汉武帝内传》等，不一定都是由六朝人杜撰而成。如前所论，相对于传统的主导性的简册文学，新兴的文学载体以及它所承载的内容起初总是与边缘性的俗文化有着密切的关系。可以想象，与纸贱简贵的观念相应，早期的纸写文本多与这种不登大雅之堂的通俗娱乐之作相关，在大量的纸写文本流行之后，先前不为人所重的纸写文体渐渐成为最通行的书写与传播方式，附于纸上的娱乐化通俗化文学的地位自然也上升了。趋简求便往往是世俗化的娱乐方式的一个特点，当其形式被雅化后，其主体内容也得以提升，这是古今雅俗文化轮替的一个通例。小说因纸本地位上升而得以流行，正是其中一例。

纸本原本是正式写作的产物，本身长期处于无序发展状态，其由边缘状态成为文本载体的中心后，传统的简册都转换成纸本，在这种转换的初期，仍会保留着无序化与非规范性的特点，造成一些文本流传的失序，使得这一时期文学作品的流传出现了无序化的现象，这主要表现在以下几个方面。

一是无名氏作品流行。如其时五言诗的流行与发展就颇能反映出这一问题。除了少数几首之外，现存汉代文人五言诗，多出现于东汉中后期，多数是像《古诗十九首》一样是无名氏作品。从诗体形式看，汉代文人五言诗是民间乐府诗不断地被文人化的结果，相对于汉赋与散文而言，五

---

① 参见鲁迅《古小说钩沉》，载《鲁迅辑录古籍丛编》第 1 卷，人民文学出版社 1999 年版，第 106—113 页。

言诗在当时只是通俗读物，是居于正宗文献之外的流行文学，这些多是随意性的娱乐之作，应多不会写在昂贵的帛书上，在纸流行之后多不会写在简牍之上。它主要应是借助纸这种流行文化载体来传播，也应是伴随纸写这一载体的通行而流行起来。如《古诗十九首》，其语言多有歌词的类型化特征，其中还有与汉乐府诗相似的诗句，这些都应是纸本在随意传抄过程中留下的痕迹。这些五言诗失名的原因，或是原创者本不是有名的文人，或者不愿将本名与浅俗的纸写文学联系起来。如《古诗为焦仲卿妻作》一诗，由序看，显然是后人记录与整理的文本。创作的自由与随意往往是杂合在一起的，这类纸本文献起初是不为人所重的，原创、抄写、改写的情况往往会混在一起。

二是托名之作较多。纸写的便利激发了人们制作文本的热情，也带来了写作与发表的随意，为求更大的传抄效应，托古、仿古之作也应运而生。其中托西汉人名的尤多，如现存的汉武帝时期的李陵和苏武的诗文、司马迁的《报任安书》、班固的《汉武帝内传》、刘歆的《西京杂记》等。其归属问题，在南朝时即有争论。由语言风格看，这些作品不似西汉之作，也不像西晋后文风。前人多以为是出自汉魏文人之手。今人认为不能排除苏、李写作这些诗的可能性，[1] 笔者以为所论不无道理，更大可能性是这一时期的人改编前人之作后再托名以流行。这种托名与改编，正是纸书初兴之时出现的一种无序化的不规范现象。

三是"伪书"增多。在纸写方式流行之后，将先前的简牍帛书文本转换成纸写文本，应是初期纸本书籍生产的主要内容。如东汉私家藏书以蔡邕为最，《三国志·魏志·钟会传》注引《博物记》："蔡邕有书近万卷，末年载数车书与粲。"蔡邕写字不用纸，其家藏书应多为竹简书。在董卓之乱中，王粲由关中逃至荆州，再由荆州到洛阳。其书最后能传到王弼手中，这些书，如果全是简册，那是不可想象的事。最大的可能性是，这些书已被纸本化了。此事由蔡琰抄书事可得旁证。《后汉书》卷一一四《列女传·董祀妻传》记：

---

① 章培恒、刘骏：《关于李陵〈与苏武诗〉及〈答苏武书〉的真伪问题》，《复旦学报》1998 年第 2 期。

纸简替代与汉魏晋初文学新变

（曹操曰）"闻夫人家先多坟籍，犹能忆识之否？"文姬曰："昔亡父赐书四千许卷，流离涂炭，罔有存者，今所诵忆，才四百余篇耳。"操曰："今当使十吏就夫人写之。"文姬曰："妾闻男女之别，礼不亲授，乞给纸、笔，真草唯命。"于是缮书送之，文无遗误。

由蔡文姬纸抄其父藏书一事看，书籍的由简本到纸本的替换工作在汉末魏初已大规模展开了。在这种转换过程中，古老的简牍被废弃了，所有的传统文本都以新的面目出现，自然容易产生失真乃至增伪之事。此前简册主要借师徒关系传授，有着明晰的授受关系。纸书流行之后，抄书成为主要流传手段，书籍传播更趋于商业化，而不再是单纯的学术活动。旧的传承秩序被打乱，伪书也随之多了起来。如王肃伪造《孔子家语》、东晋初梅赜伪造《古文尚书》、郑玄的《孝经注》、张湛的《列子注》等。伪书之所以在当时被人接受并流行，一个重要的原因就是简纸转换之后，古书原貌已不为人知。在简纸转换过程中，纸本书籍往往并不是对简册书原样复制，而是根据新的载体形态而有所改变。如在简书时代，经文与注文是分开的，经注合写应是书籍纸本化的结果。又如简与纸的容量不一，分卷方式也不同。这些调整变化往往会导致失真的结果。以前学者多关注作伪者本身的动机，其实，由这些具体情形看，王、梅等人未必是有意作伪。朱熹说："《家语》只是王肃编古录杂记，其书虽多疵，然非肃所作。"又指出："《家语》虽记得不纯，却是当时书。"① 这种真伪杂糅的现象就是由文本载体形态转换造成的。

综上所述，纸简的替换对汉魏晋初文学发展的影响是多方面的。先进的书写与传播形式给文人带来更大的写作便利与发表自由，而最初充分发挥这种自由的人是那些不以儒家经学为业的"辞赋文人"，可以说，纸的普及首先推动了这类非正统的著述活动。由尺牍到书信，再到书信式的诗赋及各类书信体文学的繁荣正是纸代简的产物。政治的动荡促成了起初边缘化的纸写文本地位上升，同时，各类纸写读物的流行也加速了以经学为中心的知识体系的瓦解，从而引起整个文体序列与写法方式的变化。魏晋文体论及用典之风就是对这一变化的消化与总结，而娱乐化的小说性的作品出现与大量随意性的文献增多，也正是这一转换的结果。文本载体技术

---

① 《朱子语类》卷一七，文渊阁四库全书本。

的先进性首先表现在表达的自由度上，实际上，这种进化也是人类心灵释放过程中的一种进化形态。正是在这一层面上，文本载体的进化与文学发展才有着不可分解的联系，而这种自由在初始阶段或多或少地表现为非规范化的状态，这也是值得我们注意的。

《中国社会科学》2005 年第 5 期

论唐代的规范诗学[*]

张伯伟[**]

摘要 唐代文学批评的价值何在、地位如何，学术界至今仍莫衷一是，亟待从总体上予以说明并作出切实的分析。唐代诗学的特点在于"规范"，而"规范诗学"的要义在于"怎么写"，因而唐代诗学完成了从"写什么"到"怎么写"的转变，在中国文学批评史上占有独特的地位。

关键词 唐代 规范诗学 诗格 写什么 怎么写

这里使用的"规范诗学"一语，来自于俄国形式主义文学理论中的一个定义。鲍里斯·托马舍夫斯基（1890—1957）在《诗学的定义》一文中指出："有一种研究文学作品的方法，它表现在规范诗学中。对现有的程序不作客观描述，而是评价、判断它们，并指出某些唯一合理的程序来，这就是规范诗学的任务。规范诗学以教导人们应该如何写文学作品为目的。"[①] 之所以要借用这样一个说法，是因为它能够较为简捷明确地表达笔者对唐代诗学中一个重要特征的把握。唐代诗学的核心就是诗格，所谓"诗格"，其范围包括以"诗格"、"诗式"、"诗法"等命名的著作，其后由诗扩展到其他文类，而出现"文格"、"赋格"、"四六格"等书。清人沈涛在《匏庐诗话·自序》中指出："诗话之作起于有宋，唐以前则曰品、曰式、曰例、曰格、曰范、曰评，初不以话名也。"[②] 唐代的诗格（包括部分文格和赋格）虽然颇有散佚，但通考存佚之作，约有六十

---

* 本文系国家"985 工程""汉语言文学与民族认同"哲学社会科学创新基地成果之一。

** 张伯伟，1959 年生，文学博士，南京大学人文社会科学高级研究院特聘教授。

① ［俄］维克托·什克洛夫斯基：《俄国形式主义文论选》，方珊等译，生活·读书·新知三联书店 1989 年版，第 80—81 页。

② 《丛书集成续编》影印《槜李丛书》本，第 158 册，第 97 页。

余种之多①。"格"的意思是法式、标准，所以诗格的含义也就是指作诗的规范。唐代诗格的写作动机不外乎两个方面：一是以便应举，二是以训初学。总括起来，都是"以教导人们应该如何写文学作品为目的"。因此，本文使用"规范诗学"一语来概括唐代诗学的特征。

一 "规范诗学"的形成轨迹

研究中国文学批评史的学者，对于隋唐五代一段的历史地位有不同看法，比如郭绍虞先生名之曰"复古期"②，张健先生名之曰"中衰期"③，张少康、刘三富先生则名之曰"深入扩展期"④。言其"复古"，则以唐人诗学殊乏创新；谓之"中衰"，则以其略无起色；"深入扩展"云云，又混唐宋金元四朝而言。究竟隋唐五代约 380 年（581—960）间的文学批评价值何在、地位如何，实有待从总体上予以说明并作出切实的分析。

唐代是中国诗歌的黄金时代，也是文学批评史上的一大转折。在此之前，文学批评的重心是文学作品要"写什么"，而到了唐代，就转移到文学作品应该"怎么写"。当然，从"写什么"到"怎么写"的转变也并非跳跃式的一蹴而就。下面简略勾勒一下这个转变的轨迹。

文学规范的建立，与文学的自觉程度是一个紧密联系的话题。关于什么是文学的自觉，依笔者看来，文学是一个多面体，无论认识到它的哪一面，都可以说是某种程度上的自觉。孔子认为《诗》"可以兴，可以观，可以群，可以怨"，孟子认为说《诗》者当"不以文害辞，不以辞害志。以意逆志，是为得之"⑤，能说这是对文学（以《诗》为代表）的特性无所自觉吗？《汉书·艺文志》中专列"诗赋略"，这表明自刘向、刘歆父子到班固，都认识到诗赋有其不同于其他文字著述的特征所在。但其重视的赋，应该具备"恻隐古诗之义"；至于歌诗的意义，也主要在"感于哀乐，缘事而发，亦可以观风俗、知厚薄云"。简言之，他们重视的还是

---

① 此据张伯伟《全唐五代诗格汇考》及《全唐五代诗文赋格存目考》统计，江苏古籍出版社 2002 年版。

② 郭绍虞：《中国文学批评史》，上海古籍出版社 1979 年版，第 2 页。

③ 《清代诗话研究·自序》，台北五南图书出版公司 1993 年版，第 3 页。

④ 张少康、刘三富：《中国文学理论批评发展史》上册，北京大学出版社 1995 年版，第 3 页。

⑤ 以上二例见朱熹《四书章句集注》，中华书局 1983 年版，第 178、306 页。

"写什么"。从这个意义上看，曹丕《典论·论文》中"诗赋欲丽"的提出，实在是一个划时代的转换，因为他所自觉到的文学，是其文学性的一面。不在于其中表现的内容是什么，而在于用什么方式来表现。"诗赋欲丽"的"欲"，假如与"奏议宜雅，书论宜理，铭诔尚实"中的两"宜"一"尚"联系起来，表达的不仅是一种内在的要求，似乎也含有一种外在规范的意味。所以笔者认为，唐人"规范诗学"的源头不妨追溯到这里。

唐以前最有代表性的文学理论著作，允推刘勰《文心雕龙》。《文心雕龙·总术》专讲"文术"之重要，所谓"文术"，就是指作文的法则。其开篇云："今之常言，有文有笔。以为无韵者笔也，有韵者文也。"文、笔的区分是对作品文学性的进一步自觉，但刘勰并不完全认同这一提法，他认为这种区分于古无征，"自近代耳"。又对这一说法的代表人物颜延之的意见加以批驳，最后说出自己的意见："予以为发口为言，属笔为翰。"① 口头表述者为言，笔墨描述者为翰，这反映了刘勰对于文采的重视。"翰"指翠鸟的羽毛，晋以来常常被用以形容富有文采的作品，这是时代风尚。然而在刘勰看来，用笔墨描写的也并非都堪称作品，强弱优劣的关键即在"研术"。据《文心雕龙·序志》，其书的下篇乃"割情析采，笼圈条贯，摛神性，图风势，苞会通，阅声字，崇替于《时序》，褒贬于《才略》，怊怅于《知音》，耿介于《程器》"，涉及文学的创作、批评、历史等诸多方面的理论。其中创作论部分，又涉及文学的想象、构思、辞采、剪裁、用典、声律、炼字、对偶等命题，部分建立起文学的写作规范，虽然还不免是笼统的。

齐梁以来积极建立诗学规范的，可以沈约等"永明体"诗人为代表。从沈约开始，中国诗歌的音律有了人为的限定，并且要求严格执行。在其"规范"的视野之下重新审视诗歌史，尽管自古以来就有"高言妙句，音韵天成"者，但都是"暗与理合，匪由思至"。而文学史上享有大名的作家，如"张（衡）、蔡（邕）、曹（植）、王（粲），曾无先觉；潘

---

① 范文澜：《文心雕龙注》，人民文学出版社1958年版，第655页。案：很多学者认为刘勰与颜延之等人一样以有韵、无韵区分文笔，实为误解。如逯钦立先生《说文笔》（收入其《汉魏六朝文学论集》，陕西人民出版社1984年版）、郭绍虞先生《文笔说考辨》（收入其《照隅室古典文学论集》下编，上海古籍出版社1983年版），皆持此类意见，似当纠正。

（岳）、陆（机）、颜（延之）、谢（灵运），去之弥远"①。他所试图建立的是一个崭新的规范，了解诗歌的音韵规律成为写作、谈论文学的必要前提。"作五言诗者，善用四声，则讽咏而流靡；能达八体，则陆离而华洁。"② 然而，这样一种有关规范的意见在当时并未能得到普遍认同。

值得注意的是，北方学者在对四声理论的推动方面起了较大的作用。对音韵之学的关注，在北方本有传统。阎若璩《尚书古文疏证》卷 5 下指出，文人言"韵"，可追溯至"汉建安中"。又魏有李登撰《声类》10 卷，晋有吕静（山东任城人）撰《韵集》6 卷，虽然为韵书，非讲诗文平仄，二者存在着音韵学与诗律学的区别③，但北方韵学之研究，可谓由来已久。刘善经《四声指归》云："宋末以来，始有四声之目，沈氏乃著其谱论，云起自周颙。"这在北方引起很大反响，除了甄思伯的《磔四声论》明确反对以外，从现存的文献看，有很多人都是羽翼声律论的。兹略举如下：

1. 王斌《五格四声论》。其书已佚，但在《文镜秘府论》中有遗文可觅，有些属于声律病犯，如西卷"文二十八种病"中蜂腰、鹤膝二病。一般说来，蜂腰是指第二字不得与第五字同声，鹤膝是指第五字不得与第十五字同声。但"蜂腰、鹤膝，体有两宗，各互不同。王斌五字制鹤膝，十五字制蜂腰"，就正好相反。又"傍纽"下引王斌语云："若能回转，即应言'奇琴'、'精酒'、'风表'、'月外'，此即可得免纽之病也。"所谓"傍纽"，是指双声字中间有隔，这本来也是沈约的说法。在五言诗中分别出现上述字乃为病，假如能够调整（"若能回转"），将分开的两字合在一起成为"奇琴"、"精酒"等，那就可以避免此病。另外，王斌也有关于创作体式的规定，地卷"八阶"的"和诗阶"下引曰："无山可以减水，有日必应生月。"

2. 北魏常景《四声赞》。刘善经《四声指归》云："魏秘书常景为《四声赞》曰：'龙图写象，鸟迹摛光。辞溢流征，气靡清商。四声发彩，

---

① 《宋书·谢灵运传论》，《六臣注文选》卷 50，中华书局 1987 年影印本，第 946 页。

② 沈约：《答甄公论》，《文镜秘府论》天卷《四声论》引。王利器：《文镜秘府论校注》，中国社会科学出版社 1983 年版，第 102 页。

③ 陈澧《切韵考》卷 6《通论》云："沈约《四声谱》乃论诗文平仄之法，非韵书也。若韵书则李登、吕静早有之，不得云'千载未悟'。况韵书岂能使五字音韵悉异，两句角徵不同，十字颠倒相配乎？"

八体含章。浮景玉苑，妙响金锵。'虽章句短局，而气调清远。故知变风俗下，岂虚也哉。"① 潘重规先生认为"俗下"当为"洛下"之讹②，甚为有见。据《魏书·常景传》，景"若遇新异之书，殷勤求访"。"四声"之说是当时诗坛最为"新异"的论调，他必然仔细研读，并付诸实践。故刘善经又引《魏书·文苑传序》，称"洛阳之下，吟讽成群"③。

3. 刘滔，生平不详④。其意见中最值得注意的有两点：第一，强调五言诗句的二、四不同声。沈约等"永明体"诗人主张二、五不同声，但刘滔说："第二字与第四字同声，亦不能善。此虽世无的目，而甚于蜂腰。"这实际上代表了从永明体到今体诗的过渡。在今体诗中，二、五同声很常见，但二、四同声须避免。第二，永明体强调四声分用，平上去入各为一类而与其他三类相对，但从刘滔的话中可以看到四声二元化的趋向："平声赊缓，有用处最多，参彼三声，殆为大半。且五言之内，非两则三，……此其常也。亦得用一用四。"显然是以平声与其他三声（上去入）相对。

4. 北齐阳休之《韵略》。《四声指归》指出："齐仆射阳休之，当世之文匠也。乃以音有楚夏，韵有讹切，辞人代用，今古不同。遂辨其尤相涉者五十六韵，科以四声，名曰《韵略》。制作之士，咸取则焉。后生晚学，所赖多矣。"显然，这是一部与文学创作有关的音律学著作，其书对于当时的人们的创作影响颇大，起到了"取则"的规范作用。

5. 北齐李概（字季节）《音韵决疑》。《四声指归》云："经每见当世文人，论四声者众矣，然其以五音配偶，多不能谐。李氏忽以《周礼》证明，商不合律，与四声相配便合，恰然悬同。愚谓钟、蔡以还，斯人而已。"⑤ 钟子期、蔡邕均为知音之人，颜之推《颜氏家训·音辞》也曾表彰李季节"知音"。不过，中国幅员辽阔，南北有异，语音不同，所以在颜之推看来，"李季节著《音韵决疑》，时有错失；阳休之造《切韵》，殊

---

① 以上五例分别见《文镜秘府论校注》，中国社会科学出版社1983年版，第80、416、429、168、104页。

② 《隋刘善经四声指归定本笺》，载《新亚书院学术年刊》第4期。

③ 今本《魏书·文苑传序》中无此段文字。

④ 前人怀疑为梁代的"刘绍"，参见王利器《文镜秘府论校注》，中国社会科学出版社1983年版，第81—82页。

⑤ 以上四例分别见《文镜秘府论校注》，中国社会科学出版社1983年版，第412、413、104页。

为疏野。"①

6. 隋刘善经《四声指归》。此书主要意见亦不外乎四声和病犯。值得注意的是作者的态度，对于其所信奉的观念以不容置疑的口吻道出，具有强烈的规范意识。例如关于四声，他说："四声者譬之轨辙，谁能行不由轨乎？纵出涉九州，巡游四海，谁能入不由户也？"②《文镜秘府论》西卷有"文笔十病得失"节，据中外学者研究，此节亦出于《四声指归》③。如果和沈约的说法相比较，如"上尾"的"第一、第二字不宜与第六、第七字同声"，刘则易"不宜"为"不得"，语气有缓峻之别。再结合对"蜂腰"的看法，王斌的意见与沈约正好相反，在沈约则以为两者可"并随执用"，且又以不肯定的口气说"疑未辨"。而刘善经则批评王斌"体例繁多，剖析推研，忽不能别"，并对沈约有"孰谓公为该博乎"④ 的讥讽。以上种种迹象表明，"规范意识"在刘善经的头脑里越来越强化了。

自从初唐人提出融合南北以形成新的诗风，无论是魏征所谓"江左宫商发越，贵于清绮；河朔词义贞刚，重乎气质"⑤，还是殷璠所描述的"言气骨则建安为传，论宫商则太康不逮"⑥ 的盛唐诗，都把唐人诗歌声律成就之获得，仅仅看成是超越了太康文学，而延续了南齐永明体以来的诗歌传统。事实上，从北魏孝文帝时开始，北方文学在声律上的成就也不容忽视。在刘善经的笔下，其盛况被描述为"动合宫商，韵谐金石者，盖以千数，海内莫之比也。……习俗已久，渐以成性。假使对宾谈论，听讼断决，运笔吐辞，皆莫之犯"⑦。这绝非夸大其词。《洛阳伽蓝记》卷5载喜作双声语的李元谦经过郭文远宅，与其婢女春风的对话，即可见在日常语言中刻意使用双声词，已普及到社会的下层民众。而《续高僧传》卷3记载了隋朝慧净与杨宏的对话，也可见缁门对诗歌的病犯之说同样熟

---

① 王利器：《颜氏家训集解》，上海古籍出版社1980年版，第474页。

② 王利器：《文镜秘府论校注》，中国社会科学出版社1983年版，第97页。

③ 参见兴膳宏译注《文镜秘府论》，筑摩书房1986年版，第688页；王利器：《文镜秘府论校注》，中国社会科学出版社1983年版，第459页。

④ 以上五例分别见王利器《文镜秘府论校注》，中国社会科学出版社1983年版，第404、416、419、97、419页。

⑤ 《隋书》卷76《文学传序》，中华书局1973年版，第1730页。

⑥ 殷璠：《河岳英灵集·论》，载李珍华、傅璇琮《河岳英灵集研究》，中华书局1992年版，第119页。

⑦ 王利器：《文镜秘府论校注》，中国社会科学出版社1983年版，第81页。

悉。这些都显示了声律论在北方社会流行的程度。因此，唐代"规范诗学"的建立，有着深厚的历史渊源和广泛的社会基础。那种仅以南方文学的传统来认识律诗形成的思路，恐怕是需要调整或修正的。

二 "规范诗学"的建立

诗歌发展到唐代，古诗、乐府、律诗、绝句，可谓各体皆备，流派纵横。然而在诸体中，假如要选出一体以代表唐诗，律诗无疑首当其选。或选七律，如元好问之《唐诗鼓吹》；或选五律，如李怀民之《重订中晚唐诗主客图》。律诗是唐人的创造，诗而称"律"，就表明了对"规范"的重视。元稹《唐故工部员外郎杜君墓系铭》云："沈、宋之流，研练精切，稳顺声势，谓之为律诗。"① 律诗的特征是"研练精切，稳顺声势"，"研练"即《文心雕龙·总术》中所说的"研术"和"练辞"，落到实处即声律和对偶。一般说来，文学史上一种新形式的流行，常常由于旧形式在人们心目中的日久生厌。但在中国文学史上，新形式的出现未必总是要取代旧形式，而是在保留它们的同时，向其中注入新的因素。所以，律诗出现后，唐人并没有让古诗消失，而是将他们提出的规范，同时向古诗渗透。

近体诗（包括律诗和绝句）是一种具有高度形式感的诗体，与古诗相比，其特征可概括为以下几点：一是结构由开放走向封闭。五七言四句构成了绝句，五七言八句构成了律诗，这是近体诗的基型。由此而决定了一首诗的长度是有限的，诗人借以跳跃腾挪的空间是规定的。二是音律由"清浊通流，口吻调利"走向严守平仄，避忌文病。三是句式由单辞孤义走向偶辞并见，由线性的流动变为稳定的对称。那么，诗歌应当如何在有限的空间中，使每一个字词发挥其在视觉、听觉、味觉、感觉上的最大效用，从而敞开一种若隐若现、可望而不可即、只可意会不可言传的无限的境界？这一文学本身的需要也催生并促进了唐代"规范诗学"的建立和发展。

唐代的"规范诗学"，主要集中在诗格类著作中。诗格的内容，就其本身而言，其讨论的重心也有所变迁，反映在书名上，比如崔融的《唐

---

① 《元稹集》卷56，中华书局1982年版，第601页。

朝新定诗格》、徐隐秦的《开元诗格》、王起的《大中新行诗格》、郑谷等人的《新定诗格》等，或标年号，或冠"新"名，即表示其规定性往往是一时一朝的。但总体来看，唐人对诗学的"规范"主要表现在对文学作品中声律、对偶、句法、结构和语义的要求上。兹分述如下：

1. 声律。南朝以来的文笔论，主要以有韵、无韵作区分。刘勰不主张以此区分文笔，他提出"言"与"翰"之别，前者是口头语言，后者是文学表现，只是他的解释既不够明朗也不够有力。虽然他在《情采》篇中，将"文"又区分为"形文"、"声文"和"情文"，但这需要有心的读者善作勾连。继作推进者是萧绎，其《金楼子·立言》篇说："至如不便为诗如阎纂，善为章奏如伯松，若此之流，泛谓之笔。吟咏风谣、流连哀思者谓之文。……至如文者，维须绮縠纷披，宫征靡曼，唇吻遒会，情灵摇荡。"① 逯钦立以为萧绎的意见"与传统的文笔说，有天地的悬隔"，并"含有两大异彩"②，堪称卓见。其新说的意义在于，这是对作品中文学性的又一番深切的反省。因此，阎纂的诗被排斥于"文"之外。萧绎虽然没有说阎的诗"不便为"在何处，不过，结合他所说的"作诗不对，本是吼文，不名为诗"③，也许是阎不善于对偶。总之，未必有韵者即可称诗。语言素材只有通过富于文采、音律和情感的方式表现出来，才可以称作"文"，也就是"形文"、"声文"和"情文"之意。

"规范诗学"的核心是"怎么写"，因此，一般的语言材料通过什么方式才能成为文学作品，就是"规范诗学"首先面对的问题。从六朝以来文笔之辨的发展以及北朝重视韵学的流变来看，"韵"很快引起了批评家的注意。《文笔式》中说："制作之道，唯笔与文。……即而言之，韵者为文，非韵者为笔。"这看起来还是一个传统的说法，但具体的论述，都是关于如何防止"声病"。韵脚之"韵"已转换为韵律之"韵"。文章最后总结道：

> 名之曰文，皆附之于韵。韵之字类，事甚区分。缉句成章，不可违越。若令义虽可取，韵弗相依，则犹举足而失路，弄掌而乖节矣。

---

① 许德平：《金楼子校注》，嘉新水泥公司文化基金会 1967 年版，第 189—190 页。
② 《说文笔》，《汉魏六朝文学论集》，第 366 页。
③ 王昌龄《诗格》引，见张伯伟《全唐五代诗格汇考》，江苏古籍出版社 2002 年版，第 171 页。

故作者先在定声，务谐于韵，文之病累，庶可免矣。

即便一段文字的意思很好（"义虽可取"），但如果不合韵律（"韵弗相依"），就不成其为作品。这表明在唐人看来，语言的声韵在作品中具有何等重要的审美功能。其中涉及语音和语调。语音问题论者已多，这里仅就语调稍作说明：

声之不等，义各随焉。平声哀而安，上声厉而举，去声清而远，入声直而促。词人参用，体固不恒。请试论之：笔以四句为科，其内两句末并用平声，则言音流利，得靡丽矣。兼用上、去、入者，则文体动发，成宏壮矣。①

不同的语调（或平、或升、或降）会造成不同的语音旋律，产生不同的审美效果，形成不同的文学风格。唐人在声律上的最大贡献在于"调声"，它解决了律诗粘对的问题②。违反规则，便可能失粘或失对。元兢《诗髓脑》指出："调声之术，其例有三：一曰换头，二曰护腰，三曰相承。"③ 准此"三术"，就能写出一首完全合律的近体诗。独孤及批评当时人"以'八病'、'四声'为梏拲，拳拳守之，如奉法令"④，亦可见"规范诗学"实际效用之一斑。

2. 对偶。上文引到萧绎的话："作诗不对，本是吼文，不名为诗。"已经把对偶作为诗歌成立的一项必要条件提出。这在唐人看来就成为更普遍的要求，如上官仪《笔札华梁》指出："凡为文章，皆须对属。诚以事不孤立，必有匹配而成。……在于文章，皆须对属。其不对者，止得一处二处有之。若以不对为常，则非复文章（如常不对，则与俗之言无异）。……此之不明，未可以论文矣。"崔融《唐朝新定诗格》云："凡为文章诗赋，皆须对属，不得令有跛、眇者。"王昌龄《诗格》云："凡文

① 以上三例均出于《文笔式》，见张伯伟《全唐五代诗格汇考》，江苏古籍出版社2002年版，第95、97、95页。
② 王力《诗词格律》说："粘对的作用，是使声调多样化。如果不'对'，上下两句的平仄就雷同了；如果不'粘'，前后两联的平仄又雷同了。"（中华书局2000年版，第29页。）
③ 张伯伟：《全唐五代诗格汇考》，江苏古籍出版社2002年版，第114页。
④ 《检校尚书吏部员外郎赵郡李公中集序》，《毗陵集》卷13。

章不得不对。上句若安重字、双声、迭韵，下句亦然。若上句偏安，下句不安，即名为离支。若上句用事，下句不用事，名为缺偶。"①

从他们反复申明的文章"皆须对属"中，可见其重视程度。文学是语言的艺术，如果找不到语言的艺术性何在，就难以区分文学语言和日常语言。唐人极其注重文学语言的特征，其中"对偶"就是重要的一项。缺少这一特征，"如常不对，则与俗之言无异"。诗歌语言的构成需要根据一定的艺术原则展开，拿对偶来说，就有根据相称与平衡的原则、对比与映衬的原则、字形与字音的原则等演化出来的各种不同的方式。如果无意中违反了这些原则，便是诗病，如跛、眇、离支、缺偶等。

唐人的对偶原则，日僧空海在其《文镜秘府论》东卷中曾加以整理，"弃其同者，撰其异者，都有二十九种对"，基本符合以上这些构成原则。如的名对、互成对、异类对、背体对乃根据对比与映衬的原则，隔句对、双拟对、平对、同对则根据相称与平衡的原则，双声对、迭韵对、字对、声对又根据字形与字音的原则等。

这里特别需要提出的是"偏对"和"总不对对"，前者谓"全其文彩，不求至切，得非作者变通之意乎"，这其实与"意对"、"交络对"、"含境对"、"虚实对"、"假对"类似，都不是严格的对偶。而"总不对对"竟然得到"如此作者，最为佳妙"②的评价。对偶基本上需要遵循的是平衡与对称的原则，但诗人在达到平衡之后，又需要在一定程度上打破固有的平衡，"不求至切"，甚至推到极致，以不对为对，即"总不对对"。这是得到允许的"作者变通之意"，与不懂对偶、不善对偶所造成的"不对"未可相提并论。严羽《沧浪诗话·诗体》云："有律诗彻首尾不对者，盛唐诸公有此体。"③并举孟浩然、李白为例。其实，一味强调对偶，并且是很工稳的对偶，也易于造成诗歌的油滑与僵化。所以皎然《诗议》中就批评了当时的"俗对"、"下对"（乃"低下"之"下"），原因即在于句中多著"熟字"、"熟名"和"俗字"、"俗名"。他指出："调笑叉语，似谑似讥，滑稽皆为诗赘，偏入嘲咏，时或有之，岂足为文

---

① 以上四例见张伯伟《全唐五代诗格汇考》，江苏古籍出版社 2002 年版，第 171、65—67、135、171 页。

② 以上三例见王利器《文镜秘府论校注》，中国社会科学出版社 1983 年版，第 223、261、269 页。

③ 胡鉴：《沧浪诗话注》卷 2，广文书局 1978 年版，第 97 页。

章乎?"他又说:"夫累对成章,高手有互变之势,列篇相望,殊状更多。若句句同区,篇篇共辙,名为贯鱼之手,非变之才也。"① 因此,有规范而又不拘泥于规范,是唐人的智慧处。

3. 句法。古典诗歌发展到晋、宋时代,在审美上开始逐步重视起"佳句"、"秀句",并且在诗学批评上衍生出"摘句褒贬"的方法。杜甫《寄高三十五书记》云:"美名人不及,佳句法如何。"② 这是将"佳句"明确赋予了"法"的权威,"句法"的概念从此而生。到宋代,类似"子美句法"、"老杜句法"的话也就被人津津乐道,"句法"甚至成为宋代诗学的核心观念之一。但强调句法实始于唐代,③ 杜诗中这样的用字不是偶然的。

文学作品总是"因字而生句,积句而成章,积章而成篇"④ 的,从诗歌来看,其基本单位是句。句与句之间按照什么样的审美标准或艺术程序来进行不同的组合,例如相反、对立、承应、互补等,是句法所要处理的主要问题。如果我们认识到对偶也属于句法的范围,那么,在唐代的"规范诗学"中,有关句法的探讨实际上占据了很大的比重。

撇开讨论对偶的部分不谈,唐人诗格中所讲的体、势、式、门等,谈论的基本上都不出句法的范围,不过在表述上,唐人尚不似宋代直接使用"句法"一词。"体势"的概念出现于六朝,在《文心雕龙》中专列《体性》和《定势》篇,对这两个概念的内涵作了较为完善的陈述。据学术界的一般认识,刘勰这两篇所集中阐述的是文学上的风格问题。唐代的文学理论从六朝发展而来,唐人当然有继续沿用这些概念的情形,但在诗格类文献中,"体势"的概念往往具有全新的指涉,即句法。为何本来用以描述风格的概念在唐人却能转换为对句法的描述呢?简单地说,就是唐人充分意识到,一篇作品乃至一个诗人风格的形成,句法是最基本也是最重要的元素。在诗歌中,句子是其基本成分,句与句之间相互关联又相互制约,形成了一篇作品的独特结构,最后,整篇作品便呈现出一个统一的、完整的面貌,这就是作品的风格。假如这种面貌在一个诗人笔下反复呈

---

① 以上二例见张伯伟《全唐五代诗格汇考》,江苏古籍出版社 2002 年版,第 206、205 页。
② 仇兆鳌:《杜诗详注》卷 3,中华书局 1979 年版,第 194 页。
③ 李东阳《怀麓堂诗话》云:"唐人不言诗法,诗法多出宋人。……所谓法者,不过一字一句、对偶雕琢之工。"此说有误。
④ 《文心雕龙·章句》,见范文澜《文心雕龙注》,人民文学出版社 1958 年版,第 570 页。

现，就形成了这个诗人的风格；在一个时代反复出现，就形成了这个时代的风格。在宋代，人们把这些明确为"句法"。《唐朝新定诗格》列"十体"，可以理解为十种不同的风格，但根基在不同的句法。例如"飞动体"：

> 飞动体者，谓词若飞腾而动是。诗曰："流波将月去，潮水带星来。"又曰："月光随浪动，山影逐波流。"（此即是飞动之体）

又如"婉转体"：

> 婉转体者，谓屈曲其词，婉转成句是。诗曰："歌前日照梁，舞处尘生袜。"又曰："泛色松烟举，凝华菊露滋。"（此即婉转之体）[1]

每体皆举两句诗为例，前者造成的是一种回环往复的流动之感，正合于"飞动"；后者以错综法构句，遂形成"婉转"的风格。正因为风格基于句法，所以唐人就把本来用于描述风格的术语直接转换到对句法的指涉。王昌龄《诗格》中有"十七势"，罗根泽先生说："第十二'一句中分势'与第十三'一句直比势'，可归为一组，都是讲明句法的。"[2] 这话固然没有说错，但若更干脆一些说，"十七势"所讲的都是句法。例如"下句拂上句势"云："下句拂上句势者，上句说意不快，以下句势拂之，令意通。"此谓若上句表情达意不够明白爽快，则以下句补充照应。又如"含思落句势"云：

> 含思落句势者，每至落句，常须含思，不得令语尽思穷。或深意堪愁，不可具说，即上句为意语，下句以一景物堪愁，与深意相惬便道，仍须意出成感人始好。[3]

律诗和绝句都有一定的长度，若"语尽思穷"，则殊为乏味。而要做

---

① 以上二例见张伯伟《全唐五代诗格汇考》，江苏古籍出版社 2002 年版，第 131 页。
② 郭绍虞：《中国文学批评史》第二册，上海古籍出版社 1979 年版，第 33 页。
③ 以上二例见张伯伟《全唐五代诗格汇考》，江苏古籍出版社 2002 年版，第 155、156 页。

到"文已尽而意有余",在结句的时候便大有讲究。为了将钟嵘提出的审美境界在创作上落到实处,王昌龄提出了"含思落句",并具体指授以景惬意作结的句法。到了宋代,句法是风格的基础,乃至以句法代表风格,类似的议论不绝于耳。魏泰《临汉隐居诗话》评孟郊诗"蹇涩穷僻,……观其句法,格力可见矣"①。《吕氏童蒙诗训》云:"前人文章,各自一种句法。"又云:"渊明、退之诗,句法分明,卓然异众。"范温《诗眼》云:"句法之学,自是一家工夫。"② 然而若考察这番议论的源头,实在唐人对句法的论述中。

4. 结构。文学的结构也是"规范诗学"中的重要命题。陆机《文赋》说他读前人的佳作时能"得其用心",刘勰在《序志篇》中解释"文心"二字乃"为文之用心",他们所说的"用心",就是唐人所说的"构思"。

《文笔式》云:"凡作文之道,构思为先。"构思首先要解决的是"文"如何"逮意",即"必使一篇之内,文义得成;一章之间,事理可结"。所以,必须要根据文体之大小,事理之多少,以决定文章段落之划分。"体大而理多者,定制宜弘;体小而理少者,置辞必局。"段落与段落之间的连接,则靠更端词的作用。《文笔式》又云:"其若夫、至如、于是、所以等,皆是科之际会也。"杜正伦《文笔要决·句端》云:"属事比辞,皆有次第。每事至科分之别,必立言以间之,然后义势可得相承,文体因而伦贯也。"③ 这里所用的"科"或"科分",来自于佛经科判的术语,指的就是段落。

尽管《文心雕龙·章句》已经提到了"语助",并有"夫、惟、盖、故者,发端之首唱"的说法,但就语助词在文章中的作用作系统总结,则始于唐人。其不同的功能在《文笔要决》中总结为有的是"发端置辞,泛叙事物",有的是"承上事势,申明其理";有的是"取下言,证成于上",有的是"叙上义,不及于下";有的是"要会所归,总上义",有的

---

① 何文焕:《历代诗话》上册,中华书局 1981 年版,第 321 页。
② 以上三例见胡仔《苕溪渔隐丛话》前集卷 8,第 48 页;卷 18,第 119—120 页;卷 41,第 281 页。
③ 以上五例见张伯伟《全唐五代诗格汇考》,江苏古籍出版社 2002 年版,第 80、81、541 页。

是"豫论后事，必应尔"①。此后，一直到元人卢以纬的《语助》（后易名为《助语辞》），才继续有从作文的角度论述这一问题的著作。

《文笔式》中对段落的划分提出四项基本原则："一者分理务周，二者叙事以次，三者义须相接，四者势必相依。""分理务周"可使文章段落大致均衡，"叙事以次"可使文章富有条理，"义须相接"能增强文章的逻辑性，"势必相依"会造就文章的音律美。一篇文章虽然分为若干段落，但仍然是一个有机的整体，即"自于首句，迄于终篇，科位虽分，文体终合"。此即唐人有关文章的分段理论。

唐代流行律赋，这种形式感很强的文体，当然很注重其结构，而且具有更强的规定性。《赋谱》云：

> 凡赋体分段，各有所归。……至今新体，分为四段：初三、四对，约卅字为头；次三对，约卅字为项；次二百余字为腹；最末约卅字为尾。就腹中更分为五：初约卅字为胸；次约卅字为上腹；次约卅字为中腹；次约卅字为下腹；次约卅字为腰。都八段，段段转韵发语为常体。

古赋虽然也有分段，但多少不一。至于律赋则分为八段，每段的字数也有较为严格的规定。而段与段之间的连接与转换，一则依赖于更端词，在《赋谱》中称作"发语"，它具有"原始"、"提引"、"起寓"等不同的功能；二则依赖于转韵，所谓"一韵管一段"②。总括而言，便是"段段转韵发语为常体"。

有一定篇幅的文或赋当然需要作结构上的安排，一首律诗也同样有其结构。与对律赋的结构描述方式类似，唐人对律诗的结构也有"破题"、"颔联"、"诗腹"、"诗尾"的区分，并且作详细的提示。如《金针诗格》分"破题"、"颔联"、"警联"、"落句"，《雅道机要·叙句度》分"破题"、"颔联"、"腹中"、"断句"。不过神卅《诗格》中"论破题"有五种方式，"论颔联"有四种写法，"论诗尾"有三种效果，所以虽然是

---

① 以上引文出于《文笔要决》，见张伯伟《全唐五代诗格汇考》，江苏古籍出版社 2002 年版，第 541—548 页。

② 以上四例见张伯伟《全唐五代诗格汇考》，江苏古籍出版社 2002 年版，第 81—82、82、563、564 页。

"规范",也还具有一定的弹性。

结构理论当然是为了指导后生辈作文而提出,但唐人并不仅仅停留在"理论批评",而是贯彻到具体的批评实践中。如孔颖达的《毛诗正义》,就有不少关于篇章结构的分析;李善注《文选》,也往往区分"科段"①,可见"规范诗学"的辐射面还是相当宽广的。

5. 语义。诗歌既然是语言材料的有机组合,在一个完整的结构中,小到一词,大到成篇,都有其特定的意义。于是,语义也成为"规范诗学"中的一项。

首先是题目。刘宋以前的诗对题目并不在意,有意识地制题也许从谢灵运开始,其次就要数杜甫②。唐代进士科考试有诗赋,要想使自己的作品吸引考官的眼球,必然要着意于开篇,也就是诗格著作中所说的"破题",这自然要重视题目。唐人作诗,大致皆先有题目。于是题目就如同核心,所有的诗句都围绕题目展开,重视题目或许由此而来。贾岛《二南密旨·论题目所由》指出:"题者,诗家之主也;目者,名目也。如人之眼目,眼目俱明,则全其人中之相,足可坐窥于万象。"其"论篇目正理用"就规定了何种题目有何种寓意。《雅道机要》则归纳了诗题的若干类型,如"背时题"、"歌咏题"、"讽刺题"、"教化题"等。徐衍《风骚要式》也专列"兴题门",揭示题目与寓意的关系。但这也不是绝对化的,《雅道机要·叙血脉》云"诗有四不",首先就是"不泥题目"。又"叙通变"云"凡欲题咏物象,宜密布机情,求象外杂体之意",都可以看作是对"不泥题目"的补充。

其次是物象。唐人诗格中讲到的物象,实际上可称作"物象类型",它指的是由诗中一定的物象所构成的具有暗示作用的意义类型。《二南密旨》云:"天地、日月、夫妇,君臣也,明暗以体判用。"这里的"天地"、"日月"和"夫妇"都是同一类物象,它们暗示的是"君臣"。前者是"明",后者是"暗";前者是"用",后者是"体"。好的物象,应该是体用兼备,是"意"与"象"的结合。不仅如此,唐

---

① 李匡乂《资暇集》卷上"非五臣"条云:"代传数本李氏《文选》,有初注成者、复注者,有三注、四注者,当时旋被传写之。……尝将数本并校,不唯注之赡略有异,至于科段,互相不同。"

② 陈衍《石遗室诗话》卷6云:"康乐制题,极见用意。然康乐后,无逾老杜者,柳州不过三数题而已。"其说可参。

人诗格中还详细规定了意、象结合的类型。如虚中《流类手鉴·物象流类》云："日午、春日，比圣明也。残阳、落日，比乱国也。……春风、和风、雨露，比君恩也。朔风、霜霰，比君失德也。"这种硬性的规定体现了一种文学倾向，即注重"意"在"象"中的主导作用。《雅道机要·叙搜觅意》云："未得句，先须令意在象前，象生意后，斯为上手矣。不得一向只构物象，属对全无意味。"在中国政治性很强的文学传统中，自《楚辞》以下本来就有这样的文学存在，王逸在《离骚经序》中又发挥了"香草美人"之说，所以，唐人诗格是在大量"象征物象"的作品基础上提炼出这些寓意，并将这种寓意表述为"内外意"的原则。《金针诗格》中称"诗有内外意"，《二南密旨》中说"明暗以体判用"，《流类手鉴》中讲"天地、日月、草木、烟云皆随我用，合我晦明"，《处囊诀》以"明昧已分"作为"诗之用"，反复叙述的都是一个意思。其中以《雅道机要·明意包内外》强调最甚："内外之意，诗之最密也。苟失其辙，则如人去足，如车去轮，其何以行之哉？"这里的"密"，大概就是"秘密"之"密"吧。

再次是篇意。《二南密旨》云："大意，谓一篇之意。"[①] 从所举诗例来看，他是以诗中的一联（也许是关键句）作为衡量"一篇之意"的依据。由此可以知道，在唐人的心目中，"句法"仍然是决定一篇作品风貌的最为重要的基石。

以上从五个方面阐发唐代的"规范诗学"，我们应该不难得出以下结论：（1）唐代诗学的特点在于"规范诗学"；（2）"规范诗学"的要义在于"怎么写"；（3）唐代诗学完成了从"写什么"到"怎么写"的转变，在中国文学批评史上占有独特的地位。

三 "规范诗学"的意义

唐代是一个追求浪漫的时代，也是一个重视规范的时代。唐律之完备，书法上的"尚法"[②]，都表明了规范在唐代的意义。《新唐书·刑法

---

① 以上九例见张伯伟《全唐五代诗格汇考》，江苏古籍出版社 2002 年版，第 377—378、446、447、379、418、445—446、418、438、381 页。
② 冯班《钝吟杂录》卷 7 在讲到唐宋书法之异时说："唐人尚法。"

志》云:"唐之刑书有四,曰:律、令、格、式。"唐人把自己创造的诗冠以"律诗"之名,以至于宋代人认为其性格近于法家。至于实用性的文体,从官家的公文如"王言",到社会上一般的"书仪",在敦煌残卷和日本正仓院中,也都保存着各种格式的写本或抄本。而诗格类著作又多以"格"、"式"命名,乃成为唐代文学批评的代表。由此看来,"规范"是唐代的风气,"规范诗学"就是这种风气的产物。

在今天看来,唐人的"规范诗学"有三个方面的意义:

其一,唐代的诗歌是处于从古体诗向近(今)体诗转型之际发展起来的,在这样一个转型过程中,唐人十分注重诗歌语言的锻造与锤炼。从日常生活的语言中提炼出书面语言,这是语言的散文化。从日常语言和书面语言中再凝炼而成诗歌语言,这是语言的诗化。诗歌语言的不断变化,实际上是生活语言与书面语言之间的不断往复,并且越来越接近的过程。在唐代的"规范诗学"中,不仅注重将诗与日常口语相区分,而且也要将诗与其他文体相区分,它追求的是诗歌语言的规范化。从平仄、对偶到句法、语义,都有非常细密的规定,同时也不乏变通。这就为诗人在诗歌语言达到高度规范化之后,不断追求新的变化,不避散文化的语言,甚至不避俚俗化的语言提供了可能。杜甫无疑是其最高代表,他一方面"晚节渐于诗律细"、"语不惊人死不休"[1],另一方面又有非常生活化的诗语。[2] 其后到元和时代,诗歌语言便发生了两个方面的变化:一是以韩愈、孟郊为代表的追求怪异;一是以元稹、白居易为代表的追求通俗。前者从散文语言中吸取养分,后者从生活语言中采撷精华。经过这样的提炼,使得诗歌语言更加健康、爽朗、凝炼而又充满生活气息。这对处于从旧诗到新诗转型的现代人来说,或许可以从中得到一些有益的启示。

其二,文学的规范与个性是一对矛盾。张融的《门律自序》说:"夫文岂有常体,但以有体为常,政当使常有其体。"[3] 在这里,"以有体为常"是强调规范,"文岂有常体"是强调个性,而"常有其体"则揭示了

---

① 以上二例见仇兆鳌《杜诗详注》卷18,中华书局1979年版,第1602页;《杜诗详注》卷10,中华书局1979年版,第810页。

② 黄彻《䂬溪诗话》卷7:"数物以'个',谓食为'吃',甚近鄙俗,独杜屡用。"张戒《岁寒堂诗话》卷上:"世徒见子美诗多粗俗,不知粗俗在诗句中最难。非粗俗,乃高古之极也。"

③ 《南齐书·张融传》,中华书局1972年版,第729页。

规范的普遍性。文无"常体"，是要以新的"体"打破旧的规范，但新的"体"一旦取代了旧的规范，就形成了另一种"规范"。从长时段来看，这种更迭所体现的还是"常有其体"。唐人的"规范诗学"蕴含有一定的变通之术，所以就包容了在旧规范中的新因素，为诗人的个性抒展开启了门户。宋代的江西诗派强调"夺胎换骨"、"点铁成金"以及主张"句眼"、"拗律"等，极易使后学"规行矩步，必踵其迹"，僵化为"定法"或"死法"。所以到了南宋，张戒提出"不可预设法式"①，吕本中则提出"学诗当识活法"，而所谓"活法"，就是指"规矩备具，而能出规矩之外；变化不测，而亦不背于规矩也"，即"有定法而无定法，无定法而有定法"②。对于规范与个性的关系作了更为简捷的说明。

其三，站在文学理论的立场上看，唐人的"规范诗学"是一种"诗学语言学"，是从语言的角度对诗歌创作提出了一系列的形式上的规范。中国文学理论在文学形式方面的建树和贡献，向来没有得到系统的总结，所以在擅长文本分析的西方文学理论面前，往往显得有些自卑。其实，中国古代文论中并不缺乏这方面的成就。20世纪从语言角度研究文学形式，就其深度和影响而言，首推俄国形式主义文论。倘若我们将俄国形式主义文论与唐人诗说试作比较的话，便可发现许多相映成趣之处。仔细地比较研究非本文任务，姑且就其中代表人物之一日尔蒙斯基的见解与唐代诗格略作对照。日氏在《诗学的任务》一文中，描述了其诗语学说的五个方面的内容，即音韵学、词法学、句法学、语义学、语用学③，这与唐代"规范诗学"中的声律、对偶、句法、结构和语义等内容大致可以相应。而在材料的丰富性、论述的细密性以及思维的圆通性方面，不夸张地说，唐人毫不逊色。从时间和空间上来说，规范诗学延续了二三百年，其影响贯穿于宋元明清，并覆盖到整个东亚世界的诗论与歌论，其重要性就更值得我们关注。

《中国社会科学》2006 年第 4 期

---

① 以上二例出于《庚溪诗话》卷下和《岁寒堂诗话》卷上，见丁福保《历代诗话续编》（上册），中华书局1983年版，第182、453页。

② 《夏均父集序》，刘克庄《后村先生大全集》卷95《江西诗派》引，四部丛刊本。

③ 参见［俄］维克托·什克洛夫斯基《俄国形式主义文论选》，方珊等译，生活·读书·新知三联书店1989年版，第225—229页。另参见方珊为本书所写的前言《俄国形式主义一瞥》。

"超文本"的兴起与网络时代的文学

陈定家*

摘要　"文本"作为文学的一个重要范畴有着相当重要的意义。有不少传统文本具有"超文本"性，而在"数字化生存"的时代，"超文本"作为网络世界最为流行的表意媒介，它以"比特"方式更大程度地唤醒了文本的开放性、自主性、互动性。"超文本"以"去中心"和不确定的非线性"在线写读"方式解构传统、颠覆本质，在与后现代主义的相互唱和中，改变了文学的生存环境和存在方式。在令人难以想象的赛博空间里，网络文学所营造的"话语狂欢之境"交织着欣喜与隐忧——它异彩纷呈、前景无限却又充满陷阱与危机。"超文本"的崛起不仅是当代文学世纪大转折的根本性标志，而且也是理解文学媒介化、图像化、游戏化、快餐化、肉身化、博客化等时代大势的核心内容与逻辑前提。更重要的是，"超文本"正在悄然地改写关于文学与审美的思维方式和价值标准。

关键词　超文本　网络时代　文学　发展　危机

进入新世纪以来，起于青萍之末的网络风潮，悄然演化成天落狂飙之势，径直把我们带进一个"数字化生存"的世界。毫无疑问，互联网的横空出世写下了有史以来最伟大的神话。就文学这个以神话奠基的审美王国而言，一经网络介入，便立刻引发了大河改道式的族类迁移和时空跳转。千百年来辉映人类心灵世界的流岚虹霓，正被虚拟为诗意灵境中电子赋魅的天光云影。在整个审美意识领域，"网络文学"的"生成与生长"以及"超文本"的"兴起与兴旺"，已经成为文学世纪大转折的根本性标志。"超文本"研究也受到越来越多的关注，并成为中外文论与批评界一

---

*　陈定家，1962年生，文学博士，中国社会科学院文学研究所副研究员。

个开坛必说的"关键词"。但毋庸讳言，对"超文本"这个从数字技术领域引入的新概念，学术界的相关研究仍缺乏应有的人文烛照和审美关怀，中西贯通、文理兼容的诗学化深度阐释更为少见。可以说，"超文本"的兴起已成为网络时代文学研究最迫切的课题之一，因为"超文本"研究已成为理解文学图像化、大众化、肉身化、快餐化、博客化、手机化等时代倾向的核心内容与逻辑前提。

纵观文本发展史，从陶塑、骨雕、铜铸、缣文、帛书的文字形态到印刷文本的"粉墨登场"，由"泥与木"到"铅与火"再到"光与电"……在经历了一系列渐变与突转后，整个"表意"家族正经历着从A 到 B，即原子（Atom）到比特（Bit）的快速跃迁，一个全新的"超文本"世界轰然洞开。在这里，"超文本"鼻祖范瓦纳意在借"机"拓展人脑联想功能之"所想"几成现实；克罗齐所倡导的艺术与语言的"同一化"也不再是梦幻，"人人都可以是作家"；雅可布森所谓的"支配因素"与"辅助因素"之间的张力空前增长；普通读者也可以像诗人一样在瑞恰兹所描述的各类"冲动"之间建立"稳定的平衡状态"，"写读互动"也成了"博客"们的日常游戏；罗兰·巴尔特所预言的理想化文本的许多特性基本上都已变成诗学常识；……但我们也不无遗憾地看到，"超文本"在催生大众审美狂欢的同时也制造了惊人的文化垃圾。按照"超文本"理论家乔治·兰道的说法，数字化"超文本"只不过借助网络技术的帮助，完成了结构主义以来文本理论家与批评理论家的设计而已，为"超文本"提供标志性特点之一的"超链接"（hyperlink）其实并非从天而降的神赐妙品，它的核心内容早已存在于巴尔特、德里达和克里斯蒂娃等人的文本理论中。它在实现前人梦想的同时也为今人带来了新的难题。目前，中国文论界在这个领域的研究还远未达到国际水准，虽已出现了《超文本诗学》、《网络文学本体论》、《网络叙事学》等重要著作，但总体上仍处于理论建构的起步阶段。

当然，"超文本"及其相关研究毕竟只是蓓蕾初放的新鲜事物，从崭露头角到渐成气候都需要一个发展过程。但目前已不难看出，随着"超文本"的日益普及，文学创作、传播与接受正在经受前所未有的革命，相关研究也处在风生水起的关口。基于这一认识，我们有理由得出了这样一个结论——"超文本是连接历史与未来的桥梁"。虽然目前多数人一时还难以真切地看到太多的动人景观，但已很少再有人怀疑，在这个"桥梁"的另一端确实存在着一个异彩纷呈、前景无限却又危机四伏、处处陷阱的全新世界。

一 传统文本的"超文本"性

20世纪60年代的欧洲，"造诗机器"和"取消文学产权"等思想相当盛行，超现实主义"自动写作"的构想令人神往。当时法国一个名为Oulipo（Ouvroir de Litterature Potentielle，意即"潜在文学的开启"）的文学团体十分活跃，这个团体大胆地尝试过各种异想天开的"自动写作"的文学实践。其中，特里斯坦·查拉（Tristan Tzars）"制造一首诗"的建议就令人难忘：

> 拿一张报纸。/拿一把剪刀。/在这张报纸里选一篇文本，长度和你要写的诗相当。/剪下文本。/然后仔细剪下这篇文本里的每一个词，把它们装进一个包里。/把包轻轻地晃一下。/然后依照字条从包里取出的顺序，把它们一张一张地拿出来。/精心的把它们粘起来。/你要的诗就成了。①

这种荒诞不经的"造诗"方式，让人联想到当下网络语境中流行的"恶搞"，对这种"歪门邪道的艺术"大约一笑置之足矣。但假如我们联想到中国甲骨文时代那些历史风云人物求神问卦的情形，或者"计算机写作软件"的运行原理，我们就有理由对查拉疑似亵渎缪斯的"剪贴诗学"另眼相看了。众所周知，文字作为文本的"细胞"，原本就隐含着文本的众多特征，特别是中国文字所包蕴的天然诗性基因和"细胞"间的亲和力，使汉语文本具有超强的结构张力和意义弹性。查拉也许想不到，他的"建议"于汉语竟然比法文更为适用。例如，同是20世纪60年代，中国学者周策纵写过一首"字字回文"的回文诗，足以将查拉的"剪贴诗学"演绎成一种"造诗经典"。回文诗原作由如下20字组成一个封闭的圆环，没有标点符号，为了排版方便，这里暂且斩断"圆环"，将其一

---

① ［法］蒂费纳·萨莫瓦约：《互文性研究》，邵炜译，天津人民出版社2003年版，第72页。

字铺开：

　　星淡月华艳岛幽椰树芳晴岸白沙乱绕舟斜渡荒

　　这20个字，不管从哪个字起头，也不论从哪个方向开始，只要每5个字一句，顺序读来，正反都是一首五言绝句：

　　1. 星淡月华艳，岛幽椰树芳。晴岸白沙乱，绕舟斜渡荒。

　　2. 淡月华艳岛，幽椰树芳晴。岸白沙乱绕，舟斜渡荒星。

　　3. 月华艳岛幽，椰树芳晴岸。白沙乱绕舟，斜渡荒星淡。

　　……

　　40. 荒渡斜舟绕，乱沙白岸晴，芳树椰幽岛，艳华月淡星。

　　除了汉语外，不知世界上是否还有其他语言能够如此"回文"？尽管笔者知道英语中也有大量有趣的"回文"，例如一句有关拿破仑生平的妙语就可以倒过来读：ELBA SAW I WAS ABLE 但由于英文的音、形、义、性、数、格等的行文要求极为刻板，因此，字字回文断无可能。叶维廉认为，在这首诗里（或应说在这40首诗里），读者已经不能用"一字含一义"那种"抽思"的方式理解作品了；每一个字像实际空间中的每一事物，都与其附近的环境保持着线索与关系，这一个"意绪"之网才是我们接受的全面印象。尽管回文诗中的语法是极端的例子，但不能否认，在适度解放的情况下，中国古典诗的语法，利用"若即若离、可以说明而犹未说明的线索与关系"，而向读者提供了一个由他们直接参与和感受的"如在目前"的意境。①

　　其实，中国古典诗歌这种打破语法规则的现象绝不只限于回文诗，叶维廉一再声称周策纵的回文诗只是"极端的例子"。但实际情况是，类似于回文诗式的超越语法规则的非逻辑性、非顺序性特征，在古典诗词中不仅十分普遍，而且形式多样。有论者认为，中国诗歌文本的奇异变化就如万花筒般令人目不暇接："婉转雅致的集字诗"、"点铁成金的借句诗"、"争奇斗艳的地名诗"、"机敏奇巧的神智诗"、"傲然耸立的宝塔诗"、"峰回路转的叠翠诗"、"晴空展翅的飞雁诗"、"缭绕升腾的火眼诗"、"旋乾转坤的盘中诗"、"颠倒成文的回文诗"、"妙趣横生的数字诗"、

──────────

　　① 叶维廉：《中国诗学》，生活·读书·新知三联书店1992年版，第27—28页。

"璀璨夺目的嵌字诗"、"五彩缤纷的谜语诗"、"万水归宗的同尾诗"、"奇异幽雅的竹叶诗"、"玉盘落珠的叠字诗"、"柳暗花明的巧转诗"、"嬗递顶针的连环诗"、"珠联璧合的连珠诗"①……优秀的诗篇如同串串珠子，闪烁着耀眼的五光十色，真是斑斓纷呈，妙处难与君说！

所谓字字珠玑，打散了还是珠玑。当然，笔者并不认为周策纵的回文诗是诗之极品；相反，这样的回文诗充其量只是古已有之的文字游戏而已，说到底也只是 20 个可以勉强读成类似诗句的汉字。不过，说回文诗是游戏之作也没有贬低的意思。其实很多回文诗是具有极高艺术造诣的，唐代著名诗人皮日休和陆龟蒙之间的唱和就有一些是精彩的回文诗，如陆龟蒙的《晓起即事寄皮袭美》。大文豪苏轼平生写过不少游戏之作，如《纪梦》就是一首回文诗："空花落尽酒倾缸，日上山融雪涨江。红焙浅瓯新火活，龙图小碾斗晴窗。"这首诗倒过来读似乎更有东坡神韵，特别是"缸倾酒尽落花空"一句，曲尽其妙地描摹出诗人豪饮过后的莫名惆怅之态，悲欣莫辨，倒转回环，如醉如梦，颇有太白遗风。周策纵说自己的诗"妙绝世界"，大约妙在字字回文上，但周诗的"一串珠子"却始终未被打散。

如果打散周策纵的"念珠"，将其重新组合，必然会得到许多不同的结果。如将已有的 40 首诗歌的第一、三句顺读为第一、二句，将第二、四句倒读为第三、四句，便又可读出 40 首。第三、一句顺读为第一、二句，将第四、二句倒读为第三、四句，便又可读出 40 首。如果按照查拉的"剪贴诗学"规则，打破平仄、押韵和文从字顺的限制，将有多少"新作"问世呢？计算结果是"20 的阶乘（20!）"，即可以"剪贴"出 $20 \times 19 \times 18 \times 17 \times \cdots \times 5 \times 4 \times 3 \times 2 \times 1$ 首"新诗"。这显然是个令人震惊的天文数字。

也许这类捣碎又重塑的文字游戏离真正的文学还有相当的差距，但就结构意义而言，我们常说的"解构"与"重构"其实也正是这样的文本游戏。我们注意到，"解构"与"重构"传统诗文，一直是骚人墨客津津乐道的游戏，直到今天仍然大有"玩家"，而且还有"大玩家"。如王蒙就是一个把玩"解构"与"重构"游戏的"顶尖高手"。王蒙在《双飞翼》一书题记中说自己——心有"双飞翼"，迷醉诗与文。痴情《红楼

---

① 林戈编：《诗趣趣诗——奇妙的中国诗林之旅》，文联出版公司 1999 年版，第 1 页。

梦》，着魔玉谿生。他多次强调自己半生钟爱李商隐，特别是他的"无题诗"，尤其是《锦瑟》。他说自己"也不知中了什么魔，心里老是想着《锦瑟》，在读书上发表了两篇说《锦瑟》的文章……仍觉不能自已"。他默诵《锦瑟》的诗句："锦瑟无端五十弦，一弦一柱思华年。庄生晓梦迷蝴蝶，望帝春心托杜鹃。沧海月明珠有泪，蓝田日暖玉生烟。此情可待成追忆，只是当时已惘然。"他感到这些字、句、词在自己脑海里"联结、组合、分解、旋转、狂跑"，开始了布朗运动，于是出现了以下同样的七言诗：

> 锦瑟蝴蝶已枉然，无端珠玉成华弦。庄生追忆春心泪，望帝迷托晓梦烟。日有一弦生一柱，当时沧海五十年。明月可待蓝田暖，只是此情思杜鹃。

全是使用《锦瑟》里的字，基本上用的是《锦瑟》里的词，"虽略有牵强，却仍然可读，仍然美，诗情诗境诗语诗象大致保留了原貌。"①

在王蒙先前发表于《读书》的两篇文章中，他已多次操演过这样的文字游戏：把《锦瑟》诗的字句彻底打乱，然后将其重新组合，他将这种文本的解构与重构戏称为"颠倒锦瑟"。除了前面引用的一首"王记"锦瑟诗外，王蒙还别出心裁地把《锦瑟》改编成如下绝妙的长短句：

> 杜鹃、明月、蝴蝶，成无端惘然追忆。日暖蓝田晓梦，春心迷。沧海生烟玉。托此情，思锦瑟。可待庄生望帝。此时一弦一柱，只是有珠泪，华年已。

作者依据《锦瑟》编撰的对联同样颇有雅意：

> 此情无端，只是晓梦庄生望帝。月明日暖，生成玉烟珠泪，思一弦一柱已。
> 春心惘然，追忆当时蝴蝶锦瑟，沧海蓝田，可待有五十弦，托华年杜鹃迷。

---

① 王蒙：《双飞翼》，生活·读书·新知三联书店2006年版，第22—23页。

王蒙的这些将微型文本改头换面的小把戏，表面看来只能限于篇幅较小的文本中，但实际上也存在着推而广之的可能性。王蒙曾把他的"颠倒锦瑟"的游戏扩大到李商隐其他的《无题》诗中，同样产生了奇效。如将"锦瑟无端"与"相见时难"掺和起来重新排列组合，同样可以得到美妙的诗作：

> 相见时难别亦难，东风无力百花残。庄生晓梦迷蝴蝶，望帝春心托杜鹃。晓镜但愁云鬓改，夜吟应觉月光寒。此情可待成追忆，只是当时已惘然。

> 锦瑟无端五十弦，一弦一柱思华年。春蚕到死丝方尽，蜡烛成灰泪始干。沧海月明珠有泪，蓝田日暖玉生烟。蓬山此去无多路，青鸟殷勤为探看。

这样的"集句"游戏还可扩展到其他诗人的其他作品。如果放开游戏的字数限制，这类改写、集句等游戏与严肃创作间的界限便渐渐模糊起来，于是，文本与"超文本"的差异也渐被增减的字数掩盖了踪迹。王蒙的文本游戏说明，《锦瑟》这样的微型文本是可以打散后重组的，那么，大型文本如一篇小说是否可以如此"颠之倒之"、"散之合之"？答案是不言而喻的。

20世纪80年代初，叶朗先生出版了一部研究"中国小说美学"的论著，在该书序言中，叶先生提到了英国作家 B. S. 约翰逊[①]的《不幸者》。这部小说的主要内容是写作者到一个城市报道足球，这是他一位好友生活过的城市，但友人已于两年前病逝。小说的基本特点是把过去与现在互相掺和在一起，把对足球队报道和对朋友的回忆任意交织在一起，时间顺序被彻底打乱了，但是，这种任意性和装订书发生了矛盾，因为装订书必定有一个固定的顺序。于是，作者决定让小说以一种新面貌与读者见面。他

---

① B. S. 约翰逊是20世纪60年代著名前卫作家，行为怪异，屡出惊人之举，如在小说页面上钻孔、使用由灰到黑的纸张暗示小说主人公病患加重、写"活页小说"等。1973年，约翰逊因躁狂症和穷困潦倒而自杀。据报道，英国小说家乔纳森·科埃以一本记述 B. S. 约翰逊的传记作品《类同怒象》赢得了萨缪尔·约翰逊奖，该奖项由 BBC 四频道主办，堪称英国最著名的非小说类年度图书奖。

把自己的小说变成了活页文本，根本就不装订，而是像扑克牌一样装在一个盒子里。这种小说在结构上所体现的美学思想和文学观念，与传统文论自然有很大差别。①这部由 27 个章节组成的小说除了开头和结尾两个章节相对固定外，其他 25 个单元的顺序可以随机排列，读者可以按照自己喜欢的任何次序进行阅读。

由于当时中外学术交流的资料非常有限，大多数人并不知道约翰逊使用的这种"扑克牌"小说的创立者是法国小说家马克·萨波塔。萨波塔早在 1962 年就创造了"活页小说"（即"扑克牌小说"）《第一号创作：隐形人和三个女人》。小说要求读者"读前请洗牌，变幻莫测的故事将无穷无尽地呈现在您的眼前"。它在形式上有如下特点：（1）全书 149 页（中文版），加上作者的前言和后记共 151 页；（2）全书没有页码，不装订成册，只将活页纸装在一个适合于存放扑克牌的盒子里；（3）每页有500—700 字不等的小说故事，正面排版，背面空白或向扑克牌一样点缀一些装饰性图案；（4）每页的故事独立成篇，犹如微型小说，但全书合起来可成为一部完整的作品，犹如长篇小说；（5）阅读前应该像洗扑克牌那样将活页顺序打乱，每洗一次，便可以得到一个新的故事，据推算，文本排列组合的方式高达 10^{236} 种，这个惊人的数字，使这一作品成了任何读者一辈子也读不完的小说。这种游戏式的叙事方式，有学者称其为"最典型的纸介印刷的超文本作品"。但相对于电脑上的比特叙事来说，纸笔书写的"超文本"作品不仅互文链接的容量和难度受到限制，而且欣赏效果也不能与前者同日而语，更何况网络"超文本"还具有纸质书写所不可能具有的多媒体优势。②

《第一号创作：隐形人和三个女人》的形式如此新颖独特，一出版就在法国文坛引起轰动，并旋即被译成英、德、意等多种文字。流播所及，读者无不被其新奇的形式深深吸引。这种别出心裁的扑克牌式结构，巧妙地宣告了作者在文学文本创作中的有限作用，把读者从阅读的桎梏中解放出来，给读者的再创造留下广阔的空间，任读者在作者留下的空白里升华出意义。正如作者所言："每部小说作品，既是知识性的宝库，又是趣味性的迷宫。读者从中吸取做人的知识，同时也寻求一种尽兴的消遣。"只

---

① 参见叶朗《中国小说美学》，北京大学出版社 1982 年版，第 8 页。
② 欧阳友权：《网络文学本体论》，中国文联出版社 2004 年版，第 76 页。

不过萨波塔的迷宫从哪里来，到哪里去，中间怎样左拐右颠，都随读者之兴，他的"尽兴消遣"是一种难为的高智商的智力游戏。[①]

如前所述，《第一号创作：隐形人和三个女人》除了前言和后记之外，151 页的组合顺序高达 10^{236}，即在 1 的后面加上 236 个零！这比周策纵的 20 个字组成 40 首诗的例子更为神奇。王蒙把义山诗的解构链条剪断，然后按照诗歌结构原则重新拼接，其结果如新瓶装旧酒，没有产生与原诗迥然不同的新作。扑克小说的情况似乎有所不同，正如作者所言，作品根据读者"洗牌"后所得页码顺序的不同，作品中的主人公有时是个市井无赖，是个盗窃犯和强奸犯；有时他又是法国抵抗运动的外围成员，虽身染恶习，但还不失爱国操守；有时他简直就是一个反法西斯占领的时代英雄……这种情况对埃尔佳也一样。按照某种编码，她可能是一个童贞尚未泯灭的少女，竭力维护自己的贞操，但最终还是成了男人施暴的对象；按照另一种编码，她虽然也曾纯洁过，但她逐渐沦落成一个放荡成性的女人；按照另一种编码，她甚至还可能是混入法国内部的德国间谍，四处搜集抵抗运动的情报——正是小说文本流动、变幻的扑克牌结构，使整个小说像魔方一样变幻不定，回味无穷，令人眼花缭乱。[②] 当有人问及为何不把书装订成册时，作者不无幽默地反问道："生活中的事都能用一根万能的线穿起来吗？哪儿去找这样一根万能的线呢?"[③]

马克·萨波塔的"活页小说"不仅类似于电影的"蒙太奇"和绘画的"拼贴术"，在原理上与前文所说的回文诗也如出一辙，在结构技巧方面二者难分轩轾。在此，所有小文本都有各自的门户，但文本之间却又千丝万缕相勾连，那些经文本碎片连缀起来的线索，可以说就是读者心中那些飘浮不定、瞬息万变的情思、心绪、趣味、意念、偏好等看不见的东西。不难看出，任何文本都有与其他文本相连的潜能。从这个意义上说，所谓"超文本"不过是把文本潜藏人心的"链接意愿"以专门的标识符号呈现于 PC 界面而已。

今天，人们已清晰地认识道："文本不仅仅是某种形式的'产品'（product），它也指涉了解释的'过程'（process），并对其中所蕴含的社

---

① 王彬、涂鸿：《〈第一号创作〉结构探析》，《天府论坛》2001 年第 2 期。

② 同上。

③ ［法］萨波塔：《第一号创作：隐形人和三个女人》序，江火生译，湖南人民出版社 1988 年版，第 1 页。

会权力关系进行一种揭露的'思维'（thinking），它的意义是开放的，有待读者解释的。更重要的是，文本的互文性被充分关注，诸多理论流派的代表都对其进行了阐释，形成了一种表征文本系统全新的存在方式的文学理论。而且，随着计算机和网络技术的发展，文本的互文性被现实地呈现出来，文本从而走向了超文本。"①

二 网络"超文本"的魅力

"超文本"是网络最为流行的电子文档之一，文档中的文字包含有可以自由跳跃到其他字段或者文档的链接，读者可以从当前阅读位置直接切换到超链接所指向的任何其他位置。这些"链接"点通常使用"超文本"标记语言书写。作为一个计算机常用术语，"超文本"其实就是一些不受页面限制的"超级"文件，在"超文本"文件中的某些单词、符号或短语起着"热链接"的作用，这些通往其他页面的热链接，构成了超越既定文本的超级文本网络。

当我们把"文本"作为一个文艺理论与批评概念使用时，最基本的含义虽然还是"文字形式"。但其引申义却远不限于文字形式了，正如有学者指出的："文本的观念已经扩展到绘画、行为、衣着、风景——总之，一切我们附着意义于其上的事物。通常在狭义上。我们用以为例的文本是有着文字的物理存在，然而文本的关键是，它们都具有意义。"② 从这种意义上讲，"超文本"自然也不限于"文字形式"。

"超文本"最大的优越性在于，它把文本潜在的开放性、阅读单元的离散性等特点和盘托出，使文本潜在的"互文性"彰明昭显。它与罗兰·巴特、德里达等孜孜以求的"理想文本"具有许多相似的品格。有学者称，德里达秉承了希伯来先知的狂热、以色列人出埃及的神勇，把犹太人的差异精神不动声色地熔铸到结构主义理论中。"历史上，尼采明知理性庄严，偏要鼓吹酒神疯癫；海德格尔抓住存在差异，不惜大动干戈；利维纳斯反感笛卡尔的我思，就竭力标榜他人之见；出于对意识的疑虑，

---

① 刘绍静：《从文本到超文本——解析20世纪西方文学文本理论》，www.chki.net。
② 贝维尔：《什么是超文本》，《国际哲学季刊》2002年第4期。

弗洛伊德竟一头扎进潜意识的深渊"。① 德里达的著名"延异论"即源于以上形形色色的差异（difference）。

德里达将"差异"改写一个字母，发明了"延异"（différance）一词，其基本含义是"产生差异的差异"，它一面表示文字"在场"与"缺席"两种状况之间的不同，另一面还表示这种"不同"中所隐含的某种延缓和耽搁。德里达的"延异"，在时空方面既没有起源性界限和固定标准，也没有确定不移的目的和发展方向，更没有在现时表现中所必须采取的独一无二的内容和形式。……这实际上是将结构理解成无限开放的"意指链"，而"超文本"则使这种意指链从观念转化为物理存在，从而创造了新的文本空间。② 德里达从传统文本中提炼出的"延异"说，竟然将网络"超文本"无限开放的魅力和局限展露无遗。这不能不说是一个理论奇迹。

由此可见，通过传统文本研究"超文本"可以说是顺理成章的事情。事实上，传统文本与"超文本"之间并不存在天然的鸿沟。例如，法国学者乌里奇·布洛赫（U. Broich）曾把传统文本的互文性指涉方式概括为六点，它们竟无一不适用于"超文本"的情形：（1）作者死亡：一部作品不再是某一作者的原创，而是交互写作的文本混合，因此传统意义上的作者不复存在；（2）读者解放：互文性会使读者在文本中读入或读出自己的意义，从众声喧哗中选择一些声音而抛弃另一些声音，同时加入自己的声音；（3）模仿的终结和自我指涉的开始：文学不再是给自然提供的镜子，而是给其他文本和自己的文本提供的镜子；（4）寄生的文学：一个文本可能是对其他文本的改写或拼贴，以致消除了原创与剽窃之间的界限；（5）碎片与混合：文本不再是封闭、同质、统一的，它是开放、异质的，破碎和多声部的，犹如马赛克的拼贴；（6）"套盒"效应：在一部虚构作品中无限制地嵌入现实的不同层面，或使用暗示制造无限回归的悖论。"网络文学的比特叙事文本就是这样一种'漂浮的能指'方式，它是一篇篇被不断书写并可能被重新改写的意义螺旋体，其指涉的无限累加使它呈现为一个无穷庞大的

① 赵一凡：《后现代史话》，见金惠敏主编《差异》第2辑，河南大学出版社2004年版，第29页。

② 费多益：《超文本：文本的解构与重构》，《哲学动态》2006年第3期。

堆积物，一种网状的扩张性文化结构"。① 毋庸讳言，今天，即便是"超文本与网络时代的文学研究"，也正在变成这样的"螺旋体"和"堆积物"，更遑论海涵地负的"超文本"了。

在传统文本中，铭、刻、刊、印等生产方式使经典成为具有稳定特性的"不朽之物"，古埃及人把王对神的忠诚刻在金字塔上，希伯来人把上帝与摩西的立约刻在石板上，古罗马人把共和国的法律铭刻在铜表上，中国古代的某些统治者把求神问卜的结果烙印在甲骨上……它们代表中心的权威和永恒的渴望。直到今天，人与人之间的信任、信赖与信誉仍离不开"合同为文"或"立字为据"。相比之下，"超文本"没有固定的结构，没有稳定的形态，没有不变的规则，没有可靠的界限，因此，它失去了传统经典文本那种明确的中心地位和稳定的权威性，但是，作为人类进化史上自"钻木取火"以来最伟大发明的互联网，也给"超文本"带来了传统文本永难望其项背的艺术魅力和技术优越性。

首先，互联网吐纳天地、熔铸古今的博大胸怀，使"超文本"具有超乎想象的包容性。按照兰道的说法，整个互联网原本就是一个硕大无朋的"超文本"，它最大的特点就是，能无与伦比地凸显出文本潜藏的"互文性"，使文本之间相互依存、彼此对释、意义共生的潜能得到最充分的呈现或迸发。"超文本"另一非同寻常的力量在于，它能轻而易举地将传统文本千年帝国的万方疆土，悉数纳入比特王国的版图。因此，在"超文本"面前，任何辉煌灿烂的传统文本都将黯然失色。

我们知道，每一部经典文学作品都是一个既自足又开放的世界。例如，曹雪芹的《红楼梦》原本是一部没有结尾的残稿，自这部"天缺一角"的奇书问世以来，它一直吸引着骚人墨客的"补天之作"，据一粟编著的《红楼梦书录》所列，颇有脸面的续作就有 30 部之多。它的残缺破损之处，反倒为雪片翻飞的续作留下翩翩起舞的"互文性"空间。谁料这种"结构性缺憾"，反倒成全了"残书"的"互文性无憾"？对此，王蒙感叹："请问，有哪一位小说家哪一部小说有这样的幸运，有这样的成为永久的与普遍的话题的可能？此时无声胜有声，此书无结束胜有结束。不让《红楼梦》有一个符合标准的结尾乃

---

① 欧阳友权：《网络文学本体论》，www. chki. net。

是最好的结尾，不让完成就是最好的完成。这简直是天意，苍天助‘红’！要说遗憾，这遗憾与整个人类对世界对人生的遗憾，与‘前不见古人，后不见来者，念天地之悠悠，独怆然而涕下’的遗憾相共振。正是这种遗憾深化了《红楼梦》的内涵，动人得紧，善哉《红楼梦》之佚去后四十回也。"① 这种动情的赞叹固然不乏精彩与精辟，但王蒙把《红楼梦》说成空前绝后的"经拉又经揣，经洗又经晒"的文本就未免有些绝对了。说到底，《红楼梦》也不过只是网络"超文本"的基本细胞而已。对成功的名著，海明威曾有过著名的"冰山之喻"。如果说80回"红楼"是漂浮于海面的冰山，那么它沉浸在水中的主体部分，理应是一个相对开放的"互文性"世界。离开了这个比文本本身丰富得多、精彩得多的"互文性"世界，再美的"红楼"，也不过是极尽雕梁画栋之绚烂的一堆土木砖石而已。

与"超文本"相比，即便是《红楼梦》这样的皇皇巨著也明显有其致命弱点——形式与内容的双重局限。吴伯凡在《孤独的狂欢》中把专论"超文本"的章节命名为《"超文本"：从"死书"到"活书"》。他把一切纸媒文本称为"死书"，因为它们不仅装订"死板"、印刷"刻板"、编排"呆板"，在内容上也万万不及现实社会的生气勃勃、多姿多彩。在不断发展的真理面前它们更加显得焦虑无依、进退失据。禅宗的创立者为了避免常青的真理之树因"刻板"而"死于言下"，甚至提出"不立文字"的极端主张。因此，即便是《红楼梦》一样壮丽的冰山，与"超文本"的浩渺汪洋相比，也只能显出一滴水珠般的微渺。尼葛洛·庞蒂说过："印刷出来的书很难解决深度与广度的矛盾，因为要想使一本书既具有学术专著的深度又具有百科全书的广度，那么这本书就会有一英里厚。而电脑解决了这个矛盾。电脑不在乎一‘本’书到底是一英寸厚还是一英里厚。如果有需要，一台网络化的电脑里可能具有10个国会图书馆的藏书量。……即使我把美国国会图书馆的所有书下载到我的电脑里，我的电脑也不会增加一微克的重量。"②

"大而无外"的网络空间这种"不知轻重"的品格赋予了"超文本"无限的延展性，"超文本"也因此具有无中心、无构造、无主次的

---

① 王蒙：《双飞翼》，生活·读书·新知三联书店2006年版，第163页。
② 参见吴伯凡《孤独的狂欢》网络版，"超星图书馆"。

灵活多变的特点，显然，这是传统文本向往已久却永难企及的理想境界。按照罗兰·巴尔特的说法，传统文本也并非封闭的孤城，那些被阅读的文本，貌似自成一体的小世界，实际上只是为对话提供一个相对静止的场景而已。巴尔特在《S/Z》中所设想的理想文本，就是一个网络交错、相互作用的无中心、无主次、无边缘的开放空间。文本根本就不是对应于所指的规范化图式，就其潜在的无穷表意功能而言，"理想的文本"是一片"闪烁不定的能指的群星"，它由许多平行或未必平行的互动因素组成。它不像线性文本那样有所指的结构，有固定的开头和明显的结尾，即便作者提笔时情思泉涌，搁笔时意犹未尽，但被钉死于封面与封底之间的纸本至少在形式上是一个相对独立的小世界，全须全尾，有始有终。

传统文本的情况是，有一千个读者就有一千个"哈姆雷特"，"超文本"的情况要复杂得多：同一读者也可以读出一千个"哈姆雷特"来。在"超文本"语境中，古今中外所有的"经学家"、"道学家"、"革命家"、"才子"和"流言家"的知识背景都浑然混合一体，没有孔孟老庄之别，也没有儒道骚禅之分，希腊罗马并驾齐驱，金人玉佛促膝而谈……一切学科界限，一切门户之见，在"超文本"世界里都已形同虚设。面对网络世界的浩瀚无垠，让人联想到黄兴《太平洋舟中》的慨叹："茫茫天地阔，何处着吾身？""超文本"像一个既没有此岸也无彼岸的大海，承载着无数船只，虽然没有故土却处处都是家园，无尽的连接、无尽的交错、无尽的跳转、无尽的历险……网上冲浪者就像那汪洋中的一条船，但他永远不用担心迷失方向。因为，网络备有包举宇内、吞吐八荒的引擎，它总能让人在文本的汪洋中随时准确地找到航道。

其次，"超文本"使文学得以解放经典的禁锢，冲破语言的牢笼。它不仅为创作、传播与接受提供了全新的媒介，而且还让文学家和艺术家看到了表情达意走向无限自由的新希望。众所周知，妥善处理思维的多向性与语言的单线性之间的矛盾，一直是白纸黑字的"书面写作"必须跨越的铁门槛。刘勰曾感叹"意翻空而易奇，言征实而难巧"，陀斯妥耶夫斯基也曾深深地体验过"语言的痛苦和悲哀"。而"超文本"写作则正是将"翻空易奇"、千头万绪的"网络"变成一个整体的制作过程。"文不逮意"似乎不再是作家的心头之患。从这一点上看，今天的作家是幸运的，他们找到了"超文本"这一解决传统作家"言意困惑"的有力武器。

世界万物之间原本就是一种非线性关系，所谓线性关系不过是非线性关系中的特例而已。现实世界中并不存在纯粹的线性关系，这就如同现实生活中根本就不存在像理论一样纯粹化的直线一样。由于"超文本"使用的是一种非线性的多项链接，"写读者"① 可以随心所欲地在相互连接的节点之间轻快跳转，形形色色的文本在聚合轴上任意驰骋。守着方寸荧屏里这个无限开放的"超文本"世界，便足以"观古今于须臾，抚四海于一瞬"。

从文学创作的角度看，作者的思绪路径往往是复杂、闪烁、诡变、不可意料的，关于这一点，《红楼梦》或《管锥编》都是生动的例证。从"超文本"的起源看，人脑本质上就是"超文本"最初的母本，它是既呈现多姿多彩又符合规律规则的奇妙混合体。可以说，互联网和"超文本"既是人脑的产物，同时也是人脑的摹本。它们的大多数奥秘都早已在观念和实践的层面悄然成形于传统文本的潜能中。

从文学接受的角度看，读者的联想往往和作者的思路一样错综复杂、千回百转。《红楼梦》（第23回）中林黛玉听《西厢记》就是经典的例子：黛玉听到"原来姹紫嫣红开遍，似这般都付与断井颓垣"，十分感慨缠绵；听唱"良辰美景奈何天，赏心乐事谁家院"，不觉点头自叹。听了"则为你如花美眷，似水流年"这两句，不觉心动神摇。又听见"你在幽闺自怜"等句，亦发如醉如痴，站立不住，便一蹲身坐在一块山子石上，细嚼"如花美眷，似水流年"八个字的滋味。忽又想起前日见古人诗中有"水流花谢两无情"之句，再又有词中有"流水落花春去也，天上人间"之句，又兼方才所见《西厢记》中"花落水流红，闲愁万种"之句，都一时想起来，凑聚在一处。仔细忖度，不觉心痛神痴，眼中落泪。

在林黛玉的脑海里，"姹紫嫣红"、"良辰美景"、"如花美眷"、"流水落花"等脆弱美丽、清雅虚幻的形象，以互文的形式构成了盘根错节的"超文本"——眼前耳边，戏里书外，往日今朝，千头万绪，凑聚一

---

① 在"超文本"系统中，读者成为集阅读与写作于一身的"作者—读者"。为此，罗森伯格杜撰了一个新单词"写读者"（wreader）来描述这种"超文本"阅读过程中"读写界限消弭一空"的新角色。显然，这个新单词是将作者（writer）与读者（reader）两词截头去尾后拼合而成的。

处。于是她点头自叹，与作者形成了同声相应、同气相求的忘情交流，并渐入如醉如痴的共鸣境界。此时，读者与作者、语言与情感、戏文与诗文、心境与环境、黛玉与莺莺、《西厢记》与《红楼梦》……样样浑然一体，全然没有分别。至此，"心痛神痴、眼中落泪"的究竟是听《西厢记》的林黛玉？还是写《红楼梦》的曹雪芹？抑或是"神痴"于"林妹妹"的读书人？对于一个沉浸于《红楼梦》的读者而言，这一切不过是一团虚幻而杂乱的思绪与情感而已。如此复杂的审美体验，是很难给那些缺乏知识或缺少心境的读者带来应有的艺术想象的。相比之下，网络"超文本"对经典作品的通俗化、快餐化、图像化、影视化、视频化等，为满足不同层次文学经典消费的需要提供了多种渠道和途径。"旧时王谢堂前燕，飞入寻常百姓家"，"超文本"把高雅艺术从贵族的深深庭院带到了大庭广众中间。

更为重要的是，在网络语境中，作为"超文本"组成部分的每一作品都将"从符号载体上体现文本与文本之间的关系，或者某一文本通过存储、记忆、复制、修订、续写等方式，向其他文本产生扩散性影响。电子文本叙事预设了一种对话模式，这里面既有乔纳森·卡勒所说的逻辑预设、文学预设、修辞预设和语用预设，又有传统写作所没有的虚拟真实、赛博空间、交往互动和多媒体表达"①。为此，不仅文学经典平添了多重身份并获得了千变万化的本领，一般作品也可能在无休止的变形改造过程中成为优秀作品。

"超文本"的网络链接，让作者和读者可以在无穷尽的阅读可能性中肆意游荡。"写读者"如同乘坐洲际旅行的空中客车，可以忽略时间的存在恣意逍遥地穿越于天南海北。在网络的登录处，最初的文本或许会如机场的跑道一样清晰，但随着游览眼界的不断扩大，一条条道路渐渐变得模糊起来，作为网上逍遥客，我们究竟"从何而来，向何处去"有时也变得不再明确，开始的目的地在缤纷多彩的旅途中已变得无足轻重了，那些曾经魂牵梦萦的城市因尽收眼底而顿时丧失了神秘的魅力。事事变得如此轻而易举，样样得来全不费功夫了。

所有神话般的惊人变化，都源于这样一个秘密——"超文本"背后

---

① 欧阳友权：《网络文学本体论》，www.chki.net。

隐藏着一个比特化的"文献宇宙"（docuverse）[1]。正是凭着这个"思接千载，视通万里"的"docuverse"，"超文本"才能施展魔法把"写读者"带到一种理想的艺术境界："刹那见终古，微尘显大千"。

最后，"超文本"不仅穿越了图像与文字的屏障，弥合了写作与阅读的鸿沟，而且还在文学、艺术和文化的诸种要素间建立了一种交响乐式的话语狂欢和文本互动机制，它将千百年来众生与万物之间既有和可能的呼应关系，以及所有相关的动人景象都一一浓缩到赛博空间中，将文学家梦想的审美精神家园变成更为具体可感的数字化声像，变成比真实世界更清晰逼真的"虚拟现实"。对文学而言，这是一场触及存在本质的革命，那种认为"超文本"写作不过是"换笔"的说法纯属肤浅的皮相之论，套用麦克卢汉的说法，数字化对文学的影响"不是发生在意见和观念的层面上，而是要坚定不移、不可抗拒地改变人的感觉比率和感知模式。"[2]因此，"超文本"是文学存在本质的易位。作家先要把数字符号转化为语言文字；其次，文本形态也由硬载体（书刊等）转向软载体（网），在电脑中数字书写和储存都已泯灭了物质的当量性。

这种转变说明，真正的"超文本文学"只能存活在网络上。如迈克尔·乔伊斯的《下午》、麦马特的《奢华》等就是如此。此外，真正的"超文本"应该永远处于开放状态，著名的"泥巴游戏"（MUD）其实就是一部永远开放、永未完成、多角互动的集体创作的小说。多媒体是网络文学可以利用的又一重要资源，它不仅使我们沉浸在纯文字的想象中，还让我们直接感觉与之相关的真实声音、人物的容貌身姿及其生存环境等，甚至我们还可以与人物一起生活，真正体验人物的内在情感和心理过程。因此，真正的网络文学在叙事方法上与传统文学存在巨大差异。[3] 如网络小说《火星之恋》在讲故事的过程中，不断有音乐、图片、视频相伴。在这里，体裁、主题、主角、线索、视角、开端、结局、边界这些传统文学的概念已统统失效。读者只须把鼠标轻轻一点，文本、图像、音乐、视频等数字化军团便呼啸而来，偶有感想还可率尔操觚，放开手脚风雅一把，互动一次。

---

[1] docuverse 是尼尔森自创的新词，由 document（文献）和 universe（宇宙）截头去尾而成。

[2] ［加］麦克卢汉：《理解媒介》，何道宽译，商务印书馆 2000 年版，第 46 页。

[3] 参见方舟子《网络化的文学》，专题汇总：网络文学，http：//www. peopledaily. com. cn。

只要登录某个文学网站就会看到，不少文学作品都有同名的"电影版"或"游戏版"，这些电影版与游戏版当然是极为不同的，但它们都能极为娴熟地利用先进的数码技术追求声光效果，强化感官刺激，使传统文学的艺术效果在互联网上得到魔幻般的展示和张扬。这种将"声"、"图"、"文"三个王国完美和谐归为一统的新媒体技术，在网络问世前就由影视艺术工作者捷足先登了。但影视艺术对于接受者来说，在时空上都有严格的要求和限制，而在网络世界里，艺术参与者在时空上则拥有更大的"自由度"。此外，网络不仅是文字的理想载体，而且还是声音与画面的极佳载体。在网络上，我们常可以读到"会说话"、"会跳舞"的文学名著。虽然，就目前的情况看，网络上配有音乐和图像的文学作品，在形式上与电视文学作品（如电视散文）没有多大差别，但网上众多相关评论和无数的相关链接，却隐藏着电视所无法比拟的精彩世界。在其他很多方面，网络文学和网络艺术的灵活性和综合性是传统文学甚至传统影视艺术都无法比拟的。还有一点尤其值得引人注意，那就是网络技术在影视艺术领域得到了出神入化的运用，并取得了一系列辉煌成就，这为网络时代文学的生存和发展提供了极为可贵的借鉴。

"超文本"与超媒体的结合，极大地促进了文学图形化与声像化的步伐。影像作为一种更加感性的符号，它的日臻完美将对书籍——书写文化的保存形式——造成巨大压力，也使文字阅读过程中包含的理性思考遭到了剥夺。尼葛洛·庞蒂曾经指出："互动式多媒体留下的想象空间极为有限。像一部好莱坞电影一样，多媒体的表现方式太过具体，因此越来越难找到想象力挥洒的空间。相反地，文字能够激发意象和隐喻，使读者能够从想象和经验中衍生出丰富的意义。阅读小说的时候，是你赋予它声音、颜色和动感。我相信要真正感受和领会'数字化'对你生活的意义，也同样需要个人经验的延伸。"[①] 其实，"超文本"不仅是我们"个人经验的延伸"，作为新兴媒介，它本质上也可以说是"人的延伸"。

三 "超文本"的局限与陷阱

"超文本"的问世无疑是传统文学生产与消费的一次伟大革命。这场

---

① ［美］尼葛洛·庞蒂：《数字化生存》，谢泳译，海南出版社1997年版，第17页。

深刻革命具有必然性、必要性，令人欢欣鼓舞，但它同时也给文学的生存发展制造了空前的危机。事实上，"一切以印刷媒介为基础的现代精神生活形式——它们以'距离'、'深度'和'地域性'为生命内蕴——所面临的深刻的存在论危机，即使算不上一个终结，亦堪称一次脱胎换骨的转型"①。近年来风雨满城的文学终结论，主要是针对电子"超文本"颠覆文学传统这类情况流传起来的。被誉为"继弗洛伊德和爱因斯坦之后最伟大的思想家"麦克卢汉曾提出了"媒介是人的延伸"的著名论断，他认为，媒介与人的关系是相对独立的，不同媒介对不同感官起作用。书面媒介影响视觉，使人的感知呈线状结构；视听媒介影响触觉，使人的感知成三维结构。② 按照麦克卢汉的说法，"超文本"语境中的文学大约已不能再简单地称为文学了。如果一切文学作品都已转化为"超文本"形式，那些宣告文学终结的理论似乎真的有理有据。至少，"超文本"化将是传统文学一次历史性的大转折。

生，还是死，这大约是进入 21 世纪以来文学界面临的最为深刻的焦虑。2000 年，作家张辛欣说："21 世纪恐怕根本不是纯文字阅读时代，平面阅读，是不是像老辈子听戏一样，是小众的退化行为？盘根错节的文字编织术，是不是像 16 世纪的荷兰画派的精心工笔，一种太古老的手艺？……在未来的新时代，看书翻书的动作，是一个少数人的古典动作么？E 书不需要纸，屏幕可以扩大，而新形式的书，仍然是沉默的阅读的么？作家发声和沉默的文字究竟是什么关系？是不是破坏了文字本身的美感？是不是像电视出现一样，声图俱全，使文化大流行并大流俗？"③ 这类悲欣交集的文字遍布媒体，触目皆是。

"娱乐阅读"、"读图时代"不值得欢呼，更不能够讴歌为时代进步，没有深度的阅读会使人心智枯竭、心灵生锈。正面的引导当然要使人学会分辨不同目的、功能和层次的阅读：浏览、专题、研究、拓展、创造，步步前进，在充实的生活中逐渐向网络阅读和纸媒阅读的深度进军。……我们不能让图片遮蔽文字、游戏取代阅读、娱乐替代

---

① 金惠敏：《媒介的后果》，人民出版社 2005 年版，第 187 页。
② ［加］麦克卢汉：《理解媒介》，何道宽译，商务印书馆 2000 年版，第 2 页。
③ 张辛欣：《怎么在网络时代活一个自己》，《南方周末》2000 年 3 月 31 日第 22 版。

思考。……我们不能够在培养网络人和动漫人的同时又造就一代文字阅读的文盲。①

书写文化依赖于文字符号系统。文字的能指与所指是疏离的，这种疏离本身即已包含了人类思维对于外部世界的凝聚、压缩、强调或删除，电子媒介系统启用了复合符号体系，影像占据了复合符号体系的首席地位。崭新的符号体系形成了新型的艺术，新型的艺术产生了前所未有的文化和政治功能。电子媒介系统提供了消愁解闷的大剂量的迷幻药，使人们放弃了对历史不依不饶的提问，而"虚拟生存"的数码技术更显示出不可估量的前景。南帆甚至认为，除了入口的美味佳肴，"比特"可以随时制造一个令人向往的天堂。"超文本"的局限与妙处也正在于此——分明虚无一物，俨然包罗万有！让人看不清，究竟是福音还是陷阱。

更为新奇的是，非线性"超文本"拆穿了故事只能向结尾发展的神话。网络文本没有边界，只有无尽的环节和不断的展开，每个"超文本"页面都可以作为通向其他"超文本"的电子门厅。在这种情形下，就如德里达所说的，创造性叙述的核心从作家转到设计文本联系的制作者手中，或是利用这些联系的读者手中。"传统文本中的固定框架撤除了，读者冲出了情节式叙述逻辑的拘禁，凭借鼠标从一个空间跃入另一个空间，但是，如果将这种纵横驰骋当作读者的自由，将是一种错觉。事实上，读者只是进入了一个软件设计师重新配置的叙述关系网络。这个改换制造了解放的假象，并在假象的背后设置了更为强大的控制。"② 这种尴尬境况表明数字媒介系统控制下的文学，同样难免解放与控制的双重交织。

人类文明是否真的像尼葛洛·庞蒂所断言的发展到了一个临界点？所谓的"数字化生存"果真是现代人注定无法逃避的谶语？现代技术革命在大幅度推动社会进步和改善物质生活的同时，是否一定要留下无数意念中的奇幻诱惑和谜一般令人困惑的现代神话？现代人匆忙涌向"网络新大陆"，仿佛找到了一只逃避过去、通向未来的诺亚方舟。"作为一个敞开的全新世界，计算机网络对于许多富于好奇心的人确实产生了一种'挡不住的诱惑'。……一位尚未入网的朋友在看过网上漫游的演示后大

① 何道宽：《从纸媒阅读到超文本阅读》，http://www.donews.com。
② 南帆：《电子时代的文学命运》，《天涯》1998 年第 6 期。

发感慨说：现在忽然觉得自己就像刚从树上下来那么原始！"① 这种感慨其实只是网络社会无数"正常"的奇怪感受的一种正常表达而已，因为网络社会是由无数惊人的奇迹组成的，网络本身就是一个史无前例的迷人神话。

有人认为网络就是现代版的"巴比塔"，它将给人类带来无比美好的全新的文明，它不但能轻而易举地实现人们的愿望，甚至在帮人们实现愿望的同时，还为人们设计了无数根本就没有想过的愿望。它为人类创造幸福生活提供了无限广阔的前景。但也有人担忧，网络这个伟大的神话，实际上是人类发展史上最大的一个陷阱！网络召唤人们逃离"原子"组成的现实家园，纷纷奔向"比特"组成的"太虚幻境"，它把现代人变成了匆匆过客——现实生活也因此成了一个失去家园的驿站。应该说，这样的担忧并非多余。仅就网络文学而言，其纷繁芜杂、失衡失范的情况的确十分严重，网络"超文本"的局限与陷阱随处可见。

第一，由于"CtrlC + CtrlP"大行其道，"千部一腔，千人一面"几成绝症。机械复制给文学所造成的所有缺陷都加倍地出现于"超文本"的写读之中，"数字化的冷酷宇宙吞噬了隐喻和转喻的世界"②。"韵"的瓦解，艺术膜拜价值的丧失在所难免，这些在本杰明那里就已"言尽矣"。这里着重谈谈"超文本"被肆意曲解为"抄文本"的"剪贴诗学"问题。克里斯蒂娃说："一切时空中异时异处的本文相互之间都有联系，它们彼此组成一个语言的网络。一个新的本文就是语言进行再分配的场所，它是用过去语言所完成的'新织体'。"③ 在克里斯蒂娃看来，每个文本都是直接或间接的引用语或仿造语的大集会；每个文本都是对另一文本的吸收和改造。任何作品的文本都是由许多引文的镶嵌品构成的，是其他文本的吸收和转化。按照诗人 T. S. 艾略特的说法就是初学者"依样画葫芦"，高手"偷梁则换柱"。马歇雷甚至对"创作论"进行过哲学层面的清算，他根本就不相信有什么平地起楼或另辟蹊径的创作，任何作者都不过是在运用前人的文本"制造"新文本而已。甚至有人说，《红楼梦》全凭"曹雪芹的抄写勤"，《管锥编》也无非是"钱钟书抄千种书"。于是，"天下

---

① 李河：《得乐园·失乐园》，中国人民大学出版社 1997 年版，第 7 页。

② Mark Poster（ed.），*Jean Baudrillard：Selected Writings*，Stanford University Press，1988，p. 147.

③ ［比］布洛克曼：《结构主义》，李幼燕译，商务印书馆 1987 年版，第 162 页。

文章一大抄"竟成网络写作暗流汹涌的谶语。

毫无疑问，满腹经纶者的旁征博引自然与不学无术者的投机取巧不可同日而语。鲁迅讲"拿来主义"却不忘消化、吸收和创新，毛泽东讲"古为今用，洋为中用"则更强调"推陈出新"。如果不加甄别，恶意克隆，为名利计，为稻粱谋，剽窃他人作品，冒充自己的成果，这种行为于作者是一种行窃，于读者是一种欺骗。当然，我们也应该看到，赝品与原作之间也并非毫无互文关系，正如有机物之于排泄物一样，什么时候也无法割断二者间的几乎是必然的联系。但那只不过是一种与审美文化精神和社会道德理想相背离的情况而已。古人赋诗撰文，在讲究"无一字无来处"的同时更标榜"点石成金"式的"化腐朽为神奇"。如果只有前者，没有后者，"文必先秦，诗必盛唐"，空有互文而毫无创新，或者是互文变成赘文，其结果就是新作与旧章一同腐朽，一同成为古董或垃圾。

更令人不安的是，许多"超文本"写读完全混淆了抄袭与创新的标准。萨莫瓦约说："乔伊斯以剪贴和粘贴（scissors and paste）为写作的主要目的；普鲁斯特则是'文献串联（paperoles）'，它通过在手稿上连接或叠加一连串的文献来延展作品。"① 由此可见，即便是"剪剪贴贴"，只要别出匠心，也同样可能成为不朽的艺术。反倒是那以独创名义制造的文化垃圾令人无法容忍。例如，悬河裂岸的信口开河，话语失禁的讲经布道，随地便溺的文字发泄，哗众取宠的视频"恶搞"……这些网络"灰客"的危害常常有甚于"黑客"，它们制造的"尘暴"已给赛博空间造成了严重污染。

第二，主体的过度分散和传统艺术惯用手法的纷纷失效，使"超文本"写读失去了往日的艺术魅力，文学赋予主体的那种诗意对话和审美交往，蜕变成了网络写手恣情快意的文学发泄，"脱帽看诗"的适意与优雅变成了网上冲浪的"随波逐流"。艺术与生活、精英与大众的界限正在逐渐消失。在这个所谓的"数字化时代"，越来越多的人正在变成为机器的一部分（或者说被机器延伸），信奉"效率就是生命"的现代人长期处于一种非我的"耗尽"（burnout）状态，"超文本"的设计者意在借"机"（memex）扩展（expend）体验世界的能力，结果反倒让人"无法

---

① ［法］蒂费纳·萨莫瓦约：《互文性研究》，邵炜译，天津人民出版社 2003 年版，第 25 页。

体验完整的世界和自我，无法感知自己与现实的切实联系，无法将此刻同历史乃至未来相依存，无法使自己统一起来，这是一个没有中心的自我，一个没有任何身份的自我。在人不自觉地物化为机器的附属后，世界已不是人与物的世界，而是物与物的世界，人的能动性和创造性消失了”。①网络主人已身不由己变成了网络奴隶。

马克·波斯特在《德里达与电子写作》一文中，分析了电子写作对由西方思想的伟大传统所刻画的主体形象的消解。他说：“笛卡尔的主体是站在客观世界之外的，那个位置能使主体获得关于相关的客观世界的某些知识；或是康德的主体，它既作为知识的本源立于世界之外，又作为那种知识的先驱对象而站在世界之内；或是黑格尔的主体，它处身世界之内，改变着自身，但因此而实现了世界存在的终极目的。我认为电子写作分散了主体，因此不再是电子写作出现以前那样起着中心作用了。”②

如果说传统文本是一个“日月经天，江河行地”的“地球人”世界，那么，漫无边际的网络文本就是一个“天地齐一，和光同尘”的“太空人”世界，这里的太阳和月亮都不过是浩瀚星河中的两粒普通的沙尘。读者与作者之间“众星捧月”的关系业已消逝。因此，在“超文本”世界里，对于任何“写读者”来说，不但柏拉图“代神立言”的崇高理想遥不可及，就连巴尔扎克那种要当一个时代秘书的愿望也成了过世狂人的幻想。不但如此，甚至有人断言，21世纪原著将不复存在，传统作家也必将消亡。2007年初，高调复出的王朔就声称自己“再也不出纸媒书了”，他要走美国头号畅销书作家斯蒂芬·金的《子弹骑士》的路子，在互联网上以“超文本”的形式发行自己的新作。可谁知道，这个书面世界的文学“大腕”是否从此消失于网络江湖？

杰姆逊曾把“主体性的丧失、距离感的消失以及深度模式的削平”描述为后现代艺术的特点，这些都恰好与网络写作暗合，因此，有人将“超文本”说成是“网络版的后现代主义”。目前，大多数写手最通常的做法是将作品贴于BBS，优秀作品可以张贴在精品区，有点经典意味的收到文集里面，然而，一旦入了个人文集便大有入了“棺材”的意味，很少有人翻看。古人说“江山代有才人出”，网络则是“分分秒秒出才人”。

① 吴冠军：《数字化时代：危机与精彩同在》，“榕树下”，20020108。
② 王逢振编：《网络幽灵》，天津社会科学出版社2000年版，第65页。

当然，这也许并非坏事，但我们对此却不可盲目乐观。一位网络写手说："文章的耀眼时刻，其实就是在新鲜出炉子的那几分钟，网友点击之时。这种网文的独特载体，决定了网文要有快餐意味，不快成吗？一日一更新，甚至几分钟的时间，便被淹没在贴海里了。"我们不得不面对这样一个无情的事实：在网上每个人都只是一个 IP，每个人都只是一个匆匆过客。

第三，个性的恶性张扬和泛滥成灾的无聊"灌水"已成为"超文本"写作的一大公害。在博客、BBS、QQ、CG、动漫、网络游戏、视窗广告、视频"恶搞"等充斥页面的互联网上，形形色色的新鲜玩意儿无不制造严重的混乱：随手涂鸦、信口瞎话、胡编乱造、生拉硬套、低级趣味、色情暴力不一而足。当然，张扬个性和强调娱乐也有种种复杂的表现。有批评者指出："网络文学与纯文学的最大区别，正是在于说不得的话，可说而不必说的话，网络文学非说不可，一说再说，生怕读者弱智，几近密不透风，让人喘不过气来。就像现在某些所谓生活流的戏剧、电影、电视剧，从头至尾絮絮叨叨，名义上打着'再现生活'的旗号，实则在欺骗观众，没有半句潜台词，不留一抹想象的空白。这种情况在网络文学形成伊始，还好一些。后来便急剧恶化，使网络文学成为一个偌大的文学垃圾场、情感临摹地。虽然有些情感可能是真实的，但文本却更加倾向歇斯底里的自我宣泄以及对读者无聊的媚惑。"① 当然，"超文本"也不乏"一刀封喉，一剑毙敌"的凶悍泼辣之作；"絮絮叨叨"与"一剑封喉"这两种极端不同的风格，都是个性恶性张扬的例证。

第四，网络已经介入文学生产的全过程。"这彻底改变了已有的文学社会学，网络空间的文学权威殒落了。…… 网络语言的'速食化'倾向将对文学语言产生深刻影响。此外，网络技术形成的超文本对于传统的线性文本结构具有巨大的冲击力量。"② 对这种"深刻影响"和"巨大的冲击力量"，我们有理由为之欢呼，也有理由为之忧虑。

正如"数字化生存"并不等于"诗意的栖居"一样，高科技迅猛发展也不都是艺术的福祉。……直拨电话、电脑传真、光纤通信、

---

① 参见 2001 年 10 月 23 日 10：33，京报网—北京旧报。
② 南帆：《游荡网络的文学》，《福建论坛》2000 年第 4 期。

电子邮件等的确方便快捷，却又消弭了昔日那种"望尽天际盼鱼雁，一朝终至喜欲狂"的脸红耳热的幸福感。还有高速公路上的以车代步和蓝天白云间的睥睨八荒，的确让人体验到了激越和雄浑，但同时又排除了细雨骑驴、竹杖芒鞋、屐齿苍苔的舒徐和随意。①

毕竟，网络带给文学的不只是"现代性"的创造效率和"全球化"的传播便利，它也同样带来了形形色色的广告陷阱和机械复制的文化垃圾。

网络时代最明显的变化是，昔日艺术家特立独行的万丈光芒已经变得越来越黯淡，传统艺术生产独唱的歌声，将被分工精细的大合唱彻底淹没。今天，电脑进入影视制作，对传统表演艺术提出了挑战。有人感叹银幕荧屏将失去真正的艺术家，电影电视将被电脑退化到魔术时代。网络写作的命运也不容乐观，由于写作主体的转移和"分散"，人人都可以在网上率性而为、信笔涂鸦，传统的功利主义和唯美主义被声色娱乐和情感倾泻的强烈冲动打得落花流水，文学正在被网络进化/退化（？）为一种"游戏"，一种随心所欲的"游戏"。王安忆曾有过"网络写手类似于音响发烧友"的说法。这个"发烧友"的比喻看似随手拈来，实则大有深意。发烧友对技术和器材的兴趣远胜于音乐本身。同样，在多数"超文本"的"写读者"心中，软件的升级也远比文学的神韵来得重要。

有趣的是，在本文的写作过程中，笔者每次输入"写读者"的代码时，电脑上总会同时跳出"亵渎者"和"泻肚者"字样。它似乎在提醒我们，绝不能听任时尚的"写读者"变成传统的"亵渎者"或废话的"泻肚者"，而这也恰巧是本文反复强调的论点。试想，一个单词的拼写尚且埋伏着诸多变异，在无边的网络世界里，我们就能够想象和理解到底隐藏着多少陷阱？这是颇为值得提高警惕的！

《中国社会科学》2007 年第 3 期

---

① 欧阳友权：《网络文学：挑战传统与更新观念》，《湘潭大学社会科学学报》2001 年第 1 期。

五四文学传统与三十年代文学转型

朱晓进*

摘要 "五四"作为中国现代文学的开端，是绕不开和说不尽的一个传统和话题。本文选择从 20 世纪 30 年代文学界对五四文学传统的反思入手，通过对五四文学与 30 年代文学的阐释和评价，探究其背后所隐含的不同言说目的、方式和观照视角，由此来透视言说者和评价者基于不同历史阶段所持的不同的文学思路。五四文学秉持的是一种人文学科的思路，而 30 年代文学信守的则是一种社会科学的思路，而对于两个时代的不同阐释和评价以及其间的种种复杂纠葛，在此都可找到准确、合理的解释。另外，通过 30 年代与"五四"所持文学思路的差异，还可以反观五四文学传统以及把握 30 年代文学的转型，总结五四文学传统和 30 年代文学传统的经验和教训。

关键词 五四文学传统　30 年代文学　文学转型　人文学科思路　社会科学思路

中国现代文学是以"五四"为开端的，因此，五四文学传统是中国现代文学研究中一个绕不开、说不尽的话题。在"五四"之后的不同历史阶段，都有着诸多对于五四文学传统的阐释和评价，而且其观点和结论往往并不一致，甚至常常会截然相反。对五四文学传统的简单肯定和否定固然不免失之偏颇，但这些声音却在不同历史时段的节点上不断地被重复着。值得注意的是，在很大程度上，五四文学传统在阐释者和评价者那里，是作为一种绝对的标准和尺度，或者作为一种历史责任的承担者被言说的。一些言说者往往仅站在"五四"的立场，以"五四"的思路来否

---

* 朱晓进，文学博士，南京师范大学文学院教授。

定基于不同文学理念和文学思路形成的其他文学传统。这里所隐含的误区是，五四文学传统被看成是一种完美形态的文学传统，可用作"是否完全继承或符合这一文学传统"来对其他文学传统作出褒贬评价，这就是我们时常听到的所谓"重返五四"、"回到五四"等呼声背后对"五四"的基本价值判断。另有一些言说者则与此相反，他们往往将中国现代文学初始阶段的五四文学传统，视为后来时代文学发展过程中种种失误的承担者，这里所隐含的误区是，过分夸大五四文学传统对于其后文学的影响力和决定作用，忽略了五四文学传统赖以产生的独特的文化语境，也忽略了其后文学发展不断的转型和变异。本文选择从 20 世纪 30 年代文学界对五四文学传统的反思入手，其目的在于通过关注"五四"及其后种种对于五四文学传统的阐释和评价，探究其背后所隐含的不同言说目的和看问题的角度，由此来透视言说者和评价者基于不同历史阶段所持的不同的文学思路，从而对这些阐释和评价的准确性和合理性作出判断。同时，通过 30 年代与"五四"所持文学思路的差异反观五四文学传统，把握 30 年代文学的转型，从而在参照和对比中更准确地把握五四文学传统和 30 年代文学传统的主要特征和内容，更公允地对二者作出阐释和评价，更好地总结五四文学传统和 30 年代文学传统的经验和教训。

一

30 年代文学界曾对五四文学传统有过反思，从各种分歧和观点可见各自在看问题时所采取的不同角度，同时也能透过这种"反思"清晰地看到 30 年代与"五四"在整体上的不同思路。30 年代对五四文学传统的反思，说到底是它与五四文学这两种不同思路的对峙。

30 年代，特别是"左联"成立后，对五四文学传统作了较多的否定。茅盾发表的《"五四"运动的检讨》，代表了"左联"对"五四"的基本看法。茅盾在 1929 年写的《读〈倪焕之〉》一文中，还肯定了"五四"的历史功绩，并且很坚决地认为："我们亦不能不承认，活跃于'五卅'前后的人物在精神上虽然迈过了'五四'而前进，却也未始不是'五四'产儿中的最勇敢的几个。没有了'五四'，未必会有'五卅'罢。同样地会未必有现在之所谓'第四期的前夜'罢。历史是这样命定了的！"他还提醒人们不要忘记历史，割断历史。① 但"左联"成立后不久，茅盾便在"左联"的理论机关刊物《文学导报》上发表了《"五四"运动的检讨》一文。该文的副标题为《马克思主义文艺理论研究会报告》，文中茅盾对"五四"作了全新的思考，也得出了全新的结论："'五四'是中国资产阶级争取政权时对于封建势力的一种意识形态的斗争。换一句话，'五四'是封建思想成为中国资产阶级发展上的障碍时所必然要爆发的斗争。……然而这以后，无产阶级运动崛起，时代走上了新的机运，'五四'埋葬在历史的坟墓里了。"茅盾给"五四"的定位是："资产阶级的'五四'。""甚至尚有'五四'的正统派以新的形式依然在那里活动，例如'新月派'。这一些，在现今只有反革命的作用。扫除这些残存的'五四'，也是目今革命工作内的一项课程。"② 显然，这已是站在与《读〈倪焕之〉》一文及其之前所不同的政治和阶级立场反思五四文学传统了。从这种思维出发，他对"五四"就自然持较多的否定。

茅盾的上述观点代表了"左联"对"五四"的基本看法。据茅盾自己讲，这篇文章是"遵照瞿秋白的建议"写的，并且在"文章写作之前我都与秋白交换过意见，其中有的观点也就是他的观点"。"30年代初期，人们（包括瞿秋白和我）却普遍认为'五四'运动是中国新兴资产阶级的革命，这个革命是先天不足的，短命的，到'五卅'运动时，它就退出了历史舞台，让位于新崛起的无产阶级革命运动。我的这篇报告就是按照这样的理论来展开的，因此，对于'五四'运动的历史作用，评论必然偏低"。尽管如此，"这认识在当时还被认为是温和的，保守的"。③ 瞿秋白作为"左联"的理论家，其对于"五四"的表述则更为明确："五四时期的反对理教的斗争只限于智识分子，这是一个资产阶级的自由主义启蒙主义的文学运动。我们要有一个无产阶级的'五四'"。④ 而当"自由人"胡秋原提出"要继续完成五四之遗业，以新的科学的方法，彻底清算，再批判封建意识形态之残骸与变种"⑤ 时，瞿秋白则认为，"再批判

① 茅盾：《读〈倪焕之〉》，《文学周报》第8卷第20期，1929年5月12日。
② 丙申（茅盾）：《"五四"运动的检讨》，《文学导报》第1卷第2期，1931年8月5日。
③ 茅盾：《我走过的道路》（中），人民文学出版社1984年版，第73—76页。
④ 史铁儿（瞿秋白）：《普洛大众文艺的现实问题》，《文学》第1卷第1期，1932年4月25日。
⑤ 胡秋原：《真理之檄》，《文化评论》创刊号，1931年12月25日。

意识形态"是分散反对日本帝国主义的战斗"火力",并要求他们"脱弃'五四'的衣衫"。① 而冯雪峰更认为,胡秋原对"五四遗业"的坚守是"反革命派别的政治主张之在文艺理论上的反映"。② 由此可以看出,在30 年代左翼文坛是把对五四文学传统的舍弃还是坚守,看成是一种政治、阶级的立场问题,这是从30 年代特殊的社会变革和政治革命的要求看问题的必然结果。

那么,何以"再批判意识形态"会成为问题?这背后显示的其实是五四时期与30 年代两种不同"思路"的差异。茅盾在《"五四"运动的检讨》一文中宣称,"'五四'这时期并不能以北京学生火烧赵家楼那一天的'五四'算起,也不能把它延长到'五卅'运动发生时为止。这应该从火烧赵家楼的前两年或三年起算到后两年或三年为止"。③ 这种时间上的界定,其背后的目的是很明确的,这实际上就是要将五四时代与其后的从"五卅"开始的社会革命时代区分开来,就是要将"五四"的传统定格和定位在思想革命范围。从新的社会革命的思路出发,停留在思想革命思路的"再批判意识形态",自然就会成为问题。

那么,"五四"与30 年代的思路之根本差异何在呢?鲁迅曾说:五四时期"文学革命者的要求是人性的解放,他们以为只要扫荡了旧的成法,剩下来的便是原来的人,好的社会了";而30 年代是"阶级意识觉醒了起来,前进的作家,就都成了革命文学者"。④ 也就是说,五四时期是从人性解放、个性主义、新与旧、文明与落后等看待和解释一切;而30 年代是以阶级意识、前进与反动、革命与不革命等角度看问题。这点表明了30 年代与五四文学思路的根本区别。

说到底,这种区别在于,"五四"的文学思路倾向于我们通常所谓的人文学科的思路,即关注的是人的精神世界和文化世界,关注的是理想人格的塑造,探讨的是人的精神文化现象,要引导人们思考人生的目的、意义和价值等,注重的是在思想范围里解决问题。由此,就可以理解:何以五四作家多以思想启蒙为己任;何以人道主义、个性解放、张扬人性会成

---

① 瞿秋白:《请脱弃"五四"的衣衫》,《文艺新闻》第45 号,1932 年1 月18 日。

② 洛扬(冯雪峰):《并非浪费的论争》,《现代》第2 卷第3 期,1933 年1 月1 日。

③ 丙申(茅盾):《"五四"运动的检讨》,《文学导报》第1 卷第2 期,1931 年8 月5 日。

④ 鲁迅:《且介亭杂文·〈草鞋脚〉小引》,《鲁迅全集》第6 卷,人民文学出版社1981年版,第20 页。

为文学思潮；何以人生的目的和意义、美和爱的追寻、人的精神的自由、人的尊严和人格平等，会成为五四文学创作的主题；何以"五四"作家与学者的学习、研究、思考、探索，常集中于伦理、宗教、人类学、民俗学、语言学、心理学等精神文化领域。如鲁迅在五四时期特别注重文明批判，注重伦理道德的探索，从根本上说这是带着一种鲜明的思想启蒙、以改变人的精神世界的目的。用鲁迅自己的话说就是："我们的第一要著，是在改变他们（指国民——引者注）的精神，而善于改变精神的是，我那时以为当然要推文艺，于是想提倡文艺运动了。"① 很明显，鲁迅从事文艺活动的最初目的，就是以文艺作为人的主体精神文化建设的一种途径。

而 30 年代文学是倾向于社会科学的思路，即关注的是社会的现实发展状况，关注的是社会政治制度和生产关系，着眼于人的现实的政治、经济和物质利益以及寻求满足人的物质需求和精神需求，强调改善人的生活质量、实现人的发展的重要手段等，注重的是社会分析的方法。由此就可以理解，30 年代的作家、学者何以对社会科学的兴趣普遍加强；何以不甘于只做一个作家和学者，而往往同时兼为社会活动家和社会科学家；何以学习、研究、思考、探索的领域常集中于政治、经济、社会、民族、国际关系等社会科学领域；何以形成非常普遍的文学"社会科学化"倾向；② 何以对社会科学理论与方法的借鉴和运用成为一种趋势。可以说，文学的"社会科学化"的思路，在很大程度上影响了 30 年代作家的文学选择，决定了他们文学创作的风貌，带来了文学形式和内容等的诸多变化，并导致了 30 年代文学一些重要特征的形成。

从 30 年代的文学思路出发，前面所述的胡秋原提出的"再批判意识形态"，在 30 年代主流作家那里自然就会成为问题。正是 30 年代与五四时期两种文学思路的差异，造成了两种文学的主要区别，这也成为 30 年代对五四文学传统给予较多否定的潜在的重要根源。

二

社会科学的思路是 30 年代标志性的文学思路，也是整体性的文学思

---

① 鲁迅：《呐喊·自序》，见《鲁迅全集》第 1 卷，第 417 页。
② 参见朱晓进《略论 30 年代文学的社会科学化倾向》，《文学评论》2007 年第 1 期。

路。说它是标志性的，是因为这一思路标识了 30 年代文学区别于五四文学的根本差异和主要分野；说它是整体性的，是因为这一思路在 30 年代具有主导性和普遍性。

30 年代知识分子社会科学意识普遍加强，对社会政治问题普遍给予了特别关注，这引起了对于包括马克思主义学说在内的社会科学的广泛兴趣。顺应这一情势，"1929 年的出版界，可以说是关于社会科学的出版物风行一时的年头"，社会科学读物的兴盛，甚至已超过了文艺方面的出版物。① 1930 年 1 月，在《新思潮》杂志上刊载的《一九二九年中国关于社会科学的翻译界》一文指出："关于文艺方面的出版物虽不能说是已经衰歇，但总没有像关于社会科学的那样来得蓬蓬勃勃的。"该文列举了有关社会科学的出版物计有 151 种，并就 1929 年关于社会科学的出版物作了统计分析，文章指出："第一，是新兴的社会科学抬头。……第二，是关于经济学的书籍特占多数。第三，是关于方法论——尤其是唯物辩证法这一类书籍的流行。这就意味着中国的读书界已经有更进一步去研究社会科学的需要之表示。第四，是关于苏联的研究的书籍和关于帝国主义的书籍，占了不少的数目。第五，是关于历史方面——如经济史、革命史及经济学史、社会思想史等等，也占了相当的数目。"② 该文提供的虽仅是 1929 年一年中较详细的资料，但足以看出 30 年代社会科学之普遍受到重视的情况。这种社会科学热潮对 30 年代文学发展所产生的影响，较为突出地体现在 30 年代文学思路的"社会科学化"趋向上。

30 年代中国文坛经历过文学思路的整体性转换。茅盾、鲁迅都不例外。如茅盾，他在与创造社、太阳社进行论争中坚持的许多具有一定真知灼见的观点，在其后的一些论争中不仅不再坚持，反而给予了相当程度的否定。在对待"五四"的评价上，观点明显发生了变化，可见他在社会科学思路的迅速加强，《"五四"运动的检讨》是向"左联"的"马克思主义文艺理论研究会"提交的一份报告。这是一份政治性很强的报告，无论是从社会科学理论的运用，还是从鲜明的政治见解的阐释，抑或是从社会分析角度发言的口吻，都可看出作者新的思路的确立。30 年代开篇

---

① 君素：《一九二九年中国关于社会科学的翻译界》，《新思潮》第 2、3 期合刊，1930 年 1 月。

② 同上。

的第一场文学论战首先拿鲁迅开刀，其中无疑包含着要以新的思路取代以鲁迅为代表的五四文学思路。而鲁迅也正是在这场论战中逐步改变了自己的文学思路。鲁迅这样谈论这场论争："革命者为达目的，可用任何手段的话，我是以为不错的，所以即使因为我罪孽深重，革命文学的第一步，必须拿我来开刀，我也敢于咬着牙关忍受。"[1] 他还说，是这场论战使他认真学习许多社会科学理论，并掌握了许多社会科学方法。

就在左翼文学阵营要求胡秋原"请脱弃'五四'的衣衫"[2] 时，事实上，胡秋原的思路已不完全是"五四"的了。胡秋原看到"五四运动之使命，反封建文化的使命，并没有完成"，所以表示"要继续完成五四之遗业"。[3] 但他并非要重新回到五四时期通行的以思想解决问题的思路，而是充分注意到 30 年代新的政治形势所带来的新的任务。他很快指出，"五四运动没有与一般民主革命连接起来"，"五四运动没有发展到一个普遍而深刻的民主革命，其不能完成其使命而终，是当然的"，"这自然是当时国际及中国经济政治之环境所决定的"。[4] 他给"再批判封建意识形态"确立的前提条件是"以新的科学方法，彻底清算"，而且明确其批判目的是，因为"统治阶级要利用封建势力巩固其统治"，"帝国主义也要利用封建势力维持其势力"。他在提出批判封建意识形态的同时，也强调"要以新的方法，分析批判各种帝国主义时代的意识形态"，"不仅在理论上作严正的批判，同时还要努力作社会上的一般实际腐败现象的批判与暴露"。[5] 胡秋原是把反封建与反帝联系起来，与现实的社会斗争联系起来，而且强调"新的科学方法"的使用。可见，胡秋原也是在反思五四文学传统，在与"左翼"阵营的论争中，保持着思路的同一性，即都是以社会科学的思路反思五四文学传统的，分歧只在于政治立场和态度，共同之处在于对"五四"思路的摒弃与否定。

不同文学社群在"立场"上尖锐对立，而其内在的文学思路却有着某种相通或相近，这正是 30 年代文学的一个重要特点。被茅盾称为

---

① 鲁迅：《南腔北调集·答杨邨人先生公开信的公开信》，见《鲁迅全集》第4卷，第628页。

② 瞿秋白：《请脱弃"五四"的衣衫》，《文艺新闻》第45号，1932年1月18日。

③ 胡秋原：《真理之檄》，《文化评论》创刊号，1931年12月25日。

④ 胡秋原：《文化运动问题》，《文化评论》第4期，1932年4月20日。

⑤ 胡秋原：《真理之檄》，《文化评论》创刊号，1931年12月25日。

"'五四'的正统派"的"以新的形式依然在那里活动"的"新月派"，其实在 30 年代的文学思路上也明显发生了转型。梁实秋自己就曾在文学思路的某些方面对左翼文学表示认同。他明确表示："有一点我以为是'普罗文学家'之可称赞的地方，——他们的态度是严重的。""有史以来，凡是健全的文学家没有不把人生与艺术联系在一起的，只有堕落的颓废的文人才创造出那'为艺术而艺术'的谬说！所以近来'普罗文学家'之攻击以艺术为娱乐的主张，我以为凡是主张文学的'尊严与健康'的人都应该在这一点上表示赞成，虽然是站在不同的立场上。"① 在梁实秋看来，五四时期的"各种文学主义，乃是文艺范围以内的事"，而 30 年代"乃是站在文艺范围之外而谋如何利用管理文艺的一种企图"。② 既然 30 年代与"过去"所面临的文艺处境不同，故所能采取的文学思路自然就不一样，"文艺范围以内的事"可作为纯艺术问题进行讨论，而"文艺范围之外"的问题则不能不以非艺术的态度来对待。左翼作家也罢，"自由人"也罢，新月派作家也罢，他们面临的文艺处境是相似的，因而在文学思路上有相通或相近处不足为怪。

文学思路的差异，导致了五四时代和 30 年代文学群体不同的构成方式。我们在谈五四时期文学群体时，常难以直接用某种政治阶层或阶级的名号或以政治倾向性来给予冠名，例如最早的《新青年》群体，就是由诸如资产阶级知识分子、激进的小资产阶级知识分子和初具马克思主义思想的知识分子等多个社会阶层组成的。文学研究会也是如此，"它的分子之社会关系太复杂，中间至少可以分出十几个社会阶级层"。③ 相对来说，创造社的成分要单纯一些，但"内部便自然之间生出了对立"，"明白的说便是无产派和有产派的对立"，其结果是后期创造社多数的集体"剧变"。④ 30 年代的文学群体在其性质上发生了很大变化，这是以文学研究会的解体和创造社的转向为标志的，诚如茅盾早在 1931 年就指出的："无产阶级的革命运动卷去了大多数的深受封建制度压迫的青年，他们固然不满于文学研究会的意识不明确的'为人生而艺术'，同时也唾弃了创造社派的象牙塔中生活的'为艺术的艺术'了。新的时代要求那表现着新的

---

① 梁实秋：《文学的严重性》，《新月》第 3 卷第 4 期，1930 年 6 月。
② 梁实秋：《所谓"文艺政策"者》，《新月》第 3 卷第 3 期，1930 年 5 月。
③ 丙申（茅盾）：《"五四"运动的检讨》，《文学导报》第 1 卷第 2 期，1931 年 8 月 5 日。
④ 麦克昂（郭沫若）：《文学革命之回顾》，《文艺讲座》第 1 册，1930 年 4 月 10 日。

意识的文学。在阶级斗争日益尖锐化的新局面下，文学团体必然的要起变化，结果是文学研究会的无形解体，和创造社派的改变方向。"①

文学思路的转换，应是导致文学研究会无形解体和创造社派转向的内因。在五四文学思路下的创造社主要是作纯艺术追求，用他们自己的话说，是陷在一个"错误的深渊"里，"把艺术当作了一个泥塑的菩萨，在所谓艺术至上主义的声浪中曾经作过无意义的膜拜"。② 这是典型的人文学科的思路。而1930年前后发生集体转向，他们立即宣称，办刊物"不再以纯文艺的杂志自称，却以战斗的阵营自负"。在文学观念上，"我们的文学理论再不是玄妙不可理解的东西，而是战斗的'指导理论'的文学理论"。③ 这背后明显是社会科学的思路在起着支配作用。

从文学群体人员构成和关注热点的变化，可见其背后文学思路的变化。以"新月派"为例，在1927年以前，新月文人多不主张干预政治，他们曾有过不成文的规定：剃头、洗澡、聊天什么都可以来得，但就是不能打牌和谈政治。"新月"同人的政治热情，严格意义上讲是在1927年以后才明显显示出来的，这与30年代政治文化氛围导致的整体的文学思路有关。新月派成员1927年重聚上海，表面看来似乎是一种偶然，而实际上是由当时政治斗争形势发生剧变这一背景造成的。据他们中的许多人回忆，在当时的形势下，他们聚谈中国的问题，谈得最多的是政治问题，即中国的现状、发展趋向与最终出路等。他们办新月书店和出版《新月》杂志，就是想有一个提出和宣传他们种种政治和文学主张的阵地，"想要一个发表文章的机关"。④《新月》第1卷由徐志摩、闻一多、饶孟侃等编辑，尚不失其文学色彩，但同时也刊载有胡适、罗隆基、潘光旦、彭基相等人的政治、哲学、社会学等方面的文章。从第2卷第2期始，梁实秋、叶公超、潘光旦参加编辑，压低了文学分量，把政治论文放在首位。在第2卷第6、7期，甚至特意在《敬告读者》中申明，该刊"以后还要继续的谈'政治'，每期都希望于原有的各种文章之外，再有一二篇关于时局或一般政治的文章"。从第3卷第2期起，由罗隆基主编，政治色彩更加浓厚，有几期中的政治论文竟占据了绝对多数。"《新月》成了讨论政治

---

① 丙申（茅盾）：《"五四"运动的检讨》，《文学导报》第1卷第2期，1931年8月5日。
② 王独清：《新的开场》，《创造月刊》第2卷第1期，1928年8月10日。
③ 《流沙·前言》，《流沙》第1期，1928年3月15日。
④ 《敬告读者》，《新月》第2卷第6、7期，1929年9月10日。

的著名论坛，这点在 1929 年和 1930 年表现得尤为突出。"① 此外，从新月书店出书的情况看，也是从一开始出版文艺书籍较多，后来文艺书籍所占比例逐年下降。在当时新月书店拟出版的《现代文学丛书》目录中显示，文学艺术书籍在总数中仅占七分之一左右，而政治经济与社会研究类书籍则占二分之一强。

五四时期是政治家谈文学，30 年代是文学家谈政治，这种文学领域的错位现象大概由于不同的文学思路使然。一般说来，人文学科思路占主导地位的社会，会出现政治家热衷于谈文学的现象，五四时期许多政治家如陈独秀、李大钊等都与文学紧紧裹挟在一起；其实，五四新文化运动是以反对旧道德、提倡新道德，反对旧文学、提倡新文学为主要内容，就标示了整个五四时代即是一个热衷于大谈文学、以人文学科思路为主导的时代。而在社会科学思路占主导地位的社会，则会出现文学家热衷于谈政治的现象，30 年代这种状况表现得最为明显。左翼作家自不待言，即使像梁实秋这样以强调人性、个性和超阶级性为标榜的作家，在涉及文学的社会功用方面，也曾肯定文学反映社会政治的现状和大众生活的作用。他认为"民间的痛苦，社会的窳败，政治的黑暗，道德的虚伪，没有人比文学家更首先的感觉到，更深刻的感觉到"，因此"文学家永远是民众的非正式的代表"。② 而向来被视为远离政治的作家沈从文，事实上在 30 年代从未明确主张过文学要回避政治；相反地，他曾写过许多文章批评当时的一些时评和小品文，在"分量上单薄，政治也不够大胆"③ 等弊病，提倡"以文学附丽于'生存斗争'和'民族意识'上"。④ 30 年代文学家的热衷于谈政治，其实正是社会科学化的文学思路在起决定作用。

三

30 年代文学思路的变化，必然导致对不同思路下的五四文学传统的不同评价。鲁迅作为五四文学的代表，一向是公认的，因此，30 年代对

---

① ［美］格里德：《胡适与中国的文艺复兴：中国革命中的自由主义（1917—1937）》，鲁奇译，江苏人民出版社 1993 年版，第 243 页。

② 梁实秋：《文学与革命》，《新月》第 1 卷第 4 期，1928 年 6 月 10 日。

③ ［美］金介甫：《沈从文传》，符家钦译，湖南文艺出版社 1992 年版，第 186 页。

④ 沈从文：《〈雪〉序》，见《沈从文文集》第 11 卷，花城出版社 1984 年版。

五四文学传统的最初否定，是从对鲁迅的批评开始的。因为鲁迅在文学上不可替代的伟大业绩，从而确立了他在"五四"以来文坛上崇高的地位，诚如冯雪峰所言，"在艺术上鲁迅抓着了攻击国民性与人间的普遍的'黑暗方面'，在文明批评方面，鲁迅不遗余力地攻击传统的思想——在'五四'期间，智识阶级中，以个人论，做工做得最好的是鲁迅"。鲁迅这种被公认的作为五四文学传统杰出代表的文坛地位，就使他成为已改变了文学思路的创造社、太阳社成员要踏倒并跨越的首要对象。"创造社改方向"后"一本大杂志有半本是攻击鲁迅的文章，在别的许多地方是大书着'创造社'的字样，而这只是为要抬出创造社来"。① 很明显，创造社倡导"无产阶级革命文学"时，首先是拿鲁迅开刀，其中无疑包含着以一种新的文学传统取代以鲁迅为代表的五四文学传统的策略性考虑。

不仅是创造社、太阳社，就是被认为从未写文章批评过鲁迅的冯雪峰，事实上，一面批评了创造社、太阳社；另一面也从"政治"、"无产阶级"等角度说，鲁迅"在艺术上是一个冷酷的感伤主义者"，在政治上"常以'不胜辽远'似的眼光对无产阶级"，"在批评上，对无产阶级只是一个在旁边的说话者"。② 而钱杏邨则更是明显地以"阿Q时代"已经死去这样的论题，来否定以鲁迅为代表的五四文学传统。他认为："阿Q是不能放在'五四'时代的，也不能放在'五卅'时代的，更不能放到现在的大革命时代的。"阿Q形象在30年代政治形势下已经落伍，因为"现在的中国农民第一是不象阿Q时代的幼稚，他们大都有了严密的组织，而且对政治也有了相当的认识；第二是中国农民的革命性已经充分的表现出来"。③ 五四时期是从"人性觉醒"这样思想革命的角度看待农民，30年代则是从政治角度看待农民，二者的差异就体现在是对农民身上的弱点或革命性哪一方面予以更多关注的问题。从"人性觉醒"的角度看到的，自然是农民身上属于人性不健全的精神病弱；而从政治革命、政治斗争的需要看到的，则是农民作为深受阶级压迫的受害者，其革命性正是需要加以发现和肯定的。这里实际上标示的，是从什么角度看待农民的问题。这里显示的主要是五四时期与30年代人们考察问

---

① 画室（冯雪峰）：《革命与智识阶级》，《无轨列车》第2期，1928年9月25日。

② 同上。

③ 钱杏邨：《死去了的阿Q时代》，《太阳月刊》第3期，1928年3月1日。

题的不同思路。

不同的文学思路在文学观念上形成了"五四"与 30 年代不同的分野。五四新文学在观念上是以反"载道"为其开端的,尽管有文学上的"为人生"与"为艺术"派的分野,但其反对封建旧文学的目标却是一致的。在谈论"文学"的同时,尽管有观念上的"新"、"旧"之分,但基本上还属于站在文学圈子内看文学。文学本身的尝试、追求是许多从事文学者努力的目标,从"文学"自身的完善出发,是文学界较为普遍的看待文学的态度。毫无疑问,这是由五四文学的思路所致。而到了 30 年代,人们对于文学忽然变换了看问题的角度,跳出文学圈子看文学成为一种普遍视角。文学不再具有独立意义和价值,而只是一种为了成全其他事业、工作、追求的工具和手段,正因此,文学的"功用"问题几乎成了 30 年代文学论争的焦点。围绕文学的"功用"问题,左翼文学阵营与其他文学阵营的论争,其分野就有:"文艺表现阶级性"—"文艺表现人性";"文学革命论"—"文学自由论";"文学社会性"—"文学的闲适、消遣性"等。争来争去,其关注的都是文学的属性。这种争论正是两种文学思路的交锋。前者是典型的社会科学的思路,而后者则可视为"继续五四之遗业"者对五四文学思路的坚守。

不同的文学思路直接体现为思想方法的差异。作为五四时代精神的表现者,郭沫若在 30 年代文学创作的同时,又进行古史研究,他在1929 年 9 月的《〈中国古代社会研究〉自序》中,特别表明自己的古史研究与胡适等人之区别,他说:"我们对于他所'整理'过的一些过程,全部都有从新'批判'的必要。""我们的'批判'有异于他们的'整理'。""'整理'的究极目标是在'实事求是',我们的'批判'精神是要在'实事之中求其所以是'。""'整理'的方法所能做到的是'知其然',我们的'批判'精神是要'知其所以然'。"从中可见,郭沫若强调"求其所以是"、"知其所以然",正是为了强化历史研究中的"分析"机制,而这种思想方法也正是在当时文学的社会科学思路下多数作家所追求的。

茅盾在 30 年代尤为强调作家具备社会分析能力的重要性。1932 年他曾说:"一个做小说的人不但须有广博的生活经验,必须有一个训练过的头脑能够分析那复杂的社会现象;尤其是我们这转变中的社会,非得认真研究过社会科学的人每每不能把它分析得正确。而社会对于我们的作家的迫切要求，也就是那社会现象的正确而有为的反映!"① 茅盾在创作中是最自觉运用社会科学分析方法的。他曾说过："生活经验的限制，使我不能不这样在构思过程中老是先从一个社会科学的命题开始。"② 丁玲也曾明确说过，她"那时为什么要写小说"，是因为"对社会不满"，于是"提起了笔，要代替自己来给这社会一个分析"。③ 注重社会分析，在30年代文学创作中是个带有普遍性的特征。强调"分析"本身就是典型的社会科学的思路。30年代作家文学创作的"社会科学化"倾向，首先表现为创作中反映生活时分析性因素的加强。有学者据此认为，30年代文坛甚至已形成以"社会分析"或"社会剖析"为主要特征的文学流派。④

30年代有许多作家都不约而同地谈到社会科学知识和方法对自己文学创作所起的重要作用。有人明确提出，"现代所需要的是用那一种思想和方式所表现的文学，……尤其是对于社会科学及心理学更要有精密的研究，才使作品有伟大的成功"。⑤ 就是在谈及"小说译作的经验与理解"时，30年代也有作家明确指出："到了我们这时代，相当的社会科学知识是每个作家必须具有的。以现代社会的情形之复杂和变化之多而且快，一个作家如果始终还只具有一副传统的书呆子的头脑，丝毫没有社会科学的眼光，那一定不能看透社会上的种种事象和人生的各方面，他的作品里一定要表现出一种与世隔绝的意味，而不会表现丝毫的时代性和社会意义。这样的作品，这样的作家，不是我们这时代所需要的……切莫忘记社会科学的重要吧。"⑥

社会科学的方法不仅普遍见用于创作者，而且也普遍见用于文学批评。茅盾就曾说过，看30年代的许多批评文字，"观其词汇，动辄言'把握'"，可以猜想作者"是社会科学的研究者"。⑦ 也许不能断定说作

① 茅盾：《我的回顾》，见《茅盾自选集》，上海天马书店1933年版。
② 茅盾：《我怎样写〈春蚕〉》，《青年知识》第1卷第3期，1945年10月。
③ 袁良骏编：《丁玲研究资料》，天津人民出版社1987年版，第109—110页。
④ 参见严家炎《中国现代小说流派史》中《社会剖析派小说》一章，人民文学出版社1989年版。
⑤ 段可情：《要做文学家是不容易的》，载郑振铎、傅东华编《我与文学》，上海生活书店1934年版，第172—174页。
⑥ 张友松：《我的小说译作的经验与理解》，载郑振铎、傅东华编《我与文学》，第296—297页。
⑦ 茅盾：《我走过的道路》（中），第120页。

者都是"社会科学的研究者",但起码可以看出当时批评家多数是在使用社会科学的批评尺度,以及习惯用社会科学的术语。在当时许多著名作家评价茅盾创作的文字中,我们能明显看出这种社会科学的思想方法,如叶圣陶说:"我有这么个印象,他写《子夜》,是兼具文艺家创作与科学家写论文的精神的。"[1] 瞿秋白也指出:"应用真正的社会科学,在文艺表现中国的社会阶级关系,这在《子夜》不能够说不是很大的成绩。"[2] 吴组缃认为:"有人拿《子夜》来比好莱坞新出的有声名片《大饭店》,说这两部作品同样是暴露现代都市畸形的人生的,其实这比拟有点不伦不类。"因为《大饭店》"没有用一个新兴社会科学者的严密正确的态度告诉我们资本主义的社会是如何没落着的;更没有用那种积极振起的精神宣示下层阶级的暴兴"。而《子夜》则相反,以社会科学者的态度,一方面暴露了上层社会的没落,另一方面宣示着下层阶级的兴起。[3]

可见,30 年代对五四文学传统的反思,是站在与"五四"不同的文学立场、文学观念和思想方法上进行的,其背后隐含的是文学思路的根本差异。这种差异的确也导致了 30 年代作家难以更多抱同情之理解去观照五四文学传统,难以更客观公允地评价五四文学传统的得失优劣,致使 30 年代对五四文学传统更多地持否定性评价,这多少妨害了 30 年代对五四文学传统中优良成分的借鉴和继承。但 30 年代文学思路的变化以及由此导致的对五四文学传统的否定性评价,恰恰标示了 30 年代文学的转型。

四

从社会科学的思路出发,30 年代作家特别关注社会的现实发展状况,关注社会政治制度和生产关系,注重着眼于人的现实的政治、经济和物质利益,注重采用社会分析的方法。文学思路的变化,直接带来 30 年代文学在创作风貌、文学题材的选择、处理题材的角度和方法等诸多方面的重要变化。正是这一系列新变化成就了 30 年代文学的转型。

与五四文学相比,30 年代的变化最明显地体现在作家的创作动机和

---

[1] 叶圣陶:《略谈雁冰兄的文学工作》,《新华日报》1945 年 5 月 24 日。
[2] 乐雯雯(瞿秋白):《〈子夜〉与国货年》,《申报·自由谈》1933 年 3 月 12 日。
[3] 吴组缃:《评茅盾〈子夜〉》,《文艺月报》第 1 卷创刊号,1933 年 6 月 1 日。

目的上，这便是历史使命感的加强。钱杏邨于1928年初指出："在最近的中国文坛上有一种可喜的现象，就是很多的作家认清了文学的社会使命，在创作中把整个的时代色彩表现了出来。"[①] 创造社在1928年1月创刊的《文化批判》的《祝词》中明确表示：《文化批判》要"负起它的历史的任务。它将从事资本主义社会的合理的批判，它将描出近代资本主义的行乐图，它将解答我们'干什么'的问题，指导我们从那里干起"。1933年7月创刊的《文学》杂志，虽不以左翼色彩为标榜，但在其创刊号的发刊词中也明确表示其办刊宗旨，是要以批评、创作、考证作为手段，诅咒阻碍"光明之路"的"仇敌"。强烈的社会使命感带来的是创作追求中政治目标的明晰性，对此，许多作家都曾在不同场合有过鲜明的表述。田汉曾在30年代这样谈自己的"创作经验"：作为"五四以来的文学青年"曾"不断地迷惘，彷徨，不断地追求摸索"，而30年代"终于""认清了时代的症结和自己的任务，因此渐渐能更意识地根据客观的需要去竭尽自己在所关系的文化部门的最美的力量"。[②] 王统照也谈过，五四时期"那时的青年构成一个空洞而美丽的希望寄存在未来的乐园中"，然而"虽然并没有几年的间隔，而对人生痛苦的尖刺愈来愈觉得锋利，对解决社会困难的希求也愈来愈迫切"。[③] 这导致王统照在30年创作了《山雨》，这是政治意识、阶级意识非常鲜明，社会分析方法非常明显的作品。这种创作上的变化在30年代作家中非常普遍。丁玲也谈到她一开始写的《梦珂》仍是沿袭五四文学的思路，但很快便在环境的驱使下作了调整，再"不是什么'为文艺而文艺'，也不是为当作家而出名，只是要一吐为快，为造反和革命"。[④]

　　文学思路的变化，作家创作历史使命感的强化，势必带来文学创作题材的转换。30年代与五四时期相比，文学创作题材的转换是一个非常明显的趋向。刘呐鸥、施蛰存等人早在其主编的《新文艺》杂志1930年第3卷第1期的《编辑的话》中，就正面肯定了描写劳动人民生活的创作，批评了国内文坛"三角恋爱一类的玩意儿"。"左联"执委会在1931年11月的决议《中国无产阶级革命文学的新任务》中，更明确地就作家创作

---

① 钱杏邨：《幻灭》，《太阳月刊》第3期，1928年3月1日。
② 田汉：《创作经验谈》，见鲁迅等《创作的经验》，上海天马书店1933年版，第60页。
③ 王统照：《霜痕·序言》，《霜痕》，新中国书店1932年版。
④ 丁玲：《我的生平与创作》，四川人民出版社1982年版，第13—14页。

题材问题作出规定，要求作家必须抛弃"身边琐事"、"恋爱和革命的冲突"等题材，抓取反帝国主义题材、反对军阀地主资本家政权以及军阀混战的题材，重视工人对资本家的斗争、描写农村经济的动摇和变化等现实生活题材。钱杏邨在 1932 年 1 月指出，作家社会责任感、历史使命感的普遍强化，共同关注当时中国的社会政治现状，造成了创作题材的相对集中："第一，是全国经济的更加破产，失业的恐慌，农村的破灭，金融界危机的深伏。""第二，是洪水的灾难，这一年的水灾，灾区达十六省的地域，死亡的人数达二十余万，流离失所的农民更不知多少，在政治上，经济上，都将给中国以及世界以巨大的影响。""第三，是东三省问题，日本帝国主义对东三省侵略的军事行动。""第四，是统治阶级统治力量的破产，在三次围剿共产军的失败。"① 这种创作题材相对集中在几个领域的状况，体现在整个 30 年代，体现在多数作家的创作中，其中最盛的是农村题材创作。中国农村题材的文学源于五四时期，但在整个五四时期，"鲁迅而外的作家大都用现代青年生活作为描写的主题"。② 而到了 30 年代，农村题材的创作却成为特别兴盛的题材。1934 年和 1936 年，在鲁迅、茅盾所选中国作家短篇小说集《草鞋脚》和赵家璧、茅盾等 20 名著名作家推荐选辑的《短篇佳作集》中，农村题材小说均占三分之一左右。1934 年，林徽因在选编的《大公报文艺丛刊小说选》的《题记》中指出："在这些作品中，在题材的选择上似乎有个很偏的倾向，那就是趋向农村或少受教育分子或劳动者的生活描写。""描写劳工社会，乡村色彩已成为一种风气，且在文艺界也已有了一点成绩。"③ 不只是小说，诗歌、戏剧也是如此。创作题材本是不同作家因人而异的选择，但当众多作家的选择过于集中在少数几种题材上，这就构成了可供探究的文学现象。这里明显标示了 30 年代文学思路变化所带来的文学的转型。

不仅如此，文学的转型更重要地体现在作家处理题材方式的转换上。如婚恋、爱情是五四时期作家创作的重要题材，这是与五四作家普遍考虑人性解放和个性解放分不开的。五四文学中的两性关系，彼此的结合或分离，其合理性依据是个性主义。他们或借两性关系抨击封建制度对人性的

---

① 钱杏邨：《一九三一年文坛之回顾》，《北斗》第 2 卷第 1 期，1932 年 1 月 20 日。

② 茅盾：《读〈倪焕之〉》，《文学周报》第 8 卷第 20 期，1929 年 5 月 12 日。

③ 林徽因：《大公报文艺丛刊小说选·题记》，《大公报文艺丛刊小说选》，上海：大公报馆，1936 年。

戕害，或借两性关系张扬人性。而在 30 年代的文学创作中，涉及两性关系，其合法性依据的个性主义已经退场，代之以革命的志向、社会的行动和阶级利益的考虑。再如工、农生活题材的作品，在五四时期多止于表现他们生活的苦况，其出发点多是人道主义的同情。而在 30 年代，无论是作家创作的出发点，还是借以探究的问题，都明显带有分析其社会出路的意味。循着社会科学的思路，30 年代的多数作家，无论选择什么题材进行创作，他们都不甘于题材本身的描述，而是力图通过某一题材，从生活的一隅来表现出时代变化，借以分析这变化的时代、动荡的社会中人民大众的历史命运。用茅盾的话说就是：一篇作品"并不能仅仅以是否描写到时代空气为满足"，而应写出"时代给人们以怎样的影响"和"人们的集团的活力又怎样将时代推进了新方向"，即"怎样由于人们集团的活动而及早地实现了历史的必然"。[①]

30 年代的作家在处理题材的眼光、角度和方式上，都与五四时期的作家明显不同。如关于农村题材的创作，如果说在五四时期，"文学革命者的要求是人性的解放，他们以为只要扫除了旧的成法，剩下来的便是原来的人，好的社会了"，[②] 那么，作品往往侧重于表现农村的思想关系，表现农民在封建主义压迫、奴役下的精神病态，以控诉和批判封建制度和封建思想文化对农民"人性"的残害。但到了 30 年代，普遍的"阶级意识觉醒了起来"，[③] 作家开始转而从社会革命的角度分析中国农村社会，甚至以阶级分析的方法侧重于表现农村的经济关系，即农民所遭受的封建地主阶级的压迫和剥削，以及由此而产生的农民反抗和革命。此时的许多作家在农村题材创作中，不约而同地对"土地"问题给予了特别关注，而这是五四时期所未曾出现的。30 年代中国农村社会有一最显著特点，那就是农民破产、农村衰落、土地迅速集中、农村两极分化。因之，抓住了土地问题也就抓住了农村问题的主要症结。对这个问题的剖析，显示了 30 年代作家在社会科学理论指导下，对中国农村社会本质的认识所达到的历史深度。从社会科学思路切入，对中国农村社会状况、经济关系的剖析，令人信服地揭示了农村解放的根源和农民进行反抗与革命的可能性与

---

① 茅盾：《读〈倪焕之〉》，《文学周报》第 8 卷第 20 期，1929 年 5 月 12 日。

② 鲁迅：《且介亭杂文·〈草鞋脚〉小引》，见《鲁迅全集》第 6 卷，第 20 页。

③ 同上。

必然性。五四时期从"人性解放"的角度对农民命运表示人道主义的同情，从精神和思想状况去理解、分析农民，这都有其时代的合理性，但只有将对农民精神和思想状态的探索与对其经济地位、政治态度的考察结合起来，才能全面把握农民，才能理解和合理解释农村社会的一切变动。

总之，30年代社会科学的思路对当时的作家和文学创作起了重要的制约作用，在较大程度上决定了作家从事创作的使命感和源于社会问题思考的创作预设，而且多少也决定了作家观照问题的角度、选取文学题材的眼光和处理题材的方式，并由此形成了30年代文学创作的许多重要现象和重要特征。

五

充分注意和认识五四文学和30年代文学背后所隐含的不同思路，有助于我们加深理解30年代对五四文学传统的反思，有助于我们通过30年代与"五四"所持文学思路的差异来反观"五四"和30年代文学传统，并对各自的利弊得失作出更准确的分析，对各自的经验教训进行更好的总结。

在五四文学的思路下，作家所关心的多数是属于带有永恒性的话题，诸如美和爱、生与死、人的命运、人生的意义价值、宗教等，很少关注一时一地的政治问题和现实生活中的具体社会政治背景，小说故事、事件发生的背景也大多比较"虚"。由于五四时期"文学革命者的要求是人性的解放，他们以为只要扫除了旧的成法，剩下的便是原来的人，好的社会了"。[1] 所以，包括鲁迅小说在内的五四小说，主要是顺应思想启蒙的任务，作品往往侧重于表现农村的思想关系，表现农民在封建主义压迫、奴役下的精神病态，以控诉和批判封建制度和思想文化对农民"人性"的戕害。契入的角度也多在思想、伦理、道德乃至风土人情等方面。因为作品批判的指向几乎都是封建制度、礼教和文化传统，所以小说背景的时代实指性并不强。即使像鲁迅的《阿Q正传》、《风波》等作品涉及辛亥革命或张勋复辟等时代事件，但并不以此背景为叙事中心，叙事中心仍在整个中国文化传统造就的农民精神病态。

---

① 鲁迅：《且介亭杂文·〈草鞋脚〉小引》，见《鲁迅全集》第6卷，第20页。

社会科学的思路能促使人增强"全局"观，注重"大背景"，重视对社会的整体性把握，30 年代小说因而在叙事结构上开始大量出现以社会政治背景为中心的叙事结构，从而带来了文学叙事的宏大性。30 年代由于普遍的阶级意识觉醒，有大批作家自觉地从政治和经济的角度去分析中国社会，以阶级分析的方法，侧重于表现农村社会的经济关系，即农民所遭受的封建地主阶级的压迫和剥削，以及由此而产生的农民反抗和革命的可能性。许多小说的背景均是当时现实中发生的重大事件，其时代实指性非常强。30 年代有一大批作家的创作都注重社会政治的"大背景"，注重表现时代实际发生着的大事件。尤其是乡土题材的小说，其背景几乎不出 30 年代所特有的诸如"丰收成灾"、"水灾旱灾"、"军阀混战"、"农民暴动"、"东北事变"、"上海事变"等。可以说，从尽可能广阔的范围把握时代成为 30 年代普遍的文学追求。

由此可见，"五四"思路对探讨思想问题有独特的深刻之处，而在处理社会政治问题时则不免有些捉襟见肘。30 年代思路对解释制度背后的思想文化问题固然显得力度不够，也缺少深度，但它对社会现实的变革具有直接冲击力和有效性。

在五四文学思路之下，五四作家笔下流露的往往是一种人道主义的悲悯情感。在反映下层人民疾苦时，最多是发几声哀鸣，作品人物的命运令人同情，但却很少给人以希望。从人道主义立场思考人生命运有其独到的思想深度，但又往往难以给人指出改变命运的途径，玄虚的"美"和"爱"的药方，留给读者的也许只是甜蜜的感伤。30 年代文学从社会科学的思路分析社会人生，其创作中往往渗透着一种源于对社会发展趋向认识而产生的明确的目标感。这就使 30 年代的文学创作更多了一些理想主义的情愫。如同样是表现"乡愁"这一普通主题，但由于受制于不同的文学思路，30 年代与五四时期却给人不同的感觉。五四时期写"乡愁"的作家往往是通过"回忆故乡的已不存在的事物"，用以"自慰"。[①] 因此，他们作品中的"乡愁"较大程度上是从个体的人生感受出发的，无论是写故乡的人事还是景物，都较多带有游子思乡和怀旧的伤感。而 30 年代文学作品中写"乡愁"，则与其说是针对个体的故乡，还不如说是对于广义的故乡和家园——沉沦的"土地"而发的。他们也写回忆中的人事与

---

① 鲁迅：《〈中国新文学大系〉小说二集序》，见《鲁迅全集》第 6 卷，第 247 页。

景物，但却"依恋风情，并不感伤"。① 他们的"乡愁"中往往更包蕴了追求土地、山河完整的民族情绪。与五四作家创作在整体上呈现的忧郁色调不同，30 年代作家即使仍有忧郁情调，但并不给人以感伤的感觉。诚如有人所言，作品中虽可能有"忧郁的气氛"，但"还不至于使人落到……感伤的深渊里面去"，因为"现在应该是从忧郁里面兴奋起来的时候了"。②"光明的尾巴"在 30 年代文学作品中是一个普遍特色。30 年代作家笔下也大量涉及社会苦难、人生坎坷、人间不平，但往往流露出一种乐观主义精神。

不同的文学思路导致了五四文学和 30 年代文学呈现出不同的文学风貌。30 年代文学在审美风格上有一种对粗疏之美、力度之美的追求。用鲁迅的话说，就是 30 年代是个"风沙相面，狼虎成群"的特殊时代，因而时代要求于文学的，是"耸立于风沙中的大建筑，要坚固而伟大，不必怎样精"，是"匕首和投枪，要锋利而切实，用不着什么雅"。③ 这种追求力度甚至崇尚粗疏而忽略精、雅的审美追求，在 30 年代的确成了一种文学风尚。当时有人甚至将"力的文学"理解为粗暴、狂躁乃至粗糙的美学作风，还将之具体化到艺术技巧方面，提出"力的技巧"、"狂暴的技巧"。④ 有人就是这样评价蒋光慈的作品的，看似"粗俗、浅薄、鲁莽、句子不通；诗歌是标语口号，太重理论"，实际上"是极热烈极奔进"，因而对之给予充分肯定。⑤ 30 年代不管作家各自在思想和文学倾向上有何差异，但在评价作品和进行创作时，事实上所持的审美标准，往往都偏于对"力之美"的肯定。曾是五四时期学衡派代表人物的吴宓，在 30 年代曾以激赏的眼光高度评价过茅盾的《子夜》等作品，是"表现时代动摇之力，尤为深刻"。⑥"京派"主要批评家之一的刘西渭在评论叶紫的小说时，也曾以赞叹的笔调称其为："这是力，赤裸裸的力，一种坚韧的生命之力。"他甚至将"力的文学"看作是"中国新文学的高贵所在"和

① 刘西渭：《叶紫的小说》，见《咀华二集》，文化生活出版社 1942 年版。
② 荒煤：《长江上·后记》，见《长江上》，上海文生书店 1937 年版。
③ 鲁迅：《南腔北调集·小品文的危机》，见《鲁迅全集》第 4 卷，第 575 页。
④ 钱杏邨：《郭沫若及其创作》，见《现代中国文学作家》第 1 卷，上海泰东书局 1930 年版，第 69 页。
⑤ 钱杏邨：《蒋光慈与革命文学》，见《现代中国文学作家》第 1 卷，第 166—169 页。
⑥ 参见茅盾《我走过的道路》（中），第 121—122 页。

"艺术价值"的"标志"。① 五四时期的文学创作就审美倾向而言，在整体上给人以感伤、压抑的感觉。而在 30 年代文学创作中，一扫这种感伤气息，呈现出壮美的风貌。30 年代文学对"力度"的追求在整体上所形成的"壮美"的审美特征，是 30 年代文学历史阶段区别于五四时期文学的一个显著标志。这里需要指出的是，审美倾向的不同、审美风貌的变化等，只是审美形态的不同，并不是界定文学作品艺术水准高下的标准。追求力度甚至崇尚粗疏，而故意忽略精、雅的审美取向，不免会导致艺术上的偏颇。

在五四文学思路之下，五四作家要表达的感情相对单纯，要反映的生活场景相对单一，短篇小说的承载量基本能够胜任，因此，在整个五四小说形式中，短篇占了主导地位，偶有长篇小说也常显得内容比较单薄，结构相对单调。30 年代则有所不同，由于短篇的容量难以承载对社会广阔生活的表述和宏大叙事内容的表达，因而长篇巨制开始受到重视，长篇小说形式得到了长足的发展。不仅仅是单篇的长篇小说形式，30 年代以"三部曲"形式出现的长篇小说也大为盛行，其原因正在于此。早在"五四"之前，晚清"新小说"的长篇已大盛，五四时期的主要小说体裁从晚清"新小说"的重长篇转为重短篇，主因就在于"五四"作家对小说功能的新理解上。在"五四"的思路之下，作家关心的不是叙述历史事件和现实政治背景，不是为了像晚清政治小说那样提供一种社会通行的政治理论，而在于探究人生、命运、伦理、爱情等命题，其思考往往由个人命运出发，纠合具体人物的心理状况，重在抒发一种个性的情感，因而，小说的功能从讲故事转为描摹世态伦理、个体命运和抒发个体情感。也正因此，在小说形式上就比较注重采用撷取生活横断面的短篇叙事形式。而30 年代的重长篇叙事形式，则是由作家在社会科学思路之下对小说表达内容的追求所决定的。有人认为："五四小说大都语调直率夸张，难得冷静深沉之作，而身边小说的流于宣泄情感，散文化小说的篇幅短小，都难于表现较为广阔的社会人生，也难于深入发掘并体现新的叙事模式的美学功能。尽管有个别作家意识到这一危机，但这种偏向还是 30 年代以后才明显得到纠正的。就这一点而言，30 年代以后的小说艺术上是比五四小

---

① 刘西渭：《叶紫的小说》，见《咀华二集》。

说成熟。"① 但反观 30 年代的许多短篇小说，在严格意义上说，却只是压缩了的中长篇小说。诚如茅盾所说："许多短篇小说还不是'生活的横断面'的表现。"这是因为在作家看来，"对于全面茫无所知，就不可能深入一角"。② 在 30 年代，这种"缩紧了的中篇"的短篇小说写法颇为普遍，这应视为社会科学化思路下对"大叙事"、"全景式"过度追求的结果。

在社会科学的思路之下，还导致了 30 年代文学创作中观念先行创作路数的流行。由于进行社会分析时，作家所依据的基本上都是他们当时所了解和掌握的社会科学知识和方法，因而理论的推导，或带着某种先验的观念来创作，就成了当时的重要创作路数。茅盾的《子夜》最为明显，这已有普遍的认定。其实，不只是茅盾，当时许多作家都是这种创作路数，洪深曾说他往往是通过分析，"对于某一种人事某一个情形，有了一个主张或结论"。然后，"更去多多的阅历观察人生，从人生中寻取适当的材料，凑成一个足以发挥我的结论的故事"。③ 在社会科学的思路之下，30 年代知识分子思想追求的总体趋向是由"人性的解放"到"阶级意识觉醒"，④ 整个文坛的风尚，实行着个性主义向集体主义的转换，文学群体的趋向于"组织化"，文学创作的排斥"个人性"，这往往导致了作家和作品个性的被忽略。另外，30 年代作家创作中"形式感"普通淡薄，不仅没有再出现像鲁迅那样的"几乎一篇有一篇新形式"的"创造'新形式'的先锋"，⑤ 而且在整体上也很少有五四时期作家创作中那种突破传统写法，探求独特形式的自觉和冲动。这与 30 年代强调集团性、阶级性意识，抑制个性、自我的整体文学氛围密切相关。即如五四时期已著名的老作家叶圣陶、王统照、王鲁彦等也是如此。叶圣陶所写的《多收了三五斗》，与当时一批写"丰收成灾"的作品，在"形式"上是大同小异的；王统照的《山雨》，王鲁彦的《乡下》、《野火》等，与当时多数写农民反抗内容的左翼文学作品在叙事模式和观念表达上也都彼此相似。即

---

① 陈平原：《中国现代小说叙事模式的转变》，上海人民出版社 1988 年版，第 253—254 页。
② 茅盾：《〈茅盾短篇小说选集〉后记》，见《茅盾短篇小说选集》，人民文学出版社 1955 年版。
③ 洪深：《我的经验》，见鲁迅等《创作的经验》，第 141 页。
④ 鲁迅：《且介亭杂文·〈草鞋脚〉小引》，见《鲁迅全集》第 6 卷，第 20 页。
⑤ 沈雁冰：《读〈呐喊〉》，《时事新报》1923 年 10 月 8 日。

使在诸如沈从文的《大小阮》、老舍的《黑白李》中，也能明显看到当时流行的革命文学作品的基本套路。可见，公式化产生的根本原因并不仅在于作家缺少艺术技巧和方法，而在于陷入某种集团性艺术规范后失却了艺术创新的能力。应该说，30 年代文学创作中概念化、公式化盛行，与当时普遍的文学思路是有一定的联系的。

综上所述，30 年代文学思路与五四文学思路之下的文学一样，都存在诸多不足，这些不足也都折射出各自文学思路的局限性。因此，我们有必要跳出两种不同的文学思路看问题，而不是陷入某一思路来评判基于不同文学理念和思路形成的其他文学传统，这样得出的肯定和否定结论都必会失之偏颇。30 年代和"五四"两种不同的文学思路，其实并无高下之分，而只是范式上的差异。它们是各自时代语境的产物，都在最大程度上顺应了各自时代的历史任务，当然，也都必然地承担着各自时代的局限。在此，指出 30 年代与"五四"两种不同的文学思路，并不是为了对之作简单的褒贬评价，而是试图通过 30 年代对五四文学传统的反思，弄清两种不同文学思路的差异到底何在，并找到基于不同思路提出的"反思"理由和误区。通过理解两种不同文学思路的差异，还可以更好地把握两个不同时代的文学特点，找寻到不同时段文学特征形成和变化的某种根源，探究基于不同思路导致的不同文学时段文学变异的一些规律。

《中国社会科学》2009 年第 6 期

当代西方文论若干问题辨识

——兼及中国文论重建

张　江[*]

摘要　在充分肯定当代西方文论对中国文论建设产生的积极影响的同时，有必要对当代西方文论本身进行辨析，考察其应用于中国文艺实践的有效性，并最终思考中国文论的重建问题。当代西方文论的主要局限有：脱离文学实践，用其他学科的现成理论阐释文学文本、解释文学经验，并将之推广为普遍的文学规则；出于对以往理论和方法的批判乃至颠覆，将具有合理因素的观点推延至极端；套用科学主义的恒定模式阐释具体文本。当代西方文论生长于西方文化土壤，与中国文化之间存在着语言差异、伦理差异和审美差异，这决定了其理论运用的有限性。中国文论建设的基点，一是抛弃对外来理论的过分倚重，重归中国文学实践；二是坚持民族化方向，回到中国语境，充分吸纳中国传统文论遗产；三是认识、处理好外部研究与内部研究的关系问题，建构二者辩证统一的研究范式。

关键词　当代西方文论　中国文论重建　中国文学实践

以 20 世纪 70 年代末 80 年代初为节点，当代西方文艺理论开始在中国产生影响，并逐渐演变为显学，受到学界的高度推崇。文艺理论研究言必及西方，西方文艺理论成为评价和检验中国文学艺术实践的标准、文艺理论建设的基本要素。当下，我们面临一个难以解脱的悖论：一方面是理论的泛滥，各种西方文论轮番出场，似乎有一个很"繁荣"的局面；另一方面是理论的无效，能立足中国本土，真正解决中国文艺实践问题，推

---

* 张江，中国社会科学院副院长、教授。

动中国文艺实践蓬勃发展的理论少之又少。中国文艺理论建设和研究渐入窘境。我们必须深刻反思：究竟应该如何辨识当代西方文论？它对中国文艺实践的有效性如何？在西方文论的强势话语下，中国文艺理论建设的方向和道路何在？

对这些问题做出清晰、科学、全面的回答，是一项系统而浩大的工程，试图在一篇文章中加以解决，实在难以实现。本文对当代西方文论的辨析，暂以引入国内较早并产生重大影响的几个流派为例，对中国文论重建的探讨，也只是有针对性地提出宏观构想和基本方向，更具体的问题将在日后的文章中一一阐述。

一　当代西方文论的理论缺陷

20 世纪的西方文艺理论，与此前的现代文论和古典文论相比，确实取得了突破性进展。尤其是在理论观照的广度和触及的深度，以及对文艺学科独特性的探求和专业化程度的提升方面，都极大地推进了文艺理论自身的发展。但必须认识到，当代西方文论提供给我们的绝不是一套完美无缺的真理，而仅仅是一条摸索实践的轨迹记录。这意味着，它自身还存在种种缺憾和局限。对此，个别学者已有警悟，并著文反思，[①] 但还远远不够。

需要说明的是，百年来的当代西方文论思潮迭涌、流派纷呈，其丰富性和驳杂性史所未见。各种思潮、流派在研究范式和观点立场上常存迥异，甚至根本对立。因此，本文对其理论缺陷的论断，只能采取分门别类的方式进行，不可能全部囊括。

（一）脱离文学实践

西方文论中诸多影响重大的学说与流派，不同程度地脱离文学实践和文学经验，运用文学以外其他学科的现成理论阐释文本、解释经验，进而推广为具有普适性的文学规则。这些理论发生的起点往往不是鲜活的实践，而是抽象的理论。在许多情况下，文学文本只是这些理论阐述自身的

---

① 例如，朱立元的《对西方后现代主义文论消极影响的反思性批判》（《文艺研究》2014 年第 1 期）、孙绍振的《文论危机与文学文本的有效解读》（《中国社会科学》2012 年第 5 期）、曹顺庆的《唯科学主义与中国文论的失语》（《当代文坛》2011 年第 4 期）、陆贵山的《现当代西方文论的魅力与局限》（《外国文学评论》2008 年第 2 期），等等，均有对当代西方文论的理性反思。

例证。这让我们对一些西方文论的科学性产生疑问。弗洛伊德的精神分析文论就是这方面的典型。

弗洛伊德不是文学批评家，他的学说首先是作为心理学理论提出的。早在 1896 年，他就创造并使用了精神分析一词，1900 年完成《释梦》，构造了他精神分析的理论框架。他的文学观，以及对文学和文艺的表述，都是在这一理论成型后，作为对精神分析学说的证明和应用而逐步形成的。从时间上看，《作家与白日梦》（1908）、《列奥纳多·达·芬奇和他对童年的一个记忆》（1910）、《米开朗基罗的摩西》（1914）、《歌德在其〈诗与真〉里对童年的回忆》（1917）、《陀斯妥耶夫斯基与弑父者》（1928）等被反复引用的文论著作，都是在精神分析理论形成以后完成的，其重要观点无一不是依据精神分析理论衍生而来。更重要的是，这些著作的主要思想和观点都是为了印证弗洛伊德自己的精神分析学说，而不是要建构系统的文学和艺术理论。如果把他的学说作为文艺理论来看，有两个问题值得讨论。

一是理论的前提。弗洛伊德评论文学和艺术的各种观点和立论有其既定前提，即其精神分析理论的重要观点"俄狄浦斯情结"。为了用这一"情结"解读文学及其历史，作出符合自己愿望的结论，他可以只凭猜想、假设而立论，然后演绎开去，统揽一切。哪怕是明知其逻辑起点错误，也绝不悔改。《列奥纳多·达·芬奇和他对童年的一个记忆》就是很好的说明。

弗洛伊德是把这部著作当作精神分析传记来写的。1909 年 10 月，他在写给荣格的信中说："传记的领域，同样是一个我们必须占领的领域。"接着又说，"达·芬奇的性格之谜突然间在我面前开豁了。靠着他，我们将可在传记的领域踏出第一步"。他把达·芬奇当作一个精神病患者来分析和认识，告诉朋友说"自己有了一个'显赫'的新病人"。[①] 弗洛伊德不是从达·芬奇的作品入手展开分析，而是以其俄狄浦斯情结为前提，从达·芬奇浩如烟海的笔记中找到一个童年记忆，由此记忆生发开去，作出符合他自己理论期待的结论。达·芬奇在笔记中写道："我忆起了一件很早的往事，当我还在摇篮里的时候，一只秃鹫向我飞来，它用尾巴撞开了

---

① 彼得·盖伊：《弗洛伊德传》（上），龚卓军等译，鹭江出版社 2006 年版，第 302 页。

我的嘴，并且还多次撞我的嘴唇。"① 从这个记忆出发，弗洛伊德认定：第一，"在古埃及的象形文字中，秃鹫的画像代表着母亲"，② 达·芬奇刚出生就失去父爱，秃鹫是达·芬奇生母的象征，秃鹫的尾巴就是母亲的乳房，"我们把这个幻想解释为待母哺乳的幻想"。③ 第二，达·芬奇在三岁或五岁时，被当初弃家另娶的生父接到一起生活，达·芬奇有了两个母亲的经历，"就是因为幼年时有过两个爱他的漂亮年轻妇人，他后来所绘画的蒙娜丽莎，才会流露出那样暧昧的、朦胧的笑容。蒙娜丽莎的永恒性，正是达·芬奇在经验与记忆间跳跃所产生的创造性火花所造就的"。④ 这就是达·芬奇的恋母情结，正是这一情结造就了达·芬奇的千古名作。

秃鹫这一意象来源准确吗？作为全部立论的前提，它是可靠的吗？不幸的是，早在1923年，弗洛伊德还在世时，就有人指出，他使用的那个达·芬奇笔记的德译本是有错误的，nibbio 一词的原意是"鸢"，而非秃鹫。"鸢"是一种普通的鸟，与母亲形象毫无关联。立论的前提错了，无论有怎样的理由，"弗洛伊德建筑在误译上面的整个上层建筑，却仍然无法逃避整个垮下来的命运"。⑤ 更让人无法接受的是，就算没有误译，弗洛伊德又是如何确认，达·芬奇了解并按照他的愿望来使用这个意象呢？没有什么考证，也无确切的根据，弗洛伊德靠的是猜测和推想。他推测说，达·芬奇"熟悉一则科学寓言是相当有可能的"，因为"他是一个涉猎极为广泛的读者，他的兴趣包括了文学和知识的全部分支"，"他的阅读范围怎么估计都不会过高"，⑥ "我们在列奥纳多的另一幅作品中找到了对我们猜想的证明"。⑦ 弗洛伊德的用词是"可能的"、"估计"，而没有任何实际的根据，尤其是"猜想"，几乎是这篇文章的基本方法，他由猜想出发，千方百计寻找证明，哪怕被事实证明是错误的，也要恪守"猜想"。由"鸢"到"秃鹫"的误译，弗洛伊德是知道的，但"终其一生，

① 弗洛伊德：《列奥纳多·达·芬奇和他对童年的一个记忆》，载车文博主编《弗洛伊德文集》第4卷，长春出版社1998年版，第459、464页。
② 同上。
③ 同上。
④ 彼得·盖伊：《弗洛伊德传》（上），龚卓军等译，鹭江出版社2006年版，第306页。
⑤ 同上书，第308页。
⑥ 弗洛伊德：《列奥纳多·达·芬奇和他对童年的一个记忆》，载车文博主编《弗洛伊德文集》第4卷，第465页。
⑦ 同上书，第489页。

却从未就此做出更正"。① 为什么会如此？原因很多，但根本而言，弗洛伊德明白，放弃了这一前提，全部猜想就会被推翻，他最得意的这一作品就难以被接受。

二是理论的逻辑。在《释梦》中，弗洛伊德为了证明其精神分析理论的正确，提到了50部以上西方古代和近代的重要文学作品，远自古希腊的《荷马史诗》，近到与他同代的乔治·艾略特的《亚当·贝德》。但无论怎样广博深厚，他的立足点都是援引文学作品为例，证明释梦理论的正确。我们不否认弗洛伊德的一些文学感受是有见识的，开辟了新的研究方向，但细读其文本，可以认定，弗洛伊德从理论而不是从文学经验出发的文学批评，在根本上颠倒了理论和实践的关系、颠倒了认识和实践的关系，并且在逻辑上，他的推理和证明方法有重大缺陷。

对古希腊悲剧《俄狄浦斯王》的分析，被视作弗洛伊德重要的文学批评文本，但其本意只是要利用这一文本论证"恋母情结"。弗洛伊德从"亲人死亡的梦"说起，总的线索是，人们会经常梦到自己的亲人死亡，"男子一般梦见死者是父亲，女子则梦见死者是母亲"，② 而这种现象是由儿童的性发育所决定的。儿童的性欲望很早就觉醒了，"女孩的最初感情针对着她的父亲，男孩最初的幼稚欲望则指向母亲。因此，父亲和母亲便分别变成了男孩和女孩的干扰敌手"。这一类感情很容易变成死亡欲望，由此经常出现"亲人死亡的梦"。弗洛伊德进一步补充说，通过"对精神神经患者的分析毫无疑问地证实了上述的假设"。③ 在此前的表述中，弗洛伊德未对这种现象作指称明确的命名，他一直在阐释梦。而接下来的论证值得我们讨论。弗洛伊德说：

> 这种发现可以由古代流传下来的一个传说加以证实：只有我所提出关于儿童心理的假说普遍有效，这个传说的深刻而普遍的感染力才能被人理解。我想到的就是伊谛普斯王的传说和索福克勒斯以此命名的剧本。④

---

① 彼得·盖伊：《弗洛伊德传》（上），第 308 页。
② 弗洛伊德：《释梦》，孙名之译，商务印书馆 2009 年版，第 252 页。
③ 同上书，第 253 页。
④ 同上书，第 257 页。

这就是"俄狄浦斯情结"的原始论证。其逻辑方法是，第一，作者的"发现"，即儿童心理的假说在先。第二，这个"发现"要由一个"古老的传说"来证实。第三，这由古老传说证实的"发现"，又用来证实（作者用的是"理解"）那个"古老的传说"。第四，"我想到的就是"一句进一步证明了作者的论证程序是，先有假说，再想到经典；用经典证明假说，再用假说反证经典。

此处的逻辑问题是，弗洛伊德关于儿童性心理的假说与俄狄浦斯王的相互论证是循环论证，是典型的逻辑谬误。可以表达为：假说是 P，传说是 Q，因为 Q，所以 P；因为 P，所以 Q。这种循环论证在逻辑上无效。

接下来，弗洛伊德关于莎士比亚《哈姆雷特》的论证犯了同样的错误。在对文学史上有关主人公性格的长期争论表达了自己的立场后，弗洛伊德对他的"恋母情结"做了如下证明：

——"我是把保留在哈姆雷特内心潜意识中的内容转译为意识言词"。①这是用剧中人的故事证明精神分析理论的正确，哈姆雷特自己没有察觉的俄狄浦斯情结就是对弗洛伊德理论的验证。

——"如果有人认为他是一个癔症患者，我只能认为那也是从我的解释中得出的推论"。② 意即只有用他的理论才可以证明剧情的合理，深入理解了剧情，就能更深入地认识弗洛伊德的理论有效。

这仍是一组循环论证。用《哈姆雷特》的剧情证明自己的理论正确，再用该理论去证明剧情的合理与正当。

这种脱离文学经验、直接从其他学科截取和征用现成理论的做法，不是文学理论生成的本来过程，尽管也会对文学理论和批评的发展产生积极影响。弗洛伊德写作《释梦》时，既无意研究文学理论，也无意于文学批评，其本意是借用各种理论，当然也包括文学，证明精神分析理论和方法的正确。脱离了文学经验和实践，弗洛伊德的精神分析文论无法提出科学的审美标准、指明文学理论生成和丰富的方向，更无法指导文学的创作和生产。这不仅是精神分析文论的重大缺陷，而且是西方当代文论诸多学派的通病。发展到文化研究更是达到极端，理论的来源不是文学实践，甚至连研究对象也偏离了文学本身，扩展到无所不包的泛文化领域。

---

① 弗洛伊德：《释梦》，孙名之译，商务印书馆 2009 年版，第 262 页。

② 同上。

（二）偏执与极端

从理论背景来看，许多西方文论的发生和膨胀，都是基于对以往理论和学说的批判乃至反叛。西方文论的"两大主潮"、"两次转移"、"两个转向"，① 基本上是对以往理论和方法的颠覆。从立场表达和技术取向上分析，它的深度开掘以至矫枉过正，是可以理解的。但是，任何具有合理因素的观点若推延过分，都会因其偏执和极端而失去合理性。从20世纪初开始，在一百多年的时间里，当代西方文论流派繁多、更迭迅速，最终未能形成相对完整系统的理论，原因正在于此。在这方面，俄国形式主义就很能说明问题。

俄国形式主义的出现给传统文学批评以强烈冲击。相对于此前以社会学批评为主流的理论传统，形式主义的批评家苦心致力于文学形式的理论探讨与研究，并作出极富创造性的理论贡献，其价值不容否定。形式主义的诸多优长特质已渗透于当代文论的肌理之中，如人体自主呼吸般地发挥着作用。但是，把形式作为文学的唯一要素，并将其作用绝对化，主张形式高于内容，用形式规定文学的本质，这种理论上的偏执与极端，最终让包含诸多合理因素的形式主义走上了末路。"尽管俄国形式主义后期已开始注意把文艺作为社会诸多系统中的一个系统，但仍未完全摆脱对文艺进行形式结构分析的束缚，这也从根本上影响了他们试图解答文艺的特殊性问题的初衷"②，在批评史上留下了遗憾。

俄国形式主义的重要代表雅各布森认为，现代文艺学必须使形式从内容中解放出来，使词语从意义中解放出来，文艺是形式的文艺。为证明这一点，他具体阐发说，造型艺术是具有独立价值的视觉表现材料的形式显现，音乐是具有独立价值的音响材料的形式显现，舞蹈是具有独立价值的动作材料的形式显现，诗则是具有独立价值的词的形式显现。雅各布森的观点有其合理性的一面。形式是文艺的表现方法，文艺的形式确证了文艺的存在。形式的演进和变化是艺术进步发展的重要标志。各种文艺形式有

---

① 两大主潮指的是当代西方人本主义和科学主义两大哲学主潮；两次转移指的是当代西方文论研究重点的两次历史性转移，即从重点研究作家转移到重点研究作品文本，从重点研究文本转移到重点研究读者和接受；两个转向指的则是"非理性转向"和"语言论转向"。朱立元主编：《当代西方文艺理论》，华东师范大学出版社2005年版，第2—8页。

② 朱立元主编：《西方美学思想史》（下），上海人民出版社2009年版，第1261页。

其独立的价值。我们可以独立于艺术的内容，仅对其形式作深入探索。但是，文艺并非为形式而存在，文艺因其所表现的内容而存在，形式为表现内容服务。艺术形式的独立是相对的，在艺术创作和表演的实际过程中，形式不能离开内容而独立存在。从文艺的起源来说，无论音乐、舞蹈还是各种造型艺术，总是先有内容，后有不断创造和繁衍的形式。形式演进的目的只有一个，就是为了更好地表达内容。没有了内容，形式也将不复存在。诗歌也不例外。无论怎样强调形式本身的独立价值、执着于词语本身的意义，最终还是要落在它所要表达的内容上，形式无法逃离内容。我们可以用形式主义大师自身的理论阐释来证明这一点。

日尔蒙斯基的形式主义立场是极端的。他长于讨论诗歌的节奏和旋律。在诗歌的形式上，他执着地强调诗歌的"音乐灵魂"，赞成"音乐至上"，并为此引证德国语言学家西威尔斯的观点："在诗语里，音不仅是对内容的'本能的补充'（ungesuchte beigabe），而且常常具有独立的、或者甚至是主导的艺术意义。"[①] 但是，在有关《浮士德》一段对话的讨论中，日尔蒙斯基传达了与其本身立场并不相同的信息。为了驳斥一些人对西威尔斯的质疑，日尔蒙斯基转述了西威尔斯对歌德《浮士德》中第一段独白的"精辟分析"。这段分析大意是说，在这部剧里，诗歌朗诵的音调高低是诗歌艺术的重要表现形式，"语调程序的意义在于对个别独白部分及说话人变化着的情绪进行艺术表征"。[②] 但是，这种艺术表征或者说形式表征，其目的是什么？是为了形式的显现吗？日尔蒙斯基强调：

> 我可以说，在浮士德与瓦格纳对话中，他们外表与性格之间的对比也是通过话语的特征来强调的：首先引人注目的是说话人与众不同的词汇和表达方式，此外还有语调。而其中的差别，某种程度上是在于这一点，即瓦格纳总是犹豫不决、欲言又止地提出问题，而浮士德则以毋庸置疑或者训导的口吻作出回答。[③]

---

① 维克托·日尔蒙斯基：《诗的旋律构造》，载什克洛夫斯基等《俄国形式主义文论选》，方珊等译，生活·读书·新知三联书店1989年版，第307页。
② 同上书，第310页。
③ 同上书，第311页。

这段话有三个要点值得注意。第一，它肯定了"话语特征"表达的是剧中人物的"外表和性格"，同时要显现他们之间的"对比"。第二，这里所说的"与众不同的词汇"，并不具有脱离本身能指和所指的独立意义。第三，"语调"在诗歌形式上似乎更具有独立性，是日尔蒙斯基所执着的"音乐至上"的物质载体，也参与人物形象的塑造。由此提示的问题是，这些形式的目的是什么？结论只有一个，即为了表达瓦格纳的柔弱、浮士德的强悍。而这已经是内容。日尔蒙斯基自己的论述证明了我们的判断，形式主义强调的形式，无论怎样独立，最终都是为内容服务。形式上的功夫，是为了更好地表达内容。此类例子在形式主义者的著作中俯拾皆是。

另一位形式主义大师埃亨巴乌姆有句名言："形式消灭了内容"。在《论悲剧和悲剧性》中，他通过分析席勒的古典悲剧《华伦斯坦》，证明形式如何消灭内容，是形式而非内容创造了悲剧效果。但是，细读席勒原著，似乎很难得出这一结论。华伦斯坦是历史上的真实人物，在17世纪欧洲三十年战争中发挥了重要作用，为以德意志帝国为主的天主教联盟屡建战功。由于与皇帝菲迪南二世的矛盾，也由于政治上的动摇和私欲，华伦斯坦背叛了天主教联盟，企图把自己的军队交给敌人。然而，在最后关头，华伦斯坦被自己的亲信暗杀。席勒在剧中用大量笔墨描写了华伦斯坦之死。埃亨巴乌姆对此作出结论：这部悲剧的价值是在审美上引起了"怜悯"，这种怜悯不是因为内容打动了观众，而是形式作用的结果。他说：

> 艺术的成功在于，观众宁静地坐在沙发上，并用望远镜观看着，享受着怜悯的情感。这是因为形式消灭了内容。怜悯在此被用作一种感受的形式。①

他所说的形式有几个方面的含义，但主要指的是"延宕"，"用席勒本人的话来说，就应该'拖延对感情的折磨'"。② 华伦斯坦在与敌手较量的最后关头，或因为性格，或因为命运，没有采取更有力、更彻底

---

① 鲍里斯·埃亨巴乌姆：《论悲剧和悲剧性》，载什克洛夫斯基等《俄国形式主义文论选》，第40页。
② 同上书，第37页。

的手段解决问题，丧失了机会，无功而死。这个分析是有道理的。从原作看，在最后关头，即主人公将被暗杀的那晚，他明知面临危险，仍优柔寡断，直到最后的死亡。作者用最后一幕的三至十二场戏"延宕"这一过程，把主人公以至观众的感情"折磨"至极处，让人们对华伦斯坦没有丝毫愤慨，反而满怀怜悯。这是延宕在起作用。但问题是，作者在延宕什么？或者说用什么在延宕？对此，应对以下一些细节进行分析。

第一，华伦斯坦与其妹迭尔次克伯爵夫人的对话。整个第三场都是主人公与伯爵夫人的交流，其核心内容是伯爵夫人的担心，表达对华伦斯坦的担忧。她不相信主人公的劝慰，她要带着他逃命。在此过程中，华伦斯坦走到窗前观察星相，表现了无法排遣的忧郁和彷徨。他反复安慰伯爵夫人，劝她安下心来早去就寝，可伯爵夫人一唱三叹、恋恋不走，说梦，说忧，说恐惧，让最后的会面充满温情，用伯爵夫人的亲情"折磨"主人公和观众。

第二，华伦斯坦的老朋友戈登的表现。从第四幕的第一场我们知道，戈登在30年前就与主人公共事，他们感情深厚。在第四场、第五场中，戈登和身边的人一起劝华伦斯坦放弃对皇帝的背叛。他们用星相暗示命运，用天启宣托劝导，甚至跪卜恳请主人公退却，戈登的诚意和真情令人感动。第六场，当曾是主人公亲信将领的布特勒带人来刺杀华伦斯坦时，戈登在幕后作出了妥协软弱的选择："我怎么做好呢？我是设法救他？"犹豫着，但还不失良心。接着他作出了决定："啊，我最好还是听天安命。"否则，"那严重的后果不能不由我担任"。① 然后，他又劝阻凶手，恳求他拖延一段，哪怕是一个小时，又象征性地阻挡了一下，最终还是软弱地让布特勒得手。老朋友的软弱和背叛，盘桓往复，令人唏嘘。

第三，伯爵夫人的死。华伦斯坦死后，维护他的伯爵夫人也要英勇地陪他去死。尽管有人劝她说皇上已经宽容，皇后也会同情。但她无意回头。她历数华伦斯坦一家人不幸的结局，冷静地安排了后事，甚至交出房屋的钥匙，既豪迈又怨愤地对劝慰者唱道："你总不会把我看得那样低贱，/以为我一家没落了还要苟活在人间。""与其苟且偷生，/宁肯自由而勇敢地升天。"来人大喊救命，伯爵夫人却冷静而决绝地说："已经太

---

① 席勒：《华伦斯坦》，郭沫若译，人民文学出版社 1955 年版，第 455、468、469 页。

迟了。／在几分钟内我便要了结此生。"① 这是最后的悲壮与伤情。伯爵夫人的死，让人们心底升起无尽的同情和怜悯。

作为一种艺术形式和手段，延宕有所依附。延宕是内容的延宕，空洞的、脱离内容的延宕没有任何意义。人们怜悯华伦斯坦，是因为他战功卓著却误入歧途；身边亲近的人背叛他，他却毫不知晓；为了实现野心，亲人无一存活；唯一逃过的妹妹也要为他陪葬。席勒用翔实具体的内容延宕着华伦斯坦的死，延宕着剧中人的命运，延宕着接受者的审美过程，他们对华伦斯坦质询、赞美、怨愤，于是，怜悯产生了。席勒用形式负载着内容，形式没有消灭内容，相反，形式借助内容而存在，并更好地彰显了内容。

考察文学批评史，"形式消灭内容"并非形式主义的原创，实际上最早出自席勒本人。埃亨巴乌姆用席勒的悲剧发挥此论，并将之推向极端。但是，席勒原文并非如此简单和偏执：

> 艺术家的真正秘密在于用形式消灭内容。排斥内容和支配内容的艺术愈是成功，内容本身也就愈宏伟、诱人和动人；艺术家及其行为也就愈引人注目，或者说观众就愈为之倾倒。②

席勒立意于"形式消灭内容"，这一表达有其具体含义。所谓"消灭内容"，不是弃绝内容，而是让内容隐藏于形式之中，通过成功的形式更好地表达内容，使内容而非形式深入人心。由此，艺术家及其艺术行为才能为人所注意，观众的赞扬和投入既指向形式也指向内容。形式永远消灭不了内容。埃亨巴乌姆片面使用了席勒的话，只强调了前一句，放弃了后两句，漠视内容的力量，把形式推向极端，表面上看是张扬了形式主义，实际上瓦解了这一本来极有价值的理论。这也恰恰是整个当代西方文论的悲哀。

（三）僵化与教条

当代西方文论的某些流派存在僵化与教条的问题。以格雷马斯的矩阵

---

① 席勒：《华伦斯坦》，郭沫若译，人民文学出版社 1955 年版，第 455、468、469 页。
② 席勒：《论素朴的诗和感伤的诗》，转引自鲍里斯·埃亨巴乌姆《论悲剧和悲剧性》，载什克洛夫斯基等《俄国形式主义文论选》，第 35 页。

理论为例。法国结构主义文论家格雷马斯从语义学研究开始，从俄国学者普罗普的民间故事形态研究延伸，借助亚里士多德逻辑学命题与反命题的诠释，提出了叙事学上的"符号矩阵"。其理论初衷是，借用数学和物理学方法，将文学叙事推演上升为简洁、精准的公式，构造一个能包罗全部文学叙事方式的普适体系，使文学理论的研究科学化、模式化。格雷马斯认为，所有的文学故事或情节均由若干人物或事件的对立构成，这些对立的人物和事件因素全部展开，故事就得以完成。他用矩阵符号表达这一思想。

用数学的眼光看，格雷马斯的所谓矩阵是一种幼稚的模仿，并不具备数学矩阵的严整性和深刻性，更无矩阵方法的精致和严密。符号矩阵只是一个文学比喻，徒有矩阵的模样。它可以用文字表述为：设正项X，则必有负项反X，同时伴有与正项X相矛盾但非对立的非X，以及与反X相矛盾但非对立的非反X。它们相互交叉，组合出多种关系，全部的文学故事就在这种交叉和关系中展开。以《西游记》为例，孙悟空和妖怪是X与反X；唐僧和猪八戒、沙僧是非X，那些放出妖怪的各路神仙则为非反X。利用这些要素和关系，就能说明这部古典小说的全部情节。四项要素，仅单项要素之间组合，就是24种选择。如果是单项对双项、多项对多项，其关系选择将是天文数字。并且，创作者还要在故事展开过程中不断引入许多新的因素，其变换可能更高得惊人。但无论如何变换，发明者认定，其定位和关系依旧可以用四个要素构成的矩阵模式来规定。

格雷马斯的符号矩阵在西方文学符号学理论中具有很高地位，代表了该学派的一般倾向和追求，其表述方法也有自身的优势。用符号学的方法研究文学的结构，寻找小说叙事的基本因子，并给予模式化的表达，有其合理的一面。但是，文学不是数学，文学创作和鉴赏不应该也不可能用数学的方法来规范。就格雷马斯的符号矩阵而言，且不论它能否真正揭示文学叙事的基本方法，仅从文本解读来看，它聚焦于文本自身，割断文学与社会实践的联系，忽视作者的创造性因素，这违背了文学的一般规律。更重要的是，文学本身的丰富性和生动性被完全抹杀，故事变成公式，要素变成算子，复杂的人物及情感关系变成推演和逻辑证明，这从根本上否定、消解了文学，文学的存在成为虚无。我们不否认文学的要素分析，所有的文学故事都是由人物和情节构成的。从原始神话到当下各种主义的叙事，都可以找到主要角色和基本线索，都可以简化为表意的核心因子。而且，所有的文学创作者都是先有故事结构和主体线索的考量乃至设计，才开始展开并最后完成其叙事。所有的文学故事都必须采纳和使用一些基本元素，离开了这些元素故事就不存在了。同时，这些基本元素不仅是文学故事，也是其他艺术形式的构成要素。例如，一个舞蹈是有故事或情节贯穿的，表达着舞者的情感乃至思想，民间的口技亦可表达类似 X 与反 X 的纠缠。而文学的特质在于，它运用自己的艺术手段，例如比喻、隐喻、暗喻、延宕、穿插、联想等，使这些基本要素变幻为文学的文本。文学文本具有自己的特征，其他艺术形式无法替代。这正是文学的魅力所在，绝非一个简单的符号矩阵所能规范。

1985 年，美国杜克大学教授、著名的西方马克思主义学者杰姆逊在北京大学演讲时，用格雷马斯的符号矩阵分析中国传统小说《聊斋志异》中的一个故事，以其分析为例，我们可以看出符号矩阵以至文学符号学的得失。为论述方便，以下全文引用这个故事，其名《鸲鹆》：

> 王汾滨言：其乡有养八哥者，教以语言，甚狎习，出游必与之俱，相将数年矣。一日，将过绛州，而资斧已罄，其人愁苦无策。鸟云："何不售我？送我王邸，当得善价，不愁归路无资也。"其人云："我安忍。"鸟言："不妨。主人得价疾行，待我城西二十里大树下。"其人从之。携至城，相问答，观者渐众。有中贵见之，闻诸王。王召入，欲买之。其人曰："小人相依为命，不愿卖。"王问鸟："汝愿住否？"言："愿住。"王喜。鸟又言："给价十金，勿多予。"王益喜，立畁十金。其人故作懊恨状而去。王与鸟言，应对便捷。呼肉啖之。食已，鸟曰："臣要浴。"王命金盆贮水，开笼令浴。浴已，飞檐间，梳翎抖羽，尚与王喋喋不休。顷之，羽燥。翩跹而起，操晋声曰："臣去呀！"顾盼已失所在。王及内侍，仰面咨嗟。急觅其人，则已渺矣。后有往秦中者，见其人携鸟在西安市上。[1]

杰姆逊的分析，先是找出故事里的基本要素：人（鸟主人，文中称

---

① 蒲松龄：《全本新注聊斋志异》（上），朱其铠等校注，人民文学出版社 1989 年版，第 397 页。

"其人")、反人（买鸟者，文中称"王"）、非人（八哥）。根据格雷马斯
的要求，一个符号矩阵必须是四项，这第四项杰姆逊颇费周折，最后将之
定义为"人道"。随后，通过符号矩阵的深层解析，杰姆逊写道："这个
故事探讨的问题似乎是究竟怎样才是文明化的人，是关于文明的过程的。
这个过程中包含有权力、统治和金钱，而这个故事探讨的是应该怎样对待
这些东西。一方是人的、人道的生活，另一方面是独裁统治和权势，怎样
解决这之间的冲突呢？八哥无疑是故事提出的解决方法。"① 且不论这一
判断是否合理，是否能为我们接受，单就以下三个方面而言，杰姆逊的分
析就存在明显的缺陷。第一，杰姆逊的结论不是一个文学的结论，而是一
个伦理学甚至哲学的结论，这种社会学分析，不是文学符号学探讨文学自
足形式的本意。第二，杰姆逊的方法是用先验的恒定模式套用具体文本，
并根据人为的设计生硬地指定四项要素，没有也要生造齐全，那个本不存
在的"人道"，让他得出虽深奥却颇显离奇的结论。第三，就文本所表现
的文学的丰富性、生动和情趣而言，这一矩阵分析抽象而生涩，既无审美
又无鉴赏，完全失去批评的意义。这一点尤为重要。文学作品表达的理念
无论如何深奥，必须是生动而可感的，否则，将失去文学的特质，与哲
学、社会学、伦理学无异，甚至与数学、物理学无异，从而必将被其他思
想表达形式所取代。符号矩阵以至文学符号学，甚至结构主义的失败就在
于此。

可以认定《鸲鹆》是一篇短篇小说，叙事方式是单线的，其艺术性
集中在对鸟（八哥）的刻画上。鸟被拟人化了，它极尽聪明以至狡猾。
它与主人的关系以"狎"为标志。狎者，亲近而戏习，戏耍味道甚浓，
含下流色彩和浓重的贬意，所谓"狎妓"是也。"狎"定义了鸟的本质、
主人的本质、故事的本质，各色人等的关系集中在这一"狎"字上。小
说以"狎"为统领渐次展开：主人与八哥出游，游资耗尽，八哥出计，
假意出售自己且售予达官贵人，得钱后远处会合。在此框架下，作者精心
设计了细节上的五狎：为达到目的，人鸟合作进入王邸，八哥诱王买下自
己，并建议"给价十金，勿多予"，骗取重金，又做出与王同立场的姿
态，此一狎；主人得钱疾走，鸟与王戏言"应对便捷"，先"呼肉啖之"，

---

① 杰姆逊：《后现代主义与文化理论》，唐小兵译，北京大学出版社 1997 年版，第 122—123 页。

再求浴，逃离了鸟笼，此二狃；浴罢，飞起檐间，"梳翎抖羽"，一边继续与王"喋喋不休"，急于逃离却做亲热状，此三狃；羽毛一干"翩跹而起"，且"操晋声"戏王"臣去呀"，此四狃；最后一狃，"后有往秦中者，见其人携鸟在西安市上"，开辟了一个新的空间。表层意思是鸟与主人安全会合，狃计成功。然而其深层含义是，其人携鸟于"市"，是在故技重施，寻找以至创造机会"狃"人骗金。小说的文学性甚浓，结构并不复杂，只在细部的生动性上落笔："梳翎抖羽"，"喋喋不休"；不急不躁，"翩跹而起"；非出晋地却"操晋声"戏王。面对这种生动与丰富，格雷马斯的符号矩阵无法下手，所谓文学性的深度批评诉求很难实现。用恒定模式拆解具体文本，难免削足适履、谬之千里。按照中国传统习俗，旧时玩鸟且可出游者，大抵为市井流氓。文本中鸟与王的关系只是骗与被骗的关系。故事就是写王的愚蠢、鸟的下作。这里没有文明的意思，也没有人道的意思，更没有解决人道与独裁统治及权势冲突的意思。杰姆逊用其模式进行的分析可谓过度阐释，而更深层的，是用其恒定的思维模式作了过度阐释。套用科学主义的恒定模式解析文本，其牵强和浅薄由此可见一斑。

用恒定模式阐释具体文本，是科学主义诉求的直接表现。科学主义是推动当代西方文论发展的主要动力。它主张用自然科学的理论、原则、方法重构文学理论的体系，并将之付诸实践，分析和批评文学作品，强调文学研究的技术性，追求文本分析的模式化和公式化，苦心经营理论的精准和普适。这种努力在一定程度上可以改变文学批评的主观化和随意化倾向，用数学、物理学的方法总结文学发展的一般规律，并给人文科学研究的思维方式注入新的因子，带来新的概念、范畴以及逻辑方法，为文艺理论和批评研究打开新的思路。但是，人文科学特别是文学，毕竟不同于自然科学，二者在研究对象与路径上有根本差别。自然科学的研究对象是客观物质世界，其存在和运动规律并不以人的意志为转移，科学工作必须以局外人的眼光观察和认识世界，不能以个人的主观意志和情感改变对象本身及其研究。文学则不同。文学创作是作家独立的主观精神活动。作家的思想和情感支配文本，以在场者的身份活动于文本之中。即便有真正的零度写作，作家的眼光以至呼吸仍左右文本内在的精神和气韵。作家的思想是活跃的，作家的情感在不断变化，在人物和事件的演进中，作家的意识引导起决定性作用。文学的价值恰恰聚合于此。失去了作家意识的引导和情感投入，文学就失去了生命。而作家的意识可以公式化吗？作家的情感可以恒定地进行规范吗？如果不能，那么文本的结构、语言、叙事的方式及其变幻同样不能用公式和模板来框定。进一步说，作家的思想情感以生活为根基，生活的曲折与丰富、作家的理解与感受，有可能瞬息不同，甚至产生逆转和突进，作家创造和掌握的文本将因此而翻天覆地，这是公式和模板难以容纳的。

二　西方文论与中国文化的错位

除了上述这些固有的缺憾和问题，理论的有限性也是我们在面对西方文艺理论时必须考量的因素。当代西方文艺理论是西方多种文化元素交互作用的结果，深刻地包蕴并释放着独特的历史、社会、风俗、宗教等的长久积淀。西方文化土壤上生长的理论之树被移植到中国后，很难真正落地生根、开花结果，尤其是与文学艺术关系密切的语言差异、伦理差异、审美差异，更决定了我们对其必须持审慎姿态。

（一）语言差异

语言论转向是当代西方文论发展的重要标志和内容。"从俄国形式主义、布拉格学派、语义学和新批评派，到结构主义、符号学，直至解构主义，虽然具体理论、观点大相径庭，但都从不同方面突出了语言论的中心地位。"[1] 语言中心论打破了西方文论的传统局面，开辟了一个重新认识、评价和指导文学发展的新视角，其意义不可低估。以语言中心论为基干，后来的诸多学派依附于此，生发了许多观点、学说，形成一个很大的局面。但是，所谓语言中心论，是西方语言的中心论，其全部理论依据西方表音语言的特质，其分析和结论更贴近表音语言系统及西方语言文学。一个基本事实是，西方语言与汉语言，无论在形式上还是表达上都有根本性的差别，用西方语言的经验讨论和解决汉语言问题，在前提和基础上存在一些根本的对立。不能简单照搬，也不能离开汉语的本质特征而用西方语言的经验改造汉语。有关于此，在汉语的语言学、语义学、语法学等诸多方向的研究上，远的不说，从《马氏文通》开始，百年多的奋争，我们

---

① 朱立元主编：《当代西方文艺理论》，第 7 页。

的经验和教训多不胜数。实践证明，语言的民族性、汉语言的特殊性，是我们研究汉语、使用汉语的根本出发点，也是我们研究文学、建构中国文论的出发点。离开了这一出发点，任何理论都是妄论。

西方的语言中心论以索绪尔的语言论为起点和主干。他的一系列观点和结论被西方学者无限制地推广到各个领域和学科，特别是西方文艺理论和批评中。该领域的诸多学派以索绪尔的方法论为指导，一些重要观点以他的研究为基础，许多重要范畴从他的概念中推衍出。从语言与文学的关系看，索绪尔的影响无处不在。但是，索绪尔自己曾指出，世界上有两种文字体系：一是表意体系，其特质是"一个词只用一个符号表示，而这个符号却与词赖以构成的声音无关。这个符号和整个词发生关系，因此也就间接地和它所表达的观念发生关系。这种体系的典范例子就是汉字"；[①]二是表音体系。索绪尔清醒地指出："我们的研究将只限于表音体系，特别是只限于今天使用的以希腊字母为原始型的体系。"[②] 这就证明，第一，索绪尔的语言符号理论不是普遍适用的，它主要适用于表音系统的印欧语系，它的一些支配着印欧语言的基本原则，对汉语言不会全部有效，它的结论对汉语言的有效性要认真评估，绝不可照抄、照转、照用。第二，索绪尔语言学的一些基本概念及其运用，不可直接推广到文字学领域，更不可无边界地推广到文学的研究上。它的基本原则、概念与文学理论、文学批评的间离，需要合理借渡，简单推广不是索绪尔的本意。

根本而言，语言是民族的语言。世界各民族在漫长的生活和劳动中，创造了自己的语言。各民族语言之间，有的具有亲属关系，有共同的来源和相互影响、借鉴的关系。这类语言之间的相通程度较高，彼此的差异是相对的。但是，也有很多相互之间没有丝毫亲属关系的语言体系，它们没有共同的来源，彼此的差异是绝对的。"汉语和印欧系语言就是这样"。[③]造成这种语言差别的因素很多，其中地理上的间隔是最表面的一种。最根本、最深刻的原因，在于民族的精神。对此，西方语言学家有丰富的论述。1806年，洪堡特就明确指出，语言是一个民族生存所必需的"呼吸"（odem），是其灵魂之所在。通过一种语言，一个人类群体才得以凝聚成

---

① 索绪尔：《普通语言学教程》，高名凯译，商务印书馆2009年版，第38页。
② 同上书，第39页。
③ 同上书，第267页。

民族，一个民族的特性只有在其语言中才完整地铸刻下来。① 1836 年，洪堡特提出了著名的语言学论断："民族的语言即民族的精神，民族的精神即民族的语言。"② 在论及汉语的语法特点与汉民族精神时，他又指出："我仍坚持认为，恰恰是因为汉语从表面上看不具备任何语法，汉民族的精神才得以发展起一种能够明辨言语中的内在形式联系的敏锐意识。"③ 对此，中国的语言学者也有精彩论述。徐通锵就曾指出："不同民族思维方式的差异、知识结构的差异和科学研究方法论的差异，等等，归根结蒂，都与语言结构的差异相联系。"④ 申小龙曾举例说，"对于中国人来说，由于'天人合一'的哲学精神，向来把人看作是自然的一部分，人与万物密不可分，所以语言中的以物喻人，以一物喻另一物、化物为人，化此物为彼物，将万物赋予人的情感色彩和思想观念的现象比比皆是"，"从中你可以体会到人、自然与神的同一"。⑤ 这可以看作是语言与民族精神之间关系的生动说明。

语言的民族精神体现在其具体表达上，特别是在不同语言的转换之中，这种精神上的差别表现得尤其明显。这在中国古典诗词中随处可以找到例证。我们细读一首古诗及其英译，体味其本来精神，比较两种民族语言中包含的不同思想意蕴。

> 朝辞白帝彩云间，千里江陵一日还。
> 两岸猿声啼不住，轻舟已过万重山。

李白的七绝《早发白帝城》明朗简洁，没有生辟字和深奥用典，在中国被用作儿童学习古典诗词的样本、识字的教材，千百年来家喻户晓。它的音韵、节奏，可为文盲所记诵；它的意境、情趣，可为村妇所共鸣。没有人会提出这样的疑问：这是谁辞白帝城？在什么时候？"朝辞白帝彩云间"的"辞"为什么没有主语？"千里江陵一日还"是哪一日？这些在

---

① 洪堡特：《论人类语言结构的差异及其对人类精神发展的影响》，姚小平译，商务印书馆 2009 年版，"译序"（第 39 页），第 52、316 页。

② 同上。

③ 同上。

④ 徐通锵：《语言论：语义型语言的结构原理和研究方法》，东北师范大学出版社 1997 年版，第 41 页。

⑤ 申小龙主编：《语言学纲要》，复旦大学出版社 2003 年版，第 315 页。

汉语中本非问题，而在不同民族语言的转换上，却产生很大歧义。以下是弗莱彻的英译：

Po – ti amid its rainbow clouds we quitted with the dawn,
A thousand li in one day's space to Kiang – ling are borne.
Ere yet the gibbon's howling along the banks was still,
All through the cragged Gorge our skiff had fleeted with the morn. ①

直译回来，第一句和第四句可以是这样的句子：

在白帝城它自己的虹云之间，我们已伴着黎明离开。
我们的小船已在早晨掠过全部多岩的峡谷。

先说主语。李白的原诗四句，本没有主体。他写的是一种感受。浩荡长江上轻舟一瞬掠过无穷景色，其迅捷、其美妙、其时光流淌，任人去体味。如果是归乡，可以是欣喜；如果是会友，可以是心切；如果是游玩，可以沉浸其中。这种体味，可以是我，可以是你，亦可以是我们和他们。只要是人，无论是谁，只要在场，其情境即如此。如果给出一幅水墨图画，小小轻舟凌波而下，舟上可有人影绰绰，亦可渺渺不见其人，就仿佛"野渡无人舟自横"的妙境。不需要主语，天地间自有人在，受者也在其中。清代乾隆御定《唐宋诗醇》卷7就有"顺风扬帆，瞬息千里，但道得眼前景色，便疑笔墨间亦有神助。三四设色托起，殊觉自在中流"的评语。这体现了中国古典美学精妙而宏大的追求，是古老民族的精神映照。英译因为主谓结构的要求，须有主语"我们"（we）。就如此一个小小的"we"，这千古绝唱的天之浑美荡然无存。

再说时态。汉语本无词语时态的变化，它的时态暗含于字与词的调遣之中。《早发白帝城》本无须突出时态，何时发生的事情与美学的批评无关。四句诗强调的是迅捷，是变幻的景色与声响，有正在进行的味道。这是一个过程，它展开的时间可以任意。至于这只船，它的目的地，早到与晚到，到与不到，是无关紧要的。诗性专注的是过程，无论何时展开或进

---

① W. J. B. Fletcher, *Gems of Chinese Verse*, Shanghai: The Commercial Press, 1932, p. 26.

行，它的关注都在过程。林木高深，高猿长啸，空灵飞动的快意，瞬间穿越的时空之美，由古至今不曾消解。英译第一句用了一个过去时（quitted），说"已"离开；第四句用了一个过去完成时（had fleeted），说已完结，这符合英语基本语法要求，但并非原诗本意。原诗的"已过"，是要表达啼声未住，轻舟飞越，山影与猿鸣浑然无迹，把"快"和"疾"的物理概念上升为精神感受，绝非过程完结之意。这种理解包含了多重审美上的转换和移情，很难为不同美学背景的人所领悟。更易造成歧义的是对原诗最后一句"轻舟已过万重山"的解释。已者，完结也，是汉语副词的标准含义。但这个"已"只是已过这一段的意思，时空还在延伸，审美继续深入，英语过去完成时的简单替代，使中国古典美学的时空意念和纯美境界破碎不堪。[1]

对此，20 世纪法国诗人、批评家克罗德·卢阿深有体会："中国古典诗人很少使用人称代词'我'，除非他本人是施动者、文中角色和起作用的人。因动词的无人称和无时态造成的意义不确定、含糊不清，代词的省略都不是中文的弱点。这是他们在天地万物间的一种态度。"[2] 他的话切中要害，很有"个中滋味"的意思。在中国古典诗词中，没有主语、没有时态的表达极为普遍。有许多作品，作者本人是动作者的，也基本不出现主语。主语和时态可以暗含，并推广为一般，诗人的感受由此趋向永恒。从现代叙事学理论来说，诗人和小说家用现在时替代过去时，具有特殊的诗学意义。消弭时空界限，用当下的情境、气氛、节奏，以及当事人的即时动作和对话，把历史暗换为现实，生出跨时空的体验和对话，这是文学独有的技巧和魅力。

我们无意评论弗莱彻的译作，何况它已是近百年前的旧译，只想借此说明，不同民族语言的特殊性，决定着各民族文学之间的巨大差异。这种差异不仅贯穿于文学创作和作品，而且深深地贯注于民族的文学观念和理论之中。20 世纪 30 年代，海德格尔在与日本学者手冢富雄的一次对话中尖锐地质疑："对东亚人来说，去追求欧洲的概念系统，这是否有必要，并且是否恰当。"因为他体会"美学这个名称及其内涵源出于欧洲思想，

---

① 对这句诗，中国学者翁显良译为：Out shoots my boat. The serried mountains are all behind。毛华奋：《汉语古诗英译比读与研究》，上海社会科学院出版社 2007 年版，第 188 页。

② 克罗德·卢阿：《〈偷诗者〉引言》，载麻艳萍译，钱林森编《法国汉学家论中国文学：古典诗词》，外语教学与研究出版社 2007 年版，第 399 页。

源出于哲学。所以，这种美学研究对东方思想来说终究是格格不入的"。[1]
在更根本的语言学角度上，"对东亚民族和欧洲民族来说，语言本质始终
是完全不同的东西"。[2] 这进一步启示我们，西方文论的语言学转向，是
以索绪尔的语言学研究为基础的，它所指引的西方文学理论以至美学的巨
大变化以印欧语言的本质为根据。这里不排除一般方法论的意义，但根本
而言，它的全部法则、概念、范畴不能简单适用于其他语言体系，尤其是
以象形和表意为基础的汉语言系统。萨丕尔说："每一种语言本身都是一
种集体的表达艺术。其中隐藏着一些审美因素——语音的、节奏的、象征
的、形态的——是不能和任何别的语言全部共有的。"[3] 他判定："企图用
拉丁、希腊的模子来铸造英语的诗，从来没有成功过。"[4]汉民族语言，几
千年的历史，丰富的文学经验，千古回响的传世绝唱，宏观指向字字珠
玑，细微之处气象万千，绝非另一种语言能够比对。"艺术家必须利用自
己本土语言的美的资源"，[5] 这是萨丕尔的真诚劝诫。我们总是疑惑，西
方语言学家、文学理论家、文艺批评家反复强调的东西方文明的差别，
特别是其自身理论的有限性，这是借鉴和运用任何外来理论的基本前
提，为什么没有被中国的引进者所重视？难道是没有读到，抑或是不愿
意读到？

（二）伦理差异

东西方伦理传统的差别是明显的，这种差别深刻影响甚至左右了文
学的演变和发展。古老的神话和传说表现了民族的伦理和道德，同时又
反作用于它，为道德和伦理的习得与养成提供了最生动的载体和手段。
原始的神话和传说对民族文学的影响同样是深刻的。某些神话和传说承
载着混沌的原始意象，作为一种民族记忆，在民族文学的长河中潜动，
自始至终。神话和传说也影响民族的审美取向，甚至决定着民族文学的
接受和评价尺度。这就回到了我们的问题：立足于西方神话和传说的文
学及其理论，会恰当贴合于其他民族的文学和批评吗？我们从有关人类

---

① 海德格尔：《在通向语言的途中》，孙周兴译，商务印书馆 2009 年版，第 87 页。
② 同上书，第 109 页。
③ 萨丕尔：《语言论：言语研究导论》，陆卓元译，商务印书馆 2009 年版，第 206 页。
④ 同上书，第 210 页。
⑤ 同上书，第 207 页。

起源的神话说起。

　　希腊神话从母子婚娶、众神弑父开始。两代神人持续弑父，成就了希腊神话故事的基本格局。古代希腊神话和传说开篇说道，天地之初，大地之神盖亚从混沌中诞生，自生了天神乌兰诺斯，乌兰诺斯反娶盖亚为妻，母子结合，繁衍后代，有了被统称为提坦神的群神家族。在这一家族中，母子结合而生的儿女形象恐怖狰狞，他们共同憎恨自己的父亲。父亲折磨母亲，幼子克罗诺斯受命于母，挥剑重伤生父，取代生父为新王。新王娶其亲姐为妻，生下宙斯，宙斯率领兄妹结成同盟，与生父征战十年，父亲被众儿女打入地狱，宙斯成为新王。这些故事在希腊神话和传说中不占有重要地位，后来的神话研究也少见深入的分析和论述。但是，恰恰是这些不为人重视的前神话（宙斯前的神话），传递了值得注意的信息。其一，母子结合或者说婚配，是众神及人类诞生的起始。混沌之初本无伦理，但作为神话能够被记录和流传，就证明这种婚配关系为希腊以至欧洲大陆诸民族所接受，没有在伦理认知上给予绝对的排斥，否则，不会产生和流传这样的神话。其二，在希腊初民的幻想中，两次类似弑父行为的记载和传播，证明了弑父、弑王是夺得统治权力的重要方式，它是政治，不是人伦，有其合理性。其三，从时间上判断，上述神话虽简单、原始，但相关传说在前，其他更复杂、更精致的同类传说在后，这就更加充分地证明，"娶母"、"弑父"，作为分立、单独的行为，在民族心理上是可以容忍的，为以后更深入的发挥做好了准备。从时间上判断，乌兰诺斯娶母为妻，克罗诺斯弑父为王，宙斯率众兄妹将其父打入地狱，后来的俄狄浦斯弑父娶母，是一种当然的延续。与以前的故事相比，俄狄浦斯故事的关键是，把弑父和娶母这两件事情集中到一起，用一个确切的结果，表达民族神话中蕴藏的伦理倾向。它从根本上改变了先前传说的性质，由人类起源和王位争夺的想象，转向人伦是非的辨析，突出了伦理判断的目的性。这种变化表现在：其一，主人公弑父娶母的行为是神对其父作恶的惩罚；其二，主人公为摆脱神谕命运而极尽挣扎；其三，俄狄浦斯落难之后光荣赴死。这三个方面的内容，既给予俄狄浦斯弑父娶母行为以充分的逻辑根据，又在情感上制造了强烈的悲剧气氛，引导人们得出一个结论，即俄狄浦斯是个好国王、好丈夫、好儿子，他弑父娶母的行为应该得到理解和同情，神话的承继与传播由此取得道德上的合理性。

　　俄狄浦斯的神话传说对西方文学影响深远。据弗洛伊德总结，有不同国家、不同时代的三位文学巨匠以此为主题，创作了戏剧或小说，令后人高山仰止。一部是索福克勒斯的希腊悲剧《俄狄浦斯王》，直接描写俄狄浦斯弑父娶母的故事，是此类作品的原始起点。一部是莎士比亚创作的悲剧《哈姆雷特》，我们只能说它被附会于这个神话，将过去被认为是写命运不可抗争的主题，附会成哈姆雷特因恋母情结作祟而行动迟疑的心理表现。一部是陀斯妥耶夫斯基的小说《卡拉马佐夫兄弟》，卡拉马佐夫的儿子弑父，是作者恋母情结的隐晦表达。① 就对这些作品的认识而言，我们不否认弗洛伊德另辟蹊径的视角和努力，但是，这种分析和推论并非普遍适用。

与西方文学相比，在这一问题上，中国文学有完全不同的面貌。我们可以从中国古代神话和古典文学作品中找到有力的证据，如中国古代关于伏羲、女娲兄妹结为夫妻创造人类的神话：

> 昔宇宙初开之时，有女娲兄妹二人，在昆仑山，而天下未有人民。议以为夫妻，又自羞耻。兄即与其妹上昆仑山，咒曰："天若遣我二人为夫妻，而烟悉合；若不，使烟散。"于烟即合。其妹即来就兄，乃结草为扇，以障其面。今时取妇执扇，象其事也。②

这一神话不仅为多种汉语言史料所记载，而且仍广泛保存于中国西南苗、瑶、壮、布衣等多民族的口头传说之中。这些传说在细节上各有差异，但伏羲、女娲由兄妹结为夫妻，创造或再造人类的主题则是一致的。这是与希腊神话、传说的重大区别。在中国古代，兄弟娶姐妹为妻，尽管仍是血亲，且"又自羞耻"，但在伦理辨识上可以被接受。兄妹为夫妻造人补天能成为神话，并在各民族的传说中久远流传，本身就是证明。在婚配制度上，中国古代很早就禁止血亲兄妹通婚，但表兄妹，无论是堂表兄妹还是姨表兄妹通婚，则是一种普遍现象，表兄妹的通婚除了当事人相恋相亲以外，通常有两个原因：一是大家族的政治或经济目的，政治上为了结成更巩固的同盟，经济上为了财富为本家族所占有；二是氏族成员之间

① 弗洛伊德：《陀思妥耶夫斯基与弑父者》，载车文博主编《弗洛伊德文集》第4卷，第535—553页。
② 李冗：《独异志》（8）卷下，载袁珂《古神话选释》，人民文学出版社1979年版，第45页。

的信任和聚合，双方相互了解，甚至"青梅竹马"，从而"亲上加亲"。但是，在中华民族的神话和传说中，没有母子为夫妻的记载，没有母子乱伦的传说。在中华民族的意识中，母子、父女不可乱伦，更不可婚配，这是不可触碰的伦理底线。在初民的幻想中，无论怎样夸张，婚配关系最终止于兄妹，绝无可能为母子或父女。像西方神话那样将婚配变幻到母子，是绝对不可以接受的。在中国古代，可以为政权"弑父"，但不可以娶生母，更不可以为了娶母而弑父。在种种亲属群体中可能发生乱伦，但绝不可"恋父"、"恋母"。这可以在中国古典名著中找到根据。

《红楼梦》是清代著名历史小说、社会小说、言情小说。在这部小说中，中国社会的万千人伦现象都有生动表达。它的表达基于历史和生活的真实，是作者对当时中国社会的深刻体验。关于性和人伦关系，生活中存在的，小说多有言及，梳理起来，大致可以分为两类。一类是正当的人伦关系。贾宝玉爱的是林黛玉，他们是姑表亲；薛宝钗嫁给了贾宝玉，他们是姨表亲。三方互为表兄姐妹。贾宝玉爱林黛玉是真情，薛宝钗嫁贾宝玉是利益。这种关系是正当的人伦关系，在中国封建社会甚为普遍。另一类为非正当关系。一种是封建社会所允许的所谓妻妾制，贾府中的贾赦、贾政以及贾琏、贾珍都有妻妾，有人甚至一妻多妾；另一种是制度和伦理都不允许的关系，最典型的是贾珍与秦可卿的苟且，他们是公媳关系。此外如王熙凤与贾蓉的暧昧不清，他们是婶侄关系。对于前一类关系，即正当的表兄妹的恋爱婚姻关系，在神话传说和文学经典中都有记载以至颂唱。南宋诗人陆游的一首《钗头凤·红酥手》，为后人吟唱；当代小说家巴金《家》中的主人公觉新与梅表姐的爱情，令世人惋叹。至于那些归于乱伦的不正当关系，有些《红楼梦》里没有涉及，例如叔嫂不伦（如《水浒传》中潘金莲企图勾引武松）、子与父妾不伦（如武则天嫁唐高宗李治）、子与后母不伦（如《雷雨》中的周萍与繁漪），等等，都是中国传统伦理道德所严厉禁止的。无论怎样严厉，此类事情总要发生，且历朝历代禁而不止。而在中国历史和当下，母子乱伦、父女乱伦，无论是民间神话传说，还是正典的文艺作品，都不会有此类记载和表述。罕见案例也许会有，但绝不会以传说和文学的形式进入阅读和写作。这也是底线，否则就意味着对这种极端乱伦行为的容忍和妥协，意味着对中国伦理道德的最后颠覆。

我们回到对西方文论的认识上来。自弗洛伊德始，精神分析学派提出人类共有的"俄狄浦斯情结"，构造一套理论和方法，用于普遍的文艺理论研究和批评，其推广和应用的逻辑起点值得怀疑。东西方的伦理传统不同，立足于西方伦理传统的理论和批评并不适用于东方传统伦理影响下的文学经验。东方民族很难接受"俄狄浦斯情结"及其文学表达，个人的心理缺乏经验，民族的道德准则断然拒绝。汉语言民族的神话和传说、汉语言文学的景深，没有此类线索和轨迹。将根据西方神话和传说而生成的理论作为普遍适用的批评方法和模式，无限制地推广到所有民族的文学和批评，会生出极大的谬误。我们至少能够判断，以"恋母情结"为逻辑起点的精神分析方法不适用于中国的文学批评。用荣格的原型理论来分析，这一认识就更加清楚。荣格从神话以及他的病人的梦和幻想中发现了集体无意识。他认为集体无意识是人类自原始社会以来世世代代普遍性的心理经验的长期积累，其内容就是"原型"。原型作为潜在的无意识进入创作过程，在远古时代表现为神话，在各个时代转移为不同的艺术形象，并不断地以本源的形式反复出现在艺术作品与诗歌中。如果该理论有效，那么不同民族的不同神话会产生相同的集体无意识吗？如果自原始社会以来世世代代的普遍性心理经验有根本差异，那么它们经过长期积累会产生相同的内容吗？远古时代的神话形象不同，作为潜在的无意识进入创作，会有相同的结果和形象吗？道理很清楚，原型不同、本源不同、集体无意识不同，作为结果的文学当然不会相同。所以，汉语言民族的文学中没有弑父娶母的原型，更不要说反复出现。我们再用弗莱的文学是"移位的神话"（displaced myth）来阐明这一道理。就人类起源的猜测看，西方的神话是母子相交而生成，东方的神话是兄妹相配而繁衍。远古时期东西方神话互不交接，各自生长，作为神话移位的文学，必然有极大不同，以至根本性的差别。文学对神话的移位只能是本民族神话在文学中的移位，而不是跨民族的移位。吉尔伯特·默里的"种族记忆"说也可证明该判断。默里由《金枝》的启发而认为，某些故事和情景"深深地植入了种族的记忆之中，可以说是在我们的身体上打上了印记"，[①] 所以，原始的神话和传说对文学产生血脉般的影响。中国社会有一种现象，青年男女相恋，许多以兄妹相称，尽管他们既不是表兄妹，更不是亲兄妹，但是，无数的民歌、情歌都称情哥哥、情妹妹，这能否从女娲、伏羲的神话中找到

① 转引自朱立元主编《当代西方文艺理论》，第166页。

"种族记忆"的线索？文学如此，依据西方文学史经验生成的理论和方法，更是如此。依据西方神话和传说生成的理论及方法，不可能无界限地适用于世界各民族文学的批评。

（三）审美差异

审美作为民族心理的重要组成部分，有着漫长的积累和演变过程。在此过程中，多种物质和文化元素参与其中，相互碰撞与融合，形成了各民族审美的独立特征，深刻影响文学艺术的创造和传播。民族审美心理的承继和演进，构造了民族审美的集体性倾向，这种倾向决定了民族的文学艺术呈现多向度的差别，决定了文学艺术产品的公众接受取向和评价标准。

民族审美心理和经验对文艺理论及批评的影响同样是深刻的。审美先于理论，理论服从审美，个体审美抽象升华为集体审美，集体审美决定理论走向，理论校正、归并个体审美。这是民族审美和理论的一般规律，背离这一规律，任何理论都难以行远。因此，西方文论对中国文学的有效性，取决于民族审美经验的接受程度。这一判断可以通过对法国荒诞派戏剧和理论的分析得到证明。

尤奈斯库是法国荒诞派戏剧及理论的代表性人物，他的名作《秃头歌女》是荒诞派的奠基性作品。这部以反理性、反真实、反戏剧面目出现的荒诞剧，从内容到结构以至题目本身都荒诞到极点，可以作为分析的样本。确切地说，《秃头歌女》是没有剧情的。剧中人物和对话都是荒诞的表征，就像台上站着或坐着几个神经不甚健全的男女在妄自呓语。

　　马丁夫人：我能买把小折刀给我兄弟，可您没法把爱尔兰买下来给您祖父。
　　史密斯先生：人固然用脚走路，可用电、用煤取暖。
　　马丁先生：今天卖条牛，明天就有个蛋。
　　史密斯夫人：日子无聊就望大街。
　　马丁夫人：人坐椅子，椅子坐谁？
　　史密斯夫人：三思而后行。
　　马丁先生：上有天花板，下有地板。

史密斯夫人：我说的话别当真。

马丁夫人：人各有命。

史密斯先生：你摸我摸，摸摸就走样。

史密斯夫人：老师教孩子识字，母猫给小猫喂奶。

马丁夫人：母牛就朝我们拉屎。①

　　从头到尾没有情节可言。如此对话，没有表情和声调，翻来覆去地重复；没有确指，更无逻辑；自说自话，互不搭界；几个人物场上场下随意转动，对话的夫妻之间互不相识。布景里有个英国式的大钟，不按时报点，一会儿十下，一会儿三下，表现得神秘鬼祟。

　　结构也是荒诞的。一个独幕剧，各场之间没有联系，前后颠倒也不会有太大影响。人物出场谁先谁后，台词多一句少一句，怎样开头和结尾，全无道理。例如结尾，剧作家的原本设想是，两对夫妇争吵以后，舞台空出，无人，无物，无声。藏在观众里的临时演员假装起哄，经理和警察上场。警察用机关枪扫射观众，经理和警长欢颜相庆。这样荒诞无比的结尾是不是有什么哲学、美学、戏剧学上的考量？对此没有资料可证。但有记载的是，剧作家认为如此结尾费用会很高，简单一些可以省钱。于是改成现在的样子，就是一切从头再来，马丁夫妇在台上重复史密斯夫妇开幕时的台词，好像是意味深长的循环往复。

　　甚至戏剧名称的产生都充满离奇荒诞色彩。剧中从头到尾根本没有"秃头歌女"这个角色。该剧原本打算题为《英国时间》或《速成英语》，只是因为在排练时，那位饰演消防队长的雅克先生不很敬业，错把"金发女郎"念成"秃头歌女"，在场的尤奈斯库大喜过望，认定这个提法当作题目更能表达他的意思，于是"秃头歌女"这四个字便保留了下来。

　　尤奈斯库对传统戏剧理念的颠覆，关键是对故事性和情节性的消解和拒斥，用荒诞的手法极大地挑战了人们对"戏剧"本身及其核心要素的界定，重新建构起另一种戏剧。凭借引人入胜的故事和环环相扣的情节支撑起来的传统戏剧，在尤奈斯库看来低级拙劣。他曾强烈表达对传统戏剧

---

① 尤奈斯库：《秃头歌女》，载黄晋凯主编《荒诞派戏剧》，中国人民大学出版社 1996 年版，第 331 页。

的不满甚至厌恶，认为希腊悲剧和莎士比亚的戏剧不具备戏剧特点，"高乃依使我感到厌烦"，"席勒对我来说，是不能忍受的"，"小仲马的《茶花女》充满了一种可笑的感伤"，"易卜生呢？滞重；斯特兰贝格呢？笨拙"。对传统戏剧倚重的情节，尤奈斯库更是不以为然，"情节，在我看来是任意安排的。我觉得整个戏剧，都有某种虚假的东西"。① 只有像荒诞派那样消灭情节、不可理喻的戏剧，尤奈斯库认为才是真实的，而且是一种"超现实的真实"。

尤奈斯库用荒诞不经的理论标尺丈量西方传统戏剧经典，所得结论尽管偏激——事实上，那些伟大的剧作家和作品，因为动人的故事和跌宕的情节，以及艺术家精湛的表演，仍被全世界的民众所喜爱，充满生命地活跃在舞台上，历经千百年而不衰，但必须承认，尤奈斯库及其荒诞派戏剧理论的探索是有意义的，他对西方社会的剖析和批判显示了卓越的见识和锐利的锋芒。荒诞派戏剧之所以能在西方产生，并在戏剧舞台风行几十年，受到各方面的称赞欣赏，证明它的存在是有道理的，更证明它反语言、反理性的极端立场在民众审美层面具备一定的接受基础。否则，不会有荒诞派戏剧的出现，即使出现也不会被接受，遑论流传下来。

类似于荒诞派理论所主张的非理性、无情节等，在中国的审美传统中则很难被接受。对故事和情节的天然亲近感深深融入中华民族的文化基因。一般认为，中国是诗的国度，抒情传统发达，叙事传统薄弱。这一说法有一定道理。但只要细加考察就会发现，中国古典文学在抒情传统之下，同时并行着坚实而绵延的叙事传统。"诗缘情而绮靡"，但落实到操作层面，"情"往往"倚事"而发，倚事抒情，无事不情。这是中华民族传统审美取向规约而成的表达习惯。因此，自《诗经》以降，几千年的中国文学史，小说、散文、戏剧等先天具备叙事色彩的文体自不必说，就是诗歌这一抒情为主的文体，也往往具有故事化、情节化的特点。哪怕是一首小小的抒情诗，也要讲故事、拟情节，以叙事表情写意。没有情节的文学作品，在丰富多彩的中国文学史上很难留下痕迹。民族的集体审美落实于作品的情节及其安排，这种心理世代传承，形成巨大的审美惯性，决定作品的接受和影响程度。我们不妨举一首小词为例：

---

① 尤奈斯库：《戏剧经验谈》，载黄晋凯主编《荒诞派戏剧》，第45、46、39页。

> 胡马，胡马，远放燕支山下。跑沙跑雪独嘶，东望西望路迷。迷路，迷路，边草无穷日暮。①

这是中唐诗人韦应物的一首重在抒情的小令，以《调笑令》为牌，集中表达了主人公孤独而迷茫的意绪，凝聚和传递着无限凄迷而又于心不甘的寂寥。这首词的艺术和美学含量丰富，凭借线条、色彩、音响的重叠交织，把词这一文体的独特魅力发挥到极致。更重要的是，它用短短 32 个字，虚构了一个故事，拟设了一组情节。一匹被放逐的孤马，盘桓于大漠边塞的沙雪之上，没有同伴，去路难寻，掩没在苍茫草原上同样苍茫的落日之中。用情节延宕故事，用叙事统领抒情，抒情寄托于叙事，由事而情。

这首小令的叙事要素完备。它的时间、地点、人物非常清楚：早春的黄昏，燕支山下的大漠，失意寂寥的孤马；它的动作、声响、情绪交融于一体：寻觅的奔跑，不平的嘶叫，无路可去的迷茫；它有结局：困顿于此，与边草日暮为伴。

叙述者的身份颇有意味，叙事主体在场与不在场，造成了故事的几重悬念。第一，诗人就是主人公，拟化为马，在场直接叙述。事业上的失落和失意，情绪上的惶惑和不平，几番挣扎，依然空荡无凭，边草暮日投射一抹悲壮色彩，叙事者主观意图明显。第二，诗人是主人公，但不在场，他规定故事主人公的一切动作和企图，全方位地展开叙述。迷失方向，在忧虑和不甘中多方奔突，没有结果，不见希望，主人公消解于无边草莽的苍凉之中。叙事者隐身于场外，客观描述色彩浓厚。第三，他既不是主人公，又不在场，完全叙述一个他者的故事。无助也好，独嘶也好，大漠落日只是个背景，冷静、客观、无情无意，最终感受由受者自主推进，与作者无关。这种叙事方式给我们多重阅读期待。诗人究竟是什么身份？为什么要创作这首词？为什么要这样写？对此尽可任意猜想：他是戍边大漠的孤独将士，因思乡难归而郁闷；他是流放边塞的失意文人，因怨谤受贬而不甘；抑或他就是一多情善感的有闲人，一种传说、一个眼神，甚至是半阶音响，激起他心底丰饶的诗意。

---

① 韦应物：《调嘯词二首·其一》，载陶敏、王友胜校注《韦应物集校注》，上海古籍出版社 1998 年版，第 596 页。

应该说，这首小令并非唐宋词中的极品，我们只是解读它叙事抒情的意图和技巧。此类表达在中国古代诗词中俯拾皆是："儿童相见不相识，笑问客从何处来"，将"少小离家老大回"的五味杂陈推演为问答；"马上相逢无纸笔，凭君传语报平安"，将"故园东望路漫漫"的伤感演绎于对话；"今宵剩把银釭照，犹恐相逢在梦中"，把刻骨相思索隐成动作；"松下问童子，言师采药去，只在此山中，云深不知处"，简直是对话式的短篇小说。重故事，重情节，欲抒情而叙事，依叙事而抒情，已经积淀为民族诗学的基本法则，体现了民族审美取向的基本特征。美总是具体的。寓道理和情感于故事和情节之中是美的，叙事者和感受者融为一体的视角是美的，将虚幻无形的体验物化为实在和有形的具象是美的。形而下地表达形而上的道，是民族审美的追求。用这一标准衡量，符合它的就易于被接受，背离它的就要被疏离，任何理论、任何作品，恐怕难有例外。

从一定意义上说，西方的文学艺术是西方审美传统的凝炼和外化，西方的文艺理论反过来又体现和强化着这种审美传统，从而在总体上形成了互相契合的整体。中华民族积淀和遵从的审美传统，无论宏观取向还是微观特征，与之有千差万别。罔顾这一事实，对西方文艺理论横加移植，结果只能是既与审美传统主导下的文艺创作有隔，又与中华民族在审美传统支配下的接受规律相违。理论由此成为无效的理论。

三 中国文论建设的基点

对西方文论的辨析和检省，无论是指出其局限和问题，还是申明它与中国文化之间的错位，最后都必须立足于中国文论自身的建设。明确了这一点，接下来的问题就是，当代西方文论为中国的文论建设提供了哪些镜鉴？我们应从中吸取哪些经验和教训？在世界文论频繁的范式转换中，中国文论如何自处？这是我们当前迫切需要解决的问题。

（一）全方位回归中国文学实践

中国的文论建设，必须从中国文学实践出发。

提出这一命题，可能会遇到如下质疑：为什么要从中国文学实践出发？实践之于理论，是必须的前提和条件吗？文学理论究竟应从哪里来？这是文学理论的一个基本原点问题。这一问题解决不好，文学理论的发展必然从根本上走向偏误。

之所以出现这样的疑问，是因为近一个世纪以来文学理论的发展，尤其是当代西方文学理论的发展，似乎越来越有力地证明，文学理论的来源未必就是文学实践。佛克马、易布思就曾明确表达过这种观点："弗洛伊德的心理学对心理分析学派的文学批评理论无疑产生过影响。马克思文学批评理论与特定的政治学和社会学观点纠结在一起。格式塔心理学派对于人们探讨一种文学系统或结构肯定具有启发的作用。俄国形式主义不仅受惠于未来主义，而且也受惠于语言学的新发展。有些文学理论派别与文学创作的新潮流更接近一些，有些则直接由于学术和社会方面的最新进展，还有一些处于两者之间。仅将现有各种不同的文学理论派别的产生原因，给予一种概括性的解释，是没有多大裨益的。"① 他们拒绝承认文学理论是"一种概括性的解释"，实际上是认为，文学理论的来源未必是文学实践。

这一结论犯了一个基本的逻辑错误，即混淆了"实然"和"应然"的关系。两位学者在上文中所描述的现象是真实存在的。20 世纪以来的西方文学理论，确实越来越多地"受惠于"包括心理学、语言学、人类学等其他学科的理论创造。但是，仅凭这些并不足以证明文学理论可以甚至应该离开文学实践。

从文学发生学的角度来说，总是先有文学，后有文学理论。这一点举世皆然。没有文学的产生和存在，也就不可能有文学理论的出现。可以肯定地说，如果没有古希腊悲剧的繁荣发展，就不会有亚里士多德的《诗学》；没有莎士比亚的戏剧探索和 1767 年汉堡民族剧院的 52 场演出，历史上也不会留下莱辛的《汉堡剧评》；同样，没有现实主义、浪漫主义、象征主义的创作潮流，也不会诞生相应的文学理论思潮。文学理论来自文学实践，并以走向文学实践为旨归，这是一切文学理论合法性的逻辑起点。

文学理论是关于文学的理论，本质上是对某一特定时期文学实践的经

---

① 佛克马、易布思：《二十世纪文学理论》，林书武等译，生活·读书·新知三联书店 1988 年版，第 2 页。

验总结和规律梳理。其中最重要的，是文学理论对文学创作取材、构思、技法以及对文学作品审美风格、形式构成、语言特质的理论归纳和概括。在总结和梳理过程中，理论的应有之义还包括"问题域"的拓展和思维方式的切换。例如，在文学实践环节，"文学是什么"这类"元问题"，不是创作者或接受者需要思考的问题，而文学理论一旦出现，类似问题就成为无法绕过的核心问题。答案从哪里来？——来自实践。理论家要想给出一个令人信服的回答，必须以实践为对象，认真梳理、仔细甄别。例如，在西方有人将文学的本质界定为"摹仿"。无论这种"摹仿"指的是对自然的摹仿，还是对"理式"的摹仿，得出这一结论的前提，无一不是对文学实践的理解、把握，以及在此基础上对文学与自然、与"理式"之间关联的考察。理论的编码体系，是把感性的、直接的、朴素的经验理性化、一般化。经此演练后，文学实践的影子可能已经淡化，甚至荡然无存，但文学理论最原始的出发点依然在文学实践，否则就难以被称为文学理论。

当代西方文论中的某些思潮流派，直接"征用"其他学科的现成理论，不但不能证明文学理论可以越过文学实践，反而暴露了其自身存在的致命缺陷。我们提出这样的论断，并不意味着文学理论要自我封闭，打造学科壁垒。在当下的学术研究中，无论是自然科学还是人文社会科学，学科间的碰撞和融合已成为重要趋势，这在相当程度上推动了学术研究的进步。但这种学科间的碰撞和融合，只能是研究方法和思维方式的启迪，而不能是理论成果的简单翻版，落实到文学理论也是如此。然而，实际的情况却是，包括弗洛伊德、索绪尔、哈贝马斯、德里达、福柯、赛义德、列维‐斯特劳斯等在内，以及文化研究兴起后暴得大名的一大批学者，都被归置在文学理论家的行列，相关理论也被当作文学理论。事实上，这些学者及其思想为文学理论提供的仅仅是一种观念启迪或思维工具。正如乔纳森·卡勒所言，"这种意义上的理论已经不是一套为文学研究而设的方法，而是一系列没有界限的、评说天下万物的著作，从哲学殿堂里学术性最强的问题到人们以不断变化的方法评说和思考的身体问题，无所不容"。[①] 当代西方文论因为有这些思想资源，就省略和放弃了对文学实践的爬梳，其结果是，文学理论无关文学、没有文学，或者文学只是充当了

---

① 乔纳森·卡勒：《文学理论入门》，李平译，译林出版社 2013 年版，第 4 页。

理论的佐证工具，其学科特性受到了前所未有的削弱，成了凌空蹈虚的"空心理论"。有西方学者甚至由此对文学理论本身产生了怀疑，认为"事实上并没有什么下述意义上的'文学理论'，亦即，某种仅仅源于文学并仅仅适用于文学的独立理论"。① 这是近年来西方文论饱受质疑的重要原因之一。正如有学者所言，文学理论的初衷"是试图从自身外围的学术领域中来获得启发、寻找出路，结果却邯郸学步，丢掉了自身"。②

文学理论在生成过程中接受其他学科研究方法、研究思路的启迪和影响，这无可厚非，不应排斥，但其前提和基础一定是对文学实践的认真研习和深刻把握。缺少了这一点，一切文学理论都是没有生命力的。

中国当代文学理论建构始终没有解决好与文学实践的关系问题。与西方情况稍有不同的是，西方文学理论脱离实践，源自对其他学科理论的直接"征用"，中国文学理论的问题则源自对外来理论的生硬"套用"，理论和实践处于倒置状态。1950 年代，苏联的文学理论以体系化的整体形式被平移到中国，迅速居于主导地位。它所确立的"现实—本质—反映"的理论框架，成为中国文学理论建构的宏观前提。季摩菲耶夫的《文学原理》、毕达可夫的《文艺学引论》等苏联教材成为中国文学理论的直接思想来源。这种状况一直持续了 30 年。进入新时期后，文学理论风向陡转，苏联的文学理论迅速被西方文学理论刷新和覆盖。遗憾的是，这种变化只是理论引渡空间的转移，理论的诞生方式依然如故。

当前中国文学理论建设最迫切、最根本的任务，是重新校正长期以来被颠倒的理论和实践的关系，抛弃对一切外来先验理论的过分倚重，让学术兴奋点由对西方理论的追逐回到对实践的梳理，让理论的来路重归文学实践。

这种回归必须是全方位的回归。文学实践是一个复杂的有机系统，由创作、文本、接受等若干环节组成。回归中国文学实践，就是要把中国文学理论的建构基点定位在中国文学的现实上，系统研究中国文学创作、文本、接受规律，在此基础上形成有中国特色的文学理论体系。例如，东西方作家各自依托的文化母体不同，思维方式也有差异，那么，中国作家的

---

① 特里·伊格尔顿：《二十世纪西方文学理论》，伍晓明译，北京大学出版社 2007 年版，"第二版序言"。

② 姚文放：《从文学理论到理论——晚近文学理论变局的深层机理探究》，《文学评论》2009 年第 2 期。

创作在选题、运思、表达上有什么独特性？又如，在文学接受层面，"期待视域"是姚斯接受美学的核心概念，按照这一概念的意涵，"一部文学作品，即便它以崭新面目出现，也不可能在信息真空中以绝对新的姿态展示自身"，① 必然受到既往审美体验和生活经验的左右和限制。不同接受主体存在个体差异，但中华民族作为一个文化共同体，必然存在通约性。这种通约性是什么？这需要通过对中国文学接受实践进行认真考察后方能得出。

中国文学理论建设全方位回归中国文学实践，有一点不可或缺，也至关重要，那就是以文本为依托的个案考察。这是建构中国特色文学理论体系最切实有效的抓手，也是最具操作性的突破点。以诗学理论为例。要想准确把握中国当代诗歌的意象设置特征、诗性营构技巧、语言运用规律，基本路径是，将大量当代诗歌汇集在一起，选取一定数量有代表性的诗作，逐一进行文本细读。一行一行地品读，一个意象一个意象地分析，一个字一个字地推敲，千百首诗歌完成后，中国当代诗歌的基本特征就自然呈现。具备了这一扎实的基础后，再进行由个别到一般、由特殊到普遍、由具象到抽象的归纳演绎，使之系统化、理论化。这才是中国诗学及中国文学理论应有的生成路径。与西方现成理论的直接引进相比，这种理论建构方式或许要艰难、迟缓得多，甚至略显笨拙，但却是最有效、最坚实、最禁得住历史考验的理论。更重要的是，这样的文学理论才能是中国的文学理论。

这并不是要重蹈西方文本中心主义的老路，也与英美新批评所倡导的细读法批评存在本质差异。西方文论中的文本中心主义以及由此催生出的文本细读，其逻辑前提是将文本视为独立自足的封闭体系，无视甚至否认作者、读者以及时代环境等外部因素对文本产生的规约和影响。布鲁克斯甚至认为只有文本研究才是文学批评。我们倡导的文本细读，并不以狭隘的文本观为基础。文本只是整个文学实践活动中的一个重要环节，其生成和定型受到各种复杂因素的影响和制约。文本在文学理论建构中只是依托，而不是全部；文本细读也只是所有理论建构行为的第一步，而不是终点。在文本细读中归纳概括出的结论，要放置在文学实践的有机系统中进

---

① 姚斯：《走向接受美学》，载姚斯、霍拉勃《接受美学与接受理论》，周宁、金元浦译，辽宁人民出版社1987年版，第29页。

行综合考量，由此探寻进一步的规律、奥秘。

由具体到抽象，再从抽象走向具体，这是理论运行的基本方式。是否以文学实践为出发点，不但决定着理论的前提是否正确、恰切，以及理论本身的形态和合理性，还直接关系到抽象的理论能否再一次走向具体、指导实践，也即理论的有效性问题。这是由理论内部的逻辑自洽规律决定的。可以说，从中国文学实践出发，是所有中国文学理论建构的核心和关键。

（二）坚持民族化方向

文学理论有没有民族性，文学理论建设是否需要坚持民族化方向？近年来，国内学界对此问题的讨论并不充分，认识上也混沌模糊。要么躲躲闪闪，避而不谈；要么折中处理，底气不足。而对西方文论的大肆追捧和直接移植，事实上暗含了这一判断：文学理论没有民族边界，具有放之四海而皆准的普适性。基于此种认识，在近些年的中国文学理论建设中，对民族性的热情渐渐让位于对普适性的追求。

文学理论以文学为研究对象，文学理论的民族性很大程度上由文学的民族性传递而来。

任何一个国家或民族的文学创造，都是其历史记忆、风俗传统、审美习惯或直接或间接的发散，不可避免地打上鲜明的民族文化烙痕。每个人都生活在民族文化传统织就的巨大场域之中，作家也不例外。在文学创作中，这种积淀在作家意识深处的文化基因，无论本人情愿与否，都会不可遏止地灌注在作品的肌理之中。题材的偏好、主题的设定、气质的凸显、韵味的生成，等等，每个方面都包含着丰富的民族精神信息。

有一种观点认为，文学的民族性只存在于前现代社会的封闭形态中，如今，全球化时代已经到来，各民族之间的交流、碰撞、互融成为常态，在世界一体化格局中，文学的民族性不复存在，取而代之的是"世界的文学"。常见的举证是马克思和恩格斯在《共产党宣言》中的一句话："民族的片面性和局限性日益成为不可能，于是由许多种民族的和地方的文学形成了一种世界的文学。"我们认为，将这句话作为否定文学民族性的根据，有断章取义之嫌。为了清晰完整地还原马克思和恩格斯"世界的文学"之本义，不妨将该段原文照录于此：

资产阶级，由于开拓了世界市场，使一切国家的生产和消费都成为世界性的了。……旧的、靠本国产品来满足的需要，被新的、要靠极其遥远的国家和地带的产品来满足的需要所代替了。过去那种地方的和民族的自给自足和闭关自守状态，被各民族的各方面的互相往来和各方面的互相依赖所代替了。物质的生产是如此，精神的生产也是如此。各民族的精神产品成了公共的财产。民族的片面性和局限性日益成为不可能，于是由许多种民族的和地方的文学形成了一种世界的文学。①

要准确理解"世界的文学"，如下几个关键点须引起注意：其一，在这里，马克思和恩格斯是在以批判的立场，分析和预言资本主义如何实现对世界的经济主宰，以及在此基础上的文化占领，而并不是对未来理想世界的预言和想象。其二，这里所说的"文学"，与我们今天使用的"文学"有本质不同。德文"literatur"一词泛指包括科学、哲学、宗教、艺术等一切书写的著作和文本，实际上是指一切精神生产的产品和文化。因此，"不能简单地狭义地套用马克思和恩格斯这个论断，而应该理所当然地在作为精神生产的共同性和一般意义上来理解马克思和恩格斯对'世界的文学'的论述"。② 其三，"民族的片面性和局限性"不等于民族性。联系上文，马克思和恩格斯先阐述的是物质生产的世界性，指出"过去那种地方的和民族的自给自足和闭关自守状态"，已经被世界范围内的往来和交换所取代，重在强调地方性和民族内部的"小循环"发展成为一种世界性的"大循环"。精神的生产与之相同。所以，这里"民族的片面性和局限性"，应指精神生产的自给自足、闭关自守状态，而非精神产品的民族性。其四，所谓"世界的文学"，是由"许多种民族的和地方的文学"形成的。也就是说，作为"世界的文学"的汇集要素，"民族的和地方的文学"属于自身的一些特征还存在，包括民族性特征。

的确，信息化和全球化的裹挟，会在一定程度上对一个国家或民族的

---

① 《马克思恩格斯选集》第 1 卷，人民出版社 2012 年版，第 404 页。
② 陆贵山、周忠厚编著：《马克思主义文艺论著选讲》，中国人民大学出版社 2011 年版，第 146 页。

文化传统造成冲击和影响，但这并不意味着文学民族性的丧失。首先，一个民族文化传统的生成，经过了长期的凝炼、沉淀、塑形，具有稳定性，并不像想象的那样脆弱。其次，即便这种文化传统被另一种更强势的力量完全瓦解或同化，其结果也只是一种文化传统对另一种文化传统的替代，文学的民族性依然存在。

文学实践活动的展开和文学理论的产生，都生发于同一个文化母体，氤氲其中，受其影响。从这个意义上说，文学理论的民族性也是一个国家或民族特有的文化传统、思维定式和审美惯性作用的结果。

很长时间以来，一直存在这一否定文学理论民族性的辩解："文艺理论是一门严肃的探究真理的科学，而科学是没有国界的。"① 文学理论究竟应被称为"科学"还是"学科"，学界争讼已久。从近年来文学理论的发展来看，多数学者倾向于"科学"称谓。将文学理论归为"科学"，事实上包含了对历史上文学理论主观化、随意性的抵制，具有积极意义。对此，也有学者持不同意见，如韦勒克就有所保留。他说："文学研究，如果称为科学不太确切的话，也应该说是一门知识或学问。"② 实际上，文学理论是不是"科学"，这或许并不是一个十分重要的问题，关键是我们对"科学"这一概念本身如何理解和界定。即便我们将文学理论视为科学，也应意识到它与自然科学存在本质不同。

这种不同体现在，自然科学理论主要行使的是"发现"的职能，即通过科学的手段和反复的研究达到对世界的深层认知，或者说是对世界的某种规律和机制的把握。这种规律和机制是客观的，不以人的意志为转移，也不随社会历史条件的变化而变化。所以，自然科学是没有国界、没有民族性的。一旦人类掌握了这种客观规律，不但可以解释自然界的各种现象，还可以超越已知预测未知。③ 而包括文学理论在内的人文科学与此不同。我们承认，人文科学领域也有规律的存在。例如，在中国诗歌发展过程中，诗人们渐渐发现，如果按照一定的句式排列、满足一定的韵律，诗歌吟诵起来就朗朗上口，易于传播，由此出现了相关诗学理论。但是，这类规律不是超越时空的绝对存在，其形成建立在当时汉语言的构词特征、发音特

---

① 金惠敏：《马克思主义文艺理论民族化异议》，《文学自由谈》1986 年第 1 期。
② 韦勒克、沃伦：《文学理论》，刘象愚等译，江苏教育出版社 2005 年版，第 3 页。
③ 众所周知的例子是，1869 年，门捷列夫发现了化学元素周期律，并根据这一规律预言了当时不曾发现的三种新元素。其后不久，三种元素相继被发现，预言被证实。

征，以及人们长期以来形成的审美接受习惯的基础之上。而语言是不断变化的，人们的审美接受习惯也不是恒定不变的，所以，与之相对应的规律随之处于动态之中。这种规律若放置在另一套语言体系上，或移植到另一种审美传统中，可能是无效的。人文科学领域中的许多事实，如文学创作，掺杂了很多主观性、历史性因素，很难用一套绝对的规律把握，必须充分考虑其有限性，即其发生和成立的因素、条件、语境等诸多限制。以自然科学的普适性否定文学理论的民族性，是对人文科学独特性的抹杀。

与上述对文学理论民族性的否定同时存在的，还有另一种观点：承认文学理论的民族差异，但拒绝文学理论建设的民族化方向，认为未来的文学理论建设，应过滤掉民族差异性，探求适用于所有文学的共同本质、原理、规律，从而建构起一套具有普适价值的"世界性的文学理论"。刘若愚的《中国文学理论》就存在这一理论冲动。在"导论"中，作者坦言，写作该书的终极目的，"在于提出渊源悠久而大体上独立发展的中国批评思想传统的各种文学理论，使它们能够与来自其他传统的理论比较，从而有助于达到一个最后可能的世界性的文学理论（an eventual universal theory of literature）"。[①] 这种颇具折中主义意味的理论设想似有一定道理，但稍加追问就会发现，这同样是一厢情愿的幻想。

实际上，这一设想人为地将文学理论进行了分层化处理，目的是区分出"哪些特征是所有文学所共同具有的，哪些特征是限于以某些语言所写以及某些文化所产生的，而哪些特征是某一特殊文学所独有的"。[②] 持类似观点者多倾向于认为，基于实际文学作品或距离文学实践活动较近的那部分文学理论，如作品构成论中的语言、类型、风格、叙事策略、抒情手法等具有民族性，一般不可通约，而本体论层面的原理、本质、规律，各民族之间是相通的，因此是普适的。这种观念的可疑之处在于：首先，对文学理论而言，是否存在这种泾渭分明的层级架构？换言之，关于文学的所谓本质、原理、规律，与文学实践、与其他具体文学理论之间有无关联？难道它们不是出自对文学实践的梳理和提升，而是另有来路？如果同样来自文学实践，为什么偏偏它们没有民族特性？其次，对文学而言，是否存在一套固定的、唯一的本质、原理、规律？我们并不认同后现代主义

①　刘若愚：《中国文学理论》，杜国清译，江苏教育出版社 2006 年版，第 3 页。
②　同上。

的"反本质主义"提法。本质是存在的,只是事物的本质总是随着时空条件的发展变化而发展变化。文学理论是关于文学的一种历史性、地方性(民族性)知识建构,不存在凌驾于历史和民族之上的终极本质。正是由于这一原因,近年来文学研究的理路发生了深刻的变化。传统的文学理论惯于追问"文学到底是什么",今天,理论家更倾向于追问"到底哪些因素促使我们作出了这样的论断"。事实上,在刘若愚"宏大"的理论抱负中,他本人也始终处于矛盾的心态,一方面踌躇满志地要创建"世界性的文学理论";另一方面又不得不承认这是一种"遥远而且被认为不可达到的目标"。①

正视文艺理论的民族性,坚持民族化方向,这是中国未来文艺理论建设必须遵循的原则。落实到具体实践层面,一是要回到中国语境,二是要充分吸纳中国传统文论遗产。中国语境,包括中国特有的历史文化、鲜活的现实经验,是中国文艺理论滋长的天然土壤,不可疏离,不可替代。中华民族五千年的历史文化,是中国文艺理论最丰实的精神给养,也是永远摆脱不了的文化脐带。而当代中国在文学艺术领域积累的大量经验,正有待文艺理论的整理、提升。同时,还要对中国传统文论遗产进行价值重估和精神接续。这并不是要把中国传统文论原封不动地翻检出来,不加改造地重新启用。中国传统文论面对的是古典文本,提炼归纳的是彼时彼地的文学经验。时代变了,语境变了,中国文学的表现方式也变了,甚至汉语言本身也发生了巨大的历史变异。在此情势下,用中国古典文论套用今天的文学实践,其荒谬不逊于对西方文论的生搬硬套。我们所说的吸纳传统,指的是要从更根本、更宏观,即思维和方法的意义上,吸收古典文论的正面经验。唯有如此,中国未来的文艺理论所发出的,才是中国的声音。

(三) 外部研究与内部研究的辩证统一

在韦勒克、沃伦的著作《文学理论》中,文学研究第一次被区分为"外部研究"和"内部研究"。按照这种说法,20 世纪以来的当代西方文艺理论,经历了从"外部研究"到"内部研究",最后又返回到"外部研究"的复杂过程。当代西方文论一个世纪以来的探索和演进,对中国的文艺理论建设当不乏启示意义。

---

① 刘若愚:《中国文学理论》,杜国清译,江苏教育出版社 2006 年版,第 4 页。

在 19 世纪和 20 世纪初期，以作者为中心的外部研究是文学理论的主要范式。浪漫主义、现实主义和实证主义作为 19 世纪占主流地位的理论思潮，尽管在观念上彼此存在诸多差异，但都以作家研究为重点。浪漫主义文论所格外看重的主体性、重情主义和表现理论，无一不指向创作主体。现实主义文论亦如此，强调作家要真实地再现社会生活，以理性眼光和批判精神塑造典型环境和典型人物。实证主义则更注重作家的种族、时代、环境及生平经历的研究，使之与作品形成印证关系。20 世纪初，当代西方文论仍承袭这一路向。象征主义、意象派和表现主义文论自不必说，在理念上有重大突破的精神分析批评和意识流文论，尽管其理论已经清晰呈现出 20 世纪文论的非理性主义和人本主义哲学取向，表现出与此前文论明显的断裂痕迹，但其研究重点并没有发生位移。

以俄国形式主义为发端，当代西方文论的研究理路开始发生重大变化。包括作家研究在内的外部研究逐渐受到质疑乃至最后被摒弃，以文本为中心的内部研究日益受到重视并成为时尚。形式主义之后，语义学和新批评派声名鹊起，至此，抛开一切外部因素，以文本为本，执着于在文本内部搜寻文学规律，成为文论研究的主流。到了结构主义，之前西方文论家一直津津乐道的作者中心被颠覆，"作者死了"成为结构主义者最响亮的口号。在这一时期的西方文艺理论家眼中，只有文本，别无其他。内部研究由此风行西方数十年，可谓声势浩大。

20 世纪六七十年代，情况再次发生变化，名噪一时的内部研究式微，西方文论又一次回到外部研究的轨道上。但这次回归不再是回到作者中心，而是走向读者中心，研究重点落在文学作品的接受问题上。解释学和接受理论就是这种理论转向的产物。当代西方文论这次向外部研究的回归走向了更加开放的"外部"，即文化研究的兴起。它与传统文论的外部研究不同之处在于，后者的研究视野虽徘徊于文本外部，但其指向在文本，文化研究则走向了与文学文本关系更为遥远和脆弱的"泛文化"领域，比如对大众文化、流行文化、文化工业甚至日常服饰、生活方式、身体政治的关注和研究。

那么，如何看待西方文论这一百多年的轮转？中国的文艺理论建设应从中汲取怎样的经验和教训？

必须承认，西方文论从外部研究到内部研究的历史切换有不容否定的积极意义。美国当代学者 M. H. 艾布拉姆斯在《镜与灯——浪漫主义文论及批评传统》一书中曾提出文学四要素的观点。他认为，文学作为一种活动，总是由世界、作家、作品、读者四个要素构成。四个要素中的核心是作品，即文本。没有文本，作家不成其为作家，读者的阅读行为也无法展开。在文学活动的链条中，正是文本将其他三个要素勾连起来成为整体。此外，文学理论既然以总结、提炼文学规律为要务，对文学文本奥秘的揭示就应成为文学研究合情合理的主要任务。但是，传统的外部研究始终没有进入文本内部，"过分地关注文学的背景，对于作品本身的分析极不重视，反而把大量的精力消耗在对环境及背景的研究上"。[①] 在这种情况下，内部研究的出现具有积极意义。把文学研究的重点从社会学意义上的因果印证拉回文本，一定程度上就是让文学研究回归文学。深入到文本肌理内部，通过微观、具体的文本细读，梳理和把握文学作品的形式特征、叙事特征、语词特征、修辞特征、结构特征等，对把握文学自身规律、找到文学之为文学的根本要义不可或缺。

但是，内部研究只局限于文本，一叶障目，不见泰山，最终必然陷入困境。当代西方文论所有的内部研究，本质上都是一种"文学技术学"的研究，只从技术操作层面分析阐释，寻找规律。形式主义执着于形式技巧；叙事学归纳总结的是文学叙事的一般模式；结构主义则从索绪尔的结构语言学出发，探寻文学作品作为有机整体呈现出的表层和深层结构特征，把文学文本当作封闭的自足体，乃至一堆无生命的普通物件，运用物理学的办法，挥动解剖刀，从材料到质地到结构一一拆解，以为如此便能窥探到文学的真正奥秘。这种研究思路虽因迎合了自然科学的治学理路而得到不同程度的支持，但其致命的缺陷在于，无法从"意义"层面对文学作品作出解释。而意义，即情感和思想，是文学作品的灵魂。任何文学作品，其意义获取都是由作者完成的，至多在读者接受中进一步添加，仅仅通过语词或形式进行一定规律的组合，并不能生成各不相同的意义。又如，内部研究一直认为，文学是一个封闭自足的体系，它发展演进的动力源于自身。那么，如何解释以下现象：如果没有现实的种种不堪和丑恶，何以产生批判现实主义？如果没有现代资本主义社会人的异化现象，荒诞派戏剧从何而来？如果鲁迅不是生活在旧中国那样的现实环境中，没有目睹国人精神的麻木和自欺，又如何有《阿Q正传》这一经典面世？推动

---

① 韦勒克、沃伦：《文学理论》，第155页。

文学之流滚滚向前的力量，当然包含着自身的内动力，但是，外力的作用，如政治、经济、文化等的影响和促动也显而易见。内部研究企图用文本解释一切，最终难以为继。

恩格斯在《反杜林论》中曾说："当我们通过思维来考察自然界或人类历史或我们自己的精神活动的时候"，只"正确地把握了现象的总画面的一般性质，却不足以说明构成这幅总画面的各个细节"，这是不够的，因为"我们要是不知道这些细节，就看不清总画面"。"为了认识这些细节，我们不得不把它们从自然的或历史的联系中抽出来，从它们的特性、它们的特殊的原因和结果等等方面来分别加以研究。"① 文学研究亦是如此。传统的外部研究只是总体上厘清了文学活动的一般特性，仅限于将文学活动放在人类其他生产实践活动和社会活动的维度内考察，这种宏观把握是必需和重要的，但不应是我们认识活动的全部或终点。为了对文学实践活动有更清晰、更细腻的认识，我们不得不将之从纷繁复杂的社会存在中抽离出来，只专注于文本，从形式、语言、结构等各个方面加以考察。这就是当代西方文论内部研究，即俄国形式主义、英美新批评、结构主义等诸多流派存在的必要性和合理性。

恩格斯曾说，"把自然界分解为各个部分，把各种自然过程和自然对象分成一定的门类，对有机体的内部按其多种多样的解剖形态进行研究，这是最近400年来在认识自然界方面获得巨大进展的基本条件"，但是，恩格斯马上指出了另一个问题："这种做法也给我们留下了一种习惯：把各种自然物和自然过程孤立起来，撇开宏大的总的联系去进行考察，因此，就不是从运动的状态，而是从静止的状态去考察；不是把它们看做本质上变化的东西，而是看做固定不变的东西；不是从活的状态，而是从死的状态去考察。这种考察方式被培根和洛克从自然科学中移植到哲学中以后，就造成了最近几个世纪所特有的局限性，即形而上学的思维方式。"② 恩格斯这段话并非针对文学研究，但由于他阐释的是一种思维方式，所以对文学研究也有极强的适用性。当代西方文论的内部研究所存在的问题，正是恩格斯早在1870年代就指出的思维方式上的错误。只看到一个个孤立的文本，斩断文本与其他一切外部联系，否定文学活动与政治、经济、

---

① 《马克思恩格斯选集》第3卷，人民出版社2012年版，第395页。
② 同上书，第396页。

文化等"宏大的总的联系",甚至连作家的作用也一并否定,这种"只见树木,不见森林"的思维方式,如恩格斯所说,"迟早都要达到一个界限,一超过这个界限,它就会变成片面的、狭隘的、抽象的,并且陷入无法解决的矛盾"。① 所有坚持内部研究的诸多流派,最后无一例外走向终结,正是这一论断的佐证。

中国的文艺理论建设,必须从中吸取教训。对文学研究来说,外部研究是必要的,但只有外部研究还远远不够;内部研究也是必需的,但只满足于内部研究也万万不可。关键是要认识、处理好外部研究与内部研究的关系问题。事实上,文学活动作为人类特有的一种精神现象,本身就是由一系列外部特性和内部特性共同组成的。其运演既受外部的"他律"制约,也受内部的"自律"驱动。两者之间不是对立的存在,而是和谐统一的关系,它们的合力决定了文学的样态和发展。不能用外部研究取代内部研究,也不能用内部研究否定外部研究。中国的文艺理论建设,如果不想重蹈当代西方文论的覆辙,不走西方理论家的歧路,就必须建构外部研究和内部研究辩证统一的研究范式。

我们从未否定外来理论资源对中国文论建设产生的积极影响,但需要强调的是,面对任何外来理论,必须捍卫自我的主体意识,保持清醒的头脑,进行必要的辨析。既不能迷失自我、盲目追随,更不能以引进和移植代替自我建设。遗憾的是,近代以来积贫积弱的特殊历史,以及当前中西话语间的总体失衡,导致很多学者缺乏应有的理论自信,并片面认为,只有追随西方潮流,才是通达世界的捷径。事实证明,这不但不是捷径,反而是歧途。融入世界,与西方平等对话,这种企望本身无可指责。但是,对话的前提必须是,我们的理论与西方相比要有异质性,有独特价值。拾人牙慧、邯郸学步,充其量只是套用西方理论,将中国的文学文本作为西方理论的佐证,如此怎能拥有对话的资质和可能?因此,实现与西方平等对话的途径,一定是在积极吸纳世界文艺理论发展经验的基础上,立足本土,坚持以我为主,坚持中国特色,积极打造彰显民族精神、散发民族气息的中国文艺理论体系。

《中国社会科学》2014 年第 5 期

---

① 《马克思恩格斯选集》第 3 卷,人民出版社 2012 年版,第 396 页。

关于认知语言学的理论思考

袁毓林[*]

摘要 本文首先讨论认知语言学的基本信念，分析其在句法、语义上的研究路线。主张认知语言学应该把基于信息加工理论的认知心理学作为背景，并从心理学和计算理论两个方面证明连接主义不可能给语言学带来新的思想。然后分析认知解释和功能解释的抵触性，用具体的汉语实例证明语序临摹原则并不灵验，用语言系统的自主性说明认知、功能解释的局限性。最后讨论语言学的理论目标和研究层次、语言学的研究范式和科学革命等问题。

一　引言

本世纪 50 年代末，乔姆斯基（N. Chomsky）猛力抨击以布龙菲尔德（L. Bloomfield）为代表的结构主义语言学，创立转换生成语法（transformational generative grammar），在语言学上引起了一场震惊学术界的乔姆斯基革命。此后二十多年，生成语法一直是西方语言学的主导理论。与此同时，语言学界也不断地刮起反对"生成语法的世界观"的风暴。其中，以兰盖克（R. Langacker）为代表的认知语言学派旗帜鲜明地提出自己的研究范式——从认知角度对语言作出一致的、整体的解释。受这种认知观的影响，戴浩一等人倡导以认知为基础的汉语功能语法，尝试从人类对时空的一些基本的认知能力出发，结合一般的交际原则来解释汉语的结构原则。

本文准备对认知语言学（cognitive linguistics）的理论基础、基于认知的汉语功能语法的局限性等问题展开讨论，最后探讨与此相关的语言学的

---

* 袁毓林，1962 年生，语言学博士，清华大学中文系副教授。

理论目标和研究范式等带有科学哲学色彩的问题。

二　认知语言学的理论基础

（一）　认知语言学的基本信念

认知语言学的代表作有 Haiman（1986）、Lakoff（1987）、Langacker（1987）、Rudzka-Ostyn（1988）、Fillmore（1989）和 Taylor（1989）等。一般地说，持认知观的学者拒绝接受下列"生成语法的世界观"：（1）语言知识的模块性（modularity），即语言知识可以分解为各自独立的音系学、句法学和语义学等模块；（2）句法自主性（autonomy），即句法不依赖于语义；（3）可以用真值条件语义学来刻画自然语言的意义①。他们强调语言是人类一般认知能力的产物，提出如下对语法和语义的基本看法：

1. 语法结构的固有性质是象征性，表现为语言的结构方式临摹现实的事态。比如，按时间先后发生的事情在句子里按相应的线性序列来描述。例如：

The lone ranger mounted his horse and rode off into the sunset. （孤独的游骑跨上了马，一直驰进落日的余晖里。）

其中上马和奔驰的次序不能颠倒，因为现实世界里上马在先、奔驰在后。这意味着语言结构的安排是受人们对现实的感知和概念图式（schema）制约的，句法不可能是完全自主的。认知语法（cognitive grammar）试图揭示人类的感知和概念图式对语言结构的约束机制，从而为语法结构寻找概念和意义上的理据（motivation）。对这种观点，我们将在下面联系基于认知的汉语功能语法一起作出评论。

认知语法还尝试从比较直观的意义和概念出发，给语法范畴和语法结构作出全面的说明。比如，兰盖克把名词定义为"突出一个'东西'的语言单位，其中'东西'可定义为'某个领域中的一个区域'"②。从概念出发来刻画某一类词共有的意义是有价值的，但是用概念来定义词类有

---

① 详见兰盖克《语言研究中的认知观》，沈家煊译，《国外语言学》1991 年第 4 期，第 1 页。

② Langacker, R. W. , *Foundation of Cognitive Gramrnar*：*Theoretical Prerequisites*，*Stanford University Press*，Vol. 1，1987.

时是行不通的。比如，(to be) fond (of) 和 (to) like 意义大致相同，但 fond 是形容词、like 是动词；可以说 he like her，但不能说 He fond her。再如：

战斗	战争
不战斗	*不战争①
战斗着	*战争着
*一种战斗	一种战争
*许多战斗	许多战争

"战斗"和"战争"表达相似的概念：武装争斗，但语法功能差别很大，属于不同的语法聚合类："战斗"是动词、"战争"是名词。泰勒（1989）尝试用原型（prototype）理论从意义上描写领有结构 NP's N，说典型的领有结构具有下列特征：

（1）领有者是个特指的人；

（2）被领有者是某个/群特指的东西；

（3）领有关系是排他的；

（4）领有者有权使用被领有的东西，别人只有得到领有者允许才能使用它；

（5）领有者对被领有者的权利是通过交易、赠予或继承而得来的，这个权利一直延续到下次交易、赠予或继承行为为止；

（6）领有者对被领有者负有责任；

（7）领有者对被领有者行使权利时，两者不需要在空间上邻近；

（8）领有关系是长期的，以年月而不以分秒来计。

这种描写看上去非常全面，但仍难免有失。比如，John's father 一类领有结构是英语中极为常见的，其中领有者（John）是个特指的人，但被领有者（father）不是某个特指的东西；并且这种领有关系不是排他的，John 的父亲也是 John 的兄弟姐妹的父亲。再说，我们不清楚泰勒所谓的典型是直觉意义上的，还是统计意义上的。

认知语法企望从意义、概念出发，对语法范畴和语法结构作出自然而直观的描述。但这种研究路线的语法描述不可避免地要使用一些比较模糊的概念，因而某些结论往往经不起推敲。比如，前述兰盖克用"东西"

---

① 例句前加"*"号表示这种说法不合格，加"?"号表示这种说法的合格性可疑。

这一模糊概念给名词下定义，而对"东西"的定义又依赖于"区域"这一模糊概念。因此，怎样在保持描述的直观性的同时克服说明的模糊性，这是认知语法需要研究的课题。

2. 认知语言学家强调意义是一种心理现象，自然语言的语义学远比各种基于逻辑模型的语义学要丰富得多。他们认为语言形式的意义不能在语言系统内部的聚合关系和组合关系中去寻找，因为意义是个认知结构，它根植于说话人的知识和信仰系统里。语言形式的意义只能就说话人的背景知识来加以刻画，理解一个语言形式的意义必须激发（trigger）相关认知领域中的其他认知结构。比如，理解"星期一"这个形式的意义至少需要"星期"这样一个概念。他们认为，一个语言形式是通过对相关的认知领域的某一部分加以突出（profile）而获得其意义的①，从而形成了带有浓厚的"概念论"（conceptualism）和"主观论"（subjectivism）色彩的认知语义学。

认知语义学（cognitive semantics）重视人类语言的语义的丰富性和语义理解对百科知识的依赖性，尝试从人类认知的角度建立更富心理现实性的语义学，这一切努力都是值得欢迎的。但是，从这种研究路线出发的语义描写主观任意性大，有时难免想当然。比如，雷克夫说描写 mother（母亲）和 father（父亲）需要涉及下列不同的认知领域：②

mother	father
（1）遗传领域	（1）遗传领域
（2）生殖领域	（2）责任领域
（3）哺育领域	（3）权威领域
（4）谱系领域	（4）谱系领域
（5）婚姻领域	（5）婚姻领域

仅凭这些认知领域是不是就足以描写清楚这两个词的意义，理解 mother 的意义是不是不必涉及责任和权威这两个领域，理解 father 的意义是不是不必涉及生殖、哺育这两个领域，这些问题都是有可能引起许多争

① 详见 Taylor, *Linguistic categorization：Prototypes in linguistic theory*, Oxford University Press, 1989, Chap. 5。

② Lakoff, G., *Women, Fire and Dangerous Things：What Categories Reveal about the Mind*, University of Chicago Press, 1987.

论的。只要稍微考虑一下目前日益增多的单亲家庭这一事实，就可以发现雷克夫对 mother 和 father 的意义刻画是有些简单化和理想化。相比较而言，经典的基于属性（attribute）的语义描述方法用 parent（双亲）、male（男性）两个特征来刻画这两个词在语义上主要的相同点和相异点（见表1），就比较简单明了。

表1   mother 与 father 的区别

word feature	mother	father
parent	+	+
male	−	+

这一点提醒我们：脱离语言系统内部的聚合关系和组合关系去刻画语言形式的意义，是十分困难的。

（二）认知语言学的心理学基础

语言是人类普遍认知组织的一部分，它产生于个体认知发展的一定阶段。一方面，语言的发展以最初的认知发展为前提；另一方面，语言的发展又促进了认知的发展。从这一点上看，认知语言学的确找到了研究语言的一个比较新颖的角度。但是，由于认知语言学才起步十来年，没有或没有来得及充分地注意和吸取心理学的研究成果，只停留在通俗心理学的水平上，可以说目前还缺乏科学的心理学基础。比如，认知语言学的许多语义描述和原型范畴基本上是建立在描写者的直觉的基础上。有的纯粹是为了共时描写上的方便，并没有多少心理现实性。抛弃旁观者挑剔的目光，怀着参与建设的热情，想就下面两个问题谈点我们的看法：（1）认知语言学对应于心理学的哪个研究层次？（2）认知语言学应以什么样的心理学理论为背景？

心理学主要研究人类机体是如何活动的，它可以像物理学一样，从不同的水平去研究人类的行为。一般地说，心理学研究有三种不同的层次：第一级水平研究复杂行为，如问题解决（problem-solving）、概念形成（concept-forming）和语言现象；第二级水平研究简单的信息加工过程（information-processing），如对光点的感觉、图形知觉的形成；第三级水平是生理水平，如对神经过程和神经结构的研究。① 显然，认知心理学对应于第一级研究水平。

对于人类复杂行为的研究，近几十年主要有三种方法：（1）新行为主义方法；（2）格式塔方法；（3）信息加工方法。② 行为主义强调客观的实验方法，这种方法实质上是操作主义的，追求实验的结果可以被别人重复。它把复杂的心理现象化为各个简单的部分，研究比较简单的初级的现象。它提出了 S—R 的公式，但不谈刺激（S）和反应（R）之间的过程，即不谈大脑中的活动，反对讨论意识问题。格式塔心理学则强调研究复杂的心理现象，尽管这些现象有时是很难用客观的术语和客观的方法加以描述的（比如顿悟现象）。格式塔心理学区分完好图形（简单、对称、容易认出来的图形）和不完好的图形，但没有对完好图形作出精确的定义。认知心理学研究人是如何获得关于世界的信息的，这种信息是怎样表征并转化为知识的，知识是怎样贮存，又是怎样用来指导我们的注意和行为的。③ 它吸收了行为主义和格式塔心理学的有益成果，用信息加工过程来解释人类的复杂行为。根据这种观点，人们假设信息是通过一系列可以确定的阶段进行加工，每一阶段都发挥自己独特的作用，然后把信息送到另一阶段进行加工。④ 认知心理学承认完好图形的概念，同时又试图把这个完好图形分解为最基本的过程，以了解完好究竟指什么。

我们认为，认知心理学的研究路线值得认知语言学参考，一方面要研究认知领域、原型范畴等认知图式，另一方面还要把这种图式分解为更为基本的组成部分来进行研究。我们可以把图式看作是对一类概念的描述，是积聚在一起的知识单元，它构成了认知的基本建筑积块（building block）。在这个单元中，除了知识本身以外，还有关于这些知识如何被运用的信息。图式的核心作用是构造一个有关某事件、某事物或某情景的解释。因此，我们还可以把图式看作是一个有关周围世界的非正式的、私人的、没有明言的理论。从另一方面看，图式又类似于戏剧的脚本

---

① 详见西蒙（Simon）《人类的认知》，荆其诚等译，科学出版社 1986 年版，第3—6 页。
② 同上。
③ 参考 Solso. R. 《认知心理学》，黄希庭等译，教育科学出版社 1990 年版，第1、21 页。
④ 同上。

（script）、计算机的程序或分解语言成分的解析手段。① 图式理论已广泛地运用于解释人类阅读理解的认知过程，还被人工智能界运用于计算机理解自然语言。按照图式理论，在人类的认知活动中，所有的输入信息都要跟某个图式相匹配，这样解释的过程才能进行。比如，在人类阅读文本时，输入信息激活了低级水平（如视觉特征）上的图式，而低级图式又激活高级水平（如词、句等）上的图式，这是自下而上的信息加工过程。同时，高级水平的图式又通过自上而下的加工（比如推论）来填充下级水平中加工材料的不足。这两种加工方式同时在字母（或字形）和词的水平、句法水平、语义水平和解释水平上进行，并发生相互作用。因此，图式应该是认知语言学的核心概念，认知语言学应该通过对此理论的吸收参照来调整既有的图式理论，以建立更能反映人类语言心理过程的图式理论，把认知语言学建立在更为坚实的科学的心理学的基础上。

（三）打破连接主义的神话

最近几年，人工智能界对于人类智能的本质有符号主义和连接主义两种相对的认识。符号主义（symbolicism）认为人类认知的元素是符号（symbo），认知过程就是在符号表示上的一种运算。该学说强调人工智能的核心问题是知识表示（knowledge re - presentation），认为思维就是计算。与此相反，连接主义（connectionism）反对把符号作为思维的基本元素，主张思维的基本元素就是神经元（neuron）本身，是大量神经元的整体活动构成了思维过程。连接主义认为认知是一种信息处理过程，但这种处理是非符号的；而是由相对简单的处理单元连接成网，信息则存储在这些单元的连接强度（权值）中。信息处理表现为信息在各单元之间的相互传递，并受连接权值的影响。该学说强调学习的方法，通过学习连续地调整连接的权值，使网络的输出最终达到要求②。连接主义分布式并行处理的工作机制避免了符号主义处理中知识表示的困难，受到了人们的普遍重视，并对认知科学和人工智能产生了巨大的冲击力。于是，有的认知语

---

① 详见 Rumelhart, D. E. Schemata, "The Building Blocks of Cognition", In R. T. Spiro, B. C. Bruce & W. F. Brewer (ed.), *Theoretical Issues on Reading Comprehension*, *Hillsdale*, N. T. : Lawrence Erlbaum Associates, 1980。

② 参考张趿、张铃《人工智能中的两个学派》，载《第一届中国人工智能联合学术会议论文集》，吉林大学出版社1990年版，第453—457页。

言学家（比如兰盖克）就对连接主义抱有许多不切实际的希望和幻想。①事实上，连接主义作为一种用计算机摹拟人的神经网络，对信息进行并行处理的理论，并不能给语言学带来多少新的思想和启迪。这一点可以从心理学和计算理论两个方面来衡量：

第一，连接主义作为一种摹拟人的心理过程的理论并没有得到心理学事实和经验的充分检验。心理学家对于大脑里面的活动究竟有哪些，有多少是并行加工的，有哪些是串行加工的，知道得并不多。只是大致地了解到：人的感觉输入和运动支配有许多成分是并行加工的，但在大脑皮层水平的记忆、思维、注意等过程则都是串行加工的。比如，当我们集中注意听/看一件事情时，仍可以注意到干扰或意外出现的事情，说明听/看等知觉系统有一定的并行加工能力。但注意力仍是人类这个信息加工系统的瓶颈，受人类注意力的限制，不管你有多少事情存在于短时记忆（short-term memory）中，相对来说，你只能集中到少数的事情上。因此，当我们骑自行车通过车辆繁多的十字路口时，最好不要聊天。② 大量的证据表明，人类信息处理系统基本上是序贯进行工作的，表现为它一次只能处理几个符号，正被处理的符号必须存放在容量有限的短时记忆中。短时记忆的储存能力太小，通常只能存放四到七块信息，而将一块信息从短时记忆转移到长时记忆（long-term memory）所需的时间相对来说较长，大约需要 5 秒。③ 所以，在 1/4 秒的时间内我们只能进行一项工作；我们的工作在高级水平上实际上是一个串行机制，人类大脑中神经元的系统不过是低级的，为集中注意进行符号串行加工提供了条件而已。④ 像语言理解这种高级的认知过程，其加工机制主要是串行的。

第二，从计算理论的角度看，并行处理能够改进解决给定问题的速度，从而提高加工信息的效率。但是，并行处理并不能扩充问题的可解空间。⑤ 直观地说，原先用串行算法解决不了的问题，用并行算法也解

---

① 详见兰盖克（Langacker）《语言研究中的认知观》，沈家煊译，《国外语言学》1991 年第 4 期，第 4—6 页。

② 参考西蒙（Simon）《人类的认知》，荆其诚等译，科学出版社 1986 年版，第 34—35 页。

③ 参考西蒙（Simon）《人工科学》，武夷山译，商务印书馆 1987 年版，第 71—73、85 页。

④ 参考西蒙（Simon）《认知科学的一些最新进展》，《心理学报》1991 年第 2 期，第 156—157 页。

⑤ 参考高耀清等《并行逻辑程序设计系统中的智能调度策略》，见石纯一主编《知识工程进展》，中国地质大学出版社 1991 年版。

决不了。因此，我们一方面要密切关注认知科学的最新进展，汲取各种有益的理论营养；另一方面要有分析地对待，不能盲从，不要指望连接主义的神经网络（并行处理）模型会给语言学带来一副万能的灵丹妙药。

三 汉语认知功能语法的局限性

（一）认知解释与功能解释的抵牾

戴浩一站在语言的基本功能是交流思想、语法结构来自对现实的象征这样一种立场，提出了以认知为基础的汉语功能语法。这种语法主要包括：（1）时间顺序原则；（2）整体与部分的关系；（3）空间词语的比喻用法；（4）凸显原则；（5）信息中心原则等内容。[①] 其中，时间顺序原则、整体与部分的关系、空间词语的比喻用法等研究是试图给汉语的结构原则进行认知方面的解释。例如：

（1）这本书在桌子的上头。

对这个句子的结构方式，他是这样解释的："汉语则用'在'字指出客体的存在，同时通过整体—部分的图式来谈论空间关系。……'桌子的上头'表示空间关系，跟'我的书'完全一样"，凸显原则和信息中心原则等研究是试图给汉语的结构原则作出交际功能方面的解释，比如下面两组句子：

（2）a. 他跑得不快。　　（3）a. 他跑得快不快？

　　b. *他不跑得快。　　　　b. *他跑不跑得快？

他认为在"跑得快"中，中心词是"跑"，但信息中心在"快"。因为汉语的句法映射是按照信息中心来确定的，所以只能对信息中心"快"进行否定或正反重叠（即构成"A 不 A"格式）。

把认知解释和功能解释结合起来，可以增强语法理论的解释力量，更好地说明语法结构跟人的经验结构和交际功能之间的自然联系。但是，认知解释和功能解释不容易整合（integrate）进同一个语法理论中去，因为认知解释和功能解释有时是相互抵触的。例如：

[①] 见戴浩一《以认知为基础的汉语功能语法刍议》，叶蜚声译，《国外语言学》1990 年第 4 期、1991 年第 1 期。

（4）a. 我病了，没去开会。　　（5）a. 他天天念书，以便考上大学。

　　　　b. 我没去开会，因为我病了。　　b. 为了考上大学，他天天念书。

（4a）使用时间顺序原则，先讲原因，后讲结果；（4b）使用焦点凸显原则，把结果放在原因前面。（5a）使用自然语序，动作在先，目的在后，符合时间顺序原则；（5b）使用焦点凸显原则，把目标放在句子的开头。这种把认知原则和功能原则结合起来的解释，比较灵活，也比较周全。不过，其中难免也掩盖了一些问题。举其大端来说：第一，认知解释大都出于研究者个人的语感，所以难免见仁见智。比如，戴浩一认为例（5）的自然语序是动作在先、目的在后，但我们觉得先有目的、后有动作的顺序更为自然。可见，什么样的语序是自然的、符合人的概念结构的，这是大可争议的。第二，功能解释有时是比较模糊的，会给人一种似是而非的感觉。比如，通常说汉语的焦点成分趋向于安排在句子的末尾，那么（4a）中的结果分句"没去开会"、（5a）中的目的分句"以便考上大学"是焦点成分。但在（4b）和（5b）中它们都前置了，在这种情况下，它们是否仍是焦点成分，前置是为了凸显它们，还是为了把原因分句"因为我病了"和行为分句"他天天念书"置于焦点位置，从而凸显这些原因和行为，这恐怕也是不容易说清楚的。第三，更为棘手的是，这种认知解释和功能解释的不一致性不但没有破坏基于认知的功能语法的解释力量，反而增强了它对各种语法现象的解释力量：碰到不符合研究者设定的自然语序、不便进行认知解释的语言现象，就统统推给功能解释。这样，功能解释就成了认知解释的庇护所，使得这种语法在解释的完全性方面很见成效，但在解释的一致性方面显得不足。廖秋忠先生说："……也要看到语言形式与功能之间相对独立的一面，不要一味夸大功能对形式所起的必然作用从而使得功能解释变得无所不能而无所能"。[①] 这句话说得非常中肯，至于实际做起来怎样掌握好一个合适的尺度，还有待于大家一起在实践中摸索，不断地总结经验和教训。

（二）语序临摹原则并不灵验

戴浩一坚信：语法不是任意的、自主的形式系统，它原本是观念化的

---

① 见廖秋忠《也谈形式主义和功能主义》，《国外语言学》1991 年第 2 期。

现实的符号表达。他承认语义依存于文化，是语义为支配汉语语法的结构原则提供了理据。作为例证，他讨论了这样一组句子：

（1）a. 他走了三天的路。

　　　b. *他走了三天的那条路。

他认为（1a）这种"用名词修饰语表示时段则是用时间词语来衡量事件的延续时段，这也是观念上一种自然的看法"。至于为什么（1a）这种表达方式是"观念上一种自然的看法"，他没有作出说明。他认为（1a）中的"路"用的是比喻义，意思是"距离"；（1b）中的"那条路"排除了"路"作比喻义理解的可能性。事实上，（1a）中的"路"可以有基本义"道路"（2b）和引申义"路程"（2a）两种理解。例如：

（2）a. 他（一天）走了（别人）三天的路。

　　　b. *他走了三天的（山）路，最后病倒了。

可见，戴浩一的观察不够全面，论述不够清楚。然而，他却由此而作了进一步引申："这种句法现象支持 Lakoff 和 Johnson（1980）的理论，即我们对现实的看法在许多地方是通过比喻构成的……它证明语法不是任意的、自主的形式系统，而是体现了人们对现实世界的看法。"这样的论证是不够严谨的，是难以令人信服的。

戴浩一提出了著名的时间顺序原则：两个句法单位的相对语序决定于它们所表示的观念里状态或事件的时间顺序。① 为了说明这条原则，他举了下列几组例句：

（3）a. 我吃过了饭，你（再）打电话给我。

　　　b. *你（再）打电话给我，我吃过了饭。

（4）a. 他比我高。

　　　b. *他高比我。

（5）a. 他在厨房里做饭。

　　　b. *他做饭在厨房里。

事实上，时间顺序原则（the principle of temporal sequence）对两个分句之间的语序有较大的解释力，但对短语之间的语序的解释力就大为降低了。比如，下面这些表达尽管违反了时间顺序原则，但它们都是合语法、可接受的：

―――――――――

① 见戴浩一《时间顺序和汉语的语序》，黄河译，《国外语言学》1988 年第 1 期。

（6）a. 他高我一头。

b. 他高出我一头。

（7）a. 他在这儿做饭，在那儿炒菜。

b. 他做饭在这儿，炒菜在那儿。

（8）a. 勇士们向山顶冲去。

b. 勇士们冲向山顶。

（9）a. 他用钢笔抄字，用铅笔做题。

b. 他抄字用钢笔，做题用铅笔。

戴浩一还提出了时间范围原则（the principle of temporal scope）：如果句法单位 X 所表示的观念状态处在句法单位 Y 所表示的观念状态的时间范围之内，那么语序是 YX。他举了这样几组例子：

（10）a. 他昨天来了。　　　　（11）a. 他来的时候，我在看。

　　　b. 他来了昨天。　　　　　　　b. 我在看书，他来的时候。

按照戴浩一的解释，"昨天"、"他来的时候"限定了事情发生的时间范围，所以排在事情"来"和"我在看书"之前。但是，这条原则也有相当多的反例。例如：

（12）a. 他出生在解放前。　　　（13）a. 他哭了整整一天。

　　　b. 他死于战乱年代。　　　　　　b. 他从早上哭到晚上。

以认知为基础的汉语功能语法在论述语序的临摹性（iconicity）时不乏哲理上的精辟见解，但一落实到具体的语言材料上有时就显得捉襟见肘，许多例述经不起推敲；每一条语序原则，只要你认真地考察，都有可能找出不少反例来。因此，这种原则也就难以充分体现它的概括性和普遍性。

事实上，语法结构中的确存在着临摹现象。比如，复句的两个分句的排列顺序往往映照它们所表达的两个事件实际发生的先后顺序。但是，语言作为一种一维线性的符号系统，在映现无限多维的概念空间时，失真是必然的，无法做到句法结构完全映现概念结构。应该说，语法结构是临摹原则和句法规约共同作用的结果；前者可以从认知上作出解释，后者则带有很大的任意性。① 句法规约是抽象的，受语言结构本身的系统性的制约，所以是没有理据可言的。比如，为什么汉语的修饰语只能前置，而英

----

① 参见沈家煊《句法的象似性问题》，《外语教学与研究》1993 年第 1 期，第 4—5 页。

语的修饰语有前置和后置两种方式，这是无法从人的经验结构方面作出解释的。因此，我们不能夸大语法结构临摹性的一面，更不能企望从认知上对所有的语法结构作出全面合理的解释。

（三）语言系统的自主性

我们坚信，语言是一种自组织性很强的符号系统。作为人类思维和交际的工具，语言注定要受到认知和交际功能因素的影响，但是，这种影响一定要经过语言系统的调节，以一种跟语言系统的全局相和谐的方式表现出来。就拿象声词来说，它是通过摹拟自然的声音而构成的；但这种摹拟要受到特定语言的声韵调系统的制约，有的还会发生成系统的重叠音变。[①] 例如：

枪　　声	金属撞击声
pa—pa—pa—pa	paŋ—paŋ—paŋ—paŋ
pa—la—pa—la	paŋ—laŋ—paŋ—laŋ
pi—li—pa—la	piŋ—liŋ—paŋ—laŋ

这种重叠变音的规律是：第一步，第二、四音节的声母变成 [1]；第二步，第一、二音节的主要元音变成 [i]。比如"噼里啪啦、滴里嗒啦、稀里哗啦、乒呤乓啷、叮呤哐啷"等象声词都是这样生成的。另一个更为极端的例子是，汉语的音译词一律把外语词的语音改造成汉语有声调的音节。例如：

dozen——打（dá）

coffee——咖啡（kā fēi）

brandy——白兰地（bái lán dì）

这些例子说明，即使是语音摹拟和对译，也要符合特定语言的语音系统，语言是一个相对自主的符号系统。

戴浩一引用谢信一的这对例句和分析，以说明不同文化的不同的观念系统造就了不同的语法结构方式：

（1）a. 她嫁错了人。

　　　b. She has married the wrong man.

汉语的"错"是动结式的第二个成分，表明动作的结果，英语的

---

① 详见朱德熙（1982）《潮阳话和北京话重叠式象声词的构造》，《方言》第 3 期。

wrong 则是修饰宾语名词的形容词。他们相信（la）与（lb）的差别来自两种不同的观念系统：说汉语的人把错误归于主语所做的动作，说英语的人或许只是表明主语想嫁的人和所嫁的人之间有差距。① 我们认为，这种解释随意性很大，缺乏充分的根据。事实上，（la）跟（lb）的差别来自两种语言各自语法系统的不同。英语没有相当于汉语的动结式这种结构类型，只能用其他方式表达动作产生了结果这种意义。值得注意的是，汉语动结式的结果部分的语义指向是比较复杂的，但绝大多数是指向动作的受事而不指向施事。例如：

他晾干了衣服——衣服（晾）干了——﹡他干了

他挖深了水渠——水渠（挖）深了——﹡他深了

她写错了字——字（写）错了——﹡她错了

她嫁错了人——人（嫁）错了——﹡她错了

可见，（1）中英汉两个句子在语义表达方面有相当的一致性，其中形容词的语义都是指向宾语名词的，只是由于各自语法系统的不同而采用了不同的表层结构。我们不应该脱离不同语言的语法系统，随意夸大不同民族的观念差别对语法结构的影响。

认知、功能语法基本上是解释性的，解释工作容易流于想当然。更何况语法结构这种相对自主的系统不是由认知和交际功能因素以机械的或预测一切的方式决定的。大家可以承认认知和功能因素对语法结构有影响，但说不清究竟有哪些认知和功能因素、以什么方式、对语言结构的哪些方面产生什么样的影响。我们必须清楚地认识到这两种解释的局限性。

语言和认知的关系是极其复杂的，笼统地说认知对语言有重大影响是不确切的。心理语言学关于语言习得（language acquisition）的一些研究发现，某些语言技能跟认知发展可以相互分离，没有直接的联系。例如，患特纳氏综合征（一种先天染色体有缺陷）的儿童在认知检测上得分很低，但他们都具有正常的语言技能。再如，基尼是一个在 13 岁前几乎完全被剥夺语言输入的孩子，经过多年强化训练之后，在认知和语义方面达到了正常，但还是不能掌握词法和句法。其他个案研究表明，有的儿童词法和句法发展正常，甚至超前，但语义发展却因认知无能而受到损害。因

---

① 详见谢信一《汉语中的时间和意象》，叶蜚声译，《国外语言学》1991 年第 4 期，1992年第 1、3 期。

此，有的心理语言学家认为：词法和句法获得的进程相对独立于其他认知发展，而意义的获得似乎严重依赖于非语言的认知的发展。① 这种关于语法发展独立于认知发展的结论，值得研究认知语言学的学者认真思考，重新审视语法和认知的关系，以便把认知语言学建立在更为可靠的基本假设之上。

四　语言学的理论目标和研究范式

（一）语言学的理论目标和研究层次

语言学家进行语言研究要达到什么目的呢？这是一个不容易回答的问题。按照我们的理解，现代语言学的理论目标应该是：通过对语言现象的归纳和分析，揭示语言的结构规律和运用方式，进而探索人类运用语言符号的能力。在这种目标的指引下，语言研究可以在三种水平上进行。

1. "描写—解释"层次，这是语言研究最基本的层次。在这个层次上，语言学家对语言现象进行归纳、整理，分析其构成规律和运用方式，并从抽象的逻辑—数学原则或从人类认知、交际功能的高度对语言这种符号系统的结构方式作出解释。结构主义语言学、生成语言学、认知语言学等学派的工作主要是在这一层次上展开的。

2. "认识—思辨"层次，这是语言研究的高级层次。在这一层次上，语言学家利用上一层次的研究成果，探索人类语言符号行为的奥秘：语言是怎样组织意义的、语言是怎样划分世界从而把现实符号化的、人是怎样在思维和交际中运用语言符号的、语言和心灵的关系怎样、语言和文化的关系怎样……萨丕尔（E. Sapir）的 *Language* 和乔姆斯基的一系列著作对这些问题作过不同程度的讨论。

3. "技术—实用"层次，这是语言研究的应用层次。在这个层次上，语言学家利用第一层次的研究成果，积极地为计算机对语言文字进行信息处理等工程技术服务，为言语矫治等对语言病理的治疗工作服务，或者为语文教学、外语教学等服务。

这三种层次上的研究各具特色："描写—解释"层次上的研究，实证性强；"认识—思辨"层次上的研究，哲理性强；"技术—实用"层次上

---

① 参考朱曼殊主编《心理语言学》，华东师范大学出版社1990年版，第391、400页。

的研究，应用性强。这三种水平上的研究各有其独到的社会功能，共同构成了语言科学这个整体，使语言学成为一门介于自然科学和人文科学之间的富有时代精神的学科而自立于当代科学之林。

在语言学理论领域，一向存在着众多互相冲突的理论，并且每一种理论都有一大批坚定的支持者和反对者。比如，以乔姆斯基为代表的解释语义学（interpretive semantics）派认为句法的深层结构派生（derive）语义表达（semantic representation），并接受语义解释；以 J. D. Mc Cawley 为代表的生成语义学（generativ semantics）派认为语义表达派生表层的句法结构，并接受句法解释。① 这种火药味很浓的争论大都热闹了一阵子以后便烟消云散，不了了之，因为实在找不到一种大家可以接受的检验办法来断定孰是孰非。② 这样，语言学中积压了一大堆也许永远也没有答案的问题。诸如：语言的意义的本质是什么？形式和意义的关系怎样？深层结构有没有心理现实性？语言和心智（mind）的关系怎样？于是，人们自然会产生疑问：语言学理论有没有取得进步？如果有，那么语言学理论进步的标志是什么？在我们看来，语言学理论的进步不在于任何既有问题的消失，也不在于那些有冲突的学派中一方或另一方的优势的增长；而是在于所提出的问题以及提出问题的方式的变化，在于解决问题的方式的一致性程度的增长。③ 比如，以前人们爱讨论"语言是怎样起源的"一类不着边际的问题。现在的语言学家则提出"儿童是怎样习得语言的"一类相对可把握的问题。对此，以斯金纳（Skinner）为代表的行为主义认为语言是通过后天学习获得的；以乔姆斯基为代表的唯理主义认为语言是人类的遗传特性，儿童有与生俱来的语言习得装置（LAD）；以皮亚杰（Piaget）为代表的认知主义认为语言不是先天的，也不是后天学习得来的，而是在儿童当前的认知机能与当前的语言和非语言环境的相互作用下逐渐发展起来的。这种讨论虽然没有获得明确的答案，但毕竟使我们对语言获得以及人的语言能力的本质有了较以往更深入和全面的认识：人类有天生的语言

---

① 参考 M. Dierwisch, *Semantics* 中的 §6，见 J. Lyons（ed.），*New Horizons in Linguistics* 1，Penguin Books，1970。

② 可资比较的是，化学上的"燃素说"和物理学上的"以太理论"都是通过实验，证明它们是错误的。

③ 在这里，我们追随艾耶尔（A. J. Ayer）对于哲学进步的卓越见解。详见［英］艾耶尔《二十世纪哲学》，李步楼等译，上海译文出版社 1987 年版，第 19 页。

能力，更有一般的认知能力，它们都是语言习得所必需的；同时，学习和模仿也是语言获得过程的有机组成部分。这就像在猜谜游戏中，游戏者虽然尚未发现最终答案，但他们已大大地缩小了可能找到答案的范围。另一方面，现代语言学对当代哲学、文学理论、心理学、计算机科学和认知科学的广泛影响，现代语言学在语言教学、言语矫治、机器翻译等方面的成功运用，也可以看作是语言学理论进步的一个外部标志。

（二）语言学的研究范式和科学革命

语言学是研究语言的科学，这几乎是老生常谈。那么，什么是科学呢？哲学家已经给出了各种各样的回答，但不管哪一种答案都不尽圆满。我们追随库恩（Kuhn），把科学看成是一种研究范式（paradigm）①，它必须包括三项内容：（1）对研究客体的一定的假设（assumption）；（2）基于这种假设而发展出来的一套特定的分析方法；（3）由这种方法所决定的一批焦点课题。拿物理学来说，大家承认物理学是研究物质的运动方式的科学。不同时代、抱不同信念的科学家作出了不同的回答。在牛顿看来，宇宙是一架运转非常精确的机器，它由全知的上帝操纵。我们如果知道一个粒子在某一时间的确切位置与动量，那么一定可以通过运动方程来求解粒子在任何时间下的位置与动量。这种经典力学基本上可用欧几里得几何学和微积分来进行研究，这种力学体系在宏观世界里运用得很成功。比如，天文学从天体的初始运动去预言天体以后的运动，这种预言跟我们以后的观测相符。这就是经典物理学的研究范式。量子物理学的研究范式与此不同，量子理论认为在亚原子状态下的微观世界，观察者不能同时测定粒子的确切位置与动量，因而无法准确地列出初始条件，最终不能准确地预言系统未来的行动，最多只能给出可能出现某种结果的相对概率。因此，量子力学要用统计描述来代替经典力学的严格的因果描述。

拿语言学来说，20 世纪以前的传统语言学跟索绪尔（Saussure）开创的现代语言学在研究范式上有很大的不同：传统语言学基本上用原子主义的观点看待语言，擅长运用逻辑原理对语言范畴进行分类。此外，

---

① 详见 T. S. Kuhn, *The Structure of Scientific Revolutions*, The Princeton University Press, 1962。

传统语言学重视对语言的个别成分和个别特征作历时研究，还采用规定性的办法给语言制定各种规范。现代语言学主要用结构主义的观点看待语言，重视对语言的结构系统和普遍特征作共时研究，采用描写性的办法对语言素材进行归纳、概括和分类，并使之形式化。现代语言学通过分析语言成分之间的组合关系和聚合关系，努力揭示语言的音位系统和语法系统。与此不同，乔姆斯基接受洪堡特（Humboldt）的观念：语言是"有限手段的无限使用"①，认为能运用有限的手段去表达无限的思想是人的天赋，人脑中有内在的机制可以生成无限多的新句子。他强调语法必须描写使这一点成为可能的过程，认为语言学主要的目的在于探索语言能力，声称他倡导的生成语法就是关于语言能力的理论。他批评布龙菲尔德的描写语言学只顾描写人的语言行为（只关心人们已经说了什么），而忽视了人的语言能力（不关心人们还会说什么）。由于生成语法的目标是描写说话人的语言能力，即他们所具有的语言知识，因而这种语法具有预示性，不但能解释语言中实际存在的句子，而且能解释语言中可能有的句子。因此，生成语法必须采用演绎法，希望通过有限的高度形式化的抽象规则去生成无限的既有意义又符合语法的句子。这种对语言学研究范式的大胆变革被人称作"乔姆斯基革命"（Chomskyan revolution）。可见，科学革命就是对旧的研究范式的突破和新的研究范式的确立。

因此，我们认为：现代语言学的理论建设应该立足于建立更好的、能对语言现象作出更彻底的描写和解释的研究范式。也就是说，我们对语言要勇于确立新的观念，发展新的研究方法，提出更有价值的研究课题。

五　结语

认知语言学是作为乔姆斯基语言观的对立面而产生出来的，但这并不意味着生成语法跟认知研究毫不相干。事实上，乔姆斯基强调语言能力是人脑中一个独立的认知系统，必须独立地加以研究。他认为语言能力不同于一般认知原则的法则，认知发展的一般机制不能说明语言的复杂结构。

---

① 见 W. von Humboldt, *Uber die Verschiedenheit des Menschlihen Sprachbaues*（论人类语言的多样性），Berlin。

乔姆斯基提出语言理论的最高目标是解释的充分性，这个目标的对象是建立普遍语法（universal grammar）。他试图从人类语言官能的角度、从生物学的高度寻找语言的基础，从而制定适合人类所有语言的普遍语法。在他看来，语言学不过是探索人类心智的普遍特性和原理这个更大事业的一部分，所以语言学只是心理学的一个分支。研究语言就是为了更好地了解人的心智产生和处理语言的过程，以阐明人类心智的内在本性。[1] 乔姆斯基十分自觉地把语言研究跟对心智的认知结构的研究结合起来，他的研究成果已经对认知心理学、计算机科学、哲学上的认识论和当代新兴的认知科学产生了巨大的影响。[2] 由于乔姆斯基语言理论对认知科学的贡献，他成为美国麻省理工学院（MIT）认知科学研究中心的主任。

最近三十年，西方语言学的研究范式可以说是花样多、变化快。对此，学术界褒贬不一：有人说这是一个学科健康发展的标志，有人说这是语言学不成熟的标志。值得我们注意的是：像认知语言学等新兴的研究路子较以往更多地考虑到汉语的语料事实。但是他们主要的参考资料是赵元任（1965）的 *A Grammar of Spoken Chinese* 和 Li & S. Thompson（1981）的 *Mandarin：A Functional Reference Grammar*。事实上，在赵先生的著作之后，汉语语法研究取得了长足的进展，对许多问题有了新的认识。至于 Li 和 Thompson 的著作，大概不能算是当代汉语语法的代表著作，撇开其理论框架不论，光是其中一大批合格性十分可疑的用例就足以说明该书不甚可靠。但是，因为绝大多数关于汉语语法的优秀论文和著作都是用汉语写作的，所以欧美语言学家大都无法利用。因此，我们应该在深入研究汉语的同时，不断地向西方语言学界介绍汉语研究的最新成果，为世界语言学的发展作出一个语言大国应有的贡献。

1992 年 4 月初稿
1993 年 8 月修改

《中国社会科学》1994 年第 1 期

---

[1] 详见 Chomsky, *Language and Mind*, Harcourt Brace Jovanovich, 1967。

[2] 参考章士嵘《认知科学导论》，人民出版社 1992 年版，第 29—36 页。

历 史 学

论古封建

周谷城[*]

摘要 本文对大量的中外历史资料进行排比研究，从 11 个方面论述了"古封建"问题。作者在文中指出，所谓"古"，指的是社会发展史上的奴隶制时代；所谓"封建"，则是指这个时代的封建等级制，而不是中世纪的封建。"古封建"制度是与奴隶制时代的历史相始终的，与统一集权的坚强的国家组织不相容的。古封建所含的矛盾为各封建国与中央的矛盾，封建制所含的矛盾为地主与农民的矛盾。世界各文明古国的历史，都是奴隶制时代长于封建制时代。

这里所谓"古"，指的是社会发展史上所讲的奴隶制时代。所谓"封建"，也就是指这个时代的封建等级制，而不是中世纪的封建。现在分别略述如次。

（一）奴隶制时代而有封建，颇不同于一般的说法，所以特别称之为古封建。古封建在世界古史上似乎相当普遍。自西至东，略略可以数出一些。例如埃及，便有古封建，布勒斯特称之为"古代封建"；美索布达米亚，如亚述，有古封建，马斯伯乐称之为"军事封建"；伊朗或古代波斯，有古封建，吉帮称之为"国君封建"；中国有古封建，毛主席称之为"国家封建"或"秦以前封建"。从世界古史发展的情况看，古封建可能出现于世界各地一切古国中。世界古史的发展，各地尽管不同，彼此之间毕竟有些相似之处。在相似点中，古封建可能是最突出的一点。古封建这个制度的发展，就已经知道的情况看，是与奴隶制时代这段历史的发展相

＊ 周谷城，1898 年生，中国史学会常务理事、复旦大学历史系教授，史学方面主要著作有：《中国社会史论》、《中国通史》、《世界通史》等。

终始的。换句话说，即奴隶制开始时，便有古封建的萌芽；奴隶制全盛时，便有古封建的全盛；奴隶制趋于没落，古封建也趋于没落；起而代兴者为前所未有的统一帝国，或统一集权的坚强的国家组织。坚强的国家组织是与封建等级制不相容的。

（二）古史的发展，可以从三个方面看：（1）阶级对立的发展，（2）统一集权国家的发展，（3）封建等级的发展。这三者的发展，是交织在一起的，分开叙述，只是为着方便。我们现在论述古封建，当然不能排除阶级对立的发展，尤其不能排除统一集权国家的发展。而且古封建所着重的，不是中世纪的地主与农民的对立关系或矛盾，而是古代统一集权国家成长发展过程中的等级关系；粗疏一点说，即这个过程中，大小国家本身等级的成长，发展，盛衰，没落等。因此最宜把古代统一集权国家发展过程略为一述。这一过程，以中国和希腊最有代表性。希腊的古史发展，从政治方面看，凡分为四个时期，即（1）王政时期，约在公元前1300年到7世纪中叶，正值中国殷周之际及其前后；当时部族酋长的产生，早已不是出自选举，而是出于世袭，已成了拥有城市国的国王。（2）贵族时期，其盛时约在公元前7世纪中叶到600年的时候；这一时期，贵族势力壮大，尤以雅典方面的海盗成长起来的贵族，为最有势力；同时工商业发达，又酝酿出后来的霸者，即重法制、重进取的统治势力。（3）霸政时期，公元前600年到500年之间霸政最为流行，雅典方面重法的人不少，曾形成伯里克利的盛时。（4）帝政时期，约成于公元前4世纪后期；自伯里克利死后，经过雅典、斯巴达、特比斯的互争雄长，长期征战，最后出现亚历山大，终于统一希腊各地，更向外扩充，造成空前的地跨欧亚非的奴隶主大帝国。

中国古史的发展与希腊古史的发展，相似之点颇多，唯时期较长而已。中国古史的发展，若着重政治方面，或统一集权国家的发展而言，也可分为四个时期，即（1）王政时期，大约可以定为公元前22世纪到12世纪的一千年，其时期正包括夏、商两朝。（2）贵族时期，约在周武王克商以后到春秋战国之交，即公元前1122年以后，到公元前480年左右。这时因社会经济发展，酝酿出后来所谓霸者。（3）霸政时期，春秋战国之交，奴隶主阶级出现了一种变化：一方面贵族奴隶主逐渐没落，另一方面工商奴隶主逐渐兴起；工商奴隶主是平民，因而有平民与贵族之争。霸者在这时，朝前看颇有重法而轻礼的倾向，形成霸政；所谓五霸，所谓七雄，都可以说是霸者。（4）帝政时期，自七雄统一于秦，出现秦汉帝国；帝国统一时期，即秦、西汉时期，统一集权国家发展过程已告完成，封建等级制也在这时大体结束。中国古史与希腊古史这样相似，未必完全出于偶然；相反，可以说是世界古史发展的必然趋势所表现出来的结果。

（三）古封建的等级早在王政时期即已萌芽，在贵族时期进入全盛，经过霸政时期，到帝政时期，即趋于没落。这里且举几个实例于次：（1）埃及的古封建，自国中各州势力壮大开始。早在公元前二千年左右，埃及正由古王国时期进入中王国时期，各州贵族奴隶主阶级的统治者，据地自雄，也就是说霸占着土地称强，中央不甚能过问。史家称他们为小君，他们自己则自称为世袭的公爵，其实就是封建的土皇帝。（2）亚述的古封建，与埃及的不同：埃及的封建势力起于国中各州；亚述的封建势力则驻在边区各地，是由中央派去的贵族奴隶主组成的。他们管领着中央分给的土地，拥有强大的军队，目的是保卫边区；平时耕田，战时作战，俨然若中国所谓屯田军一样。马斯伯乐称此为军事封建，是有道理的。其时期约在公元前八世纪及其前后。他们也是封建的土皇帝，与中央仅仅维持一种疏松的从属关系，向中央纳贡效忠，但有时不纳贡，不效忠，甚至起而背叛中央。（3）伊朗的古封建，与前两者又不同：早在公元前 5 世纪左右，古波斯的中央统治者，把国土分为 28 区或沙特惹坡，由中央派亲信的人去坐镇。派去的人，据古代史家希罗达特说，多是贵族奴隶主。他们为所在地区的总督，一方面使中央王室的权力达到各个区或沙特惹坡，另一方面防止各区行政官员集权造反，颇像中国周初"封建亲戚，以屏藩周"，也就是把一些贵族奴隶主安置在地区以保卫中央，构成许多封建土皇帝。后来古波斯衰落了，由古安息取而代之；安息也行封建等级制，中央统治者称众王之王或大君，众王亦称封君或诸侯。封君或诸侯对中央虽要效忠纳贡，亦即表示服从，并在每年缴纳一定数量的财货；但在自己所在的地区内，掌握军、民、财政等全权，可以为所欲为，实即封建的土皇帝。（4）中国的古封建最为明显。周武王克商以后，为着要巩固周的统治，曾大行封建。周的封建，即封土建国的意思。封土，无异于把一定的土地分赐给某些贵族奴隶主，尤其是分赐给过去一同作战有功的贵族奴隶主；其中包括同姓的亲，异姓的戚，或单纯有战功的人。这些人分赴自己所受的土地上，即成为封建的土皇帝；他们名义上是要向中央效忠纳贡的，但各拥有军、民、财政等权，可以不效忠不纳贡。

（四）封建等级并不是绝对固定的，中国学者曾在甲骨文中发现有爵名无定称的记载；即一个封君或诸侯在某一片甲骨上是"公"，在另一片甲骨上却又是"侯"，人是一个，爵名或等级的称呼却有两个，这叫"爵名无定称"。在西亚众王之王或大君，与众王或小君的称呼也不是绝对固定的：在一个地方是大君，在另一个地方可能又不是，成了小君；在一个地方是众王之一，在另一个地方可能又是大君，成了众王之王。

古封建中等级的无定，或爵名无定称，学者仅提供了事例，而没有解释。我想这一定有原因。最主要的原因之一，即封国的相互斗争有胜有败；败者如不被彻底消灭，而仍维持一个封建统治地位，其爵名天然的会降一级。假如原来称公的，战败之后要称侯，是一人而有两爵名。西亚的情况，也差不多。（1）中国古代有所谓夏、殷、周三代，这只是一方面的讲法；另一方面，我们应该说是并立的三族，发展的时间各自不同，形成了先后而已。事实上，只是夏和它的联盟发展到了某阶段被商所征服；商和它的联盟发展到了某阶段，又被周所征服；周和它的联盟克商以后，随即大行封建等级制。这样一来，并立的三大联盟成了相续的三代；一代一代重叠起来。等级自然变动：后来的居上，前面的或被征服的总得居下。（2）其他方面也有类此的情况，例如西亚美索布达米亚肥沃的新月地带或弧形肥区，也有并立的三大联盟在发展过程中形成相续的三大段落的现象。第一段古巴比伦时代，约在公元前31世纪到21世纪，初由苏末人创始，后有塞族侵入。塞族首长沙光时代，约在公元前2750年左右；汉漠罗比时代，约在公元前2100年左右；国势都很强盛。第二段亚述时代，约在公元前750到612年之间；当其全盛之时，国土包括弧形肥区全境及北部许多山岭地带。第三段加尔提或后巴比伦时代，约在公元前612到539年之间。当其全盛之时，国土也包括弧形肥区全境。

（五）在战争过程之中，因为有胜有败，阶级关系随着发展，战败者多有被俘虏而为奴隶的；与此同时，则有等级关系的变动；变动的结果便是等级的复杂化。例如：（1）中国，早在殷商时代，便有很复杂的等级：有国王，有诸侯；诸侯之中，按爵名称呼，有公爵一级，侯爵一级，伯爵一级，子或男一级。更扩大一点说，特别是在周初，有天子、诸侯、公、卿、大夫、士、庶人、工、商、皂隶等十级或十等。就阶级关系说，天子、诸侯、公、卿、大夫、士为剥削阶级，庶人、工、商、皂隶为被剥削阶级。然而在剥削阶级与被剥削阶级的两级之间，却可以分出十个等来，可见等级的复杂。（2）又如古印度，等级也是很复杂的。自雅利安人入侵，本土的达罗比荼人屈服以后，等级之分就复杂化起来。希腊古代史家亚立安在其所著《亚历山大东征史》一书的附录《印度专论》中，分印度人为七级：第一级为智人，数目比其他各级都少，但极为尊严，他们的主要任务为祀神；第二级为农民；第三级为牧夫；第四级为工人与商人；第五级为武士；第六级为监察人员，在国王所统治的地方，他们把实情报告国王，在有自治政府的地方，则将实情报告官吏；第七级为替国家或自治城市处理公务的人，这一级人数也很少，地位也很高，主要任务就是做官。这些都只能算社会的不同职业的称呼，不能算为封建等级之称。在《婆罗门法典》中，印度人凡分为四级：一曰祭司，即婆罗门；二曰武士，即刹帝利；三曰工人阶级，使吠舍，包括农、工、商；四曰贱民阶级或奴隶阶级，即戍达罗。换句话说，这四级的人，即祀神者，打仗者，生产及做买卖者，供他人驱使者。亚立安所举的第一级，似相当于婆罗门；第五、第六、第七级，似相当于刹帝利；第二、第三、第四级，似相当于吠舍；唯没有举出与戍达罗相当的阶级。雅利安人在印度人中，占据着婆罗门、刹帝利、吠舍等三级，达罗比荼人则为戍达罗，换言之，居于奴隶的地位。雅利安人是从中亚侵入的，人数极少，却占据了上层的两级，中间的一级；达罗比荼人是最早就生活于印度河流域的人，可称为土著人民，人数极多，却都被列在戍达罗或奴隶阶级中！战争的胜败，造成社会等级，这是最明显的例证。不过社会的等级，还不是封建的等级。封建的等级，限于封国的大小等级。（3）中国所谓公、侯皆方百里，伯七十里，子、男五十里，则是封国大小等级最明确的划分；虽是书本上的划分，总算是明确的划分。至于其他古国虽没有这样明确的划分，但大小等级之分总是有的。埃及据各州称雄的便小于中央的王国；亚述据边地以自雄的名义上也直属于中央；古波斯境内的每一个区或沙特惹坡则更小于中央。这样的大小之分是封建等级，因为他们的统治者仍是有独立自主权的土皇帝，不是按一定制度可以随时撤换的官员。

（六）封国与中央的关系，可从几个方面讲：（1）封国之主，无论等级高低，都必须对中央统治者表示效忠或服从或拥戴；如果不这样，那就不成其为封国之主，不能构成上下封建等级关系。但是反过来说，如果只有服从或拥戴，而没有不服从不拥戴，那么事实上封国必已成了所谓郡或县，而不是封国了。（2）封国对中央必须纳贡，即以金银货币，或其他特产上缴给中央；但反转来说，封国究竟是封国，也常常不纳贡：埃及的，亚述的，波斯的，乃至中国的封建等级国对中央并不是绝对无例外，而都纳贡。以纳贡名义，上缴给中央的东西，或为实物，或为货币，或为其他特产，原无一定。中国《夏书·禹贡》所列举的尽是各地的实物或特产。波斯各地的贡品最为复杂：有货币，有实物，有特产等等。拿货币说，据马斯伯乐估计，全国所收现银，以重量计达 3331997 磅。拿实物说，有军粮，有鱼盐，有鸟木、象牙、绵羊、骡马、甚至还有贡童男、童女，及阉人宦官的！（3）述职与巡视，是封国与中央的联系办法。在中国古史上有所谓述职与巡视的活动，述职，即把封国的情况向中央报告；巡视即中央定期到各封国巡视或视察。述职与巡视，都有定期。联系密切，述职与巡视的次数可以多些；反之联系便不密切。（4）中央对封国的控制办法也有好几种，最重要的莫过于控制军队，即把封国的军队控制到中央的手里。但封国之主或土皇帝自己必须保留一些军队，否则不成其为封建主或国君。这情况在埃及、亚述、波斯、中国都是一样的。其次一种控制办法是限制用人或任命官吏。官吏全部由中央任命，是不可能的；但中央总要操纵一些，否则不能维持上下的封建关系。中国古史上有所谓限制命卿的办法。卿即各封国最重要的官，大国有三个卿，据说有两个要由中央任命，一个由封国自己任命；较小之国，只有两个卿，中央也要争取任命一个。这样，中央便大大地发挥了控制作用。控制军队，控制用人，是消极的办法。另外较为积极的有所谓免予纳贡；这办法，亚述、波斯都有。如果封国没有请求免予纳贡，而中央主动提出，效果是很好的。（5）控制只能是相对的，因此效忠也只能是相对的，于是封国对中央有叛服无常的现象。这现象在世界古史上是普遍的，是统一集权国家发展过程中必然的现象。一定要封国完全没落，统一集权的所谓帝国或坚强国家出现，郡、县制度完全成功之时，才能消灭。

（七）古封建的发展在古史上，亦即在奴隶时代，具有一个成长、发展、盛衰、没落的完整过程。在王政时期，即已成长、发展；在贵族时期，达到全盛；因经济的发展，工商奴隶主或平民的出现，贵族奴隶主渐渐衰微，这制度才随着渐渐趋向没落；到统一集权的所谓帝国出现之时，它就消灭。不过即使到了完全消灭之时，有些地方还有残余出现，如中国古史上所谓"吴楚七国之乱"，可见古封建势力是不易消灭的。

不易消灭是一回事，历史发展的必然趋势，迫使不得不消灭是另一回事。世界古史上统一集权的所谓帝国，也相当普遍。早在贵族时期，因生产进步，工商发达，自由竞争激烈，统一集权的要求很强。于是有所谓霸者出。他们朝前看，重进取，顺应时代的要求，促成所谓霸政。强大的霸者终于把并立的诸国统一起来，例如：（1）印度，有阿输加把并立的诸国统一起来。当时并立于恒河流域及印度河流域的，凡有较大的十六国，其名称为鸯伽，摩揭多，迦尸，拘萨罗，伐其，马拉，却底，伐姆萨，拘卢，潘却拉，马卡，斯那塞那，阿萨迦，阿文底，建驮逻，柬甫塞。这些国家各自所创的朝代历时之久，有达数百年的。例如：摩揭陀国自萨逊纳揭朝开始到南达朝告终，即自公元前664年开始，至前322年告终，历时整整342年。并立诸国或有贸易往来，或则互相征战；历时既久，强的吞并弱的，大的吞并小的。到公元前322年，摩揭陀的南达朝告终之时，茂立亚朝开始，最终并吞这些国家，创立统一集权的帝国，俨然若中国的秦帝国统一并立的诸国一样。（2）秦开始时，也只是并立的诸国之一，即齐、楚、燕、赵、韩、魏、秦等所谓战国七雄之一。它能统一其他六国，有几个优越条件：一则当其他各国的贵族奴隶主已被奢侈生活所腐化而丧失统治能力时，它还是方兴未艾的新国。二则它是崛起于西戎之中的，受过游牧生活锻炼的最强者，与崛起希腊希半岛北部的，受过游牧生活锻炼的马其顿人很相似，都能统一其他贵族奴隶主或工商奴隶主的并立国家。三则它习见六国的腐化，起而改革内部，放弃礼治，力行最合时代要求的法治，颇与西方的罗马之所为相似。四则它有与六国不同的好东西：北方的马，巴蜀的铁，形便的地势。因此种种，它终于把齐、楚、燕、赵、韩、魏六国，在公元前230年（秦始皇十七年）到公元前221年（秦始皇二十六年）之间，完全消灭。中国古代贵族奴隶主的封建等级国，随着统一集权帝国的兴起，而基本结束。统一集权帝国兴起，贵族奴隶主的封建等级国即随之没落，俨然像一条规律；西方的希腊、罗马，在某方面讲，也与此有相似之处。（3）希腊自贵族时期酝酿出来的霸政，到伯里克利的所谓雅典帝国时，似已发展到了尽头。伯里克利死后不久，又有雅典斯巴达、特比斯等较大的地区势力，互相征战；它们虽不一定是封建等级国，但确实是封建奴隶主集团，这些集团最后毕竟由北方崛起的马其顿人所统一。到亚历山大时，更越出整个统一的希腊，扩大其势力到亚非各地，组成一个地跨欧、亚、非的所谓亚历山大帝国。它的版图包括希腊全境，非洲的埃及，亚洲的小亚细亚、美索布达米亚，伊朗全境，妫河以东诸地，印度河流域诸地，及原来发源之地希腊半岛北部的马其顿。亚历山大帝国存在的时间很短。接着起来的便是罗马帝国。罗马帝国也是由许多地区统一而成，这些地区都在地中海周围沿海岸附近，自亚历山大崩溃以后，一个一个逐渐转到罗马人统治之下，成了罗马帝国的组成部分。公元前 270 年左右，罗马人统一了意大利米岛全境；公元前 146 年亚历山大本人死去之后，所留下的三大部分，即欧洲南部的所谓马其顿帝国，亚洲西部的所谓色流古帝国，以及非洲东北部的所谓埃及帝国，也一个一个被罗马人征服，成了罗马帝国的组成部分。马其顿于公元前 146 年被征服，色流古于公元前 63 年被征服，埃及于公元前 30 年被征服。罗马人自征服地中海沿岸各地，组成罗马帝国以后，更以地中海为中心，向亚、欧、非深入发展，造成所谓罗马世界或"罗马秩序"；与中国的秦汉帝国，印度阿输迦时的印度帝国颇相似，都是由统一了的并立诸国组成的。

（八）在整个奴隶制时代，国家组织的发展，由分而合；到所谓帝国时期，统一集权的国家组织，乃完全成功。封建等级制度的发展，则与此相反；当统一集权的国家组织完全成功时，它却趋于没落。在这个时代，阶级对立关系的本身也有变化：前期贵族奴隶主得势，奴隶的来源，以战争的俘虏为多；后期工商奴隶主得势，奴隶的来源，以负债为奴的人为多。前后两个时期交错之时，贵族奴隶主与工商奴隶主又常常发生冲突，形成所谓贵族与平民的斗争。与上面这些发展变化、冲突斗争相适应的，有各种宗教：（1）印度早有婆罗门教，其信徒所奉为四吠陀；四吠陀中，黎俱吠陀出现最早，其时代约在公元前 1500 年左右。信徒的进修，凡分四段：一曰从师习业，二曰结婚成家，在家修习宗教仪式；三曰进入森林，过隐居生活；四曰摆脱世间一切束缚，专谋最高灵魂的超脱。这种宗教，延到佛教兴起的时候，渐趋没落，其原因：一则流于形式，例如学习吠陀中的诗句，往往只重形式，不重精神；二则信徒之中阶级仍不平等。因此种种，又出现与之相反的耆那教。耆那教创始者耆那，大概是公元前 599 到 527 年间的人。他的教义是以"三宝"为手段，把灵魂从世俗的束缚中解放出来。所谓三宝，即正信、正知、正行。正信即信耆那；正知即知道他所创宗教的内容，如灵魂与世俗之分及灵魂解脱的方法等；正行即依照教义而生活。解脱方法，重视节欲；就这一点讲，耆那教实为当时一种主要的宗教信仰，它冲破了阶级的分别，这是与婆罗门教相反，而与佛教相同的地方。佛教的创始者为佛陀，大概是公元前 563 到 483 年的人。他出身于贵族奴隶主的家庭，眼看摩揭陀国的贵族与拘萨罗国的贵族互相残杀，其基本原因无非物欲。因此他主张克制物欲，以及与此相联的种种。物欲克制了，便是消灭了物欲冲突的原因，便可跳出物欲冲突的圈子，而得清净。著名的《四十二章经》，几乎章章都是发挥这个思想的。这是消极的方面。至于积极方面所要得到的"道"究竟是什么呢？这非常简单，去了欲即等于得了道；得道与去欲，几乎是同一的。故曰"佛言：出家沙门者，断欲去爱，识自心源，达佛深理，悟无为法；内无所得，外无所求；心不系道，亦不结业；无念无作，无修无证；不历诸位，而自崇最，名之为道"。把物质的欲求驱逐得干干净净，完全跳出物质欲求冲突的圈子，一反工商业发达的整个奴隶制社会的激烈冲突，便算得道。《四十二章经》所说，当然是小乘佛理，说得那样浅近，那样简明，人人可懂。至于大乘佛理，或者远较此为曲折艰深，但最终目的，未必有什么根本的不同。（2）至于中国的，孔教或儒教则与此截然不同，完全是积极的。孔教或儒教创始人孔子，是公元前 551 年到 479 年间的人。就他的中心思想"仁"来看，他应该是哲学家。他提倡的"仁"的本义即"人人"，意思即是人要像人，做到"君君，臣臣，父父，子子。"如果各与自己相反，便要"君不君，臣不臣，父不父，子不子。虽有粟，吾得而食诸?!"同理，如果人不像人，那便一切都完了。故曰"人而不仁（人）于礼何；人而不仁（人）于乐何"。孔子以"仁"或"人人"为思想的根据，为言论的中心，为行动的准则；一生孜孜不辍，带领着几千个徒弟，向广大人民，主要是向贵族奴隶主或工商奴隶主的子弟说教，其精神也颇像教主。至于由他整理的《诗》、《书》、《礼》、《乐》、《易》、《春秋》等所谓六经，内容也颇与古代世界其他的经典相似：不是应付人事的，就是应付神事的；不是治人的，就是事神的。六经的意义，《庄子·天下篇》概括曰："诗以道志，书以道事，礼以道行，乐以道和，易以道阴阳，春秋以道名分。"若拿这些内容与古代世界其他经典，例如犹太的《旧约》，基督的《新约》比较，可以发现许多相似点。因此把这些说成教典，把儒家说成儒教，亦无不可。

（九）孔教或儒教固然是积极的，尊重现实的；若（3）波斯的祆教，则更为积极而尊重现实。祆教的创始者琐罗斯德是阿泽佩占的土著，可能是一个以祭司职务为生的人。他的生卒年代，不甚清楚。有的学者以为他是公元前 664 年到 583 年之间的人。他的创教与自然环境的变迁，土著人民的生活，以及原有的对天地等神的崇拜，似乎有密切关系。尤其是琐罗斯德凭固有的若干信仰以创袄教，颇与以色列的预言者凭当地固有的若干信仰以创立犹太教情形正同。而且袄教的神典《阿韦斯大》与犹太的神典《旧约全书》，形式上也有好多地方相似，都是陆续纂辑而成，都包括仪式、戒律、圣诗等。《阿韦斯大》的主要内容，概括说，有下列各项：一、祈祷文告，这是祭祀一切神祇时，由祭司宣读的；二、清洁戒律，这是要信徒大家遵守的；三、对于某些神所特用的圣诗；四、祭司及普通人民所用的一般祷告。清洁戒律中，凡包含三个重要原则：一、农耕与畜牧，是最高贵的职业；二、宇宙创造的过程，就是"善""恶"互斗的过程；三、地、水、火、气等元素是很清洁的，不可污染。主持"善"与"恶"的，有善恶二神。若只有善恶相斗，而没有善恶二神，那只是道德生活，而不是宗教信仰。袄教的善神，其远源为雅利安神话中的天神。琐罗斯德创教以后，即以天神为至上神，名曰"阿火拉"；或更普通一点说，叫"大智尊者"又名"阿火拉马兹大"。因此袄教又叫马兹大教。马兹大至上神，上擎着天，下环着地，中悬日月，照耀四方，为宇宙之主宰，为智识之源泉，为幸福之精神，具有善良、正直、刚毅、慈悲、康健、不柯诸德，与人类几乎没有区别。至上神在波斯又被尊为种族神，其象征符号为一立于由两翼合成的圆盘上的武士，这象征是从亚述抄来的，其远源出于埃及。至于袄教中的恶神，叫"阿立曼"，为一切邪恶的总源泉，与善神立于完全相反的地位。善神的诸种美德渐渐具体化，恶神的诸种恶行也渐渐显露出来，与之相抗；于是善恶的斗争，激烈进行，且恶神终于要屈服。袄教对于波斯人的团结，有很大的作用，与雅利安人的生活的转变直接有关。雅利安人的生活由游牧转入农耕，固有的若干信仰乃被发展为更切合实际的袄教。

在西方影响最大的，有（4）犹太教和基督教。基督教是继犹太教而发展出来的，其中所含犹太教的成分有下列各项：一曰富有神迹的历史，这历史始于宇宙初创，直达宇宙完成，证明各种演变的神迹。二曰神所最爱的一小部分人民，这一小部分人，在犹太人看来，为"优秀人民"，与基督徒所谓"仅存人民"相当。三曰正义观念的新解释，例如：基督教中的布施观念，便是从后期的犹太教中吸取来的，慈善行为，似亦为犹太人旧有的美德。四曰犹太纪律，基督徒也采取了一部分。五曰救主的观念，犹太人相信有"救主"在人间，基督徒亦相信有救主，救主就是"耶稣"，不过不在人间。六曰天国观念，这是犹太人与基督徒所共有的，他们认为：另一世界本体上并非与现实不同，不过只是存在于将来而已；凡有德者将享受永远的幸福，凡有过者将遭受永远的痛苦。上面所述这些犹太成分，实与犹太人的历史直接或间接有关。犹太人的历史，照事实看起来，可以说是一部民族大劫史，也可以说是一部阶级斗争史。犹太人自公元前586年遭受外族压迫的大劫以后，即望有救主出来拯救他们。五百余年之后，约在公元前4年，有"耶稣"出生于犹太的伯勒汉。到公元29年亦即罗马奥古斯特帝全盛时代，他便开始发表他的主张，他的信徒便认他为犹太的救主，或希腊文所谓"基督"，后来被称为"耶稣基督"，也就是基督教的创始者。他的教义非常简单，最主要的约有三项：一曰爱人，二曰安贫，三曰自谦。不过他的主张，最初在各方面都不讨好，首先，犹太人久受外族压迫，当时亦正在罗马统治之下，要他们爱一切人，甚至爱自己的敌人，当然不可能。他们自命为"优秀人民"，为着维护民族尊严，对这种主张，当然不能接受。其次，罗马人当时正统治着犹太人，罗马帝国内部，盛行奴隶经济，贫富之分显然。耶稣基督的主张虽未明言打倒富人。然而把贫富同样看待，这是富人所不欢喜的，罗马富人为着维护自己的阶级利益，不能接受耶稣的主张。因此种种，耶稣基督终被仇人捕送给罗马当局，钉死于十字架上。耶稣死后，他所宣传的基督教却大大地盛行起来。公元42年左右，叙利亚大城安地牙科成了信徒们活动的中心。1世纪末，罗马各大城市均有基督徒；2世纪末到4世纪时，基督教的势力越来越大。

最后谈一谈（5）回教。回教的出现与阿拉伯人原有的信仰是有关的。回教未成立之时，阿拉伯人原有的信仰可概括为四项：一曰对自然物的崇拜，如对日、月、星、辰等的崇拜；二曰对麦加城中古玄石的崇拜；三曰对灵魂转生的信仰；四曰对各种外来宗教的信仰。阿拉伯是一个安全地区，外来各种宗教信徒，常因受政治压迫，而逃到这里：如波斯祆教信徒因受亚历山大的压迫而逃到这里；犹太教徒因受叙里亚国王的压迫而逃到这里；基督教徒因受罗马的压迫而逃到这里。这里的复杂信仰，促成了信仰一致的要求，于是有穆罕默德出而创教。穆罕默德原是麦加城里管理旧有宗教的贵族。公元613年到614年穆罕默德正四十岁的这一年，他宣布他自己是神所派到人间的预言者。最初相信的不过几个人，且同族中的

人反对最烈。穆罕默德乃与其亲信计划，逃出麦加，又于公元 622 年 6 月
20 日逃到麦地纳，后来回教历即以这一年为纪元。逃到麦地纳时，当地
居民正苦犹太人内部纷争，颇为欢迎这位外来的领袖，特别给以优待。穆
罕默德就在这里购买土地，建立第一座回教教堂，教人祷告，祷告的通知
也很简单："主为至大，主为至大！主以外无他神，穆罕默德实为神所派
的预言人。大家且来祈祷，且来祈祷。神为至上，神为至上！主以外无他
神。"穆罕默德凭这些简单的句子，以麦地纳为中心，发展他的宗教，内
容可概括为下面几项：一曰归依一神，神曰"阿拉"，为全能的，为全知
的，为万有出发之所，亦为万有归宿之所。二曰不拜偶象，这对旧有信仰
为一大改革。三曰相信来生，以为任何人都有遭受最后审判之一日；审判
之后，转生之前，有罪者将受苦，信神者当得富。四曰注重平等；回教所
谓归依，凡有两义，一为归依于神的意志，二为归依于平等主义。所以妇
女地位、奴隶地位都有改善；此外舍己为人，以德报怨，是更为重要的道
德。五曰执行仪式，最主要的为作祷告；每日祷告凡有五次；每礼拜五有
大祷告；祷告之时，必朗诵信条曰："主以外无他神，穆罕默德为主之代
言人。"回教的仪式、信条、教义等都包含在《可兰》经典中。《可兰》
经是回教的基础，据说这是穆罕默德通过天使直接受于神的。穆罕默德在
他创教的几十年中，陆续获得神所启示的教义，口授于其信徒，信徒们或
凭记忆，或用笔录保存起来，后来汇集编定就成了经典。

（十）各种宗教都成长发展于奴隶制时代，固然反映了奴隶制时代的
种种现实，同时也必然反映了古封建的种种现实，亦即奴隶制时代，封建
等级制的种种现实。宗教如此，学术亦然。世界古史上有三个较大或较突
出的学术发源地：一曰中国，二曰印度，三曰希腊。（1）中国古代，当
贵族奴隶主得势之时，学问原在官府。当时学问与政事实分不开；管政事
的兼管学问，有学问的要管政事。当时保存学问，保存过去的经验，从事
学术文化活动，仅在官府才有可能。在官府里把学问一代一代传下去的人
叫做畴人，或叫做世官，或叫做畴官。直到贵族奴隶主逐渐没落，工商奴
隶主逐渐兴起之时，官府以外过虚闲生活的人多起来了，学问乃由官府下
移到民间，亦即由贵族奴隶主手里下移到工商奴隶主或平民手里。战国时
代，工商奴隶主或平民，过虚闲生活或从事学术文化活动的人特别多，他
们把贵族奴隶主手里的学问文化，全盘接受过来，老子、孔子，就是这种
人。学问既已到了工商奴隶主或平民手里，随着工商业的日益发达，社会

竞争的日益激烈，于是蓬勃发展。就派别讲，《汉书·艺文志》说：儒家这一派，大概出于古代管文教的官；道家这一派，大概出于管历史、记载、成败、祸福之官；阴阳家这一派，大概出于管历法授民时的官；法家这一派，大概出于管理赏罚，辅助礼制的官；名家这一派大概出于礼官，管理礼的种种不同的办法；墨家这一派，大概出于清庙之守，管理神事的。其他如纵横家、杂家、农家、小说家，无不各有来历；到工商业空前发达，在工商奴隶主或平民手里，乃特别发展，成为不同学派，以适应时代的要求。《汉书》所举十家又有人简化为阴阳、儒、法、名、墨、道德六家。各家的大意，《汉书》所说，未必正确；但有一事是不能否认的，即学问由贵族奴隶主手里解放出来以后，就蓬蓬勃勃地发展起来。举其最突出者看，有死守贵族奴隶主的老一套不肯放的，如孔子或儒家；有迎接工商奴隶主的新势力而飞跃发展的，如法家；有积极努力，着重功利的墨家；有消极无为，节制欲望，对激烈斗争的社会，作釜底抽薪之想的道家。(2) 印度的学术，早在王政时期城市工商各业进步、奴隶与奴隶主斗争激烈之时就发展起来。古代印度人称学问或关于学问的著述为"论"或"舍陀拉"，有时更以"明"或"吠陀"的名称代替"论"。所谓"明"，即知识、学问、学术、哲学等。"明"的数目，有所谓四明、五明、十四明、十八明、三十二明等。所谓四明，即第一明，三部圣学，即四吠陀中黎俱、娑摩、耶柔三吠陀的研究，与神学相类似。第二明，辩证究理学，与论理学或逻辑相类似；第三明，统治学，与政治法律等相类似；第四明，实学，包括农耕、畜牧、买卖、医方等实用技术。在佛教经典中又有与上面所述四明不同的所谓"五明处"，或单称"五明"。"五明"即第一声明，这是研究语言和音韵学的；第二因明，是阐明原因的，与理论学或辩证法相似；第三内明，即研究真我或大我的智识的，佛教信徒把他们自己所传布的佛教称作内明；第四医方明，就是医学的应用和理论，总言之，即医疗学；第五工巧明，即关于美术或手工艺之类的学问，与出于印度文学的工巧论，同属一种学问。上面提到的吠陀一字，梵文原意即智慧，几乎包括雅利安人整个理知的发展。四吠陀中，黎俱吠陀出现最早，约在公元前 1500 年左右，因此印度学术的发展，至迟当在公元前 1500 年左右，正当我国殷商时代。

中、印学术之外，再来谈一谈（3）希腊学术。希腊奴隶制时代，特别是公元前 4、5 世纪及以后学术很发达，初有所谓智者或诡辩派，他们的任务就是以智识教人。他们旅行各地，自由施教，教演说，教法律，教道德等等，为当时社会、政治、逻辑、法律诸科的大师。然后有与诡辩派相反，爱好"真知"的哲学家出现，如苏格拉底、柏拉图、亚里士多德最为突出。苏格拉底是公元前469到399年间的人，创道德与智慧合一的学说，其名言有"自知"或"知道自己"，为希腊第一个哲学家。他的弟子柏拉图是公元前427到347年间的人，创观念论，谓最高观念为"至善"，为万有所凭依。关于政治方面的著作有《共和国》，主张统治者中要行财产公有制，又主张治理国家的事，要由哲学家来担任。他的弟子亚里士多德，是公元前384到322年间的人，为当时智识之集大成者，于学无所不窥，谓万有进化，常由材料进到形式，完整的形式为进化的动因。关于政治，他认为家族为政治生活发展的雏形。他将政府形式分为六种：三种正确的，即王权政治，贵族政治，立宪政治；与此相应的三种不正确的，即霸权政治，少数专政，多数专政或德谟克拉西。此外还有专重精神快乐的快乐派等等。到中世纪，蓬勃发展的情况就衰落下来，正如中国汉代以后，原来蓬勃发展的情况逐渐沉没下来一样。

（十一）古封建及其所在时代的意识形态，略如上述。至于古封建与社会发展史上所讲的封建制有什么不同呢？这可以从下列（1）（2）两个方面看出来：（1）两者所处的时代阶段不同。社会发展史根据五种不同的生产方式，分为五个阶段，第一氏族阶段，第二奴隶制阶段，第三封建阶段，第四资本主义阶段，第五社会主义阶段。古封建或封建等级制存在于第二阶段，即奴隶制阶段，与奴隶制几乎是同开始同结束的。封建制则不然，存在于第三阶段，即封建时代。（2）两者所含矛盾的性质不同。古封建或封建等级制所含的矛盾为各封国与中央的矛盾，即中央要集权，各国要分权。封建制所含的矛盾则不然，为地主与农民间的剥削关系。例如：中国汉代及以后，农民与地主如构成了东佃关系，则农民生产的东西，要缴一半给地主，这就是封建剥削关系。《汉书·食货志》曰："小民……或耕豪民之田，见税十五"；对这句话，如淳说："什税其五"，颜师古说："言下户贫人自无田，而耕垦豪富家田，十分之中，以五输本田主也。"（3）根据上面两项看，中国的封建制为时并不很长，与奴隶制的时代相比，短多了。封建时代的开始，应以东佃间百分之五十的封建剥削关系为标志，这个标志，秦以前是没有的，至少没有明文的记载，而在秦以后则有了。因此我认为中国封建制的开始在东汉后期，为方便起见，找

论古封建

一固定的年代，即以公元 9 年，王莽篡夺汉政权的那一年为开始之年。从这一年起，朝后面计算，封建时代，至长不过一千多年；从这一年起，朝前面计算，奴隶制时代，至短也有两千多年。（4）中国长期封建问题如不存在，则世界古史上一些较大的文明古国的历史长短大体是相似的，都是奴隶制时代长于封建时代。就奴隶制开始或王政开始的年代讲，埃及约始于公元前三千年左右，美索布达米亚约始于公元前二千八百年左右，印度约始于公元前二千五百年左右，中国约始于公元前二千二百年左右，波斯和希腊约始于公元前一千年左右。就奴隶制时代的下限讲，都在公元开始，以后并无所谓长期封建问题。（5）奴隶制时代的特点，可以列举一些如下：首先，都有奴隶与奴隶主的尖锐对立；而且在贵族时期，出现工商奴隶主形成贵族与平民之争；这在中国、希腊、罗马等国较为突出。其次，都有封建等级国的出现，这以埃及、亚述、伊朗、中国较为突出；而且国家的发展成为统一集权的坚强组织之时，封建等级国即随之逐渐没落或完全消灭。复次，都有宗教经典的纂辑，这以印度的吠陀经典、中国的儒家经典、波斯的祆教经典、阿拉伯的可兰经典、西方的旧约和新约为最突出。最后，都有学术思想的自由竞争和蓬勃发展。这以印度外道诸宗，中国诸子百家，希腊各派哲学为最突出，成为古代世界学术的三大源泉。（6）单就中国讲，若长期封建问题不解决，把奴隶制时代的一切特点，通通搬到封建制时代里，令人读起中国古史来，好像中国没有奴隶制时代，只有封建时代，或者好像中国奴隶制时代的内容空空如也，而封建时代的内容则丰富多彩，与社会发展史所讲的情况特别不同。其实未必真的特别不同。现在附论于此，以待继续研究。

《中国社会科学》1980 年第 5 期

试论中国资产阶级的产生

汪敬虞[*]

摘要 本文着重分析了西方资本主义侵入中国以后，中国原有经济结构的变化，从中观察中国资产阶级产生的历史条件和它所处的时代，以及这个时代所赋予它的特点，为研究辛亥革命时期的中国资产阶级提供了一定的背景材料。

本文对过去学术界关于中国资产阶级问题的讨论也发表了一些看法。

关于辛亥时期中国资产阶级的研究，是整个辛亥革命历史研究工作的一个极为重要的部分，而要使这一研究富有成果，就需要对中国资产阶级的产生，有一个比较正确的认识。

资产阶级的产生，严格地讲，是在资本主义生产关系正式建立之后。封建社会中的资本主义萌芽，并不能产生资产阶级，这应该是不成问题的。中国的资本主义萌芽，过去有过比较广泛和深入的讨论。讨论中对于在中国资本主义萌芽的过程中是否出现了市民等级，有不同的看法；但在是否出现了资产阶级这个问题上，意见是一致的。这就是：在中国封建社会的资本主义萌芽的过程中，并没有出现资产阶级。中国资产阶级的产生，是在资本主义现代企业出现以后。

中国资本主义现代企业的出现，又是在外国资本主义入侵中国之后。中国封建社会中的工商行业，在外国资本主义入侵以后，发生了一些什么变化，这是研究中国资本主义企业的产生、从而是中国资产阶级的产生所要首先解决的问题。

---

[*] 汪敬虞，1917 年生，中国社会科学院经济研究所研究员，从事中国近代经济史的研究工作。

我想就从这一点开始。

一 西方资本主义入侵以后中国城市工商行业的变化

在长期的封建社会中，中国城市的工商行业，从各种手工业、商业、交通运输业到金融高利贷中的钱庄、票号、银炉、当铺，从行商、坐贾到经理牙行，都有各自的组织机构、活动范围和经营传统。它们各自葆有的传统业务和经营方式，只有在外国资本主义入侵以后，才发生了它们从未经历过的变化。它们的传统经营和西方资本主义的入侵，发生直接的冲突，面临着阵地日益缩小的前景。

但是，并不是所有的行业都和西方的入侵发生直接的冲突。相反，不少行业在西方势力入侵之后，发现自己原来的传统业务和经营很容易转向适应入侵者的需要的轨道，从而有可能相应地扩大自己的活动范围，一天一天地走上为侵略者服务的道路。

交通运输业中的海运和银钱金融业中的钱庄，就是代表两种不同遭遇和命运的典型。

中国的沿海贸易和运输，是中国封建社会原有的交通运输业的一个相当重要的组成部分。从事海运的大小帆船，散布在沿海各口岸，数以千计。在鸦片战争以前广州一口通商的时候，他们原来经营的沿海贸易和运输，基本上没有受到外国入侵者的干扰。五口通商以后，随着入侵者向北部的扩张及其对沿海转运贸易的非法攫取，他们的活动范围就受到日益严重的威胁。四十年代中期，当外国侵略者还没有大规模插手中国沿海转运贸易的时候，经营传统的沿海贸易的中国帆船已经开始感受到侵略势力的威胁。在福建沿海，不论是已开口岸的福州、厦门，还是并未对外开放的口岸，都充斥着专门转运中国货物的外国划艇[1]。当时有人说：厦门开埠以后，闽省即"无赴粤之商，粤省亦鲜来闽之贾"[2]，这虽然不是专指中国货物之转运而言，但中国沿海帆船业者所受的影响是可以概见的。

---

[1] S. F. Wright, Hart and the Chinese Customs, 1950, p. 203. （以下简称 Wright）

[2] 邵循正：《1845 年洋布畅销对闽南土布、江浙棉布的影响》，见《历史研究》1954 年第 3 期，第 26 页。

进入 50 年代后期，当轮船日益取代帆船的运输以后，这种威胁给人们以更加明显的感受。《天津条约》的签订，打开了上海以北一千五百英里的沿海贸易，把中国大部分沿海贸易从本地船只转移到外国商船的手里。南方的福州是这样：19 世纪 60 年代中期由福州运往中国其他口岸的货物，已有三分之一改由外国轮船载运①。由其他口岸进入福州的中国商船，则减去不止一半②。北方的牛庄也是这样：在开埠以后的 1862 年，牛庄进口的外国商船，包括轮船和帆船在内，一共是 86 只，两万七千多吨；三年以后（1865），激增至 274 只，九万一千多吨③。与此相对照，60 年代下半期，来到牛庄的中国沙船减少三分之一以上④。所有这些，都是 60 年代以后中国沿海帆船运输业面临严峻局面的缩影。

和航运业中的帆船形成鲜明对照的，是金融业中的钱庄。

钱庄是中国封建社会的信贷机构之一。它有比较悠久的历史，分布也比较广泛。钱庄或钱铺的名称，在明代的小说、笔记中就已经常出现。在上海，至迟在 18 世纪中叶，钱庄已经成为一个具有相当规模的独立行业。它所签发的即期和远期庄票，有很高的信用，得到商业界的普遍接受，给商人调度资金、融通信用以很大的便利。在福州，当这个商埠对外开放时，西方的入侵者发现整个市上的钱庄达到百家之多⑤。一般大宗交易的媒介，基本上是当地银钱业发行的票据⑥，宁波的钱庄，很早就实行了节省解现的过账制度。凡与钱庄有往来的商人，成交买卖，只须在钱庄过账，互相抵划，不必过手现银⑦。在北京和其他一些省城中，钱庄发行的钱票也得到相当广泛的流通。所有这些，都说明在中国封建社会中，钱庄在调节商品流通和资金周转上，发挥了相当大的作用。

在外国资本主义入侵中国以后，钱庄的这种作用适应了西方国家推销

---

① Commercial Reports from Her Majestys Consuls in China, 1865 –1866, 福州, 页 40。（以下简称 Commercial Reports）

② 同治五年六月十三日, 英桂奏, 清代钞档。经济研究所藏。

③ Chinese Imperial Maritime Customs, Reports on Trade at the Treaty Ports in China. 1865 年, 牛庄, 页 13—14。（以下简称 Trade Reports）

④ Commercial Reports. 1869 – 1870, 牛庄, 页 94。

⑤ British Parliamentary Papers: Returns of the Trade of the Various Ports of China for the year 1846. 页 20 – 21。

⑥ R. Fortune, Three Years Wanderings in the Northern Provinces of China. 1935 年版, 页 243。

⑦ 戴枚等:《鄞县志》, 卷二, 1874 年版, 第 6 页; 段光清:《镜湖自撰年谱》, 1960 年版, 第 122 页。

商品和掠取原料的需要，因而很快地受到外国入侵者的注意和被其利用。

以上海的钱庄为例，在开埠不久的 40 年代中期，刚刚进入上海的外国洋行就注意到钱庄庄票这样一个方便的支付手段而开始加以利用。进入 50 年代以后，庄票已经比较普遍地被外国洋行接受，作为结算的工具。许多经纪对外贸易的捎客，都以资力比较雄厚的钱庄所签发的十天或二十天的期票作为收取货价的凭证①。这时如果钱庄拒绝提供例行的方便，外国商人的货物就难以成交，中国的经纪和捎客也将束手无策②，到了 60 年代，外国商人使用庄票的场合更加普遍。有些洋行在招揽生意的广告中，公开宣称接受"任何一家本地钱庄庄票或其他合格票据"③。如果说，50 年代还只有大钱庄的庄票具有合格的支付能力，那么，到了 60 年代已经普及到所有的大小钱庄。对外国商人来说，那时接受期票支付货款，远比用卖了货的现款再来进货要能销出更多的货物④。

随着钱庄与外国洋行联系的加深，钱庄的资金来源、营业对象和业务内容也发生了相应的变化。如果说，以前钱庄周转的对象是沙船上的国内土产，那么，现在则转向出口丝、茶，进口棉纺织品和鸦片；如果说，以前和钱庄打交道的主要是沙船业主和其他旧式商人，那么，现在就新添了为洋行接洽生意的买办、经纪和捎客；如果说，以前投资钱庄的人物主要是中国的旧式商人，那么，如今在他们之外，又出现了为洋行服务的买办和各种各样的买办化商人。一句话，在钱庄身上，除了原来的封建社会加给它的烙印以外，又开始加上了一层殖民地的色彩。

出现于航运和金融业中的不同情况，在手工业和其他行业中也同样存在。总起来说，中国封建社会中的工商行业，在外国资本主义入侵的条件下，面临着两种不同的变化。一是受到资本主义的排挤和打击，从而走向衰落，甚至遭到淘汰；一是转而适应入侵的资本主义的需要，从而得到保存，甚至还有所发展。从入侵者这一方面而言，它对入侵道路上的碍障固然要加以打击和扫除，但对能为它所用、受其操纵指使、以收更大的掠夺实效的，也不排斥对它们的扶植和利用。而无论打击、排挤和扶植利用，

---

① North China Herald, 1858 年 6 月 12 日, 页 182。（以下简称 Herald）

② J. K. Fairbank: *Trade and Diplomacy On the China Coast*, 1842 – 1854, 1953, p. 403; S. C. Lockwood, *Augustine Heard and Company*, 1858 – 1862, 1971, p. 130.

③ Herald, 1862 年 3 月 1 日, 页 34。

④ Commercial Reports. 1869 – 1871. 汉口, 页 192。

它的目的都是要使中国经济结构的变动适应它的侵略需要。这个过程，正是中国原有的封建经济走上半殖民地半封建化的过程。

二　西方资本主义入侵中国的过程中中外商人关系的变化

由外国资本主义入侵而引起的中外商人关系的变化，这是研究中国资本主义企业的产生，从而是中国资产阶级的产生所要涉及的第二个问题。

中外商人关系的种种表现，决定于外国资本主义入侵的结果。一般地说，受外国资本主义入侵排挤打击的中国商人，对入侵的资本主义采取抵制禁拒的态度；而适应外国资本主义入侵的需要的，则采取迎合效力的态度。这是合乎逻辑的发展，是一个总的趋势。

当然，实际的情况是十分复杂的。同一行业之中，不同地区、不同集团乃至个人之间的际遇，并不完全相同，因而出现了明显的分野。例如，同属旧式金融业，重点在北方和内陆的山西票号和重点在通商口岸的上海钱庄，它们的际遇就不一样。当钱庄在适应入侵的资本主义的需要，转入为它们服务的轨道时，票号却走上结纳权贵为封建政府服务的道路。在它的汇兑业务中，京饷、协饷等官款的汇解，占据重要的地位。它虽然参与通商口岸和内地之间的商业汇兑，但一般不和外国洋行发生直接的金融联系。同样，中国封建社会中专营经纪的牙行，在外国资本主义入侵之后，一部分遭到淘汰，一部分则适应外国入侵者掠夺原料、推销成品的需要，作为中间媒介，成为压榨小生产者、为外国资本服务的工具。60年代通商口岸一些华商栈号用来与外国洋行打交道的捐客，实际上他们原来就是经营牙行的[①]。

在说明这种分野的问题上，中国的大豆转运贸易和大豆的加工生产，是一个具有典型意义的例证。

我国东北主要农产品之一的大豆，在19世纪西方资本主义国家入侵中国的过程中，从两方面受到外国侵略者的注意：一是大豆的沿海转运贸易，一是大豆的加工生产。

被称为豆石的大豆沿海转运贸易，是中国传统的沿海转运贸易的大

---

① North China Daily News. 1867年3月23日，页2727。（以下简称 Daily News）

宗，也是数以万计的中国帆船业者和运输工人赖以为生的传统行业。当60 年代初期外国轮船侵入豆石转运贸易之时，人们可以看到中国原有的豆石贸易的参加者对外国资本主义入侵进行抵制的大量事实。上海从事豆石转运贸易的沙船业者首先起来反对，甚至要求禁止华商雇用外国轮船运销豆石，以求沙船利益的保全①。而牛庄、登州两处的大豆商人，也利用行会的势力，对大豆的贸易条件和价格结构，进行全力的控制，力图把这一传统贸易掌握在自己的手中。

但是，与此同时，也出现了截然相反的活动。

还在豆石转运贸易全面对外开放以前，在原有的中国商人中间，已经有一部分人开始走上了另外的方向。他们不是对抗入侵的西方资本主义，而是使自己的活动适应入侵者的需要。当外国商人在登州一带进行非法的豆石走私的时候，那里就出现了中国商人的配合活动。这种走私，常常是由中国商人出面，在登州运载豆石出海，然后在口岸辖区以外的海上，将豆石转交给走私的外国轮船，从中分享走私的利益②。在这里，中国商人实际上是外国非法走私的从犯，而其所以出现这样的情况，无非是利用外国轮船运输的优越条件，以达到获取优厚利润的目的。

因此，完全可以设想，当豆石贸易完全对外开放以后，在外国船只航行速度和吨位运费远较中国帆船优越的条件下，中国沿海的豆石转运贸易，会愈来愈多地为外国商船所掌握。事态的发展正是这样。以豆石贸易最大的口岸牛庄为例，在开关以后的三年中，进口的外国船只由 86 艘增加到 274 艘。其中绝大部分是出租给中国商人，进行沿海转运贸易。例如，在 1865 年进口的外国船只中，由中国商人租雇的，几占 90%③。与此对照，原来有两千余号以运载豆石为专业的沙船，此时只剩下四五百号④。所有这些，都是在上海沙船业者向清政府要求禁止华商雇用外国轮船运销豆石，以求保全本身利益的情况下出现的。

出现在豆石转运贸易中的情况，同样存在于豆油、豆饼的加工生产中。

---

① 《筹办夷务始末》，同治朝，1930 年版，卷 32，第 20—21 页，Wright，页 403—404。
② B. Dean, *China and Great Britain*, *The Diplomacy of Commorcial Relations*, 1860－1846, 1974 年版，页 82—83。
③ Trade Reports, 1865 年，牛庄，页 14。
④ 《海防档》，1957 年版，购买炮舰，第 861 页。

外国资本之入侵中国大豆加工企业，是在豆石贸易全面开放之后的第五年。中国土地上非法设立的第一家外国大豆加工工厂，是 1867 年英国怡和洋行在牛庄建立的榨油厂[①]。终 19 世纪之世，外国在华兴建的油厂，前后计有三家。除牛庄怡和之外，汕头怡和（1880）[②] 和牛庄太古（1896）[③] 各有一家。

在大豆加工生产中所反映的中外商人之间的关系，和大豆转运贸易中的关系，几同出一辙。牛庄怡和油厂成立以后，一个主要的困难是工厂"不能和本地豆饼作坊有同样便利的条件购买大豆"。[④] 当工厂老板想绕过中间商人直接向生产者收购以降低成本时，他发现"所有的中国人都在亟力反对"。毫无疑问，反对是来自控制豆石供应的中间商人。在这种情况下，工厂开工不过两年，便宣告停闭。

不仅如此，在牛庄怡和洋行油厂存在的短短两年中，还发生中国手工榨油业者和外国油厂相对抗的事情。

和大豆商人行会一样，牛庄的手工榨油作坊原来也组织在手工榨油业的行会之中。外国榨油工厂的设立，是对他们的利益的直接侵犯。他们联合起来，竭尽全力阻止怡和洋行油厂雇用原来在油坊中的手工工人。1869年一年之中，油厂一连出现两次工人罢工，都多少受到他们原来的主人——手工油坊老板的影响。工人的罢工，实际上是"本地人不让它开工"。[⑤] 工厂中的劳资冲突，反映了外国资本主义工厂和中国封建制度下的手工作坊的矛盾。

但是，和豆石的转运贸易一样，在豆油、豆饼的加工生产中，人们同样可以看到：一方面有旧式手工业者和商人的反对，另一方面同时又有买办和买办化商人的依附。

就从上面提到的三家外国油厂来看，它们在创办的时候，无一不企图利用中国买办和商人的力量。牛庄怡和洋行油厂除了有专门的买办为之奔走以外，还和一家经营油坊的著名广东商人有着多年的交情[⑥]。汕头油厂

---

① Dailv News. 1868 年 10 月 29 日，页 4707；Commercial Reports. 1869 年，牛庄，页 89。

② Commercial Reports. 1882 年，汕头，页 113。

③ China Imperial Maritime Customs, The Soya Beans of Manchuria, 页 22。（以下简称 Soya Beans）

④ Trade Reports. 1866 年，牛庄，页 107。

⑤ C. Beresford. *The Break-up of China*. 1899 年版，页 70。（以下简称 Beresford）

⑥ Commercial Reports. 1868 年，牛庄，页 6—7。

也是如此，它的主持人和主要股东，就是怡和洋行的买办。牛庄太古洋行的油厂，同样是这样，它的老板在 1893 年开始筹办时，就想在本地中国人中间找一个名义上的老板，让中国人出面，以逃避中国法律的限制。而 1896 年创办以后，却传闻厂权为中国人所有①。中国人有该厂的股份，看来是可以肯定的。

由此可见，同一豆石转运贸易，从事转运者和从事贸易者就不一样。同一豆油豆饼生产，和洋行没有联系的作坊老板同依附洋行的买办和商人也不一样。大豆业如此，其他各业亦莫不如此。

正由于此，当时间进入中国资本主义现代企业发生的 70 年代以后，中国原有的工商行业和集团，在对待新生的资本主义企业的态度上，也自然而然地出现明显的差异。这就是下面要进一步分析的。

三　中国资本主义发生时期现代企业投资的动向

在中国资本主义现代企业产生的 19 世纪下半期，手中握有可以投资于新式企业的资金的人，不在少数。除各种各样的商人之外，还有地主和官僚。毛泽东同志说："还在十九世纪的下半期……就开始有一部分商人、地主和官僚投资于新式工业。"这符合历史的实际情况。

但是，并不是所有拥有投资资金的人，都有相同的投资倾向。不能得出这样的结论，即谁的手中握有大量的货币财富，谁就能够而且必然创办或投资新式企业。

让我们在分析商人之前，先看一看官僚地主。

地主阶级是封建社会财富的最大占有者。在西方资本主义国家入侵以至中国资本主义现代企业开始产生的三十年间，中经太平天国革命和革命失败的激烈政治变动，一方面地主阶级受到沉重的打击，一方面却兴起了一批以投靠外国侵略者、镇压太平天国革命而起家的官僚地主。这个新兴的官僚地主阶层，比他们的上一代集中了更多的社会财富。其中直接屠杀起义农民的湘淮军大小将领和地方团练，则是他们的集中代表。在财富集中的程度上，70 年代新兴的官僚地主，至少不亚于通商口岸的商人。如

---

① Beresford，页 70。

果单凭货币财富的积累一个条件，这些地主之投资于资本主义现代企业，也是不应该亚于商人的。

然而，事实却并非如此。

中国早期的三个大型的资本主义现代企业——轮船招商局、开平矿务局和上海织布局，都是在以李鸿章为首的洋务派官僚势力笼罩之下产生的。这三个企业的开办资本，一共不过八十万两，如果全部由李鸿章出资，恐怕也只占他的财富的一小部分。但是，我们到现在还没有看到李鸿章自己入股的可靠记载。尽管李鸿章是以倡导洋务自命的大官僚，但真正要他自己投资，恐怕还觉得有失身份。当然，从 70 年代到 90 年代，当中国资本主义现代企业经历了二十年的岁月以后，一些通过不同途径和洋务发生联系的官僚地主，逐渐热衷于企业投资，这是完全可能的。但是，即使在这个时候，土地对官僚地主的吸引力仍然大大超过新式企业。湘系官僚聂缉椝、淮系官僚杨宗瀚兄弟，都是在 90 年代初期以后投资棉纺织工业的佼佼者，但是，他们在投资工业的同时，仍然大量购置田产，增强自己的地主地位①。

在工商行业之中，由于外国资本主义入侵而出现的分野，使其在对待新生的资本主义企业的态度上，也出现明显的差异，需要区别种种不同的情况。

拿城市金融银钱业来说，适应外国资本主义入侵的钱庄，在 70 年代以后的中国资本主义企业中，表现出很大的活力。许多钱庄老板就是洋行买办。他们先是附股于洋行的企业，接着又投资于自办的资本主义企业。到了 80 年代，相当一部分中国企业资本是由钱庄的利润转化而来，钱庄和新式企业在资金上发生了直接联系②。与此相反，和官府发生联系的票号，它的财东把注意力集中于结纳权贵，对于资本主义现代企业的投资，失去了与他的财力相称的兴趣。

再拿受到外国资本主义打击排挤的海运业来说。应该看到，并不是所有的旧式航运业者都对新式航运企业抱着禁拒的态度，在总的受到外国轮船打击、排挤的过程中，并不排斥内部的分化。以上海的沙船业而言，60

---

① 曾纪芬：《崇德老人自订年谱》，1931 年版，各页；梳宗瀚等：《侯太夫人行述》，不著年月，第 15—16 页；屠仁守：《屠光禄奏疏》，1922 年版，第 34 页。

② 参阅拙稿《唐廷枢研究》，将由中国社会科学出版社出版。

年代后期，在大部分沙船业者亏折货本、浸至失业的同时，少数上层分子则与洋行势力搭上关系。李鸿章说："华商搭附洋轮，亦有殷实沙户在内"①。这正是上海沙船业者要求禁止华商雇用外国轮船从事沿海运输以后的事实。而中国自办的第一家轮船公司——轮船招商局的首创者，就是有名的沙船业主朱其昂。当然，朱其昂和沙船业中的少数上层分子的表现和作为，并不能改变沙船业者就其整体而言对资本主义企业采取的禁拒态度，这也是不言而喻的。

由此可见，对待资本主义企业的态度，各行业之间各不相同；同一行业各集团之间也彼此互异。虽然如此，总的看来，对资本主义企业较早又较多发生联系的，总是那些适应外国资本入侵并为之服务的行业和集团。简言之，就是那些开始走上买办化道路的行业和集团。在这里，洋行买办，作为一个集团而言，突出地引人注目。

首先是交通运输业。在中国的第一家新式航运企业——轮船招商局出现以前的 60 年代后期，新式轮船企业的筹办，在中国商人中间就已开始有所酝酿。其中至少有两起是出自买办或洋行出身的人的推动。一是1867 年容闳倡议的轮船公司②。二是 1868 年吴南皋的购船计划③。容闳的买办出身，这是大家都知道的，至于吴南皋，他在 60 年代之初，就是一个"在夷人处作伙"④、"熟习商务"、"通晓西国语言文字"⑤ 的"广帮人"⑥。轮船招商局最初虽为沙船出身的朱其昂创办，但不到一年，便转到买办唐廷枢和徐润的手中，很快买办的股份在局中占了压倒的地位。⑦和航运发生密切关系的保险业，亦复如此。由徐润、唐廷枢主办的仁和、济和保险公司，资本主要都是来自买办⑧。交通运输业中的铁路和电报，也有类似的踪迹可寻。中国自办的第一条专用铁路，是附属于开平煤矿的

---

① 李鸿章：《李文忠公全书》，1908 年版，朋僚函稿，卷 12，第 29 页。（以下简称《李鸿章集》）
② 《海防档》，购买船炮，第 872—875 页。
③ 丁日昌：《抚吴公牍》，1877 年版，卷 13，第 38 页。
④ 静吾等编：《吴煦档案中的太平天国史料选辑》，1958 年版，第 71 页。（简称《吴煦档案》）
⑤ 《李鸿章集》，奏稿，卷 42，第 27 页。
⑥ 《吴煦档案》，第 71 页。
⑦ 徐润：《徐愚斋自叙年谱》，1927 年版，第 86 页。（以下简称《徐润年谱》）
⑧ 《徐润年谱》，第 82 页；《申报》1875 年 11 月 5 日；《万国公报》1878 年 1 月 5 日，1883 年 1 月 20 日；《沪报》1889 年 3 月 30 日。

唐胥铁路。它从头到尾都是在唐廷枢主持之下，其中有买办的投资，这是完全可以设想的。中国自办的第一家电报企业，是 1882 年成立的上海电报总局，它的主要主持人就是刚刚离开太古洋行的郑观应。其中有买办的投资，这也是可以设想的。

资本主义工业中的买办投资，也占很大的比重。

在船舶机器修造业中，最早出现的一家商办船厂，是一个广东籍的著名买办郭甘章创办的[①]。在纺织业中，中国第一家棉纺织厂——上海织布局的资本，最初有相当一部分来自买办。对创办织布局的彭汝琮，虽然还不能确定他的买办身份，但在他的周围，却毫无疑问有一批买办人物[②]。在缫丝工业中，上海第一家商办丝厂——公和永，是一个和洋行关系十分密切的丝商黄宗宪创办的[③]。它的资本之来自洋行买办，自然也在意料之中。

除了这几项主要工业以外，在其他工业部门中，买办的投资也数见不鲜。例如，在上海的华商碾米厂、面粉厂、造纸厂、轧花厂和火柴厂中，最先出现的创办者，不是洋行买办，便是和洋行交往密切的买办化商人[④]。

在煤矿中，买办的投资也占相当大的比重。中国最早的一家官办煤矿——台湾基隆煤矿，在甲午战争以前，就曾经一度酝酿由买办为主体的商人接办[⑤]。规模最大的开平煤矿，就是由买办唐廷枢一手主办，其中买办徐润一人的股本占了 15%[⑥]。

在金属矿中，买办的投资也十分活跃。如最早在热河出现的承平银矿和在广东出现的天华银矿，以及安徽境内的第一家铜矿——池州铜矿，不是由买办创立，便是由买办接手[⑦]。这些矿场都不大，存在的时间也不长，但买办在其中的活动仍然是十分引人注目的。

"帝国主义给中国造成了买办制度"，但同时又"造成了中国的民族

---

① Herald，1859 年 1 月 15 日，页 95。
② 郑观应：《盛世危言后编》，1920 年版，卷 7，第 5 页。(以下简称《后编》)；《上海新报》1878 年 12 月 28 日；《申报》1890 年 11 月 1 日。
③ 《申报》1888 年 9 月 23 日。
④ 参阅拙稿《唐廷枢研究》。
⑤ Herald，1893 年 5 月 26 日，页 744。
⑥ 《徐润年谱》，第 82 页。
⑦ 参阅拙稿《唐廷枢研究》。

工业，造成了中国的民族资产阶级"。买办资本是民族资本的对立物。但是，在外国资本主义入侵的条件下产生的民族资本，却又不能割断与买办资本的联系。相反，在中国资本主义的发生时期，大量存在着买办资本向民族资本转化。历史就是这样辩证地向前发展的。

四　几点商讨性的意见

有这样一种意见：既然中国的民族资本是入侵的外国资本的对立物，那么，中国人自办的民族资本主义企业，就只能从和入侵的外国资本主义处于对立地位的旧式工商业者中间产生，"只能是旧式工商业者的投资"①，沙船业主出身的朱其昂，就是一个眼前的例子。

在中国资本主义企业的发生时期，有少数旧式商人参与新式企业的投资，这是事实。在这里需要的是具体的分析。

沙船业出身的朱其昂，为什么会创办新式企业轮船招商局呢？这是因为他有自己的，不同于一般沙船业者的经历和际遇。他虽然是一个沙船业的世家，但是他自己却"习知洋船蹊径"，已经不单纯是一个旧式沙船业者。在倡办轮船招商局以前，他在北京、天津、上海、广东等地设有华裕等银票号②。在创办招商局的前后，又和外国轮船公司发生了一定的联系，结识了许多大洋行的买办。③ 而他之所以出面主持招商局，还得到一些买办化商人的支持④。由此可见，朱其昂的际遇是不同于沙船业者的大多数的。而那些纯粹的旧式沙船业者的绝大部分，在轮船招商局创办之时，唯恐轮船夺去沙船生意，不但没有投资，甚至采取敌视的态度。据说当时曾有人"遍劝号商将旧时沙卫各船或拆或卖，归并资本，多购洋船，以与洋商并驾"，而沙船业者则"群起诧异，互相阻挠，竟至势同水火"⑤。

可见，存在于新式航运业中的情形，恰恰和上述的论断完全相反。

----

① 例如邵循正先生的意见。参阅《光明日报》1964 年 4 月 22 日《论郑观应》，《史学双周刊》第 283 号。

② 《李鸿章集》，奏稿，卷 41，第 38—40 页。

③ Herald，1875 年 8 月 28 日，页 213。

④ Daily News，1874 年 2 月 26 日，页 183。《汇报》1874 年 9 月 14 日。

⑤ 《沪报》1883 年 11 月 10 日。

还有一种意见：中国民族资本主义的企业，只能是"中国商人独立创办"的①。买办化商人，特别是洋行买办，他们原来依附外国资本势力，附股于外国洋行的企业，他们的活动代表着买办资本的活动。民族资本企业，"不可能依附洋行而发展，民族资本主义不可能从资本帝国主义侵略势力中派生出来"②。

在中国资本主义现代企业的发生时期，买办或买办化商人投资于现代企业，一般说来，有两种情况：一是附股于外国洋行的企业，一是投资于非洋行的企业。

投资于非洋行的企业，也就是中国人自办的企业。如果仅仅由于创办者出身于洋行买办或买办化商人，就不承认它属于民族资本的范畴，这是讲不通的。因为第一代的民族资本现代企业，它的创始人不可能原来就有一个民族资本现代企业家的出身，这是不言自明的道理。至于买办附股外国洋行的企业，分润外国资本的剥削余羹，那当然意味着买办资本的积累，反映中国经济买办化的加深。但是，就在这里，也要同时看到另一面，看到它和中国资本主义发生的关系。原因是，买办附股外国企业和买办聚资自办企业二者之间，并不是截然分开，而往往有一个先后相承的过渡。上面提到的牛庄和汕头的三家油厂，就是具体的例证。

这三家油厂，应该说原来都在外国洋行支配之下，它们都可能有洋行买办或买办化商人的投资，而最后都转到中国人手里，又是不移的事实。因为牛庄怡和洋行的油厂，在成立五年之后，就出让给本地的一家商号③。汕头油厂在经营两年之后，就被人称为"完全由中国人经营的企业"④。而牛庄太古洋行的油厂，后来也实际上为中国人所有，不过打着外国的招牌，以逃避中国官方的监督⑤。完全可能，这些后来成为工厂所有者的中国人，当初就是附股外国油厂的买办或买办化商人。

这种情形，当然不止于豆油、豆饼的生产。在中国出口大宗的生丝加工工业中，存在同样的情况。在外国丝厂拥有股份的中国商人，不但在他

---

① 参阅邵循正先生上引文。
② 同上文。
③ Commercial Reports. 1873 年，牛庄，页 71。
④ Commercial Reports. 1882 年，汕头，页 113。
⑤ Soya Bean. 页 22。

们看到新的工业有利可图时就自建缫丝工厂①，而且还把他们附股的洋行丝厂转为自办的企业。根据现有的材料看，这还不是个别的现象②。

旧式工商业者对入侵中国的外国资本主义企业采取抵制的态度，这无疑有利于反对外国的侵略。在这一点上，买办和买办化商人所起的作用完全处于相反的地位。但是，同样没有疑问，旧式工商业者的这种态度，注定了他们不能构成同时发生的中国资本主义的主要力量。相反，就其主要构成分子而言，引人注目的倒是那些从旧式工商业者的圈子中跳出来同洋行打交道的买办化商人，或者原来就在洋行里滚过一段时期的买办。

因此，说民族资本企业"不可能依附洋行而发展，民族资本主义不可能从资本帝国主义侵略势力派生出来"，要看怎么理解。如果把问题缩小到民族资本的最初产生，从依附侵略势力的买办势力中，的确是可以派生出民族资本来的。

这不是美化买办了吗？不。这是客观事物的如实反映。

买办之所以最先投资于资本主义现代企业，最主要的原因，是他最先接触了资本主义的剥削方式，是他的资本最先享受了这种剥削方式的果实。他的资本的运动，和他的主人——外国洋行——的资本运动，保持着亦步亦趋的关系。当外国侵略者的掠夺主要在流通领域的时候，作为外国侵略者扩大商业和贸易掠夺的工具，买办在分取佣金之外，还建立了自己的商业机构，从中分取更多的商业利润。当外国侵略者从流通领域扩大到生产领域，从商业贸易掠夺扩大到企业投资掠夺的时候，买办也自然而然地在附股外国企业之外，又建立起自己的企业，从而取得更多的企业利润。买办资本从流通领域向生产领域的转化，从附着于外国企业到自办企业的转化，这并不是出于什么买办的爱国心或民族感。但是，它的确代表着买办资本向民族资本的转化。

买办资本从外国资本的附庸向要求独立发展方向转化，这是历史的进步。但是，正由于此，它又使新生的中国资本主义企业和外国资本势力不能不发生先天的依存关系。以分润外国资本掠夺中国人民的余沥而成长起来的买办资本，在其向民族资本转化的过程中，不能不使后者从一开始就

---

① The Chinese Times. 1889 年 8 月 17 日，页 516—517。

② 参阅拙作《关于继昌隆缫丝厂的若干史料及值得研究的几个问题》，载《学术研究》1962 年第 6 期。

蒙上浓厚的半殖民地色彩。大部分由买办创办的企业，即使在创立以后的长时期中，仍然脱离不了洋行的控制，甚至重受外国资本的兼并，难以走上独立发展的道路。不少买办在创办或投资新式企业的同时，又大量附股于外国洋行的企业。一方面存在买办资本向民族资本的转化，另一方面，又存在民族资本向买办资本的转化。这是半殖民地半封建的中国在民族资本主义的发生上所独有的现象，是半殖民地半封建经济的特点之一。

由此可见，这里只是对和内外反动势力发生联系的民族资本的发生过程，作符合客观的历史分析，并不存在美化不美化买办资本的问题。

但是问题还没有全部解决。

买办自办企业，即令算作买办资本向民族资本的转化，但是，买办的资本转向洋务派官僚的官督商办企业（而这种转向是相当大量的），这也能算作向民族资本的转化吗？

对于这个问题，不能作简单的肯定或否定的回答。这里仍然需要分析。

以官督商办为主体的洋务派官僚企业，基本上接近官僚资本的范畴。在这里，企业的产生是适应封建官僚集团政治和经济上的需要。企业的经营，在政治和经济上，一方面接受洋务派官僚的控制，一方面接受国家政权的特殊待遇和便利条件（如政府垫款、缓息，减免税负和专利等）。有些企业还有官僚的私人投资。这些都构成官督商办企业类似官僚资本的性质。买办资本投向洋务派的官督商办企业，从这个意义上看，只能说是买办资本向官僚资本的转化，不能说是向民族资本的转化。

但是，官督商办的企业，又不只限于发展官僚资本一个前途。这里存在着化官督商办企业为官僚私产的力量，又存在着反对把它化为官僚私产的力量。在这个不断反复的斗争中，人们可以清楚看出：对官督商办企业寄托发展民族资本的希望的人，也包括投资于这些企业的买办人物在内。

上海织布局就是一个例子。这个官督商办的企业，从1878年筹办之日起到1893年被焚之日止，15年间，始终贯串着一个官商之间相互结合同时又相互矛盾的过程，而集中表现在郑观应主持布局的一段时期。在这一段时期中，以郑观应和另一个代表商人势力的经元善等为一方，和官僚子弟龚寿图、戴景冯等的另一方，在企业的经营方针上，产生了尖锐的矛盾。在郑观应，经元善的心目中，织布局应该向完全商办的方向发展。他们强调企业的商办性质，认为"事虽由官发端，一切实由商办，官场浮华习气，一概芟除"①。他们对织布局的招股，采取公开征集的方式，在通商口岸、内地城市以至海外华侨集中的地方，设立了三十六个代收股份的处所②。对招来的商股，采取了一系列的保障措施③。但是，所有这些，都遭到以龚寿图等人为代表的官僚势力的抵制。他们把织布局当作衙门，顾虑商股势力的增加会影响他们在织布局的权位。官商矛盾，日趋尖锐。当1887年织布局的经营大权最后落入官僚手中，而资本因筹办一再迁延发生巨额的亏耗时，织布局的商股对之进行了有力的控诉。而首先带头发难的，是最早参加织布局的股东，曾经和郑观应出于同一洋行的买办卓培芳④。

唐廷枢主持下的开平煤矿，也是一个例子。从开办的第一天起，唐廷枢就特别强调矿局的经营要按"买卖常规"进行。在他所拟的招商章程中，规定"所有各厂司事，必须于商股之中选充"，并请免派代表官方的委员，"除去文案书差名目"⑤。比较一下同一时期、前身为官办的荆门煤矿，人们一眼就可以看出开平煤矿章程中祛除官方干预的明显意图。因为荆门煤矿的招商章程中，虽然也有类似的条款，但只是规定商股得派员驻局监察，却"不准干预局中公事"⑥。

在唐廷枢等人主持下的轮船招商局，也出现同样的情况。特别是在郑观应入局以后，更为明显。他极力主张经营管理应按公司成例，由众股东公举董事和总、协理负责主持。总、协理不但管理局中一切商务，就是属于官务的漕运，也要由公司派一熟悉米色之人，会同代表官方之海运总理进行稽查⑦。在郑观应的心目中，招商局应该朝什么方向发展，这是谁都看得出来的。

当然，这些向往，并没有成为现实。一些重要的洋务派官督商办企业，在它的实际发展过程中，最后几乎都落入以盛宣怀为首的官僚集团的掌握。同时，还应该看到，洋务派官僚对企业的垄断和它对民间企业的排斥、限制，在进入洋务派企业的唐廷枢、郑观应等人的心目中，并不是完

---

① 《申报》1880年10月13日。
② 《申报》1880年11月17日。
③ 经元善：《居易初集》，1901年版，卷2，第36页。
④ 《申报》1890年11月1日。
⑤ 孙毓棠：《中国近代工业史资料》，1957年版，第629页。（以下简称《工业史料》）
⑥ 《申报》1879年6月30日。
⑦ 《后编》卷10，第5页。

全不可以接受的。开平煤矿在唐廷枢主持期间，不但境内不准另开煤矿，而且原有土窑开采之煤也不许随便销售①。上海织布局在郑观应入局期间，就出现了"十年以内，只准华商附股搭办，不准另行设局"的规定②。他在轮船招商局期间，还主张所有航行内港的小轮统归招商局承办，禁止招商局以外的轮船航行③。而 80 年代之中，仅定海、宁波一线上，曾经禀办而遭到批驳的商办轮船公司，就有 1884 年的彭成丰、1887年的韩山曦和 1889 年谷凤年等人的一系列的筹划和倡议④。

事实上，在官督商办企业中，作为实际主持者的买办，如唐廷枢、徐润和郑观应这一班人物，并不能真正代表一般商股、特别是中小商股的利益。开平煤矿在唐廷枢主持之下，虽然规定"所有各厂司事必须于商股之中选充"，但接着又规定只有认股一万两的大股东，方"准派一人到局司事"⑤。一般中小股东，显然没有过问企业经营管理之权力。招商局在唐廷枢、徐润等人上台以后，买办势力掌握了公司的大权。总局和主要分局的商董，大部分都是买办。各分局船栈总管，也"归总办分派，非唐即徐"⑥。这种排斥中小商股的把持行为，便利了他们一己营私的活动。轮船招商局之受累于徐润等人，本身就是最好的例证。而郑观应在上海织布局利用职权进行投机活动，使织布局的重建工作一再宕延，连他自己也不得不承认"措置失当，咎无可辞"⑦。

然而，即令如此，对于洋务派的官督商办企业，仍然不能认为只有发展官僚资本的一个前途，而是既有走向官僚资本、又有走向民族资本的两种前途。这不仅是一个逻辑的过程，而且是实际的历史过程。因为，在官督商办企业系统中，一些企业向商办企业的转化，以及一些企业利用"委办"或"奏办"的名义以发展商办企业，这是 19 世纪 90 年代以后非常普遍的现象。官督商办，作为洋务派官僚控制资本主义企业的手段而言，它始终是反动的。但是，企图利用这个形式以发展民族资本的力量，又是客观的存在。历史的发展，就是这样的矛盾。

---

① 盛宣怀：《愚斋存稿》，1914 年版，卷 2，第 16 页。
② 《李鸿章集》，奏稿，卷 43，第 43—44 页。
③ 《后编》卷 10，第 21 页。
④ 《申报》1890 年 4 月 25 日。
⑤ 《工业史料》，第 630 页。
⑥ 中国史学会编：《洋务运动》（六），一九六一年版，第一二五页。
⑦ 《后编》卷七，第一四页。

买办附股外国企业，从中可以出现纯粹由中国人自办的企业；洋务派官僚控制新式企业，也可以从中出现纯粹商办的企业。这不奇怪。这正说明中国资本主义发生过程的矛盾的复杂性，正说明中国民族资本和内外反动势力的联系，说明民族资本得到真正发展的困难。所有这些，都是正确理解中国民族资本和民族资产阶级的先天软弱性，从而也是研究资产阶级革命的妥协性和不彻底性所必需的。

毛泽东同志说："半殖民地的政治和经济的主要特点之一，就是民族资产阶级的软弱性"，而这种软弱性，并不是"后来才得的新毛病"，乃是"从娘肚子里带出来的老毛病"。这就是结论。

《中国社会科学》1981 年第 5 期

论现代化的世界进程

罗荣渠[*]

摘要 本文把现代化视为一个世界历史范畴，从人类社会变迁的宏观角度，系统地论述了现代化的历程、类型和总的趋势；探讨了现代化先从英国开始，继而在西欧、北美等国展开，然后向世界不同国家和地区推进的动因。文章认为，人类社会的变迁大致可划分为四种基本类型：Ⅰ. 渐进性的微变（弱式），Ⅱ. 突发性的微变（强式），Ⅲ. 创新性的巨变（强式），Ⅳ. 传导性的巨变（弱式和强式）。前两种类型变迁的总趋势是维持原有的社会经济结构和现存的社会秩序，后两种变迁才是突破原有的社会经济结构和现存社会秩序的变革方式。文章指出，由于社会变迁的类型不同，故在实际的历史进程中就形成了两种不同类型的通向现代化的道路：一类是内生性的，另一类是诱导性的；由于通向现代化的道路不同，各国实现现代化的方式也就不相同。

一 社会变迁的几种形式

现代化仅仅是一个社区性的进程？某些民族国家的进程？还是一个全球性的进程？

西方的现代化理论一般是从社区和国家的角度来探讨现代化的各种问题的，很少从全球的角度入手。我们把现代化视为一个世界历史范畴，是根据对现代世界的新认识而形成的一种新发展观。因此，研究社区的和国家的现代化，首先必须从宏观上把握人类社会变迁的长过程所呈现的总趋势和一般特征。

---

* 罗荣渠，1927 年生，北京大学历史系教授。

社会变迁，是社会学家关于社会进化的新术语。社会学家们所说的"社会变迁过程"（processes of social change），从历史观的角度来看，就是人类社会发展的宏观过程，对这一过程的研究，可以称之为宏观历史研究。过去人们对于这个大问题研究得甚少。这是因为，以往时代的人们，是在有限的地区性的狭小范围内活动，只能观察到本民族及其邻近人民的历史活动，自然很难观察到世界范围社会的宏观变化。现在提出从宏观的角度特别是大生产力形态变化来审视世界历史进程，自然会显示另一番景象。就像一个人从不同高度来观察自己周围的生活环境一样。站得愈高，视野才愈广阔，整体和全局的轮廓就愈明确。任何大的历史过程都不可能在它的初始阶段或发展进程中就确切看清，只有在过程结束之后，才能充分认识，故既要高瞻，还需远瞩（就时间而言），这就是宏观历史与微观历史之不同。微观研究是为了细查历史短时程中的个别事件、人物的活动与变迁，而宏观研究则是为了探索历史长时程中的基本趋势与人类集体行动的总动向。

从历史学来看，社会变迁大致可分为两大类。一类是微变，即微型的社会变迁，这是指发生在同一社会经济形态或同一生产方式之内的社会、经济、政治、文化的积累性的渐变和突变。这些变化有些表现为潜移默化，难以察觉；有些表现为轰轰烈烈，惊心动魄，例如改朝换代的政治变迁，形式上可能激烈，但并未与传统体制决裂，都是在限定的社会经济结构之中的量的变化和微弱的质的变化。另一类是巨变，即巨型的社会变迁，这是指突破社会经济形态和生产方式的社会、经济、政治、文化的大变化。这些变化都是具有革命性、突破性的质的变化。这就是马克思常说的"社会革命"（social revolution）。在生物学上，用"突变"（mutation）指细胞的遗传结构的改变，社会的巨变是一种长期性变异，它可分为两种表现形式：一种是创新性的巨变，这是独特历史条件下发生的生产方式和社会形态的变化；一种是传导性的巨变，这主要是受外因诱导发生的生产方式和社会形态的变化。据此，社会变迁的运动大致可划分为以下四种基本形式：

Ⅰ. 渐进性微变：在原有社会经济形态内的积累性社会变迁（弱式）。

Ⅱ. 突发性微变：在原有社会经济形态内的革新性社会变迁（强式）。

Ⅲ. 创新性巨变：突破原有社会经济形态的革新性社会变迁（强式）。

Ⅳ. 传导性巨变：突破原有社会经济形态的外因诱导性巨变（弱式和强式）。

这几种社会变迁形式可大致图解如下：

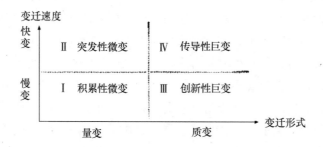

根据以上几种社会变迁形式来看人类社会的发展进程：历史上在农业大生产力形态内发生的种种沧桑变革，绝大多数属于Ⅰ型变迁模式；一般改朝换代的"革命"，大都属于Ⅱ型变迁模式。以上两种模式尽管其社会运动的速度不同，但其总趋势仍是维持原有的社会经济结构和现存的社会秩序。历史上在同一大生产力形态内发生的主导生产方式或社会经济结构方面的大变革，则属于Ⅲ型（如在农业大生产力形态内奴隶制向封建制的转换，封建制或奴隶制向小商品经济制的转换）或Ⅳ型（如日本的"大化革新"），都是突破原有的社会经济结构和社会秩序，因此具有社会革命的性质。但在农业大生产力形态内，Ⅲ型和Ⅳ型发展模式是很少见的。如果从向工业大生产力形态过渡而发生的变革来看，则变迁模式发生了重大变化，即大量的变革都属于Ⅲ型和Ⅳ型模式。这是现代工业社会发展的一个新特点。

笔者在《一元多线历史发展观》一文中已指出，人类历史发展经历了原始生产力、农业（含畜牧业）生产力和工业生产力三大生产力形态的转换过程[①]。如果从社会变迁模式转换的角度来回顾一下历史的全过程，那么对这个问题的认识就比较清楚。人类最早经历了漫长的原始社会。在原始生产形态下，人类处在狩猎和采集经济时代，没有生产剩余，也没有阶级，生产和生活方式都非常原始，社会变迁属于Ⅰ型模式，是处于经济零增长和偶然的微增长的相对静止的社会状态中。大约公元前10000年到8000年前，人类开始向农业社会过渡，这是生产力的一个飞跃。在农业生产力形态下，有了经济剩余，也就有了阶级，有了简单再生

---

① 参见《历史研究》1989 年第 1 期。

产条件下的经济极其缓慢的微增长。尽管社会规模扩大，城市与商业有一定发展，但基本上是自给自足的农业，经济的增长率是极低的，文化基础的积累率也低，文化传播是缓慢的，因此农业文明的持续（即文化惯性）和社会结构都有高度稳定性，这样的社会变迁一般是 I 型模式与 II 型模式的结合。在农业生产力形态下发生的主导生产方式的变革，如西欧的奴隶制向封建制生产方式的转换，东欧从农村公社制向封建制的转换，都属于 III 型模式或 IV 型模式，但都是在超常的外来因素影响下发生的灾变或突变。就世界诸古典农业文明而言，则是社会变迁的渐进连续性大于突破性向巨变型变迁模式的转换并不明显，社会的宏观变迁如此缓慢，以至黑格尔和其他一些西方学者都误认为东方社会长期处于停滞状态，甚至没有历史可言。

两百年前发生的工业革命创造了现代生产力形态，人类开始向工业社会过渡，社会变迁的形式才发生了革命性的转换。马克思写道："现代工业的技术基础是革命的，而所有以往的生产方式的技术基础本质上是保守的。"① 由于现代工业生产方式是在崭新的科学技术基础上创造的经济高速增长的生产方式，社会财富的形态和积累方式都发生了重大转变，经济因素上升为支配社会发展速度的主导力量；加之大工业都市的兴起，世界商业网的建立，知识革命的发生，就使发明、积累、传播在文明进步中的作用加速增长。一个国家（社会）的技术装备、发明与生产品愈多，它的物质文化的装备和积累就愈大，与此同时，它的新的文化积累也增长得更快。特别是经济自组织的持续增长机制的形成，大大地加快了社会变迁的速度，这就是典型的 III 型变迁模式。停滞的传统社会开始变成不断变动的社会，从糊口到温饱的农村社会开始向丰裕的都市社会过渡。这就是近世以来西方国家的快速的、不稳定的发展的社会特征。在由现代民族国家构成的新的世界经济体中，高速发展社会的经济—文化因素对低速发展社会具有强烈的传导性，而自发的国际竞争机制又使这种传导性变成一种自觉的发展律令，从而产生一种不同一般文化传播的特殊传播效应——"现代化效应"（modernizing effect）②，引起强化的适应性的社会变迁，这

---

① 《资本论》，《马克思恩格斯全集》第 23 卷，第 533 页。

② 这个术语借自吉罗·杰尔马尼著《现代化的社会学》（Gino Germani, *The Sociology of modernization*, 1981）。

就是典型的Ⅳ型变迁模式。可见，近世以来的世界性的发展过程，从社会变迁角度看，是从Ⅰ型、Ⅱ型传统变迁模式向Ⅲ型、Ⅳ型现代变迁模式的一种基本转变。从这个意义上来说，我们所说的向现代工业社会转变的现代化进程，从一开始就是一个世界性的发展现象。

为什么人类社会的历史过程中出现从微型变迁模式向巨型变迁模式的基本转换？这是研究历史发展动力遇到的一个非常复杂的问题。总的说来，社会的历史运动处在一个复杂的互动的网络系统之中，任何巨大的社会变迁都不是单因素（变量）或少数因素（变量）促成的，而是众多因素（变量）促成的。其中最重要的几组因素是：生物因素、社会因素、经济因素、政治因素、文化因素。生物因素具有长久稳定性；社会因素与文化因素都是慢变因素，具有相对稳定性；只有经济因素与政治因素两大相关变量处在经常变动之中。社会机体的运转处在这些因素形成的互动作用体系之中，受到发明（广义的发明包括社会创新）、积累、传播、调适四种力量所推动。大体说来，社会变迁的速度取决于多因素的作用，但物质文化的变迁是社会变迁的基础。物质文化的积累主要取决于经济增长率与文化积累率。在生产力水平低的社会里，超经济权力大于经济权力。经济因素对社会发展的独立影响，是随着生产力的发展与被解放的程度而逐渐增大的。政治因素对社会发展的独立影响，则由于经济因素作用的增长而相对削弱。

根据社会进步与经济发展的中轴原理，社会变迁模式的根本转变的力量来自现代工业生产力对有史以来的各种自然形态的生产力（如人力、畜力、可再生的植物性能源）和简单机械力形态的重大突破。这一重大突破对人类发展进程的推动在许多方面都表现出来，但归根到底是体现在创造了高的经济增长率上。从远古一直到18世纪工业革命以前，按人均国民生产总值来计算的社会财富的增长都是异常缓慢的。因为社会财富的绝对量虽然不断增长，但人口也在增长，只有社会财富的增长大大超过人口的增长，才可能带来实实在在的经济积累与社会进步；只有保持长期持续不断的社会财富增长，才可能保持不断上升的发展趋势。人类社会的经济增长率长时期实际上等于零，有时甚至是负数。从公元1000年到1750年，西欧的人均收入年增长率远远低于0.1%，因此尽管贵族过着豪奢的生活，整个社会始终是处在贫困的糊口经济的水平。只有高经济增长率才带来了现代经济持续增长，人类的社会经济生活才出现了一个飞跃。在 18 世纪期间，西方世界的国民所得年增长率提高到 1%—1.5%，从蜗牛式的爬行一跃而为四轮马车式的经济发展率。工业革命后一直到第二次世界大战，年增长率约为 3%，这好比从马车跃进到火车式的经济发展了。到第二次世界大战后，许多国家的经济年增长率高达 5% 以上，这好比跃进到飞机式的发展速度了。现代工业社会之所以是一个经常处在快速变化中的社会，其根本的奥秘就在于其经济增长具有明确的导向性。

现代世界的这种经济持续增长的原动力来自何处呢？来自技术的、经济的或社会方面的多种创新（大规模的创新称为创新群集）而带来的革命性突破，其中最常见的是单项技术创新，而最难的是社会制度和结构的创新。但是，即使是重大的时代创新要真正实现革命性突破，具有巨大的社会效应并发生长远实际效用，引起生产力的巨大增长，也需要其他方面主要是政治与社会结构方面的转换或创新与之相配合，特别是制度化的调适尤为重要。只有这样才可能产生划时代的大变革，才可能实现向一个新的经济时代的自主性过渡，而不只是昙花一现的冲浪。西蒙·库兹涅茨写道：

> 在技术与社会因素的共同作用中，必须强调的一点是，在任何时代，增长不仅仅是整体上的变动，还应包含结构的转变。即使这种增长的冲动是由重大技术创新带来的，每个社会在采用这种技术时必须调整现有的制度结构。这意味着社会组织的巨大变动——新制度的产生和旧制度的逐渐淘汰。各种经济组织和社会集团的相对地位将发生变化。……
>
> 时代创新对人的信念造成的影响已成为一个时代的重大特征，在早期的较为有限的经验基础上形成的一些旧信条的改变是进行制度变更的前提。因而，一个经济时代中技术和经验互相作用不仅伴随着制度变更，而且也伴随着有关社会信念的改变；而且，为了克服旧信念的阻力并孕育一套新的更适合的价值观所需的努力和时间部分地说明了每个时代的时间长度①。

---

① 西蒙·库兹涅茨：《现代经济增长》，北京经济学院出版社 1989 年版，第 5 页。

以上议论，超越了西方发展经济学的狭隘观点，包含了社会变迁中多因素互动的思想，这正是我们的新发展观所要阐述的基本思想。

二 两种不同的现代化进程

由于创新性变革与传导性变革两种方式之不同，在实际的历史进程中，通向现代化的多样化道路可大致概括成两大类不同起源，从而形成两种不同类型的现代化过程。一类是内生的现代化（Modernization from within），这是由社会自身力量产生的内部创新，经历漫长过程的社会变革的道路，又称内发变迁（endogenous change），其外来的影响居于次要地位。一类是外生或外诱的现代化（Modernization from with-out），这是在国际环境影响下，社会受外部冲击而引起内部的思想和政治变革并进而推动经济变革的道路，又称外诱变迁（exogenous change），其内部创新居于次要地位。

由于通向现代化的道路之不同，各国实现现代化的方式就各不相同，各国现代化的社会变革顺序与发展模式也就各异。内生的现代化是一个自发的、自下而上的、渐进变革过程。经济与政治权势的转移是非常缓慢的，变革引起的社会矛盾和动荡也是逐渐展开的。即使出现暴力革命（资产阶级革命、农民革命、市民革命）的冲击形式，其政治变革的速度也是有限的。关键是在现代化过程中形成强有力的经济中坚力量，这样就较易建立文治秩序，并使变革保持较大的连续性。外生的现代化则是在自身内部因素软弱或不足的条件下，外来因素的冲击和压力成为主要推动力，因此外部因素的作用超过内部因素，各种社会矛盾和动荡的发生是集中的、急速的、大幅度的，经济与政治权势的转移是激烈的，传统的权势集团的反抗也是强烈的，在大多数场合就会把暴力斗争提上日程。而一旦造成剧烈的社会分裂与敌对斗争，就难于形成稳定的文治秩序，经历的曲折与反复也多，不容易保持改革的连续性，有时会出现现代化的"断裂"。

内生的现代化，它的原动力即现代生产力是内部孕育成长起来的，具有较强的自我发挥能力。经济生活通过不断扩展的市场来实现自我调节，而政府的职能主要是保证经济的自由运转。

外生的现代化，特别是发生在欠发达国家的晚近的现代化，现代生产力要素和现代化的文化要素都是从外部移植或引进的，市场发育不成熟，在经济生活中未形成自动运转机制，政治权力即中央国家作为一种超经济的组织力量，就在现代化过程中一度或长期发挥巨大的控制与管理作用。

工业化是现代化的核心。现代化实质上是现代工业生产方式和工业化生活方式的普遍扩散化的过程。内生的现代化是以工业革命和工业化带动整个社会的其他方面的变革的，外生的现代化的变革顺序则有所不同，一般是社会和思想层面的变革和政治革命发生在前，而工业化发生于后。

总之，现代化发展的两种起源对于不同国家的发展进程具有重要意义。这两种进程的差异，主要取决于启动社会变迁的那些决定性因素是内在的还是外在的。但不论是哪种情况，发展只有在社会内部的发展潜力被广泛有效地动员起来时才有现实可行性①。这两种不同的现代化进程不仅影响到各国政治发展的趋势，而且影响到工业化发展道路的特点，实际上也就影响到现代化的不同模式的选择。但必须指出，这两种发展进程都是国际的开放性的变迁，即使是内生的现代化也是处在国际性因素交互影响之下，不是封闭性的自我转变，任何国家都不可能单独实现向现代社会的转变。

三　"原始现代化"——大转变的
过渡条件的形成

世界上最早进入现代化进程的国家都属于内生的现代化。这个大变革的过程最早开始于西欧。是什么条件使西欧地区形成这种内在的自发的变革动力，而在世界其他地区，包括具有高度古典农业文明的东亚，却未能形成这种内在的动力呢？研究这个问题，即最早的内生型现代化的形成条件与发展过程，是探索现代化的世界进程首先遇到的一个大问题。

对于这个问题的探索，过去是沿着单线的社会进化论的思路前进的。现代生产力的萌芽，资本主义生产关系的萌芽，这是在传统的社会变迁中和在不同地区都出现过的新因素。这是毫无疑问的。但是，如果以为不论在什么地方，这些萌芽迟早都可能自发地突破旧的社会结构，引导不同国

---

① 迪特尔·森哈斯：《欧洲的发展与第三世界》（Dieter Senghaas, *Europe's Development and the Third World*, Economics, 1986, Vol. 34）。

家沿着大致相同的方向发生社会大变革，那就忽视了现代社会变迁与传统社会变迁的根本区别。事实上，大体相似的农业生产力形态可以适应多种多样的社会经济结构，这些社会经济结构对新生产力和新生产关系萌芽的应付能力则各不相同。马克思在研究西欧资本主义起源时指出："资本主义生产方式是一种特殊的、具有独特历史规定性的生产方式"，"现代生产方式，在它的最初时期，即工场手工业时期，只是在现代生产方式的各种条件在中世纪内已经形成的地方，才得到了发展"①。恩格斯也说过："包含着整个资本主义生产方式的萌芽的雇佣劳动是很古老的；它个别地和分散地同奴隶制度并存了几百年。但是只有在历史前提已经具备时，这一萌芽才能发展成资本主义生产方式"②。应该指出，对于这些独特历史规定条件的探索，并不限于去寻找社会发展的某种或某些决定性的新的经济、技术、政治等因素，这是完全不够的。从现代化理论的角度，重要的是要去探寻被人们忽视的能容纳新因素成长和制度变革的特殊机制。这是因为：

> 现代化革命是人类对任何社会制度的稳定性予以新的估价的头一次革命，也就是说，它需要一种能产生和容纳频繁变革的持久性能力。一旦某种传统制度的关键要素和环节停止发挥作用时，这种能力便同时体现着把稳定性与变革结合起来的最低与最高的要求。保持这一应变能力构成促使我们时代的根本性革命获得成功所独有的现代机遇和独有的现代必要条件，……与之相反，传统社会并不经常面临着制度变革的要求，它们碰到这类特殊的挑战，通常只是若干世纪才经历一次，而它们只能通过解体或建立一个新的封闭性体制来应付它。③

人类社会从农业社会向工业社会大转变的过程，即现代化的过程，是世界文明史上最复杂的过程。这是因为，这些"独特的历史规定性"、

---

① 《资本论》第3卷，《马克思恩格斯全集》第25卷，第993、372页。文中着重号为引者所加。

② 《反杜林论》，《马克思恩格斯选集》第3卷，第311页注①。

③ M. 霍尔明：《政治发展的速度与代价》，转引自艾森斯塔德《现代化：抗拒与变迁》，中国人民大学出版社1989年版，第47页。着重点是引者所加。

"独有的现代机遇"、"独有的现代必要条件"，不是偶然的凑合，而是在长时期的演变中由无数众多的历史因素的聚合与撞击，而形成的一种新的定向发展趋势。通常在世界史上称之为西欧商业资本主义发展的阶段。但商业资本主义并不必然导致生产力和生产方式的大转换，因为这还是一种积累性变迁。欧洲特别是西欧的历史发展进程不同于中国、印度或阿拉伯世界，它从公元5世纪以来逐步形成的一些蛮族王国就仍保持地中海文明的特征。在地中海区域，古希腊的文明，古罗马的文明，阿拉伯的文明，都凭借地中海而互相沟通并四处传播自己的思想和商业[①]。长期接触多元文明挑战的商业文明较之纯农业文明具有容纳新因素的特殊机制与发展弹性。经过中世纪的衰落和向纯粹的农业文明的倒退之后，西欧自治城市、城邦国家和商业又重新恢复并日益兴盛。农奴制的崩溃发生于13世纪。新的财富形态——商业资本也开始取代土地资本而迅速发展。但在14、15世纪又发生经济上和人口上的倒退，16世纪的地理大发现和随之而来的海外扩张，使地中海商业转移到大西洋上，出现了新的生机。但最早出现的葡萄牙、西班牙、荷兰的海外殖民帝国并没有加速西方向现代工业文明过渡。接着17世纪的危机带来新的停滞和倒退。看来是英国革命克服了重重障碍，才有可能在18世纪中引出工业革命的新的发展定势。可见，西欧是经过许多波折，甚至"灾变"，才把几个世纪中积累起来的零星的技术创新汇集成为大的生产力革命（工业革命），把零星的制度和结构创新汇集成为大的政治革命（美国革命和法国大革命）。大致说来，从15世纪后期到18世纪中期的西欧，在经济上是各国商业资本和大西洋贸易兴起并向海外殖民扩张的过程；在政治上是王权兴起及随之而来的重商主义和中央集权化过程；在思想上是宗教改革、科学革命与启蒙运动的过程；在国际上是列国争雄互相淘汰和优胜劣败的过程。从这些过程中孕育出推动西欧内生型现代化的基本动力和各类现代化的基本因素，如早期城市化、早期商业化、早期工业化、世俗化等。

上述这个总过程，我们称之为原始现代化（primodial modernization），是现代化大转变前的一个过渡时期。这个时期不是西欧某一个国家所经历的，而是由西欧若干国家共同准备和共同经历的。但只有各种条件和机遇凑合的国家或地区，才能使发展的潜在因素汇聚成强大的发展定势，走向

---

① 亨利·皮朗：《中世纪欧洲经济社会史》，上海人民出版社1964年版，第1页。

创新性社会变迁之路。

从表面来看，东西方的古典文明都是农业文明。这两大区域的生产力性质和社会结构都具有许多相似之处，而东方一些国家在前现代时期的纯农业文明达到的发展水平，在许多方面都远远高于西方。可以说中世纪时东方是"发达"地区，西方是"欠发达"地区。东方许多地方都出现过繁荣的商业和贸易（特别是阿拉伯世界），资本主义的萌芽，某些重大技术创新。但是，这些在短时期中出现的零星创新因素，经不起各种历史性"危机"的折腾，也没有形成容纳外来新因素的特殊机制，更没有现代科学革命的兴起，因此很难形成一种新的发展定势。在西欧，这种特殊机制是在独特的历史条件下形成的。在经受蛮族入侵反复破坏之后，西欧形成多层次的等级封建制结构，教权与王权分立的两重权力结构，封建采邑的自足体系与新兴城市自治体并存的经济结构，以及众多小国林立的多元国际结构，都是东方所没有的。尽管东西方前现代政治结构都是专制的，但在西欧形成的这种多层封建式的农业社会，与中国、印度或阿拉伯形成的单一结构式的农业社会相比，却有明显的不同特征。正是这种多元型的封建主义社会经济结构具有较大的适应变迁的弹性、社会流动性、开放性与适应性，为内在的新兴经济力量突破坚实的外壳提供了较为有利的条件。

可见，在同一农业生产力形态下出现的东方社会发展进程与西方社会发展进程，有明显的不同特征。在东方特别是在东亚，社会发展具有较多的统一性、长期连续性、渐进性，而在西方则具有较多的分散性、多变性、突发性。正是这种西方式的发展范式较易形成内生型现代化所需的物质技术条件和结构性功能。当然，对于这个问题还有待于深入研究。

在蕴含着内生型现代化的潜在能源的西欧各国中，只有英国首先具备了启动这一大变革的物质技术条件与结构性功能。英国发展的领先地位是在17、18两个世纪中逐步形成的。众所周知，英国所形成的优势是：（1）早期工业革命所需的煤、铁资源丰富；（2）农业革命先行，传统农业社会的经济增长率高；（3）土地、劳力的商品化程度较高，并较早形成全国市场；（4）传统政治结构多元化，土地贵族权势早衰落，王权经历资产阶级革命而受到限制；（5）社会分化程度较高，市民阶级兴起，社会内部未出现大分裂；（6）清教主义的神佑理性与谋利精神；（7）科学革命先行，英国在近代科学、技术方面突出的领先地位；（8）国家独立自主，在经济上不依赖外国，并拥有海峡的独特战略性地利。正是这些优势，即天时、地利、人和，在当时的欧洲无可匹敌，聚合成为最早通向现代化的独特的新机遇。英国作为先驱现代化的原型而率先实现这一历史性的转变，绝不是偶然的。突变性的社会变迁其实并不突然，进程也是缓慢的，但却具有定势发展的持续一贯性。可见，社会变迁采取的形式，特别是创新性社会突变，并不是随意性的。这就是马克思所说的"独特历史规定性"。耐人寻味的是，那些继英国之后走上现代化道路并采取自主型发展战略的国家，它们的某些社会经济条件也或多或少具有与英国相似的特征。

四　推进现代化的三次大浪潮

发生在两百年前的工业革命标志着迄今为止人类社会发展的最大的分水岭，它改变了历史的方向，引导人类社会从农业时代进入到崭新的工业时代。这个大转变的过程，即我们所说的现代化的世界进程，是大生产力形态和社会经济形态的大转变，是一个整整的过渡时代，必须与历史上迄今发生过的种种变革区别开来。

迄今为止，向现代工业社会的大过渡出现了三次大推进的浪潮。

（一）第一次现代化大浪潮

第一次现代化大浪潮是由第一次工业革命推动的，时间是从 18 世纪后期到 19 世纪中叶（大约 1780—1860 年），这是由英国开端然后向西欧扩散的工业化进程。经济史学家往往把工业革命仅仅看成是经济与技术问题，或生产结构的问题，这是远远不够的。"实际上是可怕的非常复杂的政治、社会和文化大变动的问题"[①]。这一巨大的社会变动不是现代生产力自发推动的，而是史无前例的双元革命（dual revolution），即经济大革命与政治大革命共同推动的。这里所说的政治大革命指的是在英国发生工业革命的同时，1776 年在北美发生的独立革命，1789 年在法国发生的大革命，然后是 19 世纪席卷拉丁美洲的殖民地革命与 40

---

① 参见卡洛·M. 奇波拉《欧洲经济史》第 3 卷，"工业革命"，商务印书馆 1989 年版。

年代风靡欧洲的革命。这些革命前后联成一气，构成一个整整的"大西洋革命"时代。这一"独特的历史规定性"使历史上最大的经济革命与最大的政治革命相结合，也就是现代工业主义与国家主义（或译民族主义，nationalism）相结合，形成了推动社会巨变的最大冲力，首先把西欧和北美局部地区卷入工业化和现代化的大浪潮之中。正如英国马克思主义历史学家霍布斯鲍姆指出的，这是"从远古创造农业、冶金术、书写文字、城市和国家以来人类史上最巨大的转变，这个革命已经改变了并继续改变着整个世界"①。

第一次工业革命以使用非生物能源（蒸汽）、粗质量的机器大生产和并不太高的技术水平为特征，它的物质技术基础是煤和铁。工业过程是从纺织部门开始（即纺织品或消费品工业化道路），逐步扩散到国民经济各部门。英国和西欧的工业化的推进大致上是沿着煤铁蕴藏丰富的地区展开的，即从英国向比利时、瑞士、法国和德国的部分地区推进，并使世界按崭新的生产方式进行国际分工。新的资本主义世界经济体的结构是逐步形成和扩大的。在初期阶段变革的推动力还十分有限。工业化首先使英国经济发展从第一产业——农业，逐步转向第二产业——工业，并开始把第一产业的某些部分转向其他地区，把拉丁美洲变为自己的热带作物和矿石开采基地，把从非洲到东南亚的边缘地区变成贸易殖民地，甚至变成自己的海外领地，并摧垮当地的手工业。这个殖民地化和半殖民地化的过程，又称为"边缘化"和"半边缘化"的过程。

工业革命第一次拉大了各大文明区的发展差距，形成自农业革命以来的第二次大分化：世界的一端是新兴工业国，那里内生的现代生产力在新技术的高效率基础上持续增长，即形成现代发展。另一端是传统农业国，被迫形成不平等的国际专业化，那里的农业仍然在原始技术的低效率基础上停滞与徘徊，或是被外来的现代生产力造成扭曲的增长，即低度发展（under development）或边缘性发展（periphery development）②。

到19世纪中叶，工业化在西欧那些疆域不大、资源丰富和农业生

---

① 霍布斯鲍姆：《革命时代，1789—1848》（E. J, Hobsbawn, *The Age of Revolution*, 1789–1848, 1962, p. 17）。

② 参见森哈斯《欧洲的经验：发展理论的历史评判》（Dieter Senghaas, *The European Experience, A Historical Critique of Development Theory*, 1985, pp. 210–211）。

产率高的国家和地区首先得到扩展①。从工业革命的开端到欧洲各国认识到新工业的创新潜力至少经历了 50 年时间。但首批开始工业化的国家中只有英国真正发生显著的结构性变革，农业产值降为 22%（1841），农业劳动力下降到只占23%（1841），成为世界上第一个初步工业化国家。在 18 世纪以前，英国落后于法国、意大利和西班牙，到 1860 年时，这个只占世界人口 2% 的岛国生产的工业品占世界工业品总产量的 45%，并占有世界商船舰队数量的 1/3，拥有世界出口总额的 1/4 和世界进口总额的 1/3。它所建立的地跨五大洲的殖民大帝国使历史上所有的帝国都为之相形失色。世界古典文明的边缘奇迹般地变成了世界现代文明的中心，在当时这是唯一的工业化中心。但就西欧而言，传统经济的力量仍是强大的，到 19 世纪中叶现代工业的增长还非常有限：1850 年时英、法、德三国拥有的铁路总计只有 20000 公里，钢的生产刚刚开始，1870 年时全世界生产不到 70 万吨钢，不及 1958 年印度钢产量的一半。

（二）第二次现代化大浪潮

19 世纪下半叶至 20 世纪初，工业化和现代化在欧洲核心地区取得巨大成就，并向周边地区扩散，越出欧洲向异质文化地区传播，于是形成了推动现代化的第二次大浪潮。这次大浪潮使"西化"与"欧化"成为鲜明的历史发展潮流。

在第一次现代化浪潮中形成的技术传播、世界市场、经济增长势头，首先为欧洲、北美那些同属于基督教文明世界的后起现代化开辟了道路。蒸汽机车使大陆上交通革命化，蒸汽轮船使海上交通革命化。国内市场的整合，国际商业和贸易的扩大，都发生了重大变化。

比利时、瑞士这些独立的小国迅速成为工业化的先驱国，它们的稳定的经济增长开启了后来北欧国家的现代化道路。

其他欧洲国家只有等待实现了重要而必要的政治和社会改革之后，才可能有成效地推动现代化。法国探寻新制度历时半世纪，德国和意大利忙于政治统一，俄国和其他封建结构强固的东欧国家首先要废除农奴

---

① 艾森斯塔德把 18 世纪末至 19 世纪初的西欧和北美的现代化称为第一阶段，是一种较为"有限的现代化"，参见前引书《现代化：抗拒与变迁》，第 62 页。

制度。欧洲在海外的自由殖民地拥有优厚的自然条件，但必须等待交通运输的革命和移民浪潮的到来。在"新世界"，美国在高效率商品农业基础上的工业化开启了后来加拿大、澳大利亚、新西兰等自由移民国家的发展道路。

在欧洲人统治的拉丁美洲地区则是另一种情况。那里得风气之先，受到欧洲革新的冲击，但是独立革命只是对欧洲变革模式的外表的模仿，各国长期找不到维持起码的政治稳定的办法，也未能改变原有的殖民地型经济。工业化起步非常艰难。本土化的现代化中心尚未形成，就又重新陷入半边缘化的过程。现代化大致推迟一个世纪之久。

在非西方文明的诸古典文明中心，从埃及、土耳其到中国和日本，对西方向东扩张的巨大冲浪激起了强烈的回应，通过输入工业化的方式开始探索防御性现代化的道路。但是只有日本通过制度重建迅速进入现代经济增长阶段，树立了军国主义式的工业化样板。

第二次大浪潮的物质技术基础是电与钢铁。由内燃机和电动机带动的"电工技术革命"的经济增长的速度大大超过蒸汽机带动的第一次工业革命。铁路建设成为这一时期新兴工业化的中心。生产单位规模扩大，技术和投资量增长，使银行和国家在推进现代化方面发挥前所未有的重大作用。世界经济在 19 世纪后期出现爆炸性的大增长。西欧北美作为资本主义工业化核心地区完成了初步的现代化，从事农业的劳动人口一般都降到 40% 以下（英国下降到 10% 左右），各国的发展水平趋于接近，形成了世界的发达工业区。到 20 世纪初，世界上最年轻的新兴现代工农业大国美国在经济实力上一跃而超过英国。多中心的资本主义世界经济体取代了英国的单一中心的地位。

就全球而言，工业化使世界工业品生产在一个世纪中增长 30—40 倍，而世界人口的增长略超过一倍。世界经济的人均增长率在 19 世纪是每年 2.6%，而在 18 世纪时则每年增长还不到 0.1%。毫无疑问，这是人类社会进入一个发展新时代的明显标志。

（三）第一次发展性危机

在第二次大浪潮之后，世界经济出现了 30 年的停滞与徘徊，这是第一次世界规模的发展性危机。这次危机是资本主义发展全面失控引起内部矛盾大爆发。从第一次工业革命一直到 20 世纪初，欧美各国所遵循的唯一发展的模式是资本主义发展模式。整个世界的变革都沿着资本主义私有制企业和市场经济的方向缓慢地变化。恩格斯曾经预言，"电工技术革命"创造的极大的生产力可能会引起资本主义制度的变化①。这一预言虽没有按其本来的意义变成事实，但也没有完全落空。20 世纪初，西欧北美资本主义的大发展孕育了空前的内部危机：首先是各发达资本主义工业国集团之间争夺市场的斗争白热化，加之军国主义兴起，引起了两次世界大战；其次是首次席卷全球的生产过剩经济危机；随之而来的是法西斯主义作为自由资本主义的反动势力而猖獗一时。这些新因素导致现代生产力的破坏，延缓了现代化推进的势头。

30 年的危机对现代资本主义的破坏与修复，一方面加速了"古典"的资本主义发展模式向有调节的、社会民主的经济发展方向转换；另一方面则是这一发展模式被突破，引向社会主义发展模式的创新。前面已提到，社会制度方面的创新是非常困难的。这一创新的"独特历史规定性"，不仅在于第一次世界大战形成的严重革命危机，给俄国造成了脱离资本主义世界体系的特殊机遇；同时也在于俄国上个世纪末叶在工业化过程中积累了国家支配经济的成功经验，于是，俄国走上了探索从资本主义向社会主义转变的现代化新道路②。社会主义现代化最初提出了一条著名公式："苏维埃政权加全国电气化"。这样，不是电工技术革命推动制度变革，而是制度创新推动电工技术革命。苏联在一个经济落后的农业大国中，以苏维埃政权为杠杆，用新的资本积累和资源调配方式开拓了不同于早期工业化的优先发展重工业的新工业化道路。

苏联在资本主义发展危机的年代里实现了工业化，首先是取得了国防现代化的重大胜利。苏联工业生产的年均增长率，按西方的低估计也达到

---

① 1883 年 3 月 1 日，恩格斯在致伯恩斯坦的信中写道："菲勒克就电工技术革命掀起了一阵喧嚷，……但是这实际上是一次巨大的革命。蒸汽机教我们把热变成机械运动，而电的利用将为我们开辟一条道路，使一切形式的能——热、机械运动、电、磁、光——互相转化，并在工业中加以利用。循环完成了。……这一发现使工业几乎彻底摆脱地方条件所规定的一切界限，并且使极遥远的水力的利用成为可能，如果在最初它只是对城市有利，那末到最后它终将成为消除城乡对立的最强有力的杠杆。但是非常明显的是，生产力将因此得到极大的发展，以至于资产阶级对生产力的管理愈来愈不能胜任。"（《马克思恩格斯全集》第 35 卷，第 445—446 页）

② 现代革命是使传统社会现代化的一种方式，也是一种前提条件。亨廷顿认为，现代革命"最可能发生在已经历过一定的社会和经济发展，但其政治现代化和政治发展的过程则落后于社会和经济变化进程的那些社会里"。因而这种革命"具有现代化的特征"，可以称之为"现代化的革命"。参见《变动社会中的政治秩序》第 5 章，上海译文出版社 1989 年版。

9%（1928—1940），远远超过美国的 5.5%（1869—1899）、德国的 4.4%（1870—1913）、日本的 6.9%（1905/09—1930/34），开创了高速经济增长的历史纪录[①]。但战前匆忙实现的初步工业化，仍是畸形的增长，劳动力在农业中的比重仍占半数以上，现代增长的机制还不健全。

（四）第三次现代化大浪潮

现代化的第三次大浪潮出现在 20 世纪下半叶。

首先必须指出，现代战争经常成为不自觉地推动现代化的工具。第二次世界大战对战后现代化新浪潮的推动作用即在于此。首先，战争打断了资本主义第一次发展性危机，并带动了快速的技术更新；其次，战争造成新经济增长的巨大物质需求和精神需求；最后，战争的解放因素推动了殖民主义体系的瓦解和对新的发展道路的追求。

这次大浪潮是新兴工业化世界对非工业化世界的一次全球性大冲击。在新的工业革命的冲击下，一方面带来初级工业化向高级工业化升级，在发达工业国中引起工业换代，另一方面加速工业化和现代化的冲浪向全球扩散，大批欠发达国家争取进入现代经济增长过程，使全球的经济与政治关系，人类生存的生物圈，都出现许多新问题。通向现代化的道路呈现出更大的多样化与复杂化。

这次大浪潮是与第二次工业革命同步进行的。新的物质技术基础是石油能源、人工合成材料、微电子技术。高科技、新能源、新原材料与人工智能相结合，使科学直接转化为生产力，而巨型跨国公司的出现则引起现代发展的结构性的重大变化。战后一个时期的全球规模经济增长大大加速了现代化的世界进程。1953—1973 年世界工业总产量相当于 1800 年以来一个半世纪的工业总产量之和。第二次工业革命正在把旧的基础工业变成高技术工业。从而引起了发展模式的新变化[②]。

首先，西方发达国家利用战争和 30 年的停滞取得发展新动力，而"古典"的资本主义发展模式则通过不断的结构改革逐步转向有调节的有

---

① 威尔伯：《苏联模式与欠发达国家》（Charles K. Wilber, *The Soviet Model and Underdeveloped Countries*, 1969, p. 74）。

② 近年国外学者研究指出，当前西方大生产基础上的工业发展模式面临极限，工业技术选择面临第二次分界线。参见皮奥尔与萨伯尔著《第二次工业分界线》（M. J. Piore and C. F. Sabel, *The Second Industrial Divide*, 1984）。

计划的经济发展方向。1953—1973 年长达 20 年的持久的繁荣。使那些在 20 世纪前期实现工业化的国家（西欧、北美、日本等）相继进入现代化的高级阶段。那里的第二产业向第三产业（服务业）迅速转换；生产的专业化与多样化同时提高，并已形成以资本密集、技术密集、资源浪费、劳力节省、大众消费、福利主义为特征的发达资本主义工业文明。美国是战后西方世界的发展新浪潮的中心。原先处在欧、美、澳边缘资本主义地区的国家，随着经济持续增长，工业化和现代化也向更高阶段升级。战前转向社会主义发展道路的苏联继续沿着自己的发展方向前进，也开始向发达工业社会过渡。

其次，战后殖民主义体系的瓦解和洲际性的民族解放运动是 19 世纪前期大西洋革命后的最大政治风暴——第三世界革命，它把占世界人口大多数，处于世界发展边缘的那些国家第一次卷入变革的大潮，并第一次明确提出把"现代化"作为发展的口号。

这些推迟到来的现代化（delayed modernization）与早期现代化相比，处在完全不同的历史条件和国际发展环境中。它们的一个突出特点是政治变革引导经济变革，国家全力投入追赶型现代化、强制型工业化。第三世界一大批发展中国家几乎是齐头跑步奔向现代化。目前，这个尚在发展中的进程的引人注目的趋势是：

1. 继苏联之后，中国、东欧等一大批国家按本国国情探索自己的发展道路，改变了单一的资本主义世界发展的格局。中国在一个人口众多、幅员广阔的农业国中，按社会主义方式创造性地推行了"四个现代化"的发展战略，取得了举世瞩目的重大成就。

2. 东亚地区一些发达的农业国家，以远远超过早期工业化国家处于相同阶段的发展速度推进工业化。世界上两个人口最多的大国中国与印度按不同方式开拓自己的现代化道路。这些国家加上日本，正在该地区形成一个新兴工业带，改变着近两个世纪以来以欧洲为中心的发展格局。

3. 由于石油作为新能源的广泛运用，西亚北非伊斯兰文明区的新兴石油输出国从半农半牧社会走上经济突发性增长的道路。外国资本和技术的输入在那里形成独特的发展模式，即没有工业化的畸形现代化。

4. 拉丁美洲是第一、第二次现代化浪潮中的落伍者，在第三次浪潮中，墨西哥、巴西、阿根廷、智利、委内瑞拉等国探索了自主性工业化的道路，正在向现代工业社会过渡。但由于都市化走在工业化之前，过分依

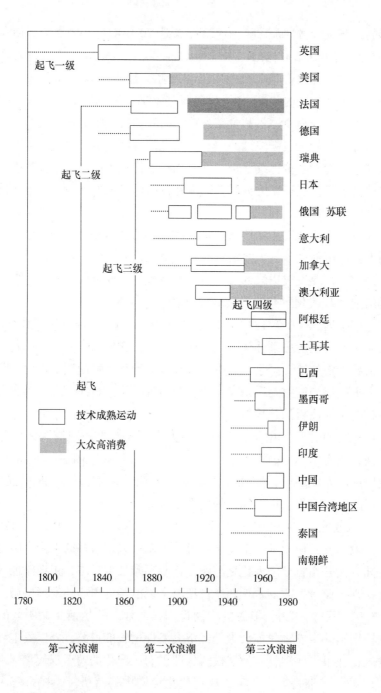

赖外国投资与跨国公司，因而出现了畸形的"依附性发展"（dependent development）。

综观两个世纪以来现代化的世界进程，虽然错综复杂，但从中心向外缘推进的具有阶段性的发展趋势历历在目。工业革命是 18 世纪后期在一个略多于世界人口 1% 的英国开始的，经过两百年时间，就有大约1/5—1/4 的人类进入工业社会，享有远远高于过去最先进国的经济发展和人均生活水平。现代化扩展的速度是相当惊人的。处于 20 世纪 90 年代的开端，我们可以清楚地辨认出几乎世界上所有国家都落在不同阶段的现代化坐标上。美国经济史家罗斯托从经济增长的角度把现代化的坐标图划分为：传统社会、为起飞做准备、起飞、向技术成熟推进、大众高消费五个阶段。罗斯托关于经济成长五阶段的理论，颇多牵强之处，但作为一个比较分析框架，仍有参考价值。本文所论述的现代化三大浪潮，与罗斯托所论述的世界主要国家经济增长的历史过程，大体上是相吻合的（参见 121 页图表①）。

五　现代化进程的总趋势

从两个世纪以来现代化的世界进程中，可以看出各国的起步与前进步伐是参差不齐的。由于世界发展的不平衡性，当第三世界广大地区才开始迈步走向现代化发展道路之时，走在最前列的那些发达工业国已大体完成自己的发展使命，准备转向一个新的历程了。在这个复杂的社会巨变时代，可以发现哪些新的发展特征呢？

1. 全球工业化—现代化的进程不是直线式的，而是波浪式地跳跃推进的。这些发展的浪潮并非散乱无序，而是与世界资本主义经济的周期性运动相关联的。按战后经济史家重新提出的"长波"理论的观点。自 18 世纪后期以来，资本主义世界经济中存在着平均大约每 50—60 年的长周期，从而形成外向"扩张"与内向"调整"的周期交替。从 18 世纪末到 1847 年危机这一长时段，是工业革命本身的长波。从 1847 年危机持续到 19 世纪末这一长时段，是第一次技术革命的长波。从 19 世纪末到第二次

---

① 参见 W. W. 罗斯托《世界经济：历史与展望》（W. W. Rostow, *The World Economy: History and Prospect*, 1978, p. 51 and Part 5）。

世界大战时期是第二次技术革命的长波，从第二次世界大战后到 70 年代，这是第三次技术革命的长波。每次长波可再分为利润率增长、加速积累、加速发展的上升阶段与利润衰退、积累减速、发展减速的下降阶段。现代化三次大浪潮大致上与经济发展的长波是相对应的。雷诺兹研究第三世界的经济增长也是从整个世界经济的增长来说明的：1850—1914 年是世界经济繁荣期，即第一黄金时代；1914—1945 年是世界经济最长的萧条期，即暗淡时代；1945—1973 年是世界经济最大繁荣期，即第二黄金时代①。世界工业化核心地区的经济繁荣相应地促使能源和原材料需求的急剧增长，促进国际贸易的大发展，这样就自然会带动边缘地区的经济增长。正是早期工业革命与随后的两次世界经济繁荣期，形成了现代化三次大浪潮的大推力。

2. 现代化的根本动力是经济力，即现代工业生产力。从这个意义上来说，除最早的内生现代化外，其他国家的现代化过程都具有传导性的因素，现代工业主义从先进的中心向边缘的农业地区扩散。现代生产力的快速提高，是由于竞争带来的技术进步的加速。第一次大浪潮的物质技术动力是煤与铁，第二次大浪潮的物质技术动力是电与钢，第三次大浪潮的物质技术动力是石油、原子能与微电子。推动生产力大发展的多次科技革命就像多级火箭，把现代化引向纵深发展，渗透到社会各个层面。这样，就世界范围而言，工业化—现代化具有连续性和加速的特征，世界逐步从农业时代转向工业时代，这从下面的数字中可以看出，据不完全统计，世界工业品的年均增长率：1705—1785 年为 1.5%（当时还不是现代工业）；工业革命以后开始猛增，一般都达到 2.5%，1840—1860 年达到 3.5%，第二次世界大战后从 1948—1977 年猛增到 5.6%②。从 1750 年以来两个多世纪中，全世界工业生产量估计增加约 430 倍，人口增长约 6 倍，人均国民生产总值增长约 10 倍。居民对钢铁的平均消费量可以算作是工业化的一个重要指标，在这方面，先进的工业国，如美国和英国已分别达到 600 公斤和 410 公斤，中国达到 32 公斤，印度达到 13 公斤，就是非常落后的海地和马拉维也分别达到 7 公斤和 3 公斤（均按

---

① 雷诺兹：《第三世界的经济增长，1850—1980》（Lloyd G. Renolds, *Economic Growth in the Third World* 1850 – 1980, 1985, pp. 33 – 37）。

② 罗斯托：《富国与贫国》（W. W. Rostow, *Rich Countries and Poor Countries*, 1987, p. 87）。

1976 年计算)①。

    3. 现代化的进程呈梯级升进秩序。被卷进现代化世界大浪潮中的不同国家，按进入这一大转变过程的先后分为三大批：第一批在 16 世纪前半叶，赶上现代化的头班车，可称为现代化的"先行国"（first comers），它们是自发地进行的；第二批在 19 世纪后半叶，赶上现代化的第二班车，可称为现代化的"后进国"（late comers）；第三批是 20 世纪后半叶才开始搭上现代化快车，奋起直追的，可称为现代化的"迟到国"（Late comers）。这两批国家大部分是诱发甚至是被迫走上现代化道路的。当然，还有些零零落落在中途搭车的。在这三大批国家中，只有第一批是地道的内生型现代化，其他两批都是外诱型现代化，或内生—外诱混合型的现代化。外生型的现代化并不是完全受制于外部条件，其发展战略仍多种多样，可分为自主的即非联系型发展战略（dissociative development），非自主的即外向联系型发展战略（associative development），或两种战略交替使用②。

    4. 伴随现代化向世界各地区的扩展，原先地区性相对孤立的发展被纳入新的国际分工的世界经济体（world-economy），由此而引起世界整体结构的转换。生产制造品的工业国是发展的中心，生产初级产品的农业国则处在发展的边缘，还有一些国家和地区游离在世界经济体之外。在世界经济体中的地位可大致排列如下：（1）工业化国家，其工业制品份额占商品生产总值 60% 以上，一般人均工业品产值在 1500 美元以上，并具有成熟的工业结构，在高科技领域中占有优势。（2）半工业化国家，其工业制品占商品生产总值 40%—50%，工业区大多集中在局部地区，工业结构不够成熟，技术水平也不够高，但正在准备迈向高科技领域。（3）正在进行工业化的国家，即初步工业化的国家：其工业制品占商品生产总值约 20%—40%，大多是劳动密集型工业，基础设施不足，农业仍是国民经济的主要部门。（4）非工业化国家，其工业制品在商品生产总值中低于 20%，大多是加工工业，其居民对工业品的需求量很小③。在这个世界经济体中，原来的农业社会的简单的横向劳动分工，转变为工业国支配

---

    ① 科尔：《发展差距》（J. P. Cole, *The Development Gap*, 1981, pp. 150 – 151）。

    ② 参见森哈斯，前引书。

    ③ 海伦·休斯：《工业化发展的估量》，见罗伯特·海尔布罗纳等《现代化理性研究》，华夏出版社 1989 年版。

农业国的纵向劳动分工。随着工业化的升级——新工业代替旧工业，正在按高低技术层次而重新调整国际分工①。劳动密集的粗放型旧工业部门逐步向外缘转移，也为某些新兴工业化国家提供发展机会。例如，工业化国家在早期主要输出纺织品、煤和钢铁（工业消费品）；在 19 世纪后期增加输出钢轨、火车头、港口设施、电力机械等，在 20 世纪主要是输出高级耐用消费品（如汽车）、机器工厂设备、石油化工产品、军工产品；到20 世纪后期的输出则变成航空工业、电子工业等高技术产品的大宗了。这样的变化使发达工业国、半工业化国家与欠发达国家的经济结构都随之发生相应的调整和改组。后者也向前者出口工业制成品。

5. 现代经济增长作为竞争性的发展过程，导致了工业化国家与非工业化国家之间发展差距日益增大。在传统的农业社会，贫国与富国的悬殊是有限的，东西方之间的发展差距也是有限的，东方甚至高于西方。工业化根本改变了世界全貌。据不确切的估计，第一世界与第三世界的平均人均收入差距，1850 年为 5∶1；1900 年为 6∶1；1960 年为 10∶1；1970 年为14∶1，80 年代的差距进一步扩大。但另一方面，竞争也导致了各工业化国家经济发展差距缩小。你追我赶的发展竞赛可以使落后转为先进，也可使先进转为落后：在 19 世纪前期稳握世界工业霸权的英国，在同一世纪后期就几乎被美国和德国赶过；在 20 世纪中叶，惨遭战败的日本，用引进对手新技术来战胜对手，在 20 年间就一跃而为世界第二经济大国；北欧的一些小国在 20 世纪初的发展水平与东南欧一些国家不相上下，现今已赶上并大大超过西欧发达国家，人均收入超过英国；东亚一些地区在第二次世界大战前还是农业殖民地，现在成为亚太地区发展领先的新兴工业国，人均收入达到世界中等水平，预计到 20 世纪末，人口总数超过 5 亿的发展中国家要赶上一些发达工业国。但也必须看到，工业化世界愈是扩大，加入无节制增长的竞争的国家愈多，未来发展的不稳定因素与危机也愈不可测。仅仅占世界人口 6% 的美国就耗费了世界 1/3 的能量。因此世界上只要有 1/3 的国家按美国的方式现代化了，美国就不可能再像今天这样浪费无度了。

6. 现代化过程中经历初始即启动阶段之后，随着经济持续增长，在

---

① 参见利皮埃茨《帝国主义或世界末日之兽》（Alain Lipietz, *Imperialism or Beast of the Acocalypse Cepremap*，1984）。

政治、社会、文化、福利、居民健康与素质等各个方面都会发生适应性变化。在这些变化中，政治现代化是一个最复杂的过程。巴林顿·摩尔的研究表明：西方民主制只是在特定历史环境中结出的果实。除了西方式的议会民主道路外，还有自上而下的反动的保守的政治形式，也还有自下而上的共产主义的政治形式。历史表明，经济愈落后，现代化进程中的权力集中程度一般都更高，国家的支配和干预一般也更大。即使经过反动的法西斯专政的国家，仍然要回到民主化的道路，逐步扩大民权，建立制度化的法治秩序，以增强政治变革的稳定性。

在社会方面，工业化初期社会结构两极分化的趋势，随着经济增长和产业结构的变化而发生重大变化，新的中间阶层和技术人员阶层大批增长，白领职业者悄悄地步入了现代社会，许多新的社会群体在形成中①。

工业化使人类实用知识的积累速度和知识结构都发生了大变化。文盲的锐减，现代教育的普及，使高经济积累率转化为高文化积累率。与此同时，知识的传播和运用的商业化与公司化的程度也不断提高。

作为工业社会中现代人的价值观，诸如平等化、合理化、效益化、技术化、专门化、成就取向等等，渗透到社会生活的各个方面。在发达的工业化国家，社会自治与自我调节机能，民主化程序，法治原则，科层制度，大众参与水平，都取得不同程度的发展。

随着经济增长与工业化水平的提高，生活方式的都市化、工业化与福利化，劳动工时的缩短，是明显的特征。西方发达工业国的社会福利开支在国民生产总值中所占的份额在 20 世纪 70 年代中期已上升到 24%。居民的食品构成发生了重大变化。恩格尔系数值（即食品支出在总收入中所占比例）很低。人的发育和人的素质有明显的增强，寿命也相应提高。

最后，还必须指出，两个世纪以来的现代化进程是一个充满矛盾发展的进程。如果以为只要按现行的即使不很高的增长率稳定增长，再过几个世纪全人类就将进入西方极乐世界或至福千年（millennium），那就是被西方流行过的想入非非的现代化理论自我催眠了。自由派理论忽视或掩饰了现代发展带来的负效应，因此是非历史的假想。事实上，从历史趋势来看，这些负效应不是随着现代化的全球扩散而减弱，相反，而是日益增长。今后的新的发展性危机将是过度发展与发展停滞同时迸发，比第一次

---

① 参见赖特·米尔斯《白领——美国的中产阶级》，浙江人民出版社 1987 年版。

发展危机会更加严重得多。认为现代化是一种和谐的线性发展的共溶性理论，正在被 70 年代以来的冲突性理论、增长极限理论、熵理论等新的学说所取代。这个问题已经引起国际学术界的争论①。因越出本文的范围，这里就不再讨论了。

《中国社会科学》1990 年第 5 期

---

① 参见米哈依罗·米萨塔维克等《人类处在转折点》，生活·读书·新知三联书店 1987 年版；奥尔利欧佩奇《世界的未来——关于未来问题一百页》，中国对外出版翻译公司 1985 年版；杰里米·里夫金等《熵：一种新的世界观》，上海译文出版社 1987 年版；堺屋太一《知识价值革命》，东方出版社 1986 年版；赫希《增长的社会极限》（Fred Hirsch, *Social Limits to Growth*, 1977）。

"选精"、"集粹"与"宋代江南农业革命"

——对传统经济史研究方法的检讨

李伯重*

摘要　"宋代经济革命说"是国际中国史坛上最流行的成说之一，本文彻底否定了这种观点。文章指出，中国是个传统的农业社会，如果真有"宋代经济革命"，首先应表现为"宋代江南农业革命"，但从经济成长方式看，宋代江南虽有若干重要进步，但并没有出现可以称为"革命"的重大变化。因此，"宋代江南农业革命"只不过是一个"虚像"而已。产生这种错误的根源是方法论，主要表现为"选精法"和"集粹法"，这两种方法的主要错误都在于将某一或某些例证所反映的具体的和特殊的现象加以普遍化，从而使之丧失了真实性。因此，对以往的研究方法进行总结，是今日中国经济史研究的当务之急。

关键词　宋代　江南　农业革命　选精法　集粹法

　　近年来国内外史坛上的一个重要动向，是对以往各种具有共识性的成说以及普遍使用的研究方法进行检讨。通过这个检讨，摒弃不合理者，改进不完善者，同时提出新见，引入新法，从而推动史学研究的发展①。本文的目的，就是通过对宋代江南农业有关问题的讨论，对中国经济史坛上最重要而且也是最流行的成说之一——"宋代经济革命"说——以及导致此说的方法进行检讨，看看这些方法是如何和为何导出重大的错误结论

---

　　* 李伯重，1949 年生，清华大学人文学院教授。

　　① 参阅杰弗里·巴勒克拉夫《当代史学主要趋势》第 2 章，中译本，上海译文出版社 1987 年版。

来的；在此基础之上，探讨如何改进我们的研究方法，促进我国的经济史研究在新世纪中取得更大的进展。

一　"宋代江南农业革命"："宋代经济革命"的中心

在史家眼中，宋代是中国历史上最具魅力的时代。41 年前，宫崎市定将其关于中国历史发展的总体观点总结如下："中国文明在开始时期比西亚落后得多，但是以后这种局面逐渐被扭转。到了宋代便超越西亚而居于世界最前列。然而由于宋代文明的刺激，欧洲文明向前发展了。到了文艺复兴，欧洲就走在中国前面了。但起初二者之间的差距还很小，直到 18 世纪还是处于一种雁行状态。但是工业革命一发生，欧洲便把中国远远抛在后面了。"[①] 由这段话可见，这位日本汉学大家认为宋代不仅在中国历史上，而且在世界历史上，都占有一种特殊的地位。16 年后，英国汉学家伊懋可（Mark Elvin）提出了中国"中古时期的经济革命"（The medieval economic revolution）和"帝制晚期的没有技术变化的经济发展"（The late imperial economic development without technological change）的理论，认为中国在唐宋（特别是宋）时期出现"经济革命"，而自 14 世纪以后则出现重大转折，陷入"量的增加，质的停滞"（Quantitative growth, qualitative standstill）[②]。又过了 13 年，中国宋史学家漆侠提出了我国封建时代社会生产力的发展的"两个马鞍形"模式，即在秦汉时期达到第一个高峰，魏晋以下低落，隋唐有所恢复和回升，到宋代则"以前所未有的速度迅猛发展，从而达到了一个更高的高峰"，"把宋代中国推进到当时世界经济文化发展的最前列"；元代急遽下降，明代中叶恢复到宋代水平，以后虽有所发展，但在一定程度上显现了迟缓和停滞（或者说，在金、元时期出现"逆转"，以后则"逐渐地缓慢、停滞下来"）[③]。而到最近，在当代世界经济研究中享有盛誉的经济学家安古斯·麦迪森（Angus Maddi-

---

[①] 宫崎市定：《宋代における石炭と铁》，刊于《东方学》第 13 辑（1957 年）。

[②] Mark Elvin, *The Pattern of the Chinese Past*, Stanford University Press, 1973.

[③] 漆侠：《宋代社会生产力的发展及其在中国古代经济发展过程中的地位》，刊于《中国经济史研究》1986 年第 1 期；以及同氏《宋代经济史》，上海人民出版社 1987 年版，第 2—3、30—31 页。

son）以迄今为止欧美学界的研究成果为基础，用经济学的方法对中国历史上的人均国内生产总值（GDP）做了估算。根据其计算的结果，无论是作纵向的还是横向的比较，宋代在世界经济史上都具有一种非同寻常的地位：在960—1280年间，尽管中国人口增加了80%，但人均国内生产总值却由450美元增加到600美元，增加了1/3；但以后一直到1820年都保持着此水平，到1952年更下降到537美元。与此相对照，欧洲在960—1280年间人口增加了70%，人均国内生产总值则从400美元增至500美元，只增加了1/4；而1700年达到870美元，超过中国；1820年达1129美元，已将中国远远抛在后面；1952年更高达4374美元，为中国的8倍[1]。由此可见，在过去的40多年中，中外许多学者从各自的研究中和从不同的方面，都得出了"中国经济在宋代出现飞跃，达到了顶峰，尔后发展减缓，最后陷于停滞"的结论。这个结论已成为现今学坛上关于中国历史发展模式的主流观点，而此观点的主要基石之一，就是宋代中国经济出现了巨大进步，即"宋代经济革命"。

"宋代经济革命"，按照伊懋可的总结，包括农业革命、水运革命、货币与信贷革命、市场结构与都市化的革命和科学技术革命[2]。而依照斯波义信的归纳，则主要包括农业革命、交通革命、商业革命以及都市化方面的重大变化[3]。他们所说到的各种"革命"，从种类来说都大致相同。因此如果真有"宋代经济革命"的话，主要内容应当大致也就是这些。宋代中国在这些经济领域中出现了重要的变化，这是没有争议的。但问题是，这些变化合起来，是否就可以称为"经济革命"？要回答这个问题，首先就要对"经济革命"作一界定。

从宏观的层面来说，"经济革命"指的是一个社会经济成长方式的重大变化[4]。一般而言，经济成长方式可分为两种类型：一种只有"量的扩大"（quantitative increase）而无"质的改进"（qualitative improvement），另一种则既有"量的扩大"、又有"质的改进"。在西方学界，有人也将

---

① Angus Maddison, Chinese Economic Performance in the Long Run, Development Centre of The Ogranisation for Economic Co-Operation and Development 1998年版，第25、40页。

② Mark Elvin, The Pattern of the Chinese Past, Part Ⅱ.

③ 斯波义信：《北宋の社会经济》（收于松丸道雄、池田温、斯波义信、神田信夫和滨下武志合编《世界历史大系——中国史》第3卷，山川出版社1997年版，第4—8小节。

④ 参阅费维恺（Albert Feuerwerker）Presidential Address：Questions about China's Early Modern Economic History that I Wish I Could Answer，刊于Journal of Asian Studies第51卷第4期（1992年）。

前者称为"增长"（growth），而将后者称为"发展"（development）。所谓经济革命，通常指的是经济成长方式由只有"量的扩大"而无"质的改进"的"增长"，向既有"量的扩大"、又有"质的改进"的"发展"的转变①。因此如果真有"宋代经济革命"的话，那么一定是宋代经济成长方式发生了重大变化，由"增长"转变为"发展"。

在一个农业社会中，经济以农业为主体，其他经济部门不仅在国民经济中所占比重很小，而且还往往依赖于农业或与农业密切相关，所以整个经济成长方式的变化主要取决于农业的变化。在此意义上而言，只有出现了农业革命，经济成长方式才可能出现重大改变，因此经济革命也可以说主要就是农业革命。如果没有农业革命，虽然可能也会有一个商业革命（或水运革命、货币与信贷革命、市场结构与都市化的革命，等等），但那只是局部的变革，整个经济成长方式并不会因此而发生重大改变，所以并不能真正称为经济革命。宋代的商业、手工业、运输业乃至金融业等都有相当大的发展，但农业仍然在经济中占有主导性的地位。伊懋可和斯波义信在对宋代各经济领域的"革命"的归纳中都将"农业革命"置于首位，这是很正确的。其次，在宋代各主要经济区中，无论从经济发展水平或是在全国经济中所占有的分量来说，本文所说的"江南"居于首位②，这已是史坛共识，毋庸赘言。伊氏和斯波氏也都明确地指出：他们所归纳的各经济领域的"革命"，并非出现在宋代中国的每一个地方，而是主要发生于中国东南地区，特别是江南。虽然其他地区（特别是福建、江西、浙东、四川等地）在宋代经济发展中也起了重要的作用，但在"宋代经济革命"中扮演主要角色的仍然是江南。如果没有福建、江西、江东、浙东、四川诸地区中任何一个，都不会从根本上动摇"宋代经济革命"之说；相反，如果没有江南，"宋代经济革命"之说定然要破产。

---

① 关于"量的扩大"、"质的改进"、"增长"、"发展"这些说法及其与技术进步、劳动生产率提高之间的关系，见 Mark Elvin, The Pattern of the Chinese Past，第 306—316 页；黄宗智（Philip Huang）：The Peasant Family and Rural Development in the Yangzi Delta, 1350－1988, Stanford University Press 1990 年版，第 11—13 页。

② "江南"本是一个界限不甚明确而且不断变化的地理概念，我在过去的文章中已对其作了界定（见李伯重《简论"江南地区"的界定》，刊于《中国社会经济史研究》1990 年第 4 期）。在本文中，为了讨论的方便，将所论的"江南"地区限定于地理学中的江南平原（或太湖平原），范围大体包括宋代浙西路辖下的苏州（平江府）、常州、秀州（嘉兴府）、湖州与江阴郡。

由于农业和江南二者是"宋代经济革命"说赖以建构的主要基石，所以在此意义上我们可以说，如果确有一个"宋代经济革命"的话，那么这个"革命"应当在宋代江南农业中表现得最为明显，因而对宋代江南农业的探讨也就成为研究"宋代经济革命"的核心。如果这个探讨的结论是宋代江南农业没有出现一个"革命"，那么"宋代经济革命"之说也就难以成立了。

二 "宋代江南农业革命"：一个"虚像"

如前所述，所谓经济革命，通常是指经济成长方式由只有"量的扩大"而无"质的改进"的"增长"，向既有"量的扩大"、又有"质的改进"的"发展"的转变。而这两种成长方式的主要差别，又在于技术有无重大进步以及劳动生产率是否大幅提高。因此经济革命也就以技术的重大进步和劳动生产率的大幅提高为主要特征。在本文中，我们也将此作为判别是否有"宋代江南农业革命"的两个主要标准。其中，在劳动生产率方面，我们将粮食亩产量增加作为判断劳动生产率提高的主要指标。这样做的原因并不难理解：在农民人均耕地与生产技术未有很大变化的情况下，劳动生产率的提高主要是通过亩产量的增加来达到的。而我们知道，与唐代相比，宋代江南人口虽有大幅度增长，但耕地增加也很快，因此人均耕地面积即使不比唐代更高的话，也不会少于唐代[①]。倘若宋代江南亩产量有大幅度的提高，当然也就表明劳动生产率有明显提高。

持"宋代江南农业革命"说的学者，大都十分重视技术进步。晚近大泽正昭将以往学界公认的宋代江南农业的进步，总结为以下四个方面：（1）水利田（圩田、围田等）的大规模开发；（2）占城稻的广泛种植以

---

① 例如，按照中唐时期的官方数字计算，元和时期浙西路户均耕地为18.5亩，而南宋时期江南农户的户均耕地则在40亩左右。当然唐代的数字明显偏低（因为这只是政府征税田地的数字），但无论如何，南宋江南农民户均耕地面积不少于唐代，应当是可以肯定的（唐代与南宋的情况分别参见李伯重《唐代江南农业的发展》，农业出版社1990年版，第153页；《宋末至明初江南农民经营方式的变化——十三、十四世纪江南农业变化探讨之三》，刊于《中国农史》1998年第2期）。此外梁庚尧也指出：即使是以江南最重要的州府——苏州为代表，自北宋中期至南宋末期，人口增加与耕地增加的趋势，正相呼应（见梁庚尧《宋元时代苏州的农业发展》，收于许倬云、毛汉光、刘翠溶主编《第二届中国社会经济史研讨会论文集》，汉学研究资料及服务中心1983年印行）。

及一年二作制的普及；（3）生产出大量的税粮和人口增加；（4）出现了以《陈旉农书》（以及楼璹《耕织图诗》）为代表的高水平的农业技术①。这个总结，与伊懋可和斯波义信所总结出来的情况大体相同②，可以说代表了以往学界在此方面的主要看法。由此可见，以往所说的"宋代农业革命"，从技术进步方面来看，主要包括耕作技术的改进、新作物品种（特别是占城稻）的引进、一年二作制的普及、水利技术的提高以及农具改良与肥料广泛使用。由于这些技术进步主要集中在江南，所以引起了"宋代江南农业革命"。

在亩产量的研究方面，学坛上的普遍看法是宋代江南粮食亩产量比过去有明显提高，并达到了很高的水平。就比较"保守"的估计而言，余也非估计唐代江南亩产 1.5 石，宋代亩产 2 石（均为米，下同）③；吴慧的估计是唐代 1 石，宋代 2 石④。斯波义信较早的估计是北宋初 1 石，南宋后期 2 石；较后的估计则是北宋 1.5—2 石，南宋 2—3 石⑤。闵宗殿的估计属于比较"中间"者：两宋均为 2.5 石⑥。"激进"的估计则更高，如顾吉辰估计北宋苏州一带水稻亩产 4 石，"接近于今天的水平"，江南其他地区则在 2 石上下⑦。而漆侠在其 1983 年发表的论文中，认为江浙地区的亩产量，宋仁宗时为二三石，南宋初年为三四石，南宋晚期为五六石；在 1986 年发表的论文中，估计两浙路太湖地区的水稻亩产量，北宋时为 3 石，南宋时为五六石或六七石；而在 1987 年出版的专著中，则认为江浙地区亩产量，南宋初期为三四石，南宋中后期为五六石，而在以太湖流域为

① 大泽正昭：《唐宋变革期农业社会史研究》，汲古书院 1996 年版，第 236—249 页。

② 参阅 Mark Elvin, The Pattern of the Chinese Past, 第 118 页；斯波义信：《北宋の社会经济》，第 175 页。伊氏所提供的关于宋代农业进步的证据，主要集中在南方（特别是长江下游）；而斯波氏则认为有关进步主要发生于长江中下游、浙江、福建等东南沿海地区，中心是长江三角洲和福建。也就是说，以江南为中心。

③ 余也非：《中国历代粮食平均亩产量考略》，刊于《重庆师范学院学报》1980 年第 3 期。

④ 吴慧：《中国历代粮食亩产量研究》，农业出版社 1985 年版，第 154、160 页。

⑤ 斯波氏前一估计见《宋代の消费、生产水准试探》，刊于《中国史学》第 1 号（1991年），并可参阅同氏《宋代江南经济史の研究》，东京大学东洋文化研究所 1988 年版，第 90—91、137—141 页；后一估计见同氏《北宋の社会经济》与《南宋と金国の社会と经济》（后者也收于松丸道雄等合编《中国史》卷三），第 175、353 页。斯波氏估计南宋江南平均亩产量为 2 石，但他也发觉这个估计与常熟、绍兴（该地官圩田亩产量也仅为 0.74 石）的亩产量相差太多，所以他又说这大概是因为量制变化的结果。

⑥ 闵宗殿：《宋明清时期太湖地区水稻亩产量的探讨》，刊于《中国农史》1984 年第 3 期。

⑦ 顾吉辰：《宋代粮食亩产量小考》，刊于《农业考古》1983 年第 2 期。

中心的两浙地区达六七石；如与前代和后代相比，则宋代江南亩产量为唐代的 2—3 倍，与明清相差无几，"虽然不能说它已达到封建时代的最高水平，但至少可以说是接近这个水平了"①。事实上，漆氏最末的一句话显然是太过保留了，因为他关于宋代江南亩产量的估数，已超过或达到今天在运用现代科技的苏州、上海等江南高产地区丰收年份的水稻最高亩产量②。即使按照比漆氏估数低的顾氏估数，北宋苏州的亩产量也不仅大大超过明清江南的平均亩产量③，而且超过了 1955 年和 1975 年苏州的平均亩产量④。

由上述估数来计算宋代江南的农业劳动生产率，结果也高得令人惊诧。例如，南宋江南农户户均种田面积若以漆氏所言的 30—50 亩计⑤，亩产量以五六石与六七石之中数 6 石计，那么一个农户一年可生产 180—300 石米。其时江南人均粮食消费量，大约是每人每日 1 升米，一个 5 口之家

---

① 漆侠：《宋代农业生产的发展及其不平衡性》，刊于《中州学刊》1983 年第 1 期（转引自闵宗殿《宋明清时期太湖地区水稻亩产量的探讨》），以及漆氏《宋代社会生产力的发展及其在中国古代经济发展过程中的地位》和《宋代经济史》第 2、26、138、178 页。

② 据 1998 年 11 月 1 日《文汇报》报道，上海"七五"、"八五"期间的平均亩产量分别为 411.8 公斤和 547.7 公斤。1998 年达 550 公斤，创历史最高纪录。又，1980 年以前苏州地区的单季晚稻亩产量的最高纪录，是 1966 年的 878 斤。宋代亩产米 1 石，约合今日亩产稻谷 180 斤（见闵氏《宋明清时期太湖地区水稻亩产量的探讨》）。如果亩产 6 石与 7 石，那么相当于今日亩产 1080 斤和 1260 斤，分别为 1966 年苏州亩产量的 1.23 倍和 1.44 倍。因此依照漆氏的估数，南宋后期江南水稻亩产量比 1980 年以前苏州单季晚稻的最高亩产量高出 23%—44%，相当于（甚至超过）上海有史以来的最高亩产量。

③ 闵宗殿估计江南太湖地区亩产量，明代为 2.2—2.3 石，清代为 2 石（见闵氏《宋明清时期太湖地区水稻亩产量的探讨》）。而我从供求关系出发对明清江南粮食产量所作的宏观分析的结果，是明末江南水稻亩产量约为 1.7 石，清代中期升至 2.3 石（见李伯重《"天"、"地"、"人"的变化与明清江南的水稻生产》，刊于《中国经济史研究》1994 年第 4 期）。即使扣除了度量衡与亩积变化的因素，顾氏对宋代的估数也大大高于明清的亩产量。

④ 苏州地区的单季晚稻亩产量，1955 年为 485 斤，1975 年为 689 斤（见闵氏《宋明清时期太湖地区水稻亩产量的探讨》）。因此，如果宋代亩产米 4 石，就相当于今日亩产谷 720 斤，比 1955 年和 1975 年的平均亩产量高出 48% 和 4%。

⑤ 漆侠在分析南宋苏州与华亭学田租佃情况时指出：一个农户，一般可种田 30—50 亩。见漆氏《宋代经济史》，第 218—219 页。在该书第 74 页，漆氏又说宋代两浙路大部分农民的耕地数在 19.5—25 亩以下，而在第 331、1204 页中所引用的一些个案例子，则又表明江南一些农户种田之数多达 60、80 亩。因为其前说（30—50 亩）所根据史料比较具体而且明确，姑采之。我本人的估计则是每户种田约 40 亩，而其他学者如柳田节子、草野靖、梁庚尧等的估计或提供的各地户均耕地数，也在 30—50 亩之间。见李伯重《宋末至明初江南农民经营方式的变化——十三、十四世纪江南农业变化探讨之三》。

一年食米共 18 石①。换言之，一个农户所生产的粮食，就可以养活
10—16.7 个同样规模的家庭（包括该农户在内）。换言之，只要有大约
6%—10% 的家庭从事农业，就足以养活整个社会。这样的比例，相当于
1994—1995 年新西兰农业就业人数在社会总就业人数中所占的比例
（9.6%），高于我国台湾地区（10.5%）、韩国（12.5%）和俄罗斯
（14.9%），更远远超过我国大陆（52.7%）。② 由此可以推论宋代太湖平
原的农业劳动生产率，已达到 20 世纪末比较发达的国家和地区才达到的
水平。此外，按照这些估数计算出来的亩产量和劳动生产率增长幅度，也
非常可观。例如根据漆氏的估数计算，在两宋时期中，江南亩产量增加了
116% 或 120%，南宋时期内增加了 86%，而在唐宋时期则增加了 1—2 倍。
正是由于宋代亩产量的大幅提高，所以漆氏认为南宋太湖平原的农民的劳
动生产率比唐代提高了两三倍③。与此相对照，在英国农业资本主义化的
18 世纪（前半期是以"圈地运动"为标志的资本主义大农业的形成时
期，后半期则已发生农业革命），虽然有一系列重大的组织变革和技术进
步，但在此一百年中，该国（英格兰和威尔士）粮食亩产量仅增加了 10%
略多，而农业劳动生产率大约只提高了 25%④，提高幅度都小于上述漆氏
所说的江南亩产量和农业劳动生产率的提高幅度。

　　技术的重大进步和由亩产量剧增所导致的劳动生产率的大幅提高二者
所组成的总体图像，当然是指江南农业在宋代有了突飞猛进，自非"农业
革命"莫属。然而，这个为学界广泛接受的总体图像，近来却受到越来越
猛烈的批评。用大泽正昭的话来说，所谓"宋代江南农业革命"，并非事
实，而只是一个"虚像"。

　　大泽正昭在关于宋代江南农业生产力的专项研究中，对过去学界所说
的宋代江南农业技术进步的四个主要方面逐个进行了深入分析，指出：
（1）宋代江南围田（或圩田）的大量兴建，只是湿地开发的初始阶段，所
开土地在"干田化"之前，生产能力颇低，而且产量颇不稳定。而江南的

---

　　① 参阅斯波义信《宋代の消费·生产水准试探》。
　　② 有关统计数采自 Angus Maddison, Chinese Economic Performance in the Long Run, 第 60 页。
　　③ 漆侠：《宋代经济史》，第 175 页；及同氏《宋代社会生产力的发展及其在中国古代经济
发展过程中的地位》。
　　④ Philips Dean & W. A. Cole: British Economic Growth, 1688 - 1959, Trends and Structure,
Cambridge at the University Press 1964 年版，第 69、75 页。

"干田化"运动要到了明代才开始;(2)占城稻的种植在宋代江南并未得到普及;(3)粮食总产量的增加,也可以采取粗放的农业经营方式达到;(4)以《陈旉农书》(以及楼璹《耕织图诗》)为代表的高水平的农业技术,并不是当时普遍运用于本文中所说的江南地区的农业技术;即使到了南宋,江南农业中所使用的技术,从总体水平而言,也并未超过唐代后期陆龟蒙所描述的那种技术水平。① 足立启二、北田英人、游修龄的研究也从不同的方面证实情况确实如此。② 此外,我本人对唐代至清代中期农业的长期发展趋势的研究也表明:在这一千多年中,江南农业技术的变化,是渐进性的,而且是朝着同一方向的。在此基础之上的农业发展,当然也不会出现戏剧性的突变(即"革命")和尔后长期性的停滞,因此无论是从事实上还是逻辑上来说,"宋代江南农业革命"之说都是难以成立的。③

近来对宋代江南亩产量的研究,也证明了宋代江南粮食亩产量决不像一般所认为的那么高。例如斯波义信对南宋《常熟县学田籍碑记》中114例学田地租数字进行分析的结果表明,嘉熙以前该县一般亩产量大约在0.65石上下(亩产量以地租量之倍计,下同)④。方健对该碑文中的数字进行复核,指出实属该县的学田地租数字应为153例,所涉及的学田共1784.94亩,平均亩产量为0.88石;而据袁甫《教育言氏子孙记》中的田租数字计算,同时期该县上等学田(450亩)的平均亩产量也仅为1.68石。⑤ 我本人用嘉熙时该县50都的义役田51310亩的地租数字计算,

---

① 大泽正昭:《陈旉农书の研究》,农山渔村文化协会1993年版,第40—44页;同氏《唐宋变革期农业社会史研究》,第239—249页。关于"干田化"的问题,见滨岛敦俊《土地开发与客商活动——明代中期江南地主之投资活动》,收于《中央研究院第二届国际汉学会议论文集》第2辑,中央研究院1989年印行。

② 见足立启二《宋代两浙における水稻作の生产力水准》,刊于熊本大学《文学部论丛》17号(1985年);北田英人:《宋元明清中国江南三角洲农业の进化と农村手工业に关する发展研究》[1986—1987年度科学研究费补助金(一般研究C)研究成果报告书];游修龄:《占城稻质疑》,刊于《农业考古》1983年第1期。

③ 李伯重:《宋末至明初江南人口与耕地的变化——十三、十四世纪江南农业变化探讨之一》,刊于《中国农史》1997年第3期;《宋末至明初江南农业技术的变化——十三、十四世纪江南农业变化探讨之二》,刊于《中国农史》1998年第1期;《宋末至明初江南农民经营方式的变化——十三、十四世纪江南农业变化探讨之三》,刊于《中国农史》1998年第2期;《宋末至明初江南农业变化的特点和历史地位——十三、十四世纪江南农业变化探讨之四》,刊于《中国农史》1998年第4期。

④ 斯波义信:《宋代江南经济史の研究》,第143—144页。

⑤ 方健:《两宋苏州经济考略》(中国经济史学会1998年年会论文)。

平均亩产量仅为 1 石①；其中产量较高者（438 亩），也只是在 1.36—1.5 石之间②。此外，该县有职田 32262 亩，田租总数 364153 石。据此推算，平均亩产量更只有 2.24 斗③。学田、职田、义役田在当地应属中等田地④，因此南宋该县的一般亩产量在 1 石以下，应可确定。南宋人程公许说："姑苏产甲两浙枝邑，常熟复甲姑苏。"⑤ 可见常熟农业在整个苏州乃至两浙路都名列前茅。若常熟一般亩产量仅为 1 石以下，那么苏州的一般亩产量决不可能到达 2 石或 2 石以上⑥。事实上，淳熙十年根括到的平江府官田 124203 亩，岁收官租 21233 石⑦；平均亩收租 0.17 石。据此推算，平江府官田的亩产量仅为 0.34 石。嘉定县学田 1362 亩的亩产量也只有 0.56 石⑧。这里的平江府官田、嘉定县学田、常熟学田与职田亩产量都来

---

① 李伯重：《宋末至明初江南农民经营方式的变化》。又，稍前端平时该县义役田地共 50522 亩，岁收租米 22998 石，亩产也当为 1 石（见《重修琴川志》卷六《义役省札》）。

② 例如按照同样的方法计算，该县归政乡的义役田 438 亩的平均亩产量为 1.36 石（见《重修琴川志》卷一二所收张攀《归政乡义役记》），而当时官买田地 800 余亩，可得租米 600 余石，则亩产量应为 0.75 石（见《重修琴川志》卷六《义役省札》）。

③ 职田及田租数字见《重修琴川志》卷六《叙赋》。职田交租，也是对分制（见漆侠《宋代经济史》，第 301 页）。

④ 漆侠指出："中等水平的田地在两浙学田中占优势"。参见漆氏《宋代经济史》，第 363 页。职田、义役田也应如是。

⑤ 程公许：《常熟重开支川记》，收于《重修琴川志》卷一二《役》。

⑥ 据方健从不同文献中所收集的南宋平江府（苏州）一府三县的学田地租的数字，平江府（300 余亩）亩均田租为 6.7 斗，昆山县（69.5 亩）为 13 斗，常熟县（450 亩）为 8.4 斗（此处常熟数字出自《吴都文粹续集》卷七袁甫《教育言氏子孙记》，系上等田地田租），嘉定县（1362 亩）为 2.8 斗（见方健《两宋苏州经济考略》）。从方氏文中所附买田价来看，所涉及的昆山、常熟学田是上等田地，而平江府学田数字因其相对于该府学田总量来说太小，因而在统计学上的意义不大。余下的嘉定县，如亩产量以田租之倍计，则仅为 0.56 石，与《常熟县学田籍碑记》中所表现出来的常熟学田一般亩产量（0.65 石）相近。又，漆侠《宋代经济史》第 362 页学田地租表中吴县和无锡学田的亩均收租量大大高于前述常熟和嘉定的收租量，但前两县学田数量（259.66—384.66 亩）也远少于后两县（1785 亩和 1362 亩），因此从统计学的角度来看，前两县情况的普遍性应当较后两县为小。况且无锡 60% 的学田每亩地租在 7.7 斗以下（即亩产量在 1.4 石以下），而收租量达 1 石（即亩产达 2 石）以上的学田，其数量也只占学田总量的 9.52%。吴县是苏州（平江府）附郭县，也是江南亩产量最高的县份，其情况与一般县份应当有较大差别。不过即使在吴县，如据学田数量较大的开禧元年情况而言，收租量在 1 石（即亩产 2 石）以上的学田也仅占学田总数的 3.5%。由此而言，在苏州全州范围内，亩产 2 石以上并非常见的情况。

⑦ 《宋会要》食货六一之三七（并见《建炎以来朝野杂记》乙集卷一六《绍兴至淳熙东南鬻官产始末》），淳熙十年十月十七日浙西提举王尚之言。

⑧ 《八琼室金石补正》卷一二一《嘉定县学田租田记》（转引自方健《两宋苏州经济考略》）。

自较大面积的国有田地的收租数字，应当比较能够表现当地的一般情况。这些田地上的亩产量都远低于 1 石，但是从足立启二、大泽正昭、北田英人等人所指出的宋代江南"低田地带"由于生态环境不良而致使农田产量不稳定和使用"易田"农法的情况来看，这样的低产量也并非不可能①。据我的研究，南宋江南平均亩产量，应仅 1 石左右②。因此，以往对宋代江南亩产量的估计，肯定是大大高于实际情况。

既然"宋代江南农业技术有重大进步和亩产量有大幅提高"之说均不符事实，那么说"宋代江南农业革命"只是一个"虚像"，也就不是故作惊人之语了。当然，江南农业在宋代确实出现了一些重要变化。但是其中最重要的是空间的变化，即农业生产重心从与江南平原毗邻的宁镇丘陵和浙西山地的"高田地带"向江南平原的"低田地带"的转移。这个转移并不意味着"低田地带"的农业技术与亩产量在宋代发生了剧变。相反，这个地带农业的更大发展，是在农业重心的转移已完成之后的明清时代③。因此，这种空间变化才是宋代江南农业变化的"实像"。

那么，"宋代江南农业革命"这种"虚像"是如何产生的呢？当然有多方面的原因，而其中最主要的，我认为是研究方法方面的问题。我把持此说的学者所使用的方法作了一个分析，发现这些方法大体可归为两种。在本文中，姑且将第一种方法称为"选精法"，而将第二种方法称为"集粹法"。下面就对这两种方法进行剖析。

三 "选精法"：导致"虚像"的主要研究方法之一

所谓"选精法"，即从有关史料中选取一两种据信是最重要者（或是最典型、最有代表性者），以此为据来作全面概括。在建构"宋代江南农

① 见足立启二、大泽正昭、北田英人等人的著作。这里我们可以举一例以说明之。假如某地农作实行"再易"之法，实际种植的田地亩产为 1 石，但按田地总数平摊则为 1/3 石。种植和休闲每年变化不一，若都按实际种植情况征收田租，就颇为麻烦。为简便起见，收租仍然按照田地总数而不论各块田地当年究竟是否种植。因此之故，平均每亩收租量及平均亩产量就会显得很低。

② 李伯重：《宋末至明初江南农民经营方式的变化》。

③ 李伯重：《宋末至明初江南农业变化的特点和历史地位》，《"革命"乎？"虚像"乎？——宋代江南农业的空间变化》，刊于《九州》第 2 辑。

业革命"说时，这是最常见的方法之一。

在以前宋代江南亩产量研究中，使用"选精法"颇不少见。有关宋代江南亩产量的记录为数不少，仅斯波义信《宋代江南经济史研究》中所收集者即达 180 余例之多（如果把各例中所包含的亩产量数字都列出来，总数还更多得多）[①]。这些数字彼此相差甚大，且有显著的时空分布差异[②]。一些学者在研究亩产量时，通常是从这些记载中挑选出一两条，以此为据来推导出其结论。例如前引余也非对两宋江南亩产量的估计和顾吉辰对北宋江南亩产量进行估计时，都只列出了一条证据。漆侠估计南宋太湖流域亩产量为六七石，因其未注明史料依据，兹可不论[③]。他又认为南宋江浙亩产五六石，而闵宗殿已明确指出漆氏此说所凭只有一条史料，即高斯得《耻堂存稿》卷五《宁国府劝农文》中说到的"浙人治田，……其熟也，上田收五六石"[④]。亩产五六石的记录在宋代史籍中仅此一见，也是宋代史料中可见到的最高产量记录[⑤]。因此漆氏实际上是选取宋代水稻最高亩产量的唯一例子，以此作为江南的普遍亩产量。余氏、顾氏等对史料的掌握情况如何不得而知，但从漆氏《宋代经济史》中对田租（特别是官田、学田田租）进行分析时所引用的史料来源看，斯波氏所收集的史料，漆氏也都掌握。从这么多的史料中挑选出一条，当然是使用"选精法"了。

"选精法"也常常被用于对技术进步的研究中。如前引伊懋可、斯波

---

① 斯波义信：《宋代江南经济史の研究》，第 140—141 页。其中的一例（1237 年常熟县学田籍）就包含了 114 个产量数字。

② 如斯波氏所列出者中，低者仅 0.13 石，高者则达 5 石，相差竟达 37 倍之多。又，斯波氏收集的 185 例亩产量记载，从时间分布来看，北宋仅有 5 例，其余都是南宋的（其中又特别集中于南宋后期）；从地域分布来看，秀州（嘉兴）只有 2 例，湖州有 15 例，常州有 58 例，而苏州则多达 110 例。

③ 漆侠在论文《宋代社会生产力的发展及其在中国古代经济发展过程中的地位》及专著《宋代经济史》（第 2、26、175 页）中，多次说到太湖流域亩产六七石，但均未注明史料来源。查该论文的"中国封建时代各时期亩产量数字表"及该专著第 135—137 页的"宋代各地亩产量数字表"，亩产六七石的记录均只有一条（即政和七年明州亩产量的记载）。此条史料原文为"讯之老农，以谓湖（明州广德湖——引者）未废时，七乡民田，每亩收谷六七石，今所收不及前日之半，以失湖水灌溉之利故也"。但这已明说是谷。在前一表中，漆氏未注明此条史料说的是米还是谷；但在后一表中已注明是谷而非米。因此漆氏关于南宋江南亩产六七石的估计依据的肯定不是这条史料。但究竟依据什么史料，因漆氏未加注明，因此不知据何而得。

④ 闵宗殿：《宋明清时期太湖地区水稻亩产量的探讨》。

⑤ 吴慧：《中国历代粮食亩产量研究》，第 160 页。

义信、大泽正昭等人所作的总结所示，宋代江南农业技术有多方面的进步。许多学者就是从这些进步中挑选出一两种，作为导致"农业革命"的主导因素的。典型的例子之一是占城稻的引进。何炳棣、张德慈（T. T. Chang）、加藤繁、天野元之助、周藤吉之等都认为占城稻的引进引起了宋代农业革命①。其中又以何炳棣的表述最有代表性。他认为：占城稻早熟而且耐旱，而这些正是传统中国水稻品种的不足。因此占城稻引进后，导致了稻作向供水较紧的高田地区扩展，并引起农民致力于培育早熟品种。早熟品种的进一步发展，又大大保证了一年二熟制的成功，从而成为过去一千年间中国土地利用和粮食生产的第一次长期的革命。何氏并指出：南宋时期的苏南、浙江、福建和江西，是占城稻传播的主要地区；在这些地区，占城稻对粮食生产和人口的影响已经明显②。因此，尽管何氏并未特别加以强调，但是从上面的引文中可以看到：占城稻的引进，乃是引起宋代江南农业革命的关键因素③。与此相类的是漆侠对江东犁所起作用的评价。他认为"曲辕犁的发明，对宋代农业生产的发展起了重要作用"，而"两浙路所使用的是当时最先进的曲辕犁"（即唐代陆龟蒙《耒耜经》所记述的江东犁）；"从北宋仁宗时候朱长文的《吴郡图经续志》到南宋孝宗初年范成大的《吴郡志》都原封不动地照抄了《耒耜经》，称吴地的'农器甚备'，为全国之最，无怪乎两浙路农业生产居全国首位了"。同时他认为以太湖流域为中心的两浙路，由于有了"最好的耕犁"和因"人多地少"导致的充足劳动力，因此"精耕细作方法发展到一个新的高度"，产量既高且稳，成为宋代著名的粮产区④。由此可见，江东犁在宋代江南农业发展中起了极为重要的作用。像"宋代江南农业革命"（假如真有的话）这样一个重大历史现象的出现，原因当然极其复杂。从众多的原因中选出一两个来对这个历史现象进行解释，当然是因为有关学者认为这一两个原因是关键，因此他们使用的也是"选精法"。

---

① 参阅游修龄《占城稻质疑》。

② 何炳棣（Ho, Ping-ti）：Studies on the Population of China, 1368–1953, Harvard University Press 1959 年版，第 8 章第 1 节。

③ 如前所述，在大泽正昭对以往学界宋代江南农业技术进步的研究所作的总结中，"占城稻的广泛种植以及一年二作制的普及"也被许多学者视为最重要的因素之一。

④ 漆侠：《宋代经济史》第 110、178 页。

尽管以上学者在有关研究中投入了很大精力，而且也提出了不少颇有见地的看法（例如新作物品种引入对中国农业的影响），但是如果对他们使用"选精法"所得出的结果进行分析，可以发现上面所列举的结论都十分脆弱。例如在亩产量研究中，我们并不否认宋代江南某些地方、某些时候曾有过高产的情况。然而问题在于：在任何时代和任何地区，个别的高产记录都不难找到；但对于一个地区的一般亩产量的研究而言，这种个别的高产记录并没有多大意义①。如果只凭一两个高产记录就能断言一个地区亩产量普遍很高，那么就会得出该地区的亩产量在几百年、上千年中都没有变化可言的结论来。就江南来说，早在孙吴时代就已有亩产 3 石的例子（折为宋制相当于亩产 1.3 石）②，比上述南宋常熟、嘉定、平江府的学田、职田和官田上的绝大多数亩产记录都要高出很多。但是难道我们可以据此认为孙吴时江南的亩产量就已超过一千年后常熟、嘉定、平江府的亩产量水平了吗？可见，选取一两个例子作为代表来评估一个地区的平均亩产量是十分不妥的。

在关于技术进步对农业变化的影响方面，使用"选精法"所得出的结论也都同样经不起推敲。例如就受到大多数学者肯定的占城稻引入这一重要技术进步而言，姑假定这种稻种确实优秀（这种稻种自身的问题在下面还要讨论）而且被引种到了江南，也不一定能够对宋代江南农业发生重大影响。从斯波义信收集的宋代江南关于占城稻的记载来看，当时占城稻主要是种在苏、湖两州某些地方的"高田"上，种植非常有限③。如果占城稻种植并未在大范围内得到普及，就说有一个以占城稻引进为中心的农业革命，当然很难有说服力。同样地，姑假定江东犁确实是一种最好的或最先进的耕犁（该耕犁的缺陷在下面还要讨论），它要在宋代江南农业发展中起重大作用，也必须以得到普遍运用为前提。但是在宋代史料中，我们

---

① 游修龄指出：一般而言，最高产量的记录往往是平均产量的 3—5 倍。见游修龄《太湖地区稻作的起源及其传播和发展问题》，原刊于 1985 年，后收于游氏《稻作史论文集》，中国农业科学技术出版社 1993 年版。

② 据《三国志》卷六〇《钟离牧传》，会稽钟离牧在永兴种稻田 20 余亩，以稻与县人，县人"率妻子春所取稻得六十斛米"，以还牧。换算为宋制，相当于亩产 1.3 石米（换算标准参见李伯重《唐代江南农业的发展》，第 10—13 页）。

③ 见渡部忠世、樱井由躬雄主编《中国江南の稻作文化——その学际的研究》，日本放送出版协会 1984 年版，第 120、122—124 页。

并未发现使用这种耕犁的证据①。宋代两浙地区所使用的耕犁，今天唯一可以看到具体形状者是楼璹《耕织图》中的耕犁，但这种耕犁在构造、大小以及牵挽方式上均与江东犁有很大不同②。因此宋代两浙耕犁显然与江东犁不是同一物（前者是否为后者的改进形式也尚难断定）。更何况楼璹《耕织图》中所反映的浙西山区的生产情况，与江南平原有颇大的差别③，因此这种耕犁是否曾使用于江南平原也还有待研究。由于宋代江南到底使用什么样的耕犁至今还不清楚，因此说江东犁的运用对宋代江南农业发展起了重大作用是缺乏根据的。

由于"选精法"将问题看得过分简单，因而本身也包含着自我毁灭的成分：倘若它所选出的那一两个例证经不住推敲，那么由此推导出来的整个结论也就不攻自破了。就亩产量而言，顾吉辰赖以得出"北宋苏州一带亩产米4石"的估数的唯一根据，是郏亶《水利书》中的一段话④。而闵宗殿已指出顾氏因未读懂此段文字而对其义作了错误的理解，所以根据这种误解而得出的结论也就失去了根据⑤。漆氏说南宋以太湖流域为中心的两浙路亩产高达5—6石，所依据的只是高斯得所言。但天野元之助早已指出高斯得所说的产量是谷而不是米；如果折为米，就只有一半（即2.5—3石）⑥。而闵宗殿更已明确指出漆氏在此问题上是弄错了⑦。这个错误对亩产量评估的影响当然是非常大的，因为是米还是谷，二者相差大约一倍之多。况且这条史料已明说这是上田的产量而非一般产量。至于漆氏所说这一地区南宋时亩产达到6—7石米，如果依据的是关于政和七年明州广德湖周围七乡的记载的话，那么也是犯了同样的错误，更何况这条

① 漆侠认为这种耕犁得到普遍使用，其证据是：《吴郡图经续志》和《吴郡志》都原封不动照抄了《耒耜经》，并称吴中"农器甚备"。但是《耒耜经》的有关文字在明清江南方志中经常被抄录，而据《天工开物》等史籍，我们知道至少自明代后期以来江南就很少用牛犁。因此抄录前人著作并不能作为江东犁使用的证据。

② 楼璹《耕织图》中的耕犁不仅比江东犁小得多（只需一牛牵挽），而且在结构上也有所不同（没有策额、压镵）。参阅大泽正昭《唐宋变革期农业社会史研究》，第74页。

③ 参阅大泽正昭《陈旉农书的研究》，第40—44页；同氏《唐宋变革期农业社会史研究》，第239、242、248页；足立启二：《宋代两浙における水稻作の生产力水准》。

④ 此段文字为："国朝之法，一夫之田为四十亩，出米四石，则十八万夫之田，可出米七十二万石矣。"

⑤ 闵宗殿：《宋明清时期太湖地区水稻亩产量的探讨》。

⑥ 天野元之助：《中国农业史研究》增补版，御茶の水书房1979年版，第256页。

⑦ 闵宗殿：《宋明清时期太湖地区水稻亩产量的探讨》。令人不解的是，闵氏已于1984年指出漆氏的错误，但漆氏在1986年、1987年刊出的著作中，却依旧坚持上述错误。

材料是否可靠，也还成问题①。

在技术进步的问题上情况亦然。关于占城稻，游修龄已指出：首先，古人关于占城稻的记述颇多紊乱不清之处，而近代学者在使用这些记述时并未从农学的角度出发进行甄别，因此他们关于占城稻问题所做出的结论当然也就很成问题了。其次，关于占城稻所起的作用，以往学者所论也有错误之处。占城稻的基本优点是耐旱和对土地肥力要求不高，而这两个优点对于低湿多水、土壤肥沃的江南平原农田来说，并没有很大的意义。最后，一般认为占城稻还有一个重要优点——生产期短，并认为这个优点使得稻麦两作成为可能。但是把占城稻都说成是早熟稻，是不正确的②。姑不论此，即使占城稻真的都是早熟稻，它也不可能引起稻麦二作制在江南的普及③。关于江东犁，情况也一样。这种耕犁一向受到许多学者的高度评价，但其实用性究竟如何，则讨论不多。事实上，这种耕犁显然不很适合江南水田生产条件。首先，其规制十分庞大，必须双牛才能牵挽④。在田块狭小的江南水田中作业，显然并不很实用⑤。其次，它在结构上也还有缺陷，需要加以改进（例如精简策额、压镵等部件）⑥。而且，陈恒力和游修龄都已指出：江南（特别是太湖地区）的水田土壤黏重，一般牛耕既浅而又不匀。如用铁搭，虽然功效较低，但可翻得更深；因此牛犁的效果

---

① 首先，该条史料已明说这是"讯之老农"，而老农又是回忆多年以前的情况。因此所说的亩产六七石谷不是当时可以查考的情况，而只是一种关于过去的传言。其次，南宋初期该地（广德湖周围）营田的田租，上田为4斗米，中田3.6斗，下田3斗（漆侠对上田田租作过校正，见漆氏《宋代经济史》第312页）。换言之，当时该地上田亩产量只有0.8石。北宋后期亩产量可能高些，但是要说一般亩产量（六七石谷，折米约3—3.5石）要比南宋初年的上田亩产量高出3倍，显然是不太可能的。

② 游修龄：《占城稻质疑》。

③ 早稻的栽插时间早于夏麦的成熟时间，因此在同一块土地上，在麦未收割以前，决不可能整地、插秧（参阅李伯重《"天"、"地"、"人"的变化与明清江南的水稻生产》）。此外，大泽正昭也指出：凭南宋江南的水稻和麦的品种（除传统的黄绿谷外），要进行稻麦一年二作是十分困难的。因此之故，《陈旉农书》并未积极提倡稻麦复种（大泽正昭：《陈旉农书の研究》，第75—76页）。

④ 按照《耒耜经》中所说的尺寸，该犁长达2.3丈，比近代宁波一带使用的曲辕犁长出三分之一，超过今日河西走廊还在使用的二牛抬杠长直辕犁，与唐代南诏地区使用的二牛抬杠长直辕犁相近。见李伯重《唐代江南农业的发展》，第94页。

⑤ 贾思勰说：若犁身长大，则转弯幅度必大，"回转至难、费力"（《齐民要术·耕田第一》）。王祯则说："中原地皆平旷，旱田陆地，一犁必用两牛、三牛或四牛。……南方水田泥耕，其田高下、阔狭不等，一犁用一牛挽之，作业回旋，惟人所便。此南北地势之异宜也"（《王祯农书》卷二《垦种篇第四》）。

⑥ 参阅大泽正昭《唐宋变革期农业社会史研究》，第74页。

明显不如铁搭①。因此，既然占城稻、江东犁并不具有以往所认为的那些优点，建立于其上的"宋代江南农业革命"说也就不攻自破了。

四 "集粹法"：导致"虚像"的
另一主要研究方法

为了避免"选精法"这种弊病，许多学者力求使用更多的证据，以便对历史现象进行更全面的分析。而这里所说的"集粹法"，就是一种常用来替代"选精法"的研究方法。

所谓"集粹法"，就是在对发生于一个较长的时期或/和一个较大的地区中的重大历史现象进行研究时，将与此现象有关的各种史料尽量搜寻出来，加以取舍，从中挑选出若干最重要（或最典型、最有代表性）者，集中到一起，合成一个全面性的证据，然后以此为根据，勾画出这个重大历史现象的全貌。

在宋代江南农业经济史研究中，"集粹法"在亩产量研究中运用最为普遍。典型的做法是：从大量的亩产量记录中，选出几个具有代表性者，由此而推导出关于该地区平均亩产量的一般性结论。例如闵宗殿对宋代太湖地区的亩产量记载进行了筛选，摒弃了最高和最低的极端例子，从比较"中间"的记录中挑选出了范仲淹、方回、陈傅良、高斯得以及王炎等人对江南水稻亩产量的估计（这些估计都在2—3石之间），以此作为依据，得出宋代江南太湖地区亩产米2.5石的结论②。闵氏之所以挑选这几个例子，当然是由于他认为它们是较好的证据。在此意义上可以说，他所用的就是"集粹法"。

在农业技术研究中运用"集粹法"的典型例子，可见于梁庚尧对南宋稻作技术的研究。梁氏将周藤吉之、天野元之助、赵雅书、陈良佐等所指出的南宋农业技术各方面的进步作了综合总结，认为在南宋"江、浙、闽、蜀等人口稠密地区"的稻作技术，大致包括以下内容：（1）整地除用犁外，又使用耙、耖多次打、压田土；（2）经过浸种、催芽、育苗等过

---

① 陈恒力：《补农书研究》增订本，农业出版社1963年版，第129—130页；游修龄：《中国稻作史》，中国农业出版社1995年版，第146页。

② 闵宗殿：《宋明清时期太湖地区水稻亩产量的探讨》。

程，然后才移植秧苗于田间；（3）致力于肥料的搜集和处理，重视施肥；（4）增加除草的次数；（5）中期排水，然后再车水入田；（6）重视灌溉，如水车的使用、灌溉设施的建设和维护等①。梁氏所列出的这些技术，确实代表了宋代（特别是南宋）中国南方水稻栽培技术中最优秀者，由这些进步所构成的总体图像，自然是"精耕稻作技术已达于纯熟"。在另一著作中，梁氏又明确指出：南宋苏州农民，必须和江、浙、闽、蜀等地狭人稠地区的农民一样，投入大量劳力于整地、育苗、施肥、插秧、除草、灌溉等工作，甚或尤有过之，因此到南宋晚期，苏州在精耕细作方面，已具有超出其他地狭人稠地区的特殊地位②。因此他前面归纳出来的那种已达于纯熟的精耕稻作技术，自然主要是江南（特别是苏州）所普遍使用的技术了。然而这里要指出的是，梁氏所列出的这些技术，若逐一来看，却是出自不同地区。因此，梁氏实际上是将南宋各地出现的各种最佳单项技术集中到一起，作为南宋江、浙、闽、蜀等人口稠密地区（特别是以苏州为中心的江南地区）农民所普遍使用的技术。由此可见，他所使用的方法，属于"集粹法"无疑。

从表面看，"集粹法"克服了"选精法"看问题过分简单化的弊端。但是对这种方法做进一步的分析，可以发现依然存在严重的问题。

首先，尽管使用"集粹法"的学者力图选取较有代表性（或普遍性）的例证作为分析的基础，但事实上他们却往往未必能够做到这一点。这种情况在亩产量研究中最为明显。例如闵宗殿在对宋代江南亩产量作估计时避免使用最高或最低的极端性例子，但是对他所选取的例证进行仔细分析，可以看到这些例证仍然存在问题。首先，陈傅良、高斯得所言，并不一定是本文所说的江南（或闵氏所说的太湖地区）的情况，兹可不考虑③。其次，余下的范仲淹、方回、王炎所言，分别是北宋中期苏州、南宋后期湖州以及嘉兴魏塘一带的情况。其中，魏塘是一很小地域，其情况在较大范围内未必具有普遍意义，兹可从略。就苏、湖二州两个较大地域的情况而言，我们可以看到：即使在同时、同地记载亩产量的史料中，也

---

① 梁庚尧：《南宋的农村经济》，台北联经出版事业公司1984年版，第155—156页。
② 梁庚尧：《宋元时代苏州的农业发展》。
③ 陈、高二人所言，均出自其所作劝农文。而大泽正昭指出：宋代文献（主要是劝农文），说"浙间"、"闽、浙"，并不能说就是"浙西"（特别是江南平原），而更可能是指"浙东"。见大泽正昭《唐宋变革期农业社会史研究》，第242页。

不难发现与闵氏所用例证大相异趣的证据。例如北宋中期苏州的亩产量，范仲淹本人也说过中田亩产量为 1 石，乐全的说法也与此相同，而且还得到稍后熙宁八年记载的支持[①]；南宋后期湖州的亩产量，据比较具体而准确的 13 个寺田的地租量推算，也仅在 0.6—1.9 石之间[②]。也就是说，更多的史料中所记载的亩产量，都明显低于闵氏所选取的例子中所记载的亩产量。对于这些差异以及为何要采用高数而非低数，闵氏未作出解释。因此，尽管他避免使用最高或最低的亩产量数字，但是他所选取的例证实际上仍然属于偏高的一类，因此其结论也难免会偏高。

其次，使用“集粹法”的学者在例证的使用上，还常常忽视所选例证的时空局限性。这在技术进步问题上尤其明显。我们知道，任何一个时代的农民，都只能使用一种具体的方法耕作，而这种方法常常也只适用于某一具体的地区。因此，梁氏所描绘的那种精耕稻作技术，如果真存在的话，那么还需要举出证据，说明它到底运用于哪个确切的地方。他说苏州在精耕稻作方面领先于其他地区，因此含蓄地认为这种技术的运用以苏州最为典型，不过对此却未提供具体的证据。事实上，如果仔细分析梁氏所说的各项进步，可以发现有许多实际上与苏州以及江南并无关系。例如，使用耖的记载虽然出现于南宋初年，但仅见于楼璹在于潜县令任上写的《耕织图诗》，尚未有证据表明其运用范围已超出了于潜县所在的浙西山区。在肥料的使用与收集方面，虽然从《陈旉农书》所记来看，南宋江浙肥料种类颇不少，肥料加工技术也颇有进步，但是《陈旉农书》所反映的是江南平原以西“高田地带”的生产情况，而与江南平原的生产情况有明显不同。在江南，大田基本上不施基肥，而追肥也只是耘田时将所耘杂草按入田泥中，使之腐烂作肥而已[③]。至于农民收集肥料，宋代江南文献中也仅有一条记载，说的是南宋苏州农民捞取河泥[④]。而在北宋，甚至连这样的记载也未发现。这并不奇怪，因为从后面引用到《吴郡志》卷一九《水利上二》中的一段记述来看，当时苏州农民常常采用“易田”之法进

---

① 《范文正公集》卷八《上资政晏侍郎书》；《乐全集》卷一四《刍荛论》；《续资治通鉴长编》卷二六七，熙宁八年八月戊午记事。参阅斯波义信《宋代江南経済史の研究》，第 140—141 页。

② 《两浙金石志》卷一五《长兴州修建东岳行宫记》。参阅斯波义信《宋代江南経済史の研究》，第 140—141 页。

③ 李伯重：《宋末至明初江南农业技术的变化》。

④ 即毛栩的《吾竹小咏·吴门田家十咏》中一首诗。

行休耕，并让洪水淹没田地，从而从沉淀下来的泥土中获得肥力。这些都表明了宋代肥料生产与使用技术的落后。据此，宋代江南农民并未"使用耙、耖多次打、压田土"和"致力于肥料的搜集和处理，重视施肥"，其精耕稻作技术也尚未纯熟。足立启二、大泽正昭等的研究也证实：在江南"低田地带"，稻作技术仍然颇为粗放，与江南以西宁镇丘陵和浙西山地"高田地带"所使用的、以《陈旉农书》和《耕织图诗》为代表精细稻作技术，恰成鲜明对比。因此，梁氏所描绘的那种技术，在江南平原上并未得到运用。如前所述，构成梁氏所描述的南宋稻作技术的各项具体进步，大多分见于不同的地方；而在所涉及的地方中，很少有一个地方拥有一项以上的上述进步。由此推论，就一个地区而言，稻作技术的进步实际上也是由一两项具体的进步所导致的。这又回到了"选精法"的老路上去了。

五 "选精法"和"集粹法" 为何会导致"虚像"？

由上分析可见，"宋代江南农业革命"这个与事实不符的"虚像"，很大程度上是"选精"与"集粹"两种方法的产物。那么，为什么这两种方法会导致"虚像"呢？

"集粹法"与"选精法"两者在本质上并无大异，都是同一方法的不同表现。二者的差别只不过在于前者比较简单，而后者则使用史料较多而已。这种方法的主要特点，是通过从史料中选取具有代表性的例证来推导出结论。因此取证是否得当，对结论的正确与否就具有决定性的意义。而取证是否得当，又决定于所选取的例证是否真正具有代表性，能够代表普遍情况。

每位使用"选精法"或"集粹法"的学者都相信其所选出的例子具有代表性，但对于什么是"代表性"和什么样的例子才具有"代表性"的问题，却未见有人作出明确的说明。由于这种含混不清，所以在选取例证时并没有一种真正科学的方法。这一点在亩产量研究方面表现得最为明显。大体而言，以往选取具有"代表性"的亩产量例证的方法，不外乎以下两种：（1）根据某种成说（如"宋代农业革命"）来选取；（2）采取"中庸"的办法，或者舍弃最高和最低的极端例子，或将所收集到的全部数字作算术平均,然后采取中间的数字。但是这些方法并不能说是很科学的。例如,如果是根据某种成说来取证,所选出的例证不免有先验性。结论在先,论证在后,自然很难做到客观。如果采取中间性的数字,则由于现存的古代亩产量记录存在的问题(如现存有关记录在地域分布与时间分布方面的不均衡、记录本身的质量问题、今日对这些记录理解的问题等),所得结果也不一定能真正反映真实情况。正是因为上述方法难以选取到真正具有代表性的例证,所以在研究宋代江南亩产量时,往往也就没有一个客观的取舍标准。尽管大家使用的都是同一范围内的史料,而且主观上也都力求选取具有代表性的例证,但事实上各人根据所选例证得出来的宋代江南亩产量却千差万别,从斯波义信的1(北宋初)—2石(南宋后期)到漆侠的2—3石(北宋中期)、5—6石或6—7石(南宋晚期),彼此相差竟达两三倍。在对宋代江南亩产量增长幅度的评估方面情况也一样:闵宗殿认为两宋时期江南亩产量并无增长,而漆侠则认为增加了120%。对同一对象的数量评估如此悬殊,很难令人相信有一个客观的情况存在。由此可见,要用上述两种方法得出正确的结果,确实十分困难。

那么,什么样的例证才具有代表性呢?我们知道,任何现象都是具体的,因而都有其特定的局限性。脱离了其赖以存在的各种具体条件,这个现象就丧失了真实性,不再具有意义。当然,确有一些现象在各自的特定条件方面具有较大的相似性,因而在某种意义上可以说,其中某一个现象能够表现出这些现象所具有的共同之处。换言之,对于这些现象而言,这个现象具有代表性。反之,如果这些现象之间并不具有这种相似性,那么用一个现象去"代表"其他现象,实际上就是取消这个现象的特定局限性,从而也就没有意义了,正如吴承明引用马克思的话指出的那样:"抽象本身离开了现实的历史就没有任何价值。"[1] 因此,在将某一现象作为具有代表性的现象去概括其他现象之前,必须首先对所涉及的各个现象作认真的分析,看看它们各自的具体情况是否确实具有相似性。使用"选精法"与"集粹法"之所以往往导致错误的结论,就是在选取例证时忽视了这一点,将某一或某些例证所反映的现象普遍化。由于该现象被普遍化后即丧失了真实性,所以得出来的结果自然不能反映真实的情况。例如,据《吴郡志》卷一九《水利上二》中的一个注,"吴人以一易、再易之

① 吴承明:《经济学理论与经济史研究》,《中国经济史研究》1992年第1期。

田，谓之'白涂田'，所收倍于常稔之田。而所纳租米亦依旧数，故租户乐于间年淹没也"。这表明北宋苏州佃农使用让洪水淹没田地的"易田"法，可以获得倍于"常稔"的产量。但我们要注意到这种高产量的特定的局限性：首先，它不是每年性的，而是每二年或三年才能获得一次的；其次，这种高产量是靠粗放耕作获得的，与"宋代江南农业革命"论者所说的那种精耕细作毫不相干。如果拿走这些局限性，将这种产量当做每年性的并认为这是农业技术进步的结果，那么就要导致错误的结论。

　　将某一具体的历史现象普遍化，还意味着将此现象从其所赖以存在的具体环境中剥离出来，使之脱离与之有密切关系的各种有关现象。我们知道，任何一个历史现象，都包含并涉及众多的方面，而且这些方面又彼此相关，互相影响，互相制约，情况极为复杂。如果忽视其他的相关现象以及各现象之间的关联性而对某现象加以过分的渲染，实际上是割裂了事物内部各个方面之间的联系，破坏了事物的整体性。以此为基础作出的结论，当然也难成立。而使用"选精法"与"集粹法"来处理有关例证，往往正是将这些例证作为超然的例子，从而使之脱离了其所赖以存在的具体环境（或脱离与之有密切关系的具体条件）。因此之故，游修龄强调不宜过分渲染占城稻的引进对江南农业发展的作用，因为"农业生产是一个非常复杂的系统，它兼受自然环境、社会条件的制约"[1]。同样地，某种先进农具（如江东犁）的作用也不宜孤立地强调。新农具的发明是技术进步的重要内容，但是这些新农具要能够普遍运用并对经济发生重大影响，还取决于它们本身是否已经完善、是否能够适应某一特定地区的生产条件、必须和其他哪些进步相配合才能真正发挥作用。如果使用"选精法"或"集粹法"，即使选到了某种重要的技术进步的例证，也会因为孤立地看待或过分夸大这种技术进步而割裂了事物内部的和有关现象之间的联系，从而不能够正确地评价这种技术进步的真正作用。

　　"选精法"与"集粹法"这两种错误的方法为什么会在经济史研究中得到广泛运用呢？

　　经济史学是史学的一个分支，因此经济史研究的基本方法当然是史学方法。吴承明指出：史学研究使用的主要方法是归纳法，即从分散的、零星的史料入手，从个别的、具体的事例中寻找带有普遍性或规律性的东

────────────

　　① 游修龄：《占城稻质疑》。

西。但是归纳法本身有缺陷，其中最显著的是：除非规定范围，所得结论都是单称命题，难以概括全体；虽然可以用概率论方法作些补救，但难用于历史。因此之故，尽管我们在治史中常用"举例子"的方法，但这种方法是危险的。他并引用列宁的话说："社会生活现象极其复杂，随时都可以找到任何数量的例子或个别的材料来证实任何一个论点。"①"选精法"与"集粹法"都依靠传统的史学方法，通过从史料中收集和选取例证，以"举例子"的方法来推导结论，因此要避免归纳法的缺陷是很困难的。

为了克服归纳法本身的缺陷，我们必须从其他学科中借用合理的方法。吴承明说："就方法论而言，有新、老学派之分，但很难说有高下、优劣之别"；"新方法有新的功能，以至开辟新的研究领域；但就历史研究而言，我不认为有什么方法是太老了，必须放弃"；"我以为，在方法论上不应抱有倾向性，而是根据所论问题的需要和资料等条件的可能，作出选择"。史料学和考据学的方法、历史唯物主义的方法、经济计量学的方法、发展经济学的方法、区域经济史的方法、社会学的方法，乃至系统论的方法等等，都在选择之列。由于治史可因对象、条件之不同而采取不同的方法，因此可以说"史无定法"②。这就是我们在研究经济史时所应采取的正确态度。只有如此，我们才能真正抛弃"选精法"和"集粹法"等方法，使得我们的经济史研究避免可能的偏差。

最后，我还要强调，像本文指出的"选精法"与"集粹法"一类的错误方法的使用，决不仅限于宋代经济史研究；使用这些方法的人，也决不只是本文中提到的那些学者。本文以宋代为例来讨论这些方法及其所引起的问题，只是因为我近来在做宋代江南农业经济史研究的缘故；而本文选取了一些学者的著作作为讨论的具体例子，决非贬低这些著作的学术成就，也决非对这些著作"吹毛求疵"；相反乃是因为它们中的大多数是以往海内外宋代经济史研究中最重要的成果，众多学人（包括我本人在内）都曾从中获益匪浅。正如世间没有绝对完美的事物一样，这些著作也不可能尽善尽美；指出其不足，只会更加凸现出其所做出的贡献。这里要强调的是，"选精法"与"集粹法"一类方法的使用是时代性的，罕有人能不

① 吴承明：《论历史主义》，《中国经济史研究》1993 年第 2 期；同氏《中国经济史研究的方法论问题》，《中国经济史研究》1992 年第 1 期。
② 吴承明：《中国经济史研究的方法论问题》。

受其影响，以至众多的中国经济史研究者（包括我本人在内）都曾经使用过（或者现在仍然在使用）这些方法。正因为它们具有这样一种时代性，因此也才有必要在此进行专门的检讨。

20 年前，英国历史学会主席杰弗里·巴勒克拉夫对第二次世界大战结束以后世界各国史学发展状况进行总结说："近十五至二十年来历史科学的进步是惊人的事实"，但是"根据记载，近来出版的百分之九十的历史著作，无论从研究方法和研究对象，还是从概念体系来说，完全在沿袭着传统。像老牌发达国家的某些工业部门一样，历史学只满足于依靠继承下来的资本，继续使用陈旧的机器"。而造成这种状况的最重要的原因，则在于历史学家"根深蒂固的心理障碍"，即"历史学家不会心甘情愿地放弃他们的积习并且对他们工作的基本原理进行重新思考"。因此到了今天，"历史学已经到达决定性的转折时期"①。我国史学研究的情况虽然与其他国家有异，但恐怕也难以完全置身于这种世界史学研究的普遍状况之外。因此，在 20 世纪临近结束的今天，为促进中国史学在下一个世纪中取得更大的发展，我们必须对 20 世纪中国史研究中各种共识性的成说与通用的研究方法进行全面和认真的总结。诸如"宋代革命"、"明清停滞"一类成说是否能够成立，都要经过认真检讨之后方可下结论。而这种检讨，不仅要从史料证据方面着手，而且也要从方法论方面着手。正如吴承明所指出的那样，经济史是研究过去的、我们还不认识或认识不清楚的经济实践，因而它只能以历史资料为依据，其他则都属方法论。在此意义上来说，方法论在史学研究中应当占有与历史资料同等重要的地位②。虽然有了正确的方法也未必一定能够得出正确的结论（因为还会受现有资料的限制等），但若没有正确的方法，即使有很好的资料，也会得出错误的结论。因此对以往的研究方法进行总结，对于发展我国新世纪的史学研究，当然是非常必要和重要的。

《中国社会科学》2000 年第 1 期

---

① 杰弗里·巴勒克拉夫：《当代史学主要趋势》，第 327、330—332 页。
② 吴承明：《经济学理论与经济史研究》，刊于《经济研究》1995 年第 4 期。吴氏并强调：在经济史研究中，一切理论都应视为方法论，包括"马克思的世界观和历史观，即历史唯物主义，是我们研究历史的最高层次的指导，但它也只是一种方法"。

论清前期中国社会的近代化趋势

摘要 如何衡量清前期中国社会发展方向，是清史研究的一个基本课题。本文在对近代化理论和方法做出自己的解释的基础上，分析了清前期中国社会转型的三个特征：政府对基层社会政治控制的松弛化，以及普通百姓人身自由的扩大；商品经济繁荣和资本主义萌芽；与上述变化相适应的反传统观念的兴起与传播。作者认为，清前期的中国社会在事实上已经形成了从传统向近代转型的态势。研究中国近代化史，不能置鸦片战争以前的发展成就于不顾，不能将 1840 年前后的中国历史截然割裂。和西方社会比起来，清前期中国社会的变革是缓慢的，但并未止步不前；是凝重的，但充满了希望。持续而不间断的进步，正是我们民族历史独有的特色和风貌。

关键词 清前期 近代化 社会转型 观念变迁

近代化是近年来国内学术界广泛关注的重要课题。应该说，从近代化的角度研究明清时期的中国社会发展，突破了以前单纯通过资本主义萌芽论证明清社会变迁的简单模式，使人们从一个相对宽广的视野，研究中国传统社会结构，回答中国社会是否发展，或在多大程度上向前发展的问题。近代化研究，深化了人们对社会形态问题的认识，起到了推动思想解放，促进学术发展的作用。然而，无论是在国际学术界，还是在国内学术界，近代化与其说是一种理论，毋宁说是一种视角，是一种思路。迄今为止，我们还没有发现一个真正适合中国历史发展实际的近代化学术构架。理论的贫乏，必然限制研究的深入，必然加重人们对中国历史发展道路问

* 高翔，1963 年生，中国社会科学院历史研究所副研究员。

题认识的歧异。本文主要考察清前期社会转型问题，但在进入正文以前，有必要先对近代化问题作一点理论说明。

一　近代化的核心是资本主义化

在考察明清社会发展时，学术界存在着这样一种比较矛盾的现象：一些学者一方面试图证明中国传统社会具有走向近代的内在动力，试图证明中国在晚明（有的甚至认为更早）就已经开始了近代化过程，但另一方面却否定资本主义因素的存在和发展，甚至将当年对资本主义萌芽的研究视为教条主义指导下的错误产物，视为应该抛弃的"错误命题"。这就提出了这样一个问题，什么是近代化？

我不想在这里对"近代化"作辞源考证，但有必要指出这样一个事实：当今学术界通常所谓的"近代"，就其本意，指的是16世纪以来主要是在西方世界出现的所谓社会变革浪潮，这种社会变革浪潮，其核心内容只有一个，那就是资本主义化，也就是用资本主义的生产方式代替传统的（也可以说是封建的）生产方式，用资本主义的新文化代替传统的旧文化，用资本主义的新制度代替落后的旧制度。有的学者提出：资本主义化不等于近代化。这种说法有一定道理。确实，近代化较资本主义化具有更加广泛的社会内涵，资本主义也不是通向近代的唯一桥梁，资本主义阶段也并非不可超越，但下面两个事实是我们应该高度重视的：第一，作为通常意义上的封建社会自然发展的替代物，资本主义是唯一的选择。迄今为止，史学家还没有发现，在社会自然演变的条件下，除资本主义外，封建社会（或传统社会、中世纪）有任何别的可能的发展方向；第二，在20世纪以前，资本主义化一直是推动人类社会从传统向近代转变最重要的动力。近代化的许多重要成果和基本原则（如启蒙思想，市场理论，近代科学的兴起与传播，等等），都是在资本主义发生、发展过程中逐渐形成并得到完善的。脱离资本主义谈论近代化，正如离开市场谈论商品一样，在理论上是不可思议的，在实践上是行不通的，对中国传统社会转型问题的研究也是如此。

如果我们承认近代化的核心是资本主义化，承认没有资本主义就不可能有什么近代化，那么，我们就不能简单否定当年学术界对资本主义萌芽的讨论，就不会将对资本主义萌芽的研究与对近代化的研究对立起来。应该承认，目前学术界对商品经济、城镇发展、区域经济、社会结构等问题的探讨，在相当程度上是建筑于当年对资本主义萌芽研究的学术基础之上的，研究中国资本主义的发生与发展，理所当然地应该是研究中国近代化历史的核心内容。

历史上完全意义上的近代化，虽然以资本主义兴起与发展为核心，但毕竟具有更加广泛的社会含义。衡量一个社会是否在向近代迈进，应该确定一些起码的标准。采用不同的标准衡量中国社会发展，也许是长期以来学术界对同一问题得出不同结论最重要的原因。我认为，所谓近代化至少应该包括下面三个方面的内容：

（1）以服务市场和自由雇工为主要特征的资本主义生产方式的兴起与发展；

（2）传统人身依附关系的逐渐解体，个人自由的扩大，政府对社会管理的制度化和规范化；

（3）与上述变化相适应的带近代意义的社会观念的出现与传播。

在具体历史研究中，关于近代化问题最主要的切入点有两个：一是从生产方式的角度，其基本点是生产力的发展水平；二是从上层建筑的角度，其中心内容是政治制度和意识形态问题。前者是基础的，它能揭示出某种社会形态形成与发展的根本动因。后者是至关重要的，它能从社会控制、价值观念的角度，从思想流变的角度，回答社会发展速度问题，回答变革方式与变革道路问题。只有将这两个方面的研究成果充分汇合，融会贯通，我们才有可能对一个时代的发展水平做出大体准确的判断。

从历史研究的角度看，我们对清代社会发展状况的认识，目前还有较大的探讨余地，其突出表现是我们对意识形态，特别是社会观念领域的研究重视不够。不充分吸收意识形态领域的研究成果（如思想史的成果、学术史的成果、观念史的成果），我们对某些问题的解释就会显得僵化和机械，甚至出现将社会发展简单化为经济发展，将资本主义简单化为市场经济的片面倾向。比较典型的如对资本主义萌芽问题的认识，我们以前往往将它作为一个单纯的经济史问题，过多地将精力用于对生产力和生产关系的研究，而忽视了这样一个基本事实：资本主义，不但是一种经济现象，而且也是一种社会现象和文化现象。与资本主义生产方式共生的必然是资本主义的观念，是资本主义的精神。而新的生产方式的孕育，也需要一个合适的文化土壤，需要以社会观念的某种变革为前提。不重视对与资本主义萌芽密切相关的文化问题的研究，我们对它的认识，就不可能完整和准确。事实上，即使进行纯粹的经济史研究，也应当充分注意人的观念问题。人是社会生产中最活跃的因素，人的社会观念直接影响着他的全部经济活动。观念应该成为而且也是我们认识一个时代最主要的窗口之一。对明清史研究者来说，要做到这一点，是有条件的。

在对近代化的基本概念略作辨析以后，笔者将对清前期中国社会发展状况作粗略考察。我认为，在这两百年中，中国社会在晚明时期近代化因素大量滋生的基础上，出现了明显的从传统向近代的转型趋势，这种趋势在政治领域、经济领域和社会观念领域，都有十分明显的体现。

二 对基层社会政治控制的松弛化

研究中国传统社会，必须高度重视政治问题，原因很简单，中国传统社会实行的是一种以皇权为核心的高度中央集权的专制政治，政府不但是调节社会各阶层利益分配关系的权威工具，而且还直接干预着社会各阶层的构成和流动，影响着一个时代的生活方式和道德风尚。

清前期中国政治的演变具有两个显著趋势：其一是政治权力的集中化趋势，其突出表现是中央对地方的控制，皇帝对官僚机构的控制逐渐严密，到雍乾时期形成了空前严厉的极端君主专制局面。其二是政府对基层社会控制的松弛化趋势。这一趋势在清代十分明显，然而，迄今为止，尚未引起学术界的应有重视。

清前期政府对基层社会控制的放松，从清初即已开始，到雍乾时期更加显著，其突出表现是历史遗留下来的许多弊政，在这个时期逐渐获得革除。像雍正朝除豁贱民政策，就使大批世代遭受奴役、地位低贱的底层民众获得解脱。阮葵生《茶余客话》卷二《乐户惰民丐户之世袭》记载说：

> 雍正元年，御史年熙奏："山西两省乐户另编籍贯，世世子孙勒令为娼，绅衿地棍呼召即来侑酒。间有一二知耻者，必不相容。查其祖先，原是清白之臣。因明永乐起兵不从，遂将子女编入教坊，乞赐削除。"奉旨："此奏甚善，交部议行。并查各省似此者，概令改业。"嗣此御史噶某奏除绍兴惰民，苏抚尹继善奏除常熟昭文丐户。

事实上，当时被除贱为良的远不止此。像雍正五年（1727 年）安徽宁国府的"世仆"、徽州府的"伴当"被开豁为良，七年雍正帝又亲自下令改善广东疍户处境，宣布疍户"本属良民，无可轻贱摈弃之处"，不可因地方积习"强为区别，而使之飘荡靡宁"。下令准许疍户登岸居住，"与齐民一同编列保甲"，"势豪土棍不得借端欺凌驱逐"①。尽管清廷的开豁政策不是十分彻底，但毕竟使持续数百年的丐户、乐户、疍户、伴当、世仆之处境获得了改善，其中不少人成为编户齐民，获得了人身自由。自由民的增加，必然导致社会活力的加强，这显然是一个巨大的历史进步。

18 世纪人头税在事实上的废除，各种徭役的减少，都在不同程度上体现了社会管理方式的革新，以及百姓生活环境的改善。

迁徙自由是最基本的人身自由之一。在清前期，普通百姓的迁徙权获得明显扩大。中国历代统治者为了强化政治控制，往往采取措施，限制百姓的自由迁徙，明代甚至因此引发剧烈的社会动荡。清代，这一传统被打破了。尽管在制度上清廷仍对百姓的迁徙做出限制，但大多未能得到执行。例如，清廷表面上严禁百姓移居蒙古，但实际上并未严格执行，仅乾隆前期，古北口外，"内地民人前往耕种者"，就"不下数十万户"，原因很简单：蒙古已经成为吸引内地过剩人口的重要场所，"今日户口日增，而各省田土如此，不能增益"，政府便不得不"思所以流通，以养无籍贫民"②。甚至对历来实行封禁政策的东北地区，清廷在乾隆后期也改变政策，允许百姓自由出入。乾隆五十七年（1792），乾隆帝降旨："盛京等处虽号旗民杂处，而地广土肥，贫民携眷出口者，自可籍资口食，即人数较多，断不至滋生事端，又何必查验禁止耶？"③ 百姓迁徙自由的扩大，在客观上产生了两个重要后果：一是大量无地少地民众迁往边疆地区，促进了边疆开发，边疆地区农业获得发展，工商业、教育事业取得明显进步，经济、文化、社会景观和内地出现明显的一体化趋势；二是大量人口流往城镇地区，特别是中心城镇地区，使清朝非农业人口急剧增加，工商业因此获得大批廉价劳动力，商品（包括农产品）的消费市场进一步扩大，社会

---

① 《雍正起居注》雍正七年五月二十八日，中国第一历史档案馆藏。本文所引档案，未特别注明出处者，均直接源于中国第一历史档案馆。

② 《清高宗实录》卷六〇四，乾隆二十五年正月庚申。

③ 《乾隆朝上谕档》乾隆五十七年十一月十八日。

经济结构转型的条件日趋成熟。

清廷对普通百姓的日常生活并不进行严格干预。尽管清朝统治者重视教化的推行，强调"至治之世，不以法令为亟，而以教化为先"①。但需要研究者注意的是，教化的主要内容是强化对知识界的思想控制，这在执行中具有很强的针对性和政策性，不能简单地以文化专制主义或文字狱一言以蔽之。总的说来，清廷对民间社会生活的控制是比较宽松的，只要不公然反抗朝廷统治，一般不进行太多的干预。像乾隆时御史胡定曾奏请查禁《水浒传》，为清廷采纳，但"外间概不遵奉"，"虽公卿大臣家，案上翻阅，席前唱演如故也"②。而地方官"所称于每月朔望宣讲《圣谕广训》，亦竟属托诸空言，以致愚民全无儆戒，重罹法网"③。安静自然一直是清廷十分推崇的为政之道，其核心内容就是政府不能过多干预百姓生活。康熙时李光地曾说："文案纷冗，生出许多事端，而害总归于民，倒不如且听其自然。"④ 康熙帝反复强调："苟于地方生事，虽清亦属无益。" 并称："朕尝访问民间，据称贪官亦无杀民取财之理。或官清廉，一味生事，更病于民。"⑤ 正是从安静自然的立场出发，清朝对服饰僭越、生活奢靡等现象，均未采取强有力的整饬措施。康熙帝说："朕意以为俗尚不能骤更，当潜移而默导之"，又说："天下事有言之可听而行之不便者，此类（指严禁服色）是也"。⑥ 雍正帝也强调"法令者，必其能禁而后禁之，明知法不能胜而禁之，则法必不行"。尝说："奢侈之弊，朕亦稔知。但陋习因循，一旦遽然禁止，若立法严峻，有犯无宥，不能使之永远遵奉。揆之于理，移风易俗，究以从容不迫为贵。"⑦ 福格说："禁止服色，辨其等威可耳。若使富人悉服布素，必致令有不行，令既不行，又难治以峻法，枉事更张，毫无利益。如其果行，则商贾不通，衣冠褴褛，更失中华文物之盛，徒使悭吝富儿逐其鄙陋之欲矣。"⑧ 这种顺其自然的为政思想，就使普通

---

① 《清圣祖实录》卷三四，康熙九年十月壬辰。
② 阮葵生：《茶余客话》卷四《水浒传》。
③ 《清高宗实录》卷一三八二，乾隆五十六年七月戊子。
④ 李光地：《榕村语录》卷二七《治道一》。
⑤ 《康熙起居注》第 3 册，中华书局 1984 年版，第 2203 页。
⑥ 《康熙起居注》第 2 册，第 1659—1660 页。
⑦ 参见《清世宗实录》卷三五、卷一〇有关上谕。另见拙著《康雍乾三帝统治思想研究》，中国人民大学出版社 1995 年版，第 228 页。
⑧ 福格：《听雨丛谈》卷八《禁止服饰》。

百姓在较长时间里享有比较宽松的生活环境。当然，这个时期也有一些官员（特别是一些理学官僚），从教化的立场出发，试图整饬风俗，但一般都难以长久维持。像雍正时，著名理学家朱轼任浙江巡抚，"严禁灯棚、水嬉、妇女入寺烧香、游山、听戏诸事"，结果颇遭百姓反感，"小民肩背资生，如卖浆市饼之流，驰担闭门，默然不得意"。及李卫为总督，一切又恢复如旧，"一切听从民便，细民益颂祷焉"①。政府对社会干预面的缩小，为清代生活方式和社会观念的变革提供了良好的政策环境。

还需指出的是，清廷对社会经济的控制，主要不是依靠政府强制，而是通过经济手段。例如，为了调整社会财富分配状况，改善下层民众生活，清廷曾有意识地兴办公共工程，甚至采取措施，鼓励商人大兴土木，使"本地工匠贫民，得资力作，以沾微润，所谓分有余以补不足"②。至于对物价的调节，更多的是通过市场进行。乾隆二十九年（1764），两江总督尹继善所进《请禁采买短价疏》，即充分显示了清朝通过市场调节处理粮食库存问题的水平。清朝粮食储存，素有存七粜三之例。即每年青黄不接时，政府开仓售粮，平抑粮价，防止粮价飞涨影响城镇居民生活。在秋成时，收购粮食，充实仓储，防止物价暴跌，谷贱伤农。应该说，这是一种合理的政府行为。尹继善在疏中针对这一政策在执行中产生的弊端，即青黄不接时，各地纷纷粜三，秋成时，又纷纷购买，反而导致物价波动，"致妨民食"，提出应采取措施，完善这一体制，进一步根据市场供需状况和物价情况来决定政府行为。尹继善建议："嗣后各省州县凡存仓米谷，除实遇歉收之年，米价过昂，非粜三可济民食者，不妨额外多粜，准其据实具详酌量办理，其寻常岁稔价平之年，不必拘定粜三之例，或可竟全数停粜，或止须酌粜十之一二。总看各处情形，临时酌办。庶春间少卖一石，则仓内多一石之积贮。秋成少买一石，则民间多一石之米谷，似于民食仓庾两有裨益。"③ 尹继善这道奏疏诚然反映了清朝政府对民生问题的高度重视，但更重要的是，说明政府在处理经济问题上，无论是涉及官府，还是涉及民间，都主要依靠市场调节，而不是简单地依靠行政命令。政府重视市场调节的作用，意味着民众在经济问题上，有了更多的自由，其经济利益也

---

① 葛虚存：《清代名人轶事》卷三《为政不相师友》。
② 《清高宗实录》卷六五七，乾隆二十七年三月癸亥。
③ 仁和琴川居士编《皇清奏议》卷五五，尹继善《请禁采买短价疏》。

能获得更多的保障。

三　商品经济的发展与资本主义萌芽

不管研究者如何评价清前期历史地位，但这样一个基本事实恐怕是无法否认的，那就是清前期中国的商品经济发展到了一个新的水平。从理论上讲，考察一个社会是否具有步入近代的条件，商品经济是最重要的标准之一。商品经济不等于资本主义，但商品经济发展到一定程度，必然产生资本主义，而资本主义也只能产生于商品经济之中，这却是铁定的历史事实。清前期是中国商品经济高度繁荣发达的时期，特别是东南地区，城市化过程已经十分明显，对此，学术界已有充分论述，本文不作赘述，这里仅根据李燧《晋游日记》所载乾隆后期山西情况，补充几个资料。清代山西金融业发达，除了众所周知的票号外，还有所谓"账局"，这是少为人知的一种金融组织。其服务对象主要是候选官员。《晋游日记》卷三载：

> 汾（州）、平（阳）两郡，多以贸易为生。利之十倍者，无如放官债。富人携赀入都，开设账局。遇选人借债者，必先讲扣头。如九扣，则名一千，实九百也。以缺之远近，定扣之多少，自八九至四五不等，甚至有倒二八扣者。扣之外，复加月利三分。以母权子，三月后则子又生子矣。滚滚叠算，以数百金，未几而积至盈万。

账局的开设，已经影响到了京城的社会生活。李燧记载说："京师游手之徒，代侦某官选某缺，需借债若干，作合事成，于中分余润焉，曰'拉纤'。"典当业也很发达："江以南皆徽人，曰徽商；江以北皆晋人，曰晋商。吾辈八口嗷嗷，点金乏术，不得不倾箱倒箧，尽付质库。伊乘其窘迫也，而鱼肉之。物价值十者，给二焉。其书券也，金必曰淡，珠必曰米，裘必曰蛀，衣必曰破。恶其物，所以贱其值也。金珠三年，衣裘二年不赎，则物非己有矣。赎物加利三分，锱铢必较。"[①]

根据李燧的观察，城镇化趋势在位处内地的山西已经显露出来。像榆

---

① 以上均见《晋游日记》卷三。

次县的什贴，本系偏僻之地，乾隆时居然"人烟稠密，为一巨镇"。至于绛州，"城临（汾）河，舟楫可达于黄。市尘辐凑，商贾云集。州人以华靡相尚，士女竟衣绮罗，山右以小苏州呼之"。社会生产的区域性分工也已出现。像"泽州与潞安，俱上党地，联界中州，一切食物，俱取给于清华镇，故山右人有终身不识蟹者，而泽州得食蟹。城中花木蕃甚，木瓜橘柚，皆结实累累，文风亦胜于他郡"。①

上面所用的资料只是李燧个人的观察结果，视野十分有限，但据此我们仍然可以看出当时的山西社会是颇有活力的，如果将这些材料和山西著名的票号业、盐业、药材业等结合起来，与平遥等地城市发展联系起来，我们就不能简单地以"静止"二字概括山西社会。山西在乾隆朝算不上是发达地区，也不具有典型性。能真正反映清前期中国社会商业化和城镇化水平的是江南市镇，以及广州、临清、汉口等工商业中心，大商人及商帮的出现（像"江浙殷富至多，拥巨万及一二十万者更仆难数，且有不为人所知者，惟至百万则始播于人口"②），正在形成的区域性经济分工（如"江浙粮米，历来仰给于湖广，湖广又仰给于四川"③，"棉花产自豫省，而商贾贩于江南"④ 等），而这是商品经济发展的必然结果。

在清前期商业化和城镇化过程中，资本主义萌芽显然已经存在，而且获得发展。在我看来，研究中国传统社会是否存在资本主义萌芽，不是缺乏资料的问题，而是如何分析资料的问题。资本主义萌芽，不等于完全意义上的资本主义生产方式，保留一些，甚至保留较多的封建残余是正常的，它只要具备两个基本条件即可：其一，生产出来的主要是服务市场的商品，而不是别的东西；其二，生产过程主要由自由雇工完成，而不是主要由家庭成员或其他非自由的劳动力完成。至于生产规模，倒不必过分苛求，也没有必要过分强调资本主义萌芽的延续性，或商业资本向产业资本转移的比重。因为萌芽，毕竟不等于完全意义上的资本主义手工工场，也不等于要立即建立稳定的资本主义经济体系。雍正八年（1730年），浙江总督李卫的一道奏折所描述的生产方式，应该说具有典型的资本主义性

---

① 以上均见《晋游日记》卷一。
② 金安清：《水窗春呓》卷下《豪富二则》。
③ 《雍正朱批谕旨》，雍正二年八月王景灏奏。
④ 《切问斋丛钞》卷一六，尹元孚《敬陈末议疏》。河南布政使杨国桢重刊，同治金陵钱氏藏本。

质。李卫说：

> 苏郡五方杂处，百货聚汇，为商贾通贩要津。其中各青蓝布匹，
> 俱于此地兑买。染色之后，必用大石脚揣研光。即有一种之人，名曰
> 包头，置备菱角样式巨石、木滚、家伙、房屋，招集踹匠居住，垫发
> 柴米银钱，向客店领布发碾，每匹工价银一分一厘三毛，皆系各匠所
> 得，按名逐月给包头银三钱六分，以偿房租家伙之费。习此业者，非
> 精壮而强有力不能，皆江南江北各县之人，递相传授，牵引而来，率
> 多单身。①

这条材料透露出来的信息是，布商提供布匹和工资，包头提供设备，
招集、管理工人，工人通过劳动，计件获取报酬，而生产的产品，则供应
市场。就其生产组织形式，和 16 世纪一些英国人所描绘的资本主义手工
工场是十分相似的。

类似的资本主义性质的生产方式，在清前期并不少见，"富者出资本
以图利，贫者赖佣工以度日，惟利是图，不敢扰民滋事"②，是当时比较常
见的生产组织形式，而雇工在身份上，对雇主并不存在严重的人身依附，
所谓"平日共坐共食，彼此平等相称，不为使唤服役，素无主仆名分"③。
事实上，乾隆时期，随着商品经济的发达，社会财富的积累，中国资本主
义萌芽较明代有了新的发展。尚钺说："商品经济和社会分工，在乾嘉时
代较之明末，从经济观点看，已是资本主义的'所谓原始积累'时期。"④
邓拓认为："从明朝万历年间到清朝乾隆年间，约当公元 16 世纪 80 年代
到 18 世纪 90 年代，是中国资本主义因素的萌芽时期。"过了乾隆年间，
在经济发达的地区，资本主义因素就从萌芽的时期进入成长的时期了。在
这一时期，"资本的原始积累过程仍在继续发展，工场手工业制度和农业
商品化的过程也还表现了某些质量上的新变化，如果历史条件继续便利于

---

① 《雍正朱批谕旨》第 42 册，浙江总督李卫奏折。转引自韦庆远、叶显恩主编《清代全
史》第 5 卷，辽宁人民出版社 1991 年版，第 108 页。
② 《清朝经世文编》卷五二，田畯《陈粤西矿厂疏》。
③ 光绪《大清会典事例》卷八一〇《刑部·刑律斗殴》。
④ 参见尚钺《清代前期中国社会之停滞、变化和发展》，《教学与研究》1955 年第 6、7
期；《中国资本主义生产因素的萌芽及其增长》，《历史研究》1955 年第 3 期。

中国资本主义因素的成长，那么，中国完全有可能独立发展成为资本主义社会"①。如果我们不是将资本主义生产看得高不可攀的话，那应该承认，他们的结论是有一定道理的。

需要研究者高度重视的是，商品经济和资本主义因素的增加，为清前期中国社会生活注入了新的活力。这至少通过两个方面表现出来：一是加速了生活方式的变化，所谓"朝局士风为之大变"，"国初诸老刚正谨厚之风，至是乃如缺文乘马"②。洪亮吉将这种转变概括为"嗜欲益开，形质益脆，知巧益出，性情益漓"③。"嗜欲益开"是新的社会风尚的核心内容，而这与当时东南商人，尤其是盐商的倡导密不可分，即所谓"奢靡风习创于盐商，而操它业以致富者群慕效之"④。二是商人和作为四民之首的士人阶层之间的联系更加紧密。清代，士商之间并不存在严格的社会界限，二者间的流动是经常性的。沈垚所说"古者四民分，后世四民不分。古者士之子恒为士，后世商之子方能为士"⑤，即是这种社会现实的集中体现。清前期不少重要知识精英都有从商的社会背景，许多重要的学术活动直接得到了商人的资助，像盐商马曰琯与士林名流广相交接，曾资助过全祖望、厉鹗等著名学者，故其卒后，袁枚吊诗有"横陈图史常千架，供养文人过一生"之句⑥。乾嘉汉学的两个关键人物江永和戴震，其学术活动都获得了歙县盐商汪梧凤的资助，而汪梧凤本身也是一位虔诚的学问家。人是环境的产物。知识界和商界联系的加强，不可能不对社会观念形态产生影响，笔者稍后将作分析的清前期社会观念的多元化趋势，在很大程度上就是社会经济变迁的重要产物。嘉庆时，恽敬作《三代因格论》，他感叹说："古者商贾不得乘车马，衣锦绮，人耻逐末，为之者少，故利丰。后世一切侪之士人，人不耻逐末，为之者众，故利减。"⑦ 其言即生动反映了乾

① 邓拓：《从万历到乾隆——关于中国资本主义萌芽的一个论证》，南京大学历史系中国古代史教研室编《中国资本主义萌芽问题讨论集续编》，生活·读书·新知三联书店 1960 年版，第 133 页。
② 李岳瑞：《春冰室野乘》卷上。
③ 洪亮吉：《卷施阁文甲集》卷一《形质篇》，见乾隆贵阳节署刊本《卷施阁文甲集》。
④ 民国《歙县志》卷一《舆地志·风土》。
⑤ 沈垚：《落帆楼文集》卷二四《费席山先生七十双寿序》，吴兴刘氏嘉业堂刊本。
⑥ 袁枚：《小仓山房诗集》卷二七《扬州游马氏玲珑山馆，感吊秋玉主人》。本文所引袁枚著述，均源于《袁枚全集》，江苏古籍出版社 1993 年版。
⑦ 恽敬：《大云山房文稿初集》卷一《三代因革论五》，四部备要本。

嘉社会对商人、商业看法之改变。因此，说清前期商业和资本主义萌芽，不但在晚明基础上有了发展，而且产生了新的重要的社会影响，是不过分的。

四 反传统观念的兴起与传播

在任何时候，社会进步都必须通过观念进步体现出来。衡量传统社会是否在向近代转变，其最重要的指标之一，就是看该社会的成员在多大程度上冲破了传统观念的束缚。在清前期近两百年的历史中，中国文化完成了一场意义深远的历史性变革，这就是结束了宋明理学在知识界的独尊地位，知识阶层的社会观念出现了明显的多元化趋势：反对传统礼教束缚，主张人性自由；反对学术垄断，主张独立思考；反对极端君主专制，主张"公天下"，成为清前期反传统观念的重要特色。这一变革肇始于清初，完成于 18 世纪，在客观上为 19 世纪中叶以后中国近代化的全面启动奠定了原始的，但却是必不可少的文化基础。

宋明以降，程朱理学一直是居于正统地位的主导意识形态，经理学家们片面宣传的纲常伦理、道德说教，成为垄断真理，限制思想自由的精神枷锁，即"捆缚聪明才智之人，一遵其说，不读他书"，以致文人学士，成为"宋儒之应声虫"①。冲破理学说教之束缚，就成为清前期社会观念走向多元、迈向近代的基本前提。

清前期知识界对理学的批判经历了两个阶段，顺康时期主要是批判陆王心学，与此同时，正统的程朱理学经历了一个短暂的复兴过程。降至雍乾之时，随着汉学的兴起，反传统思想家们将批判的矛头直指正统的程朱学术，不但否定其天理的合理性，而且以实证的方法，对理学家所宣传的儒家经典提出怀疑和批判，从而导致了理学的全面没落。此后，理学在士林队伍中的影响急剧削弱，即所谓"近今之士，竞尊汉儒之学，排击宋儒，几乎南北皆是矣"②。人们追寻"圣道"，研习学问的途径随之发生了变化。孙星衍说："今儒家欲知圣道，上则考之周公、孔子著述之书，次则汉儒传经之学，又次则为唐人疏释，最下则宋人语

① 袁枚：《续子不语》卷五《麒麟喊冤》。
② 袁枚：《随园诗话》卷二，第 43 条。

录及后世应举之文。"① 排宋风气甚至影响到了帝王教育活动。乾隆皇帝感叹说："两年来，诸臣条举经史，各就所见为说，而未有将宋儒性理诸书切实敷陈，与儒先相表里者。盖近来留意词章之学者尚不乏人，而究心理学者盖鲜。"② 可以说，持续数百年的理学的真正衰落是从 18 世纪开始的，而在此之后，理学再也没有出现过复兴之势，甚至像清初那种短暂的繁荣景象也一去不返。

否定理学存天理、灭人欲的道德说教，主张人性自由，是清前期伦理观念变革的核心内容。汉学大师戴震愤怒谴责理学"以理杀人"，他指出：合理的学术，合理的社会，合理的政治，有一个基本原则，那就是尊重人的欲望，想方设法满足人的欲望，故他提出了以"遂欲"、"达情"为核心的伦理主张："天下之事，使欲之得遂，情之得达，斯已矣。"③

清前期最杰出的反传统思想家是袁枚。袁枚思想最核心的内容就是反对礼教束缚，主张人性自由。在袁枚看来，情是人的天性，是自然而且必然的存在，脱离人情谈性，脱离人情谈理，都违背了圣贤学问的本意。值得重视的是，袁枚对情、对欲的重视，具有强烈的现实针对性。他努力将自己的学术思想和清朝统治实际结合起来，从尊重人情的角度出发，袁枚认为朝廷用人行政，均应以适情、达情为准则，而不可悖乎人情。在《小仓山房文集》卷二二《清说》一文中，袁枚明确提出，治理国家，必须以尊重人之情欲为基础。他说：

> 且天下之所以丛丛然望治于圣人，圣人之所以殷殷然治天下者，何哉？无他，情欲而已矣。老者思安，少者思怀，人之情也；而"老吾老以及人之老，幼吾幼以及人之幼"者，圣人也。"好货""好色"人之欲也，而使之有"积仓"、"有裹粮"，"无怨"、"无旷"者，圣人也。使众人无情欲，则人类久绝而天下不必治；使圣人无情欲，则漠不相关，而亦不肯治天下。

---

① 孙星衍：《问字堂集》卷二《三教论》。
② 《清高宗实录》卷一二八，乾隆五年十月己酉。
③ 戴震：《孟子字义疏证》卷下《才》。

戴震、袁枚的反礼教思想，在清前期知识界并不孤立，"人心不可强抑，王道必本乎人情"①，已经成为不少学者的共识②。

在主张独立思考过程中，清朝知识界形成了一股疑经之风，即对儒家经典提出大胆质疑甚至批判，从而推动了社会思想的进一步解放。袁枚明确指出：学者绝不应当以迷信的态度对待儒家经典，而应相信疑经非圣人所禁。从治学"求其是"的立场出发，袁枚认为三代以上无经字，更无六经名目，即"向来原有此书，但名《诗》、《书》、《周易》，不名经字"。③经既为史，当然可以怀疑，可以批判，故他主张对所谓的儒家经典采取"存疑多，存信少"的态度④，并对《春秋》、《尚书》、《三礼》、《论语》、《孟子》等多部儒家经典提出尖锐质疑。乾嘉时期疑古学者崔述主张治学"但论是非"，大胆求信，他所怀疑的经典范围较袁枚更加广泛，对后世学术发展产生了重要的影响。疑经绝非简单的学术活动，它具有十分重要的社会现实意义。正是被袁枚、崔述等人所怀疑的那些真伪混杂、鱼目混珠的儒家经典，奠定了秦汉以降两千年政治、社会的思想基础，一旦将这些经典中"伪"的部分去掉，封建政治、封建伦理道德体系中很大一部分就失去了存在的理由，这就必然推动学者对传统社会的合理性提出怀疑和批判。正因为如此，袁枚、崔述在自己的著述中，暴露出不少具有鲜明反传统色彩的社会政治理念。

反对君主专制是清前期中国知识界的重要传统。清初激进思想家们反观历史，曾对专制制度予以猛烈抨击，到乾嘉时期，尽管君权恶性膨胀，但反对君主独裁的声音仍不绝于耳。这个时期激进政治观念主要包括以下内容：一是主张"公天下"，反对以天下私一人。崔述提出，完善的政治体制是天下为公，不存在一人一姓对国家最高权力的垄断，不存在君权世袭，"天下者，天之天下"，"天下诸侯自择有德之人而归之，天子不能以天下传之一人也。不惟无传子者，亦并无传贤者"（崔述这里所说的"天"，实际上指的是诸侯，指的是生民百姓）。二是要求调整君臣权力分

① 夏敬渠：《野叟曝言》第九四回《治香以臭别开土老之奇语，婚配宜歌新咏关雎之好述》。
② 以经济之学著称的陆耀，在处理社会问题时，也不受"圣经遗训"之束缚，主张从实际出发，明确提出"王道本乎人情"，"遂天下之至私，乃成天下之大公"的社会主张（陆耀：《切问斋集》卷二《又与钱巽斋论文钞书》）。
③ 袁枚：《续子不语》卷五《麒麟喊冤》。
④ 《小仓山房文集》卷一五《答李穆堂先生问三礼书》。

配体制，反对尊君抑臣，主张扩大臣僚在政治生活中的发言权。尹会一、陆生楠、谢济世等人都提出了十分具体的限制君权的政治设想。谢济世特别反对君主对臣僚的严密控制，他针对雍正帝的独裁统治，直言不讳地告诫乾隆帝，人主"以博览广听为求言，以察言观色为知人，以亲庶官、理庶务、折庶狱为勤政，臣恐其为汉唐杂霸之治，而非二帝三王之治也"①。三是对作为君主专制行政基础的郡县制的合理性提出质疑。不少学者主张恢复封建制，而崔迈则从社会变革的角度，对延续两千年之久的郡县制之命运作了深刻剖析，他敏锐地察觉到郡县制度正在走向衰微，"前者不必有，而后起者无穷"的政治变革必将到来，并提出未来政治体制有可能出于封建、郡县之外的卓越预言。他说：

> 然则郡县之制何以历唐、宋、元、明而不变？曰：封建之设，不知所起，其可考者自黄帝迄周二千四百余年而后废。始非不可废也，弊未极也。自秦以来二千年，郡县之法日弊矣，安知后世不复为封建也？然天下世变多端矣：封建，一变也；郡县，一变也；群雄割据，南北分治，藩镇拒命，皆变也。变故之来，前者不必有，而后起者无穷。封建之时，不知有郡县，后世或更有出于封建之外者，未可知也。吾又乌知郡县极弊之日，其势何所趋也？②

清前期反传统观念对社会的影响经历了一个逐渐扩大的过程。清初以顾、黄、王为代表的激进社会观、政治观，虽具有重要的启蒙意义，但却不具有代表性，没有产生社会启蒙的历史效果。然而，到雍乾时期，形势为之一变，袁枚、戴震等反传统思想家登高一呼，应者云集，反礼教声震四方。像戴震对理学的批判，开启了知识界批驳程朱之风气，章学诚所谓"听戴口说而加厉者，滔滔未已，至今徽歙之间，自命通经服古之流，不薄朱子，则不得为通人，而诽圣排贤，毫无顾忌，流风大可惧也"，即生动反映了戴氏攻朱所产生的明显社会效应③。至于袁枚的思想学说，在社会上（特别是在士林和妇女阶层）影响更大，章学诚称袁枚反礼教的性情说，

---

① 谢济世：《谢梅庄先生遗集》卷一《论开言路疏》，光绪三十四年全州赵炳麟刻本。
② 崔迈：《尚友堂文集》卷上《封建论》。
③ 章学诚：《文史通义》卷三《内篇三·朱陆》附录，《书朱陆篇后》。

使"无知士女顿忘廉检，从风波靡"，"使闺阁不安义分，慕贱士之趋名，其祸烈于洪水猛兽"①。《清史列传》卷七二《袁枚传》谓："（袁枚）名盛而胆放，才多而手滑。后进之士，未学其才能，先学其放荡，不无流弊焉。"从清前期反传统观念的不同命运中，我们可以清楚地看到清代社会价值体系的变革趋势，而这种变革显然是以商品经济发展和资本主义萌芽所引发的社会利益多元化为基础的。

尽管清前期反传统观念无论是其理论成熟程度，还是其所具有的社会影响，均不可与同时期欧洲的启蒙运动相提并论，但二者也具有某些相似性，这主要表现在以下三个方面：

一是反对权威崇拜。启蒙运动继文艺复兴之后，进一步破除宗教神学的权威。像法国启蒙思想的泰斗伏尔泰就对天主教会、教皇和僧侣进行猛烈抨击，大胆提出了"消灭败类"的口号。伏尔泰所著《风俗论》，用大量篇幅揭露教廷的黑暗和腐朽，严厉批判宗教狂热、愚昧和迷信，明确指出"宗教狂一旦形成，理性就很难占上风"②。当启蒙思想家们清除对宗教神学的迷信的时候，中国知识界也在清除对程朱理学的迷信。尽管天主教神学和程朱理学属于不同的思想范畴，但在社会实践上有一个明显的共同之处，那就是束缚思想，束缚人们的灵魂。只有将人类从对权威的束缚中解放出来，人类创造的灵感才可能得到真正发挥，社会才可能进步，人类才有希望。正是清前期学术界对权威的质疑与批判，为清代社会的进步奠定了重要的价值基础。

二是对人的基本权利的深切关注。清代中国知识精英们愤怒声讨理学以理杀人，鼓吹"达情"、"遂欲"，主张为政"便民"、"利民"，反对政府和百姓争利，实际上是将人的基本权益作为自己研究的出发点，企图通过自己对人性、人情的阐发，寻找到一条维护人的基本尊严的道路。而同时期的欧洲启蒙思想家也高度重视人类生活的改善。孟德斯鸠从人的生命本性中得出四条自然法：和平；寻找食物，以便生存；相互之间经常存在着的爱慕；过社会生活③。这一概括和戴震将人的生理和心理的基本需求作为人性的基础，强调人性包括欲、情、知三者，且均由血气心知自然形

---

① 《文史通义》卷五《内篇五·妇学》。
② 伏尔泰：《风俗论》中册，梁守锵等译，商务印书馆1996年版，第576页。
③ 孟德斯鸠：《论法的精神》上册，张雁深译，商务印书馆1997年版，第4页。

成，显然在基本思路上具有相似性。至于这个时期伏尔泰、孟德斯鸠、爱尔维修、卢梭等人所竭力宣扬的人权观念、自由、平等观念，则将西方近代自由学说推向了一个新的阶段。

三是反对君主独裁。启蒙思想家并不都是共和派，其中也有赞同君主制者，但反对专制独裁是其共同特点。为了防止专制的出现，孟德斯鸠主张立法权、行政权和司法权的分立，强调"当立法权和行政权集中在同一个人或同一机关之手，自由便不存在了"；"如果司法权不同立法权和行政权分立，自由也就不存在了。"[1] 和启蒙思想家相比，中国知识精英们承受着比启蒙思想家们更大的政治压力，生活于更加险恶的政治环境之中。他们虽然没有明确提出分权方案，没有系统阐述未来政治构想，但已经提出了"公天下"的基本政治理念，提出了对君权进行限制和监督的政治主张，表达出臣僚政治人格应该受到尊重的强烈愿望，这在当时需要付出巨大的理论勇气，甚至是生命的代价。就追求真理的勇气而言，他们绝不比启蒙思想家们逊色。

和启蒙思想相比，清前期中国社会反传统观念在理论上的落后，反映了中国近代化过程的滞后，而二者所具有的历史相似性，则源于这样一个事实：从 16 世纪到 19 世纪中叶，中国和欧洲在社会发展方向上具有某种共同性，都处于从传统向近代的转型阶段（当然，转型的幅度、方式和途径存在着巨大差异），商品经济、资本主义作为一种社会力量，已经获得相当发展，社会走向近代的趋势已经非常明显。我们可以说，在清前期，从欧亚大陆的一端到另一端，发生了情况不同的"共时性波动"。

五　余论

对人类历史而言，近代化决不是一种神秘的社会现象，也并非高不可攀，近代化因素广泛存在于世界主要文明民族的社会体系（包括经济体系、社会管理体系和价值体系）之中，推动着这些民族向更高的社会阶段发展。近代化不是西方世界的专利，西方近代化的成功，并不意味着其他民族和国家不可能进入近代社会，更不意味着其他国家社会内部不具有走向近代的因素，或一定要按西方的道路才能进入近代。每一个国家，每一

---

① 《论法的精神》上册，第 153 页。

个民族，都具有自己独特的历史发展道路。一定要用西方社会的近代化模式苛求其他社会，将西方的发展历程视为通向近代的唯一正确道路，如果不是西方中心观作怪，那就是以急功近利的态度苛求历史。

清前期的中国社会，是一个继承传统但又蕴含变革的特殊历史时期，它在事实上已经形成了一种转型的态势。政府控制的放松，个人自由的扩大，政府管理规范化程度的加强，为商品经济发展，资本主义生产关系的增长提供了良好的社会环境，而市场体系的逐步完善，新的生产方式的成长，不但为新的社会观念的出现准备了肥沃的土壤，而且为 19 世纪中叶以后中国民族资本主义的发展，近代市场体系的建立，奠定了重要的经济基础。至于这个时期出现的反传统观念，则从价值转变的角度，深刻地影响了中国的未来。无论是这些知识精英对传统和现实的批判，还是对未来社会的朦胧期盼，在历史上都具有重要的预示性，可谓中国步入近代的先声。虽然不能说 19 世纪、20 世纪的任何进步都和清前期的反传统观念存在着直接的因果关系，但也不能否认正是这个时期多元的观念形态为未来的社会变迁准备了重要的文化基础。

在我看来，明清以降中国的近代化过程，可以粗略地分为三个阶段：从晚明到清初，是早期近代化的酝酿时期；从清初到 19 世纪中叶，是早期近代化的发展时期；19 世纪中叶以后是全面近代化的启动时期。在这个时期，外国资本主义的入侵，打乱了中国历史的正常发展进程，中国的社会性质出现了明显的改变。然而，社会性质的改变并不意味着中国既有的近代化因素完全丧失，相反，正是在民族危机的强烈刺激下，中国文化固有的发展因素获得改造和加强，成为推动中国社会走向进步、走向富强、走向民主的巨大的内在动力。研究中国近代化史，不能置鸦片战争以前已有的发展成就于不顾，不能将 1840 年前后的中国历史截然割裂。和西方社会比起来，清前期中国社会的变革是缓慢的，但并未止步不前；是凝重的，但充满了希望。持续而不间断的进步，正是我们民族历史独有的特色和风貌。

《中国社会科学》2000 年第 4 期

"乡绅入侵":英国都铎王朝议会选举中的异常现象

刘新成[*]

摘要 对于重大历史事件,史学家总是极力探究其发生原因,对于17世纪英国革命亦如是。既然这场革命以议会与王权冲突的形式发轫,此前都铎时期的议会便被视为蕴藏着革命发生原因的"富矿",都铎议会选举中的"异常现象"——"乡绅入侵"也成为研究者谈论不已的热门话题。众说纷纭中虽不乏卓见,也有"误读"存焉。本文拟对"乡绅入侵"试作分析,重行解读都铎议会选举中发生的这种"异常现象"。

关键词 英国 都铎王朝 议会 乡绅

一

1413年英国议会法规定,各选区选举人和被选举人必须是"本地"居民。[①] 1445年议会再次颁布法律,重申城市议员须"出自本地居民"的原则。[②] 尽管有明确的法律规定,但是城市选举的结果却常常与之相悖,许多城市议员并非本地市民,而是外地乡绅,这一现象即被称为"乡绅入侵"(gentry invasion)。

"乡绅入侵"的社会基础是中世纪的遗存——领主附庸关系。16世纪时,这种关系已经与封土无关,亦不具有法权性质,但是起着社会纽

---

[*] 刘新成,历史学博士,首都师范大学历史系教授。

① Chris Given-Wilson, ed. , *The Parliament Rolls of Medieval England*, Vol. IX, 1413 – 1422, London: The Boy dell Press, 2005, pp. 14 – 15.

② Anne Curry, ed. , *The Parliament Rolls of Medieval England*, Vol. XI, 1432 – 1445, London: The Boy dell Press, 2005, p. 499.

带作用，主从双方互相承担无形的责任与义务。领主通常是贵族和官员，附庸则是经济富足但社会政治地位亟待提升的乡绅。后者仰赖前者的荫蔽，前者则通过提携后者炫耀权势，扩大社会影响。这种关系比较松散，附庸随时可能改换门庭，这样会使领主感到颜面无光，所以领主总是想方设法满足附庸的要求，提携其为议员便是安抚他们的方法之一。

领主为附庸寻找议员席位的最理想地点是城市，因为许多领主拥有城市议员提名权。领主提名权的来源有三。其一，在那些位于贵族领地上而尚未实现完全自治的城市里，贵族特权得以保存，其中就包括议员提名权。德文伯爵领地上的普利斯顿市和威洛比勋爵领地上的牛津市等都属于这种情况。埃尔兹伯里市位于帕金顿伯爵领地，该市 1572 年议员登记表背面书有这样的文字："本人，多罗西·帕金顿女伯爵，埃尔兹伯里市的领主和拥有者，郑重推荐忠诚的托马斯·利奇菲尔德和乔治·伯德两位先生为该市议员。"[1] 其二，有些贵族用出让土地或提供资金的方式换取议员提名权。拉特兰伯爵把市郊一块地产赠予东雷特福市，1586 年该市致函伯爵："承蒙惠赠，感激曷胜。兹请为本市举荐议员一名，倘获慨允，本市民众将深感荣幸。"[2] 奇切斯特家族将庄园城堡卖给巴恩斯特布尔市，随后也取得了该市的议员提名权。[3] 甚至在城市投资办学也可以换取议员提名权。其三，通过担任城市"总管事"（High Steward）获取议员提名权。16 世纪，伴随经济的发展，申请自治的城市日益增多，为顺利得到国王的批准，城市往往要请达官贵人代为向国王呈递请愿状，而国王在批复诏书中就会封这位达官贵人为该市"总管事"。有些古老城市因对议会缺乏兴趣，其派遣议员权长期闲置以致废止，这些城市若想恢复权利，也要请达官贵人代为申请，达官贵人因此而成为"总管事"。还有些高官显宦，因利用职权为城市进言办事，也成为了城市的"总管事"。"总管事"虽非行政实职，但在该市享有

---

[1] Mark A. Kishlansky, *Parliamentary Selection: Social and Political Choice in Early Modern England*, Cambridge: Cambridge University Press, 1986, p. 42.

[2] Ibid., p. 47.

[3] Ibid., p. 42.

某些特权，其中就包括 1—2 名议员提名权。① 都铎时期，城市"总管事"提名议员的情况非常普遍，例如 1584 年，伊丽莎白一世的远亲凯里为纽波特、雅茅斯和新镇三市向女王请求自治，获准后他在这三个城市各获得 1 名议员提名权。1601 年凯里致函雅茅斯市，"请你们一如既往地把选举令状交给我，以便我为你们填报最佳人选。"② 同年他还写信给新镇市，称"由于我的从中斡旋，你市的种种诉求方得以实现，所以应将你市空白选举令状寄给我，以便我推荐合适人选。"③ 1584 年莱斯特伯爵函告安多弗市，"因为我是你市'总管事'，所以我坦诚地要求给予我一名议员提名权……假若你们愿意把另一名额也给予我，我将十分感谢。"④ 兰开斯特公爵领地大法官（Chancellor）托马斯·哈尼哥是索尔兹伯里市的"总管事"，他在 1593 年致该市的信函中写道，议会即将召开，"由于我是本市官员并对这个城市满怀热忱，因此请允许我——一个真诚希望本市繁荣昌盛的人——提名一名议员，我将选择一位信仰虔诚、当之无愧的议员，就像你们自己选出的人一样适合为本市服务。"⑤

尽管城市承认达官显贵的议员提名权，但这并不意味着城市同意他们提名外地人担任城市议员，因为这种做法与法律相抵牾。所以，当领主将其乡绅附庸推荐为城市议员时，常常会遇到阻力。1558 年剑桥市向"总管事"诺福克公爵表示，他们实在无法接受后者的推荐，因为只有本市市民才能当选该市议员。⑥ 莱斯特伯爵提名的候选人在雷丁、大雅茅斯和金斯林三市都被抵制。⑦ 1581 年，坎特伯雷市迫于压力不得不接受一名外地

---

① 英国史学家洛赫不同意这一观点。她指出，在某些选邑拥有议员提名权的贵族和官僚，当初对于这些城市申请选邑资格非但没有助益，而且还持反对态度（J. Loach, "Parliament：A 'New Air'?" in C. Coleman and D. Starkey, eds., *Revolution Reassessed*, New York：Oxford University Press, 1986, p. 131）。但洛赫所说的毕竟只是个别现象。详见下文并参阅 A. D. K. Hawkyard, "The Enfranchisement of Constituencies, 1504 – 1558," *Parliamentary History*, Vol. 10, 1991, pt. 1, pp. 20 – 21。

② J. E. Neale, *The Elizabethan House of Commons*, London：Jonathan Cape Ltd., 1949, pp. 136 – 137.

③ P. W. Hasler, ed., *The House of Commons, 1558 – 1603*, Vol. 1, London：Her Majesty's Stationery Office, 1981, p. 50.

④ J. E. Neale, *The Elizabethan House of Commons*, London：Jonathan Cape Ltd., 1949, p. 137.

⑤ M. A. R. Graves, *Elizabethan Parliaments, 1559 – 1601*, London：Longman Inc., 1987, p. 91.

⑥ J. Loach, *Parliament and the Crown in the Reign of Mary Tudor*, New York：Oxford University Press, 1986, p. 26.

⑦ J. E. Neale, *The Elizabethan House of Commons*, p. 202.

议员，但随即便做出了"下不为例"的决定。① 拉特兰伯爵在格兰瑟姆、诺威奇主教在大雅茅斯、亨廷顿伯爵在莱斯特也都有过铩羽而归的经历。② 城市抵制"乡绅入侵"大抵出于两个理由：其一是"不甘其辱"，如约克市就曾宣布："像本市这样历史悠久的城市，如果选个外乡人作为议会代表，那简直是奇耻大辱。"③ 其二是认为外地人不了解本市情况，以此为由的多为新兴工商业城市，如赫里福德市就曾"发誓坚拒外地人"。④ 一般来说，城市越大，乡绅越难"入侵"，伦敦、布里斯托尔、巴斯、勒德洛和武斯特等市就从未选过乡绅议员，约克市和索尔兹伯里市也仅只出让过一次议席。

但是从"乡绅入侵"的严重程度来看，多数城市不会拒绝贵族的提名。这里既有政治原因，也有经济方面的考虑。城市议员出席议会期间的全部费用，包括每人每天 2 先令生活补贴、差旅费、注册费、提案成本费等等，均须由城市负担。1558 年埃克斯特市为其一名议员支出的议会费用多达 59 英镑 13 先令 4 便士。遇到"宗教改革议会"（1529—1536）那样为时漫长的议会，城市为每名议员支出的费用可能超过 70 英镑。⑤ 这对于中小城市，比如年基金收入不足 50 英镑的邓威奇市或是连每年应向国王缴纳的 26 英镑税金都支付不起的贝德福德市来说，确实是难以承受的负担。⑥ 而"入侵"的乡绅却不向城市索要分文。1539 年南安普敦伯爵向吉尔福德市推荐候选人时特别声明，该候选人如果当选，将无需该市任何补贴，于是该市欣然接受了他的推荐。1550 年代拉特兰伯爵为林肯市提名的议员也总是表示"无偿为该市服务"，结果该市不仅出让了议员提名权，还向伯爵馈赠礼品以示感谢。⑦ 奇切斯特家族推荐的乡绅担任巴恩斯特布尔市议员长达 20 年之久，后者反而因长期"减少一名议员负担"而对其

---

① P. W. Hasler, ed. , *The House of Commons*, 1558 – 1603, Vol. 1, p. 51.

② Mark A. Kishlansky, *Parliamentary Selection*：*Social and Political Choice in Early Modern England*, p. 48.

③ Ibid. , p. 32.

④ Ibid. .

⑤ J. Loach, *Parliament under the Tudors*, New York：Oxford University Press, 1991, p. 30.

⑥ P. W. Hasler, ed. , *The House of Commons*, 1558 – 1603, Vol. 1, pp. 48 – 49；S. T. Bindoff, ed. , *The House of Commons*：1509 – 1558, Vol. 1, London：Secker & Warburg Publishers, 1982, pp. 30 – 31.

⑦ J. Loach, *Parliament under the Tudors*, p. 30.

深怀感激。[1] 米涅海德市长期以来一直靠自掏腰包的乡绅担任市议员，1601 年当他们不得不自选议员并负担费用时，竟然不知所措。[2]

但是，并非所有穷困城市都甘愿接受乡绅的"入侵"。1535 年，林肯市一名市民议员"出于对该市的热爱和激情"，自愿将津贴从 11 镑 3 先令 4 便士减少到 7 镑。出席亨利八世第一届议会的怀康布市市民议员宣布不要津贴。[3] 雷丁市尽管也在穷困之列，但还是在 1539 年作出了每届议会必须选一名市民出席议会的决定。[4] 南安普敦因经济衰落，曾多次请求女王减免年租，但并未因此放弃议会出席权，1509—1558 年该市选派的 11 名议员中，只有一名来自外地。[5] 以上事实表明，"穷困"并不能必然地让这些城市出让提名权，他们接受"乡绅入侵"应该是另有苦衷。

这个"苦衷"就是不敢违抗权贵。以下事例很有代表性。蒙哥马利伯爵曾威胁卡斯尔镇镇长："如果你们不选择（我推荐的）普利先生……别以为我会不在乎……今后你们有求于我时，我会以牙还牙的!"[6] 1563 年兰开斯特公爵领土的城市利物浦拒绝接受公爵领土大法官提名的人选，大法官当即宣布要对该自治市的合法性进行审查。[7] 1572 年登比市在选举结束后才接到莱斯特伯爵的推荐信，因此无法从命。然而伯爵勃然大怒，不仅下令该市重新选举，而且斥责说："要知道，我是你们的领主! 你们岂能对我如此无礼……假如你们不选我指定的人，别指望我今后善待你们。"[8] 对于骄横的高官显贵，城市当局常常显得无可奈何。1553 年斯坦福市已经将两个提名权分别给予了两位贵族，但又收到某大臣要求提名议员的信件，这让他们"深感为难"。同年，后来升任首席大臣的威廉·塞西尔要求在格兰瑟姆市提名两名议员，但该市此前已把一个提名权出让给

① Mark A. Kishlansky, *Parliamentary Selection: Social and Political Choice in Early Modern England*, p. 42.

② Ibid., p. 43.

③ Stanford E. Lehmberg, *The Reformation Parliament*, 1529 – 1536, Cambridge: Cambridge University Press, 1970, p. 33.

④ S. T. Bindoff, ed., *The House of Commons: 1509 – 1558*, Vol. 1, pp. 34 – 35.

⑤ Ibid., pp. 101 – 102.

⑥ Mark A. Kishlansky, *Parliamentary Selection: Social and Political Choice in Early Modern England*, p. 43.

⑦ J. E. Neale, *The Elizabethan House of Commons*, pp. 146 – 147.

⑧ Mark A. Kishlansky, *Parliamentary Selection: Social and Political Choice in Early Modern England*, p. 43; P. W. Hasler, ed., *The House of Commons*, 1558 – 1603, Vol. 1, p. 49.

了拉特兰伯爵，所以只好在表示"完全赞成"塞西尔提名的一个人选的同时，诚惶诚恐地为未能完全满足其要求而深表歉意。① 1586 年东雷福特市市政会议给拉特兰伯爵的回函，代表了大多数城市当局面对权贵压力的态度："经过反复斟酌和慎重考虑，我们认为在（议员提名）这件事以及其他更重要的事情上，必须充分满足您的要求。所以，只要您愿意选择或提名，我们一定遵命。"②

都铎时期，地位显赫的大贵族往往控制众多选邑。如历代诺福克公爵先后获得了刘易斯、肖拉姆、布兰伯、赖盖特、霍尔舍姆、金斯林、卡斯尔雷辛、大雅茅斯、斯特宁和加通 10 个选邑的议员提名权。③ 温切斯特主教控制着汤顿、当顿和欣登三个城市的议员选举。④ 伊丽莎白时期权倾一时的莱斯特伯爵曾在安多弗、普尔、南安普敦、雅茅斯、登比、考文垂和利奇菲尔德 7 个城市提名议员。埃塞克斯伯爵一度兼任伊普斯威奇等 12 个城市的"总管事"，并掌握所有这些城市的议员提名权。⑤ 贝德福德伯爵的势力范围包括康沃尔、德文和多塞特三个郡，三郡许多城市的选举都被他控制，1559—1584 年的五次议会选举中，由他指定的议员人数分别为 24 名、29 名、30 名、35 名和 20 名，占三郡市议员总数的 39%、44%、43%、49% 和 26%。⑥ 1597 年下院有近 30 名议员是枢密大臣罗伯特·塞西尔的附庸，1601 年他为了运送其附庸议员赴会甚至需要借用两艘船只。⑦

都铎时期，"乡绅入侵"的程度十分严重。按规定，下院中乡绅与市民之比应为 1:4，实际情况却是 4:1。⑧ 伊丽莎白时代（1558—1603）的 10 次选举中，平均有 66% 的城市议席被乡绅所"侵占"。⑨ 1584 年下院议员总计 447 人，按规定其中应有 357 人是来自城市的市民，但实际上市民

---

① J. Loach, *Parliament under the Tudors*, p. 30.

② J. E. Neale, *The Elizabethan House of Commons*, p. 145.

③ Stanford E. Lehmberg, *The Reformation Parliament*, 1529 – 1536, p. 30; J. Loach, *Parliament under the Tudors*, p. 29.

④ S. T. Bindoff, ed. , *The House of Commons*: 1509 –1558, Vol. 1, p. 14.

⑤ J. E. Neale, *The Elizabethan House of Commons*, pp. 137, 147, 156, 159 –174, 201 –202, 224 –226, 263.

⑥ P. W. Hasler, ed. , *The House of Commons*, 1558 –1603, Vol. 1, p. 62.

⑦ J. Loach, *Parliament under the Tudors*, p. 159.

⑧ G. R. Elton, *Tudor Constitution*: *Documents and Commentary*, Cambridge: Cambridge University Press, 1982, p. 249.

⑨ P. W. Hasler, ed. , *The House of Commons*, 1558 – 1603, Vol. 1, p. 58.

只有53人。①

二

对于都铎时期"乡绅入侵"如此严重的原因，西方学者有两种解释。一种是"贵族政治论"。这种解释来自英国"辉格史学"的正统学说，将议会视为政治斗争的舞台，将"乡绅入侵"视为高官显贵（甚或王室）结党的表现，其目的是在议会中结成政治集团，以争取自己在政治斗争中的优势。② 第二种是"政府管理论"。这种解释属于"修正史学"，持这种看法的学者从"修正"正统学说出发，认为都铎时期的议会并非政治斗争场所，而是立法机构，其中心任务是制定法律；为提高立法效率并在立法中贯彻君主的意志，政府希望下院以律师、官吏等"高素质"人士为主体；而"乡绅入侵"就是政府为遴选"高素质"人士担任下议员而采取的必要措施。为佐证其观点，修正派学者不仅指出多例"乡绅入侵"与枢密大臣直接插手选举有关，而且指出，出让提名权的多是在王室领地或王畿之内新近设立的新选邑，这说明，"较之谋求提携附庸的贵族和渴望参与国家政治的乡绅，国王对新选邑的需求更为迫切"，因之可以断定，"乡绅入侵"乃是政府的"管理行为"。③

以上两种解释似乎不无道理，但深究就会发现，二者均无充足的论据。

从都铎王朝议会史料中，迄今未能发现足够的证据可以说明下议员的当选背景与其议会表现之间的联系，因此不能断定贵族举荐的乡绅一定会

---

① J. E. Neale, *The Elizabethan House of Commons*, p. 147.

② J. E. Neale, *The Elizabethan House of Commons: Elizabeth I and Her Parliaments*, 2 Vols., London: St. Martin's Press, 1953 - 1957.

③ 埃尔顿详细描述了枢密大臣威廉·塞西尔在1571年、1572年、1586年、1589年四届议会上"精心安置"议员的行为（G. R. Elton, *The Parliaments of England*, 1559 - 1581, New York: Cambridge University Press, 1986, p. 13）。位于王室领地上的新选邑包括：亨利八世时期的纽波特、查梅福德、格拉彭、波塞尼、萨尔塔什、威斯特卢、兰开斯特、埃斯特卢、利物浦、塞特福德、威根、普雷斯顿；爱德华六世和玛丽一世时期的阿尔德巴勒、里彭、内尔兹巴勒、巴勒布里奇、希海姆弗雷尔斯；伊丽莎白时期的克利瑟罗、斯托克布里奇、萨德伯里、牛顿等；王畿（非王室领地，但受王室控制）内的新选邑包括班伯里、汤顿、比绍普斯堡等；洛赫指出，政府对这些城市的选举历来十分"关注"（C. Coleman and D. Starkey, eds., *Revolution Reassessed*, pp. 131 - 132）。

在议会中贯彻贵族的政治意图。换言之，正统派学者主张的"贵族政治论"具有明显的推测性质。新西兰史学家格雷夫斯据此提出了完全相反的意见，他认为附庸议员只是领主"形式上的盟友"，"他们未必按照（领主的）愿望表态或表决。都铎议会中没有'政党的仆从'，他们仍是有独立意志的个人"。①

修正派学者将"国王积极设置新选邑"作为重要论据，但是史料同样不足以证明这一点，相反倒有材料表明，当时君主对大批设置新选邑并不满意。1579 年纽瓦克市的选邑申请被伊丽莎白女王断然拒绝，因为她"认为选邑已经太多，正在考虑取消一些"②。此事发生在女王在下院的主要代理人威廉·塞西尔转入上院、政府急需在下院安置新代理人之际，因此与"政府积极设置新选邑、鼓励'乡绅入侵'以便安插代理人"的修正派解释正好相悖。事实上，伊丽莎白女王对"乡绅入侵"很不以为然。1571 年枢密院致信地方官员，称女王陛下希望选举了解当地实际情况又善于建言献策的本地人为议员，言外之意即鼓励选举本市市民，而不赞成选举外地乡绅。③ 1597 年枢密院重申女王这一意向，责令郡守务必选择能为"本地服务的合适人选"，并且声称，对于违旨抗命者将追究责任。④

既然"贵族政治论"和"政府管理论"均因论据不足而难以成立，那么可以说，西方学者对"乡绅入侵"这一都铎时期议会选举中"异常现象"的解释乃是对历史的"误读"。之所以发生"误读"，是因为他们往往以发现 17 世纪革命原因为目的，用现代政治学理论解读都铎时期的议会选举，而忽视了英国传统政治文化的影响。

那么，都铎时期"乡绅入侵"的真正原因是什么呢？笔者以为，解答这一问题，需要返回当时的历史文化语境，正确理解都铎时期下议员的身份和议会选举的性质。

在都铎时期，下议员享有极高的声誉和地位。这表现在三个方面。首先，下议员被视为"替天行道"的上帝代言人。16 世纪的议会仍是全国

① M. A. R. Graves, *The House of Lords in the Parliaments of Edward VI and Mary I*, Cambridge: Cambridge University Press, 1981, p. 284, f. 3; *The Tudor Parliaments: Crown, Lords and Commons*, 1485 – 1603, London: Longman Inc., 1985, p. 113.

② A. F. Pollard, *The Evolution of Parliament*, London: Longmans, Green & Company, 1926, p. 159.

③ M. A. R. Graves, *Elizabethan Parliaments*, 1559 – 1601, pp. 91 – 92.

④ Ibid., p. 89.

最高法庭，下议员兼有法官和律师（lawyers）的身份。按照时人的政治理念，各级法官或律师都是上帝派遣到人世间来主持正义的。伊丽莎白时代的政论家托马斯·史密斯则认为，上帝把世人分为两种：权力阶层和劳工阶层。构成下议员主体的乡绅和市民属于权力阶层，他们被上帝赋予了统治劳工阶层、管理社会的责任，他们出席议会就是为了履行这一责任。① 某些细节也可以说明这一点：在下院创议的法案中，"秉承上帝意志"、"依据上帝的律法"、"不制定该法律，上帝的怒火将会降临这块土地"等字眼频繁出现。② 议员们常常以"问心无愧"（be on one's conscience）自励，而在宗教改革后的新教字典里，所谓"问心无愧"即指主动自觉地奉行上帝的旨意。③ 其次，君主不遗余力地褒扬下议员。国王的"议会召集令"每每称下议员为"明智、通达、博学之士"。④ 有"铁腕女王"之称的伊丽莎白一世也曾让上院议长向下院转达其心意："虽然对议会讨论的所有事情女王都可以独断专行，但是出于对下院耆老贤达的充分信任，她不愿就任何未经下院认真审议和充分辩论的重要事项作出决定。"⑤ 伊丽莎白还经常表示，下议员乃是"国家栋梁"，⑥ 他们与政府大臣共同构成君主的"左膀右臂"。⑦ 最后，与君主的期许和社会的尊崇相应，下议员们

① Norman Jones, "Parliament and the Political Society of Elizabethan England," in Dale Hoak, ed., *Tudor Political Culture*, Cambridge: Cambridge University Press, 1995, pp. 228 – 229; Mary Dewar, ed., De Republica Anglorum by Sir Thomas Smith, Bristol: Cambridge University Press, 1982, pp. 64 – 77.

② *Statutes of the Realm*, Vol. 4, 5. Eliz. I, c. 14. 1, p. 443; 13 Eliz. I, c. 8. 4, p. 342; David Dean, *Law-Making and Society in Late Elizabethan England*, Melbourne: Cambridge University Press, 1996, p. 15; Sir Simonds D'Ewes, *A Compleat Journal of the House of Lord and House of Commons throughout the Whole Reign of Queen Elizabeth*, London, 1708, pp. 660 – 661.

③ David Dean, *Law-Making and Society in Late Elizabethan England*, p. 18; Sir Simonds D'Ewes, *A Compleat Journal of the House of Lord and House of Commons Throughout the Whole Reign of Queen Elizabeth*, p. 631.

④ Mark A. Kishlansky, *Parliamentary Selection: Social and Political Choice in Early Modern England*, p. 13.

⑤ Norman Jones, Parliament and the Political Society of Elizabethan England, in Dale Hoak, ed., *Tudor Political Culture*, p. 238; T. E. Hartley, ed., *Proceedings in the Parliaments of Elizabeth I, 1558 – 1581*, Leicester: Leicester University Press, 1981, pp. 33 – 34; Sir Simonds D'Ewes, *A Compleat Journal of the House of Lord and House of Commons Throughout the Whole Reign of Queen Elizabeth*, p. 524.

⑥ Mark. A. Kishlansky, *Parliamentary Selection: Social and Political Choice in Early Modern England*, p. 45.

⑦ David Dean, *Law-Making and Society in Late Elizabethan England*, p. 18.

也自视甚高。由于他们掌握制定法律的权力，而法律是用来约束全体臣民的，于是他们便认为自己的地位高于"被约束的下等人"；① 他们自诩为"雕琢"法律的"能工巧匠"和疗治国家创伤的"良医"，② 擅长"慎思明辨"，因此是出席议会"这样庄严隆重会议"的合适人选。③ 1566 年，下院议长甚至在下院会议上宣称，下院的议员们是"在女王陛下的花园中盛开的奇葩"。④

都铎时期的下议员也具有人民代表的身份，但是他们的代表性与现代议员的代表性不同。简而言之，他们作为"社会贤达、民族精英"，是代表英国国民形象和整体利益的，而不是作为部分民众的代言人仅仅代表这部分民意。都铎时代的人对此有着非常清晰的描述。1593 年曾担任下院议长的著名政论家爱德华·科克说："虽然议员由各个选区推选，但是一经推选出来并出席议会，他们就是为整个国家服务的。因为，正如'议会召集令'所说的，议员是出于为公众谋利益的目的参加议会的。"⑤ 托马斯·史密斯则指出，在议会中，下院议员与上院议员相互配合，反映"英国民众的整体心声"。⑥

都铎时期议员的这种身份决定了选举的性质。既然议员的基本属性是"社会贤达、民族精英"，选举便以"拔尖选优"为宗旨。正如史学家基什兰斯基所言，都铎时期的议会选举与其说是选举（election），毋宁称之为"选拔"（selection）。⑦ 为保证"选拔"质量，都铎时期的选举奉行"Free

---

① David Dean, *Law-Making and Society in Late Elizabethan England*, 1996, pp. 16 – 17; Sir Simonds D'Ewes, *The Journals of All the Parliaments during the Reign of Queen Elizabeth*, London, 1682, pp. 489 – 490, 646.

② David Dean, *Law-Making and Society in Late Elizabethan England*, p. 15.

③ J. H. Hexter, *Parliament and Liberty: From the Reign of Elizabeth to the English Civil War*, Stanford: Stanford University Press, 1992, p. 88; T. E. Hartley, ed. , *Proceedings in the Parliaments of Elizabeth* I: Vol. I, 1558 – 1581, pp. 225 – 226.

④ Norman Jones, *Parliament and the Political Society of Elizabethan England*, in Dale Hoak, ed. , Tudor Political Culture, p. 237; T. E. Hartley, ed. , *Proceedings in the Parliaments of Elizabeth* I: Vol. I, 1558 – 1581, p. 126.

⑤ Edward Coke, *The Fourth Part of the Institutes of the Laws of England: Concerning the Jurisdiction of Courts*, London, 1644, p. 14.

⑥ David Dean, *Law-Making and Society in Late Elizabethan England*, p. 17; Mary Dewar, ed. , *De Republica Anglorum by Sir Thomas Smith*, p. 79.

⑦ Mark A. Kishlansky, *Parliamentary Selection: Social and Political Choice in Early Modern England*.

Election"原则。"Free Election"一词可以译为"自由选举",但是 15 世纪和 16 世纪的"自由选举"与现代意义上的自由选举并不相同。"free"虽然是"强迫"的反义词,但其更主要的含义是"发自内心的"、"慷慨的",与"election"搭配则转义为"无可争议的选举"或是"一致赞成"。也就是说,这里的"自由"是有特定意义的,即"非全票通过"就含有"强迫"反对者接受选举结果的意味,因此是"不自由"的;而所谓"自由选举",就应当是"一致赞成"选举的结果。[1] 1604 年萨福克伯爵责令萨弗仑沃尔登市民选举其附庸,明明是"强迫",却又让市民们"give free consent",这里"free"的意思显然不是"自由",而是"一致"。[2]

都铎时期议会选举名为"自由"、实为"一致"的实质,给所有涉事者都造成心理压力。对主持选举者而言,1406 年议会法规定,保证"一致通过"是郡守的职责,[3] 这意味着郡守必须千方百计使选民的意见高度统一,否则就可能导致选举无效。1597 年约克郡的选举"不幸"陷入了选民对立局面,约克大主教便禀报枢密大臣,说主持选举的郡守"像毛头孩子一样不称职"。[4] 对选民而言,他们丢下工作专程赶到郡府参加选举,如果选举无效,不仅这次奔波成了"无用功",今后重新选举还得再奔波一次,这是他们极不情愿的。对候选人而言,能否"全票"当选更是兹事体大。既然"下议员"已成为公认的身份地位"符号",那么能否当选便关乎个人的名声和荣誉。1601 年候选人哈林顿声称,如不能当选便无颜面对父老乡亲,唯有远走他乡,看来并非虚言。[5] 甚至"非全票当选"都是难以接受的,因为在他们看来,被人瓜分选票无异于名誉受到玷污,即使当选也脸上无光。曾有候选人放言:"我虽对郡议员梦寐以求,但绝不愿为此伤和气。"[6] 所谓"伤和气",就是出现竞争对手。现代选举中的"竞

① Mark A. Kishlansky, *Parliamentary Selection*: *Social and Political Choice in Early Modern England*, p. 62.

② Ibid. , p. 11.

③ B. Wilkinson, *Constitutional History of England in the Fifteenth Century*, London: Longmans, Green & Co. Ltd. , 1964, p. 289.

④ Mark A. Kishlansky, *Parliamentary Selection*: *Social and Political Choice in Early Modern England*, p. 54.

⑤ J. E. Neale, *The Elizabethan House of Commons*, p. 25.

⑥ Mark A. Kishlansky, *Parliamentary Selection*: *Social and Political Choice in Early Modern England*, p. 24.

选"，在都铎时期的人看来实在有失体面。

　　试以郡选举为例，剖析其运作模式。由于在所有涉事者中，候选人的心理压力最大，因此他们行事最谨慎，只有在充分进行私下沟通并对得票率确有把握之后，他们才会公开其参选意向。最常用的沟通方式是私人通信。1584 年选举前夕亨利·科克在致友人的信中写道，"我知道自己在本郡的声望尚不足以在如此重要的角逐中稳操胜券，因此恳请您助一臂之力。"[1] 收信人通常会复信表态，如果应允支持对方，选举时肯定恪守承诺，因为在当时上流社会中，言而无信为人所不齿。[2] 最主要的沟通对象是本郡贵族。其原因，一者自中世纪以来，贵族一直享有提名政府官吏的特权，而都铎时期下议员亦被视为官吏的一种，所以依照惯例，贵族可以在郡选举中提名候选人；二者作为当然的上院议员，他们在下议员选举中态度超脱；三者更重要的是，贵族拥有大量地产，因而能操纵众多佃农选票。同时，在等级分明的 16 世纪，处于社会最上层的贵族在地方上往往有着一言九鼎的威势，不仅主持选举的郡守会秉承贵族的指示安排选举事项，为其提名人创造条件，而且普通选民也会盲目追随贵族，对其提名人投票赞同。因此，正如枢密院指出的，各地"头面人物的尽心尽力"乃是郡选举顺利进行的关键。[3] 既然贵族的支持是获得选举成功最重要的保证，候选人便把向贵族请托作为竞选的关键一环，而领主—附庸关系是他们请托的基础。出于对附庸的宠信，贵族受托之后往往亲自出马为之努力。1584 年选举前夕，蒙塔古勋爵致信苏塞克斯郡郡守，"我想应该通知您，我和我熟识的贵族们以及众多乡绅都认为，罗伯特·塞克威尔先生和

---

　　[1] Mark A. Kishlansky, *Parliamentary Selection*: *Social and Political Choice in Early Modern England*, p. 30.

　　[2] 在1584 年哈福德郡选举中，候选人亨利·科宁斯比遇上了承诺者中途变卦的情况，尽管后者在选举举行之前就来信告知并深表歉意，但他仍对此"背叛"行为不能容忍。他在复信中斥责道："如果你们的承诺如此廉价，言而无信，朝三暮四……我要郑重地告诉你们，永远不要再指望我做你们的朋友或与你们交往。"（Mark A. Kishlansky, *Parliamentary Selection*: *Social and Political Choice in Early Modern England*, p. 30）1588 年，白金汉郡乡绅约翰·坦普尔答应福蒂斯丘先生支持其提名人后，又接到格雷·希尔顿爵士的来信，让他支持另一个候选人，考虑到格雷·希尔顿是他"首先应该效忠的人"，约翰·坦普尔只好改变支持对象，并致函福蒂斯丘请求原谅。但后者非但不予谅解，反而斥责约翰·坦普尔是"毫无君子之风"的"不义之徒"。（Mark A. Kishlansky, *Parliamentary Selection*: *Social and Political Choice in Early Modern England*, p. 64）

　　[3] Mark A. Kishlansky, *Parliamentary Selection*: *Social and Political Choice in Early Modern England*, p. 25.

托马斯·沙利先生最适合担任（苏塞克斯郡议员）……请将我的意见转告选民们。"① 同年，安东尼·高迪在给其同胞兄弟巴辛鲍尼的信中写道："我谨代表威廉·德鲁里并以我个人的名义，请你出面动员萨福克郡所有你能动员的自由地持有者（支持我所提名的候选人），我会为你如此善待我的朋友而衷心感激你。"② 1603 年选举前夕，出身于北安普敦的枢密大臣罗伯特·斯潘塞表示："（某君）和我深怀桑梓之情，如蒙家乡父老错爱，将（提名候选人）的权利授予我们，我们必当不负重托。"他的请求显然得到了满足，因为不久他即为此再次致信家乡父老表示感谢。③ 一旦贵族提名候选人，此后的选举过程就成了过场戏。如此，许多地方的议席都被本地贵族所把持，予取予求，如臂使指。如格洛斯特郡的议席由武斯特伯爵和钱德男爵控制，1509—1558 年当选的 13 名郡议员全部出自他们提名。④ 再如兰开斯特郡，1529—1601 年该郡两个议席一直由格雷和哈斯廷斯两大家族分享。⑤

城市选举与郡选举是同一模式，只是郡选举中的附庸（候选人，多为本地乡绅）—郡守—领主（贵族）"轴心"，变成了附庸（候选人，外地乡绅）—市长—领主（贵族）"轴心"。有意参选者同样需要首先进行"私下沟通"，方式同样是写信请托。某乡绅曾致函赫里福德郡的枢密大臣克罗夫特，"我……属意下院席位，因此不揣冒昧，谦恭地请求您提携，请在贵郡您认为适当之处提名我为市议员。"1586 年乡绅巴奇纳尔写信给拉特兰伯爵："如果您手中还有某市议员提名权的话，我恳求您记着我，因为我对此期望已久。"⑥ 1558 年，乡绅尼古拉斯·莱斯特兰奇先是谋求剑桥市的议席，但未能如愿，于是向其领主、第四代诺福克公爵求助。诺福克公爵为满足其要求，先想方设法使卡斯尔雷辛市成为选邑，而后利用自己因此而获得的该市议员提名权将其选入议会。⑦ 1601 年，

① J. Loach, *Parliament under the Tudors*, p. 151.

② Mark A. Kishlansky, *Parliamentary Selection: Social and Political Choice in Early Modern England*, pp. 29 – 30.

③ Ibid., p. 28.

④ S. T. Bindoff, ed., *The House of Commons: 1509 – 1558*, Vol. 1, p. 92.

⑤ J. Loach, *Parliament under the Tudors*, p. 26.

⑥ J. E. Neale, *The Elizabethan House of Commons*, pp. 143 – 144.

⑦ A. D. K. Hawkyard, "The Enfranchisement of Comsttuencies, 1504 – 1558," *Parliamentary History*, Vol. 10, 1991, p. 20.

乡绅爱德华·伦顿在写给枢密大臣罗伯特·塞西尔的信中说："恳请阁下拨冗致函（威康布市）市政会议，让他们推选我为该市议员。因为，尽管（有人说我是）诺里斯的追随者，但是阁下明鉴，我对阁下忠心耿耿，从未追随他人。"[①] 通常在这样写信请托之后，与郡选举过程相似的选举"过场戏"就开演了，于是出现了本文第一部分描述的"乡绅入侵"的结果。

综上所述，在都铎时期，贵族的提名举荐是保证议员质量和选举过程顺利的唯一可靠的"选举"方式。正由于其可靠性，因此尽管这种方式与法律规定的"议员须出自本地居民"相抵牾，但二者仍能并行不悖。况且，"出自本地"的规定实质上是为了使议会税得到各地代表的认可，从而有利于征收。而经验证明，自 14 世纪以来，虽然外地议员代表城市的情况频频出现，[②] 但从未出现有碍议会税征收的情况。所以，硬性坚持"出自本地"原则事实上已无必要。总而言之，外地乡绅作为城市代表出席议会这一现象，如果放在都铎时期政治文化的背景下来审视，完全是正常的现象，称之为"入侵"并且视之为"异常"，乃是出于现代政治理念对这一历史现象的"误读"。

三

然而，正常现象中未必没有潜藏的危机。

危机起源，还是议员代表性问题。如前所述，都铎时期下议员的属性是代表全体国民的"社会贤达、民族精英"，而不是"某些地方选民的代

---

① J. Loach, *Parliament under the Tudors*, p. 50.

② "乡绅入侵"现象早在 14 世纪即已出现。金雀花王朝（1216—1399）早期议会的城市代表中，就有一部分并非市民。（R. Butt, *A History of Parliament: The Middle Ages*, London: Constable & Company Ltd., 1989, p. 584）15 世纪这种现象更为普遍，以至有史家认为，"可以说议会成分发生了革命"。（M. McKisack, *The Oxford History of England: The Fourteenth Century*, London: Oxford University Press, 1985, p. 113）1422 年议会召开之际，几乎每个选邑派出的议员中都有并非出自本市者。（J. S. Roskell, *The Commons in the Parliament of 1422*, Manchester: Manchester University Press, 1954, pp. 48 - 49）1440 年，"乡绅入侵"的比例达到 30%。（David Loades, *Tudor Government*, Oxford: Blackwell Publishers Ltd., 1997, p. 39; A. R. Myers, "Parliament 1422 - 1509," in R. G. Davies and J. H. Denton, eds., *The English Parliament in the Middle Ages*, Philadelphia: University of Pennsylvania Press, 1981, p. 163）1478 年，在代表 100 个选邑的 202 名议员中，至少半数以上是乡绅。（M. McKisack, *The Oxford History of England: The Fourteenth Century*, pp. 106 - 116）在爱德华四世时期的全部城市议员中，乡绅所占比例超过了 50%。（J. S. Roskell, *The Commons in the Parliament of 1422*, p. 113; C. Coleman and D. Starkey, eds., *Revolution Reassessed*, p. 121）

言人"。但是，"全体国民"只是抽象的概念，"地方选民"却是真实的存在。身为"某市议员"，即使不必对该市选民负责，议员自己肯定也会有"该市民众代表"的自我意识。事实证明了这一点。在下院辩论时，议员经常声明，自己所言并非"一己之见"，而是代表"一方民众"，挟选区或选民以自重。① 1584—1585 年议会中，某议员提交议案时特别强调，该议案乃是应某些地区民众之吁请而提出。1593 年议会税方案出台后，许多议员代表"家乡父老"抱怨负担过重。1601 年，在就一份有争议的议案组建专案委员会时，枢密大臣罗伯特·塞西尔力主让伦敦市议员参加，因为他料定，此议案事关伦敦市利益，若不充分听取该市议员意见，该议案在通过或贯彻过程中势必遇到麻烦。② 凡此种种，皆说明当时人们已经初步具有了议员乃"地方民意代表"的概念。因此，选民寄希望于议员在议会中反映地方民意，也是顺理成章。再者，议员是作为"高素质"的"社会贤达"和"民族精英"被推选出来的，而当时所谓"高素质"，不仅仅是德高望重，声誉卓著；也不仅仅是饱读诗书，学识丰富；更重要的，还必须洞明世事，体察民情。1593 年，米德尔塞克斯郡议员罗伯特·罗斯以"缺弦的琴奏不出悦耳的音乐"做比喻，表达他对议员整体素质的希望，即议员不仅要来自四面八方，所代表选区覆盖全国各地，还应该见多识广，真正了解各地方的民生民情。③ 伊丽莎白时代曾多次出席议会并热衷研究议会制度的弗朗西斯·奥尔福德议员则认为，各选区议员的搭配，应当既有满腹经纶、足智多谋之士，也有对地方事务和民生民情了如指掌的人。他说，只有这样才能满足议会立法的需要。④ 总而言之，都铎时期的议员虽非"地方民意代表"，但是无论政府还是地方民众，都对他们抱有期望，期望他们了解和反映本地社情民意，期望他们能够代表和争取本地的利益。

既然如此，由外地人担任本地议员便有所不妥。这种"不妥"，在都

---

① J. H. Hexter, *Parliament and Liberty*: *From the Reign of Elizabeth to the English Civil War*, p. 90; T. E. Hartley, ed., *Proceedings in the Parliaments of Elizabeth* I, 1558 – 1581, p. 238.

② David Dean, *Law-Making and Society in Late Elizabethan England*, p. 14.

③ J. H. Hexter, *Parliament and Liberty*: *From the Reign of Elizabeth to the English Civil War*, p. 90.

④ Norman Jones, "Parliament and the Political Society of Elizabethan England," in Dale Hoak, ed., *Tudor Political Culture*, p. 237; T. E. Hartley, ed., *Proceedings in the Parliaments of Elizabeth* I, 1558 – 1581, p. 230.

铎王朝以前尚不明显。而在都铎王朝，由于社会经济情况发生变化，渐渐地凸显出来。

都铎王朝正处于英国社会经济剧烈转型时期。市场空前扩大，但发育尚未成熟，管理亦不尽有序。机会空前增多，但是自由竞争和封建垄断并存，二者互相矛盾。地区之间、行业之间、经营者之间，既有相互依存，又有利益冲突。这样复杂的社会经济状况，迫切需要一种强有力的协调机制，而议会恰好能够发挥这样的作用。自中世纪以来，英国议会一直具有立法职能。16 世纪 30 年代宗教改革期间，英国脱离罗马教廷，建立真正主权国家的过程始终以议会立法的形式推进，议会本身也在这个过程中成为主权国家的化身，议会制定的法律是不容置疑的最高法，议会作为全国最高法庭，依据议会法裁决各类上诉。① 都铎时期议会地位之高乃是空前的，议会立法也因之呈现三个特点。

其一，社会经济方面的提案和立法数量大幅增加。以 1536—1545 年为例，在这 10 年制定的全部议会法中，社会经济类立法占到 75%，② 而通常立法数不到提案总数的一半，也就是说，还有一半以上社会经济类提案未曾进入立法程序便已"流产"。③

其二，议案与地方利益和群体利益密切相关。以伦敦市提交的议案为例：该市成衣制造商协会为获取充足的原料并防止进口服装竞争，于 16 世纪 60—80 年代多次提出禁止肯特和索福克两郡衣料出口的提案；④ 该市鱼商协会则提出禁止外地鱼商到伦敦市售鱼的提案；⑤ 该市锡镴制品商

---

① 关于宗教改革对议会地位提高的影响，参见刘新成《英国议会史上的一次重大变革》，《北京师范学院学报》1991 年第 1 期；I. Archer, "The London Lobbies in the Later Sixteenth Century," *The Historical Journal*, Vol. 31, No. 1, 1988, pp. 27 - 28, 39。

② J. Loach, *Parliaments under the Tudors*, p. 86.

③ 1559—1581 年，议会立法 221 件，而同期审议的提案高达 885 件。(G. R. Elton, *The Parliaments of England*, 1559 - 1581, p. 52) 爱德华六世（1547—1553）、玛丽一世（1553—1558）和伊丽莎白一世（1558—1603）时期，立法与议案之比分别是 36∶100、45∶100、28∶100。M. A. R. Graves, *The Management of the Elizabethan House of Commons*, Parliamentary History, Vol. 2, 1983, p. 14。

④ T. Vardon and T. E. May, eds., *Journals of the House of Commons*, Vol. 1, London, 1803, p. 90; T. E. Hartley, ed., *Proceedings in the Parliaments of Elizabeth* I, 1558 - 1581, pp. 208, 253, 531, 533, 545; *Journals of the House of Lords*, Vol. 2, London, 1846, pp. 161, 163.

⑤ I. Archer, The London Lobbies in the Later Sixteenth Century, *The Historical Journal*, Vol. 31, No. 1, 1988, pp. 25, 38.

协会提出限制本国锡出口的提案；① 男装制造商协会、火器制造商协会和饰品制造商协会分别提出禁止该类产品进口的提案；② 木工协会提出"禁止码头业主垄断木材进口贸易"的提案；③ 酒业协会为获得进口酒类出售权而提出"废除酒类专卖法"提案、为赚取高额利润提出废除"酒类限价法"提案；④ 为扩大销售，帽业协会提案要求"逢星期日国人必须戴礼帽"，火器制造商协会则提案要求"税金逾 10 镑的家庭必须置备胸甲和新式枪支"；⑤ 凡此种种，不胜枚举。其他地区类似议案虽不及伦敦市多，数量亦很可观。

其三，地方利益集团高度关注议会事务，为促成或抵制与之有关的立法，议会内外同时运作，相互呼应。例如，汉普郡的毛纺织工场以生产宽幅粗呢为主，工场主们对制定限制呢绒幅宽的法律极为不满，1536 年该郡议员便串联其他五郡的议员，在议会上共同对该法律发起猛烈抨击。⑥ 再如，1553 年 10 月 7 日议会开幕前夕，林肯市专门派人飞马赶至伦敦，将一份提案送交该市议员。⑦ 1563 年约克市政府得知即将召开的议会将审议与该市利益攸关的《学徒工法案》，立即开会商议对策，并部署该市议员在会上依计行事，这次议会结果对约克市不利，于是此后 10 年，每逢议会召开该市都精心策划，提交要求修改该法律的议案。⑧ 1576 年，以渔业城市拉伊市为首的 28 个沿海城镇联合提案，呼吁禁止外国渔民到英国入市售鱼，以保障本国渔民利益，⑨ 这一联合行动显然

---

① T. Vardon and T. E. May, eds. , *Journals of the House of Commons*, Vol. 2, pp. 1 - 2, 8, 12, 18 - 21; *Journals of the House of Lords*, Vol. 1, pp. 418, 421; I. Archer, The London Lobbies in the Later Sixteenth Century, *The Historical Journal*, Vol. 31, No. 1, 1988, p. 21.

② I. Archer, The London Lobbies in the Later Sixteenth Century, *The Historical Journal*, Vol. 31, No. 1, 1988, pp. 21, 38; T. E. Hartley, ed. , *Proceedings in the Parliaments of Elizabeth I, 1558 - 1581*, p. 372.

③ Sir Simonds D'Ewes, *The Journals of All the Parliaments during the Reign of Queen Elizabeth*, pp. 518, 520.

④ G. R. Elton, *The Parliaments of England, 1559 - 1581*, p. 84; T. Vardon and T. E. May, eds. , *Journals of the House of Commons*, Vol. 1, pp. 76 - 78.

⑤ I. Archer, The London Lobbies in the Later Sixteenth Century, *The Historical Journal*, Vol. 31, No. 1, 1988, p. 21.

⑥ S. T. Bindoff, ed. , *The House of Commons: 1509 - 1558*, Vol. 1, p. 57.

⑦ J. Loach, *Parliament and the Crown in the Reign of Mary Tudor*, p. 35.

⑧ G. R. Elton, *The Parliaments of England, 1559 - 1581*, pp. 85, 264.

⑨ Ibid. , p. 77.

是有计划有组织有"预谋"的。每当议会审议社会经济法案时，议会大厅外总是聚集着众多利益相关者，他们与议员保持联络，或打探情况，或传递信息，或出谋划策，或切磋商议，有时利益不同者还会在大厅外辩论甚或冲突。地方利益集团的高度关注对议员形成巨大压力。曾有议员感叹，如果议会结束后，除让地方上承担赋税外别无所获，那他们简直"无颜面对江东父老"。①

与上述特点相应，都铎时期很多申请选邑资格的城市都抱有明确的功利目的。例如毛纺织业城市德罗威奇，该市原来对议会并无兴趣，但是1534年议会颁布的"禁止个体户私自生产毛线法"使其受益匪浅，此后不久他们就递交了选邑申请并得到国王批准。牛津市与阿尔德伯里市水路相连，两市的水上运输业竞争激烈，与此相关的立法直接影响着两市运输业的命运，1571年阿尔德伯里市率先成为选邑，不久就通过议会立法扭转了竞争中的劣势。此事深深地刺痛了牛津市，几年后，当牛津的选邑申请也被批准时，市民们额首相庆。位于瓦什河两岸的波士顿和林恩也是为了争取商业竞争的优势而相继成为选邑的。②

抱着功利目的争取选邑资格，说明城市对议会的期望值增加。如此一来，城市议员肩负的责任加重，对他们的责任心和能力的要求也随之提高。都铎君主及其政府对议会的关注主要集中在批准其征收赋税以及通过少量有关政治与宗教改革的"政府提案"，而对议员们提出的有关社会经济的"私议案"兴趣不大，所以国王常常在政府提案通过后便宣布散会，从而使大量私议案未及讨论便"胎死腹中"。在这种情况下，一份事关城市或地方团体利益的"私议案"能否被宣读、审议、表决通过并得到国王批准，完全取决于议案提交者的经验、能力和手段，包括游说政府要员、贿赂收买议员、拉帮结派、利用客观情势等等"高超的议会运作技巧"。③ 更重要的是，议案提交者必须具有为争取提案成功想方设法、竭尽全力、百折不挠、在所不惜的高度责任感。而这种"不

① J. Loach, *Parliament under the Tudors*, p. 18.
② A. D. K. Hawkyard, "The Enfranchisement of Constituencies, 1504 – 1558", *Parliamentary History*, Vol. 10, 1991, p. 18.
③ 参见刘新成《都铎王朝的经济立法与英国近代议会民主制的起源》，《历史研究》1995年第2期。

达目的誓不罢休"的高度责任感，很大程度上来自于该议案与提交者的切身利益紧密有关，来自于提交者对议案内容有着亲身体验和深切理解。以下事例可以证明这一点。1529 年，布里德波特市制绳匠们为实现垄断经营，推选本行业协会的成员弗罗克为议员，他在议会上热情洋溢地赞颂该市制绳匠"对英国造船业的巨大贡献"，痛心疾首地陈述竞争给他们造成的"无法忍受的苦难折磨"，他满怀深情的演说是如此地打动人心，结果议会通过了在该市周围 5 英里范围内禁止任何"外人"销售麻线、麻绳及其他麻制品的法律。① 布里斯托尔市的商人分为两个集团，一个经营外贸运输业，一个经营小商品零售；前者与宫廷关系密切，加入了王室支持的外贸公司并在伊丽莎白统治初期获得了"专利法"的保护，该法律禁止布里斯托尔市的其他商人染指外贸业务；而后者则认为，该法律严重损害自己的利益。零售商们意识到，竞争对手之所以能够获得"专利法"的保护，与其把持着该市的议员席位有关，要想修订或废除这一法律，必须让自己的代言人进入议会。于是他们竭尽全力，终于在 1571 年使本行业协会的成员当选为议员，当年就在议会中成功地修改了"专利法"，极大地削弱了外贸运输业集团的垄断权。类似事例还曾发生在埃克塞特、施鲁斯伯里、切斯特和纽卡斯尔安德莱姆等城市。② 事实说明，地方利益集团越来越重视议会选举，希望通过推选自己的代言人担任议员来捍卫自身利益。在这种情况下，由外地乡绅充当"城市代表"出席议会日益显出"不妥"。

1571 年，对"乡绅入侵"合法性的质疑第一次在议会中出现。有议员指出，"领主信件"主宰城市选举的状况于城市不利，不能再继续下去；有议员主张，为维护"出自本地"的法律和城市的权利，对那些选举贵族举荐的候选人的城市应予重罚。③ 尽管在这次议会上，坚持"贵族举荐制"的意见仍占上风，但是质疑之声出现以及争辩之激烈表明，已有为数不少的城市感到自己的权利"被侵犯"，"乡绅入侵"已经不合时宜。

改变是迟早的事。当议会成分因此而改变，变成新的利益集团的代

---

① S. T. Bindoff, ed., *The House of Commons*: 1509–1558, Vol. 1, p. 78; Vol. 2, p. 177.

② J. H. Hexter, *Parliament and Liberty*: *From the Reign of Elizabeth to the English Civil War*, pp. 104–106.

③ P. W. Hasler, ed., *The House of Commons*, 1558–1603, Vol. 1, p. 47.

表们维权的阵地时，当这些代表感到，王权也在"侵犯"自己的利益时，议会与王权的冲突便不可避免。从这个角度讲，探究 17 世纪革命的原因，也不妨追溯到都铎时期的议会。

《中国社会科学》2008 年第 2 期

谁主沉浮：农牧交错带城址
与环境的解读[*]
——基于明代延绥长城诸边堡的考察

张　萍[**]

摘要　陕北长城沿线属黄土高原与鄂尔多斯沙地交接地带，也是北方农牧交错地带，历史上经常是游牧民族与农耕民族争夺的地域。明延绥长城及沿线 39 营堡就是在蒙汉争战过程中构筑起来的。由于营堡与交通走廊互为一体，带动了经济发展，历明清两代三百多年，发挥了重要的政治、经济与交通中心作用。它的废毁是在晚清民国时期，今天大多已沦为荒城。究其原因，城址选择上过多考虑军事防守需要是主因，而边疆内地化及沿边经济结构变动加速了其衰亡。因此，北方农牧交错地带城堡的兴衰与王朝的政治、军事行动相关联，与民族、部落流转迁徙及文明演进过程相一致，其中的历史成因极其复杂，城址废弃往往是多方面因素造成的。

关键词　明清　鄂尔多斯南缘　农牧交错带　城址　环境

　　20 世纪 60 年代，北京大学地质地理系主任侯仁之先生接受中国科学院治沙队的请托，带领历史地理考察小组对内蒙古西部乌兰布和沙漠、伊克昭盟与陕西榆林之间的毛乌素沙地、宁夏河东沙区进行了系统的实地考察。希冀以此为契机，探讨中国西北部广袤沙漠的形成原因，今后如何加以改造和利用，也使历史地理工作者参与到这一实际工作当中去。通过考察，侯仁之先生首次提出了历史地理工作者在沙漠考察中

　＊　本文受教育部高等学校全国优秀博士学位论文作者专项资金资助（项目批准号 2007B11）。
　＊＊　张萍，历史地理学博士，陕西师范大学西北历史环境与经济社会发展研究中心教授。

的任务，界定了历史地理学有关沙漠研究的性质、特点与价值，并将考察中发现的大量掩埋于广袤沙漠之中的古城遗址与周边环境变迁结合起来，进一步为中国沙漠历史地理研究寻求方法论的支持。1965 年，他在文章中指出：

> 根据中国科学院治沙队所组织的毛乌素历史地理考察队初步的考察，毛乌素沙带中也有大量古代人类活动的遗迹被保留下来，其中除去明清时代的不计外，从宋元以上一直到新石器时代的遗址，已被发现的就有 20 处之多。值得注意的是汉代的遗址，自东南而西北向沙漠内部伸入最远，唐代者次之，宋代者又次之，至于明代的遗址则已经退至沙漠的东南部边缘地区。这种地理分布，在时代上的差异不仅和汉族势力的消长有关，而且似乎也和沙漠形成在时间上的早晚有着密切的联系。[①]

从那时起，借助古城废墟、人居遗址进行环境判定，成为历史地理学有关沙漠化研究的一个切入点，沙漠历史地理学也成为历史地理学中最活跃的分支学科之一。在此基础上，侯仁之先生以十六国大夏都城统万城、唐代新宥州（城川古城）、甘肃敦煌汉龙勒—唐寿昌县城、宁夏河东沙区的明代铁柱泉城等古城遗址作为典型，"蠡测"周边环境的变迁，为历史地理工作者提供了一种新的研究思路。但鉴于地理学相关研究滞后，考古工作尚未深入，很多关键性解释还需要"更多、更深入的调查研究"，所以，侯仁之先生将之作为"初步的探讨"，深切希望将来能有人进行全面系统的调查研究。[②] 沿此思路，利用古城遗址进行西北地区环境变迁的研究后继不断。其中对于埋藏于乌兰布和沙漠、库布齐沙漠、河西古绿洲、鄂尔多斯沙地中汉唐古城遗址的考证研究，使大量无名古城被确认，构成

---

① 侯仁之：《历史地理学在沙漠考察中的任务》，《地理》1965 年第 1 期，引自《侯仁之文集》，北京大学出版社 1998 年版，第 251 页。

② 相关论述参考侯仁之《从红柳河上的古城废墟看毛乌素沙漠的变迁》，《文物》1973 年第 1 期；《从人类活动的遗迹探索宁夏河东沙区的变迁》，《科学通报》1964 年第 3 期；《乌兰布和沙漠的考古发现和地理环境的变迁》，《考古》1973 年第 2 期；《敦煌县南湖绿洲沙漠化蠡测》，《中国沙漠》1981 年第 1 期。均收入《侯仁之文集》，第 256—343 页。

沙漠历史地理研究的前期基础，取得了丰硕的成果。[①] 利用这些古城遗址进行区域沙漠化研究，也让我们看到了许多河湖海子、古代绿洲及其周边环境的变化过程，其中不乏考证精当、结论可信的成功之作。[②] 但是，随着这一研究领域的深化、所涉时空范围的扩大，存在的问题也越来越突出，如在利用城址进行环境变迁研究中自觉不自觉地将城址所处地域预设为环境优越之地，那么城址废弃自然也就被视为环境退化的表现，进而将城址废弃的时间认定为环境退化的起始时间。一些相关假设与推导，如城址可能或不可能建立在某些区域，州县治所的迁徙可能标示着地区生态环境的退化，即沙漠化等结论，也出现在一些相关研究论著中，这些恐怕都在不同程度上导致了历史地理学者对于区域环境变迁尺度的把握失衡。[③]

诚然，在中国北方尤其是西北干旱地区，沙化、水蚀等自然原因可以

① 王北辰：《库布齐沙漠历史地理研究》，《中国沙漠》1991年第4期；《甘肃黑水国古城考》，《西北史地》1990年第2期；《河西明海子古城考》，《西北师大学报》（社会科学版）1990年第4期；《甘肃河西古城骆驼城考》，《西北史地》1991年第2期；《唐代河曲的"六胡州"》，《内蒙古社会科学》1992年第5期；《甘肃锁阳城的历史演变》，《西北史地》1988年第2期，均收入《王北辰西北历史地理论文集》，学苑出版社2000年版，第117—230页。李并成：《残存在民勤县西沙窝中的古代遗址》，《中国沙漠》1990年第2期，第35—42页；《西汉酒泉郡若干县城的调查与考证》，《西北史地》1991年第3期，第71—76页；《西汉酒泉郡池头、绥弥、乾齐三县城址考》，《西北史地》1995年第3期，第7—11页。阎文儒：《河西考古杂记（上）》，《社会科学战线》1986年第4期，第135—152页；《河西考古杂记（下）》，《社会科学战线》1987年第1期，第130—148页。吴礽骧、余尧：《汉代的敦煌郡》，《西北师院学报》1982年第2期。孙修身：《唐代瓜州晋昌郡郡治及其相关问题考》，《敦煌研究》1986年第3期，第8—17页。

② 如李并成《锁阳城遗址及其故垦区沙漠化过程考证》，《中国沙漠》1991年第2期，第20—26页；《瓜、沙二州间一块消失了的绿洲》，《敦煌研究》1994年第3期，第71—78页；《河西走廊汉唐古绿洲沙漠化的调查研究》，《地理学报》1998年第2期，第106—115页；《今天的绿洲较古代绿洲大大缩小了吗——对于历史时期绿洲沙漠化的一些新认识》，《资源科学》2001年第2期，第17—21页；《张掖"黑水国"古绿洲沙漠化之调查研究》，《中国历史地理论丛》2003年第2辑，第17—40页，等等。

③ 参见冯绳武《河西荒漠绿洲区的生成与特征》，《兰州大学学报》1985年第3期，第30—38页。李吟屏：《和田地区沙漠与绿洲的变迁——从文字史料与考古资料得到的启示》，《新疆大学学报》1985年第3期，第70—80页。顾琳：《明清时期榆林城遭受流沙侵袭的历史记录及其原因的初步分析》，《中国历史地理论丛》2003年第4辑，第52—56页。艾冲：《论唐代前期"河曲"地域各民族人口的数量与分布》，《民族研究》2003年第2期，第51—60页；《论毛乌素沙漠形成与唐代六胡州土地利用的关系》，《陕西师范大学学报》（哲社版）2004年第3期，第99—105页。宋乃平、汪一鸣等：《宁夏中部风沙区的环境演变》，《干旱区资源与环境》2004年第4期，第7—12页。张维慎：《试论宁夏中北部土地沙化的历史演进》，《古今农业》2005年第1期，第94—100页。何彤慧、王乃昂等：《对毛乌素沙地历史时期沙漠化的新认识》，陕西师范大学西北历史环境与经济社会发展研究中心编：《历史环境与文明演进》，商务印书馆2005年版，第111—121页。程弘毅、王乃昂等：《河西地区沙漠古城及其环境指示意义》，陕西师范大学西北历史环境与经济社会发展研究中心编：《历史环境与文明演进》，第122—136页。王乃昂、何彤慧等：《六胡州古城址的发现及其环境意义》，《中国历史地理论丛》2006年第3辑，第36—46页。桑广书、陈雄等：《黄土丘陵地貌形成模式与地貌演变》，《干旱区地理》2007年第3期，第375—380页。何彤慧、王乃昂等：《宁夏河东沙地历史时期沙漠化过程新探》，《宁夏社会科学》2008年第2期，第108—111页。

摧毁城堡，导致人类居址的迁徙挪移。但除此之外，城堡的兴建与废毁还应有更多、更复杂的原因。城址是废弃的城镇，城镇选址及兴衰演替有其自身规律，不仅受地区的自然环境制约，与人文环境的关系更为密切。众所周知，西北地区自古是中国农牧经济交错地带，也是多民族聚居之地，这里的自然环境相对复杂，沙漠戈壁中不乏河湖绿洲，滩地海子往往又与沙丘相伴。在这一地区，王朝更迭往往更加突出地表现为边界移动、民族迁徙、农牧生产方式演替等多重复杂的关系，而这一系列的变化都会影响到城镇选址与兴废。如何科学地阐释城址与环境之间的关系，古城遗址的环境指示意义到底有多大？它和地区的自然与人文环境的关联度又有多深？先民修建城池时，在选择与利用地利条件时真的就那么理性与经济？在今天，回答这些问题就不仅仅关系到边疆地区的城镇兴衰问题，而且更加突出地表现为历史地理学有关环境变迁研究的方法论问题，其意义不言而喻。基于此，本文拟以明代陕北长城沿线营堡兴废为线索，探讨农牧交错地带城镇选址、兴衰与地区自然、人文环境之间的本质关系。希冀通过这种解读，真正揭示城址兴衰与环境变迁之间更深层次的内涵。不当之处，敬祈斧正。

一 环境诉说：北部边疆的宜耕宜牧之区

今天的鄂尔多斯南缘长城沿线分布着 6 个县，由东向西分别为府谷、神木、榆林、横山、靖边与定边县。从综合自然地理分区上，一般可将其划分为两大部分：一为温带风沙化干草原—淡栗钙土自然地带，其中包括定、靖北部黄土高平原滩地湖盆区，榆、神、横西北部高平原沙丘草滩区，府谷黄土丘陵沟谷区；一为暖温带草原化森林草原—轻黑垆土自然地带，其中又可细化为白于山黄土梁塬峁地区和横、子、米、佳、吴黄土梁峁沟壑区两部分，这两部分的分界线大体以长城为限，略有南移。其中第二部分在本区域内所涉范围极小，故略而不述（参见图 1）。

长城以北温带风沙化干草原—淡栗钙土自然地带，在地质构造上属鄂尔多斯台向斜陕甘宁凹陷带的一部分。第四纪以来地壳缓慢上升，与伊克昭盟西南部连在一起，形成辽阔坦荡但有起伏的高平原地形，海拔 1300—1400 米之间，较干旱。因缺乏流水切割，所以地势起伏小，地面比较平整。但是高平原上仍有地貌分异现象，地表沉积物分布、水文条件以及土壤、植被也有明显的地域性差异，它们相互作用，形成许多不同的地域类型区。从西向东，变化明显，又可分为三部分（参见图1）。

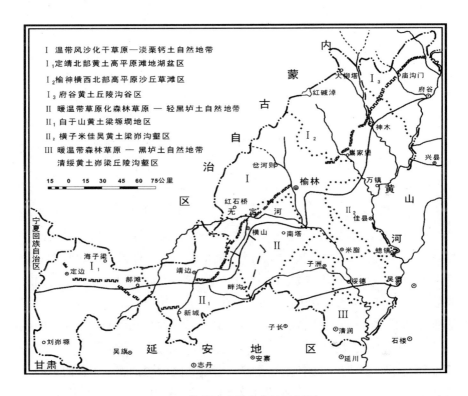

图1　榆林地区综合自然区划图

资料来源：陕西师范大学地理系：《陕西省榆林地区地理志》，西安：陕西人民出版社1987年版，第239页。

　　一是东部定、靖北部黄土高平原滩地湖盆区，占有定边和靖边县的北部地区。地表类型主要表现为黄土高平原地域类型，地面平坦完整，起伏较小。地表组成物质为黄土和粉沙，局部地区分布薄层片沙，气候干燥。在高平原中常见滩地分布，由沙及黏土组成，是由古代湖泊受气候变化干涸而成；中央低平，低洼部分常集水形成湖沼或盐地，面积大，可达几平方公里，甚至几十平方公里。湖泊也称海子，该自然区湖泊众多，星罗棋布，靖边县有大小湖泊40多处。二是中部榆、神、横西北部高平原沙丘草滩区，占有榆林、神木和横山县的西北部地区。地势起伏，风沙沉积物厚度较大，分布广泛，沙丘沙梁波浪起伏，是毛乌素沙漠的组成部分，丘间地和河谷地带有草滩、阶地出现，交错分布，彼此镶嵌，形成各具特性的土地类型区。沙地构成该自然区域类型的主体，为中生代杂色砂页岩和新生代的河湖相沉积物，结构疏松，极易风化，在风的作用下，常形成连绵不断的沙丘，且以流动沙丘分布最广。滩地少面积小，且多分布在沙丘与沙丘之间的洼地区，有些分布在现代水系的上游，原系古河道的谷地，后因沙丘包围，流水线被阻隔切断，形成现在的内流滩地。该区湖泊众多，星罗棋布，大小不等，水质较好，水源丰富，或可发展渔业生产。三是东部府谷黄土丘陵沟谷区，几乎占有府谷县全境以及神木县东北部地区。该区地势由西北向东南倾斜，海拔在 1000—1200 米之间。地形有黄土梁峁、宽阔谷地和峡谷等，地表沉积物有黄土、红土、沙以及近代河流冲积淤积物等，它们分布不同，形成不同的地域类型区。

从生产条件来看，定、靖北部黄土高平原区，由于土质疏松，土层深厚，耕性良好，大片土地已被开垦种植春小麦、玉米等农作物。滩地则由于地下水位浅，盐渍化严重，形成湿盐碱草滩，生长有各种耐盐植物如碱蓬、盐蒿、艾蒿和灰条，仅能放牧牲畜。海子多为盐湖和碱湖。定边西北部盐场堡一带，湖水矿化度高达 20—40 克/升，为产盐基地。榆、神、横西北部沙丘草滩区，由于流动沙丘冬春季受强盛的西北风影响，大多向东南方移动，常压埋农田，淤塞河道。因此，防风固沙、种植牧草是主要任务。固定半固定沙丘，以神木和榆神、榆横公路两旁最普遍，它们不同程度地为白草、冷荔、沙蒿、沙竹以及沙柳、柠条所固定，可用作牧场，放牧小牲畜。这里的滩地势低平，地下水位浅，水源丰富，土质肥沃，夏季水草丰盛，是沙区的绿洲，开发方便，宜牧宜农，适合放牧羊、马和骆驼。农作物可种植春小麦、荞麦、玉米、谷子、马铃薯和甜菜，引水灌溉区能种植水稻。东部府谷黄土丘陵沟谷区，地面覆盖着薄厚不等的黄土和红土层，发育着淡栗钙土、绵沙土等，草场辽阔，可放牧牛、羊、马、驴；在开垦的耕地上，种植糜子、谷子等作物。黄甫川、清水河、孤山川等河流两岸有较宽阔的冲积阶地，地势低平，便于灌溉，是该自然区主要的粮食基地。黄甫川两岸产粮区有"金皇甫，银麻镇"的美誉。①

依据今天地理分区综合考察，在自然环境恶劣的西北地区，鄂尔多斯

---

① 本部分参见陕西师范大学地理系《陕西省榆林地区地理志》编写组编《陕西省榆林地区地理志》第 11 章《土地类型和综合自然区划》，第 242—244 页。

南缘，即今陕西长城以北却相对优越，是一片资源丰富的地域。民国时有调查称：河套地区"前套中部砂山连亘，高出黄河水面约一千尺，地势高亢，水分缺乏，沙砾弥漫，蓬蒿满目，颇不宜于农产。惟沿黄河一带及长城附近，地稍平坦，土质较佳。自康熙末年，山陕北部贫民，由土默特渡河而西，私向蒙人租地垦种。而甘省边氓亦复逐渐辟殖。于是伊盟七旗境内，凡近黄河长城处，所在（皆）有汉人足迹"。① 充分肯定了鄂尔多斯南缘地区自然环境的优越，在沙漠草原地带，这里不失为水草丰美、宜农宜牧之区。

二 战争带来的契机：明代边墙 修筑与军镇的构建

长期以来，鄂尔多斯地区始终是多民族聚居之地，时常成为北方游牧民族与南方农耕民族拉锯战的战场。商周之际，这里分布着鬼方、昆夷、獯鬻、猃狁等部族。春秋战国以降，匈奴族成为这一地域的主人。元朔年间（前128—前123），武帝拓边，匈奴远遁，西汉王朝在这一区域除沿袭陇西、北地、上郡、云中四郡外，又取秦九原郡西部置朔方郡、东部置五原郡，另置西河郡（西北部辖区），部分附汉匈奴被安置在这一区域。魏晋至隋唐，氐、突厥、回纥等相继占据河套，唐高宗调露元年（679）设"六胡州"管理突厥降众。两宋时期，该地区基本为西夏管辖。明代北元王朝建立，鄂尔多斯地区又成为蒙古势力长期占据之地。虽然历史时期这一区域不乏州县之设，② 但民族的争夺与分割，成为这一地区历史发展进程中的主旋律，最终形成今日鄂尔多斯南缘——陕边六县经济地理新格局则肇基于有明一代。

明代鄂尔多斯地区较为空旷，其南缘——今陕西长城以北区域长期处于

---

① 潘复：《调查河套报告书》，京华书局1923年版，第219页。

② 康熙《延绥镇志》载："延绥镇在周为猃狁，春秋为白地，战国时属赵，秦始皇三十二年蒙恬略河南，拓榆中地千里，属上郡。汉广为榆，为云中郡及五原郡之南兴县地，而榆溪之水出焉。所谓榆溪旧塞是也。东汉因之，晋为九原、云中两县地，属并州新兴郡。隋初置胜州，炀帝初，州废，置榆林郡，统县三，曰榆林、富昌、金河，有榆林宫，东为榆林关。唐武德中没于梁师都，师都平复，置胜州榆林郡，领县二，曰榆大、河宾，宋没于赵德明，为夏境，金元为米脂县地。"（谭吉璁：康熙《延绥镇志》卷1《地理志》，刘汉腾、纪玉莲校注，三秦出版社2006年版，第22页）

战备状态，因此，始终没有形成行政建置上的州县分区，而是军政体制相参而用，营堡、镇寨周密布设。军事性营堡的布设又与王朝在整个北部军事防线的进退相一致。明初，元朝蒙古政权被推翻以后，残余势力退回漠北草原游牧之区，成为朱明王朝的一大对抗势力，不断骚扰明朝北边。洪武年间，明王朝初建伊始，对北部边疆采取积极进取的策略，建立起一整套带有攻击性质的防卫体系。以辽东、大同、大宁、甘州为连结点，分设都司与行都司，将所辖开原、广宁、开平、兴和、宣府、东胜、宁夏的各镇卫连结起来，形成坚固的防线，力图将蒙古势力围困在漠北之地。分别设于洪武四年（1371）、十二年的宁夏、甘肃两镇担当了西北地区军事防卫的重任。今天的陕北区域分设有延安、绥德两卫所，下辖部分军寨与当地的三州、十六县交错管理，布防轻弱。明初魏焕曾论，"今按河套边墙，自国初耿炳文守关中，因粮运艰远，已弃不守，城堡、兵马、烽堠全无"。[1] "土木之变"中英宗被掳，明政府与蒙古的争战白热化。与此时间大体相当，蒙古部族南进，占据鄂尔多斯地区。这样，蓟州、宣府二镇成为明朝国都北门的重要屏障，开始与大同处于同等重要的战略地位。而延绥、山西镇（偏头关）的战略地位也大大提高，经略延绥成为正统以后明政府重要的军事措置。这一时期也就成为鄂尔多斯南缘军事防线发展的关键时期。

为防范入套蒙古部族对延安、绥德与庆阳等地的骚扰，正统二年（1437），镇守延绥等处都督王祯开始在榆林一带修筑城堡，设防备敌。沿边共修筑城堡 25 座，[2] 大致分布在榆林边区，今天的长城沿线，所谓"延绥二十五堡，东自清水营，西至定边营，俱系通贼紧阔处所"。[3] 然此 25 座营堡驻军尚不多，成化元年（1465），延绥总兵官张杰就曾说"延庆等境广袤千里，所辖二十五营堡，每处仅一二百人，难以应敌"，[4] 防守任务由轮班调派的客兵来完成。延绥镇守备的完善是在成化时期，余子俊筑边墙，改守套为守边墙，形成以边墙为防御体系的沿边营堡中心。边墙最终修筑始于成化十年三月，至同年闰六月完成，主体工程历时三月有余。[5]（参见图2）

---

① 魏焕：《巡边总论·论边墙》，《明经世文编》卷250，中华书局1962年版，第2629页。
② 《明史》卷91《兵志三》，中华书局1974年版，第2237页。
③ 余子俊：《处置边务等事》，《明经世文编》卷61，第492页。
④ 《明史》卷91《兵志三》，第2237页。
⑤ 《明宪宗实录》卷130，成化十年闰六月乙巳，江苏国学图书馆传抄本，第17函，第166册，第5b—6b页。

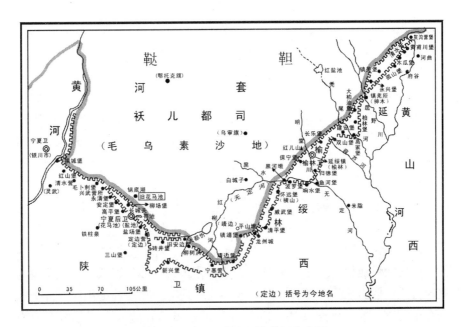

图2 明延绥长城及沿线营堡分布图

资料来源：据谭其骧主编：《中国历史地图集》第 7 册《陕西一》改绘（中国地图出版社 1982 年版，第 59—60 页）。

边墙，今人称之为长城。延绥长城大体分布在今陕西省北部的府谷、神木、榆林、横山、靖边、吴旗六县境。东北起自黄河西岸，西南至今宁夏盐池县东界，即"东起黄甫川，西至定边营，千二百余里，墩堡相望，横截套口"。分大边与二边两道防线，大边位北，二边居南，两者相距 10—30 里不等，营堡均位于大边之南，二边墙则穿行于各堡之间。①

伴随延绥长城的修筑，营堡进一步展拓，全线列 36 营堡。这些营堡大多是在以往营、寨的迁建、挪移后形成的沿长城稳固的边防基地。其中镇城榆林镇在永乐时只称榆林寨，规模很小，也无防守军兵；正统初年改建为堡；成化七年闰九月，巡府王锐于此增立榆林卫；至九年六月，迁延绥镇于榆林卫城，成为镇卫中心。其他营堡则建于成化七年至十五年之间，由余子俊督建完成，以后历年略有修葺、增筑，到万历时升至 39 座。据《皇明九边考》，沿边各堡之间距离多在四五十里之间，远者七八十里，

---

① 参见韩昭庆《明代毛乌素沙地变迁及其与周边地区垦殖的关系》，《中国社会科学》2003 年第 5 期，第 197 页。

最远不超过百里，可见这一防线中营堡的布设是经过一定规划的。[①] 营堡
又分东、中、西三路守御。东路营堡共 12 处，守军 14496 名，设分守东路
右参将一员，驻扎神木堡。中路 11 处城堡，守军 17850 名，镇守总兵官一
名，驻扎榆林城。另外，榆林城作为本镇中心尚有协守副总兵一员，管理
全镇边防、屯田、粮草等，巡抚都御史一员，亦驻扎此城，为全镇之心
脏。西路 16 处城堡，守军为 16693 名，设分守西路参将一员，驻扎新安边
营。由此，逐渐形成了以长城为防线，三十余城堡固定的防守前线。[②]

三　功能拓展：军镇职能的多元化发展

从今天长城所在的地理位置可以明显看出，余子俊所修长城充分利用
了当地的地形地貌。陕北榆林地区的地貌分区大致可分为风沙区、丘陵沟
壑区与梁状低山丘陵区三类。风沙区位北，是毛乌素沙地的南缘，占全区
总面积的 36.7%，海拔 1000—1300 米。梁状低山丘陵区主要分布于西南
部的白于山区，占全区总面积的 11.6%，海拔 1600—1800 米。东部为丘
陵沟壑区，面积最大，占全区总面积的 51.7%，海拔 1000—1300 米之间。
边墙大体上是沿北部风沙区与西南部白于山区、东部丘陵沟壑区的分界线
的东西走向，充分利用了自然地理高差。[③] 据文献记载，余子俊修长城
"依山形，随地势，或铲削，或垒筑，或挑堑，绵引相接，以成边墙"，在三
个多月的时间就完成了这一举世瞩目的浩大工程。[④] 事实上，这样的工程
施工，不仅大大缩短了工期，而且为陕北沿边东西走向交通道路的形成奠
定了基础。

延绥镇 39 营堡，均分布于边墙沿线，边墙以外挖有深沟，"深沟高
垒"，墙堑结合，增加了边墙的相对高度。边墙内侧形成通道，"商旅游
行，循沟垒不受惊张之虞"。[⑤] 榆林镇东西两侧的边墙内有一条漫长的沿
长城内侧而行的道路，自镇城东赴黄甫川堡，共约 540 余里。西去的道路

① 魏焕：《皇明九边考》卷 7《榆林镇》，《中国西北文献丛书》第 79 册，兰州古籍书店
1990 年版，第 296—299 页。
② 谭吉璁：康熙《延绥镇志》卷 1《地理志》，第 10—15 页。
③ 陕西师范大学地理系：《陕西省榆林地区地理志》，第 28—48 页。
④ 《明史》卷 178《余子俊传》，第 4736 页。
⑤ 胡汝砺编、管律重修、陈明猷校勘：嘉靖《宁夏新志》卷 1《宁夏总镇·边防》，宁夏
人民出版社 1982 年版，第 19 页。

跨榆溪河，历 14 营堡，直达宁夏花马池，路程约 660 里。在明代"运粮者循边墙而行，骡驮车挽，昼夜不绝"①，是延绥长城之间最重要的东西交通线。由于沿边交通路线均为联系各营堡而设，因此当时边墙及附近地区"东西各路沿边俱无驿，每堡额设募夫二名、站驴十头，以接塘报，草料与各驿同，其钱粮俱以布政司给发"。密集的营堡群及联系其间的交通道路节省了驿站的设置，入清以后继续沿用，成为明清两代陕北长城沿线沟通东西向最重要的官驿大道。②

自边墙修筑以后，明政府进一步加强这一带的军事防御能力。驻军改轮班调操为固定编制，各营堡均有固定的军额。以万历时各堡驻军来看，多者三千人，少亦五六百人（参见表3）。明代兵制，固定驻军往往带有眷属，故军户兵丁往往以户为单位，各营堡形成相对集中的聚落群体。从对万历年间各营堡的统计数据来看，营堡规模都比较大，除新兴堡为 1 里 146 步、镇罗堡 307 丈以及威武、清平二堡分别为 280 步、384 步，其余均在 2 里以上，大者甚至 8 里以上，镇城更达 13 里 314 步，外加 7 里的逻城。③ 这样的营堡与明代陕西小规模的州县城池基本相当。以延安府各州县来看，最小的县城吴堡只有 1 里 70 步，葭州（佳县）、洛川县城周 2 里左右，安塞、甘泉、府谷等县为 3 里多，延川县、宜君县为 4—5 里，延安府、延长县、鄜州（富县）、米脂县、绥德州、保安县城规模较大，为 8—10 里，然仍小于榆林卫城。④

长期战守使得营堡不仅军事装备齐全，内部设施也呈多元化发展趋势。榆林镇城作为全镇的军事指挥中心，其经济与文化也进一步发展，政治、经济职能均在加强。镇城中设有总镇署，作为三边总镇，政令中枢，榆林镇成为这一带号令四方的中心。另外榆林镇城还担负着保证下署营堡军需供应的重责，城中设有"广有库、新建库、抚赏库、榆林卫库、神机库、军器库、利益库、药局、置造局"等不同功能的仓库⑤，储存边镇所需各种物资，为边镇物资调配服务。如本省及山西、河南民运粮或折色征

---

① 王琼：《北虏事迹》，《中国西北文献丛书》第 103 册，第 136 页。

② 雍正《陕西通志》卷 36《驿传》，《中国西北文献丛书》第 2 册，第 445—446 页；民国《续修陕西通志稿》卷 53《交通二》，《中国西北文献丛书》第 7 册，第 464—468 页。

③ 谭吉璁：康熙《延绥镇志》卷 1《地理志》，第 24 页。

④ 嘉靖《陕西通志》卷 9《土地九·建置沿革下》，三秦出版社 2006 年版，第 413—431 页。

⑤ 万历《延绥镇志》卷 2《边饷·贮所》，明万历三十五年刻本，国家图书馆藏缩微胶卷。

发的银、布等，当时布政司规定"鄜延本色输镇城，环、庆等处输边堡"。① 延绥东路城堡附近无屯田，所需军事供应除一部分由盐商以引盐籴豆运赴外，大部分靠镇城东调，延绥东路货品来源也大多靠镇城转运。镇城的抚赏库、药局、置造局尚储有"发买到江浙等处缎绢、梭布、皮料"等物品，以及"川广诸药料"、"发买到诸铜铁督匠打造盔甲、炮铳诸器械"。② 可见镇城的货物来源不仅有邻近省区如山西、河南等，而且包含有江南、川广南方市场上的货品，这些货品主要也是为边镇各营堡军需服务的。另外，自余子俊创建镇城以后，为提高榆林官兵子弟的文化素质，还着手发展教育，兴修屯田，"清厘陕人有伍籍诡落及罪谪者，徙实之，择其才子弟为建学立师，教之，又开界石外地兴屯田，岁得粮数万石，事皆创始，而经画焕然，自是榆为雄镇"。③ 发展到高峰时，榆林镇已是"巍然百雉，烟火万家"，④"屹然为三边雄镇"，⑤ 成为西北边陲屈指可数的繁华城市。当时榆林镇城中聚集着大量军事将领，多"素封"之家，这些官宦世家聚居镇城，改变了城镇的整体文化氛围。榆林城镇建筑格局十分规整，所建衙署、庙宇、学宫及官员府邸、富户宅居、店铺等多仿效京城建筑风格，为砖瓦结构、四合院式，亭台楼阁、牌坊、塔楼，素有"小北京城"之称。⑥

除镇城以外，各营堡作为沿边边备中心，伴随人口规模的扩大，经济与文化也得到发展。靖边营是西路营堡之中心，"故无学"，西路子弟就学往往要去榆林卫城，"远在数百里外"。隆庆间，"宪副使北海杨君锦始建龙图书院于城北之阜"。万历初，大中丞郜光先等"疏请建学，后不果"。至万历九年（1581），"观察使涪陵文君作言之于大中丞，遂城"。王汝梅又仿州邑学宫制度，创建殿、庑、堂、斋、门、坊、祠宇等。后经观察使余之祯、总督徐三畏捐俸禄助修成学宫。到万历二十八年再修文庙一处，建"大成殿五楹，两庑十楹、仪门三楹，东西角门各一楹，棂星坊、教官

---

① 谭吉璁：康熙《延绥镇志》卷2《食志·运法》，第102页。

② 万历《延绥镇志》卷2《边饷·贮所》。

③ 谭吉璁：康熙《延绥镇志》卷1《地理志》，第44页。

④ 陆重沐：《香严寺新创万桃山序》，榆林市志编纂委员会编：《榆林市志》卷28《附录·碑文》，三秦出版社1996年版，第817页。

⑤ 榆阳绅耆：《重修榆林镇城记》，榆林市志编纂委员会编：《榆林市志》卷28《附录·碑文》，第819页。

⑥ 榆林市志编纂委员会编：《榆林市志》卷11《城乡建设志》，第331页。

公署各具"①。经过几任观察使、总督的努力，西路学宫终于建成，彻底解决了各营子弟就学问题，而在此规划之下，靖边营城也成为榆林卫署之下的西路文化中心。

明代陕边军镇职能多元发展一个最重要的表现是其经济职能的成长。由于军镇消费的需求，以及沿边贡市的发展，极大促进了沿边营堡市场的发展。榆林镇作为北部边塞的商业中心，城镇市场相当活跃，镇城南北两区均分布有米粮市、柴草炭市与盐硝市；北米粮市、柴草炭市俱在鼓楼前；南米粮市、柴草炭市，俱在旗神庙前后；盐硝市各随南北米粮市、凯歌楼位居城镇中心，是全镇最繁华的区域，也是市场集中区。杂货市在凯歌楼前，以后又经发展向北延续直达鼓楼附近；驼马市在凯歌楼南；猪羊市在税课司南，即南城新明楼附近；镇城广有仓前又有木料市。② 由于北城为镇城中心，故各市场均偏居城北。南部米粮市、柴草炭市则居南关之外、旗神庙前（旗神庙在南关外）。很明显，这一市场不仅仅是为南城居民购买米粮、柴炭、盐硝而设，同时承担了一定的批发功能，设于南关外，既方便附近地区粮食售卖者随近就市，同时不受城门启闭的制约，方便转输。除供边镇服务的军需市场外，榆林镇城北尚存在一处大规模的交易市场，即与北边蒙古交易的官方贡市市场——红山市。红山市距离榆林镇城偏北约十里许长城口外。③ 嘉靖四十三年（1564），为方便双方贸易，延绥镇将在此督筑易马城，成为陕北地区最大的边贸市场，"当贡市期，万骑辐辏"。④ 镇城以外，神木堡、靖边营、新安边营、孤山堡、清水营、安边营俱有常市，其他营堡"或单日，或双日，或月六集，或月九集"⑤，出现了军事城镇的商业化发展趋势。⑥

明代陕北沿边军事营堡因驻扎军户而构成的居民群体动辄即达五六百户（参见表3），有些地理位置重要的营堡，驻军户口在千户以上，榆林镇城更高达三千余户，这样规模的营堡不亚于明代的州、县城居人口数量，

---

① 涂宗浚：《重修靖边所儒学记》，谭吉璁：康熙《延绥镇志》卷6《艺文志》，第595页。
② 万历《延绥镇志》卷2《钱粮下·关市》。
③ 谭吉璁：康熙《延绥镇志》卷2《建置志·市集》，第113页。
④ 涂宗浚：《镇北台记》，谭吉璁：康熙《延绥镇志》卷6《艺文志》，第594页。
⑤ 万历《延绥镇志》卷2《钱粮下·关市》。
⑥ 参见张萍：《明代陕北蒙汉边界区军事城镇的商业化》，《民族研究》2003年第6期，第76—85页；《从"军城"到"治城"：北边民族交错带城镇发展的一个轨迹——以明清时期陕北榆林为例》，《民族研究》2006年第6期，第63—71页。

甚至有过之。伴随着边镇军事地位的提高，其经济与文化职能也在不断加强，各营堡沿边墙一线发展形成一组独立的、体系完备的城堡聚居群体，构成后代榆林沿边城镇地理格局的最初形态。

四　从营堡到城镇：清代军镇的职能转型

1644 年清军入关，结束了明王朝 276 年的统治，同时也结束了沿边蒙汉之间近三个世纪的民族纷争。满汉关系融洽，北部疆域进一步拓展，伴随着边疆内地化的发展进程，边墙也不再是蒙汉两族疆域划分的界标。

康熙初年，沿边市场设置与明代大体一致。据康熙《延绥镇志》载："边市距镇城之北十里许为红山市，又东为神木市，又东为黄甫川市，皆属国互市处也，正月望后择日开市，间一日一市⋯⋯镇城及营堡俱有市面，沿边村落亦间有之⋯⋯其税少，止数钱，多不过二两而已，各堡之守备、把总司之，于春秋两季解布政司充饷。"[1] 鉴于陕北沿边地区民事浩繁，"夷汉杂居，必须大员弹压"。[2] 雍正九年（1731），清政府在榆林一带划定州县，改过去的军事管理为行政划区，设置榆林知府一员，原靖边堡、定边堡、怀远堡所辖区域，以五堡为单位，划界分疆，设置州县。靖边县设于原明代的靖边营，下辖龙州、镇靖、镇罗、宁塞四堡；定边县设于原定边堡，下辖安边、新兴、砖井、盐场四堡；怀远县（今横山县）设于原怀远堡，下辖波罗、响水、威武、清平四堡；榆林府设于原榆林镇城，附郭榆林县下辖保宁、归德、鱼河、镇川四堡；外加神木、府谷两县，构成沿边六县。六县沿边墙东西分布，也称陕边六县，从此完成了陕北地区州县分区的厘定工作。此时的原明代边堡虽在撤卫立县以后失去了军事价值，但一则由于堡内设施相对齐备，建筑优于一般乡村，人口也较集中；再则这些边堡大多分布在边墙一线，仍担负着交通与防护的重任，各县之下，营堡大多设有分防把总或分防外委（参见表 1），同时布有塘汛，是重要的政治、军事与交通中心，所以仍普遍延续为本县重要镇市，经济发展也相对优越。

---

① 谭吉璁：康熙《延绥镇志》卷 2《建置志·市集》，第 113 页。
② 《大清世宗宪皇帝实录》卷 100，雍正八年十一月壬午，《大清历朝实录》第 16 帙，第 7 册，第 13 页 b，（伪）满洲帝国国务院发行，日本东京大藏出版株式会社承印。

表1　　　　　　乾隆年间榆林府四县堡镇分防设置及修葺情况表

县	堡镇	分防	修葺	县	堡镇	分防	修葺
榆林县	常乐堡	分防把总	乾隆三十三年(1768)请修	府谷县	孤山堡	分防千总外委	乾隆三十六年请修
	双山堡	分防外委	乾隆二十三年请修		镇羌堡	分防都司外委	乾隆二十三年请修
	归德堡	分防外委			木瓜园堡	分防守备外委	乾隆三十三年至五十五年请修4次
	鱼河堡	把总、外委	乾隆三十三年请修		清水营	分防把总	
	镇川堡	分防外委	乾隆三十三年请修		黄甫川堡	游击把总外委	
神木县	保宁堡	设守		怀远县	波罗堡	参将守备把总	乾隆三十八年请修
	建安堡	分防外委			响水堡	分防外委	乾隆三十八年请修
	柏林堡	把总、外委	乾隆三十三、五十一年请修		清平堡	分防外委	
	大柏油堡	旧设分防守备，今裁			威武堡	旧设分防把总，今裁	
	高家堡	都司外委	乾隆三十三年请修		永兴堡	分防把总外委	

资料来源：道光《榆林府志》卷6《建置志·关隘》，第200—205页。

　　为保证地方经济的发展，清代沿边各县对城堡大多进行修葺与加固，内部结构也进行改造。榆林镇城设置为府，作为地方府一级的行政治所，政治职能更加突出。雍正九年设榆林府、县署后，原明代旧有的衙署城堡厅改为府署，知县署占用原察院，道署移建在新明楼巷。在此之前的康熙初年就曾整修或重建各衙署，原明代榆林城北部所建榆林卫、兵备道、管粮厅、布政司等带有军事性质的衙署或已废弃，或改作他用，而相应地增修、扩修文庙、学宫、书院等各种文教设施以及钟楼、鼓楼、凯歌楼、新明楼等各种城市标志性建筑。自康熙至乾隆年间又修建万佛楼、文昌阁等宗教与文化性建筑，城市的军事氛围一扫而空，军事城镇转向地方化发展，榆林城市性质彻底改变。① 神木县城与之大体相当。明代的神木县城本继元云州城而来，后"御史王翱查边，奏县寨居山顶不便，宜移置平

---

① 道光《榆林府志》卷7《建置志》，凤凰出版社2007年版，第38册，第210—216页。

川"。正统八年迁筑于"东山旧城之川口"。① 这是明代陕边军镇中极少的
几处位于平川之上的堡镇。入清以后，神木县城维持原址，并经多次修葺
（参见表2）。明代的县署继续延用，城中以凯歌楼为中心，南北分区。清
顺治年间，知县程启朱又仿各州县规制，于凯歌楼南北分建鼓楼、钟楼各
一座。由于神木县地理位置重要，清王朝于此设理事司，直接受制于理
藩院，分管蒙古事宜，神木理事司员署借希文书院改建而成。其他儒学、
文庙、典史署均延用明代旧址而略有修葺，明代的军事衙署察院、神木
道署等则因官署撤并大多荒弃。② 伴随着城镇经济的发展，神木县市场
也逐渐发达。雍正年间，县中市场分三区，城内集市在凯歌楼前，当为
服务于城内居民的小市。③ 较重要的转输中心一在南关，"南关外多过
客店房、酒肆、饭铺"，是为中转贸易客商服务的中心；一在北门外，
是康熙年间在观察使罗景劝谕下新建的市场区。志载"北门外自古无关
厢，康熙乙未，观察罗公景留心地方，出示劝谕，民皆踊跃，争先建房贸
易，人烟凑集，不啻城市"。④ 这种市场区向关外延伸在陕边六县城镇中
非常普遍。

表2　　　　　　　　　**明清陕边六县城池维修统计表**

县	修建年代	明代修葺	清代修葺
榆林	正统初年	成化二十二年展北城，弘治五年（1492）展南城，正德十年（1515）筑南关外城，隆庆元年（1567）筑罗城，万历元年筑上垣，嘉靖、隆庆、万历相继包砖	康熙六年（1667）重修，十年重修鼓楼，十一年修钟楼，乾隆十三年知县邱时随请修，二十七年知县徐元弼捐修
神木	正统八年迁建	隆庆五、六年加高，万历六、七年用砖包砌	康熙二十四年重修，雍正四年、乾隆十一年知县胡增煐、陈天秩均请修。乾隆二十六年、嘉庆五年（1800）吴斐龙、王文奎捐修钟楼
府谷	基址始于五代	正德十五年拓筑，嘉靖中重修	乾隆十一年、五十一年知县宫殿封、黄秉哲均曾请修钟楼

① 道光《神木县志》卷3《建置上·城池》，凤凰出版社2007年版，第37册，第487页。
② 道光《神木县志》卷3《建置上·衙署》，第37册，第492页。
③ 雍正《神木县志》卷1《市集》，凤凰出版社2007年版，第37册，第380页。
④ 雍正《神木县志》卷1《关厢》，第379页。

续表

县	修建年代	明代修葺	清代修葺
怀远	天顺中	隆庆六年加高，万历六年砖砌牌墙垛口	乾隆二十四年、五十六年知县侯均、喻文鏐均请修，嘉庆元年及十一年知县王铸捐修
靖边	成化十一年	隆庆六年加高，万历六年砖砌牌墙垛口	乾隆三十年知县何廷璋补修，嘉庆四年知县郭士颣捐修
定边	正统二年	嘉靖中设关城，万历元年展西关，三、四年加高，六年砖砌牌墙垛口	乾隆十二年知县石崇先重修

资料来源：康熙《延绥镇志》卷1《地理志》，第23—32页；道光《榆林府志》卷5《建置志·城池》，第198—200页；嘉庆《定边县志》卷2《建置志·城垣》，第21页；光绪《靖边县志稿》卷1《建置志·城池》，第285页。

  孤山堡是府谷县内明代重要营堡，位于二边长城之上，府谷县城之北40里处，成化年间移建，万历三十五年巡抚涂宗浚包砖，周围3里34步。① 撤卫立县，本堡未立州县，但设有分防、塘汛、驿传。② 康熙十年六月俞亮升孤山堡守备，"至之日，堡中草深三尺，唯见破壁败垣，不辨街巷。兵民寥落，官无廨舍"，"乃于旧署之废者，创而新之。有堂、有室、有库、有廊、有宾馆、有厩房；有门翼然，有垣截然"。③ 经过修复，孤山堡成为府谷县下一个重要的军事与交通中心，经济发展也日益明显，市集每月逢三日大集、八日小集。④ 清代陕边六县下的各营堡发展模式大率如此。

  这样，由镇城到府治，由卫所到县城，边堡分防、塘汛的设置，形成了沿边一整套行政管理体制，进一步加强了各营堡之间的联系。因此，入清后，原明代沿边较大营堡不但没有因撤军而消亡，反而又有了一定的发展，各地方官大多致力于边堡的维修，使之为新王朝服务。陕边六县的城镇体系也大体延用明代边堡系统，沿边墙一线分布。这些边堡经职能转型，既承担了本县行政与防卫中心的职能，也担当了本县经济中心的职能，其网络体系与明代保持不变。

---

① 谭吉璁：康熙《延绥镇志》卷1《地理志》，第28页。
② 乾隆：《府谷县志》卷3《驿传》，凤凰出版社2007年版，第41册，第98页。
③ 俞亮：《重修孤山堡公署记》，谭吉璁：康熙《延绥镇志》卷6《艺文志》，第614页。
④ 乾隆《府谷县志》卷1《市集》，第30页。

五 兴废有时：晚清州县城镇
体系的北延与边镇衰微

陕边州县城镇体系的北延是伴随北部蒙地的开垦及蒙汉民族交往而不断深化的。雍正九年州县设置，以后民户不断增多，社会经济结构也发生根本性变化，尤其是边外地土的拓展，与蒙古民族的交通往来日益增多，市镇结构也发生重大变化，逐渐由明代的带状集中分布，演变为分散、多元的发展模式。

清初，政府为保证蒙古各部游牧经济的发展，对其实行"盟旗制度"。为区别农耕与游牧两种截然不同的生产方式，保证互不相扰，在陕北边墙以北划出 50 里禁留之地，不准汉耕，也不许蒙牧，这 50 里禁留地成为蒙汉两族的中间地带。[①] 康熙二十二年，蒙古多罗贝勒松阿喇布以"游牧地方狭小，应令于定边界外暂行游牧"，[②] 请示理藩院，得到同意，禁留地开始向蒙古部落开放。康熙三十六年三月贝勒松阿喇布再次上奏："乞发边内汉人与蒙古人一同耕种"，[③] 汉人有收获，蒙人收租赋，两得其便。考虑到游牧民族切身的需求，康熙皇帝再次同意了这一请求。至此，禁留地发展为伙盘地，伙盘地形成新的聚落。至清末，50 里禁留之地已基本成为汉人的农耕区，虽名义上土地归蒙古王公所有，但从人口构成、生产方式与民籍管理上，这一地区的实际管辖权是归属陕北六县的。[④] 边地开垦进一步带动了沿边交通、贸易的发展与中心市镇的成长。

清代以前，由于边墙阻隔，边外地土经常成为蒙古铁骑冲击的对象，镇市设于边内，无论营堡交易或边贸往来，只有待开市之期于边内进行。清代则一改旧例，边境平靖为边外镇市的成长提供了有利的条件。麻地沟（今麻镇）位于府谷县城北约 40 公里的黄甫川西岸，本处边外，康熙末年，为方便交易，边市北移，由黄甫堡北门外的呆黄坪改置于此，定期蒙汉贸

---

① 道光《神木县志》卷3《建置上》，第8页。

② 《清圣祖实录》卷108，康熙二十二年三月、六月条，《大清历朝实录》第9帙第5册，第15、16页b。

③ 《清圣祖实录》卷181，康熙三十六年三月乙亥，《大清历朝实录》第11帙第1册，第19页a。

④ 参见樊士杰编民国《陕绥划界纪要》卷1，第1—54页；卷2，第1—71页相关文件，民国21年（1932）静修斋印制。

易，使之逐渐形成市场，且发展繁荣起来。乾隆二年，陕西抚院上奏，请于此设巡检，此时的麻地沟已发展为"居民一千五百余户，铺户二百余家"的商业巨镇了。^① 另外由于府谷县位于黄河北岸，跨河与山西保德县相邻，随着蒙汉交往频繁，本县正当陕北联系山西与鄂尔多斯蒙古的中间地带，终清一世，陕北及鄂尔多斯蒙古所需棉布、棉花以及日常用品大多来自山西，^② 府谷成为沟通两地商贸往来的要道。故入清以后，以县城为中心形成多条南北向通道，沿此道路，商贩往来，不断形成新的市场与镇市。民国时人称，"府谷县边外属地几占全县之半，哈拉寨、沙梁、古城等镇商业繁盛，为全县精华萃聚之区，由哈拉寨东北行三百五十里，为通包头镇控道，汉蒙贸易，往来若市，汉以五谷布匹、茶叶等类为大宗，蒙以皮毛、牲畜为特产，彼此交易，信用各著"。^③ 由于府谷县边外地土的开发，人口北迁，商业格局出现北重于南的局面，在明代边墙以北新发展出麻地沟、哈拉寨、沙梁、古城四大重镇，成为府谷县最重要的商业市镇。以至民国时，陕绥划界，府谷地方提出，此地"一旦划归绥区，不惟诸政立即停止，即汉蒙贸易因关税之设势必断绝"，对两地经济的发展将造成极大困扰，可见边墙以北地土以及相关镇市发展对带动这一地区经济成长之作用。当然，边墙以南仍有镇市成长，这些镇市大多位于交通要道，商业繁盛。如乾隆年间，府谷县新发展起来的市镇就有盘塘、碛塄、圆子涧、石马川四处，与边墙以北之镇市构成南北贸易统一体，终清一代持续发展，成为省内重要的交易中心。而与此大体同时，府谷县原明代边堡则在逐渐衰退，康熙年间，县境镇羌堡已无市集开设，^④ 乾隆年间由于堡设分防与塘汛，经济又有复苏，集市恢复，但其东北部的木瓜园堡市集又衰落下去。^⑤ 县城的变化最具典型性。府谷县城位于腹里，城垣建于何时已无可考，城址位于黄河北岸，建于半山之上。由于县城区山川相间，沟谷洪水多穿街而过，清代以前仅建石桥供周围居民往来行走，没有任何

① 陕西抚院：《麻地沟请设巡检原奏》，府谷县志编纂委员会编：《府谷县志·附录》，陕西人民出版社1994年版，第806页。
② 参见张萍《明清陕西商路建设与市场分布格局》，陕西师范大学西北历史环境与经济社会发展研究中心编：《历史环境与文明演进》，第243—259页。
③ 樊士杰编：民国《陕绥划界纪要》卷1《查界委员府谷县知事会呈文》，第43页。
④ 康熙《府谷县志》，引自府谷县志编纂委员会编《府谷县志·商业志》，第411页。
⑤ 乾隆《府谷县志》卷1《市集》，第30页。

防洪设施，任由洪水横流，县城经济发展受到极大阻碍。[①] 康熙年间县城内已无集市，集址迁至刘家川。[②] 刘家川在府谷县城西门外，与县城一体，实为府谷县城西关，但地理位置相对优越。位于黄河与小河川交汇处的冲击平原上，地势低平，交通方便，又位于城门以外，不受城门启闭的影响，因此，这一带逐渐发展为府谷县城的附属商业区。乾隆年间，县城与刘家川已轮流开集，月逢一、六，早在城，午在川。[③] 民国年间财政部直属的税局、邮政局、盐税局均设于西关（刘家川）。目前，府谷县城已彻底迁驻刘家川，老城区已较为衰败。

变化最巨的要数靖边县。靖边县设治时由靖边、龙州、镇靖、镇罗、宁塞五堡构成。县城设于原明代的靖边营。传说北宋陕西经略副使范仲淹曾驻兵防守，故又名范老关。[④] 明景泰四年（1453）陕西巡抚陆矩改筑，后经三次拓筑，达到城高 3 丈 6 尺，砖石围砌，周长 8 里的高大坚实城堡。清雍正九年改卫为县，将卫署改为县署。乾隆三十年，知县何廷章补修城墙，销银 15961 两。嘉庆四年，知县郭士顈又捐款补修。清初设县于此一方面考虑它是县境规模最庞大的一座镇堡且处于县境的中心（靖边营处于二边以内，是沿边各营堡中位居腹里的镇堡），地理位置重要，同时它与各方联系也较方便，向北可达镇靖堡，与沿边交通往来，向南经杏子城、园林驿、安塞通延安府城。县城的设置为靖边营城的发展注入活力，使之成为清初靖边县城首镇。然而，自康熙平定噶尔丹，实现蒙汉一家，边内与边外经济协调发展，靖边县的经济也随之超越碑界，向北伸展。宁条梁率先发展起来，不仅成为靖边县，甚至是整个沿边地区最早发展起来的边外城镇。其发轫可追溯到康熙年间，乾隆时期人口达三百余户，这在北边风沙滩地区已属人口繁盛的商业重镇了。[⑤] 伴随着边外垦殖的推进，靖边

---

① 府谷县志编纂委员会编：《府谷县志·城乡建设志》，第 474—476 页。

② 康熙《府谷县志》，引自府谷县志编纂委员会编《府谷县志·商业志》，第 411 页。

③ 乾隆《府谷县志》卷 1《市集》，第 30 页。

④ 马中锡：《范文正公庙记光绪》，《靖边县志稿》卷 4《杂志》，凤凰出版社 2007 年版，第 37 册，第 345 页。

⑤ 《清高宗实录》卷 206，乾隆八年十二月丙辰："议政王大臣等议覆：川陕总督庆复疏称，定边协口外之宁条梁、四十里铺、石渡口三处。经前督臣查郎阿请，各筑土堡一座，派弁兵驻守，原为军兴时商民凑集而设。今军需停止，行旅稀少，无需建堡。惟宁条梁有居民三百余家，应请于宁塞堡拨出把总一员，带马守兵四十名移驻。将前督臣奏请移驻之备弁兵丁，撤回原处安设。至四十里铺、石渡口二处，仍照原议派驻巡查。衙署兵房，酌量添建。应如所请，从之。"（《大清历朝实录》第 23 帙，第 10 册，第 9b—10a 页）

县经济发展由内对延安府转为外向蒙古贸易。经济中心开始北移，靖边营城逐渐失去了发展的优势。至清后期，伴随蒙汉经济贸易的发展，位于边墙内的镇靖堡由于位处东西交通要道，设置塘汛，成为"通商大路"，"承平时治在新城（靖边营城后称新城），税局在镇靖"，"城中向极繁富"，①已有取代县城的势头。同治年间陕甘发生了规模巨大的回民起义，关中、陕北受害颇巨，靖边县城堡皆毁，"四乡居民沿崖傍涧，往往二三十里仅见一二人家"②，"民数无几，荆榛瓦砾之场。回忆昔时全盛，竟不得百分之一二焉"③。县城靖边城，"城陷破坏"，"民多逃亡"，"衙署一切均被贼毁"。④ 这次战争无异于雪上加霜，使原本已出现衰落的老城更加破败。同治八年（1869），县治彻底迁至北边镇靖堡。关于迁治原因，靖边地方多强调是靖边堡在回民起义中遭受的破坏较大，甚至到二十余年后的光绪年间，"仍无人烟"。而镇靖堡虽在战乱中也遭到破坏，但相比而言，"五堡均被贼毁，民多逃亡，惟镇靖居民尚有三四十家"⑤，与靖边堡的人烟全无相比，情况稍好一些。实际原因当与靖边县经济中心的北移有关。镇靖堡在战乱前即已"商贾云集，为繁要地"，且与蒙古贸易方便，县治迁于此堡对靖边县总体经济的成长无疑更为有利，也为民国以后县城再次北迁张家畔（今县址），彻底脱离明代的边堡系统准备了条件。⑥

这样，至少自乾隆年间，府谷、靖边境内镇市分布格局已出现变化，晚清民国时期陕北六县市镇体系则进一步打破了明代沿边墙集中分布的旧局面，形成了一个覆盖全境，大小不一，沿主要商道分散布局的统一的市镇网，较之明代，市镇格局已大为改观。府谷、靖边如此，其余四县与之大体相当。

那么，明代的旧有营堡在这种新的地理格局中如何发展呢？随着时间的推移，伴随新市镇的成长，明代营堡经济发展上的弱势不断地呈现出来，由军防体系筑就的防守严密的军事营堡限制了其自身的发展，大多营堡始终无法成长为本地的经济中心。至晚清时期，社会动荡，各堡镇又相

---

① 《兴镇靖城中集市告示》，光绪《靖边县志稿》卷4《艺文志》，第358页。
② 《拟改修城垣未能筹办通禀由》，光绪《靖边县志稿》卷4《艺文志》，第347页。
③ 光绪《靖边县志稿》卷1《户口志》，第288页。
④ 《捐廉创修书院拟抵衙署禀本道府》，光绪《靖边县志稿》卷4《艺文志》，第348页。
⑤ 《拟改修城垣未能筹办通禀由》，光绪《靖边县志稿》卷4《艺文志》，第346页。
⑥ 参见李大海《明清民国时期靖边县域城镇体系发展演变与县治迁徙》，载陕西师范大学西北历史环境与经济社会发展研究中心编《历史环境与文明演进》，第260—274页。

继成为各方势力冲击的对象，营堡残毁，年久失修。尤其进入民国以后，陕绥划界，陕边界址北移，原清代设于各堡的分防系统也被裁撤，其军事功能彻底丧失，年久失修的城垣或遭沙埋，或被毁坏，居民大多迁至平川居住，城堡沦为废墟。今天鄂尔多斯南缘长城沿线的明代堡镇，大多已衰落下去（维持原址不变的城镇只有 11 处，参见表3），仅举数例如下。

表3　　　　明清以来陕北长城沿线营堡设置、兵额变动及延续情况表

镇 堡	镇 堡	地理位置	城门开设	万历驻兵（员）	康熙驻兵（员）	今 址	城堡形态
榆林镇城	榆林镇城	半倚驼山西临榆溪芹河	门7：东2、南1、西4	3644	2602	榆林市	现存墙体5500 米
保宁堡	保宁堡	城设在平地	南门1	1280	80	芹河乡前湾滩村西1公里	残垣尚存
归德堡	归德堡	城半山半川	南北2门	408	50	刘官寨乡归德堡村东侧	残垣尚存
鱼河堡	鱼河堡	城设在平川	南北2门	500	100	鱼河镇	残垣尚存
镇川堡	镇川堡	城设在平川	镇川镇				城墙拆除
响水堡	响水堡	城设在山坡	南北2门	786	100	响水镇旁	有遗存
波罗堡	波罗堡	城设在山畔	东西2门	828		波罗镇波罗村，居民尚多	有遗存
怀远堡	怀远堡	城设在山上	东南北3门	739	110	横山县西南1公里，荒废	断壁残垣
威武堡	威武堡	城设在山阜	南北2门	640	50	塔湾乡塔湾村东1公里	土基尚存
清平堡	清平堡	城设在山原	南北2门	2224	100	高家沟乡南门沟村西200 米	为黄沙所埋
常乐堡	常乐堡	城设在平川		648	110	牛家梁乡常乐堡村内	残垣尚存
双山堡	双山堡	城设在山岗	东西南3门	660	100	麻黄梁乡双山堡村内	残垣尚存
建安堡	建安堡	城设在山畔		680	120	大河塔乡建安堡村	残垣尚存
高家堡	高家堡	城设在平川	东西南3门	1584	145	高家堡镇	有遗址
柏林堡	柏林堡	城设在山原	东西2门	627	110	属解家堡乡，被沙埋	尚有遗址

续表

镇 堡	镇 堡	地理位置	城门开设	万历驻兵（员）	康熙驻兵（员）	今 址	城堡形态
大柏油堡	大柏油堡	城设在山上	东西南3门	466	100	解家堡乡窑湾村南700米	今存遗址
神木堡	神木堡	城设在平川	四面各1门	2405	515	神木县	有遗址
永兴堡	永兴堡	城设在山上	南门1	1106	110	永兴乡永兴堡村西北300米	存土城废墟
镇羌堡	镇羌堡	城设在山原		706	110	新民乡新民村内	有遗址
孤山堡	孤山堡	城设在山畔	南北2门	2656	120	孤山乡	有遗址
木瓜园堡	木瓜园堡	城设在山上	东西南3门	879	120	木瓜乡	有遗址
清水营	清水营	城设在山坡	东南2门	1120	100	清水乡	城大体完好
黄甫川堡	黄甫川堡	城设在山畔		1607	197	黄甫乡	有遗址
龙州城	龙州城	城设在平地	东西2门	557	50	龙州乡龙州村西500米	已为荒地
镇靖堡	镇靖堡	城设在山畔	东南北3门	2537	110	镇靖乡旧城村内	有遗址
镇罗堡	镇罗堡	城设在平川		441	50	杨米涧乡镇罗堡村西侧	遗址尚存
靖边营	靖边营	城跨半山	东西南3门	2255	203	新城乡新城村北200米	有遗址
宁塞堡	宁塞堡	城设在山原		2445	110	已废	
把都河堡	把都河堡					已废	
柳树涧堡	柳树涧堡	城设在山上	东西2门	1082	110	郝滩乡海子湾村南400米	城垣仍在
新安边营	新安边营	城设在山坡		591		新安边乡北数里	城垣多完整
旧安边营	旧安边营	城设在平川	东西南3门	2084	130	安边镇	城垣残缺
新兴堡	新兴堡	城设在山上				油房庄乡南	城垣仍完整
砖井堡	砖井堡	城设在平川	东西南3门	850	110	砖井镇东关村西100米	土城完整
石涝池堡	石涝池堡	城设在山上	南门1	442		王盘山乡石涝沟村	城垣尚在

续表

镇 堡	镇 堡	地理位置	城门开设	万历驻兵（员）	康熙驻兵（员）	今 址	城堡形态
三山堡	三山堡			372		冯地坑乡新城滩村中	城垣已残
定边营	定边营	城设在平川	东西南3门	2690	535	定边县	城垣有遗存
盐场堡	盐场堡	城设在平川	东南2门	120	50	盐场堡乡附近已废	城垣已残
饶阳水堡	饶阳水堡	东川近河高地				姬原乡辽阳村东200米	城垣已废

资料来源：谭吉德：康熙《延绥镇志》卷1《地理志》，第23—32页；榆林市志编纂委员会编：《榆林市志》，第682—683页；神木县志编纂委员会编：《神木县志》，经济日报出版社1990年版，第438—439页。府谷县志编纂委员会编：《府谷县志》，第553—554页；横山县志编纂委员会编：《横山县志》，陕西人民出版社1993年版，第567—568页；定边县志编纂委员会编：《定边县志》，方志出版社2003年版，第49—87页；靖边县志编纂委员会编：《靖边县志》，陕西人民出版社1993年版，第389—390页；国家文物局：《中国文物地图集·陕西分册（下）》，西安地图出版社1998年版，第618—748页。

表中标识：------：为今市、县、乡、镇政府驻地；——：营堡已废，地名尚存；〰〰：堡城已废，地名不存。

今榆林市下属之保宁堡，明嘉靖四十三年修，万历九年包砖，砌城墙垛口。现西、北、东堡垣被流沙埋压至顶；南垣少部被沙埋压，城砖尽被拆除，残垣尚存。常乐堡建于明弘治二年，万历二十四年以砖包砌城墙垛口。现堡垣砌砖全被拆除，残存土墙大部被沙埋压至顶，现居村民70多户，存明清时期永宁寺庙一处。双山堡建于明成化年间，万历六年砖砌营堡城墙。现堡垣较完整，但砌砖大部被拆除，居民仅存四五户。建安堡建于明成化十年，万历三年砖砌包堡城墙。现堡垣砌砖全被拆除，残土堡垣完整，居村民30户，部分辟为耕田。[1]归德堡建于明成化十一年，嘉靖年间砖砌包堡城墙。现堡垣砌砖全部被拆除，残土垣尚完整，该堡中间有一冲沟，将堡侵蚀为两部分，堡内村民均已迁居堡外。我们曾对其进行考察，据当地人介绍，民国年间堡内尚有一些居民，现堡内住户已很少。靖边县镇罗堡，明嘉靖年间筑。清乾隆年间尚有修复，同治六年被回民起义

---

① 榆林市志编纂委员会编：《榆林市志》卷23《文物志》，第682—683页。

军毁，变为荒城。以后城之西南角被水冲塌，东城墙由于洪水淤积，几与地平，城内全部变为农田，现遗址尚存。清平堡，明成化初年置，万历六年砖砌垛口。现西、南城垣多被黄沙压埋，变为荒城。龙州堡，明成化六年巡抚王锐筑城，万历六年砖砌墙及垛口。嘉庆十四年，大水冲塌南北城角各一段，同治六年回民起义军攻陷城堡，后为荒城。[1]

六 走向衰亡：延绥长城诸营堡废弃原因分析

综上，陕北长城沿线大多数营堡经历了从卫所到城镇再到村落的过程。（部分仍在利用的升为市、县治所的堡镇除外）它是城址荒废的前提基础。那么，营堡由城镇沦为乡村，是否一定意味着城址就要放弃呢？固然，旧有城镇经济地位的下降会使营堡失去一定的发展优势，诸如人口数量减少，交易功能减弱，文化职能降低。但从聚落发展规律上来讲，也并不一定就意味着聚落实体也要搬迁。目前陕北沿边 39 营堡仍有 11 处维持原址不变，有些营堡虽沦为村落，但也还有部分居民居住，不是完全成为空城。但这毕竟是少数，大多数旧有营堡还是被荒弃了，究其原因，恐怕还得从居民迁出的过程中找答案。

从现有营堡与居民点的位置关系上来看，我们可以发现，营堡废弃大体存在两种情况。

第一，营堡沦为村落之后，居民外迁至堡城周边地区，营堡作为村落名称仍保留下来，但相对位置已变。这样的营堡约有 13 处（参见表 3），居民迁徙与营堡初建时选址的不利因素有很大关系。

我们知道，明代陕北沿边营堡的修筑主要出于军事目的，是配合边墙防守而建。这些营堡均位于边墙内侧，与边墙近在咫尺，每个城堡相应负责一段边墙的守御任务。边墙和城堡是紧密结合在一起的，在这种点线结合的防御体系中，二者缺一不可。军防的需要使这里的营堡在位置选择上大多考虑的是"烽火传递"与"易守难攻"。从表 3 统计可以看出，这些营堡大多筑于"山上"、"山畔"、"山原"（39 营堡有 24 座如此），或临水依涧，建于平原上的极为稀少。文献记载也可证实此点，"榆林东路黄甫川堡与晋之苟岚、楼子营仅一河之隔，迤西至双山，一十二城，冈阜交

---

① 靖边县志编纂委员会编：《靖边县志·文化志》，第 389—390 页。

错，深堑高崖，蜿蜒四五百里，东南逼临大河。故东路之利，利在险也"。西路"定边转而东，为砖井、龙州十五营堡，皆依山临堑，倚险可守"①。沿边营堡除镇城外，大多只开 2 门或 1 门，少数有开 3 门者，军城的特征十分明显。这样的城址选择固然对军事防守有利，但承平之时，城镇的经济发展所受限制就非常大。清代学者梁份就曾说过："善用之则为险，不善用之，则为害也。"② 害在何处？黄土高原地区属暖温带大陆性气候区，全年降水量在 500 毫米以下，西北少部分区域在 400 毫米以下，降水量的季节分布又相对集中，全年降水量的 83.4% 集中在夏、秋两季，春、冬季节降水极少，仅占全年降水量的 16.6%。③ 依山临水型城池经常会受到洪水的袭击，前面所举府谷县城即是一例。在各县方志中，经常可以看到暴雨或洪水泄流，冲毁城墙、民舍等相关记载。如神木县城在乾隆二十六年"雨损城垣，知县吴裴龙捐修"。至嘉庆五年，大雨再次"圮西南城墙，知县王文奎捐修"。④ 靖边县的镇靖堡位于现靖边县城南芦河及其支流西芦河之间，两河夹带，易守难攻。但是水患不断，明清以来多次发生，有记载的大水灌城即达 6 次之多。⑤ 2007 年 8 月，我们对此城进行考察，城中大片土地荒为农田。据当地老乡介绍，1941 年靖边县治由镇靖堡迁往张家畔主要原因即由于芦河水泛滥，水淹县城所致。当然其中原因很多，但居民居住于此，时时都要面临洪水的威胁，这对任何一个城镇发展来说都是一个致命的缺陷。在相关 39 镇堡中，目前有据可查的受过洪水、暴雨袭击的堡镇有 6 处，这在北边风沙过渡地带并不是一个小数目。除此之外，在城址选择上，选险不选利也使得许多城堡所处周边环境十分恶劣。沟壑纵横成为营堡经济发展的严重障碍。如龙州城"四面天险……堡之沟涧良多"⑥，孤山堡"堡置山巅，昔屯重兵开市，及移神木，而堡日就荒

① 谭吉璁：康熙《延绥镇志》卷 1《地理志·河套》，第 45 页。
② 梁份：《秦边纪略》，赵盛世、王子贞等注，青海人民出版社 1987 年版，第 351 页。
③ 陕西师范大学地理系：《陕西省榆林地区地理志》，第 68 页。
④ 道光《神木县志》卷 3《建置志·城池》，第 488 页。
⑤ 分别为：明嘉靖二年"芦河水涨入镇靖城，淹没房屋"；五年"芦河再次涨水入镇靖城，房屋皆没，仅余城墙"；四十三年八月，"又一次水淹镇靖城"；清顺治十六年（1659）六月，"全天大雨。河水涨入镇靖城，淹没房屋，毁坏城垣；嘉庆十四年，"镇靖、镇罗、龙州等堡城墙皆被山洪冲垮"；同治七年（1868），"秋雨连下十多天，镇靖堡衙门东西号房全部倒塌"。靖边县志编纂委员会编：《靖边县志》第 8 章《自然灾害·水灾》，第 64 页。
⑥ 梁份：《秦边纪略》，第 351 页。

凉"。① 目前陕北沿边明代营堡很大一部分是因居民迁居山原之下而造成城址荒废，许多地方空留营堡之名而无其实。

第二，在中、西路风沙地带，有些营堡已被彻底废弃，除残垣断壁外，城内已无居民，营堡作为地名均已不存在，据统计共有 15 处（参见表 3）。其中一个最主要的原因就是风沙所致，沙壅埋城成为营堡废弃的主因。然而，这种状况的出现是否是土地沙漠化加剧所致？事实也不尽然。

韩昭庆认为，明代"河套地区边警不断，人民很难安心种地，明代农耕主要在长城沿线以南，边外不可能开展大规模的农田，尤其是成化年间余子俊修筑长城之后，故不会因为垦殖造成边外大面积土地的退化，因而在明中后期沿边长城的流沙主要是自然原因，而非人力可为。相反，为巩固长城的防御功能，人为活动，如扒沙抑制了流沙向东南发展的势头"②。近年邓辉等人也选择明长城作为地理参照物，将明清时期毛乌素沙地流沙分布南界与遥感影像反映的现代流沙分布南界进行对比，得出结论亦认为："明代以来，毛乌素沙地流沙分布南界仅在局部地区有所扩展……过去 500 年来，虽然人类活动的强度不断增加，但毛乌素沙地并没有随之发生大规模的向东南或西南的扩展，其南缘地区的流沙—黄土分布格局是基本稳定的。"③ 上述结论基本得到同行学者的认同。从这一认识出发，笔者认为，明代位于沙区的营堡最终废弃还应有更深层次的原因。考之史籍可以发现，明代建城之初，在选择城址时，实际上从来就没有避开过沙漠地带，也无法避开这一自然屏障。即便在沙漠边缘，在当地的气候条件下，要想避开风沙搬运也是一件很难的事情。因为毛乌素地区属半干旱大陆性气候区，不仅风大而且频繁，且具有"风旱同季"的特征，风沙的搬运活动极其强烈，边墙与营堡的构筑恐怕在一定程度上还成了风沙南侵的阻力。因此，在边墙与营堡修筑以后，我们看到最多的就是"积沙高于墙等"、"沙壅埋城"之类的记载，扒沙工程也就成了沿边屯军的一项重要工作。

---

① 梁份：《秦边纪略》，第 363 页。
② 韩昭庆：《明代毛乌素沙地变迁及其与周边地区垦殖的关系》，《中国社会科学》2003 年第 5 期，第 203 页。
③ 邓辉等：《明代以来毛乌素沙地流沙分布南界的变化》，《科学通报》第 52 卷第 21 期，2007 年版，第 2556 页。

成化年间，余子俊建议修筑边墙，时人已颇有质疑，原因之一即为榆林一带"境土夷旷，川空居多，浮沙筑垣，恐非久计"①。尤其榆林中路营堡，"东起常乐，西抵波罗，沿边积沙，高与墙等，时虽铲削，旋壅如故。盖人力之不敌风力也！"②嘉靖时曾铣称："夫使边垣可筑而可守，可也。奈何龙沙漠漠，亘千余里，筑之难成，大风扬沙，瞬息寻丈，成亦难久。"③但是这样的自然条件是否会影响到边墙与营址的选择呢？以榆林西路营堡安边营为例，安边营有新旧之别，旧安边营位于大边长城一线，"余子俊以平漫沙漠，难于筑浚边濠，不利士马出入"。在二边长城内筑新安边营，原本为避开沙漠，取代旧安边营，但时过不久，就由于守卫不利，继续改回守御旧安边营④，可见明代陕北沿边诸营堡在城址选择上，军事守卫是第一位的，绝不会因沙漠的原因而改变营址。这样，人工扒沙就成为处理壅沙的主要方式。史载：万历年间"中路各堡，地多漫衍，无险可恃……沿边城堡，风沙日积，渐成坦途，欲即扒除，则历年沙壅或深至二三丈者有之，三四丈者有之。且黄沙弥望，旋扒旋壅。数日之人功，不能当一夜之风力"⑤。万历三十七年，榆林卫中、西路"东自常乐堡起，西至清平堡止"，今榆林至靖边间，"俱系平墙大沙，间有高过墙五七尺者，甚有一丈者"。流沙与边墙齐平，有的地方积沙高过城墙一丈，为防止"边虏"得利，镇卫组织军兵、百姓扒沙，自三月起至九月止，扒除了长城沿线32933丈5尺的积沙，扒沙过后，"沿边一带，焕然一新，不可谓非大工"。为防止风沙再起，还在扒沙的地方"密布栽蒿，以防复起"⑥。从以上记载我们可以看到，明代边墙内中、西路营堡大多与流沙为伴，时常受到风沙的侵袭，但由于驻扎有大量的卫所军队，可以进行大规模扒沙工程，所以所受侵害尚不能构成大的威胁。入清以后，上述营堡为新的王朝所利用，虽府县官员时有维修，但风沙侵袭并没有缓解。康熙年间梁份所撰《秦边纪略》有载：榆林卫"东南山阜参差，林木隐蔽，沙峰置楼，则高与城埒，攻击可虞也"；常乐堡"塞外飞沙，逾垣而入，虽有獐水，浅不可隍"；保

---

① 《明宪宗实录》卷93，成化七年七月壬申朔，第16函，第160册，第1页b。
② 谭吉璁：康熙《延绥镇志》卷1《地理志·河套》，第44—45页。
③ 曾铣：《总题该官条议疏》，《明经世文编》卷238，第2488页。
④ 梁份：《秦边纪略》，第347页。
⑤ 涂宗浚：《议筑紧要台城疏》，《明经世文编》卷447，第4919页。
⑥ 涂宗浚：《修复边垣扒除积沙疏》，《明经世文编》卷448，第4933页。

宁堡"版筑虽坚，而风沙特甚"；波罗堡"然沿边之外，沙高于墙"；定边营"营西郭外南北二沙，挑之复塞，石坑旧寺，已为沙埋"。① 针对盐场堡"沙塞平原之地……且边外风沙，墙常淤没"，梁份曾提出"与其挑浚徒劳，不如近堡改筑之有功"②，但始终没有得到过实施。

明代由于延绥镇处于边防前线，政府对这里的投资较大，大规模的扒沙工程成为遏止风沙南侵的重要手段。入清以后，这种风沙威胁仍然不断。而各县政府多无力实施如此大规模的工程，沙壅埋城成为这些城堡的一大隐患。以榆林府城来说，自入清以来，不断得到府县官员的维修，康熙六年总兵韩应琦、榆林道周云福重修城墙，乾隆十三年知县邱时随再次请修城墙，二十七年知县徐元弼捐俸修城。然至道光年间，府城威远门、龙德门仍被弃置。③ 其中原因史无明文，当与维修失时或环境因素有关。同治二年陕甘回民起义，此时关中、陕北内忧外患，经济发展急转直下，更无力修城，榆林城不得不进行了一次大规模的缩城改筑。史载，同治二年，"常道宪瀚鉴于本省同州、朝邑之回乱，目睹北城沙压残废，于十月内倡议改筑"。④ 相度地形，将北城南徙，东北隅缩回 114 丈，西北隅缩回 171 丈。北城门名广榆门，本为旧城西门。西城门原有四座，除改做外，龙德门亦废，止存宣威、新筑二门。东城门本有二座，威宁门亦废，只留振武门。⑤ 这是清代榆林府城的一次较大改筑，沙壅埋城是主要原因。改筑以后，同治六年、光绪元年（1875）、十年、二十年又经四次重修、加固，平均每十年就要维修一次，可见处于风沙过渡带的榆林府沿边诸城堡，城池维修是他们的一项重要任务。晚清时期，尤其同治年间陕甘回民起义，对陕北、关中冲击巨大，经济凋敝，民不聊生，各县经济发展水平也在不断下滑，大多州县已无力进行城池的维修工作，而这样的营堡一旦缺乏政府投资，官方维护，走向衰亡也就成为必然，清代先民早就有这样的论断。俞亮《重修孤山堡公署记》可为证。

---

① 梁份：《秦边纪略》，第 336—366 页。
② 同上书，第 347 页。
③ 道光《榆林府志》卷 5《建置志·城池》，第 199 页。
④ 《改修北城大略》，民国《榆林县志》卷 5《建置志·城池类》，民国抄本，第 2 册，第 14 页。
⑤ 同上书，第 15 页。

康熙十年六月，予以秩满，量移孤山。至之日，堡中草深三尺，唯见破壁败垣，不辨街巷，兵民寥落，官无廨舍……于是率父老子弟登城堡，一望丘墟，烟火晨星，泪潸潸欲下。随问疾苦，具曰：塞下与内地异，全藉士马为富强，自协守副将移镇神木，兵裁十之九，是堡中无米粟也。移镇之后，市口亦禁，是堡中无商贾也。去此二者，而兵民皆鸟兽散！职此之由，急议招民复故业，莫如官寺为先。今之官，寄居民舍，何以为治！乃于旧署之废者，创而新之……今堡有署矣，官有治矣。率而妇子聚族于斯，有干有年，以长子孙。安知衰者之不复盛，而危者之不复安也。愿后之莅斯堂者，必仰而思废兴之由，起制作之艰难，且俯而念兵民之疾苦，早夜勤补，以期匪懈。庶几美可传而盛可继尔！[①]

综上所述，明代陕北沿边 39 营堡废毁的原因线索已基本明晰。这些营堡从一开始修筑，目的就很明确——为了军事防御。但自筑就以后，由于所处位置特殊，边墙、城堡相呼应，墙堡结合，防守一体；进而沿边墙内侧打通了晋陕至宁夏、甘肃的东西交通线，成为北方边塞沟通东西方的交通主干道，而分布其间的诸营堡也成为这一交通线上的枢纽城镇。这样的结构不仅在战时可用，承平之时仍有发展的余地，故相延明清两代，历时三百年长久不衰，为地方的开发与城镇经济的发展作出了重要贡献。但是，军防体系毕竟是为军事而设，其弊端也是不可避免的。在城址选择上，单一的军事保障功能成为发展经济的一大障碍，边疆内地化与军防前线的丧失又使军事分防系统崩溃，这些都为其荒废准备了条件，也成为一种历史的必然。

那么，从环境意义上来讲，也可以肯定地说，明代陕北沿边 39 营堡在一开始的城址选择上就存在一定问题，许多营堡在修筑之初就没有避开沙漠地带；即便建于原畔平川的营堡，在选址时，周边的丘壑深沟也会为军事保障而毫不规避。多数营堡自身的弃用与自然环境的变迁关系不大，相反，当军防体系发挥着边疆保障作用时，它是具有存在价值的。因此，不管环境如何恶劣，当政者还是会考虑它的现实应用性而加以利用，只不过会投入更大的人力物力进行防护而已，绝不会考虑另择他址。这一点，从

---

① 俞亮：《重修孤山堡公署记》，谭吉璁：康熙《延绥镇志》卷6《艺文志》，第614页。

明清两代各方政府所实施的一系列大规模扒沙工程上，已能窥见一斑。也可见人类对于环境利用、改造的强度之大，力度之深。这不能不让我们深思，在北边农牧交错地带，城址与环境的选择上究竟谁主沉浮！

当然，这里并不排除沙化、雨水等自然因素对城堡的侵害，也相信这些自然原因能够摧毁城堡。对于环境脆弱地区，人类不合理的土地利用方式，会加剧土壤的沙漠化与沟蚀的产生，这样的案例也很多，前人相关研究不在少数。但如上述所举明代营堡系统兴衰过程中非自然因素引发的案例也决非只此一例。位于靖边县境内的大夏都城统万城的废毁，经侯仁之先生考证，认为"公元994年统万城终被毁弃，毁弃的真正原因也不是因为流沙的侵袭，而是宋王朝为了防止地方少数民族的据城反抗，而进行的有计划的破坏"[①]。王北辰先生在研究居延地区土地沙漠化过程中也提出过，在汉代"居延地区即有流沙之害，所以农业生产和军事工程都受到了沙的威胁，为与沙害作斗争，简文中明记兵士的任务之一是除沙"[②]。李并成先生利用锁阳城遗址研究河西走廊地区绿洲沙漠化的结论认为："人为作用导致的开发地域的转移及其水流状况的变化乃是锁阳城绿洲沙漠化过程的主因。"[③] 这里也提醒我们，就锁阳城本身来讲，它的废弃与沙漠化在时间上不存在因果关系。综合以上研究，可以看到，其实处于北部风沙地带城址的兴废往往并不简单，大多有着复杂的原因。可以将城址兴废引入到环境变迁研究当中去，作为历史地理学有关沙漠化研究的方法论支撑。我们就更不能排除上述因素的干扰，而简单地将城址弃用视为环境退化的表现，或人为地界定城址可能与不可能选建在某些地带，这样的推导所得出的结论，可能与历史事实并不相符。

回顾20世纪60年代以来，由侯仁之先生开创的中国沙漠历史地理学研究，已经走过了半个世纪的历程，所取得的成绩有目共睹。古城遗址作为西北干旱地区宝贵的历史资源，不仅见证了中华民族悠久的文明历史，

---

① 侯仁之：《历史地理学在沙漠考察中的任务》，《地理》1965年第1期，引自《侯仁之文集》，第252页。

② 王北辰：《古代居延道路》，《历史研究》1980年第3期，引自《王北辰西北历史地理论文集》，第69页。

③ 李并成：《锁阳城遗址及其故垦区沙漠化过程考证》，《中国沙漠》1991年第2期，第25页。

也让我们清晰地看到了它历经沙埋、水泄、冲沟、塌陷等环境变迁的印痕。以之为标尺进行周边环境变迁研究，其科学性与可行性是不容置疑的。但是，其中自然因素与人为作用所占比重如何？如何科学、有效地利用城址进行相关研究，还是值得深思的。城址性质不同，它的选址也就不相同；选址不同，它的环境基点也不会相同；环境基点不同，我们对环境是否变迁的判读就更不会相同。城址的兴衰演替不仅受地区自然环境的制约，而且很大程度上是人为因素在起着决定性作用。因此，今天我们所能看到的断垣残壁、古城遗址，其所蕴含的内容应该是相当丰富的，它的"环境指示意义"只能是相对的。脱离了对城址性质的认识，建设历史的考察，就不可能真正把握其所处周边环境是否有变化，变化的程度如何，更不可能正确指导今天的人类对环境科学地、可持续地利用。目前，环境变迁研究不断深入，对历史地理工作者的要求也越来越高，认识这一点，思考这类问题，对于我们以后修正研究思路，将工作做得更深入、更科学，应该是有所助益的。

附识：本文承蒙两位匿名审稿专家提出宝贵修改意见，谨致谢忱。

《中国社会科学》2009 年第 5 期

记忆与历史的博弈：
法国记忆史的建构*

沈 坚**

摘要 集体记忆长期与历史混为一体。然而，在 20 世纪
70 年代中期，由于法国社会发生了巨大变迁，法国面临着记忆
的危机。人们越来越对历史学有意遗忘某些现象、某些群体表
示不满，因而出现了集体记忆的觉醒和对传统历史学的反抗。
在此过程中，历史学本身也面临着重大的转向。在这两种趋向
的双重影响下，集体记忆成为历史学新的研究对象，相应地，
记忆史研究成为历史学的新兴研究领域，历史学出现了新的研
究范式。

关键词 法国 新史学 记忆 记忆场所

20 世纪 70 年代中叶，以雅克·勒高夫（Jacques Le Goff）等人为代
表的法国史学专家提出了"新史学"的概念，他们陆续推出了《制作历
史》、《新史学》等大型百科全书式的史论著作。在新史学的推动下，
"记忆"成为历史研究的对象，记忆史研究逐渐形成一股强劲的学术思
潮。到 20 世纪 90 年代甚至进入 21 世纪以后，随着法国表征史的逐渐
升温，记忆史研究继续保持着不减的势头，"历史记忆"问题常常成为
学术研讨会的主题。法国记忆史在选题和研究方法上均给人以许多启
发，为此笔者不揣简陋，对法国记忆史研究作一学术史的考察，以引起
中国史学界的关注。

---

* 本文曾提交 2009 年中国社会科学杂志社《历史研究》编辑部与南开大学历史学院主办的
第三届"史学前沿论坛"。
** 沈坚，浙江大学人文学院历史系教授。

一 "记忆"的觉醒与记忆史的建构

"记忆"最早属于心理学的范畴，它在法国之所以成为历史研究的热点，既有历史原因，也是出于学科发展的需要。

法国人文社会科学界关注记忆问题的起因是第一次世界大战，残酷的战争给人们造成极大的心灵创伤，痛苦的经历长期留在人们的记忆里。法国知识分子由此开始关注记忆问题。首先是文学家、哲学家和社会学家对此有所涉猎，如普鲁斯特（Marcel Proust）和柏格森（Henri Bergson）等。曾师从柏格森、后又受杜尔凯姆（Émile Durkheim）影响的社会学家莫里斯·哈尔布瓦克（Maurice Halbwachs）于 1925 年出版了他的代表作《记忆的社会框架》，① 该书引入"集体记忆"概念，随即引起敏锐的历史学家的关注，马克·布洛克（Marc Bloch）曾为此书撰写评论。② 哈尔布瓦克在 1950 年又出版《集体记忆》一书，对"集体记忆"概念作了进一步的阐发。③

然而，直到 20 世纪 70 年代中叶，"记忆"尚未引起历史学家的足够重视，历史著作的标题中也很少出现"记忆"一词。雅克·勒高夫和皮埃尔·诺拉（Pierre Nora）于 1974 年主编的《制作历史》④ 一书聚焦历史学的"新问题"、"新方法"和"新对象"，却没有任何篇章专门涉及"记忆"问题。

从 70 年代晚期开始，"记忆"逐渐成为历史研究的新宠。皮埃尔·诺拉在勒高夫主编的百科全书式的著作《新史学》中，专门撰写了"集体记忆"词条，他认为，利用集体记忆概念研究历史"会使历史学的进步更富有生命力"⑤，并且表示"集体记忆的分析能够而且应该成为致力于

---

① Maurice Halbwachs, *Les cadres sociaux de la mémoire*, Paris, Félix Alcan, 1925.

② Marc Bloch, 《Mémoire collective, tradition et coutume: A propos d'un livre récent》, *Revue de synthèse historique*, t. XL, 1925.

③ Maurice Halbwachs, *La mémoire collective*, Paris, PUF, 1950.

④ Jacques Le Goff et Pierre Nora, *Faire de l'histoire*, Paris, *Gallimard*, 1974, Ⅰ. *Nouveaux problème*; Ⅱ. *Nouvelles approches*; Ⅲ. Nouveaux objets.

⑤ Pierre Nora, 《La mémoire collective》, dans J. Le Goff (dir.), *La nouvelle histoire*, Paris, Retz-CEPL, 1978, p. 398.

与时代同行的历史学的先锋"①。在随后 20 多年的时间里，"记忆"一词频繁出现在历史著作和大众媒体上。作为法国记忆史学先驱人物之一的菲力浦·茹塔尔（Philippe Joutard）在 1998 年写道，今天"记忆不仅是历史学最得宠的主题，而且其在公共领域和政治界的影响力甚至有取代历史学的趋势"②。

记忆在历史研究和公共领域引起关注是与法国 20 世纪 70 年代的历史背景密切相关的。对此，许多法国记忆史专家均有分析。皮埃尔·诺拉认为，70 年代中叶有三大时代因素激发了法国人自身记忆的觉醒，由此促进了"记忆"论题的研究，这三大因素分别是"经济快速增长的终结，戴高乐主义、共产主义和革命观念的消退，国外压力的强烈感受"③。其实这三大因素可以归纳为三个方面，即社会经济因素、意识形态因素和国际关系因素。

二次世界大战以后法国经历了经济快速增长的 30 年，但从 1973 年起，由国际原油价格上涨触发的世界经济衰退也影响到法国，大约在 1975 年，法国已经感受到一系列经济事件所带来的不利影响，法国人开始感觉他们已经渐渐远离了自己所熟悉的生活环境。与经济发展相对应，在二战后 30 多年的经济快速增长过程中，法国传统社会的面貌发生了深刻变化，基督教和乡村的法国已经变成世俗化和工业化的国家。法国历史学家芒德拉斯（Henri Mendras）甚至用《农民的终结》作为其著作的名称。④ 克尔泽斯多夫·波米扬（Krzysztof Pomian）在他动态考察记忆与历史关系的一篇论文中还提到，经历过第二次世界大战的成年人，甚至最年轻者也进入退休年龄，"这经常让他们有暇去收集他们的回忆"。⑤ 同时，法国以革命为轴心的意识形态也由于 70 年代戴高乐主义与共产主义对立的逐渐淡化而失去往日的魅力，1970 年戴高乐去世，法国失去了一位标志性人物，而且法国共产主义运动由于受到索尔仁尼琴效应和斯大林主义的牵连，其革命的思维定势受到质疑，弗朗索瓦·孚雷在《反思法国大革命》一书中

---

① Pierre Nora，《La mémoire collective》，p. 401.

② Philippe Joutard，《La tyrannie de la mémoire》，L'histoire，n°221，Mai 1998，p. 98.

③ Pierre Nora，《Les lieux de mémoire》，dans Jean-Claude Ruano-Borbalan（cordonné），L'histoire aujourd'hui，Paris，Science Humaines Editions，1999，p. 346.

④ Henri Mendras，La fin des paysans，Paris，Armand Colin，1967.

⑤ Krzysztof Pomian，《De l'histoire, partie de la mémoire, à la mémoire, objet d'histoire》，Revue de Métaphysique et de Morale，n°1，janvier-mars 1998，p. 65.

明确提出"大革命结束了"①。在国际关系方面，法国追求世界大国和强国的幻想也逐渐破灭。以重建法兰西的光荣伟大为己任的戴高乐主义逐渐褪色，吉斯卡尔·德斯坦（Giscard d'Estaing）总统领导下的法国国际地位下降。皮埃尔·诺拉作为亲历者回忆说："这样广泛的震荡，我们难以摆脱，我们不得不适应这样的痛苦，这种状况推动了此后 20 多年里学界对记忆的研究。"②

除了上述历史背景之外，法国传统历史学面临的挑战也使"记忆"的概念与"历史"相分离，记忆逐渐成为一个新兴的研究领域。

历史学在法国占有十分重要和特殊的地位。在一部专门论述法国历史学发展的著作中，作者断言："要成为法国人，首先就得认识法国历史"。③"对于法国人来说，求助于历史……那是一种激情"。④ 根据 1983 年 8 月《快报》杂志的调查，15% 的法国人自称对历史着迷，52% 的法国人宣称对历史感兴趣，他们占据了被调查者的 2/3。⑤ 在法国，历史学长期以来与政治密切相关，并且在国家建设和民族意识的培育中发挥了重要作用。从中世纪的编年史到国王授意编写的历史无不体现法国希望以此掌握民族记忆的决心，近代的梯叶里（Augustin Therry）和基佐（François Guizot）等人通过追溯历史来为资产阶级的近代国家正名，米什莱（Jules Michelet）则希望通过"唤醒"过去和沉睡的世界使民族历史更为完善，以恢复"人民"的历史。19 世纪 70 年代以后，在法兰西第三共和国的天空下，历史学高举"科学"和"实证"的旗帜，成为统一民族思想的重要工具，历史学的发展也达到了真正的顶峰。历史学实现了专业化，成为历史学家的专属领地，业余作家几乎不再有发言权。历史学的主线是法国历史上的英雄人物以及重要时刻和事件。历史学家厄内斯特·拉维斯（Ernest Lavisse）及其著作成为这个时代的象征。正如皮埃尔·诺拉在一次访谈中所说的那样："19 世纪晚期的实证主义史学是侵略性的、世俗的和共和的综合体的表现，它与第三共和国的缔造者的意识形态综合体相吻合。只要看

---

① Franois Furet, Penser la Révolution franaise, Paris, Gallimard, 1978, p. 11.

② Pierre Nora, 《Les lieux de mémoire》, dans Jean-Claude Ruano-Borbalan (cordonné), L'histoire aujourd'hui, p. 346.

③ André Burguière (dir.), Histoire de la France：Choix culturel et mémoire, Paris, Seuil, 2000, p. 295.

④ André Burguière (dir.), Histoire de la France：Choix culturel et mémoire, p. 296.

⑤ Ibid., p. 301.

一下拉维斯的小册子就可以了，这本小册子独霸天下几乎一直延续到1914年，其中看到的是最大范围的国家层面的记忆，好的和坏的国王、正直的科尔贝、邪恶的罗伯斯比尔、凶恶的德国人，简言之，这是一种强烈索要的记忆，甚至可以称得上是一种侵略性的索要，甚至不惜弄虚作假，歪曲现实，比如对整个殖民历史的掩饰，比如最新版的拉维斯教科书在论述德国占领时期的法国历史时，用很大篇幅来讲述戴高乐及其领导的抵抗运动，却对维希政权只字不提，对与德国的合作只字不提，甚至对贝当只字不提!"① 从20世纪30年代起，法国年鉴学派对实证主义史学发出挑战，打破了历史学自我封闭的藩篱，吸收了相近学科的研究方法，开辟了经济史与社会史相结合的研究道路。年鉴学派很快从边缘走向主流，在史学界取得了领导地位，成为新的研究范式。历史学的专业化、历史学对科学性的强调、历史学家为国家服务和人类整体服务的诉求依然如故。

　　从20世纪70年代开始，在后现代主义思潮的冲击以及1968年"五月风暴"后遗症的影响下，法国历史再一次面临变革，吉拉尔·诺瓦里耶尔（Gérard Noiriel）在《论历史"危机"》一书中列举出十多种新历史观，其中既有法国70年代末提出的"新史学"概念，此外还有"语言转向"、"关键转折"、"新知识史"、"新文化史"、"新历史主义"、"观念的哲学史"、"另类社会史"、"新政治史"、"日常生活史"、"自我史"、"另类历史"等。② 此时，人们正寻找着新的历史范式和研究进路。与此同时，年轻一代史学工作者再次对学院派正统史学提出挑战。于是，法国出现了与学院式史学相对抗的民间社团史学（histoire associative），而在国际上，美国出现了"公共史学"（public history），英国涌现出"历史工作室"（history workshop），德国则有"日常史"（Alltagsgeschichte）等。这些史学的共同点就是主张一种"自下而上"（vue d'en bas）的历史观，重视被传统历史学所忽视和排斥的底层群体和普通大众。与此相适应的是出现了新的研究方法，以前的历史以书写材料为主要依据，而这些另类史学则以大量口述材料作为重要的学术资源，由此出现了"口述史"。大量的口述材料是口述者的亲身经历，由此与个人记忆和集体记忆产生了直接的联

---

① Pierre Nora,《Mémoire del'historien, mémoire de l'histoire：Entretien avcec J. -B. Pontalis》, *Nouvellerevue de Psychanalyse*, Vol. 15, 1977, p. 224.

② Gérard Noiriel, Sur la 《crise》 de l'histoire, Paris, Edition Belin, 1996, p. 152.

系，成为记忆史产生的重要动力。

在历史学界外部，随着大众媒体全方位的扩展以及记录材料和技术的进步（录音和录像等），以前被历史压制的声音通过媒体并以"记忆"的形式表现出来，许多被历史有意和无意消声的群体，如妇女、儿童、少数族裔、战争受害者等，以"记忆"的名义发出他们的呼声。人们希望让"被遗忘者"复活，"人们谈论记忆，那是因为不再有记忆"。① 政治家们也为集体记忆推波助澜，共和国总统宣布 1980 年为"国家遗产年"，遂掀起遗产保护的热潮。1981 年，国家遗产办公室设立专门机构负责"民族文化遗产"保护，将遗产的概念推广到所有文化领域，涉及各种形式的文化。

因此，从 20 世纪 70 年代末开始，"记忆"以历史叛逆者的面貌出现了，这种记忆的觉醒，意味着"历史—记忆"这对"连体婴儿"的解体。"记忆"不愿意再寄人篱下，成为历史的附属品，它要与历史分离。由此，记忆成了被历史忽视的群体、事件、地点的代言人。在这种形势下，历史一度感受到来自记忆的压力，正如皮埃尔·诺拉在《新史学》条目中所声称的那样："自此历史的书写处在集体记忆的压力之下：对于'当前'历史来说，媒体建构的事件随即构成集体记忆，当前的历史是事件的继承者；对于本身称之为'科学的'历史来说，集体记忆决定了历史的旨趣和好奇心。"②

然而，不久，历史又将主动权抓在自己手里，它的做法就是将记忆转化为历史研究的新对象，构建了被称为"记忆史"（histoire de la mémoire）的新领域。当记忆史得到基本正名以后，人们追认了一批记忆史的先驱，如乔治·迪比（Georges Duby）③、菲力浦·茹塔尔④、昂图瓦纳·普洛斯特（Antoine Prost）⑤ 等。从 20 世纪 80 年代起，有关记忆史的著作和论文大量涌现，比较有影响的著述有：弗朗索瓦丝·左那邦的《漫长的记忆：村庄里的时间和历史》⑥、伊夫·勒甘和让·梅特拉尔的《寻找一种

---

① Pierre Nora, Les lieux de mémoire, Paris, Gallimard, en trois volumes, Vol. 1, 1997, p. 25.

② Pierre Nora,《La mémoire collective》, dans J. Le Goff（dir.）, La nouvelle histoire, p. 400.

③ Georges Duby, Le dimanche de Bouvines, Paris, Gallimard, 1973.

④ Philippe Joutard, La légende des camisards, une sensibilité au passé, Paris, Gallimard, 1977.

⑤ Antoine Prost, Les anciens combattants et la société française, 1914–1939, Vol. 3, Paris, Presses de la FNSP, 1977.

⑥ Franoise Zonabend, *La mémoire longue. Temps et histoires au village*, Paris, PUF, 1980.

集体记忆：吉伏尔的退休冶金工人》①、菲力浦 · 茹塔尔的《过去传来的声音》②，等等。进入 21 世纪后，带有"记忆"名称的著作越来越多，大量著作中也充满着"记忆"一词，这方面的学术论文层出不穷，不胜枚举。2008 年，法国高等社会科学院人文科学之家基金会、巴黎第一大学与中国法国史研究会在上海联合举办研讨会，根据法方建议，研讨会的主题即是"时间和记忆"。可以说，记忆史仍然是法国史学研究的热点，唯一重要的变化是记忆史已经被纳入涵盖面更广的"表征史"之中，成为法国"表征史"的重要组成部分。

二 作为历史研究对象的记忆：记忆史的概念和方法

法国记忆史中的"记忆"（mémoire）是一个抽象的概念，它指的是人们保留某些信息的能力和属性，它首先是属于人的精神和心理层面，人们借助于它可以将过去的印象和信息如实地在现实中还原。③ 尽管如此，法国记忆史研究的内容却是具体的，它涉及的是记忆的实际内容，即法语中另一个关于记忆的单词"souvenir"（英语对应的单词是 remembering 或 remembrance，最确切的汉语译法应该是"回忆"，意指人们记忆的内容）。法国记忆史关注的重点不是个人的记忆，而是集体的记忆。

如前所述，"集体记忆"概念来自法国社会学家哈尔布瓦克，与传统心理学意义上的"记忆"概念不同，哈尔布瓦克更强调记忆的社会性。他认为，我们大部分的记忆具有社会意义。"通常正是在社会中，人们获得他们的记忆，回想起这些记忆，辨认出这些记忆，给这些记忆以正确的定位……最常见的情况是，我们唤醒记忆是为了回答别人的问题或我们假设要回答别人的问题，此外在回答这些问题时，我们把自己置于他们的视角中，我们看问题就如我们是这一群体的一部分或与他们处于同一群体之中……最常见的是，当我回忆时，是别人刺激了我的回忆，他们的回忆唤醒了我的回忆，我的回忆有别人回忆的支撑。""正是从这种意义上说，存

---

① Yves Lequin et Jean Metral, "A la recherché d'une mémoire collective: les métallurgistes retraités de Givors," *Annales ESC*, n°1, 1980, pp. 149 – 166.

② Philippe Joutard, *Ces voix qui nous viennent du passé*, Paris: Hachette, 1983.

③ Jacques Le Goff, *Histoire et mémoire*, Paris, Gallimard, 1988, p. 105.

在着记忆和集体记忆的社会框架。"① 他还认为，即使是完全属于个人的记忆，也不可能是完全孤立和封闭的。"一个人为了回想起他的过去，经常需要借助别人的回忆。他通过身外存在的、社会为他确定的参照点才能回忆起来。更有甚者，没有言词、思想这些工具，没有这些个人无法发明、只能借用他人的工具，个人的记忆便不能运行。"②

法国历史学家重新解读了哈尔布瓦克的观点。皮埃尔·诺拉在为《新史学》撰写"集体记忆"词条时，提出了自己的定义。他认为，"如果从最为相近的意思来说，集体记忆就是具有身份认同的鲜活群体对过去的、被赋予神奇化的经历的回忆，或是这些回忆的总和，不论这种回忆是有意识的还是无意识的。这一群体的认同是通过对过去的感情整合而形成的。"③ 接着他列举了集体记忆的诸多方面：对事件的回忆，这些事件或直接被人们亲身经历，或间接通过书写的、实践的和口述的传统得以传承下来；活跃的记忆，由机构和制度、各种仪式、历史著作加以维持的记忆；隐藏的和重新获得的记忆，如少数族裔的记忆；官方记忆，由民族、家庭、宗教、政党营造的所有想象物的集合；没有记忆的记忆，地下的和亚历史的记忆（如犹太记忆）等。

吉拉尔·诺瓦里耶尔在其著作《什么是当代史?》中将哈尔布瓦克所指的记忆分为三个层次。④ 第一层次为"个人回忆"（les souvenirs indivi-duels），个体回忆的是自己亲身经历的事情，这种个人记忆与群体记忆有着辩证关系，哈尔布瓦克在《记忆的社会框架》中就曾写道："个人是用群体的眼光来回忆的，而群体的记忆通过个人的记忆得以实现并表现出来"。⑤ 第二层次为"集体记忆"（les mémoire collective），它包括曾经历过相同事件的一群人的共同记忆，以及这些事件所遗留下来的客观印痕，这一层次包括共同经历的空间环境、与经历的事件相关的机构设置，以及与此相关的文字和口头档案材料等。第三层次为"传统"，它是在相关事

---

① Maurice Halbwachs, *Les cadres sociaux de la mémoire*, Nouvelle édition, Paris, PUF, 1952, p. VI.

② Maurice Halbwachs, *La mémoire collective*, Zᵉ édition, Paris, PUF, 1968, Chapitre II：mémoire collective et mémoire historique, p. 36.

③ Pierre Nora, 《La mémoire collective》, p. 398.

④ Gérard Noiriel, *Qu'est-ce que l'histoire contemporaine ?* Paris, Hachette, 1998, p. 198.

⑤ Maurice Halbwachs, *On Collective Memory*, Chicago：The University of Chicago Press, 1992, p. 40.

件的当事人消失以后才出现的，各种仪式、神话、集体的叙述、朝圣等取代了记忆的位置。通过这种解读，记忆概念所涵盖的内容进一步扩大。

雅克·勒高夫则另辟路径，他不是对哈尔布瓦克的记忆概念作进一步的阐释，而是通过对记忆的历史考察来揭示承载记忆的媒介及其对记忆功能所产生的影响。勒高夫在《历史和记忆》一书中按人们的记忆形式划分出记忆发展的不同阶段：（1）原始民族记忆期，即"无文字记忆"、"野性记忆"，其中最主要的形式就是神话，尤其是关于民族起源的神话，此外还有口传谱记，手艺经验等；（2）记忆飞跃期，从口传记忆到书写记忆，即从史前到古典，其中出现了纪念性的碑文；（3）中世纪记忆期，口传记忆与书写记忆平分秋色，编年史作为记忆开始出现；（4）文本记忆发展期，16 世纪以后，历史担当起记忆的角色；（5）当代记忆的膨胀期，更多的记忆媒介。①

必须指出，记忆史对记忆概念的借用是以强调记忆与历史的不同为出发点的。皮埃尔·诺拉曾明确表示："历史与记忆远非同义词，现在看来，它们是相互对立的。"② 根据多位法国历史学家的论述，③ 我们可以从中概括出记忆与历史各自具有的特征：

首先，记忆是鲜活的和生动的，它总是与活着的人联系在一起，随着人们回忆与失忆的不断变换而处在永久的变动之中，经常在不知不觉中遭到扭曲，并且极易受到利用和操纵，历史则是对一切不复存在的事物或已"死亡"的事物进行问题式的和不完全的重建；记忆是现在的过去，而历史则是过去的复现。第二，记忆总是主观的，以自我为中心的，总是可以用第一人称来指代——"我的"记忆和"我们的"记忆，它处在自我意识之中，寻求的是对自己感官的忠实，它受制于人的信仰；历史则一直以客观为诉求，总是以非主体的面貌出现，历史学家不会将自己的作品说成"我的历史"，他希望他的研究放之四海而皆准，能够揭示出历史的普遍性，历史追求的是真实，它受制于理性。第三，记忆总是具体的，带有感

---

① Jacques Le Goff, *Histoire et mémoire*, p. 409.

② Pierre Nora, *Les Lieux de Mémoire*, t. 1, p. 24.

③ Pierre Nora, 《Entre mémoire et l'histoire》, *dans Les Lieux de Mémoire*, t. 1, pp. 23 – 43；Pierre Nora, 《La mémoire collective》, pp. 398 – 401；Krzysztof Pomian, 《De l'histoire, partie de la mémoire, à la mémoire, objet d'histoire》, pp. 63 – 110；Francois Dosse, 《Entre histoire et mémoire: une histoire sociale de la mémoire》, *Raison présente*, September 1998, pp. 5 – 24.

情色彩的，并且是复数的，有多少个个体和群体就有多少种记忆，记忆与记忆之间充满着错位和冲突；历史则带有抽象的批判意味，需要对问题进行分析和解释，需要冷静的思考，追求的是终极真理。第四，记忆与遗忘相辅相成，有记忆必有遗忘，记忆允许有缺口和断裂，历史则追求连续和完整，遗漏不是历史的美德；记忆对时间并不敏感，它可以是跳跃式的，不在乎因果联系，历史则完全关注因果链，强调时间的连续和次序。

法国的历史学家们还历史地和动态地考察了记忆与历史的关系。人类的记忆要早于历史而存在，当人们发明了书写方法，历史便开始出现，但它最初仅仅是记忆的一部分，但当书写在人类社会完全占据统治地位后，历史几乎成了记忆的代名词，成为记忆的代言人，"历史的记忆"（mémoire historique）① 等同于记忆，成了"历史—记忆"（histoire-mémoire）的联合体，到了现代，记忆又想从历史的掌控中摆脱出来，人们甚至用"记忆的责任"（devoir de mémoire）来对抗历史的歪曲、隐瞒和遗忘。然而在将记忆作为历史研究的对象之后，记忆再次被历史俘获。

与"记忆"概念相对应的是"遗忘"。法国一些从事记忆史研究的专家一直将"记忆、历史和遗忘"看作是与过去发生联系的"三驾马车"。② 人们认为，遗忘是记忆的另一面，不可分离。集体记忆收集着坚实的材料，而那些生活的碎片和没有多大意义的事件就自然地进入遗忘的角落。"记忆的空洞"就如同漏斗，不值得或不便记忆的"垃圾"就从此滑走。"集体记忆选择、勾画、建设着：记忆是工地，遗忘收集着建筑废料。"③ 因此遗忘是记忆选择的结果，它可以反映出记忆的另一侧面，沉默、无意识的压抑、抵制、失忆，甚至谎言在心理学领域是与记忆结合在一起的，记忆与遗忘就是一种对立统一。

法国的记忆史正是在这样的概念框架下建构的。从方法论上说，法国记忆史对记忆的研究不同于心理学对记忆的研究，心理学家、精神病学家和精神分析学家更多地关心个人记忆，而历史学家们更多地关注集体记

---

① 人们常常译作"历史记忆"，由于汉语的"历史记忆"，既可理解为"带有历史意义的记忆"，也可理解为"历史即记忆"，因此本文采用"历史的记忆"的译法，根据皮埃尔·诺拉的定义，"历史的记忆"等同于历史，即历史学的集体记忆。

② Jean-Clément Martin,《Histoire, Mémoire et Oubli. Pour un autre régime d'historicité》, *Revue d'histoire moderne et contemporaine*, t. 47e, n°4, Oct. -Dec., 2000, pp. 783 - 804.

③ Lucette Valensi,《Silence, dénégation, affabulation: le souvenir d'une grande défaite dans la culture portugaise》, *Annales ESC*, n°1, janvier-février 1991, p. 3.

忆；心理学家主要关注记忆功能，研究的时段往往短暂，方法上是实验和经验式的，记忆史对记忆的研究则注重长时段的记忆。同时，记忆史的研究受到 20 世纪 70 年代"语言转向"的影响，借鉴了许多认识论方面的理论，如现象学和解释学等。

记忆史研究的对象和领域非常宽泛。记忆史研究的"记忆"涉及刚刚发生但受到抑制的历史事件和被遗忘的社会和群体，如法国维希政权、阿尔及利亚战争、德国关于纳粹主义的历史大争论、苏联解体后的东欧国家、20 世纪一连串不幸的悲剧和挫折、消失或正在消失的农民群体和工人群体、各地区的物质遗产和非物质遗产、国家和地区的身份认同，因为这一切均是"过去呈现于现在"。记忆史也研究人们对过去的建构、传承和"保存"，因此，对生活经历的记忆、对历史事件和历史人物的纪念活动、历史的记忆、历史的遗忘（有意和无意）、历史对过去事件的对立解释、历史的政治操纵等也都归入记忆史研究的行列。记忆史还研究"记忆的载体"，如档案和博物馆、历史性建筑、书籍、影像材料等。这种记忆的广谱化，大大拓展了历史研究的领域和视野，但它的不确定性也使得"记忆史"自身的身份变得模糊起来，因此从 20 世纪 90 年代末起，记忆的泛化遭到许多专家的诟病，他们批判"记忆的滥用"[1]、"纠缠"[2] 和"误用"。[3]

法国记忆史的研究路径可以总结为如下几个方面：

1. 反思性。记忆研究基本集中在两个问题上：一是"人们记住了什么？"二是"这是谁的记忆？"依照记忆的特征，记忆是有个性的，可以反映个体的身份。记忆的内容与个体的感觉、价值判断和语言表达相联系。同时，失去了记忆也就失去了个体身份的坐标。因此，完全可以说，"没有记忆，人就不能辨认自己，人也就不再存在了"。[4] 因此从"记住什么"（记忆内容）入手，就可最终认识"记忆属于谁"（认识主体的身份和本质）。但是，要通过"什么"达到认识"谁"的目的，还必须了解记忆的内容是如何表达出来的，即回忆的方式问题。有些回忆是自然涌现的，如

---

① Stefan Todorov, *Les abus de la mémoire*, Paris, Arléa, 1998.

② Henry Rousso, *La hantise du passé*, Paris, Textuel, 1998.

③ Marie-Claire Lavabre, 《Usages et mésusages de la notion de mémoire》, *Critique internationale*, n°7, avril 2000, pp. 48-57.

④ Krzysztof Pomian, 《De l'histoire, partie de la mémoire, à la mémoire, objet d'histoire》, p. 68.

触景生情，有些回忆是人们刻意去追寻的，有些记忆内容自然遗忘，而有些记忆内容，人们有意将它埋在记忆深处，甚至努力将之遗忘，这种表达方式也是记忆主体身份的体现。因此，记忆史研究从记忆的具体内容出发，通过观察它们的呈现方式，最后去认识记忆主体的本质和属性，即认识主体的身份（identité）。这就是法国哲学家李科所称的反思性（réflexif）方式。[①]

这方面较为典型的范例就是法国史学家吕赛特·瓦朗西（Lucette Valensi）对一次发生在 16 世纪的葡萄牙与摩洛哥战争的记忆研究。[②] 1578 年 8 月 4 日，葡萄牙国王塞巴斯蒂安与摩洛哥被废黜的国王联手发动对摩洛哥在位国王的进攻，史称"三王之战"。战争只持续了一天，结果葡萄牙惨败，三王或死亡或下落不明。战争的失败使葡萄牙失去了国王，也失去了贵族精英（几乎所有的贵族均参加了战争，伤亡惨重），还丧失了军队，它向北非和大西洋以外世界的扩张受挫，甚至数年后，葡萄牙被腓力二世统治的西班牙吞并。而摩洛哥却因此强大到前所未有的程度。通过研究这一事件如何逐渐融入两国的民族记忆中，吕赛特·瓦朗西揭示出该历史事件在战胜国和战败国所产生的不同记忆。该事件在摩洛哥的记忆中埋藏得很深，相关资料也较为少见。一直到 1956 年摩洛哥重新独立后，为了弘扬民族精神，此事件才被重新忆起，对该事件的纪念也逐渐制度化。在葡萄牙，巨大的战争创伤首先给全民族带来极大的悲伤，然后人们开始有意抑制和隐瞒这段痛苦的记忆，起初关于这一事件的记载几乎仅见于周边国家，由于法文、西班牙文、意大利文文献均未译成葡萄牙文，这种沉默一直维持了近 30 年。此后人们才愿意通过重拾回忆来舔平伤口。由于葡萄牙人从来没有亲眼见到塞巴斯蒂安的尸体，因此围绕着这位国王的生死产生了许多传说，人们期待这位国王的回归并希望这位国王最终成为葡萄牙民族意识的重要组成部分，这种记忆成为葡萄牙人的一种身份认同。可见，记忆史研究抛弃机械的因果分析方式，采用人类学、民族志学的研究方法，关注的重点放在能够使个人迅速融入社会和集体层面的一些因素，如语言、意识、情感、感官和文化等。

[①] Paul Ricoeur, *La mémoire, l'histoire, l'oubli*, Paris, Seuil, 2000, p. 4.

[②] Lucette Valensi, *Fables de la mémoire. La glorieuse bataille des trois rois*, Paris, Seuil, 1992；Lucette Valensi, 《Silence, dénégation, affabulation：le souvenir d'une grande défaite dans la culture portugaise》, *Annales ESC*, n°1, janvier-février 1991, pp. 3 – 24.

2. 追寻痕迹。记忆史研究从凝聚着记忆的事件、地点、人物、仪式、群体入手，重点考察这些对象在历史上留下的痕迹，着眼点不是这些对象本身的真伪和意义，而是这些真伪和意义形成的历史轨迹，尤其是研究历史事件被集体记忆操纵、调整和修改的进程。我们可以以乔治·迪比的《布维纳的星期天》①为例略加展开。该书出版于 1973 年，远早于法国记忆史成型时期，但它之所以被视为记忆史的开山之作②是由于该书的第三篇章"传奇演变"（Légendaire）。该书关注的是法国历史上一场著名的战役"布维纳之战"，在 1214 年 7 月 27 日星期天这个不该打仗的日子里（星期天为主日，基督徒应该休息），法国国王腓力二世（奥古斯都）被迫与被革除教籍的德意志皇帝奥托四世及其联军在弗兰德尔地区的布维纳桥边（马克河畔）进行了一场战役，结果奥托四世落荒而逃，联军中有多名大贵族被俘，与奥托四世结盟的英王失地者约翰放弃了对法国的领土要求，腓力二世由此巩固了已获得的领土，提升了王权的地位。

迪比在该书的第三部分重点分析了这场战役对民族记忆演变的影响。首先，迪比分析了"布维纳之战"神话的形成，这场战役通过 13 世纪僧侣和编年史作家的描绘，成为"善"战胜"恶"、"上帝战胜魔鬼"的象征，并且逐渐夸大为法国军队以一当十，甚至以一当百的胜利。然后，迪比指出，14 世纪，此战役逐渐被人遗忘，而从 17 世纪开始，此战役再次浮出水面。在 19 世纪和 20 世纪，从基佐到魏刚，战役得到不同的解读，最后该战役被赋予民族胜利的意义，成为法国人第一次战胜德国人的战役。在民族情感上，它变得比贞德更重要。1945 年以后，这次战争的记忆又一次消失，因为欧洲需要和谐，并在走向一体化，德国不再成为敌人。

勒高夫在分析迪比的研究方法时指出，迪比"首先将此事件看作冰山一角，然后，他用社会学的方法审视这场战役及其留下的记忆，通过考察对事件的一系列纪念活动，他追踪了该记忆在整体精神重现运动中的命运"③。乔治·迪比在 1984 年该书的再版前言中也总结了他这部分的分析："我的任务是观察一个事件如何被建构和解构的，因为归根结底，该事件仅仅以人们叙述的方式而存在，因为确切地说该事件是被那些将事件

---

① Georges Duby, *Le dimenche de Bouvines*.

② Jacques Le Goff, *Histoire et mémoire*, p. 173.

③ Ibid. .

更名后进行散布的人制造出来的；因此，我研究的是关于布维纳回忆的历史，是该事件被人们想方设法逐渐扭曲的历史（很少是无辜的），是记忆和遗忘的历史。"① 这样的方法决定了记忆史研究主要集中在事件和人物史的研究方面，这是自法国年鉴学派之后法国史学的重要转向。

3. 回溯法（méthode rétrospective）。记忆史研究以现实关怀为立足点，公开地以现代问题为出发点，追溯以往，以满足现代人的现代要求。亨利·卢索（Henri Rousso）1987 年对有关维希政权的集体记忆所作的研究就是很好的例子。② 有人认为该著作的问世是"法国记忆史确立"的"决定性阶段"。③ 20 世纪 70 年代，法国出现了对抵抗运动神话的反思。根据这一神话，维希政权是法国一小撮投降派建立的，他们是纳粹德国的应声虫和合作者，法国大部分人站在以戴高乐为代表的抵抗运动一边，戴高乐的自由法国才是法国的正统政权，抵抗运动是正统法国的延续，维希政权是不值一提的插曲。然而，70 年代，这种神话被修正派戳穿，新的观点认为，最初大部分法国人支持维希政权，维希政权的一些措施也不完全是出于德国方面的压力，甚至在反犹方面也是如此，维希政权其实是法兰西第三共和国内部保守势力和新法西斯派力量的延续。因此，这种观点在法国社会引起了激烈的辩论。

卢索的著作并不介入这种非黑即白、孰是孰非的讨论，而是用非常冷静的态度，从现实问题出发，回溯法国人对这段历史的记忆。作者依据1945 年以来大量与维希政权相关的"再现"材料（如报刊、文学和史学作品、电影和电视等），分析了法国 1945 年以来有关维希政权的集体记忆：最初为"哀伤"期（1944—1954），主要表现为起诉"合作者"和戴高乐倡导民族和解；第二阶段为"记忆抑制"期（1954—1971），法国人希望告别痛苦的过去，他们接受了戴高乐所营造的抵抗运动的神话；第三阶段为"明镜破碎"期（1971—1974），1971 年纪录片《悲伤与怜悯》上映和蓬皮杜总统与"合作分子"图维埃特赦的争论打破了平静，使维希记忆再次涌现；最后为"记忆困扰"期（1974 年以后），犹太人的记忆被唤醒，教会和法国国家公务员在维希时期的作用也受到责难。通过回溯，作

---

① Georges Duby, *Féodalité*, Paris, Gallimard, 1996, p. 831.

② Henry Rousso, *Le Syndrome de Vichy*, 1944 – 198···, Paris, Seuil, 1987.

③ Christian Delacroix, François Dosseet Patrick Garcia, *Les courants historiques en France*, 19e – 20e siècle, Paris, Armand Colin, 2002, p. 268.

者发现法国人关于维希时期的集体记忆始终是受现时需要支配的。类似的研究还有关于共产党的集体记忆①，阿尔及利亚战争的集体记忆②，第二次世界大战期间被流放者的记忆③，被赶出大学校门的犹太人的记忆，④等等。从这方面来看，记忆史研究始终以近现代史为主，也就理所当然了。

三 《记忆场所》：在历史和记忆之间

提到法国记忆史，不能不提到法国著名史学家皮埃尔·诺拉主编的宏篇巨作《记忆场所》（*Les Lieux de Mémoire*），法国近年来论述法国史学研究流派的著作，在提及法国记忆史时，均以此书为例进行剖析。⑤ 该书可以说是近 20 年来法国史学界最有影响的历史著作之一，引起众多史学家的关注和评论。⑥ 它与记忆史共同成长的学术历程、它的理论特色、它所代表的研究范式都值得我们近距离观察。

该书主编皮埃尔·诺拉与出版界有着密切的联系，他本人是法国伽利玛（Gallimard）出版社的编辑，同时也是法国较有影响的学术刊物《争鸣》（*Le Débat*）的主编。他在学术圈也颇有影响，是法国高等社会科学院的顶梁柱之一。从 20 世纪 70 年代起，皮埃尔·诺拉开始对年鉴学派历史

---

① Marie-Claire Lavabre, *Le fil rouge, sociologie de la mémoire communiste*, Paris, PFNSP, 1994.

② Benjamin Stora, *La gangrène et l'oubli. La mémoire des année algériennes*, Paris, La Découverte, 1991.

③ Annette Wieviorka, *Déportation et génocide：entre la mémoire et l'oubli*, Paris, Plon, 1992.

④ Claude Singer, *Vichy, l'université et les juifs. Les silences et la mémoire*, Paris, Les Belles Lettres, 1992.

⑤ Gérard Noiriel, *Qu'est-ce que l'histoire contemporaine ?* pp. 201 – 202；Christian Delacroix, François Dosset Patrick Garcia, *Les courants historiques en France*, 19e – 20e siècle, pp. 263 – 267.

⑥ 笔者阅历所及，重要的评论有：Paul Ricoeur, *La mémoire, l'hitoire, l'oubli*, pp. 522 – 535；Patrick Garcia, 《*Les lieux de mémoire, une poètique de la mémoire?*》, *Espaces Temps*, n°74/75, 2000, pp. 122 – 142；Lucette Valensi, 《Histoire nationale, histoire monumentale. Les lieux de mémoire》, *Annales HSS*, n°6, novembre-décembre, 1995, pp. 1271 – 1277；Steven Englund, 《De l'usage de la Nation par les historiens, et réciproquement》 et 《L'histoir e des ages récents. Les France de Pierre Nora》, *Politix*, n°26, 1994, pp. 141 – 168；Marie-Claire Lavabre, 《Usages du passé, usages de la mémoire》, *Revue française de science politique*, n°3, juin 1994, pp. 480 – 493；Henry Rousso, 《Un jeu de l'oie de l'identité français》, *Vintième Siècle, revue d'histoire*, n°15, juillet-septembre 1987, pp. 151 – 154. 此外，还有两本杂志进行过专题讨论：《La nouvelle histoire de France. Les lieux de mémoire》, *Magazine littéraire*, n°307, février 1993；《Mmémoire comparées》, *Le Débat*, n°78, janvier-février 1994。

学的研究范式进行反思，他本人是年鉴学派史学家的朋友，但在史学思想上却始终与年鉴学派保持着距离。他在 1971 年初与伽利玛出版社合作编辑了"历史丛库"（Les bibliothèdes histoires，法语的"历史"一词采用复数形式），在这里他显然不同意年鉴学派"总体史"的观点，在他看来，"历史"应该是复数的和小写的。1980 年，他和马赛尔·高赛（Marcel Gauchet）共同创办了《争鸣》杂志，杂志经常发表与年鉴学派观点相左的文章，其中引人注目的是 80 年代初，登载了普林斯顿大学教授劳伦斯·斯通（Lawrence Stone）的《叙事的复兴》（*Retour aurécit*）和意大利史学家卡洛·金斯伯格（Carlo Ginzburgr）的《符号、轨迹和线索：表征范式之根》（*Signes，traces，pistes. Racines d'un paradigme de l'indice*），为叙述史和微观史学正名，开启了质疑年鉴派史学的先河。

　　1976 年，皮埃尔·诺拉被任命为法国高等社会科学院当代史研究所负责人，因此开始关注记忆问题，他将"记忆场所"这一概念①引入历史研究之中，构思和酝酿新的研究方向。1977 年，他与法国心理学家让·贝尔特朗·蓬塔利斯（Jean-Bertrand Pontalis）进行了一次交谈，这次交谈以《历史学家的记忆，历史学的记忆》为题发表，在回答让·贝尔特朗·蓬塔利斯"当今历史学家的设想应该是什么"这一问题时，诺拉认为历史学家要"将记忆从昏睡中驱赶出来，将维护和保持社会永恒所需的想象力激发出来"②。如前所述，1978 年，皮埃尔·诺拉为《新史学》撰写"集体记忆"词条，除了公开提出"集体记忆的分析能够而且应该成为致力于与时代同行的历史学的先锋"③ 以外，还提到了记忆的"场所"，第一次表述了"记忆场所"的概念。据其所述，在 1978 年和 1979 年间，他萌发了请一些著名的史学家共同出版一套有关民族记忆"场所"（les lieux）丛书的计划。④ 从 1978 年至 1981 年，他在法国高等社会科学院主持定期研讨会，参与研讨的专家成为这部著作的中坚力量。他原计划主编

---

　　① 早在 1975 年，法国就有人在杂志上引用英国历史学家弗朗西丝·艾梅莉亚·雅特斯（Frances Amelia Yates）《记忆的艺术》（*The Art of Memory*）一书中材料，提到了"记忆地点"：Gérard Blanchard，《Textes，images et lieux de mémoire》，Communication et langages，n°28，1975，pp. 45 – 69。

　　② Pierre Nora，《*Mémoire de l'historien，mémoire de l'histoire：Entretien avcec J. -B. Pontalis*》，p. 231.

　　③ Ibid. , p. 401.

　　④ Jean-Claude Ruano-Borbalan（cordonné），*L' histoire aujourd' hui*，p. 343.

四卷。1984 年，《记忆场所》第一卷《共和国》（*La République*）出版，立即受到史学界和公众的欢迎。该书的第二部分取名为《民族》（*La Nation*），计划出两卷，但由于选题和内容太多，1986 年出版时增加为三卷。1992 年完成了最后一部分《统一多元的法兰西》（*Les France*），又是三卷，而且比起第二部分的三卷来，篇幅更大，内容更丰富。《记忆场所》全书最终出齐时为七卷本，共 6000 多页，该书成为集体记忆史研究成果的汇总。

参与编写的历史学家所擅长的领域涵盖了政治史、经济史、社会史、文化史和宗教史等。其中既有现当代史专家，也有古代中世纪史专家。他们的治史方法、史学观点和政治立场也不尽相同：既有年鉴学派和新史学的领军人物，也有代表法国史学新趋向的"记忆史"和"表征史"研究的新锐，还有坚持以经济社会为主轴研究历史的资深学者，除此之外，还有一些跨学科的专家。全书采用条目式的写作方法，每人负责撰写自己的条目，因此难免各行其是，良莠不齐。然而，皮埃尔·诺拉和他的核心团队在其中起到了中坚作用，他们的组织协调工作保证了著作总体上在方法论、设计目标和行文风格上的一致性。皮埃尔·诺拉除了承担组织调度工作、确定总体问题、选择关键条目外，还直接撰写了六个条目以及全书各章节的序跋和过渡段落，在核心概念的定义上以及全书的思考、目标和关联的定位上起了重要作用。[①] 皮埃尔·诺拉有非常重要的合作伙伴辅佐，如高赛、莫娜·奥佐夫、孚雷、波米扬等人，他们大多来自法国高等社会科学院、全国科研中心（CNRS）和政治研究机构，而非出自大学。

我们注意到，大部分的评论者都提到皮埃尔·诺拉在该书第一卷所表达的初衷在最后一卷出版时发生了"变调"：本来想通过碎片化的和独立的"记忆场所"研究来破除民族神话，颠覆神圣化的法国史，对抗纪念式的历史，但到头来，仍然没有逃脱"民族"的魔咒，"记忆场所"成了民族遗产，受到全民族的追捧，皮埃尔·诺拉的"记忆场所"演变为真正的整体法国史。试图破除纪念式神话的《记忆场所》，反倒使得自己成了纪念式的神话，成了史学丰碑。总之，是从反拉维斯走向新拉维斯。不

---

① 有人认为皮埃尔·诺拉的个人直接贡献占到全书的 7%（Patrick Garcia，《*Les lieux de mémoire, une poètique de la mémoire*》，pp. 122 – 142）；在著作前二部分（前四册）出版之时，有人甚至认为他的直接贡献达到 10%（Steven Englund，《*De l'usage de la Nation par les historiens, et réciproquement*》，p. 143）。

过，仔细阅读全书，我们可以发现这种悖论有其内在的逻辑，作者最初的动机、他的设计、他所运用的研究方法无不为这样的结局预先作了铺垫。

皮埃尔·诺拉在第一卷序言中明确指出："记忆场所的研究位于两大运动的交叉点上，这两大运动赋予了这一研究以地位和意义。一方面是纯粹历史学的运动：历史学对自身进行反思的时刻；另一方面是历史进程：记忆传统的终结。"[1] 他宣告"历史—记忆"联合体的终结，即记忆与历史决裂，以及传统史学（几乎和"历史—记忆"联合体是同义词）走向没落。由此他还提出了"记忆被历史绑架"的观点。他承认，"记忆场所"的概念完全出于"一种失落感，由此带有对已逝事物的怀旧的印记"[2]。在大量使用"终结"（fin）、"变化"（mutation，changement）和"不再"（ne plus）这些字眼的背后，隐藏着作者对民族情感失落的担忧：

> 民族不再是框定集体意识的统一框架。它的定义也不再引起争论，遗留的问题已由和平、繁荣和国土削减而得以解决。它所受到的威胁就是没有了任何威胁。随着"社会"替代了"民族"，由"过去"和"历史"决定的正统性让位于由"未来"决定的正统性。"过去"，人们只能认识它、尊敬它；"民族"，人们为它服务；而"未来"，需要人们去准备。三大名称各司其职。民族不再需要为之奋斗，它已经是既成事实；历史变成了社会科学；而记忆纯粹是个人现象。民族记忆由此成了"历史—记忆"联合体的最后体现。[3]

因此，主编者在新的历史背景下仍然不忘拯救"民族记忆"，通过"记忆场所"研究，留住"残存"的民族记忆，找回正在失去的记忆，找回群体、民族和国家的认同感和归属感。主编者将全书结构划分为三大部分：共和国、民族、法兰西。其核心仍然是民族，共和国是民族的现代形式，法兰西则是民族的缔造者。

本书的核心概念"记忆场所"也随着主编者日益明显地强化民族身份认同而发生了变化。当然，"记忆场所"的最初酝酿已经表现出它试图

---

[1] Pierre Nora，《Entre mémoire et l'histoire》，p. 28.

[2] Pierre Nora，《Comment écrire l'histoire de France》，*dans Les Lieux de Mémoire*，t. 2，p. 2222.

[3] Pierre Nora，《Entre mémoire et l'histoire》，p. 28.

揭示主体"身份"的发展趋势。皮埃尔·诺拉对"记忆场所"的第一次清晰表达是在 1978 年他为《新史学》撰写的"集体记忆"词条中。他写道：集体记忆的研究应该从"场所"（lieux）出发，这些场所是社会（不论是何种社会）、民族、家庭、种族、政党自愿寄放它们记忆内容的地方，是作为它们人格必要组成部分而可以找寻到它们记忆的地方，这些场所可以具有地名意义，如档案馆、图书馆和博物馆；也可以具有纪念性建筑的属性，如墓地或建筑物；也可以带有象征意义，如纪念性活动、朝圣活动、周年庆典或各种标志物；也具有功能属性，如教材、自传作品、协会等。这些场所都有它们的历史。①

而且，他马上意识到："进行这样的历史研究很快会改变词语的方向，从召唤场所的记忆转向召唤真正的记忆场所：国家、社会和政治集团、具有共同历史经历的共同体……"② 作者已经直接把国家和民族认定为"记忆的场所"，并认为这才是集体记忆研究最终指向的目标。如此，我们在《记忆场所》第三部分的序言中读到这样的句子，就不会觉得惊讶了："用众多记忆场所来分解法国，就是将整个法国打造成为单一的记忆场所"。③

皮埃尔·诺拉在 1984 年出版的《记忆场所》第一卷序言中对核心概念"记忆场所"又作了进一步的说明。他对可以确定为"记忆场所"的事物重新划分为三类：物质的、象征性的和功能性的。④ 它们成为"记忆的场所"是"记忆"和"历史"双重影响的结果，它不是记忆本身，也不属于历史，它处在记忆和历史之间。它要成为"记忆场所"，首先要有"记忆的意愿"，⑤ 这些"场所"由记忆"凝聚"而成，记忆"寓身"其中⑥，但记忆不是自发的，记忆的凝聚不是自然的行动，"人们必须创设档案、维持周年庆、组织庆祝活动、致悼词、公证契约等"。⑦ 同时"记忆场所"的形成也必须有历史、时间和变化的介入。⑧ 历史通过对记忆的

---

① Pierre Nora,《La mémoire collective》, p. 401.

② Ibid. .

③ Pierre Nora,《Comment écrire l'histoire de France》, p. 2224.

④ Pierre Nora,《Entre mémoire et l'histoire》, p. 37.

⑤ Ibid. .

⑥ Ibid. , p. 23.

⑦ Ibid. , p. 29.

⑧ Ibid. , p. 38.

"歪曲、转变、塑造和固化"，造就了寓有记忆的"场所"。① 因此，"记忆场所"不是消失得无影无踪或被完全遗忘的事物，它们是记忆的"残余"，"是没有仪式的社会中的仪式，是去神圣化社会中的神圣之物"，它们就如"记忆之海退潮时海滩上的贝壳，不完全是活的，也不完全是死的"。② "由于不再有记忆的环境（milieux de Mémoire），所以才有了记忆场所。"③ 皮埃尔·诺拉举例说，"共和历"之所以成为"记忆场所"是由于"共和历"最终被终止了，如果它像"格里高利历"那样能延续到今天，它就不可能成为"记忆场所"，然而，它又没有完全消亡，法国历史上的一些关键时刻和关键事件仍然与它紧密相联，如葡月、热月和雾月等。在第一卷《共和国》中，我们看到了精彩纷呈的"记忆场所"，其中既有象征物，如三色旗、共和历等；也有功能性的事物，如儿童读物《两个小孩周游法国》、《教育词典》等；还有名副其实的地点或场所，如先贤祠；还有不少纪念活动，如 7 月 14 日法国国庆日等。

　　时隔两年，该书的《民族》卷出版。"民族"是比"共和国"时间更长、内涵更丰富、底蕴更深的概念。"记忆场所"的范围和入选标准由此也进一步扩大了，它们需要一定的"系统性和层次性"。④ 因此，它又被细分为三大部分：非物质的、物质的和理念的。"记忆的场所"扩展到与民族相联系的所有参照物，如领土和疆域，法典，帝王居住和加冕之地，在民族形成中起巨大作用的历史学、物质遗产、风景等。不过，在方法论上，该书一如既往地通过揭示这些"记忆场所"的记忆痕迹，来透视法兰西民族的特性，即通过分析群体意识和群体无意识现象，彰显意识主体的本质。在概念扩展的过程中，也出现了一些让读者感到意外和惊喜的条目。

　　其中一个条目为"士兵沙文"。众所周知，"沙文主义"一词来源于拿破仑军队中的一位士兵沙文。然而作者经过抽丝剥茧地考证以后，发现这位"士兵沙文"是虚无之人。那么这位虚无之人又如何成为一种流行很广的意识形态的来源呢？其中存在一些看似偶然的因素，如词典作者的学生搞恶作剧，沙文成为戏剧人物，沙文得到官方认可等，但作者从中看

---

①　Pierre Nora，《Entre mémoire et l'histoire》，p. 29.

②　Ibid. , pp. 28 – 29.

③　Ibid. , p. 23.

④　Pierre Nora，《Présentation》（1993），*dans Les Lieux de Mémoire*，t. 1，p. 571.

到，"士兵沙文"最后被塑造成"士兵加农夫"的形象是他得以流行的关键。源自古罗马理想公民观的"士兵加农夫"，同样被法兰西民族所接受，被弘扬爱国主义精神的政府所接受，但随着时代的发展而最终被唾弃。另一条目为"街名"，作者通过考察法国街道命名体系的变化，指出法国街道命名随王权和中央集权统治的加强而得以纯净化和统一化，采用了人名、历史事件名为主的命名体系，也称之为"百科全书式"的体系，而这种以全国名人为主的命名体系，反映了法国对个人成就和荣耀的重视。同时根据对以人名命名街道的统计和分析，发现以政治人物命名的街道不仅所占比例多，而且占据了城市的主干道，由此揭示出法国作为政治民族的特性。

还值得一提的条目是"拜访大文豪"，作者发现近代法国作家中存在一种有趣的现象，年轻作家往往会去拜访一些功成名就的大作家，而且这种拜访随后形成拜访者的回忆录和访谈录。这种拜访甚至形成了完整的链接，例如巴雷斯（Maurice Barrès）拜访勒南（《勒南家八日》，1888 年）、科克托（Jean Cocteau）拜访巴雷斯（《造访巴雷斯》或《被糟蹋的婚礼》，1921 年）、莫利斯·萨克斯（Maurice Sachs）拜访科克托（《幻想十日》）等。作者对这种社会实践进行了"考古"，指出这种实践源于作家作为自由独立个体的存在，并为社会所尊重。同时作者还分析了"访问空间"，即文学空间与生活空间的转换，人们先从对文豪作品的想象和思考转到与文豪的真实会面，而后又回归到文学空间，文豪成为拜访者文学创作的依托。等到新媒体（如电视采访）出现以后，这种拜访就成了"记忆场所"了。作者认为，对"拜访大文豪"的研究就是要探究法兰西民族与它的知识祖辈之间的关系，他把"拜访"称之为"大文豪镜子中的法兰西"。①

最后，《统一多元的法兰西》出版，全书大功告成。而此时"记忆场所"概念需要进一步扩展。作者不怕概念的不确定性和模糊性，他认为，"它们的不确定性不会阻碍它们结出丰硕成果，其判断标准是它们的实际运用，它们的模糊性可以成为它们的力量之源"。② 作者承认，"不可能处理所有法国的记忆场所，因为此书不是百科全书，也不是词典。"但他坚

---

① Oliver Nora, 《La visite au grand écrivain》, *dans Les Lieux de Mémoire*, t. 2, p. 2133.

② Pierre Nora, 《Comment écrire l'histoire de France》, p. 2223.

持，"在既定的框架内，必须讲究系统性和连贯性"。他提到，大部分明显的"记忆场所"已经提供出来，而"现在需要构建"记忆场所了。[1] 它们是不是"记忆场所"取决于历史学家是否能够赋予记忆场所以意义，它们能够成为记忆场所，是因为这些"场所"能"说出比它们本身更多的东西"。[2] 于是，"记忆场所"涵盖了法兰西国家的所有象征物和一切能表现法兰西特性的对立统一：民歌、民间故事、谚语、卢瓦尔河畔的城堡、巴黎和外省的关系、共产主义与戴高乐主义的关系等，记忆场所几乎涉及法兰西的方方面面。于是，《记忆场所》就成了一部新的法国通史，只不过是完全另类的法国通史，作者称之为"第二层次"的法国史。何谓第二层次的历史？作者指出，这种历史着眼的"不是决定性的因素，而是这些因素的效应；不是记忆的行为，也不是纪念活动本身，而是这些行动的痕迹以及这些纪念活动的手法；不是事件本身，而是它们在时间上的构建、其意义的淡化和浮现；不是真实的过去，而是它们不断地被利用、使用和滥用，是它们不断施加在现实上的倾向；不是传统，而是传统形成和传承的方式。简言之，不是再生，不是重建，甚至不是重现，而是回忆。"[3] 从这层意义上说，这就是法国在 20 世纪 90 年代兴起的表征史和象征史。

作者本想在神圣化的历史和强迫性的记忆之间走出一条新路，即将记忆当成历史研究的对象，以解构神圣化的历史。但最终的结局仍然是回到了原点，历史以新的形式继续为民族神话服务。历史学家仍然无法摆脱"民族"的权杖。因此，该书也被许多评论家批评为"新拉维斯主义"。除此之外，作者也表现出操弄记忆的迹象，如最有理由成为"记忆场所"的拿破仑及波拿巴主义却不见踪影了（唯一一条目为"骨灰回归"），宗教所占的地位与它的重要性完全不成比例等。然而，尽管如此，我们仍然不能否认它所展现的新的研究方法和新的学术视野，不能否认它对法国 20 世纪 90 年代史学进步的推动作用，不能否认它所取得的巨大成就。

此书出版后引起很大反响，第一卷刚出版就得到法国学术界的好评，然后才有后面两部分的扩容。该书还得到国际学术界的追捧，被译成多国文字出版。"记忆场所"概念迅速流行，1993 年被收入《大罗贝尔词典》

---

[1] Pierre Nora,《Comment écrire l'histoire de France》, p. 2221.

[2] Ibid. , p. 2222.

[3] Ibid. , p. 2229.

（*Le Grand Robert de la langue française*）。人们甚至开始谈论"统一欧洲的记忆场所"[1]，谈论"德国的记忆场所"[2]。笔者忽然想到，中国呢？中国是否也能梳理出自己的"记忆场所"，并通过对这些场所的解读来更透彻地了解我们自己？或许那时我们也可以如皮埃尔·诺拉那样豪情满怀地说，我们"将这些'记忆场所'变成了我的法兰西，变成了每个人的法兰西，变成了所有人的法兰西"[3]。（将法兰西改成中国便是了）。

《中国社会科学》2010 年第 3 期

---

[1] Gérard Bossuat, 《Des lieux de mémoire pour l'Europe unie》, *Vingtième Siècle. Revue d'histoire*, 1999, Vol. 61, No. 1, pp. 56 – 69.

[2] Etienne François, 《Ecrire une histoire des lieux de mémoire allemands》, *Matériaux pour l'histoire de notre temps*, n°55 – 56, juillet-décembre 1999, pp. 83 – 87.

[3] Pierre Nora, 《Comment écrire l'histoire de France》, p. 2235.

e - 考据时代的新曹学研究：
以曹振彦生平为例[*]

黄一农[**]

摘要 在曹雪芹家族移居辽东的先祖当中，曹振彦最为人所知。曹振彦奠定了曹氏约百年的风光家业，唯先前对其生平事迹的论述仍有许多讹漏之处。透过数位数据库以及满文档案等，对曹振彦所任教官、致政、旗鼓的位阶与职掌，其入关后的科名、历官以及所属佐领等事，均可获得较深入的看法。振彦与其父辈或在天启元年沈阳城破时被俘归旗成为包衣；初应隶正黄旗，后归新旗主多尔衮，十一年八月随多尔衮改旗而隶镶白旗。先后任教官、致政、旗鼓（长史）等职，顺治元年之前，或遭"缘事革退"。清朝入主中原之初，曹振彦举家迁往北京，于顺治三年受田顺天府宝坻县之西。稍后因考取八旗贡士而得以东山再起，七年获授山西平阳府吉州知州；八年二月，因多尔衮被追论削爵，正白旗遂遭皇帝收归自领，曹家自此成为上三旗包衣；九年，升阳和府知府；十二年至十五年，历官至两浙都转运盐使司运使；卒年不详。曹家于清初崛起的历史图像，由此较为清晰而完备。

关键词 《红楼梦》 曹雪芹 曹振彦 清史 曹学

一 前言

自胡适的《〈红楼梦〉考证》于民国 10 年（1921）发表后，红学研

---

　* 感谢台北故宫博物院庄吉发教授、中国社会科学院定宜庄教授与刘小萌教授、台北"中研院"赖惠敏教授与陈国栋教授、新竹清华大学卢正恒同学的协助。

　** 黄一农，台湾清华大学历史研究所特聘讲座教授。

究进入一个新典范（paradigm）阶段，许多学者相信《红楼梦》就是曹雪芹（名霑）的自叙体，故致力于考证曹雪芹的家世与生平，认为"《红楼梦》是以曹家史实及雪芹个人经验为骨干和蓝本，然后加以穿插、拆合"，期盼能因此理解《红楼梦》的主题与情节，此一趋势令原本属于文学领域的"红学"延伸出博物院史学范畴的"曹学"研究。① 曹学在曹雪芹籍贯论争一事达到巅峰，除大量相关论文外，迄今竟然已有十几本专书析探此事②，但依旧众说纷纭，"辽阳说"、"丰润说"等相互辩难，唯因各有弱点，且又牵涉主观的地方意识与庞大的观光收益，以致各持己见，无法达成共识。对有些学者而言，此一发展似已到了反客为主的地步；但不可否认，由于曹学受到重视，也增强了大家对先清史的兴趣与认识。然因相关论著多如牛毛，少有人能全面掌握最新的研究成果，故有些治曹学者往往一人一号、各吹各调，且其叙述有时也会脱离史实。

笔者虽是红学的门外汉，但因在研究明亡清兴以及西炮传华的历史时，意外接触到学界有关曹雪芹先祖（有误认其为红夷大炮的教官）的论述，而开始研读相关材料。依照最近的析探，笔者发现在从吴桥兵变（1632—1633）以迄三藩之乱（1673—1681）的半个世纪中，包含曹氏家族在内的大量辽人（此一名词在明末即已行用，专指定居关外的汉人），迅速崛起于军事和政治的主舞台，并从边陲进入内地，协助清朝统治省级以下的各层行政单位。③ 因"国方新造，用满臣与民阁，用汉臣又与政地阁"，谙习满汉语文、典制与民俗的辽人遂扮演重要的中介角色，如在顺治朝的 18 年当中，辽人即占全国总督和巡抚的约 77%，布政使与按察使

---

① 余英时：《红楼梦的两个世界》，台北：联经出版公司 1981 年增订再版，第 1—8、41—42、77 页。

② 如周汝昌：《红楼梦新证》，棠棣出版社 1953 年版；冯其庸：《曹雪芹家世新考》，上海古籍出版社 1980 年版；刘继堂、王常胜主编：《曹雪芹祖籍在丰润》，天津人民出版社 1994 年版；王畅：《曹雪芹祖籍考论》，河北教育出版社 1996 年版；冯其庸、杨立宪主编：《曹雪芹祖籍在辽阳》，辽海出版社 1997 年版；李奉佐：《曹雪芹祖籍铁岭考》，春风文艺出版社 1997 年版；李奉佐、金鑫：《曹雪芹真祖地铁岭》，中国铁岭曹雪芹研究会，1998 年；刘世德：《曹雪芹祖籍辨证》，中国大百科全书出版社 1998 年版；王畅、冯保成主编：《曹雪芹祖籍论辑》，对外经济贸易大学出版社 1998 年版；李奉佐、金鑫：《曹雪芹家世新证》，春风文艺出版社 2001 年版；万淑明等编：《曹雪芹南宋始祖发祥地武阳渡》，政协江西南昌县委员会，2002 年；冯其庸、杨立宪主编：《曹雪芹祖籍在辽阳（续集）》，辽宁人民出版社 2004 年版；梅华：《曹雪芹祖籍在进贤考》，作家出版社 2010 年版。

③ 辽人包含清朝入主中原之前的大多数汉军以及八旗满洲内的尼堪，参见黄一农：《吴桥兵变：明清鼎革被忽视的一条重要导火线》，审稿中。

的48%，道员的34%，知府的39%，州县正官的21%。① 为透过较典型的个案以及较深入的研究，更清楚掌握此一特殊现象，笔者决定以曹雪芹先祖在明末清初的发迹历程作为具体案例，希望能充分运用红学界先前丰硕的研究成果，同时也尝试对曹学有所贡献。

根据网路上提供的资料，过去十年间汉学界共有30余本研究《红楼梦》的博士论文完成，但其中竟无一与曹学相涉，这与资深学者间沸沸扬扬的论争形成强烈对比。此或由于年轻一代多认为曹学的学术门槛颇高，因其中牵涉许多跨领域的知识，且在先前学界铺天盖地的资料搜寻下，评估在短期内难有重大突破。尤有甚者，余英时先生曾经说过"《红楼梦》简直是一个碰不得的题目，只要一碰到它，就不可避免地要惹出笔墨官司"②，曹学研究社群中火药味浓厚的派别之争，可能亦导致年轻学者不敢踏进这块学术界的雷区。

其实，史学的研究环境在最近几年已发生滔天巨变。笔者在拙作《两头蛇：明末清初的第一代天主教徒》中首揭"e-考据时代"的出现，指出随着出版业的蓬勃以及图书馆的现代化，再加上网际网路和数位资料库的普及，一位文史工作者往往有机会掌握前人未曾寓目的材料，并在较短时间内透过逻辑推理的布局，填补探究历史细节时的隙缝。③ 亦即，我们开始拥有博闻强识的前辈学者们十分陌生但又梦寐以求的环境，且或已经有条件提供新曹学蜕变的动力。

笔者因此将尝试从先前学者所奠立的丰实基础出发，带入新史料和新视角，并透过系列论文重新梳理曹雪芹的家世与祖籍④，希冀能以此作为e-时代中历史考据的范例。下文即先就其高祖曹振彦的生平事迹提出一些新的看法⑤，由于初涉曹学，对相关背景知识和二手研究的掌握还不够全面，

---

① 参见渡边修：《顺治年间（一六四四—六〇）の漢軍（遼人）とその任用》，石橋秀雄编：《清代中の諸問題》，山川出版社1998年版，第181—204页；孙静：《"满洲"民族共同体形成历程》，辽宁民族出版社2008年版，第82—86页。

② 刘梦溪：《〈牡丹亭〉与〈红楼梦〉：刘梦溪论红楼梦》，文化艺术出版社2010年版，第246—310页；余英时：《红楼梦的两个世界》，第71页。

③ 黄一农：《两头蛇：明末清初的第一代天主教徒》，"国立"清华大学出版社2005年版，第43—44、63—64页；黄一农：《明末至澳门募葡兵的姜云龙小考：兼答熊熊先生对"e-考据"的批评》，《中央研究院近代史研究所集刊》第62期，2008年，第141—166页。

④ 如黄一农：《曹孝庆家族在江西迁徙过程新考》，《清华学报》（台湾），出版中。

⑤ 先前研究如朱淡文：《曹氏家族年谱简编》，《红楼梦学刊》1990年第2、3辑；刘上生：《曹寅与曹雪芹》，海南出版社2001年版，第18—21页。

肯定出现许多不周全或错误之处，但深盼透过理性的批评与对话，能引发更多文史工作者进行跨领域的学术激荡，群策群力扩展并深化曹学的研究。

二　辽阳《大金喇嘛法师宝记》重探

现存辽阳博物馆的《大金喇嘛法师宝记》碑，原在辽阳旧城南门外的喇嘛园。碑阳刻有天聪四年（1630）皇太极敕命为西藏大喇嘛斡禄打儿罕囊素修建舍利塔的记述，碑阴则有参与建塔者的题名。此不仅是先清时期现存最早有关喇嘛教的碑文，且是最早的无圈点满文碑之一，故在历史学、民族学、宗教学以及语文学上均弥足珍贵。① 更因碑上出现曹雪芹先祖之名，而广受红学界重视。

天命六年（1621），囊素从蒙古转至金国传教，但不幸于数月后圆寂，当时努尔哈赤虽欲"修建宝塔，敛藏舍利"，唯因"累年征伐"，只能于翌年在辽阳城南先设一临时小庙，至天聪四年始在囊素之同门法弟白喇嘛（？—1637）的请求下建成舍利寺塔，并于四月落成时刻石纪念。这块石碑的碑阳为满汉合璧，碑阴则刻有大量汉字人名（参见图1），② 包括喇嘛门徒瓮卜等40多人，侍奉香火看莲僧（应相当于庙祝）大成等11人，西会、广佑、慈航、大宁等寺之僧人信海等28人，③ 总兵、副将、参将、游击、备御等官45人，教官高应科等18人，千总房可成等4人，以及各式工匠数人；此外，还有好几处于稍后分次加刻的人名。④

据冯其庸先生的调查，1934年成书的《奉天通志》上首次录出此碑

① 李勤璞：《辽阳〈大金喇嘛法师宝记〉碑文研究》，《满语研究》1995年第2期。

② 改绘自曹汛：《有关曹雪芹家世的一件碑刻史料：记辽阳喇嘛园〈大金喇嘛法师宝记〉碑》，《文物》1978年第5期。部分细节则根据李奉佐、金鑫所著《曹雪芹真祖地铁岭》书首之碑文照片微调（如"皇上侍臣"的首字并未高一格、"教官"与"高应科"中间未空一小格等等），以求更接近原件。至于"教官"和"曹振彦"等字，则根据2010年6月卢正恒同学在辽阳博物馆所拍之照片。

③ 冯其庸先生不慎将"西会、广佑、大宁、慈航寺僧"等字误作"西僧广佑、大宁……"，而前三寺已可确定是当时辽阳地区重要的佛教道场。参见冯其庸：《曹雪芹家世新考》，北京：文化艺术出版社2008年增订本，第292页；梁戈峰：《〈千山剩人禅师〉补记》，《乡土》（辽阳市乡土文化研究会会刊）第18期，2008年，第37—40页。

④ 此段参见李勤璞《白喇嘛与清朝藏传佛教的建立》，《中央研究院近代史研究所集刊》第30期，1998年；Tak-Sing Kam, "The dGe-lugs-pa Breakthrough: The Uluk Darxan Nangsu Lama's Mission to the Manchus," *Central Asiatic Journal*, Vol. 44, No. 2, 2000, pp. 161 – 176. 李氏认为看莲僧共十名，最后两位是宽伏与童祖俊。

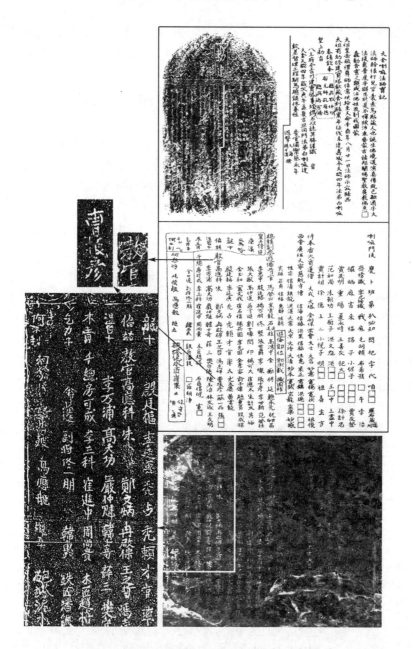

图1 辽阳博物馆所藏天聪四年《大金喇嘛法师宝记》碑

右上为碑阳拓片及其汉字的摹写，右下为碑阴拓片，右中为碑阴汉字的摹写，圈出之字则均为稍后另加刻的。

文字，唯错误颇多，如将碑阴第 16 行的"教官……曹振彦……"，误辨成"敖官……曹振……"，此误在三年后出版的《满洲金石志》上虽获订正，但直至 20 世纪 70 年代邹宝库和曹汛等先生才发现碑上的教官曹振彦原来就是曹雪芹的高祖。①

至于碑阴所胪列的其他教官，目前仅确定查得排在第五的王之哲一人，他于崇德元年（1636）六月担任都察院理事官时，皇太极曾考较内三院的学士、举人、生员，都察院的参政，六部的启心郎、赞礼官、管仓生员、税课生员，王氏当时被评为第一等，获赐人六户、骡一、牛二、驴一，唯旗籍和其他事迹多不详。②

而碑阴上所列的 45 名备御以上官员，其排序或主要依官阶以及资历决定。如排名在最前的马登云（应作"麻登云"）和黑云龙，乃天聪三年（1629）十二月降金之明总兵，他俩是当时被金国俘虏的最高阶明将，其下各人先前原亦多为明朝的偏裨，故麻、黑二人虽尚未被皇太极正式授职，但金国为加以笼络，仍尊重其原官衔。③ 排在其后之名单亦大致依官阶序列：石国柱以下为副将，金砺以下为参将，祝世昌以下为游击（祝世胤以备御附于兄旁），吴裕以下为备御。

又，碑上的教官是否与佟养性统领的红夷大炮炮队相关，一直未有共识。查天聪五年元旦的朝贺礼中，由佟氏所率的汉官和生员，第一次在正式场合进入金国统治核心的庙堂。正月初八，皇太极殷切盼望的首门红夷大炮终于成功铸成，他因此于二十一日谕负责督造的佟养性曰："凡汉人

---

① 周汝昌与冯其庸等先生对碑文中"敖官"或"教官"两字的辨识各有坚持，但若从文本内容（见后文）、字形特征与排列位置（此两字较前后其他各行之人名均高一阶，且与其下之人并无人名通常有的空隙）等角度综合判断，应该是"教官"。且若释为人名"敖官"，亦很难理解为何"库滴、义马哈、龙十、偏姑、温台十、木青、乞力千"等名与其下之人名有相当的距离。参见曹汛《有关曹雪芹家世的一件碑刻史料：记辽阳喇嘛园〈大金喇嘛法师宝记〉碑》，《文物》1978 年第 5 期；周汝昌：《红楼家世：曹雪芹氏族文化史观》，黑龙江教育出版社2007年版，第 266、286 页；冯其庸：《〈大金喇嘛法师宝记〉碑"教官"考论》，《红楼梦学刊》2007年第 5 期；梁戈峰：《关于〈大金喇嘛法师宝记〉碑的历史探求：读史偶得之三》，《乡土》2009年第 19 期，第3—11 页；李广柏：《红学史》，广东教育出版社2010年版，第 667—673 页；丘华东：《关于"教官、敖官"之我见》，2004 年 7 月 14 日，转引自 http://www.openow.net/details/e16579.html。

② 中华书局本的《满文老档》将此人音译作王世哲，参见《清太宗实录》卷30，中华书局1986年版，清代其余各朝实录均同本，第383 页；任世铎等译：《满文老档》，中华书局1990年版，第1613—1614 页。

③ 黑云龙于天聪五年九月乘隙脱逃，而麻登云则在天聪七年十月始获授为三等总兵官。参见《清太宗实录》卷9，第 135 页；卷16，第 214 页。

军民一切事务，付尔总理，各官悉听尔节制。"将独立成旗的汉兵交由佟养性管理。① 该新旗有称之为"佟养性所率旧汉兵"者，此因当时习惯以领旗将领之名称呼各旗，故在《旧满洲档》中亦屡见径称为"佟养性旗"者。② 唯佟养性旗中一些旧汉官，可能均是自各旗借调而来，他们应仍籍隶其原属的八旗满洲。③ 佟养性旗的成员初期主要负责后勤和工程等事务，后则加入操炮之重责。此一由佟氏所领导的任务编组，在正式成旗之前应已大致出现，而《大金喇嘛法师宝记》上的汉官名单，应就是此一群体的主要成员。

佟养性在天聪五、六年间，先后共督铸成红夷大炮 7 门，获赐名为"天佑助威大将军"，而此前金国只曾于天聪初年在辽东海边发现一门冲上岸的西洋制大炮，赐名为"镇国龙尾大将军"。④ 因知前述之王之哲和曹振彦等人，在刻碑时既不属于"佟养性乌真超哈部队"，也不是"红衣大炮部队的教官"。

先前学界多主张《大金喇嘛法师宝记》碑阴上的总镇、副、参、游、备等官以及教官，都是因舍金做功德，才留名碑上。⑤ 笔者对此的看法不同，因在同年九月所刻的《重建玉皇庙碑记》上，可发现几乎同一批汉官列名其上⑥，他们应不可能对喇嘛教和道教都同感兴趣到均愿意捐资助建，且颇难理解为何捐款的官员当中竟然绝少满人或蒙人。倒是瓮卜等40多名喇嘛门徒，较有可能是因出钱出力而列名其上，⑦ 若他们仅是因曾受戒于囊素师兄弟而列名，很难想象这批教众的质与量（如小保子、王厨子、小倪子等人似均属市井小民）会令皇太极如此重视。

---

① 此段参见《清太宗实录》卷8，第1—3页；陈佳华、傅克东：《八旗汉军考略》，王钟翰主编：《满族史研究集》，中国社会科学出版社1988年版，第281—306页。

② 《清太宗实录》卷9，第133页；卷11，第157页；张葳等译注：《旧满洲档译注：清太宗朝（二）》，台北："国立"故宫博物院，1980年，第237、243、245页。

③ 杜家骥：《清代八旗领属问题考察》，《民族研究》1987年第5期。

④ 黄一农：《红夷大炮与皇太极创立的八旗汉军》，《历史研究》2004年第4期。

⑤ 曹汛：《有关曹雪芹家世的一件碑刻史料：记辽阳喇嘛园〈大金喇嘛法师宝记〉碑》，《文物》1978年第5期。

⑥ 曹汛：《〈重建玉皇庙碑记〉曹振彦题名考述：曹雪芹家世碑刻史料考证之四》，《红楼梦研究集刊》第2辑，上海古籍出版社1980年版。

⑦ 碑阴首行或是该教地位较高之僧侣，次列齐榜识（名国儒）和索尼榜识等官员，接着则为一般教众，其中榜识（baksi）又译作巴克什，乃指文臣。参见《清太宗实录》卷9，第124页；李勤璞：《辽阳〈大金喇嘛法师宝记〉碑文研究》，《满语研究》1995年第2期。

或因该工程主要是由汉人施作，故列名在碑阴上的前述官员多为旧汉人。由于建塔的工程不大，并无需动员如此多之官员实际参与，知他们当中有不少人或只是列名，既不一定为当地人，也不必身在辽阳。① 因该塔的建立奉有"皇上敕旨"和"八王府令旨"，② 人力和物力的支援可能十分充足，故从奏请到完工前后仅三四个月。负责撰文记此事的是游击达海（亦作大海）和杨于渭，其中达海为满人，自幼精通满汉文，虽为文臣，唯因金国的文官体制尚未建立，故其官衔仍循武职。至于工程，则是命驸马总镇佟养性总其事，并由备御蔡永年率房可成等四名千总负责督工。③

笔者怀疑此塔的实际施工或由麻登云和黑云龙率新被掳之汉人承担，此一情形颇类战俘所常从事的苦役。天聪四年五月的《实录》中有云："赐总兵官麻登云、黑云龙银、缎、貂镶朝衣、貂裘、帽、靴、雕鞍、弓矢、器皿等物。"④ 不知是否有部分原因乃为奖赏两人建塔的劳绩？

诸官员和工匠在《大金喇嘛法师宝记》碑阴上留名的目的，另有以示负责之意。由于该塔或仍有一些后续工程进行，故碑上还分几次加刻上几组人名。其中"游备郎位、郎熙载、臧国祚"一行，因郎熙载（亦作郎希载，为郎位之侄）于崇德元年正月病故，⑤ 知应刻于之前。至于"皇上侍臣库滴、义马哈、龙十、偏姑、温台十、木青、乞力千、□□、何不利"等人，其中库滴（或即库商、库尔缠）⑥ 与龙十（龙什）乃于天聪七年六月和九年二月分别被革退，知该行应刻于天聪七年六月之前。⑦

---

① 李奉佐、金鑫：《曹雪芹真祖地铁岭》，第2—13页。事实上，《大金喇嘛法师宝记》和《重建玉皇庙碑记》两碑上的几十名中高阶官员，不可能长达一年多均待在当地参与这两个小工程。

② 周策纵先生误"八王"为八贝勒阿济格，其应意指八旗各贝勒，此在满字碑文中尤其清楚；参见冯其庸：《曹雪芹家世、〈红楼梦〉文物图录》，香港三联书店1983年版，第7页。

③ 佟养性于天命六年攻克辽阳后，即因功进二等总兵官，参见《清史稿》卷231，中华书局1976年点校本，第9323页。又，由于在碑阴列名的官员当中，千总的官阶最低，但人数反而甚少，知房可成等四千总最可能为实际督工之人。

④ 《清太宗实录》卷7，第98页。

⑤ 任世铎等译：《满文老档》，第1362页；刘小萌：《清代北京旗人社会》，中国社会科学出版社2008年版，第591页。

⑥ 李勤璞：《白喇嘛与清朝藏传佛教的建立》，《中央研究院近代史研究所集刊》第30期，1998年。

⑦ 偏姑（篇古）与木青（穆青）为宗室，温台十（温台什、温塔石、温台石）尝出使朝鲜和明朝。参见《清太宗实录》卷7，第105页；卷14，第199页；卷15，第206页；卷22，第298页；卷46，第611页。《清史稿》卷161，第4712页。《明熹宗实录》卷79，台北："中研院"历史语言研究所，1962年《明实录》影印旧钞本，第3839页。

又，皇太极于天聪八年四月下令易官名为满语，副将之名因此被改成梅勒章京，参将变成甲喇章京，并称"若不遵新定之名，仍称汉字旧名者，是不奉国法、恣行悖乱者也。察出，决不轻恕"，而佟一朋（佟一鹏）乃在同年五月始正式袭三等梅勒章京，[1] 疑碑阴的刻字者或不知新规定的存在而有此误。亦即，此时应仍在新法的缓冲与适应期，而"柯参将、杨旗鼓、马应龙、陈五、金世逵（农按：字形亦颇近金以选）、副将佟一朋、韩尚武"等字，应最可能刻于天聪八年五月后不久。[2] 至于与木匠、铁匠排在同一位阶的"炮塔泥水匠崔果……"等字，[3] 则应刻在"柯参将……"之前；否则，后者完全可以刻在一行，而不必分两行填进尚余的空隙当中。

此外，碑阳所见"都元帅孔有德、总兵耿仲明、总兵尚可禧［喜］"三行字，则应刻于天聪八年四月至十年四月间，[4] 当时孔、耿二人驻辽阳，尚可喜驻海州，[5] 故或被要求就近补施工，他们在竣工之后，也欲留名碑上，由于当时佟养性已过世，[6] 且孔有德的官阶在养性之上，故他们选择在碑阳不低于佟养性姓名的空白处，加上三人的名字；所刻"都元帅"、"总兵"之位置，亦较佟养性的"总镇"为高。总言之，此碑上所有刻字的时间应均不晚于崇德元年正月。[7]

---

① 《清太宗实录》卷 18，第 237 页；《清史稿》卷 173，第 5980 页。

② 先前学界多将金世逵与韩尚武两名视为原刻之一部分，唯因其字体相对较小，且该说将颇难解释为何两者中间空出相当于两人名之间隔，故笔者怀疑"柯参将、杨旗鼓、马应龙、陈五、金世逵、副将佟一朋、韩尚武"等字应均是稍后加刻的。如此，在原刻中的各种匠役即可依其位阶合理且整齐地排列在四名千总之下。

③ 有疑此人为崔果宝（崔果保、崔国宝），他稍后亦曾参与在盛京建造的其他寺庙。参见李勤璞《白喇嘛与清朝藏传佛教的建立》，《中央研究院近代史研究所集刊》第 30 期，1998 年。

④ 因天聪八年四月授新归附的尚可喜为总兵官，十年四月，则封都元帅孔有德为恭顺王、总兵官耿仲明为怀顺王、尚可喜为智顺王。参见《清太宗实录》卷 18，第 238 页；卷 28，第 373 页。

⑤ 《清史稿》卷 234，第 9397、9409 页。

⑥ 应卒于天聪七年，参见黄一农《红夷大炮与皇太极创立的八旗汉军》，《历史研究》2004 年第 4 期。

⑦ 天聪五年，明监军张春在大凌河之役被俘，皇太极将其软禁于白喇嘛驻锡的沈阳三官庙。崇德五年十二月，张春绝食死，被移葬于斡禄打儿罕囊素喇嘛的舍利塔园。而稍早于二年正月在三官庙圆寂的白喇嘛，有疑亦是迁葬于同一处。但因二人死亡的时间较晚，故应与此碑上的人事均无关。参见李勤璞：《白喇嘛与清朝藏传佛教的建立》，《中央研究院近代史研究所集刊》第 30 期，1998 年。

三　曹振彦所任教官与致政小考

近 30 年来，红学界虽努力追索曹雪芹先祖们的入辽事迹，但对"教官"的含义仍没有共识。如曹汛先生称："曹振彦原来作教官，隶佟养性，为汉军官员。当时的汉军称乌真超哈……也就是使用红衣大炮的部队。曹振彦在这支部队当教官，无疑是炮兵教练官。"① 李广柏先生在参以许多先清史料后，力证："曹振彦没有做过作战部队的军官……担任旗鼓牛录章京是充当（镶白旗满洲）包衣的头目。"② 冯其庸先生则在未讨论李说正误与否的情形下，仍主张："曹振彦是佟养性乌真超哈部队，即红衣大炮部队的教官当是无可怀疑了。"③

在现存皇太极时期的文献中，曹振彦除以"教官"身份见于天聪四年四月所刻的《大金喇嘛法师宝记》外，同年九月刻的《重建玉皇庙碑记》上，他是"致政"项下 27 个人名中的第 12 位，仅有的另一位同见于两碑之人为冯志祥，生平事迹不详。再者，天聪八年四月的《清太宗实录》记曰："墨尔根戴青贝勒多尔衮属下旗鼓牛录章京曹振彦，因有功加半个前程。"④ 曹振彦在不到四年的时间，就从教官变成致政、旗鼓牛录章京，笔者怀疑此三职位之间或有密切关联。而欲理解这些官衔和职称的内涵，或许我们得先从金国文官制度的形成及其演变的过程着手。

查北京国家图书馆所藏的《清太宗实录稿本》［此为顺治九年（1652）敕修汉文实录初稿之残本］，皇太极曾于崇德元年五月下谕："皇帝敕定驾下旗鼓及王贝勒旗鼓，今后俱不许称旗鼓。驾下旗鼓，满洲称凡担章京，汉人称旗手卫指挥；王、贝勒旗鼓，满洲称摆塔大，汉人称长史。"⑤ 其中的凡担章京（faidan i janggin）专指"汗宫内旗鼓（han i booi

---

① 曹汛：《〈重建玉皇庙碑记〉曹振彦题名考述——曹雪芹家世碑刻史料考证之四》，《红楼梦研究集刊》第 2 辑。

② 李广柏：《曹振彦的旗籍》，《红楼梦研究集刊》第 7 辑，上海古籍出版社 1981 年版，第 367—380 页。

③ 冯其庸：《〈大金喇嘛法师宝记〉碑"教官"考论》，《红楼梦学刊》2007 年第 5 期。

④ 冯其庸：《曹雪芹的祖籍、家世和〈红楼梦〉的关系：对一个争论了半个多世纪的问题的梳理和透视》，《红楼梦学刊》2002 年第 4 期。

⑤ 《清太宗实录稿本》，李燕光点校，辽宁大学历史系 1978 年版，第 31 页。

cigu）"，"凡担（faidan）"即仪仗之意。① 至于旗手卫指挥，原为明代官名，其职掌之一是要在每年的固定时日代表朝廷至特定地点祭旗纛。② 而曹振彦在亲王多尔衮属下所担任的旗鼓，满文音译作摆塔大（baitai da），乃拜唐阿（baitangga）之首领，《清文鉴》释拜唐阿为"作公事的无品级的小役人"③，亦与摆塔大作为王府汉姓包衣首领的身份相合，其职事应近乎明朝"掌王府之政令，辅相规讽以匡王失，率府僚各供乃事，而总其庶务"的长史。④

天聪二年三月至崇德八年十月间由多尔衮担任旗主的镶白旗，当时大概有三个旗鼓牛录，此类牛录之首领，其职称即作旗鼓，初授阶牛录章京（原名备御，天聪八年四月改），可升授至三等甲喇章京（原名游击），如《满文老档》在天聪六年六月中即记称"八旗旗鼓官：游击李旗鼓、游击曹旗鼓、备御李旗鼓、备御王旗鼓、备御万旗鼓、备御杨旗鼓、备御沈旗鼓及备御金旗鼓"，又记刘之源曾于十年三月获授为旗鼓三等甲喇章京。⑤

明代广设儒学、宗学、社学和武学等教育机构，各学均有教官（此为泛称，而非专门之职衔），如府设教授，州设学正，县设教谕，且俱设训导，多由足为人师的资深举人或监生担任。各学教官每年可举荐生员（又称诸生或秀才）若干名参加翰林院考试，中式者入国子监为监生，称为贡生或岁贡。宗学之师则由王府中的长史、纪善、伴读、教授等官中，择学行较优者除授。⑥ 在明朝的典制中，特别安排有长史和教官以辅导亲王⑦，明宣宗即尝申释曰："勋戚家有教官，此祖宗所定。大抵勋戚子弟，生长

---

① 满文老档研究会訳注：《满文老档》，東京：東洋文庫，1961 年，第 6 册，第 1034 页。感谢定宜庄教授的提示。

② 《明太祖实录》卷 104，第 1744 页；沈淮纂修，翟振庆续纂，陈鸿翔续修：《临邑县志》卷 6，《中国地方志集成》，凤凰出版社 2004 年景印同治十三年续补刻本，第 9 页。

③ 参见赵凯《清代旗鼓佐领考辨：兼论有关清代包衣的若干问题》，《故宫博物院院刊》1988 年第 1 期。

④ 《明史》卷 75，中华书局 1974 年版，第 1837 页。

⑤ 杜家骥：《曹雪芹祖上之隶旗与领主的多次改变：兼谈曹家旗籍问题》（未刊稿），"国学前沿问题研究暨冯其庸先生从教 60 周年国际学术研讨会"论文，中国人民大学，2010 年。鄂尔泰等修：《八旗通志（初集）》卷 5，李洵、赵德贵等点校，东北师范大学出版社 1985 年版，第 89—90 页。满文老档研究会译注：《满文老档》第 5 册，第 808 页；第 6 册，第 958 页。

⑥ 郭培贵：《明史选举志考论》，中华书局 2006 年版，第 32—147 页。

⑦ 云贵总督张鹤鸣尝批评黔国公沐启元曰："亲王有长史、教官为之辅导，驸马文庙习礼，仪曹教习……沐镇子孙生于带砺之家，不习礼仪，何知向善。"（《崇祯长编》卷 21，《明实录》本，第 10—12 页）

富贵，不知艰难，惟肆骄奢，篾弃礼法，往往隳前人之业，故特选儒者教之。"①

天命六年七月，努尔哈赤首度任命了八名专职的满人师傅（称作巴克什），以教习各旗子弟，并直接对各贝勒负责；同年亦聘有"在八旗教书的汉人外郎"（原文作"尼堪外郎"，nikan wailan），当时每两旗设一学，每学各有四名生员教习汉文，此或即所谓的"外郎"；天聪六年，始析设成每旗一官学，各配两名生员/外郎。②

虽然我们现在已很难从先清史料中获知当时有关外郎的细节③，但从清中叶的典制可推判外郎应是八旗特有的低阶文职人员，或由"在学年久"的官学生充任，或从生监（指监生和生员）、官学生、兵丁、闲散人等内，以通过翻译考试者补授。考绩突出之外郎，服务六年期满后得升授笔帖式或外放州县的佐贰官。④ 亦即，努尔哈赤时期的外郎很可能是由年深且优异的生员担任。

至于《大金喇嘛法师宝记》上为何出现多达 18 名的教官，而外郎又与教官有何关系，则或与皇太极开始重视文治的氛围有关。天聪三年四月，金国将先前已设立的书房（后改以较典雅的"文馆"名之）人员分职，命达海及刚林等翻译汉字书籍，库尔缠及吴巴什等记注本朝政事。⑤同年九月的《实录》中有云：

上谕曰："自古国家文武并用，以武功戡祸乱，以文教佐太平。朕今欲振兴文治，于生员中考取其文艺明通者优奖之，以昭作人之典。诸贝勒府以下及满、汉、蒙古家所有生员，俱令考试。于九月初一日，命诸臣公同考校，各家主毋得阻挠。有考中者，仍以别丁偿之。"九月壬午朔，考试儒生。先是，乙丑年十月，太祖令察出明绅衿，尽行处死，谓种种可恶皆

① 《明宣宗宝训》卷 4，《明实录》本，第 23 页。

② 任世铎等译：《满文老档》，第 218、286、1338—1339、1345—1346 页；满文老档研究会译注：《满文老档》，第 1 册，第 463 页；杜家骥：《努尔哈赤时期满族文化与教育探略》，《满族研究》1999 年第 1 期。

③ 《大明会典》中并无外郎一职，查明代六部之员外郎均为从五品，知此应非员外郎之简称。

④ 铁保等纂修：《钦定八旗通志》卷 50，台湾学生书局 1968 年景印嘉庆四年刊本，第 49—50 页；允祹等：《钦定大清会典》卷 5，《景印文渊阁四库全书》本，第 7 页；卷 85，第 25 页。

⑤ 赵志强：《清代中央决策机制研究》，科学出版社 2007 年版，第 162—165 页；神田信夫：《清初の文館について》，《東洋史研究》第 19 卷第 3 号，1982 年。

在此辈，遂悉诛之。其时诸生隐匿得脱者，约三百人，至是考试分别优劣，得二百人。凡在皇上包衣下、八贝勒等包衣下及满洲、蒙古家为奴者，尽皆拔出。①

知努尔哈赤曾于天命十年乙丑岁大肆屠杀汉人绅衿②，此一态度在皇太极即位后始大幅翻转，且于天聪三年九月首度考较全国生员（此应指在明朝统治时期获此资格者），通过考试的200人，分一、二、三等，俱免二丁差徭，并可出奴籍。③ 亦即，皇太极借此次考试以检定前明生员的科名。

天聪三年十一月，金兵入关克遵化，率军亲征的皇太极也曾从俘虏中考选俊秀之儒生，送盛京沈阳的文馆深造，以储备文臣之人才。④ 五年七月，皇太极更设立六部；八年三月，再度校取汉人生员228人，并分其等第为三等；四月，正式开科取士，取中满、蒙、汉举人16名，各免四丁差徭；十年三月，且设内三院，以完备文官体制；崇德三年，或因满洲既得利益者强烈反弹，不再准允奴仆应试，是科通过一、二、三等生员共61人，各授壮达（天聪八年之前称旗长，顺治十七年之后称护军校⑤）品级，已入部者免二丁，未入部者免一丁，并取中举人11名，各授半个牛录章京品级、免四丁；六年，又取中满、蒙、汉举人7名、生员45人。综前所述，皇太极在位期间尝分四次取士，共考得生员534人（以汉人居多），并从中拔取举人34名。清朝立国之初的文职官吏，有许多即从此一途径出身；而已入部任官者，亦积极取得科名，以更上层楼。⑥

由于天聪四年九月重建玉皇庙时的《碑记》，乃由"儒学生员杨起鹏"撰；且皇太极于五年闰十一月，尝谕令诸贝勒、大臣的子弟，凡8岁

---

① 《清太宗实录》卷5，第73页。

② 任世铎等译：《满文老档》，第643—647页。

③ 嵇璜等：《清朝文献通考》卷25，《十通》，台湾商务印书馆1987年景印光绪间刊本，第5071页。

④ 张晋藩、郭成康：《清入关前国家法律制度史》，辽宁人民出版社1988年版，第100—101页。

⑤ 张玉兴：《明清史探索》，辽海出版社2004年版，第669—675页。

⑥ 嵇璜等：《清朝文献通考》卷25，第5071页；铁保等：《钦定八旗通志》卷102，第3—4页；《清太宗实录》卷18，第236页；卷28，第355页；卷40，第526—527页；卷43，第567页；卷56，第754页；关孝廉等译：《清初内国史院满文档案译编》上册，光明日报出版社1989年版，第72—73、78、358页。

至 15 岁者俱应读书，否则不准"披甲出征"①；知金国在天聪初年应已设立儒学或官学。而随着金国统治下的汉人大幅增加，各学校想必会增设许多汉人"教书秀才"或教官②，以培养中下层官吏治事理民时必要的能力。

依照清初典制，只有八旗满洲才有包衣，八旗蒙古和汉军则无，各旗包衣主要分成满洲佐领、旗鼓佐领、管领下人以及庄头人等类型，其中旗鼓佐领多为汉人，且多集中在上三旗。③ 有学者因曹振彦家族并不曾被拔出包衣籍，故认为他应非天聪三年首度通过考试的 200 位生员之一④，此一推理过程颇待商榷。当时皇太极乃命"在皇上包衣下、八贝勒等包衣下及满洲、蒙古家为奴者"，尽皆拔出奴籍；而所谓"包衣下为奴者"应指的是"包衣下奴仆（booi aha）"或"户下奴仆"，此乃八旗内部地位最卑贱的阶层；亦即，当时应非是将这些原在包衣下的生员尽数拔出旗籍为民，而是准其在旗下"开户"，成为旗下的半自由人，且可能仍多隶属于原牛录。⑤

至于编入旗鼓牛录的包衣，原虽多为天命时期的明朝俘虏（见后文），但在清帝国肇建与扩张的过程中，其地位也因"效力年久"而水涨船高。他们大多成为"正身旗人"，或称"正户"，既拥有独立的户籍，且为非贱民的"良人"，这些人虽面对皇帝或主家时，仍自贬为"包衣下贱"或"家奴"，但在法律上并非奴仆，与附于旗人户下的大量无独立户籍之家奴截然有别。包衣人与其主家虽世代维持主从关系，但他们在外既可担任官吏，亦可拥有奴仆与财产，故包衣或较贴近于"世仆"、"家臣"，而不应被视同为一般之奴隶。⑥

在八旗制度下，旗籍的等级地位并不平等：如各旗的包衣佐领低于旗分佐领，而在旗分佐领中，满洲高于蒙古，蒙古又高于汉军；此外，上三

---

① 《清太宗实录》卷 10，第 146 页。

② 罗振玉编：《天聪朝臣工奏议》卷上，《史料丛刊初编》，台北：艺文印书馆，1970 年景印民国 13 年铅印本，第 5 页。

③ 陈国栋：《清代内务府包衣三旗人员的分类及其旗下组织：兼论一些有关包衣的问题》，《食货月刊》第 12 卷第 9 期，1982 年。

④ 何锦阶：《曹寅与清代社会》，香港：青文书屋 1989 年版，第 70 页。

⑤ 刘小萌：《关于清代八旗中"开户人"的身份问题》，《社会科学战线》1987 年第 2 期；《八旗户籍中的旗下人诸名称考释》，《社会科学辑刊》1987 年第 3 期。

⑥ 杜家骥：《八旗与清朝政治论稿》，人民出版社 2008 年版，第 435—489 页。

旗包衣高于下五旗包衣。旗下的包衣人因与皇帝或旗主较亲近，往往拥有一些特殊的影响力，他们除担任内务府所属的职务（许多是公认的肥缺）外，亦可外放为一般官员（甚至有贵为大学士者），但其出身之旗籍并不容易调整，此因"盖世仆也，非特旨不能出籍"①。查"中国基本古籍库"中的《钦定八旗通志》，只发现有十几人因是后妃外家或担任都统等高官，而奉特旨出包衣籍，此谓之"抬旗"。

由于皇太极于天聪三年下令"诸贝勒府以下及满、汉、蒙古家所有生员，俱令考试"，知曹振彦很可能亦赴考，并因此被拔出奴籍。唯因他旋以"备御曹旗鼓"的身份被多尔衮拔擢在镶白旗王府中任职，负责管理一个包衣牛录，此职与旗主的互动密切（见后文），且当时金国所拥有的牛录亦不过两百多个②，故笔者怀疑诗书传家的振彦③，应早于天命六年至天聪三年间即已在两白旗的官学中担任外郎，并于天聪三年通过金国对生员的检定后升任教官。当时可能一次拔擢了不少表现较佳的生员担任教官，而许多原任外郎者并未能全都升授，如从天命六年起即在两黄旗教书的刘泰与邵姓生员，就于天聪六年被裁汰为差役。④

从天聪四年所刻《大金喇嘛法师宝记》上的排列次序，知教官的位阶应介于千总和备御（天聪八年四月，改称牛录章京）之间。由于当时金国的官制几乎全以武职为主，疑教官或是其文官体制酝酿初期所出现的新衔，其位阶应高于授四分之一个牛录章京的千总⑤，但低于授半个牛录章京品级的举人。查当时叙战功时，对第三位登城者即常授予三分之一个牛录章京，第二位授三分之二个牛录章京，最先登者则授一个牛录章京⑥，因疑教官的品级很可能相当于三分之一个牛录章京。

---

① 周广业：《过夏杂录》卷5，《续修四库全书》景印清钞本，第541页。

② 郭成康：《清初牛录的数目》，《清史研究通讯》1987年第1期。

③ 如康熙《江宁府志》中即称曹玺"承其家学，读书洞彻古今，负经济才"，转引自周汝昌：《红楼家世：曹雪芹氏族文化史观》，第191—192页。

④ 杜家骥：《努尔哈赤时期满族文化与教育探略》，《满族研究》1999年第1期。

⑤ 当时每牛录下设千总四员，参见《清太祖实录》卷7，第97页。

⑥ 有学者认为清初应无三分之一或三分之二之数词，而该如《清实录》称作"一分牛录章京"和"二分牛录章京"，但因"一分牛录章京"加二分或"二分牛录章京"加一分，均可晋为牛录章京，知此或可视作意译。参见关孝廉等译：《清初内国史院满文档案译编》上册，第113—114页；雷炳炎：《清代八旗世爵世职研究》，中南大学出版社2006年版，第19—20页。

至于《重建玉皇庙碑记》上的"致政"一词，有认为即通常所称的退休，然因曹振彦时当壮年（见后文），故笔者怀疑"致"在此乃获得之意，类同《论语·子张》中"君子学以致其道"之用法。天聪朝前期，"致政"一衔或主要给予获得从政资格之汉人文士，其人应具备满汉双语的沟通能力，且通过类似明代对新科进士所施行的"观政"实习制度。[1] 事实上，明朝也曾令都察院选进士、监生或教官中堪任御史者，先于各道"历政"三个月，再将优异者给授御史。[2] 又，曹振彦应是在参与重建玉皇庙之后，始凭借其历来的劳绩和表现获授旗鼓牛录章京。

四　曹振彦任官旗鼓牛录章京考

金国之旗鼓应是袭自明朝的官衔，明军中虽屡见旗鼓一职，但却不见于典制，疑其应非属编制内，乃带兵官自行任命，有时亦兼管家丁。[3] 万历十一年（1583）五月，南京兵部尚书王遴条议营务，称现有新旧官军23000 余人，以每3210 人立为一枝，共可分成七枝，余者"置之旗鼓下，作为备兵，专听各营缺军取补"，当时各总兵、巡抚或监军等高级官员之下即多设有旗鼓官，为直属之亲军，其地位次于中军，官阶则低于游击。[4] 其职事主要在申号令、掌仪仗，平时协助总兵署的行政与庶务，战时亦须前赴战场。[5]

天命七年正月，努尔哈赤赐备御以上官员小旗、伞、鼓、喇叭、唢呐、箫等物，其品项和数目依级别而有所不同，并下令"诸申、汉人各官出城时，均照汗所定礼制，乘轿……击鼓、吹喇叭、吹唢呐，妆饰而行；于汗城内，只准执旗而行……凡汗赐以职衔之大臣，皆举旗、执伞，显示身份而行"。[6] 金国出现负责处理仪仗等事务的旗鼓官可能不晚于

---

① 曹斌：《明清观政进士制度及其特点》，《北京行政学院学报》2008 年第 4 期。

② 《明宣宗实录》卷 46，第 1123 页；卷 48，第 1179 页；卷 53，第 1276 页。

③ 何锦阶：《曹寅与清代社会》，第 30—32 页。

④ 《明神宗实录》卷 137，第 2559—2560 页；卷 321，第 5963、5966 页；卷 503，第 9560 页；李东阳等撰，申时行等重修：《大明会典》卷 158，台北：新文丰出版公司，1976 年景印万历十五年刊本，第 2211 页。

⑤ 毕自严：《度支奏议·新饷司》卷 19，《续修四库全书》景印崇祯间刊本，第 103—104 页。

⑥ 任世铎等译：《满文老档》，第 297、300—301 页。

此。唯因当时汉人多不得与闻机密，亦多不参与冲锋陷阵，故旗鼓的职掌或因此局限于提供王府中以及八旗下的各种总务或后勤支援。

亦即，曹振彦所担任的旗鼓牛录章京，应非带兵打仗的武职，而是负责管理王府中专供役使的汉姓包衣。① 天聪四年十月，皇太极下令编审全国壮丁，有隐匿者俱坐以应得之罪，谕旨并称各贝勒之摆塔大如因此犯罪的话，俱"鞭一百，革职"②，知旗鼓乃负责总管各旗贝勒所属汉姓包衣之具体事务。

又，天聪五年九月，皇太极在大凌河外大破明总兵官宋伟的援军，并掳获包括红夷炮在内的大量火器，遂命八旗各拨取留守沈阳的汉兵百人，携带麻绳前来捆载战利品，中称："若有旗鼓，则令旗鼓率领前来，以掌所获炮位"③，证明各旗鼓应非第一线战斗部队的军官，且不必然会随旗主出征。此外，天聪九年六月，因修筑城垣时由镶红旗、镶蓝旗、正蓝旗所负责的区域不够坚固，除将各旗的固山额真或代理者罚银外，亦将贝勒下的旗鼓等官俱坐以应得之罪。④ 知旗鼓除总管王府事务外，还得协助处理各旗所分配到的非战斗任务。

曹振彦究竟因何功而于天聪八年四月加半个前程，先前学界多臆测是在大凌河立了军功。然皇太极曾于天聪六年正月和十年二月两度叙诸将在该役之功，均未见振彦之名；事实上，其中亦无任一汉官因战功而受赏。⑤ 且在《清太宗实录》或《内国史院满文档》中，振彦获加半个前程的叙述均仅为一孤立事件⑥，若他是随征立功，应不太可能独获青睐。又，他若只是在多尔衮王府中表现突出，也很难在"八家均分"的氛围下独自加半个前程，因其他各旗亦会替各自的旗鼓争取。

经查先前一年发生在金国的重大事件，乃以孔有德、耿仲明及尚可喜先后率众投降为最，笔者怀疑曹振彦很可能在处理过程中发挥了重大作

---

① 李广柏：《曹振彦的两个职务》，《红楼梦研究集刊》第6辑，上海古籍出版社1981年版。

② 《清太宗实录》卷7，第106页；《清太宗实录稿本》，第10—11页。《清太宗实录》则将"摆塔大"译成"包衣昂邦"。

③ 关孝廉译：《天聪五年八旗值月档（三）》，《历史档案》2001年第2期。

④ 《清太宗实录》卷23，第308页。

⑤ 《清太宗实录》卷27，第350—354页；任世铎等译：《满文老档》，第1198—1215页。

⑥ 关孝廉等译：《清初内国史院满文档案译编》上册，第74页。

用。如先前有孔、耿之部将毛有明来降，即是交多尔衮收养①；而封孔有德为都元帅、耿仲明为总兵官时，亦是由多尔衮、萨哈廉宣敕；至于率兵往迎尚可喜的工作，也是命多尔衮与萨哈廉两人负责②，故作为多尔衮属下颇受器重的旗鼓，尤其满汉双语的沟通理应无碍，曹振彦肯定得处理许多相关的具体工作。此外，孔、耿在投降之前，曾遣副将曹绍宗（亦作绍中或绍忠）和刘承祖至金国洽谈相关事宜③，曹绍宗曾于万历间担任沈阳中卫指挥佥事，后历升至副将，因其既曾与曹振彦同住在沈阳（见后）且为同姓，疑两家原应相熟，这可能也是振彦得以在前述两重大投顺事件中成功扮演媒介角色的特殊人脉关系。④

崇德元年六月，刑部官郎位被控"贪财好色，不法不义"，遭革甲喇章京一职并追赃，据《清太宗实录稿本》，其罪之一是："（刑部郎位）断镶白旗长史曹谨言的事要银二十两，又借银十五两……镶白旗长史曹谨言不认与银，将曹谨言打八十鞭子。"⑤ 任世铎等人于 1987 年翻译的《满文老档》中亦记此事，称："审理镶白旗下长史曹金颜一案，受银二十两，又致函以借债为名索银十五两……镶白旗下长史曹金颜声言并未行贿，是以拟鞭八十。"⑥ 由于旗籍、职衔和时代均若合符节，知此两位相隔三百多年之汉译本中的曹谨言和曹金颜，均应回译成曹振彦才对。⑦

此外，日译本《满文老档》将曹氏的满文官衔释读成 faidan i da（译作"仪仗の头"），然原档满文应读作 baitai da（音译作"摆塔大"）才是，

---

① 文献中称毛有明为明都司，当孔有德在吴桥起兵时其兄亦为大帅。查与孔有德同叛的首谋李九成，原用毛有功之名，不知"有明"有无可能为同音之"有名"，且为有功之弟。参见《清太宗实录》卷 14，第 192—193 页；黄一农：《吴桥兵变：明清鼎革被忽视的一条重要导火线》。

② 《清太宗实录》卷 14，第 194 页；卷 17，第 229 页。

③ 《清太宗实录》卷 14，第 190—191 页。

④ 笔者将另文详论曹绍中家族的祖籍与事迹。虽然当时绝大多数的授勋均属在战场上立军功，但正蓝旗满洲的宜拜亦曾于天聪八年以"办事有能"，而授半个前程；参见《清史稿》卷 173，第 5972 页。

⑤ 《清太宗实录稿本》，第 53—54 页。

⑥ 任世铎等译：《满文老档》，第 1515—1516 页。

⑦ 由于当时镶白旗中拥有类似地位之汉人屈指可数，尤其是姓名发音有两字完全相同，一字甚为接近，知其为不同两人之机会应不大。事实上，杜家骥先生早指出曹金颜即曹振彦，但未作进一步研究，曹学界似亦不知此事；参见杜家骥：《八旗与清朝政治论稿》，第 174 页。又，庄吉发先生告知满汉对译时读音常难规范，如入关前东北人念汉字"努尔哈赤"与"努尔哈齐"之音即是一样的，故他疑当时东北人或读振为 jin。

此即皇太极谕令汉文应改作"长史"之旗鼓。[1] 又，郎位之名曾出现于《大金喇嘛法师宝记》上，在其被控贪渎一案中，列名碑上的白喇嘛、鲍章京（承先）、高章京（鸿中）等人亦被斥责知情不报[2]，知他们从盖舍利寺塔以来应仍有不少互动。

　　天聪八年五月，皇太极叙各官或其祖先之勋绩，并给予世袭敕书，对于只是"因才授职及因管牛录事授职"者，则给不世袭敕书。[3] 曹振彦虽在是年四月因功加半个前程，但应未授世职，此因当时通常只予阵亡之官员世袭，且"文臣例无承袭"。[4] 崇德八年，在摄政的多尔衮主导下，镶白旗与正白旗互易旗纛，此举令多尔衮所领旗的排列位次，仅次于皇帝的两黄旗（稍后并称为上三旗），而曹振彦的旗籍也因此改成了正白旗。[5]

　　曹振彦虽在崇德元年因行贿而被施鞭刑，但档案中并未指出他遭到免职或降阶，何况他还有天聪八年因功所加的半个前程，故他有可能在崇德朝仍持续担任一段时间的旗鼓。唯据《内务府正白旗佐领管领档》，顺治元年该旗鼓改由高国元管理[6]，参照《八旗通志初集·旗分志》中的叙事，各旗鼓佐领的替换原因主要为过世、外放、抬旗、犯事或因故（如生病、年老）告退，疑曹振彦当时很可能是"缘事革退"。

五　曹振彦入关后的发展

　　曹振彦在顺治初"扈从入关"，方志中多称其出身为贡士，且在中国第一历史档案馆所藏《顺治朝现任官员履历册》中亦称他是"正白旗下

---

　　① 由于日译本《满文老档》乃译自沈阳崇谟阁原藏之乾隆朝重抄本，而该本是以新满文转写原无圈点档册（原件现藏台北故宫博物院，旧称"旧满洲档"，今改作"满文原档"），故疑当时或已将原档中的"baitai da"统一改作"faidan i da"。感谢庄吉发先生的提示，并参见庄吉发：《文献足征：〈满文原档〉与清史研究》，《清史论集（一）》，台北：文史哲出版社1997年版，第39—74页。

　　② 任世铎等译：《满文老档》，第1515—1516页。

　　③ 阿桂、梁国治等：《皇清开国方略》卷18，《景印文渊阁四库全书》本，第13—14页。

　　④ 如文臣达海病卒后，皇太极念其"博览群籍，学问淹通"，乃于天聪七年二月特准其子雅亲降一等袭职，授备御，仍令管理达海原管牛录。史家即评此事曰："文臣例无承袭。盖异数也。"参见《清太宗实录》卷13，第181页；卷51，第673页。

　　⑤ 杜家骥：《八旗与清朝政治论稿》，第168—187页。

　　⑥ 张书才：《曹雪芹家世生平探源》，白山出版社2009年版，第17页。

贡士"。① 贡士乃指会试中式但尚未经殿试授为进士者，唯在入关前的举人名单中从未见曹振彦之名，当时亦无贡士之科名。先前学界对曹振彦何时成为贡士的讨论多有疏漏②，顺治初期的题名碑录，虽记三年（1646）、四年、六年曾殿试天下贡士，并授予进士出身，但"八旗人士不与"，旗人乃另行开科取士，顺治九年始首度策试八旗贡士并赐予进士及第。③ 在此之前，因政权新肇，急需充补各省之地方官缺，清廷遂数次起用从龙入关之辽人，如顺治六年曾下旨："八旗汉军通晓汉文者，无论俊秀、闲散人等，并赴廷试。文理优长者，准作贡士，以州县即用。"④ 查《文渊阁四库全书》以及"中国基本古籍库"的电子档，发现在顺治元年至七年（曹振彦初任地方官之年）间，每年均有许多籍隶关外的辽人以贡士身份派往各省担任州县正官，其中又以山西（知县 74 人、知州 18 人）和河南（知县 24 人、知州 4 人）两省居多。知曹振彦应是在顺治初年成为"正白旗下贡士"，唯年份不确定，或由于他先前已有担任旗鼓牛录章京的从政经历，故在顺治七年外放至山西平阳府吉州，担任位阶较高的知州。⑤

　　明代生员于出学任官（主要担任教官和杂职）之后，通常就不得再参与科举考试。⑥ 先清虽因袭明制，但依旧鼓励已任文官者获取科目出身⑦，故曹振彦即使早就从教官出任旗鼓，仍赴考去争取贡士资格，希冀能因此有更好的仕途。如已任员外郎的杨方兴以及已任内弘文院学士的王文奎，即仍以生员身份参加崇德三年八月的考试，并取得举人资格。⑧ 曹振彦获

① 张书才：《曹雪芹家世生平探源》，第 11—12、372—379 页。
② 如误将民人与旗人的廷试混淆，参见周汝昌《红楼梦新证》，华艺出版社 1998 年增订本，第 181 页。
③ 《清世祖实录》卷 25，第 211 页；卷 31，第 255 页；卷 43，第 347 页；卷 63，第 498 页。李周望：《国朝历科题名碑录初集》，《北京图书馆古籍珍本丛刊》，书目文献出版社 1998 年景印雍正间刊本，第 480—494 页。《清史稿》卷 108，第 3160 页。
④ 昆冈等修，刘启端等纂：《大清会典事例》卷 1136，《续修四库全书》景印光绪石印本，第 635 页。
⑤ 此段参见刘世德《曹雪芹祖籍辨证》，第 67—77、81 页。
⑥ 陈宝良：《明代儒学生员与地方社会》，中国社会科学出版社 2005 年版，第 262—289 页。
⑦ 如宁完我就曾于天聪七年上疏，建请除秀才外，亦应命六部官员参加翌年的开科取士。参见罗振玉编《天聪朝臣工奏议》卷中，第 33—34 页。
⑧ 铁保等纂修：《钦定八旗通志》卷 201，第 1、7—8 页。《清太宗实录》卷 26，第 342 页；卷 29，第 374 页；卷 32，第 406 页；卷 43，第 567 页。关孝廉等译：《清初内国史院满文档案译编》上册，第 358 页。

授牛录章京的时间虽早于二人，但杨、王在入关之初却均已位居督抚高位，此应与他们很早就获得举人的科名有关。

顺治八年八月，以皇帝大婚，恭上皇太后徽号①，从五品的知州曹振彦遂因"欣逢庆典，宜沛新纶"，而覃恩获得奉直大夫之诰命，其妻袁氏亦被封为宜人，由于该现藏于北京大学图书馆的诰命中，屡屡袭用"国家推恩而锡类，臣子懋德以图功。懿典攸存，忱恂宜勖"之类的套语②，知其当时只是扈从入关的诸多辽人中级文官之一，身份和影响力均属一般。

顺治九年四月，曹振彦升授山西省阳和府（在大同东北约50公里处）知府，至十二年九月始调职；先前学界则常误以其所出任的是大同府知府。③ 查清大同总兵官姜瓖于顺治五年十二月据城叛，宣大、山西总督耿焞奔逃阳和，并移府治至此，设阳和府；六年九月，姜瓖死，清兵旋将收复的大同城垣拆除。④ 十一年十月，马之先就任宣大总督；十二年十月，马氏从阳和移镇大同，并开始重建复设之大同府，十一月左右，裁阳和府。⑤ 故严格说来曹振彦从不曾出任过大同府知府。

据顺治十三年四月刻石的《重修大同镇城碑记》，知该次修城之议"始于前直指天中薛公讳陈伟，再成于前总督襄平马公鸣佩"，当时因先前战争的摧破，大同城内到处是"颓垣坏垒"，马氏以不到半年时间将之改建成"纥纥金城"。在先前所公布的辨识碑文中，列出几位捐输的官员，当中即包括"□□□襄平曹公讳振彦"，唯从张书才先生新公布的碑记照片⑥，知"襄平"两字之前为"守"字，疑尚缺之二字应为"前太"，因曹振彦当时已自知府（太守）离任。

顺治十二年九月，曹振彦升授在杭州的两浙都转运盐使司运使，任内

---

① 《清世祖实录》卷59，第469页。
② 此见周汝昌：《红楼梦新证》，1953年初版，第206—207页。类似之诰命文字，屡见于盛昱：《雪屐寻碑录》，《丛书集成续编》，台北：新文丰出版公司1989年景印《辽海丛书》民国24年序刊本。
③ 如周汝昌：《红楼梦新证》，1998年增订本，第195—196页。唯曹振彦在顺治九年十二月初八的奏本中即明确记载他是阳和府知府，此见张书才：《曹雪芹家世生平探源》，第8—9页。
④ 《清世祖实录》卷41，第332页；卷46，第365页；卷63，第490、493页。吴辅宏等纂辑：《大同府志》卷1，《中国地方志集成》景印乾隆四十七年重校刊本，第10页。
⑤ 在顺治十二年十一月的实录中，大同府与阳和府两名称仍同时见于文献。参见《清世祖实录》卷94，第742页；卷95，第748页。铁保等：《钦定八旗通志》卷208，第16页。
⑥ 张书才：《曹雪芹家世生平探源》，第2、13页。

"恤灶抚商，疏引裕课"；十五年四月去职，唯不知是病免、致仕，抑或卒于官。① 由于当时无世职之官常是六十岁退休②，故若振彦当时乃因届龄而离任，则其生年或在万历二十七年（1599）。

康熙六年（1667）十一月，振彦之子曹玺在督理江宁织造任内获覃恩，其祖父世选（锡远）赠资政大夫，祖母张氏赠一品夫人；十四年十二月，曹玺又获覃恩，其父赠光禄大夫，母欧阳氏赠一品太夫人，继母袁氏则封为一品夫人。③ 再查《五庆堂曹氏宗谱》，记曹雪芹先祖事迹曰："九世：锡远，从龙入关，归内务府正白旗；子贵，诰封中宪大夫；孙贵，晋赠光禄大夫；生子振彦。十世：振彦，锡远子，浙江盐法道，诰授中议大夫；子贵，晋赠光禄大夫……。"④ 据清初封赠之典制：存者曰封，殁者曰赠，自身曰授；知州为从五品，授奉直大夫；知府为正四品，授中宪大夫；盐法道为从三品，授中议大夫。⑤ 由于振彦之父生前仅封中宪大夫，知其应卒于振彦任阳和知府期间（顺治九年四月至十二年九月）⑥，而振彦嫡妻欧阳氏应卒于康熙十四年十二月之前，其继妻袁氏当时则仍健在。

曹家入关后一直隶多尔衮的正白旗。顺治七年十二月，多尔衮薨；八年二月，追论其罪，并将正白旗收归皇帝⑦，曹家自此成为皇属上三旗的包衣，其旗籍是内务府旗鼓佐领下包衣汉姓人，或称内务府包衣汉军人，既属内务府管理系统，又属正白满洲旗。亦即，曹家虽隶满洲旗分，但并不表明可归作"满洲人"，他们亦非汉军旗下的汉军旗人，而是介于此两

---

① 张书才：《曹雪芹家世生平探源》，第7—12页；周汝昌：《红楼梦新证》，1953年初版，第209—210页；《清世祖实录》卷116，第905页。

② 伊桑阿等：《大清会典》卷11，台北：文海出版社1992—1993年版，《近代中国史料丛刊三编》景印康熙二十九年刊本，第1页。

③ 曹玺时任江宁织造三品郎中加四级，由于京官准照加级请封，而内务府外放官员视同京官，故他可用一品的职级封赠。参见朱南铣：《关于〈辽东曹氏宗谱〉》，《红楼梦研究集刊》第1辑，上海古籍出版社1979年版，第405—421页；周汝昌：《红楼梦新证》，1998年增订本，第212、223—224页；Wolfgang Franke, "Patents for Hereditary Ranks and Honorary Titles during the Ch'ing Dynasty," *Monumenta Serica*, Vol. 7, 1942, pp. 38 - 67。

④ 《五庆堂重修曹氏宗谱》，北京燕山出版社1990年景印同治年间钞本，无页码。

⑤ 伊桑阿等：《大清会典》，卷6，第1—3页；卷13，第8—9页。

⑥ 先前学者有误曹世选在振彦任浙江盐法道时尚存，如见朱南铣：《关于〈辽东曹氏宗谱〉》，《红楼梦研究集刊》第1辑。

⑦ 杜家骥：《八旗与清朝政治论稿》，第201—205页。

大群体之间。①

据记事止于雍正朝的《八旗通志初集》一书，正白旗包衣下第五参领所属第三旗鼓佐领的设立过程为：

> 国初编立，始以高国元管理；高国元故，以曹尔正管理；曹尔正缘事革退，以张士鉴管理；张士鉴故，以郑连管理；郑连缘事革退，以曹寅管理；曹寅升任江宁织造郎中，以齐桑格管理；齐桑格故，以内务府总管尚志杰管理；尚志杰年老辞退，以内务府总管尚志舜管理；尚志舜故，以员外郎尚琳管理。②

知此一旗鼓佐领成立于"国初"（略指天命之前，见后文），初或由张良弼（士鉴之父）和曹振彦担任旗鼓；顺治之后，则由高国元、曹尔正、张士鉴、郑连、曹寅、齐桑格、尚志杰、尚志舜、尚琳等人依次管理。各任佐领之家族均同为正白旗包衣人，"世居沈阳地方"。八旗各包衣佐领的管理者均非世袭，常择籍隶该佐领中人担任，但有时亦会从同旗之人选派，内三旗中且有跨旗调派的情形。又，各包衣佐领遇外放（如离京任职织造库或往守陵寝等）、出包衣籍、拨隶公主及郡主属下或担任内务府以外职官时，依例即应卸任。

由于雍正七年（1729）的《内务府满文奏销档》中直指曹振彦之孙曹宜隶属于"尚志舜佐领下"，而当时尚志舜正管理正白旗包衣下第五参领之第三旗鼓佐领，因知此佐领应为曹家旗籍之所隶。③ 无怪乎在清廷入主中原后，曹雪芹家族曾两次管理此佐领，而曹振彦或早于天聪朝即已管理过此牛录。也因为如此，当曹雪芹的姑姑于康熙四十五年嫁与镶红旗王子纳尔苏时，即曾"蒙恩命尚之杰（应为时任内务府郎中且隶属同一佐领

---

① 张书才：《曹雪芹家世生平探源》，第15—35、95—102页；杜家骥：《曹雪芹祖上之隶旗与领主的多次改变：兼谈曹家旗籍问题》（未刊稿），"国学前沿问题研究暨冯其庸先生从教60周年国际学术研讨会"论文，中国人民大学，2010年。

② 鄂尔泰等：《八旗通志（初集）》卷5，第90页。

③ 周汝昌先生误认曹寅和曹宜籍隶两不同参领，事实上，曹寅、曹宜、曹荃等堂兄弟均属于同一佐领。参见故宫博物院明清档案部编：《关于江宁织造曹家档案史料》，中华书局1975年版，第189—190页；刘小萌：《清代北京旗人社会》，第511页；周汝昌：《红楼家世：曹雪芹氏族文化史观》，第152页；张书才：《曹雪芹家世生平探源》，第67页。

的尚志杰——引者注）备办"。①

《八旗满洲氏族通谱》记曹雪芹家族曰：

> 曹锡远，正白旗包衣人，世居沈阳地方，来归年分无考。其子曹振彦原任浙江盐法道；孙曹玺原任工部尚书，曹尔正原任佐领；曾孙曹寅原任通政使司通政使，曹宜原任护军参领兼佐领，曹荃原任司库；元孙曹颙原任郎中，曹頫原任员外郎，曹颀原任二等侍卫兼佐领，曹天祐现任州同。②

曹家乃该书卷74—80中所列883个满洲旗分内尼堪（满语指汉人）家族之一，其中共有813（92%）家为包衣：含包衣旗鼓人227家，包衣管领下人332家，此外，还有254个家族或因具体资料不详，仅笼统称之为包衣人。③至于诸尼堪入满洲旗的时间，只粗分成三类："国初来归"者63家，"天聪时来归"者71家，"来归年分无考"者749家。其中所称之"来归"，应多属史家冠冕堂皇的修饰语，实情常是遭掳掠。④

查《通谱》全书所列的约3800个家族当中，除"国初来归"约1800家、"天聪时来归"约500家、"来归年分无考"约1400家外，仅余74家是"康熙时自科尔沁撤回之人"、4家"崇德时来归"、2家"顺治时来归"⑤，知此书所载的氏族，绝大多数在皇太极于崇德元年称帝之前即已成为金国子民。由于"来归年分无考"的尼堪家族当中，有84%"世居"在沈阳、辽阳、抚顺和铁岭，且"世居"此四城的尼堪家族当中，亦有86%"来归年分无考"（参见下表），知"世居"此四城的"来归年分无考"之人，应多是天命三年至六年间金兵占领该地区时成为包衣的。唯因《通谱》中并无"天命时来归"之叙述，故疑努尔哈赤称汗时期（尤其是在天命三年以"七大恨"为借口征明之后）所掳掠的汉人，或因档案失载，亦多被归于"来归年分无考"。

---

① 故宫博物院明清档案部编：《关于江宁织造曹家档案史料》，第42页。
② 鄂尔泰等：《八旗满洲氏族通谱》卷74，辽海出版社2002年景印乾隆九年武英殿刊本，第8—9页。
③ 此感谢陈国栋先生的提示。
④ 张晋藩、郭成康：《清入关前国家法律制度史》，第99—103页。
⑤ 都兴智：《锡伯族源出女真论》，《吉林大学社会科学学报》1997年第2期；鄂尔泰等：《八旗满洲氏族通谱》卷36，第6—7页；卷55，第20页；卷57，第15页；卷60，第3页。

又依逻辑推理，"国初来归"乃谓一连续之时段，其下限应不晚于天命朝；否则，就该称"天聪时来归"。唯因全书中"国初来归"之家族有高达约 96% 均属满、蒙的"勋旧世家"，故疑此语或主要用于努尔哈赤奠立称汗基业时期就已编旗的"佛满洲（又称陈满洲、老满洲）"。查《通谱》卷首，记索尔果于万历十六年率本部军民归顺努尔哈赤，并称其部众"俱世居苏完地方，系国初来归之人"，此或接近"国初"的上限。①

至于尼堪"世居"的地方，以沈阳最多，共有 539 家，其次依序为辽阳的 94 家，抚顺的 73 家，以及铁岭的 28 家等等。由于当中竟然无一在关内，而当时理应有不少籍隶内地之人在关辽地区发展，因疑该书所谓的"世居"，有许多乃指其被俘或投降之处。

表 1　　　《八旗满洲氏族通谱》卷 74—80 中尼堪姓氏之分布表

"世居"地点	旗籍分类				"来归"时间			尼堪姓氏数	金国占领该地时间
	包衣旗鼓人	包衣管领下人	包衣人	非包衣	国初来归	来归年份无考	天聪时来归		
抚顺地方	13	17	36	7	10	61	2	73	天命三年四月
铁岭地方	3	17	7	1	5	21	2	28	天命四年七月
沈阳地方	184	180	171	4	23	473	43	539	天命六年三月
辽阳地方	18	45	18	13	13	76	5	94	天命六年三月
其他地方	9	73	22	45	12	118	19	149	
总数	227	332	254	70	63	749	71	883	

在顺治以后曾管理正白旗包衣下第五参领第三旗鼓佐领之诸官员当中，《通谱》称其先祖高文举、曹世选、郑朝辅等人均"世居沈阳地方，来归年分无考"，疑此应指他们多是在天命六年三月沈阳失陷时或俘或降，虽然他们很有可能为当地人，但仍不可径用此一叙述来论证其籍贯。② 否则，很难理解为何该牛录中表现突出者全都恰好原籍沈阳，因牛录的成员

① 《满洲实录》卷 2，第 71 页；鄂尔泰等：《八旗满洲氏族通谱》卷 1，第 1、37 页。

② 有谓《八旗满洲氏族通谱》一书"体例较疏"，故认为其中所指世居之"沈阳地方"，仅为一概略说法，亦可理解成"辽阳地方"或"辽东地方"。唯因此书的总裁鄂尔泰，也负责编纂内容翔实的《八旗通志（初集）》，且《通谱·凡例》中的规范相当严谨，其对尼堪"世居"之处亦细分成沈阳、辽阳、抚顺、铁岭、长白山、锦州、大凌河、中后所、盖州、松山、三韩、海州、义州、开原、宁远等约二十处，知该说或待商榷。参见刘世德：《曹雪芹祖籍辨证》，第 124—126 页。

不太可能是以籍贯作为筛选之依据。

在记事止于乾隆朝的《钦定八旗通志》中，曹家所隶之佐领已改称为第五参领第一旗鼓佐领，此一佐领在康熙中由尚志杰兼管，其家接着至少还有志舜、尚琳、保成等人曾管理过曹家所隶佐领。[①] 亦即曹雪芹家族败落前后，其籍隶之佐领多是由此一尚氏家族中人管理。

六　小结

在曹雪芹家族移居辽东的先祖当中，以曹振彦最为人所知，且奠定了曹氏约百年的家业，此故，在雍正十三年追赠振彦的诰命中，即称扬他"启门祚之繁昌，华簪衍庆；廓韬钤之绪业，奕叶扬休"。[②] 唯先前对其生平事迹的论述仍有许多讹漏之处，本文即尝试整合出一较正确且完备的历史图像。

曹振彦与其父辈或在天启元年（天命六年，1621）沈阳城破时被俘归旗成为包衣；[③] 初应隶努尔哈赤亲领之正黄旗，天命八年正月（或更早些）后归新旗主多尔衮，十一年八月随多尔衮改旗而隶镶白旗。[④] 振彦于归旗之初可能以原明生员的身份在八旗官学中担任教习汉文的外郎；天聪三年，或因通过皇太极对全国前明生员的检定而升授教官；四年，可能以娴习满汉文且办事干练，而获得从政所需之实习资格，成为致政；稍后，出任多尔衮属下的旗鼓牛录章京，负责统领汉姓包衣，提供旗下的各种总务或后勤支援；八年，疑因协助处理孔有德、耿仲明以及尚可喜等明将投降事宜有功，加半个前程。崇德元年，因行贿刑部官员被拟鞭八十；八年，由于两白旗互易旗纛，而改隶正白旗，旗主仍是多尔衮。顺治元年之前，其旗鼓一职或遭"缘事革退"。

清朝人主中原之初，随着大量旗人的"从龙入关"，曹振彦也举家迁往北京，并在圈地政策下，于顺治三年受田顺天府的宝坻县（现为天津市

---

① 尚氏家人的生卒年和事迹，参见尚凝祥：《思源堂尚氏宗谱》，道光五年刊本，笔者感谢刘小萌先生提供此谱残本的复印件。

② 此见周汝昌：《红楼梦新证》，1953 年初版，第 422 页。

③ 笔者将另文讨论其父辈的生平事迹以及迁徙至辽东的过程。

④ 杜家骥：《曹雪芹祖上之隶旗与领主的多次改变：兼谈曹家旗籍问题》，"国学前沿问题研究暨冯其庸先生从教 60 周年国际学术研讨会"论文，中国人民大学，2010 年。

一区）之西。① 稍后，振彦决定应试出仕，并因考取八旗贡士而得以东山再起；顺治七年，获授山西平阳府吉州知州；八年二月，因已故的多尔衮被追论削爵，正白旗遂遭皇帝收归自领，曹家自此成为上三旗包衣；九年，振彦升阳和府知府；十二年至十五年，历官至两浙都转运盐使司运使；卒年不详。

虽然，清初有少数包衣（如尚志杰即在征讨吴三桂叛清的过程中立下汗马勋功）曾以武职立下战功，唯曹振彦应非如先前许多学者所称是以军功起家。② 他初为俘虏，但凭借其汉文学养和日益精进的满语能力，渐从包衣中崛起，而他所确切担任过的教官、致政、旗鼓（长史）、知州、知府、运使等职，均明显不是带兵打仗的武官衔。

皇太极于崇德元年称帝时，大清总人口约百万，③ 而其基业主要是由记载于《八旗满洲氏族通谱》的约 3800 个家族所共同缔造，其中地位最低下的汉姓包衣共约 800 家，曹雪芹家族就是相当典型的一家，先后共有振彦、尔正、寅、宜、顺、颙等四代六人担任过包衣佐领或参领。④ 曹家且因籍隶内三旗，曹玺之继妻孙氏得以被选为康熙帝玄烨幼时的保母；曹玺及其子寅、宣等，亦得以"佩笔充侍从"或"禁中任侍卫"。⑤ 曹家子弟也分别在内务府下出任各种文职或武职，并因尽心王事而备受宠眷，玺、寅、颙、頫等三代四人均获授江宁织造之美缺；曹寅更历官至"管理江宁织造、通政使司通政使、加五级兼巡视两淮盐课监察御史"，康熙帝六次南巡当中，即有四次是由曹寅在江宁织造署接驾；⑥ 当曹寅之女嫁与镶红旗平郡王纳尔苏时，亦获特旨由内务府郎中协助备办婚礼。但在雍正

---

① 赵令志：《清前期八旗土地制度研究》，民族出版社 2001 年版，第 101—118 页；曹寅：《楝亭文钞》，《续修四库全书》景印康熙未刊本，第 4—5 页。

② 冯其庸先生推测曹振彦曾于顺治六年二月随多尔衮征讨在大同叛变的姜瓖，并因功获授山西州知州。唯当时振彦已自旗鼓牛录章京去职，且文献中仅称曹玺从征山西，疑振彦之所以知吉州，应是因其获得贡士所致。参见冯其庸：《曹雪芹家世新考》，2008 年增订本，第 323—325、340—341 页；张书才：《曹雪芹家世生平探源》，第 9—12 页。

③ 此据天聪七年王文奎之奏疏。参见罗振玉：《天聪朝臣工奏议》卷中，第 32 页。

④ 朱淡文：《曹顺小考》，《红楼梦学刊》1991 年第 3 期。

⑤ 周汝昌：《红楼梦新证》1998 年增订本，第 31—39、198—199、209、219—220 页；刘上生：《佩笔侍从：曹寅"为康熙伴读"说辨正》，《湖南师范大学社会科学学报》2000 年第 6 期；张书才：《曹雪芹家世生平探源》，第 342—349 页。

⑥ 故宫博物院明清档案部编：《关于江宁织造曹家档案史料》，第 94 页；周汝昌、严中：《江宁织造与曹家》，中华书局 2006 年版，第 7—31、105—124 页。

帝即位后不久，曹𫖯被控骚扰驿站、亏空帑项、转移财产等罪而遭籍没。①
也就在此一从俘虏之悲惨、织造之绚烂、抄家之潦倒的曲折家世下，以及
身处满汉两族群夹缝所萌生的多元认同中②，酝酿出曹雪芹写成不朽名著
《红楼梦》的特殊环境。

　　先前学界的曹学研究虽早已超过半个世纪，积累的成果十分丰硕，许
多资深红学家亦纷纷将论文结集出版；然而，在坊间汗牛充栋的著述当
中，却也常令人感受到各说各话的现象。其实，曹学范畴中仍有许多关键
处一直无法突破，且有些精致的个别观点，也或因学界间的角户分门，而
未能在主流的曹学拼图中占有一席之地。虽然本文所提出的看法与论证尚
有待学界的检验，但希望至少能说服大家："e - 考据时代"的出现，已使
文史学界的研究环境与方法面临千年巨变，我们有机会在先前的厚实基础
上，给新曹学以强而有力的发展动能。

　　牛顿曾在 1676 年给友人的信中写道："如果说我看得比别人更远，那
是因为我站在巨人的肩膀上。"过往的曹学研究者虽彼此不断辩难，甚至
争论到面红耳赤，但他们也不知不觉共同塑造出目前曹学所拥有的巨人形
象。③ 当 e - 考据有可能提供我们一架爬上巨人肩膀的新梯子时，如何睁
大眼睛看得更远，并讲出一个精彩的故事，仍是文史工作者身上应肩负的
重任。

《中国社会科学》2011 年第 2 期

----

　　① 张书才：《曹雪芹家世生平探源》，第 87—113 页；马国权：《论曹府被革职抄家的历史
背景和原因》，《红楼梦学刊》1989 年第 3 期。

　　② 曹家在成为包衣之后，肯定与清初许多辽人一样，经历一段深刻满化的过程，但在入关
之后，则又重拾其祖先的文化传统，逐渐开始汉化。参见 Ping-ti Ho, "In Defense of Sinicization：A
Rebuttal of Evelyn Rawski's 'Reenvisioning the Qing'", *The Journal of Asian Studies*, Vol. 57, No. 1,
1998, pp. 123 - 155；黄一农：《吴桥兵变：明清鼎革被忽视的一条重要导火线》。

　　③ 如笔者在 2010 年 6 月访问周汝昌和冯其庸两位前辈时，发现他们对《大金喇嘛法师宝
记》碑文上的"教官"和"敖官"之争，仍耿耿于怀。其实，不论孰对孰错，均不减损其在曹学
中的贡献。

黄帝历史形象的塑造[*]

李　凭[**]

摘要　脱离传说境界以后，黄帝的形象是向神仙偶像与历史人物两个方向发展的。司马迁撰写《五帝本纪》，将黄帝塑造成中华正史第一人物，凝炼成虚实之间的形象，尊崇为帝王样板，供奉为华夏始祖，从而适应了汉武帝构建大一统宏图和巩固家天下专制局面的时代需要。北齐史家魏收充分领会司马迁思想精髓，在《魏书》首篇首句中将拓跋氏初祖认作黄帝之孙，又在《官氏志》中梳理出诸部落汉化姓氏，将黄帝推广成北朝各族共同祖先，从而体现出民族融合潮流，适应了中华文明升华趋势。又经过社会长期弘扬，黄帝历史形象终于发展成为受到海内外广泛认可的人文初祖形象，原因就在于凝聚中华民族的需要。

关键词　黄帝　历史形象　司马迁　魏收

属于上古时代的黄帝，在脱离传说境界以后，最初是向神仙偶像发展的；被塑造成为历史人物则较晚，是西汉时期事情。顾颉刚将早期黄帝形象的演变过程归纳为六个阶段：

（1）黄帝是秦国崇奉的上帝之一。

（2）加上战国时神仙家的涂饰。

（3）为庄子等论道之人所容纳，又加上一层"道"的涂饰。

（4）传说既盛，儒家亦不能不容纳，因此推为古代帝王，而有

　＊　本文系国家社科基金项目（10BZS027）"北魏洛阳时代文明研究"阶段性成果。感谢匿名审稿专家提出的宝贵修改意见。

　＊＊　李凭，历史学博士，华南师范大学历史文化学院教授。

《易系辞》及《五帝德》等记载。

（5）既为儒家所取，于是为汉代之道家所攻击，如《庄子》中《在宥》、《天运》诸篇之说他太人间化。

（6）汉以后定一尊于儒家，故《易》、《礼》、《国语》中所说之黄帝竟成为历史。①

由此理解，春秋以降，神仙家和论道之人将黄帝涂饰成神仙形象；战国以降，儒家将黄帝推崇为古代帝王，为塑造黄帝的历史形象预设下铺垫；汉武帝独尊儒术以后，"黄帝竟成为历史"。

顾颉刚又指出：

> 黄帝传说初至中原，其时儒、墨两显学言古史者皆曰"尧、舜、禹、汤"，未引而远之也，故黄帝遂翘然居首座……邹衍，齐人，当战国后期，其时黄帝传说流至中原已久，为学者所共术，群奉为最古之人王，故衍由此而推远之也。自此以来，黄帝之说遂为言古史者所不能废，司马迁冠《五帝本纪》于《史记》全书者以此。②

按照这段论述理解，使"黄帝竟成为历史"者是司马迁。

一　中华正史第一本纪

司马迁编撰《史记》，首卷为《五帝本纪》，五帝之首是黄帝。司马迁这样做的理由，在该卷之末"太史公曰"中有所解释：

> 学者多称五帝，尚矣！然《尚书》独载尧以来；而百家言黄帝，其文不雅驯，荐绅先生难言之。孔子所传宰予问《五帝德》及《帝系姓》，儒者或不传。余尝西至空桐，北过涿鹿，东渐于海，南浮江淮矣。至长老皆各往往称黄帝、尧、舜之处，风教固殊焉，总之不离

---

① 《顾颉刚读书笔记》卷1《纂史随笔三》"黄帝故事的演变次序"条，《顾颉刚全集》，中华书局2011年版，第431页。

② 《顾颉刚读书笔记》卷16《史林杂识初编》"黄帝"条，《顾颉刚全集》，第407—408页。

古文者近是。予观《春秋》、《国语》，其发明《五帝德》、《帝系姓》章矣，顾弟弗深考，其所表见皆不虚。《书》缺有间矣，其轶乃时时见于他说。非好学深思，心知其意，固难为浅见寡闻道也。余并论次，择其言尤雅者，故著为本纪书首。①

司马迁虽然承认五帝的事迹或者"难言"，或者"不传"，或者内容"缺有间"，但是仍然坚持认为"其所表见皆不虚"，因此"择其言尤雅者"为五帝撰写了本纪。

在中华传统文献中，《史记》是影响最深远的经典。但是，作为该书开篇的《五帝本纪》，由于所述对象时代久远，其史料是否可信，在司马迁之后成为长期争论的问题。尤其自20世纪初以来，许多学者对《五帝本纪》提出质疑，其中黄帝更是受重点批判乃至被否定的对象。

不过，黄帝的影响甚为广泛，早就超出史学讨论的范畴。如今的黄帝，已经从神仙偶像与历史人物之中超脱出来，升华成中华民族人文初祖形象，是深入海内外人心的文化符号，所以继续讨论黄帝形象的问题仍具有现实意义。作为人文初祖的形象，是由黄帝的历史人物形象放大与推广而成的；而黄帝的历史人物形象，则脱胎于上古传说。所以，讨论与黄帝相关的问题，又不得不回到原点，再议以往对于《五帝本纪》的批判。

陆懋德是否定《五帝本纪》的代表，他认为：

> 吾人试取《史记》首篇《五帝本纪》为例如下：此篇是真本，作者是司马迁，作成于汉时，写定于汉京，已无问题。但此篇之材料不是得之观察，而是得之传闻，且其传闻是取之于《五帝德》，《帝系姓》，及《尧典》，《舜典》等书。前二章已言史料须用同时代的记载。今考《五帝德》，《帝系姓》，今在《大戴礼》内，是汉初作品，而《尧典》，《舜典》，今在《尚书》内，是周末作品，皆非五帝时的同时代的史料。如此，则《五帝本纪》之价值自见。价值如此，则此篇之不足为信史，不问可知。②

---

① 《史记》卷1《五帝本纪》，中华书局1959年版，第46页。
② 陆懋德：《史学方法大纲》第3编第3章，《民国丛书》第61册，上海书店1989年影印本，第55页。

陆懋德从史源学的一般原理出发，认定《五帝本纪》"不足为信史"。他似乎从根本上颠覆了《五帝本纪》，但是我们不得不说他忽略了司马迁所处的时代背景。由于西汉距离上古已经久远，司马迁肯定不能直接观察到五帝时代的情景，他听到的传闻必然是模糊的，甚至是扭曲的。至于五帝之首的黄帝，相关史料必然最为稀缺，即使有所流传，也往往遗存在后世文献中。所以，司马迁撰写《五帝本纪》时，只能从传闻之中汲取史料，或者转述他所能见到的间接文献。陆懋德的看法值得商榷。

缺乏文献，不等于没有历史。实际上，人类没有文献的历史远比具有文献的历史漫长得多。不能因为缺乏文献就不去考察上古历史，陆懋德也曾这样主张过，他在批判顾颉刚提出的"层累地造成的中国古史观"时指出：

> 顾君所标之治史方法虽极精确，然如尧、舜、禹等均为历史前（Prehistoric）的人物，终当待地下之发掘以定真伪，实不能仅凭书本字面之推求而定其有无者也。余甚愿顾君能用其方法以治周以后之史事，则其廓清之功有益于学界者必大于此矣。顾君之书虽未求得结论，而三千年以前之尧舜禹者，其存在已受其影响，而其地位已感其动摇，则此书势力之大亦可惊矣。[1]

陆懋德对顾颉刚的上古史理论作了严厉批判。这番批判是中肯的，但却使陆懋德自己关于《五帝本纪》的言论陷入"以子之矛攻子之盾"的尴尬境地。既然尧、舜、禹"终当待地下之发掘以定真伪"，那么黄帝、颛顼、帝喾也就应该"待地下之发掘以定真伪"。既然五帝都应该"待地下之发掘以定真伪"，为何司马迁笔下的《五帝本纪》就一定"不足为信史"呢？

对于传闻模糊和文献稀缺造成的困难，司马迁还是充分认识到的，但是他并未知难而退。为了探求真知，司马迁曾经"西至空桐，北过涿鹿，东渐于海，南浮江淮"，到达黄帝及尧、舜等活动过的区域作广泛考察，亲自采访各地长老。为了"心知其意"，他曾经遍览《五帝德》、《帝系

[1] 陆懋德：《评顾颉刚〈古史辨〉》，顾颉刚编：《古史辨》第2册，《民国丛书》第65册，上海书店1989年影印本，第384页。

姓》、《尧典》、《舜典》等文献。最后，司马迁将他所能听到的传闻和他所能见到的文献相比照，终于得出二者"近是"的结论。《五帝本纪》正是经过司马迁如此"好学深思"之后才完成的。司马迁所处的时代没有现代发达的科技手段，但是他能够寻找到在口头上还流传着五帝故事的相关地区与相关长老，这是现代的历史学家再也不可能获得的机遇，所以是非常宝贵的。如果真的要否定《五帝本纪》的价值，就必须具体地分析《五帝本纪》的内容，才能够找到它的要害或不足之处，而不应借史源学的原理一言以蔽之。

与陆懋德不同，梁启超是直接针对《五帝本纪》的文字加以批判的。他言辞激烈地指出：

> 带有神话性的，纵然伟大，不应作传。譬如黄帝很伟大，但不见得真有其人。太史公作《五帝本纪》，亦作得恍惚迷离。不过说他"生而神明，弱而能言，幼而徇齐，长而敦敏，成而聪明"。这些话，很像词章家的点缀堆砌，一点不踏实，其余的传说，资料尽管丰富，但绝对靠不住。纵不抹杀，亦应怀疑。①

梁启超的看法并非没有道理。他在文中引述的"生而神明"等词句是司马迁对黄帝智商的称颂之语，这番话似乎给人以"不踏实"的感觉。但是，《五帝本纪》中"黄帝纪"的大部分内容并非如此，所以梁启超所谓"绝对靠不住"的话未免流于绝对，对此下节将要详论。

顾颉刚对司马迁面临的难处倒是颇能理解，所以他的观点不像陆懋德和梁启超那样激烈。他写道：

> 《六艺》中的《尚书》是始于尧舜的；还有礼家杂记的《五帝德》和《帝系姓》，虽然"儒者或不传"，究竟还为一部分的儒者所信，这两篇中的历史系统是从黄帝开始的。司马迁在他自己所立的标准之下，根据了这些材料来写史，所以他的书也起于黄帝。黄帝以前，他已在传说中知道有神农氏（《五帝本纪》），伏羲（《自序》），

---

① 梁启超：《中国历史研究法（补编）》分论—第2章，《饮冰室合集》第12册《专集》之99，中华书局1989年版，第49—50页。

> 无怀氏和泰帝（《封禅书》），但他毅然以黄帝为断限，黄帝以前的一
> 切付之不闻不问。这件事看似容易，其实甚难；我们只要看唐司马贞
> 忍不住替他补作《三皇本纪》，就可知道他在方士和阴阳家极活动的
> 空气之中排斥许多古帝王是怎样的有眼光与有勇气了。①

在顾颉刚看来，《五帝本纪》的编排体例显示了司马迁的历史系统，这个
系统在人物的"断限"上是立有"标准"的。这个"标准"的上限以黄
帝为界，在黄帝之前者都属于传说人物，在黄帝之后者均归入历史系统。
所以，上述言论正好是顾颉刚对自己所说的"黄帝竟成为历史"之语的
诠释。

不过，顾颉刚虽然理解司马迁的历史系统，赞成以"黄帝为断限"
的"标准"，但对于与黄帝相关的记载却颇为怀疑。因此，在盛赞司马迁
"排斥许多古帝王"的决断之后接着就指出：

> 他（指司马迁）虽然承认有黄帝，而好些黄帝的记载他都不信。
> 所以他说："予读《谍记》，黄帝以来皆有年数。"（《三代世表》）似
> 乎可以在他自己书中排出一个综合的年表来，然而他决绝地说："稽
> 其历谱谍，终始五德之传……咸不同乖异。夫子之弗论次其年月，岂
> 虚哉！"（同上）他因为把各种年表比较的结果没有一种相同，觉得
> 与其任意选取一种，不如干脆缺着，所以共和以前但记世数。我们只
> 要看《史记》以后讲古史的书有哪几种是没有共和以前的年数的，
> 就可以知道他的裁断精神是怎样的严厉和确定了。②

体会这番话语，第一句正是整段的中心思想。顾颉刚认为，司马迁心中处
于矛盾的状态，一方面他承认黄帝，另一方面他又不相信与黄帝相关的记
载。顾颉刚指出司马迁心中的所谓矛盾，其实宗旨在于表达他自己在黄帝
问题上的困惑。

然而，顾颉刚虽然说司马迁对有关黄帝的记载"都不信"，但又不得

---

① 顾颉刚：《战国秦汉间人的造伪与辨伪》，吕思勉、童书业编：《古史辨》第7册（上
编），《民国丛书》第70册，上海书店1989年影印本，第47页。
② 同上书，第47—48页。

不在所谓司马迁不相信的"黄帝的记载"之前加上"好些"二字，而没有采用"全部"这样的词作为司马迁不相信"黄帝的记载"之定语。而且，顾颉刚也无法否认司马迁"承认有黄帝"这样的大前提，因为《五帝本纪》分明地摆在《史记》的最前列。所以，我们不管怎样依照顾颉刚的意思去领会，也难以想象出司马迁自己对于有关黄帝的记载"都不信"。

顾颉刚声称司马迁对"好些黄帝的记载"都不相信的理由，主要出自于他对《史记》卷13《三代世表》序言的理解。顾颉刚指出，司马迁在该序言中表示，因为西周共和以前难以排定年数，所以《三代世表》在相关方面只能"但记世数"。由此顾颉刚认为，年代上的不确定性影响了"好些黄帝的记载"的可信度。

《三代世表》只能"但记世数"，这确实让人感到遗憾，为此司马迁在该表序言中写道：

> 五帝、三代之记，尚矣。自殷以前诸侯不可得而谱，周以来乃颇可著。孔子因史文次《春秋》，纪元年，正时日月，盖其详哉。至于序《尚书》则略，无年月；或颇有，然多阙，不可录。故疑则传疑，盖其慎也。余读谍记，黄帝以来皆有年数。稽其历谱谍终始五德之传，古文咸不同，乖异。夫子之弗论次其年月，岂虚哉！于是以《五帝系谍》、《尚书》集世纪黄帝以来讫共和为《世表》。①

司马迁认识到，由于五帝、三代的时代太遥远，所以在按时间顺序排列相关文献时就会出现缺失或矛盾的现象，具体表现为或者"略"而"无年月"，或者"多阙"而"不可录"，或者"咸不同"而"乖异"。如此客观的分析，正说明司马迁在编排史料时态度的审慎，正如顾颉刚赞扬的那样，"他的裁断精神是怎样的严厉和确定"。然而，即使在这般困难的情况下，司马迁还是编定了《三代世表》，这恰恰说明他对共和以前的"历史系统"是坚信不疑的，绝不能就此证明他对"好些黄帝的记载"都不相信。

按照顾颉刚的话去理解，司马迁面对的有关黄帝的史料可以划分为两

---

① 《史记》卷13《三代世表》，第487页。

类，一类是司马迁都不相信的"好些黄帝的记载"；另一类则属于所谓"好些黄帝的记载"之外，应该是司马迁都相信的内容。而相信与否的标准，则是能否排出确切的年代。《三代世表》不能排出确切的年代，因此属于司马迁都不相信的内容。不过，我们看到，与《三代世表》一样，《五帝本纪》也是无法排出确切年代的，倘若据此理由而将《五帝本纪》也列入司马迁自己都不相信的内容，那么所谓"好些黄帝的记载"就应该改为"全部黄帝的记载"，而司马迁"承认有黄帝"的大前提也就应该被否定了。于是，按照这样的逻辑，便会推导出司马迁为连自己都不相信的黄帝撰写了本纪的观点。这当然是令人难以接受的。不仅令他人难以接受，顾颉刚自己也会感到矛盾，因为他分明对司马迁建立的历史系统是盛赞的。

不错，在《五帝本纪》卷末司马迁确实禁不住大发感慨道"《书》缺有间矣"，但值得注意的是，他接着又说"其轶乃时时见于他说"，这表明，尽管文献的内容和年代有所缺失，都没有动摇司马迁为黄帝撰述本纪的坚定意志。意志的坚定与处事的谨慎并不矛盾，在甄别具体的史料上司马迁的态度是严格的。为了谨慎起见，他对史料的时代采取"共和以前但记世数"的处理办法，对史料的内容则抱定"传疑"的态度。所谓"传疑"，就是保留史料的原貌，对其疑惑之处绝不轻易作出判断或者篡改，更不笼统地否定。这就并非如顾颉刚所说的那样，对于"好些黄帝的记载他都不信"。其实，时间愈是久远，年代就愈是难以准确，史料的内容也愈是难以精细。所以，就上古史而言，以能否排出确切的年代作为依据去甄别相应的史实并不一定妥当。近代以来，在旧石器时代与新石器时代考古学上有许多重大发现，并不因其年代的模糊而遭受否定，这是一样的道理。

要之，顾颉刚声称司马迁对"好些黄帝的记载"都不相信的目的，其实是要表明他自己对"好些黄帝的记载"的质疑。不过，顾颉刚的质疑是在间接地分析《三代世表》序言之后提出来的，而"好些黄帝的记载"却是集中在《五帝本纪》中阐述的。讨论黄帝的问题，只有回到品读《五帝本纪》上来，其结论才能令人信服。作为严谨的历史学家，顾颉刚虽然对黄帝的历史存在提出了质疑，但是对《五帝本纪》并不像梁启超那样绝对地否定。他对其中的记载是抱着一分为二的态度分析的，为此第三节中将要谈到。

在这里要强调指出的是，尽管顾颉刚对与黄帝相关的记载心存怀疑，却还是通过对比的手法盛赞了司马迁划定传说人物与历史人物界限的意义。他指出：

> 司马迁生于战国百家寓言之后，帝王能舍伏羲、神农、燧人、有巢，名人能舍许由、务光、列御寇，确不容易，辨伪史中当列一席。使班固为《史记》，则《古今人表》中许多神话人物悉当收入矣。[①]

从上古混沌的史料中整理出头绪，撇开众多的传说人物，从而建立起清晰的历史系统，无疑是司马迁对中国历史学所作的伟大贡献。通过盛赞司马迁的辞句，我们也感受到了顾颉刚高屋建瓴的史识。

不过，司马迁的卓越之功更在于将《五帝本纪》确立为《史记》的开篇，从而将黄帝树立为中国历史第一人。唯其如此，黄帝才能脱颖而出，才会作为客观个体而被历史学家塑造，才有被后世社会弘扬的价值。唯其如此，司马迁的成就才超越历史学的范畴，受到社会广泛而持久的推崇。

司马迁宣称，要将《史记》"藏之名山，副在京师，俟后世圣人君子"[②]，他的愿望后来实现了。继司马迁之后，历朝史家辈出，历代史传不穷。数以千计的史传凝聚成为系列的中华正统史书，号称二十六史。从时代上看，除《史记》为通史外，其余二十五部均为断代史，但是纪传式的体例却是一脉相承的，内容是连续不断的。这样，《五帝本纪》就不仅仅是《史记》的首篇，而且成为整个中华正史的第一本纪了。在《五帝本纪》之后的纪传，无论如何层累叠加，也都改变不了黄帝的首要位置。于是，作为司马迁历史系统中第一人物的黄帝，也就成了中华传统中不可动摇的第一人物。

二 虚实之间历史形象

尽管梁启超、陆懋德和顾颉刚对五帝历史存在的判断都存在值得商榷

---

① 《顾颉刚读书笔记》卷2《泣籲循轨室笔记五》"《史记》、《汉书》取舍之异"条，《顾颉刚全集》，第255页。

② 《史记》卷130《太史公自序》，第3320页。

之处，但是他们的相关言论已经形成强大的冲击力，诚如陆懋德所言，"三千年以前之尧舜禹者，其存在已受其影响"。岂止是"尧舜禹者"，尧之前的黄帝、颛顼与帝喾更是不待而言了。受此强烈的冲击，学术界对黄帝的质疑日趋多见，黄帝形象的"迷离"仿佛成为共识，否定《五帝本纪》的看法几近成为定论。这也成为现代一些研究中竟可以置中国上古历史于不顾而奢谈黄帝形象的成因。孙隆基就提出"在中华文明被纳入西方中心的邦国秩序之前，根本不会有'民族肇始者'的构想"之观点。他论述道：

> 中国人好称"黄帝子孙"，此种概念在中国自称"天下"的大一统时代是不可能形成的。明清之际的王夫之提倡严夷夏之防，曾奉黄帝为华夏畛域之奠立者，清季的汉民族主义分子遂将黄帝转化为民族始祖。黄帝崇拜的叙事，由古代、现代、本土、外来的因素编织而成，表面上首尾一贯，其实是一个混合语，而且一首一尾都是舶来品。①

孙隆基不顾春秋战国时代"黄帝故事的演变次序"，非但把黄帝始祖形象的成因推迟到明清以后，而且将黄帝归结为"一首一尾都是舶来品"。如此极端的议论是令人难以接受的。

其实，不待众多现代学者的质疑，批判司马迁者古已有之。南宋黄震就曾直截了当地指责《五帝本纪》：

> 迁之纪五帝，自谓择言之尤雅者著于篇，其存古之意厚矣。然黄帝杀蚩尤与以云纪官，才一二事，若封禅事已不经，至颛顼、帝喾纪，皆称颂语，非有行事可考。唐、虞事虽颇详，皆不过二典所已载。②

不过，黄震并不像梁启超那样对《五帝本纪》笼统地下个"恍惚迷离"的结论，然后就提出"纵然不抹杀，亦应怀疑"的简单处理办法。比梁

---

① 孙隆基：《清季民族主义与黄帝崇拜之发明》，《历史研究》2000年第3期。
② 黄震：《黄氏日钞》（七）卷46《读史》之一"史记·五帝纪"条，钟肇鹏选编：《（宋明）读书记四种》第16册，北京图书馆出版社1998年影印本，第1—2页。

启超早六百多年的黄震反倒较后人公允，他对《五帝本纪》的各纪是有区别地对待的。

黄震批评颛顼和帝喾二纪"皆称颂语"确实不差，而且对照二纪就不难发现其语义亦有明显重复之处。如"颛顼纪"有"日月所照，莫不砥属"之语，"帝喾纪"则称"日月所照，风雨所至，莫不从服"。[①] 读此二纪的感觉，与《史记》其他纪传生动的语言风格迥然相异。黄震指责尧、舜二纪的内容系抄录自《尚书》的《尧典》与《舜典》，只要核对相关文献就可印证这样的说法并不错。[②] 不过司马迁并没有讳言自己对二典的抄录，在《五帝本纪》卷末"太史公曰"中分明说过"《尚书》独载尧以来"等语。

与黄震的批判态度不同，对司马迁抄录二典之事，明代学问家何良俊反倒十分赞扬。他认为：

> 太史公作《五帝本纪》，其尧、舜纪全用二典成篇，中间略加点窜，便成太史公之文……乃知此老胸中自有一付炉鞴，其点化之妙不可言也。[③]

不管黄震的批评也好，何良俊的赞扬也好，都恰恰说明尧、舜二纪是具有文献依据的。因此，如果承认《尚书》尧、舜二典具有一定的史料价值，那就不能完全抹杀《五帝本纪》的意义。

品读尧、舜二纪，不仅如黄震所云"颇详"，而且内容具体。虽然二纪之中并非没有虚言套语，如"尧纪"中颂扬尧"其仁如天，其知如神"等语就显然空泛。不过，在简短的颂扬之后，便记载起尧主持召开的两次部落联盟酋长会议的情况。其一，讨论的主题是荐举嗣位人选和治理洪水人选，参加讨论者有放齐、谨兜、四岳等主事贵族，结果是嗣位人选议而未决，治理洪水者试用不当。其二，再次讨论嗣位人选，结果从民间选出虞舜。这两次会议的议题对部落联盟来说都是头等大事，司马迁编撰这方

---

① 《史记》卷1《五帝本纪》，第11—12、14页。

② 《十三经注疏》（清嘉庆刊本）第一册之二《尚书正义》卷2《虞书》之《尧典》、《舜典》，中华书局2009年影印本，第247—263、264—281页。

③ 何良俊：《四友斋丛说》卷5《史一》，《续修四库全书》第1125册，上海古籍出版社2002年影印本，第549页下栏—550页上栏。

面的内容是恰当的。同样，在"舜纪"中也有舜召集四岳讨论治理洪水等事的记载，由于采用对话的形式，给人以记录会议实况的感受。①

至于"黄帝纪"，黄震也不得不承认记录着实实在在的"一二事"，那就是"杀蚩尤与以云纪官"。其实，"黄帝纪"的内容远不止这些，它可以划分为三个部分：开头第一部分，交代黄帝的出身、姓氏及成年之前的情况；中间第二部分，描述黄帝的创业过程与历史功绩；结尾第三部分，记录黄帝身后的世系。

梁启超指出的"词章家的点缀堆砌"之语，即所谓"生而神灵，弱而能言，幼而徇齐，长而敦敏，成而聪明"这番话，原出自《五帝德》。②那么，司马迁为何非要抄录如此虚誉的文字呢？如果细细体会顾颉刚所说的司马迁毅然以黄帝为历史人物上限"看似容易，其实甚难"的话语，就会发现这段赞颂黄帝的文字有着深刻的用意。

黄帝原本出自传说，西汉以前长期被供奉在仙境，司马迁立意要将黄帝拉到俗界，就必须赋予其人格。在赞颂黄帝的文字中，连用了"生"、"弱"、"幼"、"长"、"成"五字，这五字正好是人生的五个必经阶段；在这五字之后，连用了"神灵"、"能言"、"徇齐"、"敦敏"、"聪明"五词，这五词除"神灵"以外都是用于形容个体的性格与智商的。所以，看似虚誉的文字其实不虚，恰恰具有使黄帝人格化的意义。至于"神灵"一词，③虽然常常使用于仙界，但是当它与"生而"连写一起，就成了似神的意思。似神，乃人而非神也。司马迁真是"点化之妙不可言也"。

"黄帝纪"的第二部分描述黄帝的创业过程与历史功绩，是该纪重心所在，然而在黄震与梁启超的批判之中却被轻易地撇开了。这部分清晰地划分为三个层次，分别表述黄帝生平事业的三个阶段。如果将黄帝建立的部落联盟比附为后世所谓政权的话，那么黄帝的一生就是与其政权的确立、巩固和建设同步发展的：第一层次，战败炎帝与蚩尤，成为统领中原的军事部落联盟大酋长，是确立政权阶段；第二层次，征服不顺从者，开疆拓域，是巩固政权阶段；第三层次，订立制度，发展生产，是建设政权阶段。

---

① 《史记》卷 1《五帝本纪》，第 15、20—22、38 页。
② 《大戴礼记》卷 7《五帝德》，《四库全书精华》经部第 4 册，国际文化出版公司 2000 年影印本，第 283 页下栏。
③ "神灵"在梁启超的引文中作"神明"。

第二部分中确实含有夸张的成分，如黄帝统治的区域，所谓东、西、南、北四至，范围过于宽广；还有过于理想的成分，如所谓"旁罗日月、星辰、水波、土石、金玉"，概念过于抽象。不过，黄震不得不承认其中记录着实实在在的"一二事"，那就是"杀蚩尤与以云纪官"。杀蚩尤是部落战争的写照，以云纪官是订立雏形的官制。除此"一二事"外，第二部分中还记录着不少实在的内容，那都是反映上古时代历史发展状况的大事件。比如，为了与炎帝争天下，黄帝发动过三次大的战役，然后才"得其志"，这其中就有很具体的人物与激烈的场景；又如，"举风后、力牧、常先、大鸿以治民"，则是安排诸侯去管理分布在各地的部落，以安定统治局面；还如，"时播百谷草木，淳化鸟兽虫蛾"，便是带领部众劳作，从事农耕与培育牲畜。至于被黄震批评过的封禅之事，其实是指原始的崇拜神灵活动，不能因为"不经"而否定其曾经发生。可见，第二部分中并不缺乏具体的内容。① 与其他反映上古历史的文献一样，它的文字是简练而朴素的，但是透过高度概括的语言同样能够解析出复杂生动的情节，所以连梁启超也不得不承认其资料"丰富"了。

当然，与尧、舜二纪相比，"黄帝纪"的内容是相对简短的。不过，从尧、舜比黄帝生活的时代较晚的角度考虑，后者略于前二者是正常的现象。值得注意的是，按照时代的远近，本来应该详于"黄帝纪"的颛顼、帝喾二纪反倒略于"黄帝纪"，这也反衬出"黄帝纪"较此二纪实在，因此不能一概地按照梁启超所云，去"抹杀"与"怀疑"之，而应该有区别地对待。按照内容的详略和虚实程度，《五帝本纪》中的各纪可以划分为三类。尧、舜二纪系抄录文献而成，具有实在的内容；颛顼、帝喾二纪均为编制的套辞，为虚夸的语言；"黄帝纪"则介于虚实之间，不过其中实在的内容远多于虚夸的语言。这样的对比正好说明，在五帝之中，司马迁对黄帝的考察是用力较深的，应该相信他主观上肯定不想让"黄帝纪"留下"不踏实"的感觉。至于客观效果如何，那就只好见仁见智了。

台湾学者王仲孚就坚定地认为：

> 在旧史传说的远古帝王中，黄帝是一位事迹特多的人物，古代文献如《易系辞传》、《左传》、《国语》、《管子》、《庄子》、《吕氏春

---

① 《史记》卷1《五帝本纪》，第3—6页。

秋》、《山海经》、《淮南子》等书，皆有关于黄帝之记载，战国秦汉间的许多著作，如《竹书纪年》，邹衍《五德终始说》、《世本》、《史记》等，也都始于黄帝。特别是《史记》的撰述，司马迁舍弃传说中的伏羲、神农，依然以黄帝为中国历史的开端，乃是经过了广泛采访和严格考证之后的结论。

王仲孚对司马迁的"广泛采访和严格考证"给予了充分肯定。不仅如此，在将上古传说的食、衣、住、行四类发明与新石器考古学的成果对照之后，他更加确信黄帝时代出现的许多发明应有史实作为素材，因为颇具有新石器时期诸多特征。他指出：

> 文献载籍中的远古传说，虽然不能据为"实录"，但对照考古学、人类学的新知，综观黄帝制器传说的内容，实可视为我国远古文明的一个重要阶段的反映。[①]

王仲孚的研究表明，黄帝时代确实是中国远古文明中的一个重要阶段，从而充分显现了《五帝本纪》的价值。此后，另一位台湾学者林立仁又在王仲孚研究的基础上，给予《五帝本纪》以高度的评价。[②]

客观而论，与黄帝相关的种种事件大多是在中国上古时代发生过的现象，符合现代历史学和考古学已经取得的经验和成就。笔者在前文中维护"黄帝纪"的原因正在于此。但是，"黄帝纪"的真实与黄帝本人的真实却不是相同的概念。将与黄帝相关的种种事件归纳入一篇本纪之中，其实无可厚非；但是，将这些事件全都归结到一位人物身上，就不免令人疑惑。换言之，正因为与黄帝相关的种种事件大多是发生过的真实现象，所以黄帝本人的真实性反倒值得怀疑。因为就个人毕生精力而言，就上古时代技术水平而论，谁也难以具有在那么广阔的时空中活动的经历，谁也实现不了那么多丰功伟绩，无论他是多么"神灵"。所以，曾有诸多学者发出种种质疑并非没有道理。

---

① 王仲孚：《黄帝制器传说试释》，《台湾师范大学历史学报》1976 年第 4 期。

② 林立仁：《论〈史记·五帝本纪〉首黄帝之意义》，《人文社会学报》总第 5 期，2009 年 3 月。

不过，出现"黄帝纪"的真实与黄帝本人的不真实如此矛盾的现象并不奇怪，那是因为误将黄帝看作个体而造成的。其实，能够作出如"黄帝纪"所云那么多历史贡献的，绝对不会是某个个体，只能是一个群体。这个群体应该由前后相继的若干部落领袖组合而成，他们代表着上古历史某个辉煌阶段中活跃于黄河流域的一支成就突出的部落联盟，黄帝是他们的共同称号。

东汉学术大师郑玄就是将黄帝视为群体的先哲。孔颖达疏《礼记》引《春秋命历序》以申郑玄之义曰：

> 《春秋命历序》：炎帝号曰大庭氏，传八世，合五百二十岁；黄帝一曰帝轩辕，传十世，二千五百二十岁；次曰帝宣，曰少昊，一曰金天氏，则穷桑氏，传八世，五百岁；次曰颛顼，则高阳氏，传二十世，三百五十岁；次是帝喾，即高辛氏，传十世，四百岁：此郑之所据也。其《大戴礼》：少典产轩辕，是为黄帝；产玄嚣，玄嚣产乔极，乔极产高辛，是为帝喾；帝喾产放勋，是为帝尧；黄帝产昌意，昌意产高阳，是为帝颛顼；产穷蝉，穷蝉产敬康，敬康产句芒，句芒产蛟牛，蛟牛产瞽叟，瞽叟产重华，是为帝舜；及产象敖；又，颛顼产鲧，鲧产文命，是为禹：司马迁为《史记》依而用焉。皆郑所不取。[①]

孔颖达在这里详列了关于黄帝世系的两种说法，一为司马迁主张的个体说，依据是《大戴礼》；一为郑玄主张的群体说，依据是《春秋命历序》。

对于这两种说法，民国历史学家夏曾佑曾议论道：

> 司马迁为史家之巨擘，康成集汉学之大成，而其立说违反若此。然观迁所作历书，叙少昊、颛顼之衰，则其间必非一世可知矣。今姑用本纪说耳。[②]

[①] 《礼记正义》卷46《祭法篇》，《十三经注疏》第3册，中华书局2009年影印本，第3445页上栏。

[②] 夏曾佑：《中国古代史》第1篇第1章，生活·读书·新知三联书店1955年版，第20页。

在撰写《中国古代史》的《帝喾氏》一节时，夏曾佑对于表述黄帝世系感到两难，因而发表上述议论。从他所说的"其间必非一世"以及"姑用本纪说"等语不难体会到，夏曾佑虽然"姑用"个体之说，但是内心则更加倾向于群体之说。

夏曾佑之后，现代不少历史学家遂将黄帝视为部落酋长的集体称号，甚至径直以黄帝作为部落或部落联盟的名称。范文澜著《中国通史》，便将黄帝称为"黄帝族"。[①] 翦伯赞主编《中国史纲要》，将黄帝称为"黄帝部落"。[②] 郭沫若主编《中国史稿》，将黄帝与氏族及部落的关系阐述得十分清晰：

> 当夷人和羌人的一些氏族和部落活动在黄河流域的时候，有一些氏族和部落从我国北方发展起来。传说中的黄帝，就是这些氏族部落想象中的祖先。传说黄帝号有熊氏，又号轩辕氏（即天鼋），也号缙云氏，这显然是把北方许多氏族部落的想象祖先集中到所谓黄帝的头上了。[③]

上述三部流行多年的现代版中国通史，已经将黄帝群体之说发展到相对科学的地步。

然而，令人十分费解，为什么夏曾佑已经认识到黄帝时代"其间必非一世"却还要"姑用本纪说"，而未能将群体观念运用于撰写《中国古代史》中呢？或许是，他深感《五帝本纪》在传统史学界的影响甚大，一时难以扭转，因此才"姑用"个体之说。更加令人费解的是，以太史公的大智大慧何以不能觉察到作为个体的黄帝难以承载太多的丰功伟绩呢？其实，若以个体之说去理解司马迁笔下的黄帝是不准确的。司马迁撰写"黄帝纪"的宗旨，是要塑造一尊绝对完美的人物造型。他笔下的黄帝，看似个体，却非个体，那是将若干世代黄帝群体的丰功伟业经过集中凝炼而升华成就的历史形象。

---

① 范文澜：《中国通史》第1册第1编第1章第3节，人民出版社2008年版，第13—19页。

② 翦伯赞主编：《中国史纲要》第1册第1章第3节，人民出版社1979年版，第9—10页。

③ 郭沫若主编：《中国史稿》第1册第1编第3章第3节，人民出版社2008年版，第118页。

唐代张守节在"黄帝纪"之"节用水火材物"条下作《正义》，① 他引用《大戴礼》所记孔子的说法去解释"黄帝三百年"的问题，借以表达他对司马迁良苦用心的深刻理解。据《大戴礼》记载，孔子与宰我有过如下的对话：

> 宰我问于孔子曰："昔者予闻诸荣伊，言黄帝三百年。请问黄帝者人耶抑非人耶？何以至于三百年乎？"孔子曰："……生而民得其利百年，死而民畏其神百年，亡而民用其教百年：故曰三百年也。"②

这段所谓"黄帝三百年"的说法，是儒家学派出于对黄帝的景仰而作的抽象化描绘。正是由于这种"人耶抑非人耶"观念的影响，司马迁将黄帝塑造成了介于虚实之间的历史形象。

三 封建帝王理想样板

司马迁从众多黄帝的集合中抽象出一尊处于虚实之间的历史形象，其意义并非仅仅表示历史系统是从黄帝开始的，而且更在于现实。他的目的是为西汉朝廷树立一尊理想的帝王样板，以供当朝的汉武帝借鉴。对此，明末清初李邺嗣看得十分清楚：

> 太史公作《史记》，虽传述古今，而尝自以其意见于叙次中。至为帝王诸本纪，质叙而已。唯诸篇似无所致意，可无深考。余独三复之，谓史公称《尚书》载尧以来，而今自黄帝始。盖"黄帝本纪"，实太史公之谏书也！当与《封禅书》并读，即可见矣。③

李邺嗣的看法受到清末学者薛士学的阐发，他认为李邺嗣将"黄帝纪"视为谏书是得其要领的：

---

① 《史记》卷1《五帝本纪》，第9页。

② 《大戴礼记》卷7《五帝德》，《四库全书精华》经部第4册，第283页下栏—284页上栏。

③ 李邺嗣：《杲堂文钞》卷4《五帝本纪论》，《丛书集成续编》第124册，上海书店1994年影印本，第141页下栏。

《史记》不载三皇之事，岂其才学有所不能哉？盖子长之慨然怀古，而首称黄帝，正为汉武辨其怪诞荒唐之无足信也，如此则方士神仙之言绌矣……方士托言黄帝，以为是天子而圣人者也，以圣人天子而终之铸鼎以作神仙，此真汉武之所甘心矣。史迁盖曰，以臣所闻古黄帝何尝若此，而朝廷方惑于其说，又不能执书策所当考信者而力争之，则《史记》之首称黄帝故阙三皇也。鄞人李邺嗣以为太史公之谏书得其指矣。则夫孝武晚年之悔所云天下岂有神仙者，安知不从读史中来，而子长忠爱之思有以讽之乎。[1]

黄帝的崇高身份和登仙经历是方士引诱当今人主效仿的榜样，所以有必要辨明黄帝追求神仙之说的不足信，消除笼罩于黄帝身上的神仙气息，还"圣人天子"以世俗本相。

为了谏阻汉武帝惑于神仙的想法与举动，司马迁还撰写了《封禅书》，以此与"黄帝纪"相呼应。《封禅书》记载的时限，上起舜、禹，中经夏、商、周、秦，下至西汉，而重点在于汉朝；在汉朝的相关记载中，则以讽喻汉武帝将黄帝崇奉为神仙偶像的内容为主。就其侧重而言，司马迁撰写《封禅书》的针对性是明显的。不过，司马迁虽欲辨明神仙之说"怪诞荒唐"，但是他并不反对封禅，更不反对崇奉黄帝。他在《封禅书》的开首声言：

自古受命帝王，曷尝不封禅？盖有无其应而用事者矣，未有睹符瑞见而不臻乎泰山者也。虽受命而功不至，至梁父矣而德不洽，洽矣而日有不暇给，是以即事用希。《传》曰："三年不为礼，礼必废；三年不为乐，乐必坏。"每世之隆，则封禅答焉，及衰而息。[2]

将封禅的活动与礼乐的兴废紧密联系在一起，可见在司马迁心中是高度重视封禅活动的。因为他认识到，虽然封禅是颂扬往古盛世的活动，但是可

---

① 薛士学：《书小司马补三皇纪后》，陈继聪等编：《蛟川先正文存》卷14，中山大学图书馆藏光绪八年（1882）刊本，第33页。

② 《史记》卷28《封禅书》，第1355页。

以收到彰显当世丰功伟绩的功效，所以"每世之隆"必然大张旗鼓地封禅。

在司马迁的心目中，封禅是神圣的，但是将封禅演变成为求仙活动却是荒唐的。对此，当代学者张强发表过精辟的见解：

> 在燕齐方士的蛊惑之下，汉武帝把封禅降低到追求仙人仙药、长生不死的水平上，不但取消了报答天地之功的神圣性，而且还因将个人追求长生的"侈心"糅合到神圣的封禅活动之中而显得荒唐。也就是说，汉武帝降低封禅的神圣性旨在以此承担追求长生的玄想。对此，司马迁是有微辞的。因为在司马迁看来，封禅乃报答天地之功之举，是十分神圣的，天命深微而崇高的特性必须维护。①

司马迁充分理解封禅的神圣意义，所以并不反对封禅，而是反对降低封禅的意义。

正因为如此，司马迁对方士造作的封禅仪式不感兴趣，所以他表态道：

> 余从巡祭天地诸神名山川而封禅焉。入寿宫侍祠神语，究观方士祠官之意，于是退而论次自古以来用事于鬼神者，具见其表里。后有君子，得以览焉。若至俎豆珪币之详，献酬之礼，则有司存。②

司马迁笔下的《封禅书》并不记载"俎豆珪币之详，献酬之礼"，而是要追溯往古至当朝那些热衷于封禅者的"表里"。所谓的"表里"，即外露的举动与心中的意图；至于"用事于鬼神者"，就是那些力图迎合人主嗜欲的方士。司马迁撰写《封禅书》的宗旨，就是集中破解方士宣扬的神仙邪说。

由于方士宣扬的神仙偶像与司马迁塑造的历史形象居然是一致的，都是黄帝，所以《封禅书》的内容必然以黄帝为重点。方士热衷于宣扬黄帝，并非出于偶然，具有相应的社会背景，对此李郵嗣解释得很清楚：

---

① 张强：《司马迁学术思想探源》第六章第三之（二），人民出版社2004年版，第460页。
② 《史记》卷28《封禅书》，第1404页。

> 自汉初学者多治黄老言，至孝武皇帝时始乡儒术，而帝更好言神仙。神仙者，道家之外乘也，其言亦本诸黄老，然李聃一守藏室史，避世而去，时称为隐君子，凡方士所造荒怪不经，不能与之附益，足以动人主。至轩辕古帝大圣人，又世绝远，可以极言附会，竦人主之听，于是诸方仕竞进其说。①

西汉初期实行无为之治，由于政治思潮的推波助澜，遂使汉初学者多治黄老；由于学者的影响，黄帝早就成为社会上重要的崇奉对象。至武帝朝，虽然改变无为之治方针而独尊儒术，但是武帝本人好大喜功，依旧热衷于封禅。中年以后，武帝已成大业，企望永享荣华，因此追求长生不老，从而更加醉心神仙之道。于是，方士就迎合上意，大搞骗术以蛊惑武帝。而黄帝远比老子地位崇高，在众多得道成仙者中格外耀眼；况且黄帝的时代距离西汉甚为遥远，便于附会诸说，所以就成为方士竞相向人主进言的头等角色。方士将黄帝奉为得道神仙，司马迁则要使黄帝脱离仙境投向人间，彼此针锋相对的思想倾向必然会产生强烈的意识冲突。

所以，司马迁一方面撰写"黄帝纪"，正面树立黄帝在人世间的崇高形象；另一方面又撰写《封禅书》，以揭破方士"表里"，通过对反面现象的批判以巩固黄帝的正面形象。李邺嗣充分理解司马迁的用意，他建议将"黄帝纪"与《封禅书》"并读"的道理正在于此。所谓"并读"，其实是要读者对比着读，而不是互补地读，通过一正一反的强烈反差，映照出光辉的历史形象，破解掉腐朽的神仙偶像。

关于方士的伎俩，司马迁在《封禅书》中剖析得十分清楚，大体遵循以下途径：首先，表演沙石化金等变幻之术，以此骗取世人信任，达到扬名目的；继而，通过各种途径，逐渐接近人主；进而，以不死之药作为钓饵，引诱人主追求；然后，借修炼成仙之路的曲折过程，不断获取功名利禄；最后，描述仙境的虚无缥缈，作为自己遁迹的铺垫。按照这样的伎俩去忽悠，人主很难不中其招数。

在方士百般施展的伎俩中，齐人公孙卿的招数算得上是登峰造极的。

---

① 李邺嗣：《杲堂文钞》卷4《五帝本纪论》，《丛书集成续编》第124册，第141页下栏—142页上栏。

公孙卿借用所谓申公之语向汉武帝演讲了黄帝成仙的经历：

> 中国华山、首山、太室、太山、东莱，此五山黄帝之所常游，与神会。黄帝且战且学仙，患百姓非其道者，乃断斩非鬼神者。百余岁然后得与神通……黄帝采首山铜，铸鼎于荆山下。鼎既成，有龙垂胡髯下迎黄帝。黄帝上骑，群臣后宫从上者七十余人，龙乃上去。余小臣不得上，乃悉持龙髯。龙髯拔，堕。[①]

这段演讲比以往的神仙故事更具蛊惑效应，因为得道成仙的过程与世俗事功的经历绝不矛盾。作为黄帝，既能够在游历五山之际与神相会，又不妨碍征战四方；投身尘世功利活动和享受人间荣华富贵，丝毫也不影响最终达到长生不老的境界。何况，作为升仙的结局，还留下了铸鼎既成而乘龙上天的壮观场面。这情景着实令人惊羡，难怪汉武帝禁不住发出感叹："嗟乎！吾诚得如黄帝，吾视去妻子如脱屣耳！"[②] 汉武帝的感叹是半真半假的，渴望长生是真，丢弃尘世享乐是假，被群臣与后宫簇拥着登临仙境才是他追求的目标。

更为可恶的是，公孙卿等方士号准了汉武帝的脉搏，他们竭尽逢迎之能事，将汉武帝吹捧成为活黄帝。顾颉刚指出：

> 观《封禅书》，汾阴得鼎，则有司云泰帝兴神鼎一，黄帝作宝鼎三。公孙卿遂有受自申公之札书，云黄帝得宝鼎而迎日推策，遂仙登于天；又谓宝鼎出而后可以封禅，封禅则能仙登天。至元封三年，旱，公孙卿曰："黄帝时封则天旱，乾封三年。"元封二年，武帝欲治明堂奉高旁，未晓其制度，公玉带即上《黄帝时明堂图》，于是如其图作之。柏梁灾，受计甘泉，公孙卿又曰："黄帝就青灵台，十二日烧。黄帝乃治明廷，明廷，甘泉也。"凡此可见当时人直把武帝捧成了活黄帝，而以公孙卿为尤甚。此即司马迁所云"百家言黄帝，其文不雅驯，搢绅难言之"者也。"百家"，指方士也。[③]

---

① 《史记》卷28《封禅书》，第1393—1394页。
② 同上书，第1394页。
③ 《顾颉刚读书笔记》卷7《缓斋杂记一》"汉武帝被捧成活黄帝"条，《顾颉刚全集》，第142—143页。

方士奉承地将汉武帝与黄帝比附，武帝心中也不免飘飘然起来，以为自己真是在世的黄帝了。对于方士与汉武帝的呼应，司马迁深恶痛绝。所以，他一方面在"黄帝纪"中斥责方士供奉的黄帝神仙偶像"不雅驯"，另一方面又在《封禅书》中大量地铺叙"搢绅难言"的荒诞现象，这样做都是为了维护他塑造的黄帝历史形象。

不过，汉武帝如此沉溺于成仙之道，如此虚妄地自比黄帝，要消除他的意念是困难而又危险的。司马迁为人正直，并非没有向天子直言谏诤的勇气，然而"忤逆"君主的危险，他不仅在朝廷上屡见，而且自身亲历过。司马迁曾因厌恶汉武帝的穷兵黩武而为身陷匈奴包围的李陵辩解，结果遭致惨无人道的灾厄。据顾颉刚判断，司马迁受腐刑的时间与《封禅书》完成的时间恰好是衔接的。他写道：

> 《封禅书》记汉武事，讫于"其后五年，复至泰山修封。还，过祭恒山。"《集解》引徐广曰："天汉三年。"则班固所谓"讫于天汉"者信矣。此太史公受腐刑之年也。[1]

时间上的衔接表明，司马迁是在愤懑与焦虑相交错的情绪下写成《封禅书》的。他既要批判方士的卑劣和汉武帝的荒唐，又不得不顾虑自身的安危。这就难怪《封禅书》在写作风格上采用了迂回类比的形式。

同出于司马迁之手，"黄帝纪"行文工整，《封禅书》却写得恍惚迷离，研究《史记》者对此均有同感。民国李景星就认为："封禅本千载恍惚之事，而太史公之为《封禅书》，更演为五色迷离之文，所谓文与事称也。"[2] 司马迁以迷离之文表述《封禅书》，就是要使其产生难以置信的效果。不过，《封禅书》的层次却是清晰的，所以李景星接着指出：

> 通篇丽事烦杂，几混宾主。然一言打破，则讽刺武帝而已。叙次牵连，几无头绪，然一笔揭明，则一起一结，中分九层而已……层层

① 《顾颉刚读书笔记》卷7《缓斋杂记一》"《封禅书》讫于天汉三年"条，《顾颉刚全集》，第143页。
② 李景星：《四史评议·史记评议》之《封禅书第六》，岳麓书社1986年版，第32页。

分叙，却层层钩连，总以讽刺武帝封禅为主。盖武帝封禅，本意原为求长生不死。正面不便多说，故以旁事影照之；不能直说，故以曲笔萦绕之。且其牵引各事，虽似不类，却皆有情。①

在司马迁的笔下，种种事态光怪陆离，但是细分缕析的条理是清晰的；各类情节丑态百出，但是层层推进的逻辑是明显的：那就是以鲜明的事实表述问题的实质，以此达到警醒汉武帝的目的。抓住中心思想，层次自然分明。李景星正是依此规律，将《封禅书》分作九层，从而"一笔揭明"。按照这样的规律，被讽刺的对象便一一凸现，他们就是往代的君主以及方士。那些热衷于求仙的君主无一不是失败者，那些鼓吹成仙之道的方士也都没有好下场。②

尤其应该注意到，司马迁虽然对于申公演讲之故事记录得比较详细，但是他绝不相信黄帝登仙的神话。对于这一点，清代史学大师崔述在评论王充的《论衡·道虚篇》时曾透彻地指出：

> 黄帝升天之说本不足辨。司马氏载之，正以见其荒谬耳！王氏以为非实，是矣；然言黄帝好方术，则犹惑于世之邪说而未之察也。上古原无方术，而黄帝垂衣裳而天下治，亦岂至为方士之所欺哉！世之言神仙者，多托之于黄帝、老子，类此者非一，而文学之士亦有采之入书者。③

所谓黄帝好方术自然是谎言，司马迁对此也未尝不清楚，所以在他的笔下黄帝始终不是被讽刺的对象，将黄帝神仙化的人与事才是他讽刺的对象。

对于讽刺的对象，司马迁的分寸把握得很好。他在转录黄帝登仙故事时，保留了一句与黄帝似不相干的话语，"余小臣不得上，乃悉持龙髯，龙髯拔，堕"。所谓小臣，所指正是方士，他们卑劣地巴结逢迎，下场必定是无耻地堕落。这些话语好像无关紧要，但在《封禅书》中却特意写出。看似不经意的小小插曲，却也能横生出耐人寻味的讽刺妙趣，这就又

---

① 李景星：《四史评议·史记评议》之《封禅书第六》，第32—33页。

② 《史记》卷28《封禅书》，第1364—1395页。

③ 崔述：《补上古考信录》卷上，《丛书集成 A 新编》第5册，台北：新文丰出版公司1985年版，第726页下栏—726页上栏。

可见司马迁"点化之妙不可言也"。

抨击方士的最终效果如何，《封禅书》没有写，事实上发生在黄帝身上的神仙偶像与历史形象之争远远不会完结。不过，司马迁的良苦用心，以汉武帝之雄才未尝不会明白；对于方士的屡屡败露，以汉武帝之聪慧亦未尝不能觉察。所以司马迁又称：

> 而方士之候伺神人，入海求蓬莱，终无有验。而公孙卿之候神者，犹以大人之迹为解，无有效。天子益怠厌方士之怪迂语矣，然羁縻不绝，冀遇其真。自此之后，方士言神祠者弥众，然其效可睹矣。[①]

汉武帝既然已经"益怠"，何以仍旧"羁縻不绝"呢？仅仅以心存侥幸而"冀遇其真"来解释，恐怕是难以说服世人的。

司马迁又记载了一段汉武帝与上郡之巫神君交往的事迹，曰：

> 神君所言，上使人受书其言，命之曰"画法"。其所语，世俗之所知也，无绝殊者，而天子心独喜。其事秘，世莫知也。[②]

既然神君所语本"无绝殊"，何以又称"其事秘，世莫知"？汉武帝与众多方士之间的思想交流，可能已经超出一般迷信的范畴，而具有特别的现实意义，所以才会产生"天子心独喜"的效果。这其中的奥妙似乎已被顾颉刚看破，他在归纳方士将汉武帝与黄帝相比附的十一条事迹之后，昭然地揭示出"汉武有一事，黄帝则多一事"的现象。在此基础上顾颉刚论述道：

> 即此可知黄帝故事皆如楼台倒影，若岸上无是物即水中无是影。公孙卿附会饰说，其事独多，可谓大言不惭者。继之者公玉带也。司马迁于《封禅书》中，已将此义写得穷形尽相。但他虽已拆穿西洋镜，可是他的《五帝本纪》中还是写着黄帝"获宝鼎，迎日推策"，

---

① 《史记》卷28《封禅书》，第1403—1404页。
② 同上书，第1388—1389页。

则公孙卿的胡言竟成了真古史了！即此可见谬说拔除之难。[1]

顾颉刚作了十分生动的比喻，将方士鼓吹的黄帝故事比作"楼台倒影"，折射"楼台倒影"的本源则是现实的迹象，即汉武帝的具体作为。于是，方士玩弄的伎俩被历史学家拆穿了。以汉武帝的具体作为折射出来的黄帝身影，汉武帝自己能否真正信仰，实在令人怀疑。然而汉武帝却偏偏要作出信仰的姿态来，那是因为他要借此为自己树立至高无上的权威，以获取臣民俯伏敬畏的效果。这样的想法当然只会"心独喜"，也只能"世莫知"了。

值得注意的是，顾颉刚关于"楼台倒影"的论证，针对的是《封禅书》中的黄帝形象，而不是《五帝本纪》中的黄帝形象。至于《五帝本纪》中的黄帝形象，则被他肯定地认作为"真古史"，而非"如楼台倒影"的故事。他虽然否定"获宝鼎，迎日推策"，但是并未全盘否定《五帝本纪》。由此不难看出，顾颉刚对于《五帝本纪》中黄帝形象的看法是一分为二的。在他的心目中，《封禅书》与《五帝本纪》的不同就在于，前者写的是神仙，后者写的是历史，为此他曾明确地指出：

> 战国时所创之古史，和西汉末所创之古史，均给人承认了，惟西汉中叶所创之古史，因学派之改变而不占势力（如三一、太一、封禅等，后来均销散了。九皇亦是，黄帝成仙亦是）。所以如此之故，太史公颇有功劳，他作《封禅书》，处处点穿方士之说。王莽、刘歆一辈人也有功。[2]

既然《封禅书》"处处点穿方士之说"，方士之说当然不是真历史；那么，真历史在哪里，它就在《五帝本纪》里。通过上述对比，亦能有利于理解以顾颉刚为代表的古史辨派理论。古史辨派理论并非否定中国上古的历史，而是剥离掩盖历史的假象，剖析历史现象的成因，进而求取其中的真理，其态度是客观的。

---

[1] 《顾颉刚读书笔记》卷3《旅杭杂记二》"汉武有一事，黄帝即多一事"条，《顾颉刚全集》，第622页。

[2] 《顾颉刚读书笔记》卷3《忍小斋笔记》"西汉中叶所创古史不占势力"条，《顾颉刚全集》，第13页。

要之,将《五帝本纪》与《封禅书》"并读"后不难看出,在脱离传说境界以后,黄帝的形象是向神仙偶像与历史人物两个方向发展的。前者是造神,后者是树人,性质迥异,形成途径也截然相反。

关于黄帝神仙偶像的形成途径,被顾颉刚高度概括为:"由神变人,由好战的帝王变成道家的宗主,再变成仙人。"① 黄帝的神仙偶像是按照当朝天子描摹出来的,所以他就会由神变人,再通过"且战且成仙"的方式经由道家的宗主演变为仙人。黄帝的神仙偶像虽然在"西汉中叶所创古史不占势力",但是并不因为黄帝的历史形象之出现而消亡,东汉以后它迎合着宗教的需要而变换形态,久久地被泥塑木雕于道观之中。

塑造历史人物与描摹神仙偶像的途径恰恰相反,历史形象并不是当朝天子的"倒影",而是要求当朝天子模仿的榜样;不能用汉武帝的事迹去编造黄帝,而是旨在借黄帝的光辉影响汉武帝。所以,唯有以文献记载及田野考察为客观依据,从众多的史料中抽象出尤为现实关注的内容,才能进而凝炼升华成为历史形象。唯其如此,才具有榜样的力量;唯其如此,才能够推而广之。

至于黄帝历史形象的性质,司马迁在交代《五帝本纪》的撰写宗旨时讲得很清楚:

> 维昔黄帝,法天则地,四圣遵序,各成法度……厥美帝功,万世载之。作《五帝本纪》第一。②

黄帝绝对不是《封禅书》中方士描绘的乘龙上天的仙人,而是如《五帝本纪》记述的那样,既是开天辟地创立政权的圣者,又是巩固和建设政权的伟人。黄帝象征着天地的法则,颛顼、帝喾、尧、舜四圣尚且遵序,当朝天子也就必须效法。这样塑造起来的黄帝形象,概括言其性质,乃是封建帝王理想样板。

四 北朝各族共同祖先

司马迁按照建立政权、巩固政权和建设政权三项全能的标准树立起

---

① 《顾颉刚读书笔记》卷3《忍小斋笔记》"黄帝之变化"条,《顾颉刚全集》,第13页。
② 《史记》卷130《太史公自序》,第3301页。

"法天则地"的黄帝，不仅要将黄帝视为当朝天子的楷模，而且意欲推远成为万世传承的榜样。为了达到这样的效果，司马迁采用了将黄帝祖宗化的办法。读《五帝本纪》之末"太史公曰"可知，他这样做是因为受到《帝系姓》的启发。

顾颉刚曾将《帝系姓》所述世系仔细排列成表，使人一目了然，但也因此发现了它的片面。他指出：

> 看此表，可知《帝系》独详于高阳一系，高阳系中又独详于楚之一系。意者此篇是楚之谱牒乎？抑作者据楚之谱牒而缘饰之以成书乎？"中国四万万同胞皆黄帝子孙"的一个观念，即由此篇来。在此表中，楚与虞之世系特久，虞十世、楚十世外（舜为颛顼族，楚为高阳族，虞与楚合，故颛顼与高阳合）。叙述母系者，以楚系为最详，其他惟尧、舜、禹及稷、契、启、挚等著名人物耳……《帝系》篇不及炎帝，亦不及少皞。[1]

《帝系姓》的片面有二：其一，独详于楚之一系；其二，不及炎帝和少皞。针对其一，司马迁将《史记》所列本纪、世家大多归为黄帝后裔，使得黄帝名下世系不再独详一系。经此推广，黄帝成为诸王与诸侯众家的共同祖先。于是，在华夏的传统中黄帝自然具有至高无上的权威，祖宗崇拜遂与中原的社会政治结合一致。至于其二，则正合司马迁编撰《史记》的宗旨，因为在他的历史系统中本来就没有炎帝和少皞的位置。炎帝虽然早于黄帝，却是被黄帝打败的英雄，司马迁要树立的是开天辟地的帝王，炎帝只能被排除在五帝之外。

祖宗化的办法在司马迁笔下得到充分发挥，他在《帝系姓》的基础上，将以黄帝为祖先的观念整理成为富有条理的世系，以此来体现他的历史系统。而在这样的世系中，是既有纲又有目的。

司马迁世系布局的纲领体现于《五帝本纪》。黄帝在五帝中占据最为突出的地位，不仅由于时代上最古老，而且因为其他四帝都被编排成为他的子孙。对黄帝而言，颛顼是孙子，帝喾是曾孙，尧是玄孙，舜是八世

---

① 《顾颉刚读书笔记》卷2《东山笔乘（一）》"帝系表和《帝系》所无"条，《顾颉刚全集》，第360页。

孙，则此四帝的后裔就全都成为黄帝的子孙。

司马迁世系布局的要目体现于《三代世表》。所谓三代，虽然指夏、殷、周而言，但是表中并不仅仅排列三代世系，而是往上追溯至黄帝，往下延续及西周共和以前封建的鲁、齐、晋、秦、楚、宋、卫、陈、蔡、曹、燕等十一诸侯。在《三代世表》中，司马迁创造了一种强调血统的语言格式，表述为"某属＋某生"。比如，夏的血统，被表述为"夏属，黄帝生昌意"。其意为，夏属于黄帝之子昌意后代中的一支。通过这样的语言格式，司马迁将上古到先秦的诸王与诸侯之间的血缘关系，特别是他们同属于黄帝后裔的特点，鲜明地显示出来。

正是以《五帝本纪》为纲，以《三代世表》为目，司马迁为世人编织成一张硕大的网络，缔结这张网络的纽带则是血脉。继《三代世表》之后，司马迁还编撰了《十二诸侯年表》、《六国年表》、《汉兴以来诸侯王年表》、《高祖功臣侯者年表》、《惠景间侯者年表》、《建元以来侯者年表》、《建元以来王子侯者年表》等表，它们也是以血脉为纽带编织的网络，可以看作《三代世表》的补充。东汉学问家应劭对此有精到的概括："有本则纪，有家则代，有年则表，有名则传。"① 纪、代、表、传分明，纲举目张地体现着司马迁的历史系统。

为了让人们相信《三代世表》中的血缘关系，司马迁还在相应的本纪和世家中继续强调列朝诸王与诸侯都是黄帝后裔的观念。这种强调血脉的语言，均置于本纪或世家之首，表现为追溯先世的词句，从而形成《史记》体例的固定格式。这样的体例也显示了森严的等级，从中可以看出列朝诸王、诸侯与黄帝的血缘有着明显的亲疏之别。按照亲疏之别，可以将诸王与诸侯划分为三个层次。

处于第一层次者，是血缘关系上最接近黄帝的颛顼、帝喾、尧、舜，以及被编排为黄帝玄孙的夏、殷、周之先祖禹、契和后稷。② 这正是应劭所谓的"有本则纪"。

其外第二层次，列有众多诸侯，他们的血缘都与第一层次中的帝王相

---

① 《史记》卷130《太史公自序》"作《五帝本纪》第一"条司马贞《索隐》引应劭云，第3301页。

② 《史记》卷2《夏本纪》、卷3《殷本纪》、卷4《周本纪》，第49、91、111页。

连，因此也与黄帝血脉相通。如，楚人祖先出自颛顼，陈胡公满是舜的后裔，杞东楼公是禹的后裔；宋微子开是殷朝帝乙之首子；吴太伯是周太王之子，鲁周公旦、管叔鲜、蔡叔度、卫康叔都是周武王之弟，晋国祖先唐叔虞是周武王之子，郑桓公友是周厉王少子，这些诸侯都与后稷血脉相连。上述均应了所谓"有家则代"。①

再外第三层次，情况比较复杂，虽然多数被列为世家，但是与黄帝的血缘关系比较含混。这个层次中有不少是所谓与周同姓的诸侯，如燕召公奭、魏之先毕公高和韩之先原本都为姬氏。② 然而这些诸侯或者道不明始祖，或者难以理清世系，与周的血脉显然甚为疏远，与黄帝的关系更属勉强粘连。除以父系为纽带与黄帝接上关系者，还出现了以黄帝为母族的情况。例如，"秦之先，帝颛顼之苗裔，孙曰女修。女修织，玄鸟陨卵，女修吞之，生子大业"。③ 秦人祖先虽然号称颛顼之苗裔，但对于大业而言，黄帝系统是其外家。由此再推导，黄帝系统还应该是赵人的外家，因为"赵氏之先与秦共祖"。④

按照如此牵强的逻辑，华夏各姓氏就大多可以在司马迁编织的血脉网络上找到相应的位置，甚至处于边缘地带的异族也都可以挂到这张网络上。例如，"越王勾践，其先禹之苗裔，而夏后帝少康之庶子也。封于会稽，以奉守禹之祀。文身断发，披草莱而邑焉"。⑤ 越人"文身断发"，风俗与华夏迥异，却被视为少康后裔，得以奉守夏禹之祀。又如，"匈奴，其先祖夏后氏之苗裔也，曰淳维"。⑥ 匈奴的血缘竟能与夏人沟通，这是令人惊讶的。然而，司马贞却拥护这种说法，他在该条之下作［索隐］，居然提出若干依据：

---

① 《史记》卷40《楚世家》、卷36《陈杞世家》、卷36《陈杞世家》、卷38《宋微子世家》、卷31《吴太伯世家》、卷33《鲁周公世家》、卷35《管蔡世家》、卷37《卫康叔世家》、卷39《晋世家》、卷42《郑世家》，第1689、1575、1583、1607、1445、1515、1563、1589、1635、1757 页。

② 《史记》卷34《燕召世家》、卷44《魏世家》、卷45《韩世家》，第1549、1835、1865页。

③ 《史记》卷5《秦本纪》，第173 页。

④ 《史记》卷43《赵世家》，第1779 页。

⑤ 《史记》卷41《越王勾践世家》，第1739 页。

⑥ 《史记》卷110《匈奴列传》，第2879 页。

张晏曰:"淳维以殷时奔北边。"又乐彦《括地谱》云:"夏桀无道,汤放之鸣条。三年而死,其子獯粥,妻桀之众妾避居北野,随畜移徙。中国谓之'匈奴',其言夏后苗裔,或当然也。"故应劭《风俗通》曰:"殷时曰獯粥,改曰匈奴。"又晋灼云:"尧时曰荤粥,周曰猃狁,秦曰匈奴。"韦昭云:"汉曰匈奴。荤粥,其别名。"则淳维是其始祖,盖与獯粥是一也。[1]

从司马迁到司马贞关于匈奴血缘的说法当然令人难以置信,但是在民族关系的处理方面却具有积极意义。

分析上述血脉网络,不难发现三个特点:其一,按照司马迁的模式,诸王与诸侯乃至庶民百姓,或者能在网络上找到相应位置,或者可以通过与某个支系挂钩而攀接到网络上面。比如战国七雄之一齐国田氏,原非周初所封诸侯,其祖先田完本系陈氏,陈氏为舜之后裔,而舜为黄帝八世孙,因此田氏也就成为黄帝子孙。[2] 其二,按照司马迁的逻辑,这张血脉网络具有蔓延的性质。例如,越王勾践得以奉守禹之祀,那么闽越王无诸及越东海王摇也都成了夏的后代,因为"其先皆越王勾践之后也"[3]。其三,按照司马迁的布局,为后世陆续进入域内的各族留下入围的空间。《五帝本纪》称"黄帝二十五子,其得姓者十四人",关于十四位得姓者,已经难辨清楚;至于另有十一位未得姓者,就更加无从考证。[4] 既然难辨清楚或者无从考证,就留下了填空的余地。

总之,在司马迁编织的血脉网络上,黄帝高踞在顶端,既是颛顼、帝喾、尧、舜四帝的祖先,又是夏、商、周三代诸王以及众诸侯的祖先;不仅如此,他还被推广成为后世帝王及诸侯的祖先,乃至庶民百姓的祖先。以血缘网络作为维系华夏一统的办法并非司马迁的原创,其发明应该归于春秋战国间的《帝系姓》;将这样的观念整编成为有条理的世系,从而提升、放大和推广黄帝的历史形象,才是司马迁的历史贡献。顾颉刚指出的"'中国四万万同胞皆黄帝子孙'的一个观念,即由此篇(指《帝系姓》)

---

① 《史记》卷110《匈奴列传》,第2880页。
② 《史记》卷46《田敬仲完世家》,第1880页。
③ 《史记》卷114《东越列传》,第2979页。
④ 《史记》卷1《五帝本纪》"黄帝二十五子,其得姓者十四人"条司马贞《索隐》,第9页。

来"，这是讲到黄帝问题的根源上了。毋庸置疑，将黄帝视为祖先的观念，应该源于战国之前，决非如孙隆基所说的那样"一首一尾都是舶来品"。

然而，司马迁的血脉网络并不能够网罗一切。比如齐太公吕尚本姓姜氏，他就不属于黄帝子孙，而是比黄帝时代更早的炎帝的后裔。① 姜姓齐国在春秋时期地位重要，在《史记》世家中排名第二，却与司马迁的血缘网络格格不入。这确实令人遗憾，好在类似的情况并不多。

《汉书》的作者班固对于司马迁追溯祖宗的做法不仅赞成，而且还运用于为汉家天子寻根方面。刘邦祖籍沛县丰邑，父母是连名字都没有留下的平民。然而，班固却将汉室的祖先攀附到唐尧名下，归位于黄帝后裔，这样做是要表明刘家得天下乃"自然之应"。② 不过，《汉书》虽然效仿《史记》强调血统，但对于独尊黄帝为华夏始祖的做法却不赞成。

《汉书》是专述西汉一代的断代史书，然而偏要对西汉以前人物加以评价。其中《古今人表》就一直追溯到上古，网罗众多人物，并将他们区分成圣人、仁人、智人及愚人，排列为上上至下下九等。在该表中，黄帝虽然被排在上上之列，但是地位并非至高无上，因为在黄帝之前还有宓羲和神农。③ 可见，《史记》与《汉书》对于上古时代的理解是不同的。司马迁能够"毅然"划清传说人物与历史人物，从而确立中国通史的上限；班固却割舍不掉宓羲等传说人物，对于上古的看法就只能陷入混沌状态。

东汉科学家张衡同样割舍不掉许多传说人物，他曾坚决主张"并录"三皇。④ 张衡、班固的思想在很大程度上代表了东汉学界的观念，对于司马迁独尊黄帝的做法具有强大的冲击力，其影响颇为深远。所以，直到唐朝中期，司马贞还对司马迁割弃黄帝以前人物感到不平，终于按捺不住而为《史记》作补，撰写成《三皇本纪》。⑤

在众多的批评之中，崔述的考据最为彻底，他从根本上反对血统之

---

① 《史记》卷 32《齐太公世家》"东海上人"条司马贞《索隐》引谯周曰，第 1477 页。

② 《汉书》卷 1 下《高帝纪下》"赞曰"，第 81—82 页。

③ 《汉书》卷 20《古今人表》，第 863、866、867 页。

④ 《后汉书》卷 59《张衡传》"又条上司马迁、班固所叙与典籍不合者十余事"条，李贤等注，中华书局 1965 年版，第 1940 页。

⑤ 司马贞：《补〈史记·三皇本纪〉》，《四库全书》第 244 册，上海古籍出版社 1987 年影印本，第 964 页上栏—966 页上栏。

说，而不再拘执于独尊与并录之争：

> 盖古之天下，原无父子相传之事，故孰为有德则人皆归之……要
> 之，上古人情淳厚，慕义向风者为多，故其得天下之次第大概如此，
> 不必尽藉于先业也。若尧不藉父兄之业即不能有天下，则（宓）羲、
> （神）农、黄帝又何所藉而能得天下也哉！且使尧之天下果传之于父
> 兄，则尧当世守之，丹朱虽不肖，废而他立可也。①

五帝嫡传既然不可能，黄帝为华夏单传的始祖之说自然难以成立。崔述的
考据为现代疑古派着了先鞭，顾颉刚正是在他的基础上提出了"层累地
造成的中国古史观"。

司马迁将黄帝供奉为华夏祖先确实是牵强的做法，不可能得到普遍认
可。不过，司马迁努力弘扬黄帝是极有远见的举动。独尊黄帝的说法后来
发展成为中华民族一元一体理论，与此相对，"并录"之说则趋向于中华
民族多元一体理论的雏形。后者较为合理，但前者则在凝聚民族关系方面
具有深远的意义。

司马迁的历史系统终究是中国传统文化的正宗，尽管屡受来自不同角
度的批评，但是影响历久而不衰。后世治史者大多遵奉《史记》为圭臬，
其中对于司马迁的精神领悟至深者是北齐史家魏收。魏收撰写的《魏
书》，是一部专门记述拓跋魏诸朝历史的著作，在传统的中华正史中属于
断代史书。然而，《魏书》与《史记》具有相同之处：《史记》虽然以西
汉王朝的历史为重点，但记述了西汉以前自上古至秦的史实；《魏书》虽
然以拓跋魏诸朝历史为重点，但记述了北魏以前自嘎仙洞至拓跋代国的史
实。既然与《史记》有相同的特点，《魏书》也就可以看成一部通史；所
区别者，它不是华夏的通史，而是拓跋氏的通史。《魏书》的通史性质不
仅贯穿于若干纪传与书志对于往古的追溯之中，而且集中体现在该书的
《序纪》里。

与《史记》以"黄帝纪"为开篇一致，《魏书》的《序纪》竟然也
是以黄帝张本的：

---

① 崔述：《唐虞考信录》卷1，《丛书集成A新编》第5册，第622页。

昔黄帝有子二十五人，或内列诸华，或外分荒服；昌意少子，受封北土，国有大鲜卑山，因以为号。其后，世为君长，统幽都之北广漠之野，畜牧迁徙，射猎为业，淳朴为俗，简易为化，不为文字，刻木纪契而已，世事远近，人相传授，如史官之纪录焉。黄帝以土德王，北俗谓土为托，谓后为跋，故以为氏。其裔始均，入仕尧世，逐女魃于弱水之北，民赖其勤。帝舜嘉之，命为田祖。爰历三代，以及秦汉，獯鬻、猃狁、山戎、匈奴之属，累代残暴作害中州。而始均之裔，不交南夏，是以载籍无闻焉。[①]

这段不足二百的文字，将拓跋氏的祖先与五帝紧密地联系起来。其一，拓跋氏的初祖是黄帝之子昌意的少子，亦即黄帝之孙；其二，拓跋氏的祖先始均曾经加入尧的部落联盟，并为驱逐女魃出过力；其三，始均还受过帝舜的嘉奖，被命为田祖。其四，"拓跋"二字意译为"后土"，与黄帝"以土德王"意义相通。归纳这四点的中心思想，就是表明拓跋氏系自黄帝部落分化出去的一支，并在早期一直与五帝部落有所联系。

不过，令史家为难的是，在中原早期文献中并没有关于拓跋氏的相应记载。为了消除疑问，《序纪》作了三点解释：其一，拓跋氏"不为文字，刻木纪契而已"；其二，拓跋氏的历史是"人相传授"的，言外之意，拓跋氏与黄帝的关系虽然没有文字记录，但在本部之内不见得没有说头；其三，从三代到秦汉诸朝，匈奴等族累代作害中州，但拓跋氏始终没有参与。尤其是第三点解释，不仅看似合理，而且还有向中州表示友好的含义。

虽然《序纪》之中追记拓跋氏祖先的内容甚为附会，但是为了体现统治者的意图，魏收却偏要努力将拓跋氏填入司马迁血脉网络之中早已预留下的空间，而这个空间就在昌意的名下。昌意为黄帝与正妃嫘祖所生之少子，按照"黄帝纪"的记载似乎是实实在在的人物；至于昌意生有多少个儿子，昌意少子为谁，却没有确切的记录，这就只好听便于魏收的杜撰。于是，通过所谓昌意少子的传说，魏收就将拓跋氏的初祖设定成为黄帝的后代。魏收能够作这样的设定，好像蛮有道理：首先，《史记》中有众多先例可循，不少姓氏可以通过迂回曲折的方式攀接到与黄帝血脉相连

---

① 《魏书》卷1《序纪》，中华书局1974年版，第1页。

的网络上面，拓跋氏何以不能径直挂到昌意少子的名下？其次，拓跋氏虽然为北方射猎部落，但是越王得以奉守禹之祀，匈奴亦可当作夏后氏之苗裔，拓跋氏何以不能成为黄帝的后代？

虽然《魏书》之中有与《五帝本纪》相对应的《序纪》，但是魏收并未编写与《三代世表》相对应的世表。不过，在《魏书》卷113《官氏志》下特设有"姓氏志"，在一定意义上发挥了世表的作用。于是，魏收就以《序纪》为纲，以"姓氏志"为目，也像司马迁那样构建起一张庞大的血脉网络。

《序纪》是魏收编织的血脉网络的纲领，它贯穿着北魏建国以前拓跋氏发展的线索。关于这条线索，在始均之下可以划分为三个阶段：第一个阶段的起点是成帝毛，此时拓跋氏尚在大鲜卑山一带"畜牧迁徙，射猎为业"；第二个阶段的起点是献帝邻，此时拓跋氏"始居匈奴之故地"；第三个阶段的起点是神元帝力微，此时拓跋氏已"迁于定襄之盛乐"。[1] 上述三个阶段的出现，标志拓跋氏经历了三次大的部落迁徙事件。拓跋氏的历次迁徙都与部落组织的整顿同步，具体内容则反映在"姓氏志"中。

"姓氏志"是魏收编织的血缘网络的要目，它较为详细地反映着北魏建国以前拓跋氏部落联盟内外姓氏演变的情况。在以成帝毛为起点的第一阶段，拓跋氏诸部有九十九姓，这是部落组织分化出诸多姓氏的时期。在以献帝邻为起点的第二阶段，拓跋氏进入匈奴故地的新环境后获得很大发展，于是"七分国人，使诸兄弟各摄领之，乃分其氏"；随后，每支国人又"兼并他国，各有本部，部中别族，为内姓焉"：这是拓跋本部大发展的时期。在以神元帝力微为起点的第三阶段，拓跋氏以盛乐为中心组建成为强大的部落联盟，该联盟广泛地接纳草原游牧部落，形成"余部诸姓内入"的兴旺局面。[2] 此后，拓跋部落联盟虽然历经兴衰曲折，但联盟的格局一直延续到北魏建国之前。建国之后，北魏王朝采用离散诸部措施陆续将游牧部落民收纳成为其统治下的编民。[3] 收编之后的部落民多数被安顿在北魏前期国都平城附近，孝文帝迁都之

---

① 《魏书》卷1《序纪》，第1—3页。
② 《魏书》卷113《官氏志》，第3005—3006页。
③ 李凭：《北魏离散诸部问题考实》，《历史研究》1990年第2期。

际大部分部落民随同拓跋氏政权来到新都洛阳附近。虽然屡经迁徙，但是部落民姓氏的归属已经相对稳定，这就为孝文帝推行姓氏改革奠定下基础。

将《序纪》与"姓氏志"相对照，就能纲举目张地看清楚魏收编织的这张庞大网络，它已经将北朝各游牧部落尽数纳入。同时也就不难发现，像司马迁笔下的诸王与诸侯那样，魏收笔下的北朝部落姓氏也是依照关系的亲疏划分为三个层次的。第一层次共有十姓，"姓氏志"称"凡与帝室为十姓，百世不通婚"，这是因献帝邻"七分国人"而分裂形成的姓氏，为拓跋氏的嫡系，包括献帝邻代表的拓跋帝室，献帝兄纥骨氏、普氏和拔拔氏，献帝弟达奚氏、伊娄氏、丘敦氏和系俟亥氏，献帝叔父之胤乙旃氏，以及疏属车焜氏。第二层次共有75姓，是神元帝力微之际"余部诸姓内入者"，它们最初与拓跋氏并无血缘关系，是陆续加入部落联盟的外姓。第三层次包括35姓，它们按照东方、南方、次南、西方与北方等方位分布在拓跋部落联盟的周围，与拓跋氏保持所谓"岁时朝贡"的关系。①

上述三个层次的出现，是由拓跋部落联盟的发展进程确定的；换言之，每个层次的形成，都与拓跋部落联盟发展的重大阶段关联着。由这三个层次的姓氏结成了等级分明的网络格局，其下层为四方诸部，中层是内入诸姓，上层即帝室十姓。这样的层次划分反映了拓跋部落联盟分化与重组的历史状况。

拓跋部落联盟不断地分化与重组的影响是弥久的。因此，直到北魏中期定姓族之际仍然要强调层次分明的观念，致使区分姓氏的高低成为姓氏改革的重要目标。在"姓氏志"中，记载了孝文帝于太和十九年（495）下达的布置定姓族工作的诏书。按照诏书的规定，在帝室十姓之下，为穆、陆、贺、刘、楼、于、嵇、尉八姓；此八姓以下，再依具体标准划分为姓和族。该诏书宣称：

> 凡此定姓族者，皆具列由来，直拟姓族以呈闻，朕当决姓族之首末。其此诸状，皆须问宗族，列疑明同，然后勾其旧籍，审其官宦，有实则奏，不得轻信其言，虚长侥伪。不实者，诉人皆加"传旨问

---

① 《魏书》卷113《官氏志》及该卷校勘记23、24，第3006—3014、3019页。

而诈不以实之坐",选官依"职事答问不以实"之条。令司空公穆亮、领军将军元俨、中护军广阳王嘉、尚书陆琇等详定北人姓,务令平均。随所了者,三月一列簿账,送门下以闻。①

孝文帝定姓族的工作安排得很具体,要求也很严格,目的是要达到"详定北人姓,务令平均",而至为关键处则是"送门下以闻","朕当决姓族之首末"。姓氏改革的终审权,孝文帝是牢牢抓在手中的。

定姓族工作有一个明显特点,那就是在北人姓族与华夏姓族之间进行比照。尤其是,将北人高层的八姓与汉族最高门第的四姓列为同等级别。②从表面上看,突出了北族与华夏的高等门第,实质上则将它们全都置于帝室十姓之下。这样一来,帝室十姓,尤其是其核心拓跋氏,就理所当然地高踞于包括部落姓氏与华夏姓氏在内的北朝各族的顶巅。族权与政权结合起来,北魏皇帝于是拥有傲视一切的权威。

孝文帝姓氏改革中的另一项重要内容,就是将包括拓跋氏在内的部落姓氏改为汉姓。历来围绕拓跋氏改汉姓问题的讨论颇多,虽然在细节上存在诸多不同的看法,但是认为这项措施有力地推动了中华民族的融合则是学界一致的观点。生活在孝文帝时代之后不久的魏收,也自然能够感受到拓跋氏统下各部族改汉姓运动的强烈脉冲,所以这场运动必定会成为他编撰"姓氏志"时重点反映的内容,于是在各部族姓氏之下标注汉姓就成为"姓氏志"的显著特征。换一个角度来说,由于孝文帝的姓氏改革,特别是经过改汉姓运动,已经将部落的新旧姓族梳理得十分清晰,客观上为魏收撰写"姓氏志"提供了充分的准备。

与司马迁的网络相同,魏收编织的网络也利用了血缘关系,其中第一层次帝室十姓就都属于拓跋氏的血脉。但是,魏收网络的第二层次和第三层次所列部落则与拓跋氏似乎没有血缘关系。不过,在"姓氏志"中,不仅逐一列出120个部落姓氏的旧姓,而且标明了各自新改的汉姓。这样一来,众多部落姓氏之间似乎就都由血脉潜在地沟通起来了,因为大多数的汉姓都已被列为黄帝的后裔。于是,通过汉姓的标示,原来并无血缘关

---

① 《魏书》卷113《官氏志》,第3015页。
② 《资治通鉴》卷140,建武三年正月条载,汉族高门四姓为范阳卢氏、清河崔氏、荥阳郑氏和太原王氏。(中华书局1956年版,第4393—4394页)

系的诸种部落竟然被血缘的纽带系牢在一起，并且都被挂到魏收的网络上面。而且，通过汉姓的标示，魏收的网络又可以全部挂到司马迁的网络之上。换而言之，魏收网络与司马迁网络合并成了一张更大的网络，这张大网遂将北朝各族，包括新改成汉姓的部落姓氏与华夏旧有的诸姓氏，统统归纳成为一体。于是，四海之内皆是兄弟或者叔侄，全都成为黄帝的后裔。

魏收生活在东魏北齐之际，此时部落贵族势力依旧占据主导地位，他却敢于公然编织意味拓跋氏向华夏姓氏靠拢的网络，那是因为这张网络体现着孝文帝姓氏改革的成就。不过，值得思考的是，意味着拓跋氏向华夏姓氏靠拢的改革竟然是由拓跋氏统治者主动发起的。更加耐人寻味的是，孝文帝竟然带头将拓跋之姓改为元，从而公开标榜自己的祖先是华夏祖先黄帝的子孙。[1]

其实，孝文帝推行姓氏改革，并非数典忘祖，而是贯彻北魏开国皇帝道武帝的意图。道武帝在登基时就曾赞许朝廷群臣所谓"国家继黄帝之后"的奏言：

> 天兴元年，（道武帝）定都平城，即皇帝位，立坛兆告祭天地……事毕，诏有司定行次，正服色。群臣奏以国家继黄帝之后，宜为土德，故神兽如牛，牛土畜，又黄星显曜，其符也。于是始从土德，数用五，服尚黄，牺牲用白，祀天之礼用周典。[2]

由"宜为土德"等语可以知道，《序纪》中所谓"黄帝以土德王，北俗谓土为托，谓后为跋，故以为氏"的说法，并非魏收撰写《魏书》之际的发明，而是北魏初期就已经杜撰的。有道武帝作为榜样，孝文帝的态度便十分坚定，不但自己改姓元，而且敢于将全体部落姓氏都改成为汉姓，统统认作黄帝的后裔。

道武帝之所以会自认黄帝后裔，那是听从崔宏建议的缘故。[3] 崔宏属于汉族高门士族，提出这样的建议很合乎他维护华夏传统的立场。[4] 不

---

① 《魏书》卷 7 下《高祖纪下》，太和二十年正月丁卯条，第 179 页。
② 《魏书》卷 108 之一《礼志一》，第 2734 页。
③ 《资治通鉴》卷 110，隆安二年十二月己丑条，第 3484 页。
④ 《魏书》卷 24《崔玄伯传》，第 620 页。

过，并非华夏族的道武帝，却对于崔宏的倾向性如此鲜明的建议不觉反感，未尝不是因为他曾受过在北魏之前进入中原的鲜卑慕容氏、氐族苻氏、羌族姚氏等编造祖宗故事的启迪。

慕容氏是比拓跋氏更早自称黄帝后裔的部族，据称慕容廆的先祖为有熊氏之苗裔①，而有熊氏是黄帝所在氏族。苻洪被编造为有扈之苗裔②，有扈氏是被夏后启灭亡的部落③，却被苻氏供奉起来。姚弋仲的先祖据称为舜之少子，因为该少子被禹封在西戎，故而世为羌酋。④ 慕容、苻、姚等部族的姓氏原本自成体系，但是当他们在中原建立政权以后却偏要编造故事，将其先祖安排到华夏的某个姓氏之下。这些部族的首领如此煞费苦心，就是为了尽快地让华夏的民众接受他们建立的政权。

《晋书》是唐朝房玄龄等编撰的正史，晚于《魏书》问世，但上述三篇载记的史料应该源于晋末十六国之际，所述三家部族关于祖先的说法与后来的唐朝人绝无关系，应该是十六国时的人编造的。道武帝在淝水之战前曾经流落中原，对于苻、姚等部族的故事或许略有所闻；特别是，他早年与慕容氏尤为亲近，对其自称黄帝后裔之事应该有所了解。⑤ 道武帝颇能理解这三支部族追溯祖先故事的用意，所以他在北魏建国之初就能不囿于民族的偏见，而听从崔宏的建议，立即高调地认可黄帝为其祖先。

在追溯祖先的故事方面，慕容氏最为大胆，径直以有熊氏为其祖先，但是理由含混；苻氏不够大胆，选择了不甚令人注意的有扈氏为其祖先；姚氏力图将其祖先与五帝之中的两位挂钩，还提出了所谓的依据：这三支部族的事例成为拓跋氏认祖的先导。道武帝倡导的追溯祖先的说法，正是在对比这些部族说法的优劣之后提出的。所以，拓跋氏的作为最大胆，居然将祖先径直安排为黄帝的直系孙辈；而且，还在编造其依据上下足功夫，于是就有了"拓跋"与"后土"对译的说法。

在厘清北魏编织之早期历史的基础上，姚大力对道武帝的用意提出了

---

① 《晋书》卷 108《慕容廆载记》，中华书局 1974 年版，第 2803 页。
② 《晋书》卷 112《苻洪载记》，第 2867 页。
③ 《史记》卷 2《夏本纪》，第 84 页。
④ 《晋书》卷 116《姚弋仲载记》，第 2959 页。
⑤ 李凭：《北魏道武帝早年经历考》，《中国史研究》1992 年第 1 期。

精辟的看法：

> 皇始、天兴年间对拓跋先世史的重构深受汉文化观念的影响。初入平城的道武帝居然能接受如此形态的一部远古史，证明他那业已酝酿就何等坚定的统治北中国的意志。①

北魏建国之初就能着手重构其先世史，系外因与内因共同促成。慕容、苻、姚等部族的认祖，是各自与汉族求同的表象；崔宏的提议，具有华夏士族积极接纳北族的意义；道武帝的坚定意志，则反映出拓跋氏的强烈倾向：种种因素的交织使得拓跋先世的历史烙上了深深的汉文化印记。这部重构的先世史，被道武帝的后人孝文帝深刻领悟和充分发扬，于是就有了太和年间的定姓族和改汉姓运动。此后，经过不断的修正，以黄帝为祖先的说法在拓跋氏朝廷终于获得认同。正是在这样的基础上，生活在东魏北齐间的魏收才敢在《魏书》开篇第一句就抬出华夏的祖先黄帝。

返回来考察司马迁的"黄帝纪"所载世系，便不得不承认，北魏王朝将拓跋氏的祖先挂到昌意名下是经过精心设计的。其一，昌意是嫘祖之子，而嫘祖为黄帝正妃，则拓跋氏为黄帝嫡系，并非庶出；其二，昌意长子颛顼接替黄帝而成为五帝之中的第二位，作为昌意少子的拓跋初祖则与颛顼辈份相当，地位也极高；其三，昌意有兄长玄嚣，玄嚣这一支直到孙辈高辛才获得帝位，高辛即五帝之中的第三位帝喾，但对于拓跋初祖而言已经处于族子的辈份。② 在辈份和地位两个方面，昌意少子都占据了制高点，不但北朝部落姓氏望尘莫及，华夏姓氏中也极少有超越者。由此看来，拓跋氏远认昌意少子为其初祖，正是为了表示，虽然他们居处偏僻，但是与黄帝的血缘关系却是至亲至近的，其氏姓最为优越。这的确是超越前人的设计，从道武帝到孝文帝焉能不乐于接受和发扬之呢？

拓跋氏远攀黄帝之胤的效果可以从以下这段记载看出：

---

① 姚大力：《试论拓跋鲜卑部的早期历史——读〈魏书·序纪〉》，李凭、赵导亮主编：《黄帝文化研究——缙云国际黄帝文化学术研讨会论文集》，山西古籍出版社 2005 年版，第 71 页。

② 《史记》卷 1《五帝本纪》，第 10、11、13 页。

> 众议以薛氏为河东茂族。帝曰："薛氏，蜀也，岂可入郡姓！"直
> 阁薛宗起执戟在殿下，出次对曰："臣之先人，汉末仕蜀，二世复归河
> 东，今六世相袭，非蜀人也。伏以陛下黄帝之胤，受封北土，岂可亦
> 谓之胡邪！今不预郡姓，何以生为！"乃碎戟于地。帝徐曰："然则朕
> 甲、卿乙乎？"乃入郡姓，仍曰："卿非'宗起'，乃'起宗'也！"①

不难看出，虽然孝文帝受到薛宗起无礼的冲撞，但他的内心却是宜嗔宜喜
的。嗔的是，薛宗起刨根问底，居然敢挖苦皇族谓之"胡"；喜的是，薛
宗起能在朝廷公开承认拓跋氏为黄帝之胤；更为可喜的是，河东茂族薛氏
的社会地位最终要由拓跋皇帝认可。由此可见，编造拓跋氏的祖先源自黄
帝的故事，最得便宜者竟然是拓跋氏。孝文帝热衷于姓氏的汉化，表面上
似乎在向华夏这边靠拢，实质上是将华夏族与部落姓族一起置于拓跋氏之
下。这样做的宗旨当然是着眼于北魏政权的巩固，不过在客观上也有力地
推动了民族的融合。

要之，拓跋氏早期的历史并非魏收的编造；魏收的贡献在于，遵循司
马迁的体例，将北魏建国以降陆续修订而成的先世史辑入《魏书》。通过
这样的编辑，全面地总结了十六国北朝时代民族融合的巨大成就；通过这
样的总结，将黄帝从华夏祖先推广成为北朝各族共同祖先。

五　结论

黄帝的形象，在脱离传说境界以后是向神仙偶像与历史人物两个方向
发展的，而黄帝神仙偶像的出现远早于黄帝历史人物的形成。司马迁编撰
《史记》建立起中国历史的系统，并以黄帝为该书首篇本纪第一人，从而
划清历史人物与传说人物的界限。司马迁采集众多与黄帝相关的文献和传
说资料，努力排除方士对黄帝的神仙化宣扬，使黄帝凝炼成介于虚实之间
的人物，尊崇为封建帝王的理想样板，供奉为华夏的始祖，这才将黄帝的
历史形象塑造成型。

然而，司马迁的做法引起诸多学者的质疑乃至否定，而且愈往后世批

---

① 《资治通鉴》卷140，建武三年正月条，第4395页。

判者愈多。司马迁笔下的黄帝是否符合历史真实，他以黄帝为《史记》第一人的做法是否妥当，或许还将争论下去。不过应该看到，司马迁塑造的黄帝形象，虽然与上古黄帝的真相不尽相合，却符合汉武帝时代的现实需要。

从高祖创业到武帝集大成，西汉王朝在政治上经历了建立政权、巩固政权和建设政权三大发展阶段。在军事上，北定匈奴，南安诸越，构筑成庞大的封建帝国；在意识形态方面，则罢黜百家，确定了独尊儒术的思想体系。面对如此恢弘的形势，迫切需要总结历史的经验与教训，以利于巩固刘氏家天下的专制统治局面，以利于发展汉族为主体的大一统宏图。与汉武帝同处一个时代的司马迁，将黄帝加以世俗化、个体化、楷模化和祖宗化的塑造，为专制集权的封建制度树立起膜拜的象征，为华夏各族擎起集合的旗帜，在客观上顺应了历史的发展。

汉武帝之后，刘氏两汉王朝维持二百余年。东汉末年，在黄巾起义及军阀混战的轰击下，以汉族为主体的封建中央集权统治大堤崩溃了。此后，华夏大地经历了分裂割据的魏晋南北朝时期。动荡不安的局面和连绵不断的战争，如同汹涌澎湃的波涛，刷洗了作为华夏文明发祥之地的中原大地，标志华夏传统的黄帝历史形象似乎可以摈弃了。然而实际并非如此，物质文明虽遭破坏，精神文明却依旧长存。

动乱与战争引起频繁的民族迁徙，成为魏晋南北朝时期重要的社会特征。大量华夏民众从中原奔向周边，华夏传统文化也随而播撒到偏僻的辽西、漠南、雁北、河西、西蜀、江南等地。与华夏民众迁徙的方向相反，匈奴以及胡、羯、鲜卑、氐、羌、乌桓等部族不断涌向中原，在洛阳与长安之间散布，并带来异彩纷呈的文化。民族迁徙难免引发纷争，但也加深了民族交往，加速了文化交流。经过十六国割据与北魏统治，民族迁徙运动逐渐停滞，民族融合成为社会发展主流。于是，从中原播撒到周边的华夏传统文化，经过一番曲折途径之后陆续从各地汇拢起来，在北魏都城洛阳撞击到一起，形成为民族文化融汇的高潮。不过应当认识到，这场文化融汇的主体虽然是华夏文化，但此时的华夏文化已不同于秦汉传统的华夏文化。这是因为，当年播撒到周边地区的华夏文化，都已不同程度地吸收了所在地区的各部族的文化，含有浓郁的异族成分。由于种种文化熔于一炉，传统的华夏文明升华了，不但内容丰富，而且精神清新。所以，经过升华的文明，虽然依旧以华夏传统为主干，但是能够被北朝各部族普遍接受。于是，文化的融汇反过来又推动民族的融合，而此时的民族融合，不仅是广泛的，而且是深层次的。①

这样的历史动向被北魏孝文帝敏锐地感悟到了，他适时发动姓氏改革运动，通过姓氏的全面汉化达到令北朝各族承认同宗共祖的目的。其效果，恰如顾颉刚形象地比喻的那样：

> 我们的古史里藏着许多偶像，而帝系所代表的是种族的偶像……但各民族间的种族观念是向来极深的，只有黄河下流的民族唤作华夏，其余的都唤作蛮夷。疆域的统一虽可使用武力，而消弭民族间的恶感，使其能安居于一国之中，则武力便无所施其技。于是有几个聪明人起来，把祖先和神灵的"横的系统"改成了"纵的系统"，把甲国的祖算作了乙国的祖的父亲，又把丙国的神算作了甲国的祖的父亲。他们起来喊道："咱们都是黄帝的子孙，分散得远了，所以情谊疏了，风俗也不同了。如今又合为一国，咱们应当化除畛域的成见！"这是谎话，却很可以匡济时艰，使各民族间发生了同气连枝的信仰……借了这种帝王系统的谎话来收拾人心，号召统一，确是一种极有力的政治作用。②

孝文帝正是顾颉刚所说的"聪明人"，他为了使各民族间发生"同气连枝的信仰"而进行姓氏改革；他的姓氏改革能够成功，就是因为高擎黄帝这面旗帜。

孝文帝之前的慕容廆、苻洪、姚弋仲等是"聪明人"，孝文帝之后的魏收也是"聪明人"。魏收纵观北朝巨大民族融合潮流，总结孝文帝姓氏改革成就，将以北魏与东魏为主要内容的《魏书》撰写成为拓跋氏的通史。他创立《官氏志》的"姓氏志"，以梳理诸部落的汉化姓氏，又在《序纪》之中将黄帝尊为拓跋初祖的祖先。魏收的做法显然过于大胆，作为北朝各族共同祖先的黄帝，与上古黄帝的真相存在很大差别，也远不同

---

① 李凭：《魏晋南北朝时期的移民运动与中华文明的整体升华》，《学习与探索》2007年第1期。

② 《顾颉刚古史论文集》卷1《古史辨第四册序》，《顾颉刚全集》，第110—111页。

于司马迁笔下的历史形象。然而，黄帝的历史形象，在灌注蛮族的新鲜血液之后，被推广成为北朝各族共同祖先的形象，客观上顺应了新的历史发展形势。

司马迁撰写《史记》，将黄帝的形象塑造成型；魏收撰写《魏书》，将黄帝的形象弘扬推广：这正是两位史家的历史贡献。不过，当黄帝被推广成为北朝各族共同祖先的形象以后，就跳出了历史形象的框架，而被放大成为人文初祖的形象。至此，历史学家的历史使命基本完成，他们将黄帝的人文初祖形象交给了社会。此后，黄帝的形象又被多次弘扬，每次弘扬都与当时社会的形势密切关联，也都在客观上顺应着更新的历史发展形势。

魏收之后，弘扬黄帝的方式并不仅限于撰述正史了。孙隆基谈到的"奉黄帝为华夏畛域之奠立者"的王夫之和"将黄帝转化为民族始祖"的"清季的汉民族主义分子"，也都是顾颉刚所说的"聪明人"，他们的历史贡献同样不容忽视。正是由于众多"聪明人"的长期努力，黄帝的人文初祖形象从原属北朝统治的黄河流域推广到大江南北、长城内外，在宽广的中华大地播撒开来，并且普遍地深入人心。所以，进入近现代的中华民族，依旧需要黄帝这面旗帜。如所周知，为了推翻最后一个封建王朝，同盟会高擎起象征民族复兴的黄帝旗帜；为了中华民族的生存，国共两党都曾以祭奠黄陵的方式倡导万众一心的团结，以战胜日本帝国主义强寇。

经过史家精心塑造和社会长期弘扬，黄帝已经成为海内外公认的中华民族人文初祖，成为广泛团结世界华人的旗帜。如今的黄帝形象更加远离上古时代，但是依旧适应中华民族发展的需要：这就是历史的辩证法则。

《中国社会科学》2012 年第 3 期

从复合制国家结构
看华夏民族的形成[*]

王震中[**]

摘要 民族可以划分为"古代民族"与"近代民族"两种类型，古代华夏民族在形成过程中经历了从"自在民族"到"自觉民族"两个发展阶段。夏商时期的华夏民族属于"自在民族"，春秋战国时期的华夏民族属于"自觉民族"。作为"自在民族"的华夏民族之所以能够在夏商时期出现，是因为夏商王朝具有多元一体的复合制国家结构，复合制王朝国家框架内能够容纳众多部族。夏代之前的五帝时代，则属于华夏民族的滥觞期，这一时期经过族邦联盟，众多的部族国家最后走向多元一体的民族的国家。

关键词 华夏民族 族邦联盟 复合制国家结构

在国家起源和发展过程中，伴随而来的是古代民族的形成。对此，一百多年前的摩尔根和恩格斯等人已有所论及。20世纪50年代中期以来，中国学术界围绕斯大林有关民族的定义，曾展开汉民族形成的探讨，并扩展到对华夏民族形成问题的研究。但由于斯大林的民族定义指的是近代民族，从而使以下一系列问题一直悬而未决：民族特别是古代民族究竟应如何定义？古代民族与近代民族的区分是什么？联系中国历史实际，古代民族形成与古代国家诞生是什么样的关系？作为汉族前身的华夏民族形成与中国古代何种国家形态和结构相关联？华夏民族形成的时间上限究竟在什

* 本文系 2012 年国家社科重大项目"中国国家起源研究的理论和方法"阶段性成果，受该项目（项目批准号：12&ZD133）资助。
** 王震中，中国社会科学院历史所研究员；山东省齐鲁文化研究院兼职教授。

么时代？显然，这些问题既涉及理论概念，也涉及与中国历史实际的结合。为此，我们在这里提出一种新思路、新视角：即对古代民族和部族重新定义，并将作为古代民族的华夏民族划分为"自在民族"与"自觉民族"两个发展阶段，在此基础上，通过考察古代国家形态和结构由"单一制的邦国"走向"多元一体复合制的夏商周王朝国家"的发展历程，阐述由部族走向民族的过程和早期华夏民族的形成。

一 民族、部族的概念及二者之间的关系

斯大林对民族曾提出这样的定义："民族是人们在历史上形成的一个有共同语言、共同地域、共同经济生活以及表现于共同文化上的共同心理素质的稳定的共同体。"斯大林的这一著名论断所指的是近代民族，他在作出上述论断的同时也指出："民族不是普通的历史范畴，而是一定时代即资本主义上升时代的历史范畴。"[①] 他又指出："在资本主义以前的时期是没有而且不可能有民族的。"[②] 按照斯大林的这些论述，在资本主义社会以前是没有民族的。

围绕斯大林关于民族的定义，从 20 世纪 50 年代到 21 世纪初期近 60 年的时间中，中国学术界联系中国古代历史的实际，曾进行过多次讨论。[③] 其中，20 世纪 50 年代，范文澜先生发表《试论中国自秦汉时成为统一国家的原因》一文，提出汉族在秦汉时代已具备斯大林所说的民族的四个特征，并得出结论说："汉族自秦汉以下，既不是国家分裂时期的部族，也不是资本主义时期的资产阶级民族，而是在独特的社会条件下形成的独特的民族。"[④] 显然，范文澜是通过"独特的社会条件下形成的独特的民族"这样的提法，来突破斯大林把民族限定在资本主义社会以来产生这样的框架。而 20 世纪 50 年代与范文澜进行商榷者，主要是批评范

---

① 《马克思主义和民族问题》，《斯大林全集》第 2 卷，人民出版社 1953 年版，第 294、300 页。

② 《民族问题和列宁主义》，《斯大林全集》第 11 卷，人民出版社 1955 年版，第 289 页。

③ 参见李振宏《新中国成立 60 年来的民族定义研究》，《民族研究》2009 年第 5 期；徐杰舜：《再论族群与民族》，《西北第二民族学院学报》2008 年第 2 期；奔骥：《关于民族形成问题的讨论近况》，《内蒙古社会科学》1983 年第 2 期。

④ 参见范文澜《试论中国自秦汉时成为统一国家的原因》，《历史研究》1954 年第 3 期，收入《历史研究》编辑部编：《汉民族形成问题讨论集》，三联书店 1957 年版。

文背离斯大林关于民族形成于资本主义上升时代的思想，并特别强调"共同经济生活"是指资本主义时期所具备的"民族市场"和"经济中心"。[①] 1956 年 8 月 10 日，《人民日报》发表费孝通、林耀华合写的《关于少数民族族别问题的研究》一文，提出"不应当用近代民族的标准来要求前资本主义时期和资本主义萌芽时期的人们共同体"[②]，而应因地制宜地对待民族识别问题。费孝通、林耀华的观点适合民族识别的具体实际，因此很快获得民族学工作者的支持。[③] 从实际出发来解决民族识别和民族命名问题，这也是当时党中央的指示精神。例如，1953 年，中共中央在讨论《关于过去几年内党在少数民族中进行工作的主要经验总结》时，毛泽东主席对于"民族"的含义作出明确指示："科学的分析是可以的，但政治上不要去区分哪个是民族，哪个是部落或部族。"毛泽东主席还特别提出"名从主人"和"尊重民族意愿"的原则。[④] 1957 年 3 月 25 日，周恩来总理在政协会议关于建立广西壮族自治区问题座谈会上做总结发言时指出："在我国，不能死套斯大林提出的民族定义。那个定义指的是资本主义上升时代的民族，不能用它解释前资本主义时代各个社会阶段中发生的有关的复杂问题。"[⑤] 这可以说是对斯大林民族定义适用范围的一个总结。

1963 年至 1965 年间，《学术研究》集中发表了一批关于民族形成和民族定义方面的讨论文章。其中有学者认为，民族可以开始出现于原始社会末期和阶级社会初期，又因各自情况不同，或处于奴隶社会时期，或处于封建社会时期。[⑥] 有学者认为，前资本主义社会的人们共同体可以叫做

---

① 参见曾文经《论汉民族的形成》；张正明：《试论汉民族的形成》；官显：《评"独特的民族"论》；杨则俊：《关于汉民族形成问题的一些意见——与范文澜同志和格·叶菲莫夫同志商榷》；魏明经：《论民族的定义及民族的实质》，均收入《历史研究》编辑部编：《汉民族形成问题讨论集》。

② 费孝通、林耀华：《关于少数民族族别问题的研究》，《人民日报》1956 年 8 月 10 日，第 7 版。

③ 参见南川《也谈族别问题》，《光明日报》1956 年 8 月 24 日；思明：《识别民族成分应该根据主要的原则》，《光明日报》1957 年 2 月 15 日；缪鸾、马曜、王叔武：《不能用近代民族的特征去衡量前资本主义时期的民族》，《光明日报》1957 年 2 月 15 日。

④ 转引自金炳镐《民族理论通论》，中央民族大学出版社 2007 年版，第 121 页。

⑤《民族区域自治有利于民族团结和共同进步》，《周恩来统一战线文选》，人民出版社 1984 年版，第 339 页。

⑥ 方德昭：《关于民族和民族形成问题的一些意见》，《学术研究》1963 年第 7 期。

"古代民族"；"古代民族"和现代资产阶级民族"四个特征"的特点有所不同，但四个特征都已具备。① 这样，"古代民族"概念的提出，应该属于民族概念内涵研究上的推进。20 世纪 80—90 年代，在改革开放的环境下，中国学术界对民族概念内涵的讨论又有一些新进展，这主要表现在：其一，有些学者坚持斯大林的民族定义，也有学者主张部分修正斯大林的民族定义，更有学者对斯大林的民族定义进行否定或批评。其二，在民族的时代范围上，已完全突破斯大林所说的民族只限于资本主义以来的限制，一些著述中明确出现"原始民族"、"古代民族"、"近代民族"等提法。当然，除按照时代划分的民族分类外，也存在诸如"游牧民族"、"农业民族"等概念。其三，在联系中国古代历史实际时，有学者已由对汉民族形成的探讨上升到对汉民族前身华夏民族形成的探讨，其中有人认为华夏民族形成于春秋战国时期，也有人主张形成于西周时期，还有人主张形成于夏代。②

进入 21 世纪，郝时远在《世界民族》上连载"重读斯大林民族定义"三篇论文③，对斯大林民族定义及相关问题的研究又有推进。文中指出："人们对斯大林民族定义所指称的'民族'在理解上往往存在问题，主要表现为将这一定义的特定对象（通常所说的'狭义的民族'）理解为普遍对象（通常所说的'广义的民族'），以致在实际应用中出现了种种矛盾和困扰。"实际上，"斯大林民族定义中的'民族'是民族国家时代的'民族'"，"我们对斯大林民族定义的理解必须限定于民族国家范畴的民族（Нация/nation）"。④ 他强调斯大林民族定义是指民族国家时代的

---

① 岑家梧、蔡仲淑：《关于民族形成问题的一些意见》，《学术研究》1964 年第 4 期。

② 参见李振宏《新中国成立 60 年来的民族定义研究》，《民族研究》2009 年第 5 期；谢维扬：《论华夏族的形成》，《社会科学战线》1982 年第 3 期；田继周：《夏代的民族和民族关系》，《民族研究》1985 年第 4 期；尤中：《夏朝的建立和华夏民族的形成及与周边民族群体的关系》，《思想战线》1997 年第 2 期；沈长云：《华夏民族的起源与形成过程》，《中国社会科学》1993 年第 1 期；陈连开：《论华夏民族雏形的形成》，《社会科学战线》1993 年第 3 期。

③ 郝时远：《重读斯大林民族（Нация）定义——读书笔记之一：斯大林民族定义及其理论来源》，《世界民族》2003 年第 4 期；《重读斯大林民族（Нация）定义——读书笔记之二：苏联民族国家体系的建构与斯大林对民族定义的再阐发》，《世界民族》2003 年第 5 期；《重读斯大林民族（Нация）定义——读书笔记之三：苏联多民族国家模式中的国家与民族（Нация）》，《世界民族》2003 年第 6 期。

④ 郝时远：《重读斯大林民族（Нация）定义——读书笔记之一：斯大林民族定义及其理论来源》，《世界民族》2003 年第 4 期。

"民族",既有助于我们对斯大林民族定义的正确理解,也论述了斯大林提炼出来的四大要素在民族国家时代的普遍性的问题。那么,对于民族国家时代之前的"古代民族"的概念内涵,应如何定义?这又是一个需要我们重新面对的问题。

首先,关于古代民族出现的时间。早在一百多年前,经典作家就认为从氏族社会向国家社会的过渡阶段开始直到国家社会的早期阶段,都是古代民族的形成时期。例如,恩格斯在《德意志意识形态》中说:"城乡之间的对立是随着野蛮向文明的过渡、部落制度向国家的过渡、地域局限性向民族的过渡而开始的。"① 恩格斯《家庭、私有制和国家的起源》在论述史前由国家转变时,曾多次说伴随其而来的是由"联合"或"融合"而形成的"民族"〔Volk〕。② 除恩格斯之外,马克思和摩尔根也都有类似看法。③

经典作家对于古代民族出现时代的这些认识,应该是学术界有关"原始民族"、"古代民族"、"游牧民族"、"农业民族"等提法的理论来源。对此,笔者以为,如果从较大范围的分类着眼,所谓"原始民族"也可以放在古代民族的范畴之中④,并进而可作"古代民族"与"近代民族"(主要指民族国家时代的民族)这样的两大划分。"古代民族"是传统意义上的自然属性的民族;而"近代民族"这一概念与近代以来形成的资本主义的民族市场和民族贸易相关联,与近代的"民族国家"(na-tion-state)相联系。⑤ 由于"古代民族"与"近代民族"形成的历史条件不同,其属性应该既有共性,也略有区别。

对于中国古代民族出现的时间上限,有些学者强调民族"是按照地域划分的"⑥,或者说"民族是以地域划分为基础的人们共同体"⑦,然后

---

① 《马克思恩格斯选集》第 1 卷,人民出版社 2012 年版,第 184 页。
② 《马克思恩格斯选集》第 4 卷,人民出版社 2012 年版,第 162、180 页。
③ 参见易建平《部落联盟与酋邦——民主·专制·国家:起源问题比较研究》,社会科学文献出版社 2004 年版,第 35—51 页。
④ 当然,在需要特别强调原始社会的民族时,"原始民族"这一概念应该是适宜、恰当的。
⑤ 也有人指出,现代欧美学者经常使用的"民族国家"(nation-state),是带有"主权属于全体公民"这样一种政治属性的近代民族。(参见秦海波:《从西班牙历史看"民族国家"的形成与界定》,《世界历史》2008 年第 3 期)
⑥ 王雷:《民族定义与汉民族的形成》,《中国社会科学》1982 年第 5 期。
⑦ 沈长云:《华夏民族的起源与形成过程》,《中国社会科学》1993 年第 1 期。

通过考察社会"按地域划分"出现的时间来确定古代民族的形成。其中，有人认为夏朝时期已产生国家，"可以作为民族形成的标志"，"凡与夏王畿的人们具有共同民族特征的诸侯国的人"，都属于夏民族的组成部分。[①] 也有人认为，夏、商、西周时期，特别是夏、商时期，由于血缘纽带的存在，所以不可能形成民族，华夏民族也只能形成于春秋战国之际。[②] 在这里，笔者认为有两点需要辨析：其一，民族有共同地域，特别是在它形成之后的相当长时间内，每个民族有自己的共同地域，但是，"有共同地域"与"按地域划分"是两个不同的概念。一个政治实体（如国家）是否按地域划分它的居民或国民，与它是否有自己"共同的地域"是不同的；同样的道理，民族问题也是这样。其二，在国家形成的标志上，恩格斯在《家庭、私有制和国家的起源》中曾提出国家形成的两个标志——按地区来划分它的国民和凌驾于社会之上的公共权力的设立。但是联系中国古代历史的实际，笔者认为按地区划分它的国民，对于古希腊、罗马是适用的，而对于中国等其他古老文明却并不适用。为此，笔者曾将国家形成的标志修正为：一是阶级的存在；二是凌驾于社会之上的强制性公共权力的设立。[③] 夏商周时期，血缘纽带还在社会的政治生活中发挥着相当大的作用，家族和宗族依旧是国家社会中政治经济实体，这样的认识已成为中国学术界的主流观点。[④] 进一步的研究还表明，商周社会中的血缘关系已属转型的血缘关系：一是氏族（clan）血缘关系已经弱化，家族和宗族的血缘关系是最基本、最主要的；二是商代已出现"大杂居小族居"格局。所谓"大杂居"是说在整个殷墟（即王都）交错杂处着许多异姓族人，呈现出一种杂居的状态；所谓"小族居"是说每一族在较小范围内

---

① 田继周：《夏代的民族和民族关系》，《民族研究》1985 年第 4 期。

② 沈长云：《华夏民族的起源与形成过程》，《中国社会科学》1993 年第 1 期。

③ 参见王震中：《文明与国家——东夷民族的文明起源》，《中国史研究》1990 年第 3 期；《中国文明起源的比较研究》，陕西人民出版社 1994 年版，第 345 页。

④ 参见李学勤《东周与秦代文明》，文物出版社 1984 年版，第 376 页；张光直：《考古学专题六讲》，文物出版社 1986 年版，第 12 页；田昌五：《古代社会断代新论》，人民出版社 1982 年版，第 88—102 页；田昌五、臧知非：《周秦社会结构研究》，西北大学出版社 1996 年版，第 17—38 页；赵伯雄：《周代国家形态研究》，湖南教育出版社 1990 年版，第 323 页；朱凤瀚：《商周家族形态研究》，天津古籍出版社 1990 年版，第 2 页；赵世超：《西周为早期国家说》，《陕西师大学报》1992 年第 4 期；王震中：《中国文明起源的比较研究》，第 347—350、434—436 页；沈长云、张渭莲：《中国古代国家起源与形成研究》，人民出版社 2009 年版，第 61、116—121 页。

以"家族"或"宗族"为单位族居族葬。① 到了西周时期，地域组织的"里"与血缘组织的"族"长期并存。② 所以，正像我们不能用古希腊、罗马的国家形成标准来套中国古代国家一样，也不能以是否完全地缘化为标准来判断中国古代民族的形成。更何况以地缘为标准的学者都是按照经典作家的有关论述作为理论依据的，而经典作家在许多地方却说民族最早出现于史前社会野蛮时代的高级阶段。如上引恩格斯在《家庭、私有制和国家的起源》中说的民族 [Volk]，就是指野蛮时代高级阶段的"民族"。当然，也许有人认为，恩格斯使用的"Volk"一词既可以指民族，也可以指比部落更高一层的较宽泛的任何社会的人们共同体，它不如"nation"（民族）那么严格。③ 但是，恩格斯之外，马克思④、摩尔根⑤在提到野蛮时代高级阶段的民族时，也使用"nation"。总之，引用马恩有关论述作理论依据时，一不能片面，二不能机械，而要以符合中国历史实际为原则。

讨论了古代民族形成的时间，接着需要讨论古代民族的定义或基本特征。斯大林关于"民族国家时代"的民族定义，尽管是指近代民族，但它包含有古代和近代民族中所共有的自然属性，这就是：语言、地域、经济生活和文化。因此，笔者以为，我们只要将其中那些属于近代内涵的内容略作修改即可，如将斯大林所说的属于民族国家时代中的"共同经济生活"，修改为古代民族中的"相同经济生活"，问题就可得以解决。为此，笔者在斯大林对近代民族（民族国家时代民族）定义的基础上，将"古代民族"定义为：古代民族是人们从古代就开始形成的一个有共同语言、共同地域、相同经济生活以及具有共同文化的、稳定的、比部落更高、更大范围的人们共同体。在上述"共同语言、共同地域、相同经济生活、共同文化"四大要素中，之所以用"相同经济生活"替换"共同经济生活"，是因为斯大林所说的"共同经济生活"，是指资本主义时期的经济联系，如"民族市场"、"民族的经济中心"等，但对于古代民族

① 王震中：《商代都邑》，中国社会科学出版社 2010 年版，第 353—359 页。
② 赵世超：《西周为早期国家说》，《陕西师大学报》1992 年第 4 期。
③ 沈长云：《华夏民族的起源与形成过程》，《中国社会科学》1993 年第 1 期。
④ 马克思：《路易斯·亨·摩尔根〈古代社会〉一书摘要》，《马克思古代社会史笔记》，人民出版社 1996 年版，第 220—221、232、302 页。
⑤ 路易斯·亨利·摩尔根：《古代社会》，杨东莼等译，商务印书馆 1977 年版，第 116—117、131—132、217、243、254 页。

来说，社会还没有发展出这种程度的经济联系，为此，笔者只能把古代民族的这一特征描述为"相同经济生活"，以此适应古代社会的经济发展阶段。这样才更符合古代历史的实际。

在中国学术界，对于古代比部落更高的族共同体，学者不但使用"民族"一词，有的也使用"部族"一词。其中，有人提出用"部族"称呼一切封建和奴隶制的人们共同体。也有人用"部族"来指氏族和部落。还有人认为：恩格斯用来称为民族的"'Volk'指的就是部族"，并说"部族国家"是"最初的国家形式"，只不过它还不是"一个真正具有公共职能的国家"，"不可能是稳定统一"。① 对于上述三种观点，笔者认为前两种是不足取的，第三种有合理性却有可商之处。其合理性在于：它说部族是比部落更高一层的带有血统特色的共同体，可以存在于奴隶社会和封建社会两种社会形态之中。其可商之处在于：它说部族国家不是一个具有政治公共职能的国家，说部族国家是不稳定的，说部族只存在于从氏族社会向阶级社会的过渡阶段。我们认为，如果一个"国家"不具有政治公共职能就不成其为国家。公共职能的强度是相对的。作为早期的国家、简单的国家，其职官系统可以不太发达，可以一职多管，但作为强制性的凌驾于全社会之上的公共权力，一定具有公共职能，其实这种强制性的公共权力就是由公共职能发展而来的。夏代之前的部族国家较之夏商周三代多元一体的统一国家（复合制国家），不能称其为统一的国家，但不能说它不具有稳定性。部族可以存在于某种国家形态之中，也可以存在于由史前社会向国家社会的过渡阶段，但不能说它只是"一个从血缘关系的氏族社会向按地域联系起来的阶级社会过渡的共同体"。

学者之所以使用与民族相对的"部族"一词，显然是认为部族与民族属于不同层次或者说是不同类型的共同体。对于两者的区别，也有学者称之为"血缘民族"与"文化民族"的不同。如有学者说："周初的大变革之后，'华夏'观念与'华夷之辨'思想方始出现，它标志着超越部族意识的'大文化观念'的产生，'文化民族'亦在此基础之上超脱于'血缘民族'的藩篱而趋于现实。"② 这是称部族为血缘民族。它强调部族的

---

① 王雷：《民族定义与汉民族的形成》，《中国社会科学》1982 年第 5 期。
② 王和：《再论历史规律——兼谈唯物史观的发展问题》，《清华大学学报》2008 年第 1 期。

血统特征，也意味着部族绝不属于部落范畴，这都是可取的。中国史书中说"部落曰部，氏族曰族"①，故而合称曰"部族"。对此，有人认为"部族"就是氏族部落，也有人认为部族是比部落更高一层的带有血统特色的共同体。在历史上，夏商周各族都以始祖诞生神话和族谱或姓族的形式展开自己的历史记忆，因此族共同体中的血缘色彩是其特征。这样，我们面对这种类型的族共同体就会有两种叫法：一是称其为"部族"，二是称其为"血缘民族"或"小民族"。两种称谓各有利弊。从语法上讲，血缘民族也是民族。提出"血缘民族"说者的意思大概是：有血统因素的民族可称为"血缘民族"或"部族"，超越血统因素而以文化为纽带的民族可称为"文化民族"或一般意义上的古代民族。然而，这种把民族划分为"血缘民族"与"文化民族"的做法，容易把民族的概念和定义搞乱。"血缘民族"与"文化民族"的划分，与"古代民族"和"近代民族"的划分不同。"古代民族"与"近代民族"的划分，是按照历史的发展划分的，也已取得共识。基于这些考虑，笔者赞成使用"部族"这一概念，并认为部族与民族既属于族共同体层次上的区别，也是性质上的区别，而并不仅仅是个类型问题。为此，我们可将部族定义为：部族是历史上比部落层次更高的、范围更大的、有共同语言、共同文化、内部各部地理位置相连（起初各部分地理位置相连，其后某部亦可迁徙而出）、带有血统特征（如姓族或族的谱系）的族共同体；部族既存在于原始社会的后期，亦存在于古代国家社会时期。原始社会后期的部族是由具有亲缘关系的各部落或酋邦或部落集团所组成；古代国家时期的部族可以建立部族国家。"部族国家"也是国家，就像我们说"早期国家"也是国家一样。部族国家是由部族所建立的国家，其国家主体为某一部族，但并非一个部族只能建立一个国家，也存在若干不同的早期国家在族属上属于同一部族的情形。做了上述概念、定义上的澄清之后，笔者认为，古代民族与部族的联系与区别可以这样表述：部族是指比部落更高一层的族共同体，古代民族是比部族更高一层的族共同体，古代民族与部族在族共同体的层次与性质两个方面都不相同；在一个古代民族的国家②中可以包括若干不同的

---

① 《辽史》卷69《部族》，中华书局1974年版，第376页。

② "民族的国家"（national state）与"民族国家"（nation-state）不同。现在欧美学术界经常使用的"民族国家"（nation-state），是指近代民族、近代国家。

部族，这种国家的结构每每是复合制国家结构，在这种国家的早期，其内诸部族的存在是明显的；部族有血统因素，古代民族超越血统而以"大文化观念"为纽带，大文化既是古代民族亦是近代民族的血脉。

二 华夏民族的自觉意识

（一）"华夏"、"诸夏"：民族称谓与民族自觉

上述理论阐述，实际上已经考虑了中国古代的历史实际。中国古史学界在具体论述华夏民族形成时，每每都是从"华夏"、"诸夏"等民族称谓的出现讲起。

作为华夏民族自称也是他称的"华夏"、"诸夏"等用语，确实在春秋战国时期最为流行。如《左传》襄公十四年记载姜戎子驹支说："我诸戎饮食衣服不与华同，赘币不通，语言不达。"戎人驹支称中原的华夏民族为"华"，称自己为"戎"。这说明"华"、"华夏"等称呼，既是华夏民族的自称，也是他称；同样道理，"戎"、"诸戎"等称谓，既是戎人的自称，也是他称。当时称呼华夏民族的用语有："华"、"夏"、"华夏"、"诸夏"等。例如，《左传》襄公二十六年有"楚失华夏"，这是把"楚"与"华夏"相对应。《左传》闵公元年记载管仲对齐桓公说："戎狄豺狼，不可厌也；诸夏亲昵，不可弃也。"《公羊传》成公十五年说："《春秋》……内诸夏而外夷狄。"都称华夏民族为"诸夏"。《左传》僖公二十一年："任、宿、须句、颛臾、风姓也，实司太皞与有济之祀，以服事诸夏……蛮夷猾（乱）夏，周祸也。"这里称"诸夏"，又称为"夏"。也有称"诸华"，如《左传》襄公四年魏绛对晋侯说："劳师于戎，而楚伐陈，必弗能救，是弃陈也。诸华必叛。戎，禽兽也。获戎失华，无乃不可乎！"是称"诸华"或"华"。《左传》定公十年载孔子语云："裔不谋夏，夷不乱华。"这里的"华"亦即"夏"。总之，华夏、诸夏、诸华、华、夏等都是一个意思，都是对华夏民族的称呼。

由于上述华夏民族的称谓通行于春秋战国时期，因而许多学者主张华夏民族形成于此时或形成于春秋战国之际。[①] 然而，笔者认为，春秋战国时期，人们用"华夏"、"诸夏"、"夏"、"诸华"、"华"等称谓来特意强

---

① 沈长云：《华夏民族的起源与形成过程》，《中国社会科学》1993 年第 1 期。

调华夏族与其他族的区别以及华夏族的一体性时，不仅表明华夏民族已经形成，更主要的是表现出当时华夏民族所具有的民族意识上的自觉。在这种鲜明民族意识中，我们看到当时的华夏民族已属一个自觉民族，看到华夏民族间的强烈的文化一体性。如前文所举出：管仲对齐桓公所说"诸夏亲昵，不可弃也"；鲁僖公母亲成风对僖公所说"蛮夷猾（乱）夏，周祸也"；魏绛对晋侯所谓放弃陈，"诸华必叛"，"获戎失华，无乃不可乎！"这些言论就是当时的华夏诸国对自己归属于华夏民族的自觉意识，它强烈地表现在与其他民族或部族交往中，人们对于本民族生存、发展、荣辱、安危等等方面的关切和维护。如果把民族的形成和发展过程用"自在民族"与"自觉民族"两个阶段来表述的话，那么，春秋战国时的华夏民族已属于"自觉民族"，即有强烈民族自觉意识的民族。我们不能据此而说华夏民族最后形成于春秋战国时期或春秋战国之间，而应该说此时的华夏民族已经是一个"自觉民族"。"自觉民族"之前还有一个"自在民族"的阶段，民族形成的起始应该从"自在民族"阶段算起。

指出春秋时期的华夏民族已属于"自觉民族"，还可以从"夏"、"华"、"诸夏"、"诸华"诸称呼的文化寓意得到证明。关于"夏"，我们从《说文》、《尔雅·释诂》、《墨子·天志》所引《大雅·皇矣》以及《荀子》中《儒效》和《荣辱》等可以看到，"夏"可训为"中国"，也训为"大"和"雅"。关于"华"字，在古文献中主要是"采章"、"华美"的意思。这与"夏"所具有的"雅"意，是完全一样的，都是"指中原衣冠服饰、礼仪制度、典章制度"。[①] 也就是说，当时华夏民族之所以称为"华"、"夏"、"华夏"、"诸夏"、"诸华"，除与夏王朝的核心地——中原地区（最早的中国）有关外，也与他们引以为自豪的中原地区的文化和文明发展的高度有极大的关系。这种在思想意识中对自己民族文化特征的自豪感，当然是民族成熟和民族自觉的一种标志。也正因为"华夏"二字代表着文明发达，华夏民族的国家属于礼仪之邦，才使得"华夏"一经成为中国最古老的主体民族的称呼后，就一直沿用至今。

（二）"华夏"合称的缘起

古文献中的"华"、"夏"、"华夏"、"诸夏"、"诸华"，有单称也有

---

① 张富祥：《先秦华夏史观的变迁》，《文史哲》2013 年第 1 期。

合称，它们之间是什么样的关系，"华夏"合称是如何出现的？这些都是研究华夏民族形成者所要考虑的，而学者对此有不同看法。章太炎曾提出，"诸华之名，因其民族初至之地而为言"，"华本国名，非种族之号"，其地即今之华山，而后来其民东迁者亦称华族，故"世称山东人为侉子者，侉即华之遗言矣"；又说"夏之为名，实因夏水而得"，其水即今之汉水，"其后因族命地，而关东亦以东夏者"。① 这是将"华夏"拆散为两族，两族的原居地都在西部。章太炎的说法完全是臆断，而且无视于作为族名（民族称呼）的"华"与"夏"以及"华夏"在出现时就指的是一族而非二族。如《左传》定公十年说："裔不谋夏，夷不乱华。"这是互文，裔，与夷同义，夏与华同义，表述的就是夏即华的意思。

也有人认为，华夏之名"由华胥而来"。② 这种以华夏民族起源于华胥氏论者有点望文生义。我们知道民族恰恰是在联合乃至融合无数氏族基础上而形成的，岂能由一位女始祖繁衍而出？这种做法与百年来人类学、民族学、历史学、考古学的发展所提供的远古时期氏族林立的知识不相符合。

考古学家苏秉琦曾根据仰韶文化庙底沟类型的彩陶纹饰以花卉为主，庙底沟类型的分布中心是豫西陕东一带，在华山附近，提出："庙底沟类型的主要特征之一的花卉图案彩陶可能就是华族得名的由来，华山则可能是由于华族最初所居之地而得名。"③ 苏先生这一说法的问题在于：他将仰韶文化早中晚三个时期（半坡期—庙底沟期—西王村期）某一时段内的崇拜现象视为其整体现象。实际上，在庙底沟时期，除了花卉纹样突出外，鸟的纹样也很突出。此外，其中还有少量的蛙纹、火纹等，所以，苏先生的观点有以偏概全的嫌疑。

在古文献中并不存在"夏"与"华"相并立的二族，《左传》定公十年"裔不谋夏，夷不乱华"，华、夏互文，也说明华族即诸夏，也就是说，就民族实体而论，春秋战国时期的"夏"、"华"、"诸夏"、"诸华"、"华夏"，指的是一个民族。此外，从华、夏二字音、义相通来看，也指

① 章太炎：《中华民国解》，《民报》15 号，1907 年 7 月 5 日。
② 李平心：《伊尹迟任老彭新考》，《李平心史论集》，人民出版社 1983 年版，第 26 页；程德祺《民俗学在社会科学中的地位》，张紫晨选编：《民俗调查与研究》，河北人民出版社 1988 年版，第 574 页。
③ 苏秉琦：《关于仰韶文化的若干问题》，《考古学报》1965 年第 1 期。

的是一个民族。对此，刘起釪做了很好的考证，其结论是："就字义训诂和音读来看，华、夏二字实能相通"，"因此把我们民族称为华族可以，称为夏族也可以，称为华夏族更可以"。① 在这里，笔者略作补充的是，在现在的陕北方言中，"下"、"吓"等字读作"哈（hà）"，声母与"华"字的声母完全相同，同属于古音中的匣纽，这也可作为"夏"、"华"二字古音相同的旁证。

关于"华夏"合称问题，还有一种意见认为："'华夏'必为'虞夏'之转写。"② 其实，这一观点也难以成立。在先秦文献中，确实有"虞夏"二字连用的情况，但都是作为"虞、夏、商、周"四朝来使用，都指前后相连的两个朝代，绝无用来指称一个民族者。从历史上看，有夏人、商人、周人、汉人、唐人，或者夏族、商族、周族、汉族这类族称的叫法；也有夏朝、商朝、周朝、汉朝、唐朝、宋朝等朝代的叫法；但作为族称，绝无"夏商人"、"商周人"、"汉唐人"、"唐宋人"，或"夏商族"、"商周族"、"汉唐族"、"唐宋族"这样的叫法，所以作为民族称呼的"华夏"联称不应该是由作为朝代联称的"虞夏"之转写。

关于"华夏"合称究竟如何产生，笔者的推测是：最初大概只称"夏"和"诸夏"之类，后来用"华"来形容"夏"，结果就出现形容词的"华"也可以作为名词单独使用而指称"夏"，这样，夏与华同义，并可以互文，相互替换，这时候的"华夏"复词也就变成互为形容的一个名词。所以，在华、夏、华夏、诸华、诸夏这类华夏民族的称呼中，夏、诸夏这样的称呼是最基本、最关键的，而华、诸华、华夏则是后起的。

（三）复合制国家结构的夏王朝的诞生与华夏民族的形成

春秋战国时期的华夏民族属于"自觉民族"，那么在"自觉民族"之前，作为"自在民族"阶段的华夏民族，出现于何时？这是华夏民族形成问题研究中的关键所在。当然对于把民族形成和发展的过程并不作"自在民族"与"自觉民族"这样区分的学者而言，也就不存在这一问题。但这种不作区分的做法却说不清楚华夏民族究竟是如何形

---

① 刘起釪：《由夏族原居地纵论夏文化始于晋南》，田昌五主编：《华夏文明》第1集，北京大学出版社1987年版，第39、40页。

② 张富祥：《先秦华夏史观的变迁》，《文史哲》2013年第1期。

成的。

华、夏、华夏、诸华、诸夏中核心是"夏"，而在春秋之前的西周时期，周人已用它来表示自己的正统性和与夏王朝相一致的民族一体感。如《尚书·君奭》周公曰："惟文王尚克修和我有夏。"《尚书·立政》周公曰："帝钦罚之，乃伻我有夏，式商受命，奄甸万姓。"这两处是周公说自己周族为"我有夏"。《尚书·康诰》成王曰："文王……肇造我区夏。""我区夏"，即我华夏地区。①

周人为何把自己说成是"我有夏"、"我区夏"？刘起釪的解释是："历史的真实是，周族的族系渊源确系沿自夏族，而且更可上溯源自姬姓的黄帝族。"② 这是主张周与夏在族源上有关系。对此，沈长云否定说："一些人惑于两个'有夏'名称的相同，或认为周人出自夏人的后裔，是不符合《尚书》的本意的"，"周人自称为'夏'……不是只表现自己这个'小邦周'，而是表现以周邦为首的灭商部落联盟。"③ 我们说，在《尚书》的《君奭》、《立政》、《康诰》诸篇中，周人自称"我有夏"是事实。问题的关键在于这里的"有夏"或"区夏"不是部族的夏而是以夏王朝为民族框架的夏，在这里，夏王朝的大国家结构与夏代的民族是一体的，可简称为民族的夏或夏民族。部族的夏是指在夏王朝尚未建立之前鲧禹时的夏族，以及夏王朝建立之后王朝内部以夏后氏为主的姒姓部族集团。民族的夏是指夏王朝建立之后，既包括姒姓的夏后氏部族，也包括子姓的商部族、姬姓的周部族等王朝内的众多部族的民族共同体，所以民族的夏就是华夏民族的意思，也是夏王朝的意思。部族的夏有血缘血统上的局限，而民族的夏即夏王朝超越了这种局限，以大文化为纽带。这种以文化为血脉的民族的夏，是夏商周三代正统之始，正统之源，对于刚刚灭商不久的周来说，当然要高举着它，打出"我有夏"、"我区夏"的旗帜，以示自己对自夏王朝而来的正统的继承，以示"文王受天有大命"、周人"天授王权"的合法性。

"华"、"夏"、"诸夏"、"诸华"、"华夏"这一系列的民族称呼，凸显了华夏民族的形成始自夏王朝。换言之，华夏民族在夏代时就是夏民

---

① 顾颉刚、刘起釪：《尚书校释译论》第 3 册，中华书局 2005 年版，第 1306 页。

② 同上书，第 1576 页。

③ 沈长云：《华夏民族的起源与形成过程》，《中国社会科学》1993 年第 1 期。

族，它与考古学界以前所谓"夏文化"的夏民族不是一回事①，它是夏王朝内包含夏部族、商部族、周部族等众多部族在内的民族，它以夏代多元一体复合制王朝国家结构为基础。在某些时候，国家可以视为民族的外壳（即外在框架）或民族聚合的一种形式。夏、商、周三代复合制国家就是华夏民族的外壳，复合制国家机制促使以华夏文化为纽带、为血脉的华夏民族的形成。

所谓夏商周三代复合制国家结构，是指在王朝内包含有王国和从属于王国的属国（或称为诸侯国）两大部分：在夏代，它是由夏后氏与其他从属的族邦所组成；在商代，它是由"内服"之地的王国与"外服"之地的侯伯等属邦所组成；在周代，它是由位于被后世称之为王畿之地的周邦（周王国）与各地的诸侯国所组成。以夏王朝为例②，夏代的王邦即王国就是夏后氏，尽管它的王都曾经迁徙，但迁徙的范围或者说活动的中心地区是在中原地区。夏后氏之外，据《史记·夏本纪》，夏的同姓族邦有有扈氏、有男氏、斟寻氏、彤城氏、褒氏、费氏、杞氏、缯氏、辛氏、冥氏、斟戈氏。③夏王朝内的异姓族邦有：己姓的昆吾、彭姓的韦国、任姓的奚仲、子姓的商族、姬姓的周族，等等。昆吾初居于帝丘濮阳，后迁于许昌，《国语·郑语》说："昆吾为夏伯。"薛国位于山东滕县，《左传》定公元年说奚仲曾担任夏朝的"车正"。子姓的商族，史书称之为"商侯"。《国语·周语》说商侯冥担任过夏朝管理或治理水的职官，并因此而殉职。关于周族，《国语·周语》说："昔我先王世后稷，以服事虞、夏。及夏之衰也，弃稷不务，我先王不窋用失其官，而自窜于戎狄之间。"也就是说，至少在夏朝前期，周人是处于夏王朝的国家框架之中的。当然，在夏王朝中作为其组成部分的各个政治实体并非都处于同一个层次，而是多层次的结合体。例如，夏代的商族君主（商的先公先王）史书虽称之为"商侯"，但据笔者的研究，夏代商族曾经历由附属于夏的中心聚落形态发展为附属于夏的邦国这样一个过程，其中从商的始祖商契至王亥时期属于中心聚落形态（即酋长制社会），而从上甲微至商汤灭夏

① 王震中：《夏商分界、夏文化分期及"夏文化"定义诸题新探》，《华夏考古》2011年第4期。

② 王震中：《夏代"复合型"国家形态简论》，《文史哲》2010年第1期。

③ 《史记》卷2《夏本纪》，中华书局1959年版，第89页。

之前则属于邦国时期①，商汤取代夏而成为新的天下共主，建立的商王朝又属于进一步发展的复合制国家形态。

商王朝的复合制国家结构②，用《尚书·酒诰》的话来说，就是由"内服"与"外服"相构成。内服之地，由在朝为官的百官组成，它是商的王邦、王国，亦即后世所谓"王畿"之地；外服之地，则由商的侯、伯等诸侯邦国所组成。《酒诰》的这一记载恰可以与《大盂鼎》"惟殷边侯田粤殷正百辟"铭文对应起来："殷边侯田（甸）"说的就是"越在外服"的"侯、甸、男、卫、邦伯"；"殷正百辟"指的就是"越在内服"的百官。由《大盂鼎》铭文可证《酒诰》所说的商代的内、外服制是有根据的，也是可信的。此外，这种内外服制还可与甲骨文中"商"与"四土四方"并贞的卜辞相对应。连接内、外服之制这一复合制国家结构的机制，一是强大的王权；另一是外服的地方邦君能够在朝廷担任各种要职，成为在朝为官者。如甲骨文中的"小臣醜"（《甲骨文合集》36419）这位在朝廷为官者，就来自山东青州苏埠屯一号大墓墓主"亚醜"家族。最近发现的殷墟花园庄54号墓也是一座在朝为官的显赫贵族墓，其青铜器铭文有"亚长"族徽，他来自甲骨文中长族邦君"长伯"（《甲骨文合集》6987正）。《史记·殷本纪》载商纣以西伯昌（周文王）、九侯（一作鬼侯）、鄂侯为商王朝的三公，也属于商王通过让"外服"的侯伯之君担任朝中要职而使之成为朝臣的情形。

我们提出夏商周三代的国家形态和结构为复合制，应该说揭示了上古中国历史的特点，符合中国上古的历史实际。以往学术界主张夏商周三代为方国联盟论者，忽视了夏王、商王和周王对于地方诸侯邦国的支配作用；而主张夏商周三代为统一的中央集权国家论者，则忽视了夏商周时期的地方诸侯邦国与秦汉以来郡县制之下的地方行政并不相同的问题。在复合制国家结构中，在统一王权的支配下，王邦与属邦是不平等的。王邦即王国，为"国上之国"，处于天下共主的地位；属邦为主权不完整的（不是完全独立的）"国中之国"。在夏代，这些属邦有许多是在夏代之前的颛顼尧舜时代即已存在的邦国，夏王朝建立后，它们并没有转换为王朝的

---

① 王震中：《商族起源与先商社会变迁》，中国社会科学出版社2010年版，第148—172页。

② 王震中：《论商代复合制国家结构》，《中国史研究》2012年第3期。

地方一级层层隶属的行政机构，只是直接臣附或附属于王朝，从而使得该邦国的主权变得不完整，主权不能完全独立，但它们作为邦国的其他性能都是存在的，所以形成了王朝内的"国中之国"。而作为王邦即位于中央的王国，则既直接统治着本邦（王邦），亦即后世所谓的"王畿"之地（王直接控制的地区），也间接支配着臣服或附属于它的若干邦国。因而王邦对于其他众邦及庶邦当然就是"国上之国"。邦国的结构是单一型的，王朝在"天下共主"的结构中，它是由王邦与众多属邦组成的，是复合型的。自夏代出现的这种复合型国家形态和结构，历经商代和周代获得进一步的发展，特别是在周代，由于大范围、大规模分封诸侯，使得这种复合型国家结构达到顶峰，形成"溥天之下，莫非王土；率土之滨，莫非王臣"的牢固理念，而这一理念也从王权的视角对复合型国家结构的整体性作了形象说明。

以上通过对华夏民族称呼的追溯，以及有关夏代复合制大国家结构就是夏代华夏民族的外壳的论述，得出华夏民族形成始自夏代的结论。也许有人会问为何在夏商时期看不见有这种称呼？笔者认为这就属于"自在民族"与"自觉民族"的差别。所谓"自在民族"就是民族意识还处于朦胧、潜在状态的民族；自己作为一个民族已经存在，但自己还不知道，或没有完全意识到。夏、商时期的华夏民族就是这样的状态。西周时期，华夏民族的共同文化得到进一步扩充和发展，民族文化中的礼仪制度、典章制度，也更加完善，民族意识也开始显现，这才使得周人自称"我有夏"，以夏为正统。再到春秋战国时期，以周天子为"天下共主"的复合制国家结构名存实亡，礼仪征伐不出自天子，天下处于混乱状态，在本民族共居之地时常出现异族的人们，致使"华夷之辨"思想和危机意识凸显出来，它强调华夏民族的一体性。所以，春秋战国时期的华夏民族非常强烈的民族意识，是在戎狄等异族的刺激下升华的。"华夷之辨"中所"辨"的是华夏文化与蛮夷戎狄的不同，它通过"华夏"这样的民族称呼，强调根在中原的本民族衣冠服饰、礼仪制度、典章制度与四夷的不同。这样的"文化民族"当然是一个"自觉民族"。而夏商时期作为自在民族的华夏民族之所以能够出现，就在于夏商王朝是多元一体的复合制国家结构，在王朝国家的框架内容纳了众多的部族。

华夏民族的形成始于夏王朝的另一证明是，在字义训诂中，"夏"也指"中国"。《说文》："夏，中国之人也。"《尚书·尧典》"蛮夷猾夏"，郑玄对"夏"注解也是指"中国"。《左传》襄公二十六年"楚失华夏"，定公十年"裔不谋夏，夷不乱华"，孔颖达疏曰："中国有礼仪之大，故称夏。"诚然，"中国"一词的概念经历了由单指"国中"，扩大为主要指"中原"，最后进一步扩大为指秦汉时期华夏民族所居住的黄淮江汉的共同地域这样一个演变过程。例如，在周初青铜器《何尊》铭文中，"中或"（中国）是指成周洛邑（在今河南洛阳）。大概从西周开始，与西周金文中的东国、南国等相对而言，"中国"也就演变为指中央之地的地域，这就是中原之地。而这样的"天下之中"的产生，就是由于在这之前，夏王朝的都城有相当长的时间是建在这里。如《竹书纪年》说："太康居斟寻，羿亦居之，桀又居之。"斟寻在今巩义市西南至偃师一带。又如《逸周书·度邑解》中武王对周公旦说："自雒汭延于伊汭，居易无固，其有夏之居。"这是说从雒水到伊水，地形平坦，以前有过夏的都城。总之，自汉代以来，"夏"字义训"中国"，与夏王朝的王都位于中原有直接的渊源。这当然可作为华夏民族的形成应当从夏王朝的出现来算起的证据。

华夏民族形成于夏王朝，崭新的王朝国家是华夏民族的外壳，是维系华夏民族具有共同语言、共同地域、相同经济生活、共同文化的稳定的人们共同体的基本条件。王朝国家的复合制结构使得它可以容纳不同的部族，但也正是这一缘故使得夏、商、西周时期，尤其是夏、商时期，民族内诸部族的相对独立性和相互界限难以消除，长期存在。这都属于尚处在"自在民族"阶段的华夏民族的时代特点。

既然中国古代最早的民族的形成始于夏王朝，那么夏代之前的五帝时代，在华夏民族的起源和形成过程中，充其量也只能视为华夏民族的滥觞时期。五帝时代可称为部族时代，与此相一致的是作为早期国家的邦国——部族国家（也称为"族邦"）的诞生。为此，部族国家的形成和它终究要走向民族的国家，也就成为五帝时代后期的历史特点。

三 五帝时代的部族国家与族邦联盟

（一）五帝时代社会发展阶段的划分

探讨古史传说中五帝时代社会历史的演进，有两方面的研究是最基本的，一是对其时代的划分，二是对有虚有实的古史传说做去伪存真的虚实剥离工作。关于三皇五帝的传说，笔者曾从重建中国上古史的视角，对它作过系统的研究，其中就涉及时代划分和虚实剥离的问题。在五帝传说的几种组合模式中，我们称那种用部族领袖或部族宗神按照纵向排列的模式为五帝的纵向模式，《史记·五帝本纪》中的五帝就是这样的模式。在这一模式中，《史记·五帝本纪》所表述的黄帝、颛顼、帝喾、帝尧、帝舜在历史舞台上称雄先后的时间顺序应该没什么大的问题，但黄帝与其他四帝即五帝之间在血统血缘上都是一脉相承的关系，是有问题的。① 五帝的这种纵向排列，给我们提供了历史演进的时间坐标。笔者以为，从《五帝本纪》所说的黄帝到尧舜这一序列，尧、舜、禹三位传说人物距离夏王朝的时代较近，作为"神话传说"所表达的"时间深度"不应该很长；而诸如黄帝之类的神话传说所反映的时间深度应当是很长的。如《左传》昭公十七年郯子说：

> 昔黄帝氏以云纪，故为云师而云名；炎帝氏以火纪，故为火师而火名；共工氏以水纪，故为水师而水名；太暤氏以龙纪，故为龙师而龙名。我高祖少暤挚之立也，凤鸟适至，故纪于鸟，为鸟师而鸟名。……自颛顼以来，不能纪远，乃纪于近，为民师而命以民事，则不能故也。

郯子所说"自颛顼以来，不能纪远，乃纪于近"，已经表明有关黄帝、炎帝、太暤、少暤等神话传说所代表的"时间深度"远比尧舜禹时期大得多，颛顼可作为二者的分水岭。

这样，我们以此为依据，可把五帝时代划分为两大段：颛顼之前的"黄帝时代"与颛顼以来的"颛顼帝喾尧舜禹时代"。这样的划分，与这两个时代在社会形态方面的差别也是一致的。黄帝时代实为国家产生之前的"英雄时代"，亦即笔者所说的"中心聚落形态"或"酋邦"阶段；而颛顼至禹的时代则是邦国产生和族邦联盟的时代。

---

① 参见王震中《三皇五帝传说与中国上古史研究》，《中国社会科学院历史研究所学刊》第 7 集，商务印书馆 2011 年版；《古史传说的"虚"与"实"》，孟世凯主编：《赵光贤先生百年诞辰纪念文集》，中国社会科学出版社 2010 年版。

关于黄帝时代的社会形态，《商君书·画策》说："黄帝之世，不麛不卵，官无供备之民，死不得用椁。事不同，皆王者，时异也。神农之世，男耕而食，妇织而衣，刑政不用而治，甲兵不起而王。神农既没，以强胜弱，以众暴寡，故黄帝作为君臣上下之义（仪），父子兄弟之礼，夫妇妃匹之合；内行刀锯，外用甲兵，故时变也。由此观之，神农非高于黄帝也，然其名尊者，以适于时也。"从中可以看到，神农之世是一个男耕女织、刑政不用、甲兵不起、大体平等的农耕聚落社会；黄帝之世，开始出现尊卑礼仪，以强胜弱，以众暴寡，外用甲兵，战争突起，这是一个出现不平等、社会发生分化、但尚未产生国家的所谓"英雄时代"，即人类学中的酋邦社会。

黄帝时代最突出的现象就是战争。例如《左传》襄公二十五年和《列子》都记载有黄帝与炎帝的阪泉之战。《史记·五帝本纪》也记载了黄帝与炎帝的阪泉之战以及黄帝与蚩尤的涿鹿之战。此外，《逸周书·尝麦》、《山海经·大荒北经》、《战国策·秦策》、《庄子·盗跖》、《尸子》等，都讲到黄帝曾进行的这些战争。战争使得人们用建筑城墙的方式来增强防御，这也是考古学上仰韶文化中晚期郑州西山城邑以及大溪文化至屈家岭文化时期的湖南澧县城头山等地城邑出现在中心聚落形态时期的缘故。

颛顼在中国史前史上的地位极为重要。他的出现，具有划时代的意义：第一，"自颛顼以来，不能纪远，乃纪于近"，有了后世天文历法意义上的年代记忆，相传有"颛顼历"也当与此有关；第二，进入颛顼时期，可以看到男尊女卑、父权已成为"颛顼之法"[①]，它也反映了此时阶级分化；第三，颛顼"乃命南正重司天以属神，命火正黎司地以属民……是谓绝地天通"（《国语·楚语下》）的做法，说明当时已出现专职的神职人员，这意味着一个祭祀兼管理阶层的形成，宗教祭祀已被统治阶层所垄断，从而使得社会进一步复杂化，这是文明化进程中划时代的现象之一。

我们说，酋邦即中心聚落形态与国家的重要区别是后者出现凌驾于全社会之上的强制性公共权力。这种强制性公共权力的一个重要表现就是出

---

① 《淮南子·齐俗训》说："帝颛顼之法，妇人不辟（避）男子于路者，拂（《太平御览》作'被'，当是）于四达之衢。"

现刑罚。文献记载，最早的刑罚出现在颛顼至禹的时代。例如，《左传》昭公十五年引《夏书》说："'昏、墨、贼、杀'，皋陶之刑也。"皋陶本属尧舜时期的东夷部族，后来到了中原。是说尧舜时期已制定有皋陶之刑。《尚书·尧典》说：皋陶"作士，五刑有服，五服三就，五流有宅，五宅三居。惟明克允"。说的也是帝舜让皋陶担任刑狱职官，施用五刑。《尚书·吕刑》："苗民弗用灵，制以刑，惟作五虐之刑，曰法。杀戮无辜，爰始淫为劓刵椓黥。越兹丽刑并制，罔差有辞。"这表明颛顼尧舜时代，南方苗蛮集团也已制定刑法，其中有劓、刵、椓、黥等极残酷的刑罚。夏朝之前，即已产生刑法，强有力地说明颛顼、帝喾、尧、舜、禹时代是一个具有强制性公共权力的早期国家时期。

（二）颛顼尧舜禹时期的族邦联盟与向华夏民族的迈进

颛顼帝喾尧舜禹时代，大体上相当于考古学上广义的龙山时代（前3000—前2000）。[①] 在考古发现中，我们看到在这一时代的后期（前2500—前2000）有一大批早期国家的都邑遗址，例如山西襄汾陶寺、河南登封王城岗、新密古城寨、山东章丘城子崖、邹平丁公、淄博田旺（桐林）、日照两城镇、尧王城、湖北天门石家河、四川新津宝墩、陕西神木石峁、浙江余杭莫角山等；在文献上，这是一个史称万邦（万国）的时代，也是尧舜禹族邦联盟存在的时代。

史书用"万邦"、"万国"来称呼尧舜禹时期的政治实体。[②] 按照先秦文献中"邦"、"国"二字的含义，"万邦"、"万国"之"邦"和"国"，指的都是国家。[③] 然而，正像夏王朝内的诸政治实体是由多层次构成的一样，夏代之前的这些"万邦"、"万国"，也是既包含有许多邦国，对此我们可以称为邦国林立；同时又包含有许多氏族、部落、酋长制族落（即现在一般所谓的"酋邦"，亦即笔者所说的"中心聚落形态"）。至于究竟有哪些属于国家，哪些属于氏族部落，哪些属于由部落正走向国家的

[①] 王震中：《三皇五帝传说与中国上古史研究》，《中国社会科学院历史研究所学刊》第7集。

[②] 参见《尚书·尧典》、《汉书·地理志》、《左传》哀公七年、《战国策·齐策四》、《荀子·富国》等。

[③] 王震中：《先秦文献中的"邦""国""邦国"及"王国"——兼论最初的国家为"都邑国家"》，陈祖武主编：《从考古到史学研究之路——尹达先生百年诞辰纪念文集（1906—2006）》，云南人民出版社2007年版。

酋长制族落，则需要通过对具体的考古学聚落遗址进行考察、分析和论证后才能作出判断和确认。大体说来，帝尧所代表的陶唐氏、鲧禹所代表的夏后氏、帝舜所代表的有虞氏，以及太暤、少暤、苗蛮族中的某些族落都已转变成邦国，属于最初的国家；而其他的，有的还属于一般的农耕聚落，有的属于中心聚落，也有的处于从中心聚落形态正走向初始国家的途中，等等。

颛顼尧舜禹时期中原地区有两大政治景观：邦国林立和族邦政治联盟。《尚书·尧典》等有关尧舜禹禅让的传说，生动描述了族邦联盟的盟主职位在联盟内转移和交接的情形。此外，关于尧舜禹之间权位的转移还有另外一种传说，如古本《竹书纪年》、《韩非子·说疑》、《孟子·万章上》所说"舜逼尧，禹逼舜"的问题。这种尧舜禹相互争斗的传说，从一个侧面反映了中原地区各个邦国之间势力消长的关系。

在尧舜禹时期的"万邦"中，由于尚未产生像夏商周三代那样作为中央王国的"国上之国"，所以当时邦国联盟领导权的产生，多以和平推举的方式进行，这就是尧舜禹禅让传说的由来；也许有的时候，盟主的产生需要依靠政治军事实力，这就会出现所谓"舜逼尧，禹逼舜"这种事情。尧舜禹禅让传说反映的所谓民主制，说的是邦国与邦国之间的平等关系，并不是某一邦国内部的关系，因而不能用尧舜禹禅让的古史传说来衡量各邦国内部的社会性质。过去用尧舜禹禅让传说来解释各邦国内部的社会性质，似乎是一个误区。同样，《礼记·礼运》所说的天下为公的大同世界，是因为当时政治实体体制的最高层次为邦国和邦国联盟，尚未出现一元政治的王朝体系；《礼运》说小康的家天下始于夏朝，这是因为从夏代开始才出现了多元一体的以王国为核心为顶点的复合制国家体系。

综合有关尧舜禹的古史传说，可以看到，尧、舜、禹是双重身份，他们首先是本邦本国的邦君，又都曾担任过联盟的"盟主"亦即"霸主"。唐尧禅位给虞舜，所传的是联盟的盟主之位，而不是唐国君主的君位。[①]对于尧舜禹时期的联盟，过去学术界一般称之为"部落联盟"。但是，既然在尧舜禹时期的"万邦"的政治实体中，已出现一些早期国家，我们称之为"族邦"或"邦国"。那么，从事物的性质总是由其主要矛盾的主

---

① 王树民：《五帝时期的历史探秘》，《河北学刊》2003年第1期。

要方面予以规定的来看，尧舜禹时期诸部族之间的关系，与其称为"部落联盟"，不如称之为"邦国联盟"或"族邦联盟"。唐尧、虞舜、夏禹之间的关系实为邦国与邦国之间的关系，只是当时随着势力的相互消长，唐尧、虞舜、夏禹都先后担任过"族邦联盟"的盟主而已。这种盟主地位就是夏商周三代时"天下共主"之前身，也就是说，夏商周三代之君"天下共主"的地位，就是由尧舜禹时期族邦联盟的"盟主"或"霸主"转化而来的。

从民族形成视角看，颛顼尧舜禹时期的国家属于部族国家。部族国家的特点是国家的民众或主体民众属于某一部族，因而在国家的政治生活中血缘关系还发挥着很大的作用；有时国君之名与部族之名可以重合；国家的最高保护神也是部族祖先神（部族宗神）。在有些时候，部族可以等同于国家；但由于部族迁徙等原因，也使得同属一个部族的人们却可以建立若干小国家。在从部落到古代民族的发展过程中，部族和部族国家是其中间的一个重要环节。而在已形成部族的情况下，各个部族之间的族邦联盟，则是由部族走向古代民族、由部族国家走向古代民族的国家的重要一环。中原地区的尧舜禹族邦联盟正是由不同部族所组成，它为其后华夏民族的形成奠定了基础。

在尧舜禹族邦联盟中，有来自北部戎狄的祁姓陶唐氏，来自西部姜戎的姜姓四岳和共工氏，来自东夷的姚姓有虞氏、偃姓皋陶和嬴姓伯益等。

帝尧陶唐氏为祁姓，既见于《世本》，也载于《左传》。而祁姓乃黄帝族十二姓之一。据《山海经·大荒西经》："有北狄之国。黄帝之孙曰始均，始均生北狄。"黄帝族由轩辕氏和有熊氏两大支、二十五宗、十二姓所组成，是部族融合的结果。[1] 其中，有熊氏大概就属于"黄帝北狄"这一支。这样，我们可以说，祁姓陶唐氏属于黄帝部族集团的"北狄"分支之一。陶唐氏最初活动于今河北唐县一带，其后逐步向南迁移，最后定居于今晋南临汾与翼城一带。《汉书·地理志》中山国唐县条下，班固自注："尧山在南。"颜师古注引："应劭曰：'故尧国也，唐水在西。'"[2]《帝王世纪》说："帝尧氏始封于唐，今中山唐县是也，尧山在焉。唐水

---

① 王震中：《三皇五帝传说与中国上古史研究》，《中国社会科学院历史研究所学刊》第7集。

② 《汉书》卷28《地理志》，中华书局1962年版，第1632页。

在西北，入唐河。"①《水经注·滱水注》唐城条亦然。② 这些都是陶唐在今河北唐县一带留下足迹的证据。其后，陶唐氏经晋中最后定居于今晋南临汾与翼城一带，这就是史书上所说的"尧都平城"，而龙山时代的襄汾陶寺遗址就是其都邑。③

虞舜有虞氏为东夷族。《孟子·离娄下》说："舜生于诸冯，迁于负夏，卒于鸣条，东夷之人也。"关于诸冯所在，以往无考。其实在今山东省诸城市即有诸冯地名。清乾隆《诸城县志》说：该"县人物以舜为冠，古迹以诸冯为首"④。今山东诸城在西汉时为诸县，春秋时为鲁国的一个邑。《春秋》庄公二十九年记有："城诸及防。"文公十二年说："季孙行父帅师城诸及防。"杨伯峻《春秋左传注》说："诸、防皆鲁邑。"朱玲玲认为："诸冯应即诸，从语言角度讲，诸冯的冯字是个轻读语尾音，如北京话的'儿'，付诸文字是可省去的，不省则作'诸冯'，省去尾音则作'诸'。"⑤ 为此，我们说诸冯在山东诸城，与孟子所说的舜为"东夷之人"颇为吻合，舜的出生地、虞舜族的发祥地在今诸城。

虞舜族另一居地是陈地，即今河南虞城。《左传》昭公八年："舜重之以明德，置德于遂，遂世守之。及胡公不淫，故周赐之姓。"《史记·陈杞世家》也说："陈胡公满者，虞帝舜之后也。"⑥《周本纪》云："武王追思先圣王，乃褒封……帝舜之后于陈。"⑦ 即今河南虞城。此地可以看成是虞舜由诸冯向西迁徙发展的第一站。

其后，虽说虞舜族在诸冯和陈地虞城都应有族人留存，但虞舜及其族团又进一步向中原迁移发展，从而在今山西平陆也出现虞城。《史记·秦本纪》：昭襄王五十三年，秦伐魏，"取吴城"。《正义》引《括地志》云："虞城故城在陕州河北县东北五十里虞山之上，亦名吴山，周武王封

① 皇甫谧：《帝王世纪》，宋翔凤、钱宝塘辑，刘晓东校点，辽宁教育出版社 1997 年版，第 12 页。

② 郦道元注，杨守敬、熊会贞疏：《水经注疏》卷 11，江苏古籍出版社 1989 年版，第 1061 页。

③ 王震中：《三皇五帝传说与中国上古史研究》，《中国社会科学院历史研究所学刊》第 7 集。

④ 宫懋让等修，李文藻等纂：《诸城县志》志八《古迹考》，乾隆二十九年（1764）刻本。

⑤ 朱玲玲：《舜为"东夷人"考》，《南方文物》2011 年第 1 期。

⑥ 《史记》卷 36《陈杞世家》，第 1575 页。

⑦ 《史记》卷 4《周本纪》，第 127 页。

弟虞仲于周之北故夏虚吴城，即此城也。"① 其地在今山西平陆县。这样，虞舜的活动地域就从山东首先转到河南虞城，再转到山西平陆。这就是《管子·治国》和《吕氏春秋·贵因》等书所说的"舜一徙成邑，再徙成都，三徙成国"。虞舜到中原之后的都邑，按照皇甫谧的说法："舜所都，或言蒲阪，或言平阳，或言潘。"② 也由于虞舜从东夷之地来到中原，并成为中原地区族邦联盟的盟主，所以《史记·五帝本纪》说："舜，冀州之人也。"③

四岳和共工氏也是尧舜禹族邦联盟的重要组成部分，可他们却来自姜戎。《国语·周语中》说："齐、许、申、吕由太姜。"《国语·周语下》："昔共工氏……欲壅防百川……其后伯禹念前之非度……共工氏之孙四岳佐之……皇天嘉之……祚四岳国……赐姓曰姜，氏曰有吕。…… 申、吕虽衰，齐、许犹在。"从这两段话可以看到，申、吕、齐、许四国都是姜姓，是四岳的后代，而四岳则是共工的从孙。但就是这个姜姓的四岳却又被称为"姜戎"。《左传》襄公十四年："执戎子驹支。范宣子亲数诸朝，曰：'来，姜戎氏！昔秦人迫乃祖离于瓜州，乃祖吾离被苫盖，蒙荆棘，以来归我先君。……'对曰：'惠公蠲其大德，谓我诸戎是四岳之裔胄，毋是剪弃，赐我南鄙之田……'"在这段话中，戎人驹支说"我诸戎是四岳之裔胄"，四岳与诸戎原本为同一部族。

上述情况说明，不同部族的人们来到中原地区后，在建立各自的部族国家的同时，也组建了一个族邦联盟。这样，对于一个个部族国家而言，其国人可以是同一部族血缘的族众；但对于联盟而言，却超脱了部族血缘的藩篱，从而也会逐步产生超越部族意识的某些新文化因素。而这种新文化因素就是促使各部族的人们朝着民族方向发展的动因，并由血缘的部族走向文化的民族。然而，由于族邦联盟毕竟是松散的、不稳定的，随着盟主的更换，联盟的中心也是游移的。所以，对于民族的形成来说，仅仅有某些新文化因素是远远不够的，它需要有一种更大范围的、超越邦国限制的、能容纳和包裹诸部族的"大国家机制"。而从其后出现的夏王朝的历史实际来看，这种"大国家机制"就是我们前面所说的"复合制国家结

---

① 《史记》卷5《秦本纪》，第219页。

② 《史记》卷1《五帝本纪》"集解"，第44页。

③ 南方也有关于舜的传说。笔者认为，这或者是由于虞舜的活动时常到达南方，或者是舜的势力和文化影响传播到南方，或者是由于舜死于南方的缘故。

构"。只有复合制国家结构才会出现多元一体的政治格局，才使分散的部族国家走向某种形式统一的民族的国家，出现王朝体制下的以大文化为血脉和纽带的华夏民族。

这里所谓"某种形式统一"意味着与秦汉以后统一的多民族国家不同。秦汉以来的"统一的国家"即国家统一，是以郡县制为行政机制的中央与地方层层隶属管辖的单一制的中央集权国家，而夏商周三代复合制王朝国家内的诸从属邦国，虽说不具有独立的主权，但它们的邦君是世袭的，邦内的政治、经济、军事等诸多权力都具有相对独立性。尽管如此，这种复合制以王为天下共主而把不同部族的人们包含在王朝体系之中，从而使得我们所说的古代民族四大要素或四个自然属性——共同语言、共同地域、共同文化和相同经济生活，在夏、商、周王朝已经具备。

具有共同语言，我们可以从唐虞、夏商周的汉字体系得到证明。我们知道，文字是以语言为基础的。商代晚期的青铜器铭文与周代的铜器铭文、商人殷墟的甲骨文与周人周原的甲骨文，以及商代甲骨文与周代的金文，它们完全为一个文字系统即汉字系统，是毫无疑问的。我们还没有发现夏代的文字，但夏代之前的山西襄汾陶寺都邑遗址却发现有使用文字的情况，目前已经公布的两个字，尽管在具体字义的释读上还未成为定论，但这两个字属于汉字系统是没有疑问的。① 我们在以前的研究中已论证陶寺都邑是尧舜禹时期的邦国都城，而且很可能就是帝尧陶唐氏的都城。这样就可以证明：从尧舜禹族邦联盟使用的语言到夏商周三代王朝使用的语言是同一个汉语语言体系，其中尽管各部族之间有方言的不同，但它们属于共同的语言是没问题的。具有共同地域，是指夏商周三代王朝国家所具有的领土，其中夏商周三代王都所在地即中原地区是共同地域的核心区。也正因为此，在字义训诂中，人们才把"华夏"之夏称为"中国"，华夏民族从夏朝开始就具有共同的中原之地。在某种意义上，我们把国家称作民族的外壳，在这点上，复合制的王朝国家就成为华夏民族外在框架。具有共同的文化，是指自夏朝以来以中原为核心的华夏民族在衣冠服饰、礼仪制度、典章制度、宗教崇拜和祭祀以及宇宙观等方面所具有的共同性。在这方面，夏商周三朝虽有变

---

① 王震中：《中国文明起源的比较研究》，中国社会科学出版社 2013 年版，第 264 页。

化，但正如孔子所言，殷因于夏礼，周因于殷礼，它们之间只是有所损益而已。具有相同的经济生活，并非指王朝内各个从属于王室的族邦向王室的贡纳，也并非指中原与各地的经济贸易往来，而是指生活在复合制王朝国家中的人们，因地理和生态环境相同，经济类型相同，因而具有相同的生产与生活的方式和生活习惯。

总之，随着从尧舜禹时期的族邦联盟向多元一体复合制的夏王朝的转变，原来的诸部族国家就变成民族的国家，华夏民族开始形成应当以夏朝为其时间的上限。

《中国社会科学》2013 年第 10 期

敞田制与英国的传统农业

向　荣[*]

摘要　敞田制是 18、19 世纪以前英国很多地区曾经采用的一种田制，它的起源、性质和效率是国内外学者长期争论的问题。敞田制并非日耳曼农村公社土地制度的历史遗存，也不是阻碍中世纪英国农业技术进步的不可逾越的障碍。相反，它是适应英国中世纪早期的经济环境出现的，并使英国传统农业保持了数世纪的繁荣。随着英国商品经济和近代农业的发展，敞田制逐渐淡出了历史舞台，但它曾经有过的合理性仍值得充分肯定。

关键词　敞田制　英国　传统农业

一　问题的提出

敞田制（open field system）是中世纪英国除西北、西南之外大多数地区曾经采用的一种田制（肯特郡是否存在敞田制，学术界尚有争议），其中不少地区的敞田延续到 18、19 世纪。[①] 著名农史学家琼·瑟斯克将敞田制归纳为四要素：第一，耕地和草地划分为条田，每个农户占有若干分散的条田；第二，在收获后和休耕期，耕地和草地要敞开用于公共放牧；第三，有公共牧场和荒地，条田占有者享有在那里放牧以及拾柴火、泥炭等物的权利；第四，上述活动由庄园法庭或村民会议统一规定并管理。其中第二点最为重要。[②] 敞田受到一定程度的公共控制，史家通常又称之为

---

* 向荣，武汉大学历史学院教授。

① 英国敞田分布可参见 Bruce M. S. Campbell and Ken Bartley, *England on the Eve of the Black Death: An Atlas of Lay Lordship, Land and Wealth*, 1300 – 1349, Manchester: Manchester University Press, 2006, pp. 55 – 68。

② Joan Thirsk, "The Common Fields," *Past and Present*, No. 29, 1964, pp. 3 – 25.

"公田"（common field）。前者突出其外貌特征，后者侧重其性质和功能。

敞田制是破解英国传统农业的关键，一直受到西方学界的重视。从一开始，研究重点就集中在两个方面：一是所有权，二是敞田制与农业技术进步的关系。19 世纪著名法学家梅因认为，人类社会或先或后地经历了从土地公有向私有转变的过程；敞田制的实质是土地公有，它是日耳曼人农村公社土地所有制的历史遗存。[①] 俄裔英国法律史专家保罗·维诺格拉多夫指出，敞田制是部落时代的公有传统在新的农业环境中的表现，理想型的财产权属于整个集体而非个人。[②] 虽然中世纪英国的条田已不像过去的份地那样定期重分，但是，"公有的原则及其平等化倾向依然是规制整个公社的有效力量，并强大到足以使领主和自由持有农屈从于它的习惯影响。"[③] 英国农史研究的奠基人厄恩利勋爵认为，敞田制是落后的，不利于提高农业劳动生产率。[④] 因此，通过圈地将敞田制中的公田变成个人可以自由支配的私田，是农业技术进步和乡村经济发展的必要前提；18 世纪特别是 1760 年乔治三世继位后，英国农业技术的"重大变化"与议会圈地紧密相连。[⑤]

19 世纪著名法律史专家、英国实证主义史学奠基人梅特兰很快对梅因、维诺格拉多夫的"农村公社起源说"提出了质疑。[⑥] 他认为在英国，稳定的农业与农民对土地的独自占有是相伴而生的，不存在从土地公有向土地私有的转变。虽然日耳曼入侵者以平等的方式分割土地——彼此交错的条田由此产生，但一旦分割完毕，条田就属于个人，村民会议无权进行再分配。随着时间的推移，他们的私有产权，包括可继承、可转让的权

① Henry Sumner Maine, *Village-Communities in the East and West*, London: John Murray, 1876, pp. 65 – 99.

② Paul Vinogradoff, *Outlines of Historical Jurisprudence*, Vol. I, London: Oxford University Press, 1920, pp. 321 – 343.

③ Paul Vinogradoff, *Villainage in England*, Oxford: Clarendon Press, 1968, pp. 237 – 238.

④ Lord Ernle (Rowland E. Prothero), *English Farming: Past and Present*, London: Longmans, 1917, pp. 247 – 248.

⑤ Lord Ernle, *English Farming: Past and Present*, p. 149.

⑥ 西方学者关于 19 世纪农村公社问题的争论，可参见 Clive Dewey, "Images of the Village Community: A Study in Anglo-Indian Ideology," *Modern Asian Studies*, Vol. 6, 1972, pp. 291 – 328; J. W. Burrow, "'The Village Community' and the Uses of History in Late Nineteenth-Century England," in Neil McKendrick, ed., *Historical Perspectives: Studies in English Thought and Society, in Honour of J. H. Plumb*, London: Europa Publications, 1974, pp. 255 – 284。

利，发展得越来越充分。草地、森林和牧场也并非公有，它们是耕地所有权的附属物，只有拥有耕地的农户才有权使用。在他看来，梅因和维诺格拉多夫混淆了"公有"（communal ownership）和"共有"（co-ownership）概念，所谓"共有"是指村共同体中的个人按份持有土地，并享有份地的产权和利益。① 20 世纪六七十年代，修正派农史学家对梅因－维诺格拉多夫－厄恩利的学术正统提出了挑战。瑟斯克认为敞田制直到 12、13 世纪才出现，它是在人口增长的压力之下集约使用土地的结果。当时是英国人口增长的高峰期，由于分割继承和开垦荒地，产生了大量碎化的条田；与此同时，由于牧场锐减，条田的持有者为了维持混合农业中的农牧平衡，不得不将收获后或休耕期的条田集中起来，用作公共牧场。② M. A. 哈文登、J. L. 琼斯和埃里克·克里奇等人的研究表明，敞田制并非农业技术进步不可逾越的障碍，厄恩利所说的 18 世纪后期农业的"重大变化"，其实在 16、17 世纪的敞田上已经发生，包括引进新的饲料作物（如萝卜和豆类）、将两田轮作或三田轮作改为草—田轮作、水灌草地等。③ 经济学家则指出敞田制是农民理性的抉择，而不是受农村公社平等主义传统的影响。唐纳德·N. 麦克洛斯基承认敞田制是低效率的，但它的长期延存可从经济学角度予以解释：农民的耕地以条田的方式相互交错，旨在分担歉收的风险。④ 卡尔·J. 达尔曼认为条田分散是为了保证混合农业有效运行。混合农业要求农民将休耕地和收获之后的耕地敞开变成公共牧场，以提高土地资源的利用率；条田分散可以防止农户退出从而对整个制度造成破坏。⑤

---

① Frederic William Maitland, *Domesday Book and Beyond*, Cambridge：Cambridge University Press，1987，pp. 337 – 349.

② Joan Thirsk，"The Common Fields," pp. 3 – 25.

③ M. A. Havinden，"Agricultural Progress in Open-Field Oxfordshire," *Agricultural History Review*，Vol. 9，1961，pp. 73 – 83；E. I. Jones，"Agriculture and Economic Growth in England，1660 – 1750：Agricultural Change," *Journal of Economic History*，Vol. 25，1965，pp. 1 – 18；Eric Kerridge，*The Agricultural Revolution*，London：George Allen & Unwin，1967；Eric Kerridge，"The Agricultural Revolution Reconsidered," *Agricultural History*，Vol. 43，1969，pp. 463 – 476.

④ Donald N. McCloskey，"English Open Fields as Behavior towards Risk," *Research in Economic History*，Vol. 1，1976，pp. 124 – 170；Donald N. McCloskey，"The Persistence of English Common Fields," in William N. Parker and Eric L. Jones，eds.，*European Peasants and Their Markets：Essays in Agrarian Economic History*，Princeton：Princeton University Press，1975，pp. 73 – 119.

⑤ Carl J. Dahlman，*The Open Field System and Beyond*，Cambridge：Cambridge University Press，1980，pp. 141 – 145.

　　20 世纪 90 年代, 经济史学家格雷戈里·克拉克、罗伯特·C. 艾伦采用计量分析方法, 对英国 13、14 世纪的庄园档案和 19 世纪中期的政府统计资料进行比较研究, 支持并发展了修正派农史学家的观点。他们的研究表明, 在此期间不仅单位土地面积的产量大幅度增长, 而且劳动者的人均产出即农业劳动生产率也有很大提高。在他们看来, 增长主要发生在 16、17 世纪, 即 1750 年左右开始的议会圈地之前。艾伦还认为: "近代早期产量上升, 还有劳动生产率增长的一半, 首先要归功于小规模的、敞田的农场主。"[①] 圈地对于英国农业革命的贡献几乎微乎其微, 只是导致了农业收入朝着有利于领主的方向进行再分配。[②]

　　国内学者对英国的敞田制也很重视。马克垚先生曾经重点介绍了西方学者关于重犁与条田形成的几种解释, 但在他看来, 敞田制是原始农村公社土地所有制的历史遗存。[③] 舒建军认为敞田以及相关公共权利的存在具有合理性, 18 世纪中后期开始的大规模圈地更多是观念诉求, 即认为圈地在价值上优于敞田, 与具体的农业改良并无多大关系。[④] 文礼朋认为在中世纪和近代早期, 敞田制是一种有效率的产权制度安排, 不仅能够有效利用土地, 还可以分散风险。[⑤] 赵文洪指出, 敞田制的财产权利具有公共性;[⑥] 敞田制安排, 例如分散的条田以及对沼泽、林地和荒地的公共使用等, 反映了平等精神, 这种精神来自日耳曼和基督教

---

① Gregory Clark, "Labour Productivity in English Agriculture, 1300 – 1860," in Bruce M. S. Campbell and Mark Overton, eds., *Land, Labour and Livestock: Historical Studies in European Agricultural Productivity*, Manchester: Manchester University Press, 1991, pp. 211 – 235; Robert C. Allen, "The Two English Agricultural Revolutions, 1450 – 1850," in Bruce M. S. Campbell and Mark Overton, eds., *Land, Labour and Livestock: Historical Studies in European Agricultural Productivity*, pp. 236 – 254, quotation in p. 253.

② Robert C. Allen, *Enclosure and the Yeoman*, Oxford: Clarendon Press, 1992, pp. 171 – 187; Gregory Clark, "Commons Sense: Common Property Rights, Efficiency, and Institutional Change," *Journal of Economic History*, Vol. 58, 1998, pp. 73 – 102.

③ 马克垚:《西欧封建经济形态研究》, 人民出版社 2001 年版, 第 263—270 页。

④ 舒建军:《近代早期的发展模式: 英国的公田与公共权利》, 赵汀阳主编:《年度学术 2006: 农村与城市》, 中国人民大学出版社 2006 年版, 第 146—198 页。

⑤ 文礼朋:《中世纪和近代早期英格兰敞田经营制度再认识》,《史学月刊》2006 年第 9 期。

⑥ 赵文洪:《英国公地制度中的财产权利》, 侯建新主编:《经济—社会史评论》第 4 辑, 三联书店 2008 年版, 第 69—82 页; 赵文洪:《公地制度中财产权利的公共性》,《世界历史》2009 年第 2 期。

的原始平等传统。①

　　然而问题并未到此结束。首先，20世纪八九十年代以来，乡村景观史学家利用现代考古技术进行了大规模田野调查，发现敞田制既不是盎格鲁—撒克逊人带来的，也不是12、13世纪才出现，而是撒克逊时代晚期（850年至诺曼征服）分散的个体小农场重组的结果。② 其次，克里奇、艾伦等人的观点并未被学界普遍接受。马克·奥弗顿认为中世纪与19世纪中期的比较，并不能说明英国农业劳动生产率的大幅度提高发生在16、17世纪，通过对遗产清单和农业部调查报告等资料的研究，他重申敞田制是落后的，18、19世纪议会圈地是英国农业革命必不可少的前提。③ 布鲁斯·M. S. 坎贝尔、汤姆·威廉森、马克·贝利等人对"规范的"敞田制和"不规范的"敞田制的比较研究表明，中世纪和近代早期的农业进步主要发生在"不规范的"敞田制地区，例如东诺福克，而米德兰（the Midlands，即中部地区）严格的公共控制则是农业进步难以克服的障碍。④

　　可见，敞田制的起源、性质和效率等需要再认识。本文在西方研究成果的基础上探讨这些问题，并特别注意两点：（1）重视敞田制与中世纪英国经济环境，特别是农业生产环境之间的互动，避免不恰当地诉诸历史或过分强调制度因素的作用；（2）将考察范围扩大到米德兰地区以外，指出敞田制在中世纪英国是普遍存在的，但也有地区多样性，并对中世纪及其以后英国农业的发展具有重要影响。

----

① 赵文洪：《公地制度中的平等精神》，《史学集刊》2010年第7期；赵文洪：《欧洲公地制度的政治学遗产》，《学海》2011年第2期。

② David Hall, "The Late Saxon Countryside: Villages and Their Fields," in Della Hooke, ed., *Anglo - Saxon Settlements*, *Oxford: Basil Blackwell*, 1988, pp. 99 - 122; Della Hooke, "Early Medieval Estate and Settlement Patterns: The Documentary Evidence," in Michael Aston, David Austin and Christopher Dyer, eds., *The Rural Settlements of Medieval England: Studies Dedicated to Maurice Beresford and John Hurst*, Oxford: Basil Blackwell, 1989, pp. 9 - 30; Carenza Lewis, Patrick Mitchell - Fox and Christopher Dyer, *Village, Hamlet and Field: Changing Medieval Settlements in Central England*, Macclesfield: Windgather Press, 2001, pp. 171 - 173.

③ Mark Overton, "Re-Establishing the English Agricultural Revolution," *Agricultural History Review*, Vol. 44, 1996, pp. 1 - 20; Mark Overton, *Agricultural Revolution in England: The Transformation of the Agrarian Economy* 1500 - 1850, Cambridge: Cambridge University Press, 1996, pp. 5 - 9, 164 - 167.

④ Bruce M. S. Campbell, "The Regional Uniqueness of English Field Systems? Some Evidence from Eastern Norfolk," *Agricultural History Review*, Vol. 29, 1981, pp. 16 - 28; Tom Williamson, "Understanding Enclosure," *Landscapes*, Vol. 1, 2000, pp. 56 - 79; Mark Bailey, "The Form, Function and Evolution of Irregular Field Systems in Suffolk, c. 1300 to c. 1550," *Agricultural History Review*, Vol. 57, 2009, pp. 15 - 36.

二　英国敞田制的缘起

按照传统观点，敞田是日耳曼人古已有之的耕作制度，英国的敞田制是 5 世纪入侵不列颠的盎格鲁—撒克逊人带来的。这种观点的主要依据有二：一是 1 世纪罗马历史学家塔西陀对古日耳曼人土地和耕作制度的记载，二是 7 世纪西撒克逊王国《伊尼法典》的相关条款。[①] 但是，通过仔细推敲这些材料，我们发现它们提供的信息与敞田制并不一致。

塔西陀在《日耳曼志》中说："可耕地由所有人共同占据，（其大小规模）视耕者人数而定。他们然后按照身份对上述土地进行分配。因为土地丰足，分配起来比较容易。他们年年变换耕地，但仍有土地剩余。由于土地如此肥沃和丰富，他们并不费力去种植果园、另辟草地和灌溉菜园：谷物是他们对土地唯一的索取。"[②] 这段话反映了尚处在游牧、半游牧阶段的日耳曼原始农业的状况。日耳曼农业具有拓殖性质：土地先由参与开拓的部落或氏族集体占据，然后再按身份和地位进行分配。由于土地丰富，加上年年变换耕地，他们没有形成定居的农耕民族那样明确的土地所有权观念。按照塔西陀的描述，日耳曼农业简单粗放，作为罗马集约农业象征的果园、菜园和专门生产干草的草地，在他们那里是见不到的。中世纪的敞田则是一种复杂的、精心规划的集约农业制度，通过将农民闲置的耕地转变为公共牧场，实现了中世纪欧洲特有的农业和畜牧业的有机结合。但在《日耳曼志》中看不到农牧有机结合的迹象，也见不到敞田制的主要特征——条田和对麦茬地的公共使用。

《伊尼法典》是盎格鲁—撒克逊人入侵不列颠两个世纪后制定的，更能反映他们早期的土地和耕作制度，与之相关的条款有两条。第 40 条规定："一个刻尔[③]的宅地必须在冬夏季节圈围起来。如果未围，邻居的牛通过他自己（留下）的豁口进入，他对该牛没有任何权利，他只可将它

---

① W. O. Ault, *Open - Field Farming in Medieval England: A Study of Village By-Laws*, London: George Allen & Unwin, 1972, pp. 16 - 17; Dorothy Whitelock, "General Introduction," in Dorothy Whitelock, ed., *English Historical Documents*, c. 500 - 1042, London: Routledge, 1996, pp. 67 - 68.

② Tacitus, Agricola, *Germany, and Dialogue on Orators*, Indianapolis and Cambridge: Hackett Publishing Company, 2006, p. 76.

③ "刻尔"（ceorl）是盎格鲁—撒克逊时代的普通自由民。

赶出去，自己承受损失。"① 该条款反映的制度很清楚，农户的宅地是私有的，并具有圈围的外观。"宅地"在古英语中为"worthig"，因有表示住宅之意，所以有的译者译为"宅地"（"homestead"）。② 然而，需要特别指出的是，不能简单地将"宅地"理解为住宅周围小块的土地。实际上，《伊尼法典》中的"worthig"是指一种农场类型，即圈围的独立农场，其中有的面积很大。③ 德拉·胡克通过赐地文书、地名和《伊尼法典》互证，得出了与福克斯相同的结论。胡克认为圈围农场是罗马和早期盎格鲁—撒克逊时代普遍存在的农场类型，直到盎格鲁—撒克逊时代晚期，才在业已开垦、农业人口密集的地区（如米德兰）被敞田所取代，但在畜牧和多林木地区则保留了下来。④

学界的争论主要集中在对《伊尼法典》第 42 条的解释上。该条款规定："如果刻尔们有公共草地或其他划分为份的土地要圈围起来，有些人围了他们的那部分，而有些人没有，（如果牛）吃了他们公共的庄稼或牧草，那些对豁口负有责任的人要去向其他那些围了的人付钱，作为对其造成损失的赔偿。"⑤ 维诺格拉多夫认为此处的份地就是条田；他根据中世纪的经验进一步推论，农户的条田彼此交错；收获之后所有的条田要集中起来，变成公共牧场。⑥ 但是，H. P. R. 芬伯格认为，从该条款推导不出条田制；相反，农户的份地很可能是成块的，而不是分散的，这样每个人的土地都延伸到大田的边缘，他们各自负责圈围靠近自己的那部分。⑦ "公共的"（common）并非公共所有，而是泛指份地农大家的，唯有如此，才能理解为什么因邻居之过蒙受损失的农户要得到赔偿。⑧ 芬伯格认

---

① "The Laws of Ine（688 – 694），" in Dorothy Whitelock, ed., *English Historical Documents*, c. 500 – 1042, p. 403.

② 《英国历史文献：约 500—1042 年》（*English Historical Documents*, c. 500 – 1042）也如此翻译。

③ H. S. A. Fox, "Approaches to the Adoption of the Midland System," in Trevor Rowley, ed., *The Origins of Open-Field Agriculture*, London: Croom Helm, 1981, pp. 86 – 87.

④ Della Hooke, "Early Medieval Estate and Settlement Patterns: The Documentary Evidence," p. 24.

⑤ "The Laws of Ine（688 – 694），" p. 403.

⑥ Paul Vinogradoff, *The Growth of the Manor*, London: George Allen, 1911, p. 174.

⑦ H. P. R. Finberg, ed., *The Agrarian History of England and Wales*, Vol. I, Cambridge: Cambridge University Press, 1972, pp. 417, 489.

⑧ H. P. R. Finberg, ed., *The Agrarian History of England and Wales*, Vol. I, pp. 416 – 417.

为，敞田制的出现应晚于 7 世纪，但早于瑟斯克所说的 12、13 世纪，因为 10 世纪的赐地文书已有关于条田的明确记载。① 芬伯格的观点得到福克斯、胡克等人的支持。② 963 年的一份赐地文书显示，威尔特郡埃文的 3 海德（hide）土地由"散布在公田四处的单英亩（single acre）"组成，③ 此处的英亩就是条田。按照中世纪的标准，条田是一架犁一天能耕的地，约一英亩。④ 982 年国王艾特尔雷德赐予大臣艾尔福加 5 海德土地，"四周都没有被清晰的界线划开，因为左边和右边都有彼此交错的英亩（acre）。"⑤ 鉴于 7 世纪中叶已有赐地文书，此前则无相关记载，因此，芬伯格认为敞田制不会出现太早。⑥

20 世纪八九十年代以来，乡村景观史研究异军突起，主要关注居民点和田制形貌，但对解决敞田制的起源仍大有裨益。敞田有明显的外部特征，其中最具代表性的是重犁耕过留下的田垄和犁沟。重犁由犁刀、犁铧和泥土翻板组成。犁刀用于切割草皮；犁铧用于深耕松土；翻板是侧斜式的，将松土推向右边，形成田垄，在左边留下犁沟。田垄通常高 1 英尺左右，有些地方甚至达 3 英尺。⑦ 除垄沟外，还有构成"弗隆"（furlong）边界的土堤。所谓"弗隆"是敞田中的小田，由同一走向的一组条田组成。使用重犁会在条田尽头留下多余的土，久而久之形成被称为"头"（head）的土墩，一组条田的"头"连在一起，组成直线"头田"（headland）；"弗隆"与"弗隆"之间有类似原因形成的"接缝"（joint）。"头

---

① H. P. R. Finberg, ed. , *The Agrarian History of England and Wales*, Vol. I, pp. 489 – 490.

② H. S. A. Fox, "Approaches to the Adoption of the Midland System," pp. 84 – 85; Della Hooke, "Early Medieval Estate and Settlement Patterns: The Documentary Evidence," pp. 20 – 21.

③ Quoted in Della Hooke, "Early Medieval Estate and Settlement Patterns: The Documentary Evidence", p. 20.

④ 标准的一英亩是 22 码宽，220 码长，但实际上多数地区，特别是东南部地区的条田达不到这个数，有的只有半英亩，甚至三分之一英亩。

⑤ Quoted in Della Hooke, *The Landscape of Anglo-Saxon England*, London: Leicester University Press, 1998, p. 121.

⑥ H. P. R. Finberg, ed. , *The Agrarian History of England and Wales*, Vol. I, p. 493. 芬伯格认为英国敞田制的出现可能与斯堪的纳维亚人的入侵有关。

⑦ 马克垚:《西欧封建经济形态研究》，第 264—266 页；David Hall, "The Origins of Open-Field Agriculture: The Archaeological Fieldwork Evidence," in Trevor Rowley, ed. , *The Origins of Open-Field Agriculture*, p. 23; David Hall, *Medieval Fields*, Aylesbury: Shire Publications, 1982, p. 6。

田"和"接缝"高达 3 英尺，构成了将不同"弗隆"区别开来的界堤。①
在英国某些地区，如东盎格利亚，可能由于土质疏松而不适合使用重犁，
或者由于较早地改变了耕作方式，田垄和犁沟早已不存在，但构成"弗
隆"边界的土堤还在。利用现代技术对残存的垄沟和"弗隆"进行考察，
不仅可以还原敞田过去的形貌，还可以确定某些敞田最早成型的年代。②
在人们熟悉的英国中世纪敞田遗址中，蒙哥马利的亨·多姆是 11 世纪的，
这里的田垄被当年的土方工程掩埋从而得以保存了下来；约克郡的本特
利·格兰奇是 12 世纪的，当年的垄沟被压在了废弃的煤渣堆下。③ 在米
德兰重点发掘的乡村遗址——北安普敦郡的劳恩兹，考古学家发现了一块
完整的领主直领地"弗隆"，地上覆盖着条田，属于 9、10 世纪。④ 结合
以上文献资料，乡村景观史学家关于敞田制直到撒克逊时代晚期才出现的
结论似乎是可信的。

　　在中世纪英国和欧洲北部其他地区，乡村居民点的类型与田制关系密
切。独立农庄（farmstead）和散村（hamlet）的土地通常是圈围的，并由
农民独自占有。只有在集中居住的核心村庄（nucleated village），农民的
土地才是敞开的，并受到一定程度的公共控制。R. H. 希尔顿解释说：
"当村民们的持有地由相互交错的耕地组合构成，并拥有对荒地的附属公
共权利时，他们的住宅必定聚集在一起。只有通过这种安排，他们才能大
致均等地接近像散布在罗盘四个方位的所有持有地。"⑤ 因此，乡村景观
史对居民点的研究可以作为了解敞田制起源的佐证。

　　按照塔西陀的记载，日耳曼人的居住方式分散，"众所周知，日耳曼

---

　　① David Hall, "The Origins of Open-Field Agriculture: The Archaeological Fieldwork Evidence",
pp. 23 – 25; David Hall, Medieval Fields, pp. 6 – 8.

　　② David Hall, "Fieldwork and Documentary Evidence for the Layout and Organization of Early Me-
dieval Estates in the English Midlands," in Kathleen Biddick, ed., Archaeological Approaches to Medie-
val Europe, Kalamazoo, Mich.: Medieval Institute Publications, 1984, pp. 44 – 49; David Hall, "Field
Systems and Township Structure," in Michael Aston, David Austin and Christopher Dyer, eds., The
Rural Settlements of Medieval England: Studies Dedicated to Maurice Beresford and John Hurst, pp. 193 –
194.

　　③ David Hall, "The Origins of Open-Field Agriculture: The Archaeological Fieldwork Evidence,"
p. 26.

　　④ David Hall, "The Late Saxon Countryside: Villages and Their Fields", p. 108.

　　⑤ R. H. Hilton, a Medieval Society: The West Midlands at the End of the Thirteenth Century,
Cambridge: Cambridge University Press, 1983, pp. 15 – 22, quotation in p. 17.

人不住城市，他们甚至不喜欢将住宅连接在一起。他们单独地、分散地居住，因为一眼泉水、一块地或一个小树林都能吸引他们。他们不按我们建筑集中、相互毗邻的方式规划村庄，而是每一个住宅周围都留上空地，要么是为了防止火灾，要么是因为缺乏建筑技术。"① 早期盎格鲁—撒克逊人仍保留这种传统。北安普敦郡是中世纪英国核心村庄和敞田制最发达的地区之一，但晚近的考古发掘表明中世纪初年并非如此。在大多丁顿，考古学家发现了 8 个小的撒克逊居民点，它们遍布整个堂区，看不出选择好地点居住的倾向，其中只有 2 个居民点靠近后来的村庄。在布里克斯沃斯，发现了至少 9 个属于 5、6 世纪的小居民点，其中只有 1 个距离现在的村庄较近。克里斯托夫·泰勒指出，布里克斯沃斯的小居民点可能多达30 个或 40 个，保存下来并被发掘的，只是其中很少的一部分。②

　　盎格鲁—撒克逊人进入不列颠初期，仍然保留着日耳曼人游牧、半游牧的传统，时常变换居住地点。直到撒克逊时代中期（650—850）或略早，他们才从游动转为定居。③ 定居的居民点通常以沟渠或篱笆圈围，形成明显的地界。④ 斯塔福德郡的卡斯奥尔默遗址保存了从史前到后圈地时代的乡村景观，考古学家在这里发现了几乎覆盖整个遗址的敞田垄沟，形成年代至少可以追溯到 13 世纪。但在更下层，发现了多个大约形成于 7 世纪初年的盎格鲁—撒克逊独立农庄，这些农庄各自圈围，并沿古道呈棋盘状分布。考古学家还在两个圈围农庄的入口处发现了古尸，哈梅罗认为这可能是用来界定祖先财产的。⑤ 英国西南的庞德贝里是 6 世纪晚期形成的盎格鲁—撒克逊居民点遗址，整个居民点被一个大的沟渠圈围。在大的

---

① Tacitus, *Agricola, Germany, and Dialogue on Orators*, p. 71.

② Christopher Taylor, *Village and Farmstead: A History of Rural Settlement in England*, London: Book Club Associates, 1983, p. 116.

③ H. F. Hamerow, "Settlement Mobility and the 'Middle Saxon Shift': Rural Settlements and Settlement Patterns in *Anglo - Saxon England*," Anglo - Saxon England, Vol. 20, 1991, pp. 1 - 17; C. J. Arnold, *An Archaeology of the Early Anglo - Saxon Kingdoms*, London: Routledge, 1997, pp. 33 - 66.

④ Stuart Losco - Bradley and Gavin Kinsley, *Catholme: An Anglo - Saxon Settlement on the Trent Gravels in Staffordshire*, Nottingham: Department of Archaeology, University of Nottingham, 2002, pp. 28 - 30; Andrew Reynolds, "Boundaries and Settlements in Later Sixth to Eleventh - Century England," *Anglo - Saxon Studies in Archaeology and History*, Vol. 12, 2003, pp. 98 - 136.

⑤ Stuart Losco - Bradley and Gavin Kinsley, *Catholme: An Anglo - Saxon Settlement on the Trent Gravels in Staffordshire*, pp. 12, 123 - 129.

圈围内，分布着 4 个独立农庄，它们各自圈围。其中两个小的圈围内有典型的日耳曼下沉式棚屋（sunken hut），此外，一个农庄环绕着再利用的罗马陵园而建。①

对照《伊尼法典》，有理由认为，在敞田时代以前，英国农民的土地是私有的，他们用沟渠或篱笆将自己的土地圈围起来，彼此界限分明。这与敞田中农民的土地彼此交错、不设防护的境况大相径庭。直到 9、10 世纪，在米德兰和英国东南的部分地区，盎格鲁—撒克逊人才抛弃了以往分散居住的习惯，向核心村庄聚集。戴维·霍尔对北安普敦郡大规模的田野调查表明，早期撒克逊居民点的模式是分散、小规模的，其中大多数很可能是独立农庄。在他调查的 152 个堂区中，只有 14 个村庄下面有撒克逊物质遗存，82 处撒克逊居民点遗址远离后来的村庄。晚期撒克逊居民点则不同。田野调查仅发现了一处被遗弃的属于 10 世纪或 11 世纪的居民点，其他所有同一时期的居民点证据都是在现有村庄或延存至中世纪晚期才被抛弃的村邑地下发现的。因此霍尔认为，居民点模式的转变发生在撒克逊时代晚期，"在撒克逊时代晚期小的居民点被抛弃，《末日审判书》村庄模式已被创建。"他认为敞田制与核心村庄是同时出现的，"另一件事也发生了：条田制被建立起来。"霍尔的后一观点同样基于他的田野调查，因为"新创造的条田——它们显然与撒克逊村庄联系在一起——覆盖在早期撒克逊遗址之上，说明这些条田是后来的"②。

三　农牧混合经济与敞田制

敞田制出现于撒克逊时代晚期，这已经得到广泛认同，但学界对其出现的原因争议很大。早期学者较为普遍地认为，敞田制是为了追求平等。维诺格拉多夫相信这是"唯一合适的解释"，条田交错"植根于一种愿望：无论土地形貌、位置和价值怎样不同，但要使分配给农民的持有地在

① Christopher Sparey Green, *Excavation at Poundbury, Dorchester, Dorset*, 1966 - 1982, Vol. 1, Dorchester: Dorset Natural History and Archaeological Society, 1987, pp. 71 - 92; Andrew Reynolds, "Boundaries and Settlements in Later Sixth to Eleventh-Century England," p. 110.

② David Hall, "The Late Saxon Countryside: Villages and Their Fields", pp. 101 - 102, 102, 103.

数量和质量方面都均等"①。但是，20 世纪五六十年代以来，西方学者越来越多地转向技术和经济因素的解释，平等论的影响越来越小。② 我们认为平等是推动敞田制产生并长期维持的原因之一，但要说明敞田制为什么会出现在撒克逊时代晚期，还需要其他解释。

五六十年代，西方学界流行一种观点：敞田制起源于重犁的引入。小林恩·怀特的解释最具代表性。他认为重犁出现于 6 世纪，但直到 9 世纪才由入侵的丹麦人带到英国。重犁的引入意义重大，因为它导致了对难以耕种但更为肥沃的重黏土的开垦，并通过犁沟达到了排水效果。此外，共用牛队和田间管理的需要推动了集体农业，即敞田制的产生和发展。③ 胡克有所保留："虽然农业技术诸如重犁越来越多地使用，可能影响农田的大小和耕作方式，但它们不可能导致田制的完全重组"，"要解释这些变化为什么发生，似乎必须探讨更为根本的经济或社会原因"。④

霍尔、胡克等人认为，敞田制和核心村庄是经过人为规划的，它们的出现与某种中介因素有关。⑤ 霍尔对北安普敦郡的考察表明，这里的海德、维尔格特（virgate）和条田规划有致。一个村庄通常有 4 海德土地，合 48 维尔格特，即 30 英亩左右的份地；份地农的土地又以条田方式均等地分布在所有"弗隆"之中，每人一条或两条、三条。"海德"和"维尔格特"是中世纪的征税单位，按照霍尔的看法，份地和条田是中世纪英国财税制度在农田外貌上的反映。⑥ 坎贝尔则认为庄园领主是敞田制产生的主要推动力。他指出敞田制主要分布于米德兰和英国东南部分地区，如西诺福克，而这些地区恰恰是庄园领主力量强大的地区，"领主的权力越

① Paul Vinogradoff, *Villainage in England*, p. 254.

② Robert A. Dodgshon, "The Landholding Foundation of the Open‒Field System," *Past and Present*, No. 67, 1975, pp. 3‒29.

③ Lynn White, Jr., *Medieval Technology and Social Change*, Oxford: The Clarendon Press, 1962, pp. 49‒53; Lynn White, Jr., "The Expansion of Technology 500‒1500," in Carlo M. Cipolla, ed., *The Fontana Economic History of Europe: The Middle Ages*, London: Collins, 1977, pp. 147‒149.

④ Della Hooke, *The Landscape of Anglo-Saxon England*, pp. 116‒117.

⑤ David Hall, "The Late Saxon Countryside: Villages and Their Fields," pp. 116‒120; Della Hooke, *The Landscape of Anglo-Saxon England*, pp. 119‒120.

⑥ 实际数字会上下波动，有的村只有 3.5 海德，有的多达 5.25 海德；海德也有大小之分，有合 10 维尔格特的海德，也有合 12 维尔格特的海德。David Hall, "The Late Saxon Countryside: Villages and Their Fields," pp. 116‒120; David Hall, "Field Systems and Township Structure," pp. 194‒196。

大，统治的时间越长，公田制就越充分发展。"① 但是，戴尔认为领主对村庄日常生活的干预是很有限的，"村民而非领主才是村庄和田制规划的原由"。② 不过，最近有学者指出，这种将领主和农民对立起来的做法不可取，因为"转变到一种更集约更高产的农业生产制度，会对地方领主和农民同样有利。"③

进入 21 世纪以后，越来越多的学者倾向于将敞田制的出现与"长的8 世纪"欧洲经济生活的变化联系起来。在约翰·莫兰看来，敞田制的出现是这一时期交换经济发展并导致农业生产集约化的结果。④ 奥斯特威曾认为敞田制最早出现在中部的麦西亚王国，这并非偶然，既有"长的 8 世纪"的大环境，又有麦西亚的特殊性，例如与法兰克王国的经常性联系，在国家建设方面取得的成就等等。⑤

以上观点均有一定合理性，但仅此还不够。这些看法缺少比较分析，在一定程度上限制了研究者的视野。事实上，马克·布洛赫通过比较的方法，看出了欧洲传统农业的基本特质，"在法国，如同在欧洲其他国家一样，中世纪农业不是单以谷物种植，而是以土地耕作与牲畜饲养结合为基础的。这是将我们西方的技术文明与远东区别开来的最重要的不同之一。"⑥ 迈克尔·米特劳尔进一步强调了该特征的重要性："面包和肉食作为两种基本的、不可分割的食物模式，是中世纪早期的创造，它将古代地中海的面包文化和在阿尔卑斯山以北发现的肉食文化融为一体。这样做的前提条件是引入农业革命，主要是、特别是将农业和牲畜饲养业组合到一起。"⑦ 那

---

① Bruce M. S. Campbell, "The Regional Uniqueness of English Field System? Some Evidence from Eastern Norfolk," pp. 16 – 28; Bruce M. S. Campbell, "Commonfield Origins: The Regional Dimension," in Trevor Rowley, ed., *The Origins of Open – Field Agriculture*, pp. 112 –129.

② Christopher Dyer, "Power and Conflict in the Medieval English Village," in *Everyday Life in Medieval England*, London: Hambledon and London, 2000, pp. 1 –11, quotation in p. 11.

③ Stephen Parry, *Raunds Area Survey: An Archaeological Study of the Landscape of Raunds, Northamptonshire 1985 –94*, Oxford: Oxbow Books, 2006, p. 105.

④ John Moreland, "The Significance of Production in Eighth-Century England," in Inge Lyse Hansen and Chris Wickham, eds., *The Long Eighth Century*, Leiden: Brill, 2000, pp. 69 –104.

⑤ Susan Oosthuizen, "The anglo – Saxon Kingdom of Mercia and the Origins and Distribution of Common Fields," *Agricultural History Review*, Vol. 55, 2007, pp. 153 – 180.

⑥ Marc Bloch, *French Rural History: An Essay on Its Basic Characteristics*, London: Routledge & K. Paul, 1966, p. 24.

⑦ Michael Mitterauer, *Why Europe? The Medieval Origins of Its Special Path*, Chicago: The University of Chicago Press, 2010, p. 21. 法国年鉴学派农史学家乔治·杜比也有相同的看法。Georges Duby, *The Early Growth of the European Economy*, Ithaca: Cornell University Press, 1978, pp. 17 –30。

么，中世纪早期的农业革命究竟是怎样发生的？敞田制的出现与这场农业革命的关系如何？米特劳尔没有详细论述。因此，有必要进一步探讨。

我们认为，中世纪欧洲的农牧混合经济以及在此基础上产生的敞田制，是罗马因素和日耳曼因素相结合的产物。罗马人的食物以小麦面包和葡萄酒为主，肉食和奶制品较少。他们的牲畜主要是用来耕地的牛。由于地中海沿岸土质疏松，罗马人普遍采用简便的轻犁（ard，又称"耙犁"），一头牛即可拉动，因此农民养牛不多，有的地方甚至用人拉犁。① 西北欧则不同。这里以畜牧为主，虽然在罗马统治时期农业有所发展，但始终未达到地中海地区的水平。

迈克尔·富尔福德指出，罗马 - 不列颠的粮食生产不能自给，需要大量进口。② 考古学家在南希尔德发现了一个 3 世纪的罗马军粮库，在保留下来的大量炭化谷物中，约一半是斯佩耳特小麦，另一半是小麦，还有少量大麦。彼得·福勒认为斯佩耳特小麦很可能是本地生产的，小麦则可能是进口的，因为小麦在当时的不列颠种植不多。③

日耳曼人是欧洲古代诸民族中食肉最多的。凯撒记载说，"他们不大以谷物为食，而主要以奶和牛代之，他们用很多时间打猎"。④ 虽然他们也种植谷物，但这并非他们真正之所爱。塔西陀说："日耳曼人以（牛的）数量多而感自豪，这是他们唯一的财富形式，也是最值得夸耀的。"⑤ 应该说，日耳曼人的饮食文化和经济形态与罗马人差异最大。因此，日耳曼人进入西北欧以后，一种矛盾的历史现象出现了。一方面，罗马物质文化对日耳曼人具有强大的吸引力，盎格鲁—撒克逊人居住在不列颠罗马化程度高的米德兰和东南地区，而且新的研究成果表明，他们新建的住房往

---

① N. J. G. Pounds, *An Economic History of Medieval Europe*, London：Longman，1974，pp. 10 - 13；Georges Duby，*The Early Growth of the European Economy*, pp. 17 - 21.

② Michael Fulford, "Economic Structures," in Malcolm Todd, ed.，*A Companion to Roman Britain*，Oxford：Blackwell，2007，pp. 309 - 326.

③ Peter Fowler, *Farming in the First Millennium AD：British Agriculture between Julius Caesar and William the Conqueror*，Cambridge：Cambridge University Press，2002，pp. 214 - 215.

④ Caesar, *The Gallic War*, *With An English Translation by H. J. Edwards*, Cambridge, Mass.：Harvard University Press，2000，p. 181.

⑤ Tacitus, *Agricola*, *Germany*, *and Dialogue on Orators*, p. 65，此处还参考了海伦娜·哈梅洛的英文译文，see Helena Hamerow, *Early Medieval Settlements：The Archaeology of Rural Communities in North - West Europe 400 - 900*, Oxford：Oxford University Press，2002，p. 129。

往靠近或在过去的罗马居民点之中。① 他们特别喜爱罗马人的小麦面包。罗马派往不列颠的早期传教士之一、伦敦主教梅里图斯，就因为拒绝把"白面包"分给信奉异教的东撒克逊王国的王子们而遭到驱逐。② 另一方面，日耳曼人并未放弃他们自身的文化和谋生方式。最近的考古报告，特别是对古植物、古花粉序列的分析表明，盎格鲁—撒克逊人入主英格兰曾导致当地经济形态断裂——畜牧经济取代了过去的罗马－不列颠农业经济。③

那么，日耳曼人如何将两种完全不同的经济混合在一起，以满足对面包和肉食的需要？最初的解决办法是传统的，采用西北欧原有的内田—外田制，内田种植谷物，外田饲养牲畜，但效果不佳。因为在内—外田制中，农业和畜牧实际上是分开的，没有形成有效的互补。种谷物所需要的肥料主要来自农家肥——由厩肥、人粪尿和室内垃圾堆制而成，这种肥料的可增长空间有限，难以满足大规模改种小麦的需要，因为小麦是精细农作物，需要投入的肥料和劳动力比其他麦类多。④ 此外，小麦原本是地中海旱地农作物，要在湿润的西北欧特别是滤水性能差的重黏土区种植小麦，排水是一道难题。因此，如果要解决上述问题，需要技术革新。

敞田制是适应上述需要发展起来的。在敞田制下，收获后的麦茬地和休耕地被用作公共牧场，通过这种方式，实现了农业和畜牧的有机结合。在麦茬地和休耕地上放牧，不仅可以减少专用牧场，增加可耕地利用面积；而且由于牲畜粪尿直接排泄在地里，可达到肥田效果。就本文讨论的问题而言，后者尤为重要，因为它解决了小麦种植所需要的肥料问题。但是，牲畜特别是大牲畜如牛随意排泄的粪尿，容易因日晒雨淋而肥力下降，因此，常见的方法是"圈羊积肥"（folding）。在各种畜粪中，羊粪

---

① Stephen Rippon, "Landscapes in Transition: The Later Roman and Early Medieval Periods," in Della Hooke, ed., *Landscape: The Richest Historical Record*, Amesbury: The Society for Landscape Studies, 2000, pp. 47 - 58; Christopher Taylor, *Fields in the English Landscape*, Stroud: Sutton Publishing, 2000, p. 64.

② 比德：《英吉利教会史》，陈维振、周清民译，商务印书馆1997年版，第112—113页。

③ Peter Murphy, "The Anglo - Saxon Landscape and Rural Economy: Some Results from Sites in East Anglia and Essex," in James Rackham, ed., *Environment and Economy in Anglo - Saxon England*, London: Council for British Archaeology, 1994, pp. 23 - 39。

④ Ann Hagen, *Anglo - Saxon Food and Drink*, Hockwold cum Wilton: Anglo - Saxon Books, 2006, pp. 30 - 33.

的质量是最高的，含氮量比牛粪多一倍。"圈羊积肥"就是白天将羊赶到村外有青草的地方放养，晚上赶回设在休耕地的小羊栏集中过夜，几天下来，羊栏下的地表会积下一层厚厚的羊粪。小羊栏是移动的，一年之内用此方法积下的羊粪可覆盖部分或大部分耕地。1326—1327 年，霍米德庄园直领地使用农家肥和圈羊积肥的比例是 5 英亩:5 英亩，1344—1345 年上升到 5 英亩:7 英亩。在威斯特米尔直领地，1343—1344 年，用农家肥和圈羊积肥的比例是 20 英亩:30 英亩。① 两个庄园都位于东米德兰，这里远不是养羊最多、圈羊积肥最发达的地区。在米德兰周围的白垩土、石灰岩或石楠地，因土地贫瘠，圈羊积肥的比例更高。

农史学家很早就注意到畜粪利用与敞田制农业之间的紧密关系，虽然他们对这项技术开始于何时有不同看法。瑟斯克说："农田需要肥料使之保持肥沃，很显然，在农田上放牧比用车将肥料从其他地方运来更方便。"不过，她认为对肥料的需求直到人口压力增大，农田不得不被集约使用时才变得迫切，因此，她认为敞田制出现很晚，很可能要到 13 世纪左右。② 克里奇则认为敞田制出现很早，圈羊积肥与敞田制相伴而生。他还认为，敞田制中农民的土地之所以条田交错式分布，主要是为了保证他们能够均享粪肥。③

重犁的影响也许被以往学者夸大了，但作为敞田制形成过程中一个重要的技术因素，它的作用特别是在某些地区的作用仍然是不可低估的。各方面材料，包括盎格鲁—撒克逊时代的诗文、手抄书插图以及田野调查报告显示，到 10、11 世纪的中世纪，重犁已在英格兰广泛使用。④ 使用重犁可在地上留下田垄和犁沟——它们被后来的研究者视为敞田最明显的外部特征。霍尔认为垄沟的功能有二：一是通过垄与垄之间的沟将农户的条田彼此分开，也就是说，沟是自然边界；二是排水。霍尔特别强调后一功能，在他看来，直到 19 世纪地下排水技术采用之前，垄沟是治理渍水最

① H. E. Hallam, ed., *The Agrarian History of England and Wales*, Vol. II, Cambridge: Cambridge University Press, 1988, pp. 338 – 339.

② Joan Thirsk, "The Common Fields," p. 15.

③ Eric Kerridge, *The Common Fields of England*, Manchester: Manchester University Press, 1992, pp. 17 – 49.

④ David Hill, "Sulh – The Anglo – Saxon Plough, C. 1000 A. D.," *Landscape History*, Vol. 22, 2000, pp. 5 – 19; Peter Fowler, *Farming in the First Millennium AD: British Agriculture between Julius Caesar and William the Conqueror*, pp. 182 – 204.

有效的办法。因此不难理解，中世纪英国的垄沟主要集中在米德兰，因为这里土地粘结，加上地势低洼，排水问题迫切需要解决。[①] 班汉结合农作物生长规律作了进一步阐释。她指出盎格鲁—撒克逊时代英国的农作物经历了从大麦向小麦的转变，由于大麦是春播，小麦是秋播，该转变意味英国首次出现了越冬作物。但如果冬季土壤太湿，麦苗浸泡在水中很容易被冻死，因此排水问题变得至关重要。正是由于采用重犁，才使得麦苗越冬问题得到了有效解决。班汉说应把重犁和敞田的广泛采用归因于"盎格鲁—撒克逊人渴望吃那种高贵食品，即轻质、白色的小麦面包"[②]。有必要对班汉的解释做两点修正或补充。首先，越冬作物并非首次出现于盎格鲁—撒克逊时代，事实上，罗马统治时期不列颠广为种植的斯佩耳特小麦就是秋播作物，只不过斯佩耳特小麦生命力强，抗风、抗寒、抗病虫害，并没有使麦苗越冬成为严重问题。[③] 其次，改种小麦无疑是由于小麦优质所致，但也与盎格鲁—撒克逊人皈依基督教后受到的新的饮食文化影响有关。在基督教传统中，白是纯洁的象征，即使其他品种的小麦如双粒小麦、斯佩耳特小麦能制造出极富营养、非常可口的面包，它们仍不能同小麦面包相提并论。从词源上"小麦"（wheat）一词本身就表示"白"（white）。[④]

　　班汉试图根据考古发现，勾画出小麦取代大麦成为盎格鲁—撒克逊人主要食物的大致过程。在第一阶段，即5—7世纪大麦占支配地位，在已发现的所有遗址中，88%有大麦，63%有小麦；在第二阶段，即8、9世纪，小麦已经超过了大麦，95%的遗址中有小麦，64%的遗址中有大麦；在第三阶段，即10、11世纪，小麦已经取得绝对支配地位，在89%的遗

---

① David Hall, "The Drainage of Arable Land in Medieval England," in Hadrian Cook and Tom Williamson, eds., *Water Management in the English Landscape：Field, Marsh and Meadow*, Edinburgh：Edinburgh University Press, 1999, pp. 28 - 40.

② Debby Banham, "'In the Sweat of thy Brow Shalt Thou Eat Bread'：Cereals and Cereal Production in the Anglo-Saxon Landscape," in Nicholas J. Higham and Martin J. Ryan, eds., *The Landscape Archaeology of Anglo-Saxon England*, Woodbridge：Boydell, 2010, pp. 175 - 192, quotation in p. 192.

③ Martin Jones, "The Development of Crop Husbandry," in Martin Jones and G. W. Dimbleby, eds., *The Environment of Man：The Iron Age to the Anglo-Saxon Period*, Oxford：BAR, 1981, pp. 95 - 127.

④ Martin Jones, *Feast：Why Humans Share Food*, Oxford：Oxford University Press, 2007, p. 264.

址中发现了小麦，但只在42%的遗址发现了大麦。① 文献资料也表明，到10、11世纪，小麦已在英格兰广泛种植。977年，约克大主教奥斯瓦尔德将附属肯普西庄园的2海德"小麦种植地"赐给"侍从兵"（cniht，中世纪"骑士"一词由此而来）埃塞尔伍德；② 1050年，汉普郡赫斯特本修道院规定的农民各种负担中，包括每海德缴纳"3塞斯特（sester）做面包的小麦"。③

但是，要实现上述技术革新，需要改变田制乃至农民的居住方式，因为在新的技术安排下农民需要合作，包括将分散的农田集中起来，以形成可在休耕期或收获后放牧的大牧场；将农户各自的羊群集中起来，以达到圈羊积肥的规模效应。此外，使用重犁还需要"共耕"（co-aration），即农户们将牛组成犁队（通常需要8头牛）进行集体耕作。④ 敞田制和核心村庄就是适应上述需要产生的。按照克里斯托夫·泰勒的说法，该变化发生在9—12世纪，是英国乡村景观史上的一次"革命"。⑤

近年出版的考古学田野调查报告证实了泰勒的说法。劳恩兹（Raunds）位于北安普敦郡东部，面积40平方公里。中世纪这里有4个核心村庄和3个散村，但考古学家基本确定的450—850年的撒克逊居民点有22处。早期居民点大多靠近宁河及其支流，可能是为了便于取水，或为了避开河谷之上坚硬的泥砾地。农家肥中残留下来的陶片显示，这一时期用肥都集中在居民点附近，说明这些居民点是分散的独立农场。10世纪，即撒克逊人完成对丹麦区的再征服之后，居民点减少到上面提到的7个。新居民点从宁河边后撤，处在既能利用河谷沙壤土又能利用河谷之上黏土的中间位置。陶片与"弗隆"的对应关系表明，敞田最早出现在撒克逊时代晚期，但还局限在劳恩兹西部，到中世纪才扩展到其他各处。中世纪的陶片分布均匀，虽然呈现从村庄向外的距离衰减效应，说明当时的

① Debby Banham, " 'In the Sweat of thy Brow Shalt Eat Bread': Cereals and Cereal Production in the Anglo-Saxon Landscape," p. 179.

② A. J. Robertson, ed., *Anglo-Saxon Charters*, Cambridge: Cambridge University Press, 1956, p. 115.

③ Ibid., p. 207. "塞斯特"，盎格鲁—撒克逊时代的度量单位，1塞斯特相当于16蒲式耳。

④ C. S. and C. S. Orwin, *The Open Fields*, Oxford: Clarendon Press, 1954, pp. 41-42.

⑤ Christopher Taylor, "General Introduction," in W. G. Hoskins, *The Making of the English Landscape*, London: Hodder and Stoughton, 1988, p. 9.

土地是被充分利用的。①

四 敞田制与英国农业发展

以上分析表明，敞田制是在盎格鲁—撒克逊人定居下来并充分农耕化后出现的，是作为小私有者的农民为了自身利益做出的部分权利让渡。通过将分散的休耕地和麦茬地集中起来变成大的公共牧场，他们不仅可以放养牲畜，还可以通过牲畜粪便肥田。为了保证敞田制农业的正常运行，他们还需要服从庄园或乡村共同体的统一管理，如强制性轮作，按规定时间耕作和在大田放牧等。② 农史学家克里奇论公田时说："公田是这样一种田制：各部分或地块（或它们的使用）属于个体所有者，在土地种植期他们行使独占的财产权，但在非种植期个人独占的权利暂时失效，土地处在所有业主共同的和按照共同协议的统一管理之下。"③ 从这种意义上看，赵文洪关于敞田制中的财产权利具有公共性的说法是可以成立的。

那么，具有公共性的敞田制对英国的农业进步究竟产生了什么影响？这是一个争议很大的问题。我们认为，敞田制不仅满足了盎格鲁—撒克逊人对小麦面包和肉食的双重喜好，还提高了农业生产效率。怀特认为中世纪早期的欧洲经历了一场农业革命，敞田制是这场革命中不可或缺的一环。重犁、敞田制、三田轮作等共同组成了"一个农业开发总系统"，正是该系统使北欧成为繁荣的农业区，并在这里诞生了"过去历史上从未有过的充满活力、生产能力旺盛的农民社会"④。就英国而言，直到14世纪上半叶，敞田制的积极影响依然明显。

20世纪70年代，R. E. 格拉斯科克根据1334年政府征收"平信徒补助金"（laysubsidy，对平信徒征收的动产税，故名）的记录，对中世纪英国各地的财富分布状况进行了深入研究。结果表明，从约克到埃克塞特是

---

① Stephen Parry, *Raunds Area Survey: An Archaeological Study of the Landscape of Raunds, Northamptonshire 1985 – 94*, pp. xv – xvi, 91 – 97, 126 – 135, 274 – 277.

② 具体内容可参见拙著：《中世纪欧洲的政治传统与近代民主》，李剑鸣主编：《世界历史上的民主与民主化》，上海三联书店2011年版，第181页。

③ 但与目前主流的观点不同，克里奇仍认为这种制度起源于遥远的过去。Eric Kerridge, *The Common Fields of England*, pp. 1 – 4, 17 – 49, quotation in p. 1.

④ Lynn White, Jr., *Medieval Technology and Social Change*, pp. 39 – 78; Lynn White, Jr., "The Expansion of Technology 500 – 1500," pp. 143 – 174, quotation in p. 153.

一条重要的分界线，此线西北是贫困地区，每平方公里的评估财富低于10英镑；东南是富裕地区，评估财富大多高于10英镑。不过东南地区内部的差异很大，其中最富裕的是包括伦敦在内的南部和敞田制最发达的东米德兰。[1] 最近，坎贝尔和肯·巴特利根据"平信徒补助金"记录对中世纪英国的财富分布状况进行了再研究。他们除了使用1334年的税册之外，还增加了1327年和1332年的两次征收记录，并采用了对应征税的财富三维度，即总财富价值、纳税人人数、纳税人人均财富的综合评估，得出的结论与格拉斯科克大致相同。按照他们的统计分析，英国最富裕的地区不仅有晚近开发的林肯郡沼泽、肯特北部和东北、东诺福克，还有敞田集中的牛津河谷和上泰晤士河谷；东米德兰的单位面积纳税人数和纳税人人均财富也超过了全国平均水平。以上提到的敞田制地区都位于内陆，且都是庄园领主统治力量强大的地方，因此，坎贝尔和巴特利总结说："全国可纳税财富仍然是以农业为主的，因此在英国混合农业和庄园化中心地带的乡村可以发现最高密度的相对富裕的纳税人"。[2]

达尔曼认为敞田制可以使中世纪的农牧混合经济有效率地运行，但不利于专业化生产的发展，因此随着市场需求扩大，农业同牧业相分离，敞田制不可避免地要被废除。[3] 达尔曼的观点很值得我们重视，但历史实际往往比一般性理论分析复杂许多。1915年，H. L. 格雷首次提出英国田制的多样性，并归因于不同种族文化的影响。按照他的划分，英格兰中部是敞田制集中分布的地区，因此他发明了"米德兰制"（Midland System）概念，作为对流行于广大中部地区敞田的统称。他认为英国中部是"彻底日耳曼化"的地区，该地区的耕作习惯是由盎格鲁—撒克逊人从故乡德意志带来的。英国东南部也是盎格鲁—撒克逊人的定居地，但由于种种原因，特别是罗马习惯和丹麦人入侵的影响，在这里形成了几种不同于米德兰的田制，即"肯特制"、"东安格利亚制"和"下泰晤士河流域制"。其中，肯特的田制与米德兰差别最大，这里的农奴租用地是整块的，并呈

---

① R. E. Glasscock, "England Circa 1334", in H. C. Darby, ed., *A New Historical Geography of England before* 1600, Cambridge: Cambridge University Press, 1976, pp. 136 – 185.

② Bruce M. S. Campbell and Ken Bartley, *England on the Eve of the Black Death: An Atlas of Lay Lordship, Land and Wealth*, 1300 – 49, pp. 313 – 349, quotation in p. 349.

③ Carl J. Dahlman, *The Open Field System and Beyond*, especially see Chapter 5, "The Economics of Enclosure."

方形，格雷因此推测"肯特田制起源于罗马"。盎格鲁—撒克逊人对英国西南、西北的渗透和影响微弱，因而这两个地区保留了不列颠原住民的内田—外田制，即"凯尔特制"。[①] 如今，格雷的种族文化决定论已不再流行，但它对英国田制的划分，特别是将"米德兰制"作为敞田制典型形态提出却影响很大。瑟斯克将米德兰制视为12、13世纪英国公田达到的"更成熟的发展阶段"，其他地区则停留在不发展或不够发展阶段。[②]

　　近年来，随着学界对米德兰以外地区，特别是东盎格利亚和东南地区的研究越来越多，格雷和瑟斯克的田制划分得到部分修正或发展。首先，新的研究成果表明，敞田制不限于米德兰地区，事实上，它在中世纪英国是普遍存在的，过去认为不存在敞田的肯特和西南地区也有少量发现。[③]

　　其次，英国的敞田制可分为三类：一类是米德兰低地重黏土地区的敞田制，这里土地肥沃，但耕作困难，必须使用重犁，因此养牛多，地面上的垄沟痕迹也很明显，属于传统意义上规范的敞田制。另一类是米德兰周边包括韦塞克斯丘陵、奇尔特恩白垩悬崖和东安格利亚高地在内的轻沙土地区的敞田制，这些地区土地贫瘠，需要重肥，因此养羊特别多，是典型的"羊—谷制"农业区。以往学者囿于"米德兰制"概念，将这些地区划入不规范田制的范畴，但威廉森近年越来越多地看出它们与米德兰的相似性，因此，我们倾向于将这些地区的田制称为另类规范的敞田制。[④] 从"羊—谷制"农业区向东、向南则是第三类，即不规范敞田制支配的地区，土地大多为冰砾泥和壤土，不仅肥沃，还易于耕作，某些集体合作项目如共耕、建公共羊栏不像在规范的敞田制农业区那样必需，但敞田制核心要素，即将休耕和收获后的私有地变成公共牧场仍不同程度地存在。东

---

①　Howard Levi Gray, *English Field Systems*, Cambridge：Harvard University Press, 1915, especially see pp. 403 – 418, quotation in p. 415.

②　Joan Thirsk, "The Common Fields", pp. 23 – 24.

③　Bruce M. S. Campbell and Ken Bartley, *England on the Eve of the Black Death：An Atlas of Lay Lordship, Land and Wealth*, 1300 – 49, pp. 55 – 68; Tom Williamson, *Environment, Society and Landscape in Early Medieval England：Time and Topography*, Woodbridge：Boydell & Brewer, 2012, pp. 129 – 135.

④　Tom Williamson, *Shaping Medieval Landscapes：Settlement, Society, Environment*, Macclesfield：Windgather Press, 2004, especially see pp. 21 – 27, 190 – 199; Tom Williamson, "The Distribution of 'Woodland' and 'Champion' Landscapes in Medieval England," in Christopher Dyer, ed., *Medieval Landscapes*, Macclesfield：Windgather Press, 2007, pp. 89 – 104; Tom Williamson, *Environment, Society and Landscape in Early Medieval England：Time and Topography*, pp. 129 – 132.

诺福克是英国农业技术进步最快的地区之一，从 13 世纪中叶起大规模种植豆类，减少休耕，休耕地不再被用作公共牧场，尽管如此，麦茬地上的公牧权仍保留了下来。①

再次，敞田制不同形态是受自然环境或社会环境的影响造成的，如威廉森强调的生态，坎贝尔重视的庄园领主权力的大小，不存在米德兰制比其他地区田制先进的问题。② 由于规范的敞田制需要更多的集体合作，农民倾向于集中居住并实行以村庄为单位的大田轮作。中世纪晚期牛津郡库克斯汉村的农田是按三大田划分的，分别为 121 英亩、126 英亩和 127 英亩，大致均等；三大田划分与农作物轮作一致，即在同一年里，一块田秋播，一块田春播，还有一块田休耕。③ 但在不规范的敞田制地区农民一般分散居住，或环绕一块用作公共牧场的绿草坪松散地群居。这里也有可称为"大田"的土地单位④，但性质完全不同。它们的数量多，而且大小不一，东诺福克的科尔蒂瑟尔有 9 块大田，面积从 43.5 英亩到 248.675 英亩不等，说明它们的划分是比较随意的，与统一的大田轮作制无关。农民的条田也不像米德兰那样散布于所有大田、所有弗隆，而是相对集中。他们的条田通常连成小块，分布在靠近住宅的几块大田中。⑤ 因此，这里不需要太多的公共管理，农民享有较多的个人自由。

15、16 世纪英国开始发生从农本到重商的转变，农牧分离成为大势

---

① Tom Williamson, Environment, *Society and Landscape in Early Medieval England*: *Time and Topography*, pp. 132 – 134; Bruce M. S. Campbell, "Agricultural Progress in Medieval England: Some Evidence from Eastern Norfolk," *Economic History Review*, Vol. 36, 1983, pp. 26 – 46; Bruce M. S. Campbell, "The Regional Uniqueness of English Field System? Some Evidence from Eastern Norfolk," pp. 16 – 28.

② Tom Williamson, "The Distribution of 'Woodland' and 'Champion' Landscapes in Medieval England," pp. 89 – 104; Bruce M. S. Campbell, "Commonfield Origins: The Regional Dimension," pp. 112 – 129; Mark Bailey, "Beyond the Midland Field System: The Determinants of Common Rights over the Arable in Medieval England," *Agricultural History Review*, Vol. 58, 2010, pp. 153 – 171.

③ Edward Miller and John Hatcher, *Medieval England*: *Rural Societyand Economic Change*, 1086 – 1348, London: Longman, 1978, p. 89.

④ 在米德兰地区，大田被称为"field"，在不规范敞田制地区，如东诺福克和萨福克类大田被称为"precinct"、"quarantine"，参见 Bruce M. S. Campbell, "The Extent and Layout of Commonfields in Eastern Norfolk," in *Field Systems and Farming Systems in Late Medieval England*, Vol. II, Farnham: Ashgate, 2008, pp. 12 – 13; Mark Bailey, *Medieval Suffolk*: *An Economic and Social History* 1200 – 1500, Woodbridge: Boydell Press, 2007, p. 102。

⑤ Bruce M. S. Campbell, "The Extent and Layout of Commonfields in Eastern Norfolk," pp. 12 – 13; Mark Bailey, *Medieval Suffolk*: *An Economic and Social History* 1200 – 1500, pp. 102 – 103.

所趋，敞田制逐渐变得不合时宜。但是，不同地区的反应很不一样。大体说来，不规范敞田制地区最能适应变化，东安格利亚、肯特和近畿诸郡的冰砾泥和黏土地大多转向专业化牲畜饲养，生产供伦敦、诺里奇等城市消费的肉食品。专业化牲畜饲养可以以家庭为单位进行，但需要将分散的土地集中起来。由于该地区农民的条田分布相对集中，公共控制也很薄弱，因此，土地集中问题不难解决。土地集中的方式是圈地，但圈地是通过个人之间的条田交换和部分人之间的私人协议实现的，J. A. 耶林称之为"逐渐而零碎的圈地"（piecemeal enclosure），以便区别于通常涉及所有业主并导致敞田一次性消失的大规模"整体性圈地"（general enclosure）。① 通过这种不太引人注目的方式，英国东南地区不规范敞田的圈围到 17 世纪末基本完成。圈地后的土地不仅从性质上变成完全私有，还形成了与之相适应的有形外观，即通常由树篱构成的围栏。由于这些地方树篱纵横，很少有连成大片的农田，因此从 16 世纪起英国的地志学家将它们称为"林地"（woodland），区别于保存了核心村庄和敞田的"空旷乡村"（champion）。②

就自然条件来说，米德兰地区更适合专业化牲畜饲养。这里土地肥沃，河水灌溉方便，适合牧草特别是供牲畜过冬的干草的生长，但实际上圈地规模有限。这里的敞田制结构复杂、制度完备，任何形式的圈地，哪怕个别人的、小规模的圈地都会冲击传统的、以村庄为单位的整个生产体系，并引起强烈反弹。因此，尽管 16、17 世纪米德兰圈地的规模小，但反圈地的抗议声最大，骚动次数最多。威廉森因此说："米德兰在近代早期依然是一个大体上的农业区，一个先前结构能够决定性地影响后来经济发展的典型示例。"③ 米德兰周边的轻沙土地带不适合转向专业化畜牧饲养，加上这里的敞田制规范，公共控制严格，因而保留了旧有的经济形态。

在 16、17 世纪的经济环境下，保留了敞田制的农耕区仍然取得了不

---

① J. A. Yelling, *Common Field and Enclosure in England 1450－1850*, London：Macmillan, 1977，pp. 11－29；Tom Williamson, *The Transformation of Rural England：Farming and the Landscape 1700－1870*, Exeter：University of Exeter Press, 2002，pp. 7－15.

② Tom Williamson, Robert Liddiard and Tracey Partida, *Champion：The Making and Unmaking of the English Midland Landscape*, Liverpool：Liverpool University Press, 2013，pp. 8－9.

③ Tom Williamson, *The Transformation of Rural England：Farming and the Landscape 1700－1870*, p. 24.

少农业技术进步，如种植萝卜和三叶草、草—田轮作、水灌草地等，克里奇、瑟斯克等人有过详细论述，此处不赘。① 但是，这种进步远不能适应 18 世纪中期及其以后经济环境的新变化。18 世纪中期以后，英国人口开始前所未有地增长，加之工业革命发生，越来越多的人口从农村迁往新兴工业城市，从而要求单位土地、单位劳动力生产出更多的农业剩余。正是在这种背景下，以杨格为代表的农业改革家对敞田制进行了不遗余力的批评，也出现了政府支持的整体性圈地，即"议会圈地"（parliamentary enclosure）。② 按照迈克尔·特纳的研究，议会圈地有两次高潮，一次发生在 18 世纪六七十年代，主要集中于米德兰的重黏土地区；另一次发生在法国大革命和拿破仑战争期间（1793—1815），规模更大，范围更广，米德兰周边的轻沙土地区，特别是东安格利亚西部受冲击最大。③ 换句话说，按照圈地时序规范的敞田保留到了最后，这从一定程度上说明成熟的、充分发展的制度改变起来更难。

奥弗顿认为议会圈地是 18、19 世纪英国农业革命的必要前提，从时人的遗产清单和农业部组织的以堂区（村）为单位的农业调查报告中，可以发现相关证据。比如，林肯郡的坎威克在 1786 年圈地后，每英亩的小麦产量从 20 蒲式耳提高到 22 蒲式耳，增长 10%；大麦从 20 蒲式耳提高到 28 蒲式耳，增长 40%；燕麦从 27 蒲式耳提高到 48 蒲式耳，增长 78%。羊的数量也增长了 33%。④ 他还针对修正派学者的观点，指出从中世纪直至 18 世纪中叶，英国的农业生产技术和农业劳动生产率几乎没有发生变化，仅仅在牲畜饲养方面有一定进步；敞田制严重阻碍农业创新，如新饲料作物萝卜和三叶草的引进和推广。⑤ 威廉森同样认为圈地是 18、

---

① 克里奇的论述见本文的学术史梳理，此外见 Joan Thirsk, "Field Systems of the East Midlands," in Alan R. H. Baker and Robin A. Butlin, eds., *Studies of Field Systems in the British Isles*, Cambridge: Cambridge University Press, 1973, pp. 255 – 262。

② Tom Williamson, Robert Liddiard and Tracey Partida, *Champion: The Making and Unmaking of the English Midland Landscape*, pp. 136 – 137.

③ Michael Turner, *English Parliamentary Enclosure*, Folkestone: Dawson, 1980, pp. 63 – 93.

④ Mark Overton, *Agricultural Revolution in England: The Transformation of the Agrarian Economy 1500 – 1850*, pp. 165 – 166.

⑤ Bruce M. S. Campbell and Mark Overton, "A New Perspective on Medieval and Early Modern Agriculture: Six Centuries of Norfolk Farming c. 1250 – c. 1850," *Past and Present*, No. 141, 1993, pp. 38 – 105; Mark Overton, "The Diffusion of Agricultural Innovations in Early Modern England: Turnips and Clover in Norfolk and Suffolk, 1580 – 1740," *Transactions of the Institute of British Geographers*, Vol. 10, 1985, pp. 205 – 221.

19 世纪英国农业革命的前提条件，但留有余地。他举例说，1784 年阿什利村在不改变敞田制前提下，容许农民在部分时间部分条田暂时性圈围，以保证萝卜和三叶草生长，并指出："这样的安排远比那些同时代的改革家——他们对敞田制农业带有不可救药的偏见——让我们知道的分布的更广。"[①] 16、17 世纪的英国农业不是没有进步的，其中最重要的是萝卜和三叶草的种植，作为 18、19 世纪农业革命核心技术的"诺福克四轮制"[②] 就是将它们整合到农作物轮作序列而成的。[③] 我们倾向于认为威廉森的看法更为妥当。18、19 世纪议会圈地带来的农业生产高效率是毋庸置疑的，正是这种高效率支撑了工业革命期间英国的人口增长和城市化；[④] 16、17 世纪的农业进步，包括敞田制地区的农业进步也已为英国经验主义农史学家的研究所证实。

综上所述，敞田制并非日耳曼人农村公社土地制度的历史遗存，也不是中世纪英国农业技术进步不可逾越的障碍，事实上，它是适应 9、10 世纪包括英国在内的西北欧经济环境的变化产生的。通过敞田制安排，实现了农业和牧业的有机结合，满足了盎格鲁—撒克逊人对肉食和小麦面包的双重需要。敞田制同与之紧密联系的新技术如重犁、圈羊施肥、三田轮作一起，推动了英国历史上时间最长、规模最大的土地开发，并使传统农业保持了数世纪的繁荣。随着 15、16 世纪英国开始从农本到重商转变，农牧分离成为大势所趋，敞田制逐渐失去存在的理由。东部和东南地区不规范的敞田制最先发生变化，但米德兰及其周边规范的敞田制一直维持到 18、19 世纪。随着英国近代农业的发展，虽然敞田制最终退出了历史舞台，但它曾经有过的合理性仍值得充分肯定。

《中国社会科学》2014 年第 1 期

---

① Tom Williamson, "Understanding Enclosure," pp. 56 – 79, quotation in p. 67.

② "诺福克四轮制"是一种经过改良的轮作技术，轮作顺序依次为小麦、萝卜、大麦和三叶草。萝卜和三叶草原本是饲料作物，但将它们整合到农作物轮作序列可以达到肥田的效果。因为种萝卜和三叶草可以饲养更多牲畜，更多牲畜可以产出更多粪肥，更多粪肥可以生产出更多谷物。

③ Susanna Wade Martins and Tom Williamson, *Roots of Change: Farming and the Landscape in East Anglia*, c. 1700 – 1870, Exeter: British Agricultural History Society, 1999, pp. 99 – 115.

④ Mark Overton, "Re-Establishing the English Agricultural Revolution," pp. 4 – 5.